帕尔格雷夫
国际能源经济学手册

The Palgrave Handbook of
International Energy Economics

Manfred Hafner，Giacomo Luciani◎主编

王　震　王　恺　周　静　等◎译

中国经济出版社
CHINA ECONOMIC PUBLISHING HOUSE
北　京

图书在版编目（CIP）数据

帕尔格雷夫国际能源经济学手册 /（瑞士）曼弗雷德·哈夫纳（Manfred Hafner），（瑞士）贾科莫·卢西亚尼（Giacomo Luciani）主编；王震等译. -- 北京 ：中国经济出版社，2024. 12. -- ISBN 978-7-5136-7868-1

Ⅰ. F407.2-62

中国国家版本馆 CIP 数据核字第 2024PS2822 号

责任编辑　赵静宜
责任印制　马小宾
封面设计　久品轩

出版发行　中国经济出版社
印 刷 者　北京富泰印刷有限责任公司
经 销 者　各地新华书店
开　　本　787mm × 1092mm　1/16
印　　张　37.75
字　　数　810 千字
版　　次　2024 年 12 月第 1 版
印　　次　2024 年 12 月第 1 次
定　　价　168.00 元
广告经营许可证　京西工商广字第 8179 号

中国经济出版社　**网址** http://epc.sinopec.com/epc/　**社址** 北京市东城区安定门外大街 58 号　**邮编** 100011
本版图书如存在印装质量问题，请与本社销售中心联系调换（联系电话：010-57512564）

致　谢

感谢本手册的所有撰稿人，其中许多人是巴黎政治大学国际事务学院国际能源硕士项目的授课教师，感谢他们在最终成果的长期酝酿过程中表现出的热情和耐心。

特别感谢皮埃尔·保罗·雷蒙迪（Pier Paolo Raimondi）在编辑过程中以及在收集所有授权、完成出版所需的所有文书方面提供的宝贵帮助。

最后，非常感谢埃尼的慷慨资助，使本手册能够以开源的方式出版，从而使所有可能感兴趣的读者都能免费获取电子版，并以低廉的价格购买印刷版。在此，也特别感谢支持这一举措的拉波·皮斯泰利博士（Dr. Lapo Pistelli）。

希望他们都能对最终成果感到满意。

曼弗雷德·哈夫纳和贾科莫·卢西亚尼

译者的话

作为现代人类文明发展的基石，能源不仅关乎国民经济的稳健增长，更是全球可持续发展战略的核心议题。《帕尔格雷夫国际能源经济学手册》汇聚了世界能源经济学领域一流专家的深刻洞察与独到见解，内容涵盖能源生产与输送、能源贸易与价格机制、全球能源发展趋势、能源与经济发展等四方面。作为一本开源书籍，本手册自面世以来，就在能源经济学领域受到广泛关注，有力地推动了学科发展。

组建以来，中国海油集团能源经济研究院高度重视学科建设与基础研究，已出版多部能源经济领域学术书籍，形成“蓝海丛书”系列。此次组织翻译《帕尔格雷夫国际能源经济学手册》，希望能为我国能源经济学学科建设与能源转型事业发展作出一些贡献。无论是探讨可再生能源的经济性、评估化石能源的环境成本，还是分析国际能源市场的竞争格局，都离不开坚实的研究支撑。理论帮助我们超越短期的波动与干扰，把握住能源经济发展的长期趋势与核心规律。

展望未来，能源领域正经历着前所未有的变革。随着全球气候变化问题的日益严峻，绿色低碳成为能源转型的主旋律。可再生能源技术的飞速进步、储能技术的突破以及智能电网的建设，为构建清洁、高效、安全的能源体系提供了可能。同时，能源市场的全球化趋势加速，国际合作与竞争并存，能源安全与地缘政治的关联更加紧密。

面对未来，能源经济学的研究将面临更加复杂多变的挑战，需要回答一系列事关人类经济社会发展的重要问题：如何在“双碳”背景下突破能源不可能三角的桎梏？如何建设适应新形势的国际能源治理机制？如何提高能源可及性，在全世界范围内解决能源贫困？如何在保护主义抬头的背景下维护和促进国际能源贸易？如何把握建设新型能源体系的路径与战略节奏？这些问题，都需要我们依托扎实的理论基础，结合最新的实践数据，进行深入的探索与思考。

身处大变局时代，新技术、新政策、新市场不断涌现，使得能源经济领域的研究成果往往具有较强的时效性和针对性。虽然本手册的数据、政策等研究基础主要基于 2020 年之前的情况，但其所展现的学术严谨性、理论深度、研究方法，以及能源经济学的内在逻辑，具有重要的参考价值，能够为后来者提供宝贵的启示与借鉴。通过对比当时的预测与现实的演变，我们可以更加清晰地认识到能源经济学研究的复杂性与不确定性，从而在未来的研究中更加注重时效性的把握与前瞻性的思考。

我们衷心希望，本手册的中文版能够搭建起一座桥梁，让更多人能够走进能源经济学的世界，共同努力建设可持续发展的未来。

前　言

《帕尔格雷夫国际能源经济学手册》是一份详尽的汇编，涵盖了能源行业的主要经济问题。在一个不断演变的世界中，社会面临着前所未有的挑战，且必须在未来几十年中应对这些挑战。气候变化是最重要的挑战之一，向低碳未来的转型需要对能源生产、输送和贸易方式进行深刻变革。这将对经济产生多重影响，需要加以解释、理解和讨论。

因此，我们应该及时地揭示能源转型的复杂性以及正在影响能源行业的持续变革。本手册代表了朝着正确方向迈进的重要一步，就影响能源政策及其结果的结构性经济问题提供了全面、易懂的参考资料。通过汇集该领域顶尖专家的观点，本手册深入探讨了一些在中短期内不太可能改变的基本经济因素，强调了当前可用技术解决方案的经济后果和利弊权衡。

本手册分析评估了当今能源行业的所有技术，避免了先入为主地在“旧”能源和“新”能源之间进行选择。这种包容性的方法允许对不同解决方案的经济性进行全面评估，突出了在联合国可持续发展目标背景下不同替代能源品种的优势和劣势。本手册还提供了对能源市场的及时分析，说明了能源市场的组织和价格发现过程，以及可能影响未来供需模式的一些全球趋势。

此外，本手册的优点还在于展示了全球和区域能源转型之间的内在矛盾。一方面，它承认气候变化是一个全球性问题，呼吁开展国际合作与对话，以促进国际社会的共同应对；另一方面，它强调了“一刀切”式解决方案的局限性。

在我们生活的这个世界上，洲际层面对能源格局的观点显著不同，影响了各国和各地区看待能源转型的方式。这反映了全球一次能源可及性的地区差异，导致对于某些解决方案应该或不应该得到鼓励存在不同认识。未来的能源组合只能源于这些愿景的结合。在这种情况下，能源行业的作用应该是提供多种替代技术，为所有人提供充足、脱碳且负担得起的能源。

为了实现这一目标，促进关于能源转型的包容性对话至关重要，但这种对话必须以确凿的事实和现实的举措为基础。事实上，实现《巴黎协定》的目标需要具体、快速和经济上可持续的解决方案，以及对每个能源选择背后技术和经济问题的广泛理解。

本手册应被视为在改善专业人士、政治家和广大公众获取相关信息方面的重要贡献。埃尼将继续支持学术界的努力，作为坚定承诺促进公正转型的一部分，以创造长期价值并让每个人都能获得可靠的清洁能源。

埃尼 罗马

简　介

无论在国家还是国际层面，能源的未来均已成为政治和经济领域的中心议题。由于担忧全球气候变暖，世界已经进入一个由政策而非完全由市场驱动的能源转型阶段，这使得能源从一个原本主要是技术或偶尔与地缘政治相关的问题，演变成经济政策的重要主题和对立利益集团的冲突领域。对于愿意积极参与讨论、想了解国际能源经济学的读者，本手册希望为其提供参考。本手册全面概述了能源经济主题，旨在让广大读者，包括能源行业的学者、专业人士以及研究生和对复杂的国际能源经济感兴趣的普通读者，都能够阅读。

能源格局经常发生变化，众多的学术出版物从整体和局部不同层面研究能源环境的发展，而且在不断更新。本手册的目标是成为整理这些丰富且专业的文献的参考书，帮助读者从经济学的角度，而不仅仅是从技术分析的角度来理解替代解决方案的优势和劣势、机遇和局限。读者需要理解经济学方法，原因是虽然技术为应对能源挑战提供了多种替代解决方案（当然，这是令人放心的），但并非所有解决方案都有相同的成本或承诺同样的经济回报。此外，每一种技术解决方案的成本 / 回报通常不是固有的，而是取决于地理、气象、人口和社会等环境因素，以及能源系统的其他构成，也就是说，取决于并行采用的其他解决方案。

能源是一个复杂的系统，其中各种能源相互作用、补充或有所冲突，从而为最终消费者，至少一部分消费者所使用并改善民生。一个国家或地区或经济体所适用的方案，可能并不适用于另一个国家或地区或经济体。人们需要了解整个能源系统是如何运作的，即对能源和环境问题有全面的认知，才能够根据情况确定可行和适当的解决方案。

读者将在本手册中读到关于各类主要能源的特点、多元能源市场和价格形成机制以及它们之间的相互关系的详细讨论。本手册还涵盖了世界不同地区的情况，从而着重表现不同地理和气象环境下的差异。

本手册所呈现的结构和内容，主要考虑到一个事实，即一次能源与终端用能必须有所区别。一次能源包括各类天然的能源，可转化为可用的能源产品以满足最终用途。2019 年，化石能源占全球一次能源总量的 84%，其中石油占 33%、煤炭占 27%、天然气占 24%。在过去 30 年间，化石能源在一次能源总量中的占比几乎没有变化。化石能源通过精炼或其他化学过程转化为可用的最终产品。此外，化石能源还可用于发电。发电也是其他一次能源的主要利用方式，其中水力发电量占全球一次能源总量的 6.5%、可再生能源占一次能源总量的5%、核能占一次能源总量的4.5%。可再生能源的占比一直在增长，而核能的占比在下降，二者的变化大致能够相互抵消。

2019年，电能占全球终端能源消费的20%，其余的主要是热能或交通燃料。普遍认为，随着便利性和效率的提升，电力在终端用能中的比例将会提高，预计电力将在交通、热能利用和工业等各个领域发挥越来越重要的作用。但是，电力渗透率的提高将是渐进的，因此，未来几十年内能源与电力难以同步发展。

不同地区对一次能源的依赖也呈现很大差异。中东和北非地区几乎完全依赖石油和天然气，其他能源都是次要的；煤炭占亚太地区能源消费的比例接近50%；水电贡献最大的地区是中南美洲（22%）；欧洲最重要的是核能和可再生能源（各占10%）。因此，能源格局在各地区是截然不同的，是由不同的资源禀赋、机遇和政策所致。

当前的能源体系一定会进一步演变。自发明蒸汽机和出现商业能源以来，能源体系一直在不断演变，但演变的步伐必须加快，演变的方向必须转变得更加果断。本手册的策划存在现实和期望之间的妥协。因此，本手册并没有因为实际贡献占比大而特别重视"旧"的能源，但也没有忽视它们。考虑到普遍预计煤炭的重要性将迅速下降，本手册关于煤炭的内容相对较少，而未来几十年将继续在国际能源贸易中发挥主要作用的石油和天然气以及预计未来需求将大幅增长的电力和可再生能源则占用更多篇幅，同时也讨论了目前尚不具有重要性，但未来也可能发挥越来越大作用的氢能、地热或潮汐能。

本手册共包括4篇内容。

第1篇为能源生产与输送经济学，各章分别讨论主要能源品种。

第1章首先介绍了石油和天然气的勘探和生产，即所谓的油气工业上游领域；其次介绍了勘探生产项目的不同阶段，重点强调成本构成和各阶段相关风险的性质；最后讨论了不同税制下的租金分担，并指出了这一资本密集型行业的盈利能力问题。

由于难以事先获知是否存在石油或天然气资源（或两者都没有），勘探活动必须经常进行。此外，以生产石油为主的油田也同时生产伴生气，而以生产天然气为主的气田，也同时有液烃产量，即石油和天然气通常一并生产。然而，一旦举升至地面，石油和天然气的输送就会出现差异。石油易于长距离运输，运输成本相对较低，因此不需要单独进行讨论。

相比之下，天然气的运输成本较高，从而对该行业产生了重要影响。为了降低运输成本，天然气资源往往在靠近产地的地方利用。因此，天然气的渗透率，或天然气在能源供应总量中的比例，在不同国家和地区之间差异很大，取决于当地是否有（或历史上是否有）天然气资源。不过，这并不意味着天然气不能长距离运输，事实上，长距离运输已经越来越频繁。然而，高昂的运输成本导致了不同地区天然气价格的巨大差异，也影响了天然气的相对竞争力和终端需求。天然气既可以通过管道以气态形式运输，也可以通过专用船舶即液化天然气（LNG）运输船以液态形式运输。

第2章重点介绍了上述规模庞大、通常价值数十亿美元的基础设施项目的经济性和商业特征，这些项目的特点是前期投资高，需要在相关各方之间建立复杂的风险分担机制。

通常天然气的重组分已在生产现场被分离，运输的几乎全部是甲烷（CH_4），运输至目的地后并不需要进一步处理。相比之下，石油必须经过炼制才能转化为可用的产品，这取决于不同用途所需的技术特性，如内燃机燃料（汽油或柴油）、航空或船舶燃料、供暖燃料或润滑油等。炼制过程会受到多种因素的影响，包括供应炼油厂的原油质量，炼油厂的配置即可用装置的数量和质量，以及期望的产品结构。

第 3 章具体讨论石油炼制，解释关键工艺及其成本、选址问题。在过去，石油产品往往是在接近需求市场的地方进行炼制，现在的情况则有所不同，石油生产国正在努力向下游炼油和化工行业布局，以获得高于原油生产的附加值。欧洲需求减少和亚洲需求增加已经深刻改变了行业格局，欧洲的炼油厂纷纷关闭，中东和亚洲的大型且先进的炼油厂得到了发展。

第 4 章讨论氢能，从某种意义上说，氢能是后文讨论的碳氢化合物和电力之间的桥梁。氢能不是一次能源，在自然界中无法独立存在，必须利用能源将其分离出来。因此，氢是一种能源载体，而不是一种能源。目前，氢能主要产自碳氢化合物，由于没有进行碳捕集和封存，此过程成为大气中二氧化碳排放的重要来源。相较于作为能源载体，氢能更主要是用于炼油和化工行业。但未来氢能的使用将完全不同，因为氢能可以储存，能够成为热能和电力的灵活来源，而且没有温室气体排放。如果在石油和天然气制氢过程中同时进行碳捕集和封存，则氢将具有成为“脱碳碳氢化合物”的潜力，同时可以利用现有的天然气管网运输。电解水也可以制氢，储存后可以再次转化为电能。因此，氢能提供了一种电力储存形式，这对于将不可调度的可再生能源整合到电网中至关重要。

第 5 章专门论述发电经济学，发电技术的多样性导致这一主题非常复杂。该章介绍了多种发电方式之间主要的经济性差异，强调了每种发电方式的比较优势和劣势。

第 6 章主要讨论化石能源发电，其在全球发电总量中的占比高达 63%，其中煤炭占比 36%、天然气占比 23%、石油占比 3%。该章涵盖了发电的各种技术及其关键经济特征，包括资本支出、操作费用、可调度性、灵活性、地理位置和预期使用年限。

第 7 章讨论占全球发电量 10% 的核能发电。首先介绍了核能经济学的基本原理，包括核能项目运营成本，以及在受监管和放松管制市场中的收益情况；其次对两个具体案例进行深入分析，包括现有核电项目的长期运营和新建核电项目（涵盖成本降低的潜力和小型模块化反应堆的情况）；最后介绍了关于核能在未来脱碳电力系统中的价值的新研究。

第 8 章介绍了占全球发电量 16% 的水力发电。水电是最古老的发电技术之一，是全球最大规模电站的发电方式。尽管新的可再生能源发电技术正在迅速崛起，但水电仍然是全球可再生能源发电的主要构成。该章探讨了水电的经济性及其优缺点，对川流式发电、水力蓄能和抽水蓄能三种水力发电方式的特点进行分析，并展望了未来水电在现代能源系统中的作用。

第 9 章和第 10 章分别讨论太阳能发电和风力发电，共占全球发电量的 10%。太阳能在全球能源结构中所占的比例越来越大。作为一种可再生能源，太阳能将在电力供应的脱碳过程中发挥重要作用。第 9 章从经济学角度概述了太阳能行业，介绍了光伏发电和太阳能光热发电的技术特点，并解释了这些特点会如何影响太阳能的经济竞争力。风能在电力供应脱碳方面也将发挥重要作用，第 10 章从经济学角度概述了风能的经济性，同时强调风能领域的全球趋势，描述了陆上和海上风电的技术特征，并解释了这些特征如何影响技术的经济竞争力。第 9 章和第 10 章描述了作为间歇性能源的太阳能和风能集成到电力系统的方式，并讨论了可再生能源支持计划在促进太阳能和风能项目部署中发挥的作用。

第 11 章和第 12 章分别讨论地热能和潮汐能，目前这两种可再生能源发挥的作用非常有限，但具有相当大的潜力，特别是地热能。地热能正在成为最可靠的可再生能源之一，与传统能源和不可再生能源相比，地热能可持续使用且不破坏生态平衡，因此越来越重要。地热能不仅是一种清洁的可再生能源，而且平准化度电成本较低，具有巨大的发电潜力，因此可能成为本地电网系统的支柱以满足基本电力需求。

前述章节讨论的是发电经济学，但不能脱离输配电经济学，特别是考虑到电网的特点，即需要随时实现供需的瞬时匹配。下面章节将从不同角度来讨论这些问题。

第 13 章着眼于能源网络（电力和天然气）经济学，包括从监管角度的讨论，即电力和天然气行业如何开展市场化竞争，以及由此带来的挑战；该章首先描述了能源网络的物理和经济属性，重点强调了垄断性质对电力和天然气系统的影响。其次回顾了在竞争性能源市场中能源网络的实际情况、网络准入作用发挥、建立何种安排以确保高效的经济成果和所有市场参与者的平等待遇；最后解释了能源网络的准入是如何收费的，以及网络用户如何在网络内进行能源交易。

第 14 章讨论了储能的挑战和机遇，重点关注电池储能的经济性。储能技术包括各种解决方案，用于频率控制、负载跟踪和不间断供电等不同电网服务。

第 15 章介绍了行业耦合的主要特征，通常被称为 P2X，其中“X”可以代表各种应用，如气体（G）、热能（H）、车辆（V）等。这些技术的共同特点是通过将电力转换为其他能源载体，与其他能源网络或行业相结合，从而为电网提供额外的灵活性。

第 16 章讨论了不可调度的可再生能源（即可获得无法由生产商控制的太阳能和风能）并入电网的问题。在低水平部署时，这些技术通常不会引发大问题，但要在每个电力系统中达到较高的发电比例，则需要采取一些措施将其整合到整体的电力结构中。该章回顾了各种可能的方法，并讨论了在保持电网稳定和避免经常性停电的同时，达到不可调度可再生能源的高渗透率水平所面临的挑战。

第 17 章专门讨论了能源投资项目的融资问题，这与每种能源的经济性密切相关。能源项目在规模、风险和潜在收益方面差异巨大，因此需要应用不同的财务模型来为不同类型的项目进行最佳融资。此外，成功的项目融资必须依托不同风险偏好的投资者。维持世界经济的发展需要大量的投资，因此该章回顾了能源项目融资的关键步骤，从项目可行性分析到融资工具和结构的选择。通过对可再生能源和传统能源的案例研究，重点分析了能源品种和特定项目的其他特征如何影响融资，并在最后强调了能源领域正在发生的创新。

第2篇为能源交易与价格发现经济学。能源市场的组织和价格发现过程必然反映其技术特征，包括需求和供给的弹性、运输/输送的便利性、储存和跨期套利的潜力、一种能源来源/形式对另一种能源来源/形式的替代潜力。在此基础上，形成了组织结构和契约结构，从而形成了价格发现过程，并最终确定了市场价格。

第18章讨论原油贸易与价格发现。原油是目前存在最广泛的国际贸易商品。尽管原油价格在21世纪10年代后半期有所下降，但原油在国际贸易中仍占很大比重，随着2021年以来油价上涨，原油的贸易占比进一步增加。原油价格是衡量全球经济状况的一个常用指标。但全球石油市场的组织结构非常特殊，由于油品质量差异对价格有重大影响，因此交易需要参考实物原油基准，这些实物原油基准的可得性和质量也会随着时间的推移而变化。此外，无论是海运还是陆上管道运输，也都深刻影响原油实物贸易。时间维度反映了组织运输导致的延迟，从而产生了对冲的需求，这反过来又推动期货（或石油纸货）市场的建立。期货市场迅速发展，已成为主要的价格发现场所，众多辅助市场连接起不同的合约，导致进一步金融化。这都意味着，原油价格不像当地市场上的土豆价格那么简单，只有理解原油价格的复杂机制和相互关系，才能有效地解释其每日波动。

第19章讨论石油产品定价，这显然不仅反映了基础的原油价格，还反映了每种产品的生产和使用特性。需要记住的是，所有产品都来自炼油厂的产品组合。如第3章所述，炼油厂的装置可能有很大差异，但这种情况短期内不会改变，因此在任何时候都可能会造成单一产品的供需失衡。该章解释了1桶原油的碳氢化合物构成，以及炼油过程如何分离、处理和精炼混合物，以提取所需的可用产品。该章着眼于原油性质，以及这些性质对处理和运输意味着什么，解释了不同类型的炼油过程，从初级蒸馏到重整，再到裂化和焦化，并描述了炼油的产品范围以及每种产品的用途。

第20章讨论天然气交易与价格发现。随着时间的推移，国际市场中的天然气定价发生了根本性的变化，从主要根据每份长期合同特有的公式与原油或石油产品价格挂钩，到越来越依赖于天然气市场的竞争，以及出现交易实物和金融产品的天然气交易中心。该章解释了传统天然气生产商坚持与油价挂钩的原因，并分析了历史上天然气合同的主要特征。过去10年，与油价挂钩一直是国际天然气贸易的支柱，但在一些地区这种共识已有所削弱。除欧洲和北美，亚洲也在逐步提高交易中心定价的占比，尽管其在建立天然气中心方面仍然落后。该章得出的结论是，虽然更为灵活的LNG具有全球影响力，促进了全球市场的进一步趋同，但天然气价格仍然是区域性的。

第21章讨论国际煤炭贸易，介绍了全球和区域煤炭生产、消费和贸易情况。考虑到中国在煤炭市场中的主导地位，该章详细描述了中国煤炭供应链的地理分布，介绍了地质和开采的概念，以便更好地理解煤炭的品质和等级。与其他化石能源相比，品质和等级在煤炭交易和定价中发挥着更重要的作用。同时从历史视角分析了国际煤炭市场演变，并描述了当前市场状况，该市场充满活力和流动性，煤炭的品质更加多样。

第22章论述电力交易。电力交易受制于不断平衡的电网，这意味着批发价格不断变化，以反映不断变化的供需平衡。因此，在竞争市场中，电力交易的时间间隔越来越短，例如每15分钟进行一次新的拍卖，在某些市场中每5分钟就进行一次，而且会提前一天进行。在描述了批发电力市场的功能并关注衍生品和现货市场之后，该章分析了其主要特征，如交易场所、交易产品、规则和过程，及一些可以观察到的关键趋势。展望未来，随着市场结构和监管框架不断演变以实现雄心勃勃的气候目标，并保持有效的投资激励和供应安全，世界各地的电力系统将会经历新生，且伴随深刻的变化。

人们日益关注气候变化，并且相信这是由与温室气体排放的负外部性相关的市场失灵造成的（通常不要求排放者为此付费），因此出台了纠正这一问题的政策，并对排放者征收费用。这可以通过征收碳税，即对每吨二氧化碳排放当量征收固定价格，或建立碳排放配额市场来实现。第23章探讨了碳定价的概念，特别关注通过碳排放交易体系进行的碳交易。首先概述了总量控制与交易机制的主要设计方案，并将欧盟碳排放交易体系的经验作为此类制度运作的现实案例，全面研究了欧盟碳排放交易体系的历史，解释了该体系的主要挑战和优势，及其作为世界上最大的碳排放交易体系的启示。基于欧盟的经验，该章分析了其他主要的碳排放交易市场，强调了不同体系间相互连通的潜力，以及基于《巴黎协定》第6条建立国际合作机制的前景。

第24章讨论了为提高市场竞争性，以削弱一个或几个参与者的市场支配地位，而打破纵向一体化行业结构的过程。能源市场的改革和市场化产生了好坏参半的结果。虽然批发市场的设计和竞争已经成熟，但零售市场的竞争却没有变化。该章基于全球化的案例，探讨了能源市场分拆成功与失败的原因。从监管的角度，讨论了能源市场的新趋势和政策，包括投资者的积极参与、技术创新和可再生能源的增长。

第3篇为全球能源趋势。本篇聚焦全球能源趋势和其他横向议题，这些议题将在塑造未来几十年的能源格局中发挥关键作用。

第25章试图厘清经济状况和能源转型之间的多重交互作用。显然，预测这种交互作用的平衡所产生的实际结果，是极其困难甚至难以做到的。这在很大程度上取决于需要脱碳的经济体的特点，特别是其目前的能源结构、能源需求的增长率、可用的能源资源和脱碳的机会等，所有这些参数都因国家而异。此外，还在很大程度上取决于具体转型路径，特别是转型的预期速度。该章特别强调了将资源从消费转向投资的必要性，以及随之而来的资本产出比率的提高，这也将影响收入分配。

第26章探讨了能源需求驱动因素，这是经济和能源关系的一个方面，另一个方面是能源供应如何影响收入。该章回顾了能源的所有最终用途，并讨论了收入或经济增长与能源需求之间的关系可能演变到何种程度。能源需求的增长速度低于国内生产总值的增长速度，但这两者间的弹性能降低到什么程度？有没有可能变为负相关，即收入增加而能源需求减少？

第27章讨论了能源补贴，这种补贴在经合组织和非经合组织国家普遍存在，且适用于所有能源品种。各国政府经常以高尚而正当的理由出台并维持各种能源补贴政策，但实际上能源补贴政策往往复杂得多。各国政府试图通过同时实施几种能源补贴来平衡能源不可能三角，这导致了在能源生产和消费领域，普遍存在关于补贴的复杂政治、经济问题。当想调整某些政策重点时，强大的既得利益集团将对政府决策施加影响，逐步取消现有补贴在政治上就很困难。该章深入探讨了对化石能源消费、生产以及对可再生电力的补贴，包括补贴的类型、规模、目标和政治性。

能源可及问题是本手册重点关注的议题，将在第28章中讨论。提供负担得起的现代能源服务是消除贫困和减少不平等的一项关键要求。正因如此，联合国将确保人人获得可负担、可靠、可持续的现代能源纳入其2030年可持续发展议程的核心，即可持续发展目标。数以亿计的人，特别是在撒哈拉以南非洲生活的人，仍然无法获得用于烹饪的现代能源或电力，在这样的条件下，如何提高收入仍是关键问题。对于能源转型，至关重要的是要实现普遍能源可及的战略目标。

第29章探讨了可能对能源格局产生颠覆性影响的新兴技术。颠覆指的是完全打破一个行业的传统运营方式，例如引入新技术或新标准。过渡时间越短，越具有破坏性。历史表明，由于新技术的扩散过程相对缓慢，能源行业的突然巨变是非常罕见的。然而，该章认为一些新技术可以做到，特别是在乘用车电气化以及提高电力在最终用途的渗透率方面。

第30章所探讨的数字化是另一个可能对能源格局产生颠覆性影响的因素。以前的能源转型很大程度上是由新能源的开发推动的。相比之下，除了能够降低传统能源和可再生能源的供应成本，数字化还具有变革性，能够发挥需求侧的作用，促进能源系统向更加集成、高度灵活和以客户为中心转变，最终开启社会的深度脱碳。这种转变也伴随着风险，包括网络攻击增加、隐私受到威胁、能源消耗增加、现有业务关系中断等。

第4篇为地理视角下的能源与经济。该篇用6章专门讨论了区域能源格局的差异，这些差异深刻地影响了能源转型，证明了世界需要以多元的模式探讨转型问题，而不能假设一个适用于全世界的统一转型模式。

各地区在是否能获得一次能源方面存在显著差异，一些地区/国家的煤炭或石油和天然气资源特别丰富，而另一些地区/国家能够大规模发展水力发电，或气象特征特别有利于发展风能或太阳能。这些差异不容忽视，它们决定了现有全球能源结构中的既得利益，也鼓励各地区开发创新性的解决方案。

当然，历史也发挥了巨大的作用，能源结构具有巨大的惯性，过去的决定会在很长一段时间内产生影响。如水电或核能等能源有着悠久的历史，且受到政治和军事的深刻影响。

自第二次世界大战结束以来，各地区之间的收入水平差距一直在缩小，但仍然很大。印度次大陆或撒哈拉以南非洲的人均能源消耗仍然比发达工业国家低一个数量级。本手册已提到普遍能源可及非常重要，但仅仅是获得能源仍然不够，如果不缩小人均能源供应的差距，就不可能消除巨大的收入差距。人均能源匮乏的国家的发展重点，不可能与那些几个世纪以来一直是主要消费国和温室气体排放国的国家相提并论。

本手册并未详尽地描述能源地理的全貌，而是分析了有限且关键的案例。第31章探讨中国的能源与经济。中国是目前最大的温室气体排放国，且能源生产和需求绝对值增长较快。尽管中国国内拥有丰富的煤炭、石油和天然气资源，但中国是石油和天然气的主要进口国，这使其在能源供应安全方面较为脆弱。在中国经济扩张的过程中，其能源政策一直致力于确保以可负担的价格向终端用户提供充足的能源供应，更倾向于使用行政手段而非市场机制来调节供需。然而，随着中国经济结构从重工业转向消费服务业，其能源需求和选择正在发生变化，市场的作用正在扩大。目前中国能源选择对环境的影响已经成为一个社会问题，但同时也是行业的机遇。

第 32 章探讨俄罗斯的能源与经济。俄罗斯是最重要的天然气出口国，也和美国、沙特阿拉伯并列为 3 个最重要的石油生产国。俄罗斯的一次能源消费量和碳排放量居世界第四位，并且仍坚持“一切照旧”战略依赖化石能源。由于其国内的利益相关者普遍对全球气候变化问题持怀疑态度，俄罗斯能源行业的脱碳还未提上议程。能源价格相对较低叠加资本成本较高，导致俄罗斯国内生产总值对能源的依赖度仍然很高。太阳能和风能在该国能源结构中的比例微不足道，预计到 2040 年也不会超过 1%。未来几年俄罗斯面临的挑战是为能源行业发展制定新战略，即使没有气候变化的影响，受 2019 年新冠肺炎疫情爆发、全球竞争日益加剧、技术孤立日益严重和金融限制，以及 2022 年 2 月以来乌克兰危机的影响，俄罗斯能源行业已经进入高度动荡时期。

第 33 章探讨中东和北非地区的能源与经济。中东和北非是油气资源最丰富的地区，但这些资源在各国之间的分布非常不均衡。正因如此，该区域的机会和前景更为多样化。该地区大多数国家仍然极度依赖化石能源，清洁能源替代发挥的作用非常有限；同时，该地区在能源效率方面的进展也落后于其他地区。在阿拉伯最不发达国家，能源供应仍存在困难，严重阻碍了社会经济发展。

第 34 章讨论撒哈拉以南非洲的能源与经济，其能源经济发展存在悖论。虽然该地区拥有得天独厚的能源资源，长期以来一直发展油气行业，但大多数人口仍难以获得能源，特别是电力，这阻碍了该地区经济和社会的发展。几十年来，各国政府以及国际发展机构和经济体的主流观点认为，开发非洲能源资源将使各国具备实施发展战略的财政工具，从而促进非洲大陆的经济增长。但不幸的是，现实似乎更加惨淡，因为撒哈拉以南非洲的大多数能源生产国在经济发展方面表现不佳，受到所谓的“资源诅咒”困扰。作为非洲大陆主要的石油生产国，尼日利亚生动地展现了这种情况。然而，近期出现了一种新的思路，即重点关注人口的能源可及。受此影响，整个非洲大陆都采取了新的举措以促进当地居民能够获得能源，这被认为是经济发展的一个关键动力。

第 35 章讨论北美洲的能源与经济。北美的人均能源消费水平是欧洲或日本的两倍，因此，能源效率问题极其重要。美国和加拿大的高能耗对气候政策目标以及寻找化石能源的替代品都形成了挑战，同时面临着巨大的公众压力。墨西哥将更加关注经济发展和能源供应。美国将继续强调能源创新，主要由研发方面的公共投资和商业应用方面的私人投资推动。

第 36 章讨论欧洲的能源与经济。欧洲想要占据脱碳和能源转型的道德制高点，但仍存在争议，且结果也不完全符合预期。民意虽然发挥了重要作用，但在方向上却相互矛盾，绿色发展和民粹主义的政治支持力同时上升，导致了各国的犹豫和不同发展重点。在欧盟内部，已经逐渐在许多重要方面达成了共识，不过在关键议程上仍然存在很大分歧，例如核能、碳捕集和封存以及天然气等。欧盟制定了一个基于三大支柱即供应安全、竞争力和可持续性的能源政策框架，目标是解决3个不同的重点，包括竞争力（可负担的价格）、安全（能源供应）和可持续性（清洁能源）。短期内这三大支柱似乎追求相互矛盾的目标，但从长期来看，三大支柱被认为趋于统一。该章旨在分析这些不同目标如何成为欧洲能源政策和经济的关键驱动力。为了说明这一点，该章还介绍了5个案例研究，包括英国、意大利、法国、德国和波兰。最后，该章介绍了《欧洲绿色协议》，其最终目标是到2050年实现碳中和，并分析了碳中和目标下欧盟经济进行的重大转型，以及与之相伴的一些内部和外部摩擦。

本手册是众多作者合作的成果，他们来自不同的机构，有着不同的背景和观点。本手册没有试图消除意见和结论方面的分歧，因为能源的未来有多种解决方案，读者应该了解到所有观点。

正如开头所述，现有多种替代技术解决方案，可以为未来提供丰富且用得起的能源。对于不同国家和地区，由于结构上的差异以及不同的优先事项和政策，最终占主导地位的能源组合可能会呈现差异。无论如何，只有充分了解技术和经济方面的机遇和局限，才能作出理性决策。对于某些问题，平衡专家、政治家和广大公众之间的关系很棘手，而能源问题就是其中之一。

本手册是能源行业、国际组织、政府以及学术界工作的编辑们长期实践经验的结晶，希望能够为能源专业人士、政治家、学者和学生以及更广泛的公众更好地获取信息作出微薄贡献，从而促进更合理的能源政策被采用。

曼弗雷德·哈夫纳（Manfred Hafner）
贾科莫·卢西亚尼（Giacomo Luciani）

目　录
Contents

第 1 篇

能源生产与输送经济学

第 1 章　石油和天然气生产经济学

纳迪娜 · 布莱特 · 鲁佐 [①]

1　概述

石油和天然气的勘探开发指的是对沉积盆地进行勘探以发现油气藏、开发油气田、生产油气以及生产结束时的回填弃置。

石油和天然气产业是资金高度密集型行业，以百万美元单位作为计量，很多项目的预算都超过 10 亿美元，虽然有各种各样的风险，但是也有潜在的高收益作为回报。

油气产量能否满足市场消费需求取决于多个行为主体，每个主体都有清晰的角色定位，其中最重要的三个主体是：资源国政府、石油公司、承包商。

除了这些重要主体，还必须有银行和保险公司的参与，以便获得融资，同时还需要专业机构讨论并分析所面临的挑战，找到应对挑战的最佳解决方案。

除此之外，资源国当地居民也逐渐确立了自己的地位并获得了影响力，尽管时至今日，在一些国家，当地居民所能使用的手段仍然有限。

2　主要行为主体

2.1　资源国政府

除了美国允许土地私有之外，一般而言，国家是包括油气在内的所有地下资源的所有者，控制着与石油有关的活动，扮演着公民利益保护者的角色，尤其是可以授权公司进行油气勘探开发，或者在法律中加入一些本地化要求，如雇用本地专业人员，在本国制造某些设备，或者在本地注册公司。

依据不同的地下自然资源所有权法律规定，参与油气投资的方式有两种：

直接方式：矿业权持有人作为土地所有者（美国允许土地私有）直接勘探并生产石油和天然气，或国家通过国家石油公司直接勘探并生产石油和天然气，无论该公司是否具有法律垄断地位，例如沙特阿拉伯。

---

① 纳迪娜 · 布莱特 · 鲁佐（N. Bret-Rouzaut），法国石油研究院（IFP School），巴黎政治大学国际事务学院。译者注：全书此处仅做简要说明，各章作者详情见“撰稿人简介”部分。

间接方式：国家作为矿业权持有人并凭借其权力，在法律框架和适用的财产协议及合同框架下，指定由谁进行油气勘探和生产，这种协议可以是矿税制合同、产品分成合同，少数情况下还可以是服务合同，对此，后文会详细解释。

在油气行业，通常由油气管理部门代表国家行使权力，例如石油部、能源部、矿业和地下资源部等，各国名称不一。另外，其他部门也参与其中，比如财政部以及负责安全、环境、劳动力等的部门，如果是海上油气田，负责鱼类资源的部门也会参与其中。在一些国家，特设的国家代理机构会协助政府部门管理石油事务，例如，挪威石油管理局为政府部门提供高水平的专业技术支持。

2.2 石油公司

石油公司可分为不同类型。第一类通常称为独立石油公司，介于一体化和非一体化公司之间。一体化公司拥有从油气勘探开发到产品销售至最终消费者的全产业链业务。垂直一体化公司通常被认为有能力创造更多价值，因为除了上游即勘探开发业务利润之外，还增加了下游即炼化销售业务利润，而且能够在价值链的某项业务遇到困难的情况时提供缓冲，例如当原油价格高企时，下游会面临油价升高导致成本增加的挑战，但上游利润却会增加。

相比之下，独立石油公司仅涉及产业链中单一环节，即本章中探讨的上游业务，这类公司在将生产的油气卖给与自己无关的买家之后就完成了业务。与一体化公司相比，独立石油公司的规模要小得多，而且通常是风险偏好型勘探公司。

第二类需要区分的是国家石油公司（NOC）和国际石油公司（IOC）。政府是国家石油公司的最大股东或唯一股东，而国际石油公司在多个国家拥有资产，其股票在证券交易所交易，例如埃克森美孚、壳牌、bp、道达尔等。

通常不同类型的公司会通力合作，事实上，由某一公司单独开发一个油田而没有其他公司参与的情况非常少见。油气勘探风险非常高，而获得商业发现的概率并不高。石油公司通常组成合资企业（Joint Venture，JV），每家独立的公司倾向于在多个许可中持有不同比例的权益，而不是集中投资几个勘探圈闭，以免把所有的鸡蛋放在同一个篮子里。同一个项目的众多参与者通过签订联合作业协议（Joint Operating Agreement，JOA）开展合作，确保合作合同的履行。当国家想直接参与作业时，国家石油公司也会是合资企业的一员，根据其持有的权益，国家石油公司和其他参与者享有同等权利和义务。

联合作业协议规定了合同各方的共同责任，包括每一个参与者适用的法律和财税条款、融资规则、成果共享以及联合管理委员会决策规则等。生产作业由扮演作业者角色的公司发起、准备并执行，作业者的职责必须在联合作业协议中明确。作业者同样作为合作伙伴的代表与各方交流，尤其是在与政府相关的各种活动中。如果合作期间无法达成一致，通常由作业者作出最终决定。但有时一些伙伴也会决定“独担风险”，即为某项其他伙伴不想参与的作业承担全部责任。

2.3　承包商

在过去，石油公司自己完成设计、规划以及油田勘探开发中的工程建造工作，因此必须拥有地震采集、钻井设备以及作业所必需的人员队伍。20 世纪 80 年代以来，石油公司逐渐作出重新聚焦在核心业务的决定，并向油田服务公司外包非核心业务。石油公司已经在内部分工和外包之间反复摇摆多次，但总的趋势是把越来越多的业务外包出去。承包商承担了大量被石油公司转包的工作，包括地球物理服务（地震资料的采集、处理和解释）、钻井及相关服务，以及工程建造等，例如水下安装（海管铺设）、平台（船体）建造等。除此之外，还涉及大量的服务提供商和工程公司，其中服务提供商主要包括工具制造商（地球物理服务工具和钻井）、金属加工建造商、机械工程承包商等。对于这些公司而言，它们的共同点在于都是石油工业的服务公司，是第一、第二或者第三层级的服务商。

在过去，油气行业承包业务发展通常与当地油气资源开发并行，如在美国、英国、挪威等国。近些年来，中国公司进入该领域并迅速获得可观的市场份额。尽管如此，美国仍是重要的油气工业国，已形成强大的石油相关产业，使得一些公司如今处于领先地位，例如创始于法国的斯伦贝谢或者哈里伯顿。勘探、开发和生产作业涉及许多高度专业化的能力要求（比如司钻、泥浆专家、直升飞机、驾驶员等），因此石油公司必须签署多项合同（一项合同对应一家服务公司），这是一个长期且管理密集的过程。为了克服这些缺点，石油公司更愿意只与一家公司打交道，签署整体外包服务合同。

面对这样的需求，在 20 世纪 90 年代初，承包商通过外部扩张开启了重大的行业结构调整进程，出现了很多并购交易，行业得到整合。

3　从勘探到生产的不同阶段

3.1　勘探阶段

勘探是为了发现油气藏，包括三个专业领域：地质、地球物理和钻井。

3.1.1　地质

第一步，地质学家在大量区域地质背景研究的基础上，明确可能具有油气藏的特定区域。

第二步，地质学家开展地质调查，以确认是否存在常规油气形成的三个必要条件。

（1）百万年前产生油气的烃源岩。

（2）由于其孔隙度特性可能在其中积聚了油气的储层。

（3）能够使积聚的油气保留在储层岩石内部的非渗透性上覆盖层。

第三步，研究地表地形特征以推断下覆地层的形成和结构特征。如果这个地区岩层成熟度高，即已经证实存在油气，地质学家就会利用公司数据库或者公共机构现有的信息资源，以不同比例尺地形图的形式合成并呈现所有获得的资源信息。但是，对地表地形特征的认识不足以推断下覆地层的性质，在被覆盖的区域，什么也看不见，因此必须使用地球物理勘探方法。

地质研究的成本难以估算，整个上游产业链都需要地质学家，相关费用与其他费用合并处理。

3.1.2 地球物理

地球物理服务包括对下覆地层物理特性进行探测，并对结果进行地质解释，基于3种基本方法，包括磁法勘探和重力勘探，而最主要的是地震勘探。地震勘探是将弹性波送入下覆地层，通过岩体传播，然后在某些代表地质不连续的界面上发生折射和反射，像回声一样，反射波随后反射到表面并被传感器记录，如陆上检波器、海上拖缆中的水听器，从而将地面震动转换为反射波传输到实验室以电压形式记录。地震记录将被地球物理学家校正，然后经大功率计算器处理以提升信噪比。

地震记录提供了一个很好地展示地下地层构造特征的方法，包括地层倾角、连续性、褶皱等，可以使位置可见的可能圈闭成为潜在的钻探目标。

地震采集费用一般包括现场资料获取费用、数据处理费用、解释费用（地震采集结果的分析和解释以支持决策）。

海上地震数据的获取比陆上容易，这是由于船舶在海上各方向上的移动都比较容易，可以以较低的成本覆盖较大的面积。

与采集一样，常规地震处理外包给服务公司。处理费用一般远低于资料获取费用。一旦获取地震数据并进行了处理，就必须将其转化为决策者可以利用的信息。数据的处理必须在专家的支持下进行，这些工作转化为人员和IT成本，每次花费几十万美元到数百万美元不等。

地震活动费用通常从几百万美元到数千万美元不等，这取决于资料获取的难度、盖层的类型和覆盖的区域，通常以每平方公里的单价计算。这些费用与当地服务公司之间的竞争激烈程度有关，在某些国家，地震采集合同的授予需要竞标。

正是由于地质研究和地震数据，使得评价勘探潜力成为可能，并最终作出钻探决定。只有通过探井直接钻入储层，才能确定油气的存在。

3.1.3 钻井

钻井的目的是通过在几千米深的地层钻孔以钻入目的层。油气田通常在地表以下几千米，但从来不会超过8000米。即使油气运移到更深地层，那么很可能已经被压力和温度完全摧毁了[①]。最常见的钻井技术是用旋转的钻具——钻头来冲击岩石。司钻必须时刻保证井内压力与所穿透的地层中的压力保持平衡。钻井工作以每小时几米的速

---

① 译者注：随着认识和技术不断进步，中国塔里木油田已经证实在8000米以下可以孕育油气藏，该油田钻井井深已突破10000米。

度进行，随着深度的增加越来越慢。钻井过程经常被各种困难以及定期更换钻头时必须升起整个井柱而打断。

与陆上钻井相比，海上钻井最主要的特点是钻井平台必须安装在海上，在浅水区域可利用导管架安装在海床之上，在深水区域可利用半潜式或者浮式钻井船，钻井结束后相关设施被移走。

无论钻井是否获得发现，该项工作都以岩心、岩屑等形式为地质学家提供重要信息。

钻一口勘探井通常需要 2~6 个月，取决于井深以及钻遇地层的硬度，70%~75% 的成本与钻探持续时间成正比。另外，在资料缺失的区域钻井，只有 20% 甚至更低的概率能够获得商业发现，这意味着即使没有获得商业发现，石油公司也必须把所有钻井费用计入成本。

钻探的成本高于地质—地球物理服务的成本，是勘探项目的主要成本。向承包商租赁钻机的费用占整个钻井成本的 20%~40%。根据钻机性能，钻机日费差别很大。钻机的选择取决于井深，海上钻探还要考虑钻机所在位置的水深。钻机利用率是石油公司的钻井需求与可用钻机数量的比值，会随着原油价格变化波动，同样会导致日费波动较大。

钻井成本必须加上监督工作的费用、耗材（套管等）的费用以及钻井所需的其他设备和专家的费用（物流、泥浆、测井等）。最终，钻一口井将花费几百万美元到数千万美元不等。即使钻井时间一样，海上钻井费用也通常是陆上钻井费用的 3~5 倍，在一些特殊区域钻井以及一些超深井的费用或超过 1 亿美元。

3.1.4　勘探投资

勘探投资包括地震、地质、地球物理解释、钻勘探井以及测井的费用。

根据定义，勘探投资是在商业发现之前发生的，因此对公司的财务状况产生直接影响，主要体现在以下两个方面：

（1）只有在有商业发现的情况下，勘探费用才会被“回收”；然而，勘探项目成功的概率只有 10%~30%。

（2）勘探费用只能通过股权融资获得，鉴于勘探失败风险高，银行不会将资金借给石油公司进行勘探。

勘探投资变化幅度很大。在勘探失败时，可能仅限于地震活动和干井的成本，在这种情况下，石油公司计为财务损失，即使该勘探活动获得了关于所研究区域的更多信息。勘探投资以每桶油当量的单价表示，即用勘探投资总额除以发现的资源量。根据地区和时间的差异，勘探费用一般在 2~5 美元 / 桶油当量。

3.2　开发阶段

当勘探获得发现时，下一步就要确定储层边界并进行储量评价。开发阶段提供了更多的信息以证实发现，并更准确地评估储量（可采的油气数量）和生产条件。经济评价是对技术评价的补充，以回答一些基本问题：油气田是否具备商业价值？是否应该开发？如果是，按照什么方案开发？是否很好地契合了公司的战略及财务资源？

一旦决定将油田投入生产，就必须进行开发，也就是说，开发油气田所需要的所有设备都必须到位，包括运输网络、生产设施、处理和计量设施、新钻井等。

3.2.1 开发钻井

和勘探井不同，钻开发井是一种重复性作业，钻井时间更容易规划，通常更容易控制成本。平均来看，因存在学习曲线，钻开发井要比钻勘探井更快。

除了钻井时间，还要考虑将生产区连接到钻孔所需要的完井时间。完井工作必须确保井壁安全。虽然目前绝大多数勘探井或探边井是垂直井，但生产井往往采用分支或水平钻井技术，特别是当钻井区域无法进入，如靠近城市或在海上时，或受限于平台数量有限、储层厚度较薄、储层渗透性较差等。当想要同时生产同一储层的不同区域时，也可以使用分支井。

开发井费用和勘探井大同小异。一方面，井需要配套装备才能高效生产，因此存在额外的成本；另一方面，得益于经验，开发井钻得更快。以水平井为例，成本比直井高 20%~30%，但反过来，水平井的生产能力有时会提高 3 倍。环境约束也会对开发井成本产生影响，为了遵守相关国家的环境保护法规条例，需要处理钻井废物，如岩屑或各种液体，从而增加钻井成本。

3.2.2 浮体

在海上，所有的设备都必须安装在浮体上。在浅水区域，可以用固定式结构如导管架，但是当水深超过几百米时有三种选择：

（1）半潜式生产平台，通过锚链固定在海底以保持位置不变，船体大而深，重心低，稳定性好。

（2）单立柱式生产平台（SPAR），一种由实心圆柱体或圆柱体与带锚链的系泊系统组成的结构。

（3）浮式生产储卸油装置（FPSO），最初是改造油轮用于储存和装卸原油（FSO），随着可用的油轮数量变少，就建造新型船舶。由于可以独立生产，FPSO 越来越多地应用于深海等没有外输网络的国家和地区，比如巴西和西非地区。

根据所选择的不同结构形式，开发阶段必须建造浮体并安装。

3.2.3 开发投资

开发投资包括钻井投资，如生产井和注水井，以及分离处理设施、储罐、泵和计量设施、外输系统（管道和装载终端）等在内的生产设施投资。

除小型卫星油田等开发非常迅速的边际项目外，全部开发过程一般持续 2~4 年。

在油田开发过程中，开发投资可能高达数十亿美元。识别和评估开发项目的关键参数对合理确定项目盈利能力至关重要。一些参数，例如油田位置、目的层深度、海洋气象条件等对项目投资有很大影响。开发投资占到项目总支出的 40%~60%。

所处地区不同，开发投资差异很大。大多数情况下，开发投资约 7～15 美元 / 桶油当量，但是在复杂地区，开发投资会高出很多。

3.3　生产阶段

受毛细管力作用影响，储层中的油气并不可能全部开采出来。通常情况下，气藏的 80% 和油藏的 30%～40% 能够开采出来。产量随着时间的推移先是上升期，然后是稳产期，可以维持几个月到两三年（大型油田或更长），最后是一个递减期，直到油田弃置。

在开发过程中，储层压力下降，降低了油气特别是原油的喷发能力。最初，油井能够自喷生产（无须增压），直到含水量变得过高。自喷生产的一次采收率一般在 25%～30%，大多时候该产量不足以支持油田的商业化开发。因此在生产一定时间后，出于经济性考虑要实施辅助手段以提高采收率，应用最为广泛的如注水增压或注气。这些方法能将采收率提高到 40%～60%。为了更进一步提高采收率，可以使用所谓的三次采油，如化学驱油或热采的方法，以改善储层物性、减小流动阻力。三次采油能额外提高 5%～10% 的采收率。然而，所有这些方法都有成本，需要验证这些措施能否增加盈利。这还取决于开发该油田的公司的特点：大公司往往面临更高的成本，并可能将处于生产末期的油田剥离交给更小、更灵活的公司。

对于页岩油气，地层的孔隙度和渗透率较低，需要水力压裂，即利用高水压在储层中制造裂缝来开采油气。沙子或者石英砂等保持剂的注入能使这些裂缝保持张开状态。但由于这些地层产能下降很快，因此需要不断打新井和压裂以维持产量水平。

勘探和开发投资之和构成总资本支出（CAPEX）。

操作费用（OPEX）被定义为与生产设施运营相关的所有费用，可以分为四类：

（1）固定费用（与产量水平无关）和变动成本（与产量成正比）。

（2）直接费用（生产、修井、检验、物流、安全）或间接成本（技术支持、总部人员）。

（3）根据费用性质，包括人员费用、燃料等能源消耗费用、通信费用、租金、服务费用、维护合同费用。

（4）根据对象，包括生产、维护、安全费用等。这种分类使得成本核算更加贴近经营者的目标。

由不同油气田的开发难度、油田规模、地理位置（陆地或海洋）、区域（沙漠、丛林、极地、温带等）等存在差异，油气田操作费用差别较大，通常约 7～15 美元 / 桶油当量。

一般而言，运营 / 操作费用与开发投资的数量级相同，但有一个主要区别，即开发投资必须在油田尚未投产、还没有现金流入的时候提供，而操作费用则由销售收入支持。无论如何，控制、操作费用是作业团队每天关注的问题，他们必须确保在完全安全和最低成本的情况下达到最优生产水平。按主要成本科目分类的不同成本结构见图 1.1。

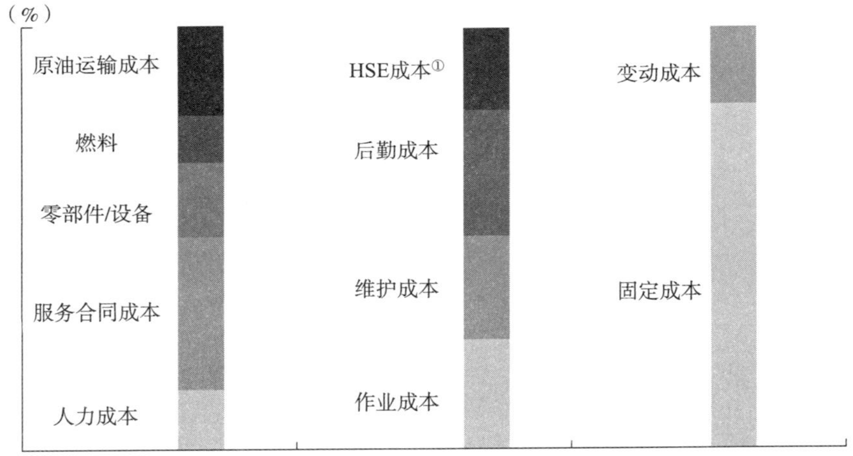

图 1.1 按主要成本科目分类的不同成本结构

资料来源：由三叉戟能源（Trident Energy）埃里克·德斯库尔蒂厄（Eric Descourtieux）提供。

3.4 弃置和生态修复阶段

在经过 15~30 年的生产之后，油气田达到了经济开采的极限，油气田生产设施需要弃置；如果是在陆上，还需要进行生态修复。这些作业可能对石油公司非常不利（拆除海上平台的成本与其安装成本基本相当），特别是当发生在石油公司不再有现金流入的时候。因此，有必要在经济评价中考虑和计提这些成本。

3.5 技术成本

技术成本定义为从勘探到弃置的总支出，即勘探投资、开发投资、现有设施运营维护费用、弃置费用之和。这些不同类别的成本在各自项目中的权重因项目不同而不同，但可以通过其占项目总支出的百分比来衡量：

（1）勘探投资占 5%~10%；

（2）开发投资占 35%~45%；

（3）生产作业费用占 35%~45%；

（4）弃置费用占 5%~10%。

石油公司会对这些成本进行优化，以达到最高的盈利。例如，租赁而不是购买生产平台有时可以减少开发投资，但会增加操作费用，这可以减少开始生产前的投资，在生产阶段每年支付租金。这种优化是以最大可能地创造价值为目标。最后，每个项目总支出差别很大，但一般约 10~35 美元 / 桶油当量，海上项目高于陆上项目。海上油气生产面临的技术挑战以及复杂的流程是造成差异的主要原因。

石油公司必须同时追求两个目标，即在不危及油气田正常生产的前提下，尽可能

① HSE 成本，即健康安全环保方面的支出。

提高产量并降低成本。

在成本的演变过程中，有两个因素起着基础性作用：

（1）技术和组织创新；

（2）经济活动水平，更具体地说是石油价格。

关于第一个因素，石油工业在技术选择上相对保守，倾向于使用成熟的方法来降低因使用新技术导致油田推迟投产的风险。然而，一些公司总是时刻准备着创新，特别是当创新可以带来显著收益，或当开发中的技术参数显示需要新的解决方案时。在研发方面，为了应对石油公司越来越多地采用外包模式，承包商在国际石油市场中扮演了更为重要甚至不可或缺的角色。

如今，很大一部分创新成果来自海量数据的获取，这让更可靠的解释和更好的预测成为可能（例如油价），或者通过远程管理优化投资，例如海上平台规模缩小到最低限度，只容纳少数人，大部分团队留在陆地上，通过远程连接访问所有必要的数据，维持正常开发。

但创新并不局限于技术领域，成本降低也可以通过组织创新来实现，特别是在流程方面。石油公司在重新思考项目的组织以优化每个环节，在不影响安全、不损害环境的情况下，尽可能消除冗余，利用连接到现有设施的可能性，发挥协同作用，这些做法越来越成为驱动优化的核心。

在油价的影响下，成本会根据地球物理服务、钻探、建造等各环节的市场情况（需求与供给的平衡）而变化。例如，平台价格对原材料成本（特别是钢材）、平台建造公司工作量以及施工场地可获得性很敏感。对于同一类型的平台，市场情况不同，其价格会有 20%~30% 的差异。一个安装场地可能愿意接受仅能覆盖其运营成本的低价，以避免在需求较低的情况下停产。相反，在市场过热的情况下，当订单接近满额时，供应商和制造商有能力与出价最高的商家进行谈判和签约。在授予各环节的工作合同时，保持承包商之间的有效竞争，有助于降低项目的最终成本。因此，成本与油价之间存在相关性：当油价较高时，石油公司能从其生产过程中获得充裕的现金，因此更愿意投资；由于它们在同一时段都有相同的决策，市场会迅速收紧。当油价较低时，会出现相反的情况。

无论是承包商还是生产商，成本控制都是优先事项；它们必须设置工作规范，以确保参与项目的各个实体之间（无论是客户还是公司财务部门之间）可以进行严格的预算监控和持续的数据交换。

4 产权协议

出于对国民利益负责，国家拥有地下自然资源（美国的私有土地除外），授权勘探和开采油气，并控制油气生产活动。每个国家都制定相应法律，为现有或潜在的勘探和生产活动提供法律、融资和财税框架。该法律特别界定了适用的法律制度、主管部门的权限、国家石油公司（如有）的作用以及财税制度。

国家参与有两种可能的模式：

（1）直接通过国家石油公司开发油气田，例如沙特阿拉伯；

（2）指定一家公司进行勘探和开发作业，并在现行法律框架内，明确所选择公司适用的合同模式，可以是矿税制合同、产品分成合同，也可以是服务合同。

勘探区块矿业权或石油合同的授予可以选择两种方式中的一种：

（1）谈判。国家鼓励参与公司提交包含条款及条件的石油合同初稿。然后，国家可以与该公司进行谈判，以达成双方都能接受的协议。

（2）国际招标（又称“勘探招标”）。国家开放区块出让，设置条件后开展国际招标。国家会为参与投标的公司提供一个标准合同，其中某些条款，如工作量承诺、投资承诺、财税条款、参与权益等，由参与投标的公司提出。在研究标书之后，可能出现两种情况之一，一是国家接受最好的要约，不进行谈判，即竞争性出让；二是与提交最好要约的公司进行谈判，以改进协议条款并敲定合同。

资源国决定油气财税制度，主要有两种模式，即矿税制合同模式和产品分成合同模式。有的国家也可能只提供服务合同模式，尽管石油公司通常不愿意接受该模式，但有时会考虑该国资源吸引力而被迫接受。

4.1 矿税制合同模式

在矿税制合同模式下，法律法规以详细且非歧视的方式界定了适用框架。除个别国家和地区外，矿税制是欧洲、美国、加拿大、澳大利亚和拉丁美洲部分国家适用的合同模式。

矿税制合同的受让人从国家获得许可，成为勘探许可持有人，随后在获得油气商业发现后获颁生产许可，即通常所谓的矿税制合同模式。该模式下，石油公司在规定的区域和有限的时间内行使勘探和开发油气田的专属权利。

矿税制合同是一份约一百页的文件，其中各种条款可归为两大类：

（1）技术和管理条款，涵盖各阶段的实际作业；

（2）经济、财税、融资和商业条款，涵盖合同各方之间的租金（或称为矿区使用费）分摊、石油成本核算以及产量估值。

在履行所有合同义务的前提下，如果没有商业发现，矿税制合同持有人可以在勘探阶段随时或勘探期满时退出。

在矿税制合同模式下，石油公司：

（1）拥有设施所有权直至其矿业权到期；

（2）以勘探许可的形式行使专属勘探权；

（3）获得矿税制合同或作业许可（租约）以开发商业发现；

（4）在承担一定义务的条件下，如缴纳矿区使用费和满足当地市场义务，拥有并可自由处置井口产量；

（5）在有限的期限内行使该权利，许可到期后，将已开发的区块归还给国家。

在矿税制合同模式下，政府通过税收获得收入，因此需要议会投票表决，这意味着议会可以随时作出改变“游戏规则”的决定。

政府收入主要包括以下几类：

（1）定金（Bonus）：一些矿税制合同规定持有人在合同签订之日支付一笔款项，称为“勘探定金或签字费”，金额从几百万美元到几亿美元不等，构成许可持有人的一笔大额财务支出，特别是该定金是在获得任何发现之前支付的，如果没有获得发现就会成为损失。对于国家来说，这是非常有吸引力的、即时的收入来源。在其他情况下，定金可以在开发或生产期开始时支付。在同一个国家，项目进行过程中持有人可能会在多个时间点支付定金。

（2）土地租金（Surface Fees）：许可持有人可能被要求每年向国家支付与其勘探 / 生产许可面积成比例的租金，一般金额很低，通常每年每平方公里的金额低于 10 美元。

（3）基于产量的矿区使用费：许可持有人以现金或实物支付给国家一定比例的产量价值，可以被认为是与产量价值成正比的税费，类似就营业额征税，而不考虑利润。矿区使用费的计算首先取决于适用费率。一般原油和天然气的矿区使用费费率有差异，后者较低。为了根据油气田开采特点调节矿区使用费，合同可以规定与产量挂钩的累进费率。

（4）所得税：许可持有人除了对其生产活动产生的收入缴纳直接税外，还要就运输、炼制或者天然气液化所产生的收入纳税。

（5）超额利润税：在高油价时期，国家可能认为持有人缴纳的矿区使用费和所得税是不足的，在这种情况下，国家将对油气生产的利润征收特定的税款。

4.2　产品分成合同模式

在产品分成合同模式下，国家与石油公司之间的关系受多次谈判后签订的合同约束，因此，每份合同都在一定程度上有所不同。

与政府签订产品分成合同的石油公司称为合同者（Contractor）。

产品分成合同的合同者并不拥有矿业权，因为签订的合同并不包括该部分内容。通常是国家石油公司作为国家的代表持有矿业权，与合同者以合资的形式签订合同。国家直接参股合资公司也是一种选择。

合同者具有以下特征：

（1）是一个简单的服务提供商。

（2）承担勘探阶段的技术和财务风险。

（3）如果获得商业发现，拥有开发该油气田的专营权。

（4）对其所投资的设施没有所有权，但在合同存续期间享有免费独家使用权，设施所有权的转移既可以发生在设施安装之时，也可以发生在石油成本完全回收之时。

（5）获得的报酬仅限于产量的一定比例，由两部分组成：

一是成本油（Cost Oil），对应补偿由石油公司承担的各种成本（CAPEX 和

OPEX），每年有一定限制，即“回收上限”（Cost Stop），通常是产量价值的一定比例。年内没能回收的成本可在随后年份内回收。然而，任何回收都必须在主管部门监督下进行，该部门可能拒绝其认为不合理的成本油。

二是利润油的一部分，即“合同者利润油”（Contractor Profit Oil）。在扣除成本油之后，剩余的部分称为利润油，在国家和石油公司之间按照合同中规定的比例分配。

在产品分成合同中设定矿区使用费条款也越来越常见，其形式是油气产量价值的百分比，并立即从产量中扣除。有时，产品分成合同甚至可能包括就合同者利润油征税的条款。

4.3 矿税制合同和产品分成合同模式的比较

矿税制合同和产品分成合同各有利弊。当然，石油公司并不能够在两者之间进行选择，它们有义务接受勘探开发业务所在国家的现行制度。总的来说，矿税制合同模式的主要优点是：

（1）石油公司拥有矿业权和生产设施，成为井口产量的所有者，如果以实物形式支付矿区使用费，则减去与之对应的产量。

（2）通常可以将同一国家的不同油田进行合并处理，负的税前利润与正的税前利润合并计算，从而最小化最终应纳税额。

产品分成合同模式的主要优点是：

（1）产品分成合同是公司和国家之间谈判的结果，这使得前者在对其不太重要的条款方面有更大的灵活处理余地，相反，在不可谈判的条款上态度强硬。

（2）在大多数情况下，项目联合账是以美元记账的，结果更加准确，特别是对于在高通胀国家进行油气勘探开发的情况。

4.4 服务合同模式

服务合同由油气生产国国家石油公司和国际石油公司签订，石油公司担任合同者，开展勘探、开发等工作。服务合同主要用于中东和拉丁美洲，但其应用范围仍然有限，因为服务合同对石油公司的吸引力很小，石油公司只获得财务回报，没有获得油气份额，没有实质价值创造的可能性。

服务合同主要分为两类，差别在于石油公司承担的风险水平：

（1）风险服务合同，投产后合同者才能收回其提供的资金，如果未能投产，合同者将损失该笔资金。

（2）技术支持或合作合同，石油公司不承担风险，通过开展特定作业换取足够的报酬。

5　经济评价

在项目实施全过程中，需要经济师开展经济评价。

在勘探阶段，经济评价的目的是评估勘探目标的商业价值。该任务开始于地质研究，包括明确油气藏潜力和探井成功率。基于三种地质情景，即“最小值”、“众数”和“最大值”，通过与类似油气田对比，确定潜在的开发方案以及相应的投资和操作费用。根据这些数据，可以估算出潜在盈利能力，以帮助决策是否实施勘探作业。在该方法下，类比和外推的相关性将取决于可用数据库的可靠性。因此，当评价必须包含新技术的应用时，这种类比推理方法的有效性有限。当获得一个发现时，项目的投资决定将基于整合下述四种数据的详细经济评价：

（1）产量剖面，由油藏工程师根据油藏特征和储量数据进行预测。

（2）投资和操作费用，由专家进行估算。

（3）油气价格，因为无法预测未来若干年的油气价格，所以采用情景分析法。在过去，工作重点是构建每年价格变化的复杂情景。现在，公司依靠固定价格情景，即价格保持不变或考虑当前货币价值，在乐观情景（高油价）和悲观情景（低油价）之间选择两个或三个替代方案。

（4）合同条款和所在资源国的财税政策。

经济评价主要通过计算净现值（NPV）和内部收益率（IRR）以关注项目的盈利能力。净现值是年度折现的净现金流量之和。如果净现值为正，则项目是有利可图的，因为在该情况下，在考虑了投资的资金成本之后，项目现金流能够补偿投资、操作费用以及税负并创造额外价值。项目的内部收益率是净现值为零时的折现率。如果项目的内部收益率高于基准收益率，则净现值为正，项目是盈利的。因此，公司选择的基准收益率是一个决定性因素。理论上，该基准收益率来自对公司资本成本的估计，但在现实中，更多取决于管理策略，即选择一个相对较高的基准收益率将导致可选择的盈利项目较少；选择与资金成本相适应的最低基准收益率意味着接受更多的项目，但可能牺牲盈利能力。

很明显，最终投资决定涉及许多其他因素，包括公司的总体战略或在被选国家的当地策略。例如，如果公司正在谈判获得新的许可，就已有油气发现的区域达成协议是好的做法。构建最优投资组合需要进行多样化投资以分散风险：在地质潜力高的地区投资深水项目，在政治风险高但盈利能力也高的国家投资项目，在盈利能力低但相当于无风险投资的“安全”国家投资项目，等等。随着石油公司更加重视合作伙伴关系，这种多样化将更可能实现，项目数量的倍增降低了投资组合的总体风险。然而，必须时刻警惕油价下跌相关风险，因为项目效益对该参数非常敏感，特别是在一些将财税机制作为“减震器”的国家，即矿区使用费与油价挂钩的国家。

油气上游行业面临诸多挑战。在未来几十年，会有足够的资源满足油气需求。但这些资源需要以更低的成本进行开发，特别是在油价相对较低的情况下，需要研发新技术，在各个层面实施数字化转型，并实现更高效的流程。因此，必须保证研发投入与其所涉及的利益相匹配。

除了上述运营层面的挑战之外，石油公司目前面临的主要挑战是脱碳，以应对二氧化碳减排的迫切需要，因为油气行业是二氧化碳排放的重要来源。基于不同的全球资产分布、油气产量占比情况（生产天然气产生的二氧化碳排放相对少一些）以及当地的环境保护政策，各公司的应对方式有所不同，例如可以优化流程以减少甲烷泄漏（例如维修过程）、向储层注入二氧化碳、使用可再生电力等。该行业的许多公司已经开始通过股权投资或并购可再生能源公司优化资产组合。而对于所有这些企业来说，财务压力都在其最高管理层的议事日程上，例如如何在油价和成本波动日益加剧的情况下维持较好的盈利水平？应投资于哪些细分市场？当前一些股东希望远离化石能源行业，如何留住现有股东？如何在不确定的环境下为风险项目吸引新的投资者？等等。

油气行业正在经历真正的转型，行业中的参与者必须展现智慧、好奇心和责任感，转型才会成功。

参考文献

[1] Bret-Rouzaut, Nadine & Favennec, Jean-Pierre, Oil and Gas Exploration & Production, Reserves, Costs, Contracts, Editions Technip, 2011.

[2] Darmois, Gilles, Sharing the oil rent, current situation and good practice, Editions Technip, 2014.

[3] Inkpen, Andrew, Michael, Moffett, The Global Oil & Gas Industry, PennWell, 2011.

[4] Johnston D & Johnston D, International Petroleum Fiscal System Analysis—State of Play, OGEL (Oil, Gas & Energy Law Intelligence), 2011.

[5] Kasriel, Ken, Upstream Petroleum Fiscal and Valuation Modeling in Excel: A Worked Examples Approach, The Wiley Finance Series, 2013.

[6] National Energy Technology Laboratory (NETL), US Department of Energy, Carbon Dioxide Enhanced Oil Recovery, March 2010.

第 2 章 管道天然气和液化天然气输送经济学

格尔格利·莫尔纳 ①

天然气单位体积能量密度相对较低，几乎比原油低 1000 倍，这使得天然气成为从井口到终端用户的运输难度和成本最高的一次能源之一。在国际贸易中，天然气通常以气态形式通过长距离管道系统运输，或以 LNG 形式通过 LNG 船运输。

在国际天然气贸易价值链中，仅运输环节就占到成本的 50% 以上。因此，在很长一段时间内，天然气是一种本地商品，即消费地在生产区附近。20 世纪六七十年代，随着第一批 LNG 商业出口设施的启动以及长距离管道的建成投运，区域间天然气贸易逐渐兴起。

区域间天然气贸易占全球消费量的比例从 1975 年的 5% 以下逐渐上升到 21 世纪初的 15%，并在 2018 年达到 21%（见图 2.1）。相比之下，2018 年原油贸易占全球产量的比例约 50%。

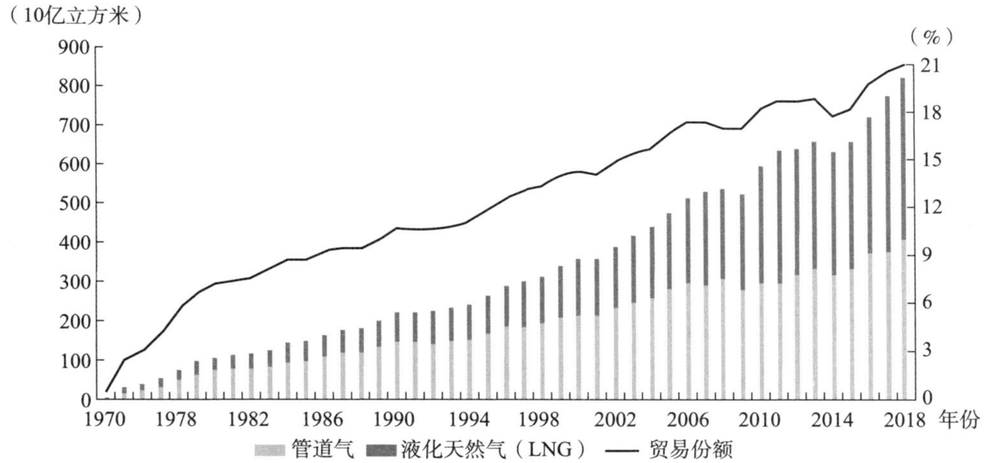

图 2.1 天然气国际贸易

注：LNG 出口总量和洲际管道贸易量，包括挪威对欧洲其他地区的出口。

资料来源：国际能源署。

虽然长期以来管道运输主导国际天然气贸易市场，但自 21 世纪初以来，LNG 出口量是原来的三倍多，2018 年占国际天然气贸易总量的一半以上。这是由亚太地区天然气

① 格尔格利·莫尔纳（Gergely Molnar），法国巴黎国际能源署；电子邮箱：gergely.molnar@iea.org。

需求增长所推动的，这些市场（如日本和韩国）没有或只有有限的 LNG 替代供应选择。

除了管道运输和 LNG 之外，还存在许多已研发出来替代技术和方法，以实现天然气的货币化和运输（见图 2.2），但它们的利用率较低，通常服务于当地市场。

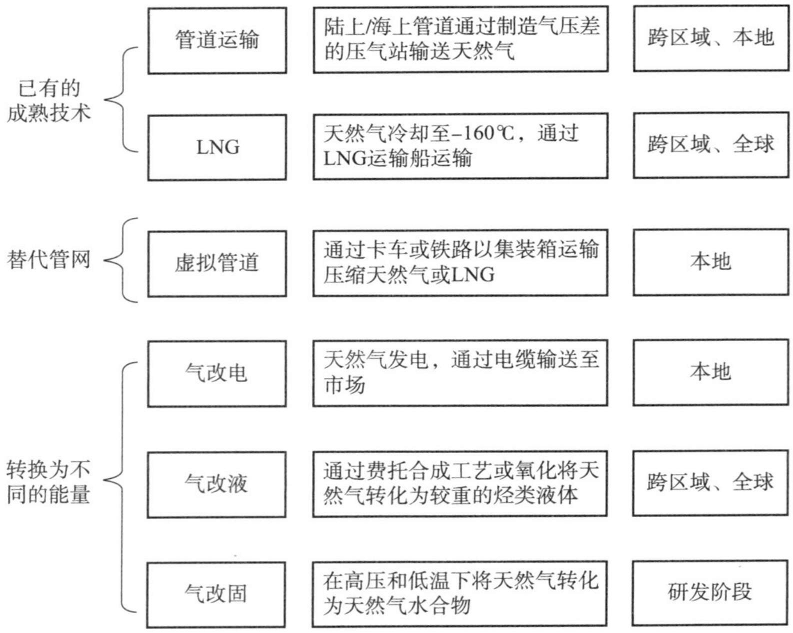

图 2.2　天然气的运输和货币化选择

本章将重点介绍支撑天然气国际贸易的大型基础设施项目的经济性，包括长距离天然气管道和大型 LNG 设施。

专栏 2.1　天然气运输的替代方法

实现天然气货币化和运输的替代方法已被研发出来。

这些方法包括通过卡车和铁路运输压缩天然气（CNG）储罐和小型 LNG ISO 标准罐式集装箱。这些“虚拟管道”可以在满足消费增长强劲而仍在开发管道网络的新兴市场的天然气需求方面发挥关键作用。2017 年，中国通过卡车运送的 LNG 占全国天然气消费量的 10% 以上。

天然气也可以在靠近上游气田的地方转化为其他形式的能源载体，并以此运输往终端消费者，如气改电、气改液、气改固。

在天然气主要用于满足快速增长的电力需求的新兴市场，气改电引起了相当大的关注。目前巴西在里约热内卢的阿苏港开发了最大的气改电项目。该项目包含一座 1.3GW 的联合循环电厂、一个 LNG 再气化终端、一条输电线和一个接入国家电网的变电站。

气改液（GTL）是一种炼油工艺，通常使用费托合成工艺（F–T）将甲烷转化为柴油或汽油等较重的烃类液体。首先，甲烷转化为合成气，即氢气、二氧化碳和一氧化碳的混合物。在除去硫、水和二氧化碳等杂质后，合成气在 40 个大气压的高压和 260~450℃的极高温度环境中，在催化剂铁的作用下进行反应。虽然气改液是一种技术成熟的工艺，但其商业可行性仍有待验证。目前全球有在运营的 5 个大型气改液项目，总产能接近 25 万桶 / 日，大约相当于全球液态产量的 0.2%。

气改固（GTS）技术工艺是指通过将天然气和水在 80~100 巴、2~10℃的条件下混合，将甲烷转化为天然气水合物（NGH）的固体形式。当某些小分子，特别是甲烷、乙烷和丙烷，稳定水中的氢键，形成能够捕获甲烷分子的三维结构时，就会产生天然气水合物。GTS 技术仍处于研发阶段，尚未实现商业应用。

1　长距离运输管道

管道是运输气态甲烷的自然选择。关于天然气实际应用的最早历史记录可以追溯到公元前 500 年的中国，当时天然气通过“竹管”输送，用于煮沸海水以分离盐并制造饮用水，即有效脱盐。

现代管道通常由钢铁制造，可以将天然气从井口输送给数千公里外的终端消费者。根据运输路线可以分为 4 类：

（1）集气管道，又称上游管道，主要用于将未经处理的天然气从井口输送至天然气处理厂，通常管道压力低，管道直径较小，约 4~12 英寸。

（2）输气管道，是在 15~120 巴的高压下使用的大直径管道，管道直径约 16~56 英寸，主要用于将清洁、干燥的天然气从处理厂长距离输送到发电厂、工厂等大型终端用户，或各大城市的配气中心。

（3）配气管道，为中小型管道，管道直径约 2~28 英寸，在不高于 14 巴的相对较低压力下将加臭天然气从城市配气中心输送至服务管线。

（4）服务管线，是小直径管道，管道直径小于 2 英寸，在约 0.5 巴的较低压力下运行，将天然气直接输送至终端用户，如商业用户和居民住宅。

从操作的角度来看，一般来说，由于两点之间存在压力差，天然气在管道中从一端流向另一端。压力差是由位于管道系统沿线的压气站产生和维持的，通常输气管道每隔 100~200 千米设置一个压气站。

压气站包含一个或多个压缩机，它将天然气低压输入，同时增加管道内压力以保持天然气流动，最后高压输出。随着天然气在管道内流动距离的增加，气体由于受到摩擦而压力下降，因此需要再次压缩。摩擦损失是由分子之间和分子与管壁之间的相对运动造成的。

管道系统的其他非管线部分包括计量站，用于测量经过管道的天然气流量，使管道系统的操作人员能够进行监测管道的天然气流量。压气站和计量站的运行信息，包括流量、压力、温度和运行质量等，可通过数据采集与监视控制系统（SCADA）传输到中央控制台实现对管道系统的永久监控，确保系统稳定和安全运行。

本节将重点介绍大口径长距离输气管道，这些管道被用于在几个国家和边境地区之间输送甲烷，从而实现天然气国际贸易。本节的第一部分将概述管道项目的基本经济性，包括 CAPEX 和 OPEX。第二部分将侧重商业模式，包括合同设计和费用结构。

1.1 管道项目经济性

天然气管道项目本质上属于资本密集型项目。高额的前期通常占资本支出（CAPEX）天然气管道生命周期（约 40 年）内发生的总成本的 90% 以上，而运营费用（OPEX），如压缩天然气产生的燃料费用、维护和修理费用、人员费用等，通常占到总成本的 5%~10%。因此必须仔细考虑项目初步设计并优化，因为这对项目整体经济性有巨大影响。

1.1.1 资本支出（CAPEX）

天然气管道的 CAPEX 最终取决于其长度、输送能力和单位投资。其中，输送能力为直径与运行压力的乘积。管道系统的管线部分通常称为“管道”，占资本支出的大部分，而压气站和计量站的投资通常占 15%~30%。

跨国管道的单位投资从 3 万美元 / 公里 · 英寸到超过 20 万美元 / 公里 · 英寸不等，其影响因素有许多，包括地形和气候环境等外部条件、人工成本和原料成本、项目管理以及涉及环境和安全标准监管框架的严格程度。压气站的单位投资通常在 200 万 ~400 万美元 / 兆瓦装机功率范围内。

图 2.3 显示了管道和压气站的平均单位投资明细。

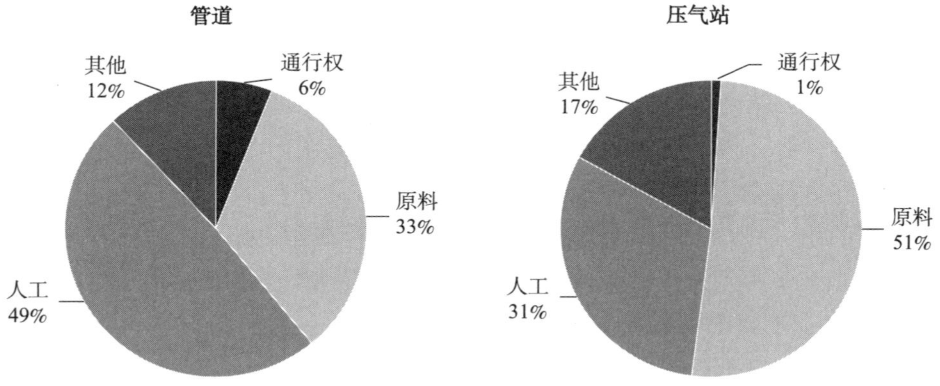

图 2.3 管道和压气站的平均单位投资明细

资料来源：ACER（2015）。

单位投资可分为四大类：

（1）原料成本。

①管线部分包括通常由高碳钢制成并在轧钢厂制造的管段、管道涂层和阴极保护，通常占总投资的 1/3 左右，并高度依赖于钢材价格。

②对于压气站，原料成本是最重要的成本组成部分，约占总投资的一半。包括压气站的预制模块化功能单元，如气体清洗和液体清除、压缩机和驱动单元、气体冷却器、管道和阀门等。

（2）人工成本。

①人工成本通常是最重要的成本组成部分，占单位投资的 40% 以上。包括与清理、平整和挖沟等土地施工和架线、焊接、涂覆管段、铺设管道和回填等管道施工相关的薪酬与工资。

②压气站的建设包括场地准备、房屋的建设和压缩机组的组装。与铺设管道相比，该项工作劳动密集度较低，人工成本约占压气站单位投资的 1/3。

（3）杂项成本一般包括测量、工程、监督、意外开支、电信设备、行政管理和日常开支、运费、监管费用以及税费，通常占总单位投资的 10% 以上。

（4）通行权（right of way，ROW）成本包括获得路权的费用和损害赔偿。

需要强调的是，上文列出的平均单位投资成本明细仅为指示性数据。

每个管道系统都是独一无二的，因此投资明细会因管道而异。例如，在山丘山地、岩石土壤、湿地或超深水等更具挑战性的外部环境中建造的管道，通常人工成本和物流成本所占比例较高，对原料成本的依赖性较小。需要穿过人口密度较高的地区的管道，通常杂项和通行权成本较高，并且需要遵守更严格的安全标准。海底管道系统的建造需要特殊的管线设计（壁厚达 2 英寸以支持水压、低温环境下的绝缘和提供稳定性的压载）和特殊的物流（包括日费率通常为 10 万美元的铺管船），这可能会显著增加单位投资。

图 2.4 展示了管道建造投资增加的差异性，具体取决于相应的外部环境。

需要注意的是，跨越多个国家的国际管道必须遵守不同的管辖权和监管框架，这可能会大大增加与管理和履约相关的杂项成本。

除了与技术 CAPEX 相关的成本外，融资结构和资本成本也会显著改变管道项目的经济性和盈利能力。重要的跨国天然气管道项目 CAPEX 的 70% 来自于人外部融资。投资者或贷款人通常希望寻找投资回报较伦敦银行同业拆借利率（LIBOR）高 3%~4% 的管道项目，具体取决于项目地点、项目发起人及其风险偏好。基于这些假设，财务支出（FIEX）会在初始技术 CAPEX 的基础上增加 10%~15%。

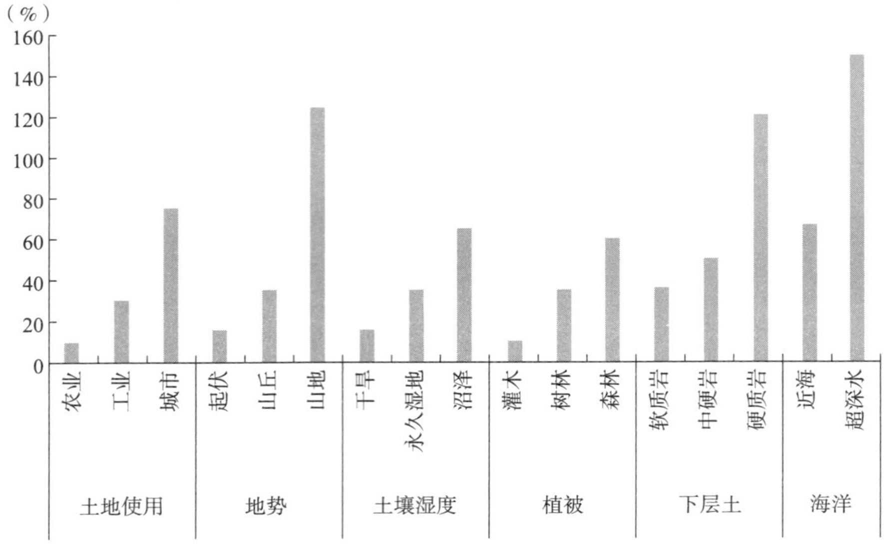

图 2.4　不同外部环境下管道建造投资增加情况

资料来源：CEER（2019）、Yamasaki（1980）和作者的估计。

通过管道输送天然气自然会产生规模经济。管道的输送能力按照公式 πr^2L 计算，其中 r 代表半径即直径的一半，L 代表管道长度，而管道施工所需的原料成本按照 $2\pi rL$ 计算。因此，在利用率相同且外部建造环境相似时，管道直径越大，单位运输成本通常越低。

此外，一些如设计、许可等与管道建设相关的成本是固定的，或者与由于对管道系统设计和工作能力要求更高而导致的成本增长相比，其增加的成本微不足道。

此外，应该注意的是，由于规模经济，几个较小型压缩机的组合与一个具有相同压缩功率的大机组相比，单位兆瓦的投资会更高（见图 2.5）。

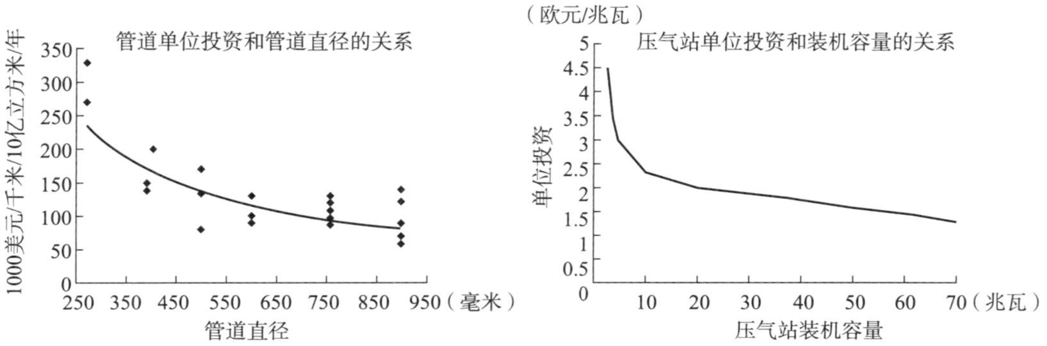

图 2.5　天然气管道项目规模经济

注：方块表示单个天然气管道项目。

资料来源：国际能源署（1994）和欧洲能源监管委员会（2019）。

1.1.2　运营支出（OPEX）

OPEX 只占管道项目全生命周期总成本的一小部分，通常占天然气运输总成本的 5%～10%。

图 2.6 是基于欧洲重要天然气输送公司财务报告的一个 OPEX 明细案例。

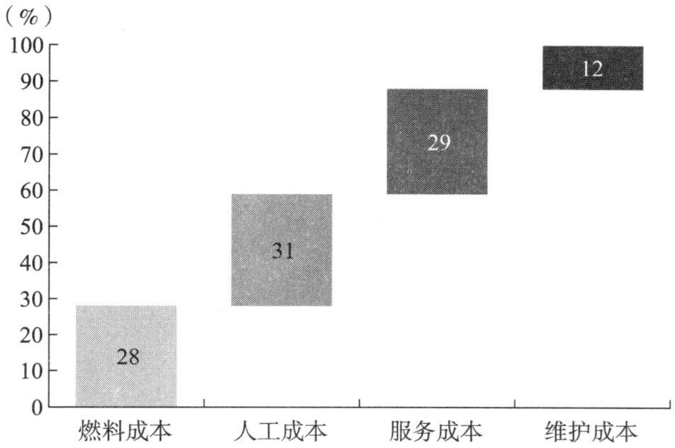

图 2.6　输气公司 OPEX 构成

管道系统的 OPEX 可分为四大类：

（1）燃料成本主要依靠天然气或电力运行的压气站的能源需求有关。"燃料气" 可以由托运商自己提供，也可以由输运系统运营商通过竞争性招标程序采购。在垂直一体化公司中，并未区分托运商和输运系统运营商，燃料成本是公司内部成本的一部分。

专栏 2.2　压气站

压气站是天然气管道系统的核心。在管道系统的起点，起点压气站确保输送天然气所需的必要工作压力。

管道中的天然气流量可用通用流量方程描述：

$$Q = \frac{7.547 \times 10^{-4}}{\sqrt{f}} \cdot \frac{T_s}{P_s} \cdot \sqrt{\frac{(P_1^2 - P_2^2) D^5}{SLZT}}$$

式中，Q 是气体流量（立方米 / 小时），f 是气体的一般摩擦系数（根据穆迪图确定），T 是温度（开尔文），P_s 是标准压力（巴），P_1 是起点压力，P_2 是终点压力，D 是管道直径（毫米），S 是相对密度（空气 / 天然气），L 是管道长度（米），Z 是气体压缩系数（Nasr，Connor，2014）。

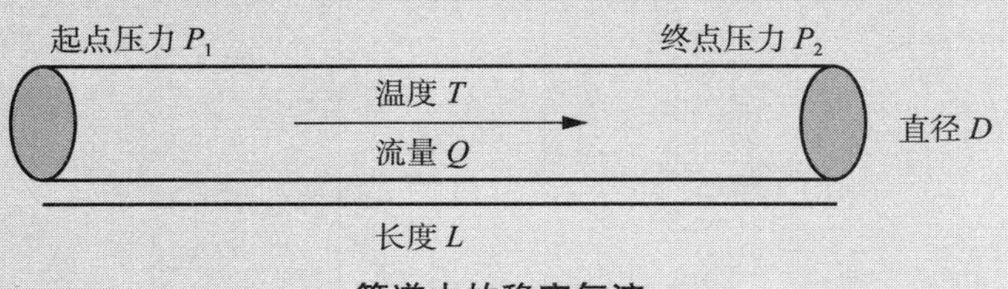

管道中的稳定气流

由于甲烷分子之间的相互摩擦和甲烷分子与管壁之间的摩擦，初始压力随输送距离而下降。根据达西—威斯巴哈方程式，压降可描述如下（Menon，2011）：

$$H_f = f\frac{L}{D}\cdot\frac{v^2}{2g}$$

式中，H_f表示摩擦引起的压力损失，f表示气体的一般摩擦系数，L表示管道长度（米），D表示管道内径（毫米），v表示速度（米/秒），g表示重力加速度常数（9.81 米/秒^2）。

由于压力损失，需要安装所谓的中间压气站，通常位于管道系统的每100~200千米处。

所需压缩功率通过以下公式（Menon，2011）计算：

$$Power(千瓦)=4.0639\left(\frac{y}{y-1}\right)QT\left(\frac{Z_1+Z_2}{2}\right)\left(\frac{1}{n_a}\right)\left[\left(\frac{P_2}{P_1}\right)^{\frac{y-1}{y}}-1\right]$$

式中，y表示气体的热量比（1.4），Q表示气体流量（百万立方米/天），T表示温度（开尔文），Z_1表示吸入条件下气体的压缩性（当进入压气站时），Z_2表示排出条件下气体的压缩性（离开压气站时），P_1表示气体的吸入压力（千帕），P_2表示气体的排放压力（千帕），n_a是压缩机的等熵效率，通常在0.75和0.85之间。

压气站通常由以下设施组成：

（1）入口洗涤器：清除进入的天然气流在管道内流动过程中产生的杂质。

（2）一个或多个压缩机组：每个机组包括驱动器和压缩机。

（3）气体冷却器：将压缩后气体的温度降低到管道可承受的温度。

（4）出口洗涤器：清除排出的天然气流在压缩过程中产生的杂质。

（5）控制系统：站台监控天然气的流入和流出，装置控制系统监控压缩过程，所有数据和信息都通过SCADA报告给中央控制站。

根据管网配置和管道系统的输送能力，压气站的总容量可从小于10兆瓦到数百兆瓦不等。世界上最大的压气站位于俄罗斯波托瓦亚，总容量为366兆瓦。

压缩机可分为两种主要类型：

（1）往复式压缩机：通常由电动机或燃气发动机驱动，用往复式移动活塞压缩天然气。

（2）离心式压缩机：由燃气轮机或电动机驱动，通过机械旋转叶片增加天然气压力。

压气站使用天然气（通常取自输电系统）或电力作为能源，国际能源署的数据表明，作为能源消耗的天然气占天然气管输能耗的95%左右。

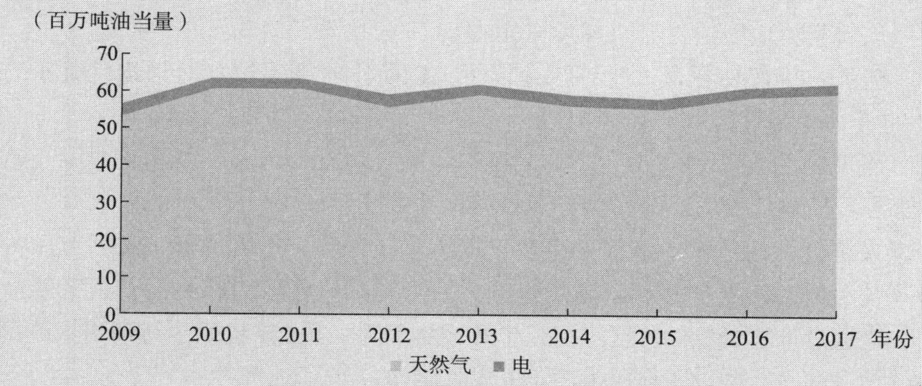

天然气管输能耗（2009—2017 年）

资料来源：国际能源署。

虽然管道系统的燃料效率因其设计和外部环境而异，但通常情况下，燃气使用量低于每百公里输送量的 0.5%，即每百公里输送 100 万立方米天然气的消耗量低于 5000 立方米。由于摩擦损失较小，直径较大的管道在输送相同数量的天然气时，往往需要较少的燃料。

（2）人工成本包括输气系统运营公司员工的薪酬和工资，以及社会保险缴款和其他员工福利。

（3）服务成本包括与管理管道系统（如信息技术系统、电信服务等）和运营公司本身（技术、法律、行政、人员等）所需服务相关的所有费用，以及保险、营销和咨询等杂项费用。

（4）维护成本与管道系统的检查、维护和维修相关，是维持其运行状态但不必延长其运营期限的成本。

OPEX 的明细构成可能会显示出较大差异，这取决于管道系统的技术特征和总体状况。例如，在充满挑战的环境中运行的老化管道系统会产生更高的维护和维修成本。燃料成本因燃料采购过程而异，包括内部采购、“天然气实物”或公开招标。

1.1.3　最佳管道设计

每个项目开发商都力求在 CAPEX 和 OPEX 方面实现最具成本效益的管道系统设计。

考虑到长度和地形是外部和固定因素，管道系统设计通常考虑以下因素：

（1）输送量：基于实际市场需求和 / 或预期，包括季节变化和模拟峰值。

（2）管道内部直径：较大的直径可减少压降，从而降低对于压缩功率的需求，但会增加项目的初始 CAPEX。

（3）最大允许操作压力（MAOP）：管道沿线任意点所允许的最高压力。对于大型输送系统，压力通常在 80～100 巴。通常存在的 MAOP 和管道壁厚之间权衡。一般而言，穿过人口密集地区的管道的 MAOP 较低。

（4）流速：应保持在最大允许流速以下，以防止管道腐蚀。通常建议流速的最大值约为 72 千米 / 小时。

（5）压气站的容量和间距会影响其燃料消耗（可变 OPEX）和性能即压气站之间的压降会导致压缩比变大，通常会导致压气站性能变差。

管道系统设计的技术经济优化应基于管道水压计算，然后进行一系列考虑资本成本的净现值计算。通常，在确定与输送能力、直径和操作压力相关的管道系统最佳配置之前，应通过计算机软件程序进行建模和成本测算。图 2.7 提供了与不同管道内部直径相关的输送能力，假设工作压力为 100 巴。

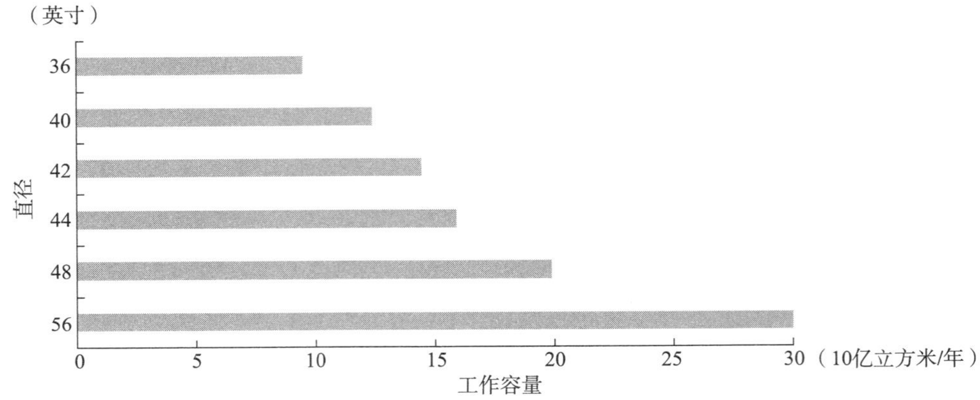

图 2.7　管道直径和管道输送能力关系的经验法则

资料来源：Brauer（2016）。

1.2　商业含义：合同条款和管输费构成

由于基础设施的不灵活性和耐久性，天然气管道系统的前期投资很高，一旦管道铺设完毕，这些投资就会成为沉没成本。

因此，项目开发商需要客户的长期和坚定承诺，以降低投资风险（从而降低资本成本）和确保稳定的收入以收回 CAPEX。

此外，管道系统所有者有强烈的动机来最大限度地利用基础设施，因为这会缩短投资回收期，同时更好地优化固定 OPEX。

这些基本要素通常反映在输送商（管道系统运营商）和托运商（输送商的客户——通常是所运输天然气的所有者或代理人）之间签订的天然气输送协议（GTA）的条款和管输费中。

在开发新的大型天然气管道系统时，GTA 通常在作出最终投资决策之前签署，因为 GTA 被视为解决管道项目“能力风险”的关键。

GTA 通常依托由代理人为托运商的卖方与其位于潜在管道另一端的客户之间的天

然气销售协议（GSA）。在这些情况下，GTA 通常参考 GSA 的合同条款。有关 GSA 的详细介绍，请参阅本手册第 20 章。

图 2.8 为财务安排、GTA 和 GSA 在缓解天然气项目相关投资风险方面的相互作用的简化示意图。

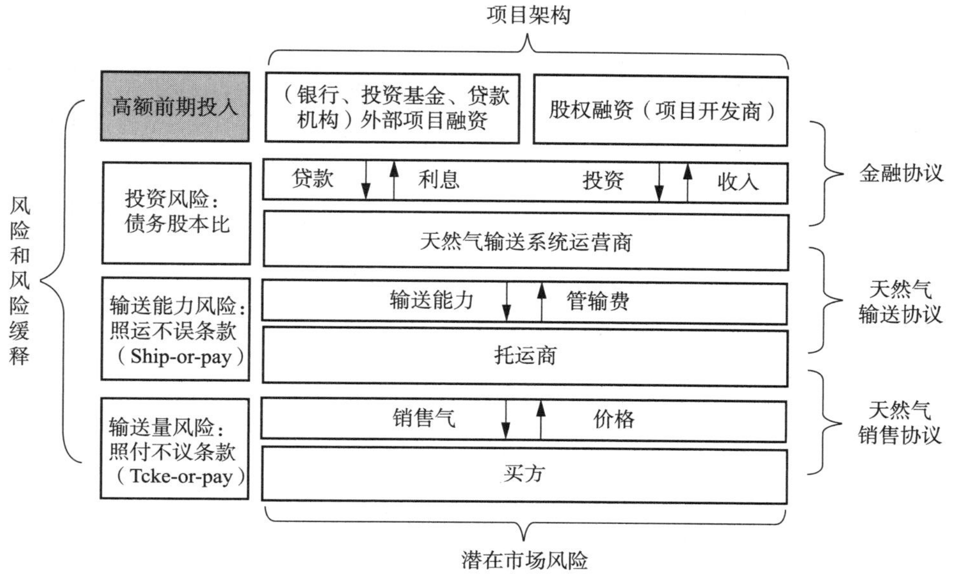

图 2.8　天然气价值链风险缓释

资料来源：作者绘制。

1.2.1　天然气输送协议（GTA）的特点

在 GTA 协议中，输送商为托运商提供从“入口”到“交付点”之间的运输服务，托运商支付管输费，该费用由 GTA 中约定的费用构成、运输量、合同量决定。

合同量可以用体积（体积 / 时间）或天然气能量（能量 / 时间①）表示。

GTA 作为开发新建大型国际天然气管道系统的法律文件，通常具有以下特点：

（1）期限：GTA 是长期合同，期限通常超过 20 年，需要通过托运商支付的管输费收入收回初始投资。GTA 的有效期通常与卖方的 GSA 一致。基于现有天然气输送系统签订或续签的协议通常期限更短。

（2）管输费：托运商对已使用和 / 或预留合同量的付款取决于 GTA 中约定的管输费。该费用应是非歧视性的、基于成本的，并包含合理的回报率。

（3）合同：GTA 通常包括托运商的照运不误承诺，以便在合同期限内为输送商提供稳定的收入。合同量通常覆盖该管道的全部技术、输送能力。在容量量方面，GTA 可分为两种主要类型：

① 在国际单位制（SI）中，体积单位是百万立方米/天，能量（热量）单位是兆瓦时/天。在美制单位（USCS）中，体积单位是百万立方英尺 / 天，能量单位是百万英热 / 天。

1）基于数量：输送商和托运商约定在固定管输费构成量下管道系统中运输的天然气量。托运商通常会根据年度输送量即年度照运不误的数量作出照运不误承诺。

2）基于能力：运输气商和托运商就输气商在管道系统中为托运商预留的年度输送能力达成一致，无论实际运输量如何，托运商都有义务为此支付管输费。因此，照运不误是基于能力的输气协议的固有承诺。

在这两种情况下，托运商均应支付照运不误部分的管输费，即（照运不误输送量－未使用的输送量）× 管输费。协议可能存在补充规定，例如，允许在下一个合同年使用更高的输气能力，以补偿以前未使用的剩余能力。但与 GSA 相比，GTA 中很少出现此类规定。值得一提的是，在开放的天然气市场中，"要么使用，要么失去"的原则盛行，即托运商不得囤积输气能力，所有未使用的能力应通过拍卖提供给其他可能感兴趣的托运商。

1.2.2 管输费构成

除了合同期限和照运不误能力承诺外，GTA 中约定的管输费构成是支撑天然气输送系统经济可行性的最重要因素。

本质上，管输费构成应允许收回以下三个部分：

（1）天然气管道系统初始投资；

（2）为托运商提供运输服务期间发生的运营成本，包括燃料气、人员等；

（3）预期回报：运输系统所有者预期在其投资中获得的利润。

不同的成本要素可以捆绑或单独出现，包括输气量部分（即固定的，反映预订的输送量）和商品费用（即可变的，反映实际运输量）。与输送能力类似，管输费可以是基于输送量的（与输送量 / 时间相关的付款）或基于能量的（与能量 / 时间相关的付款）。

在开放的天然气市场中，管输费必须得到监管当局的批准，必须透明，应当反映实际发生的成本且包括适当的投资回报，且应当采用非歧视的定价方式。

管输费构成主要分为两种：

（1）点对点距离定价机制输气量：根据输入点和交付点之间的距离设置管输费。

$$C=TDV$$

式中，C 代表运输成本，T 代表管输费［欧元 /（百千米 · 千立方米）］，D 代表距离（千米），V 代表输气量（立方米）。

（2）入气口—出气口定价机制：托运商的总运输成本来自其进入和退出特定输气系统时支付的进入和退出费用之和。

$$C=E_n+E_x$$

式中，C 代表运输成本，E_n 代表入气口费用［欧元 /（立方米 / 小时）· 年］，E_x 代表出气口费用［欧元 /（立方米 / 小时）· 年］。

在该系统中，管输费定价可以基于统一的方法，即不同网点的管输费是平等定价的，也可以基于地理位置进行差异化，即每个出气口或入气口或地区的管输费都不同。

管输费公式通常包括通货膨胀系数，以保护项目的投资价值（见图 2.9）。

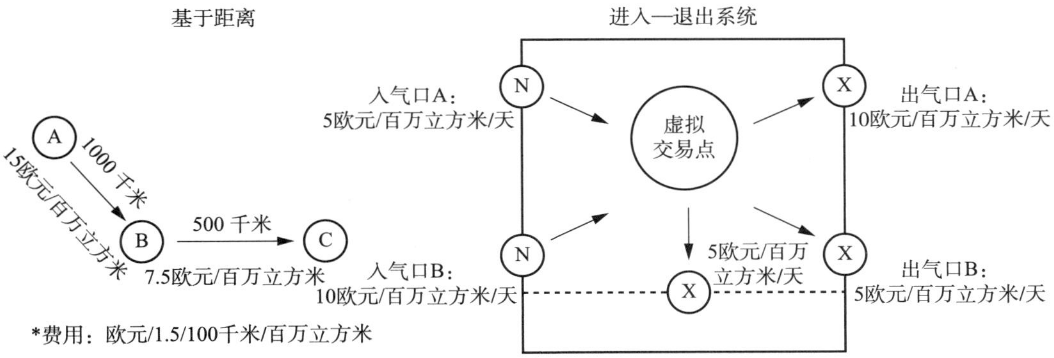

图 2.9　管输费构成示意图

资料来源：作者绘制。

基于距离的管输费通常用于具有相对简单的点对点长距离洲际管道。入气口—出气口定价机制通常适用于具有多个分支和相互连接的复杂管道系统。

管输费的实际水平最终取决于初始单位投资、预期回报率和额外的过境费用（如有）。

由于资本支出通常占天然气管道项目全生命周期总成本的 90% 以上，因此管输费费率与初始单位投资密切相关。图 2.10 说明了这种密切关系。在山区或超深水等具有挑战性的环境中和 / 或采用次优管道设计的项目通常会有较高的单位投资（例如，超过 80000 美元 / 千米 · 英寸），这反过来又要求较高的费率以使项目在财务上可行。单位投资相对较低的管道（低于 50 美元 / 千米 · 英寸）可以提供更具竞争力的费率。

管输费通常反映项目开发商和贷方的预期回报。这通常会转化为目标收益，用于计算目标收入。目标收入又反过来决定管输费，相当于年度总收入 / 年度合同量。

运营商为跨越第三方国家的国际管道支付的过境费将在很大程度上取决于两国之间的议价能力、地缘政治关系以及过境国可能从过境管道中获得的潜在经济和政治利益。过境费可以现金或实物支付。《能源宪章》“过境议定书草案”要求过境管输费应客观、合理、透明和以成本为基础，“包括合理的回报率”（《能源宪章 2003》）。

考虑到单位投资的巨大差异，国际管道的管输费差别很大，从约 1 美元 / 立方米 · 百公里到超过 10 美元 / 立方米 · 百公里，在下游转换为 10.5 美元 / 百万英热 · 1000 千米至最贵超过 25 美元 / 百万英热 · 1000 千米。

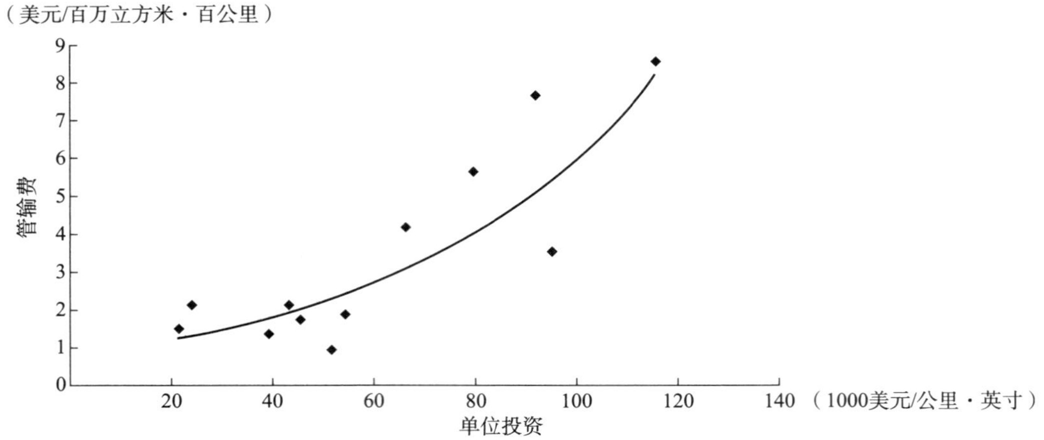

图 2.10　主要国际管道的单位投资和管输费（2000—2020 年）

资料来源：作者基于公开信息和行业估计。

2　液化天然气（LNG）

LNG 是通过将甲烷冷却至 –162℃形成的，这有效地将其体积缩小至 1/600，也使得其运输方式比传统固定路线的管道运输更为灵活。LNG 国际贸易通过 LNG 运输船（LNGC）实现。然而，少量 LNG 也可通过卡车或铁路运输，通常作为“虚拟管道”服务于当地市场（见专栏 2.1）。

甲烷液化的首次实验可以追溯到 19 世纪初，当时英国化学家迈克尔·法拉第（Michael Faraday）成功地将甲烷冷却成液态形式。1912 年，世界首个液化终端在美国西弗吉尼亚州建造，用于调峰[①]。1941 年，美国俄亥俄州克利夫兰建造了另一个液化终端设施。国际 LNG 贸易始于 1964 年 10 月，由 LNG 船甲烷公主号（Methane Princess）从阿尔及利亚阿尔泽的 GL4–Z 液化终端向英国肯维岛运送了第一批商业 LNG（GIIGNL，SIGTTO，2014）。

全球 LNG 贸易规模从 20 世纪 70 年代的不足 500 亿立方米 / 年增长到 21 世纪初的平均 2000 亿立方米 / 年，并在 2020 年突破 5000 亿立方米 / 年大关，占全球天然气消费量的 10% 以上，占天然气国际贸易的一半以上。

LNG 价值链包括 3 个主要组成部分（不包括上游开发）（见图 2.11）：

（1）液化终端，包括预处理和液化装置、储罐和 LNG 装载码头，通过低温管道将 LNG 装载到 LNG 运输船上。

（2）大型 LNG 运输船，由买方（装货港交货，FOB）或卖方（卸货港交货，DES）运输。

---

① LNG 调峰设施用于储存 LNG 以满足短期需求。

（3）再气化终端，包括 LNG 卸料臂、储罐、气化器、加臭和计量站，并将其运至输送系统。

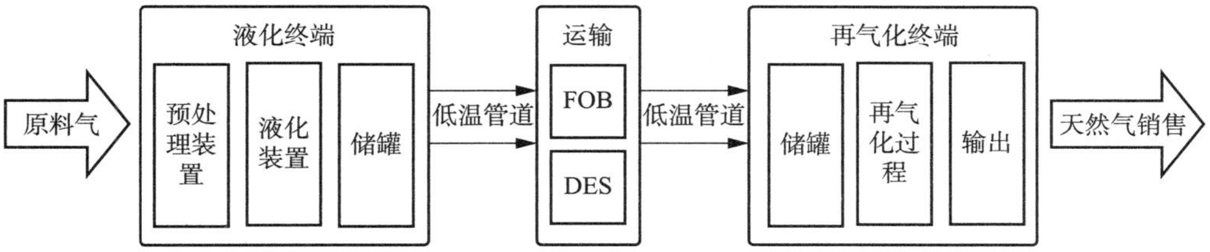

图 2.11　LNG 价值链示意图

资料来源：作者绘制。

与长距离天然气管道类似，LNG 价值链的特点是前期投资高，运营成本相对较小。因此，支撑 LNG 项目发展的商业合同显示出降低管道项目投资风险相似的合同条款，包括合同量、期限、运费等。

虽然本节将重点介绍上述 LNG 价值链的经济性，但必须强调的是，与供应液化终端的气田开发成本，即原料气成本，会显著改变项目的整体经济性。原料气的盈亏平衡价格可以在很大范围内变化，特别是存在难动用储量的情况下，从低于 0 美元[①] 到高于 5 美元 / 不等。此外，上游生产设施和液化终端之间的距离可能会增加总成本，特别是在需要建立额外的天然气管输系统的情况下。

2.1　液化终端

液化终端是 LNG 价值链中最复杂、成本最高的环节，占总投资和运营费用的一半以上（不包括上游开发）。以下内容概述了其资本支出构成、单位投资的近期变化以及典型运营费用，最后介绍项目商务模式及其合同。

2.1.1　CAPEX

LNG 项目的资本支出取决于液化终端的生产能力（通常以百万吨 / 年为单位）和单位投资（以美元 / 吨·年为单位）。

液化终端通常由以下设施组成，决定了其资本支出构成：

（1）预处理装置：需要对进入的原料气进行清洁和净化，以获得与管道兼容的气体，包括去除二氧化碳和硫（被称为天然气的脱硫）、脱水（使其不含水，从而避免在液化过程中结冰）和去除汞。

（2）天然气凝析液（NGL）和分馏装置：将天然气凝析液（如丙烷和丁烷）从气流中分离，以获得干气。价值较高的天然气凝析液（如丙烷和丁烷）被分离成单个产品进行出售，成为额外的收入来源，从而提高项目的经济性。天然气处理和分馏装置通常占资本支出的 10%～15%。

① 典型案例：生产的液态天然气（如乙烷、丙烷、丁烷、异丁烯和戊烷）实现的收入可覆盖油气田开发投资。

（3）液化装置：通常包括几个连续的冷却循环，称为 LNG 生产线。通过应用制冷技术，将轻薄、清洁和干燥的天然气冷却到 –162℃。制冷和液化装置可以占到液化终端资本支出的 30%~40%。

（4）储存：LNG 在码头通过低温管道装载之前，被储存在大型储罐中。除了优化液化装置的生产外，储存还可以提高 LNG 船调度的灵活性，并可在计划内或计划外的维修情况下作为备用。大多数 LNG 储罐都置于地面之上，采用双层设计，并进行隔热。储存和装载设施约占资本支出的 1/4。

（5）公用设施和场外设施：由于位置偏远，液化终端通常依靠自身的公用设施进行发电、给排水、运输物流等。这些额外的成本要素通常占项目资本支出的 20%~25%。

图 2.12 提供了一个说明性的资本支出明细，该明细可能会因一些因素而发生重大变化，包括外部条件，如原料气质量或终端的偏远程度。

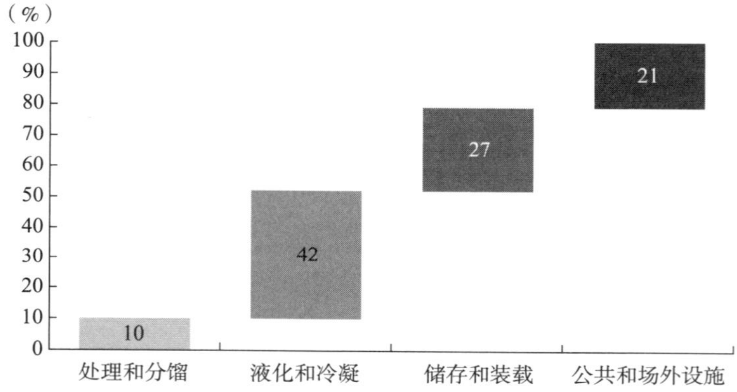

图 2.12 液化终端资本支出明细

资料来源：Songhurst（2018）。

2.1.2 单位投资

在过去几十年中，单位投资的变化是周期性的。历史数据表明，液化终端的单位投资从 20 世纪七八十年代的平均 600 美元 / 吨・年下降到 21 世纪前五年的 400 美元 / 吨・年以下。这在一定程度上受到了规模经济的推动。在此期间，提高 LNG 生产线平均规模增加了一倍多，从 20 世纪七八十年代的 2 百万吨 / 年以下，到 21 世纪前五年的近 4 百万吨 / 年，随着 2009 年至 2011 年卡塔尔大型 LNG 生产线的试运行，LNG 生产线平均规模达到了 7.8 百万吨 / 年的峰值（见图 2.13）。

然而，液化成本在过去 10 年中显著增加。根据国际天然气联盟（IGU）的数据，液化终端的平均单位成本从 2000—2008 年的 404 美元 / 吨・年上升到 2009—2017 年的 1000 美元 / 吨以上，增加了 1 倍多（IGU，2018）。

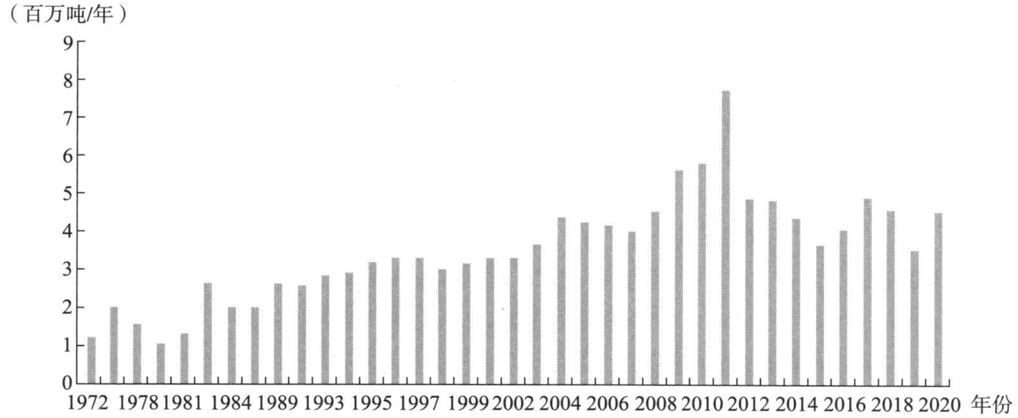

图 2.13　试运行年份“LNG 生产线”的平均设计生产能力

资料来源：ICIS LNG Edge。

这在一定程度上是由于同时开发的项目数量相对较多，从而增加了对工程、采购和施工（EPC）服务的需求以及劳动力成本。绿地项目的开发商对于成本上涨的感受尤为明显，同期单位投资从 527 美元 / 吨增至 1501 美元 / 吨，几乎增加了 2 倍。澳大利亚的项目（单位成本超过 2000 美元 / 吨・年）面临着劳动力可用性、高物流成本、汇率变化和施工延误等问题（IGU，2018）。

对于通常受益于现有基础设施的棕地项目，单位投资的增长幅度较小，从 2000—2008 年的 320 美元 / 吨・年增加到 2019—2017 年的 458 美元 / 吨・年，增幅略超过 40%。这包括美国的 LNG 终端如 Cameron、Freeport 或 Sabine Pass 项目，这些终端最初是作为 LNG 再气化终端开发的。在这些场地上增加液化终端需要的土地准备工作较少，同时可以进一步节省公用设施和储罐开发费用（IGU，2018）。

目前在建项目的单位投资约为 850 美元 / 吨・年，低于 21 世纪 10 年代的峰值，这主要得益于地理位置，但与 21 世纪初的单位投资水平相比，仍要高得多。

项目开发商降低投资的方法包括：

（1）模块化：越来越多的项目开发商选择使用预制模块化单元来抵消部分人工成本较高的现场施工支出。尽管使用模块化装置有其自身的物流挑战，但据不同的咨询公司估计，模块化可以将在偏远地区建造液化终端的资本支出减少 5%~10%（麦肯锡，2019）。

（2）大型 LNG 生产线：虽然巨型 LNG 生产线在提高资本和工艺效率方面体现出了规模经济，但这需要更大的储量基础和更多的风险资本，阻碍了自 21 世纪头十年末期卡塔尔巨型 LNG 生产线投运以来的发展。

与 2012 年至 2018 年投入运营的项目相比，在建项目的平均 LNG 生产线规模高出约 25%，主要原因是加拿大、莫桑比克和俄罗斯项目中 LNG 生产线规模均超过 650 万吨 / 年。此外，卡塔尔宣布的扩建项目将以产能约为 800 万吨 / 年的巨型 LNG 生产线为基础。到 2027 年，可使卡塔尔预计该项目的 LNG 产能由 2020 年的 7700 万吨 / 年提高至 1.26 亿吨 / 年。

（3）浮式液化天然气（FLNG）设施可使得搁置天然气储量的开发更具成本效益。世界首个 FLNG 是马来西亚国家石油公司的 PFLNG Satu，产能为 120 万吨 / 年，于 2017 年在印度尼西亚投运。随后是 2018 年喀麦隆 FLNG（240 万吨 / 年）、2019 年澳大利亚 Prelude FLNG（3.6 万吨 / 年）和阿根廷 Tango FLNG（50 万吨 / 年）。虽然 FLNG 可以优化上游开发成本，但与陆上液化设施相比，液化的平均单位投资相对较高，约 1400 美元 / 吨・年。需要注意的是，基于船舶改装的 FLNG 项目（如 Cameroon FLNG）的成本可能比新建、专门建造的 FLNG 项目低得多（500~700 美元 / 吨・年），从而进一步提高项目的整体经济性。

如图 2.14 所示，LNG 液化投资从约 200 美元 / 吨・年到远高于 2000 美元 / 吨・年不等，这使得盈亏平衡成本（通常以美元 / 百万英热为单位）变动区间更大。平均而言，液化盈亏平衡成本在 2~3 美元 / 百万英热。

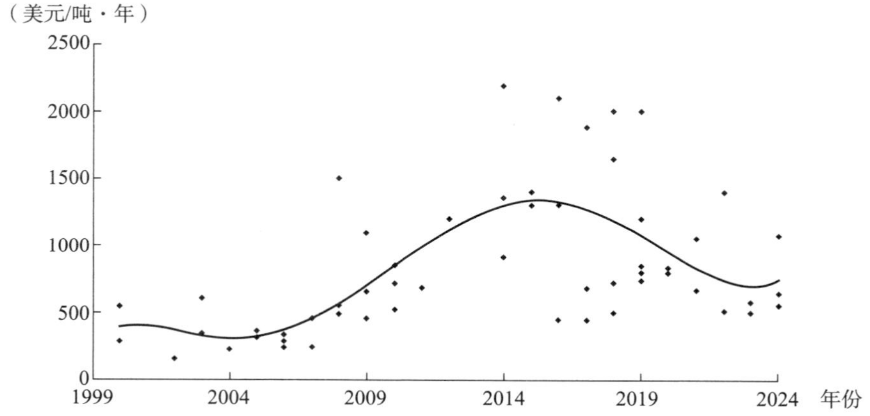

图 2.14　LNG 液化项目的单位投资（1999—2024 年）

资料来源：作者基于 Songhurst（2018）、公开信息估计。

2.1.3　OPEX

通常，液化终端年度 OPEX 占初始资本投资的 3%~5%。与天然气管道系统的 OPEX 相比，该比例明显更高，主要是液化过程的能源密集性质导致的。

根据所使用的液化工艺、工厂设计和环境温度，进入液化终端的原料气的 8%~12% 用于满足液化终端自身的能源需求，主要用于为制冷压缩机提供动力以及蒸汽或燃气轮机驱动器）。因此，仅燃料气费用就可占工厂运营费用的一半以上（见图 2.15）。

其他成本要素包括与维护工作、用于制冷过程的化学品采购、人员工资和保险相关的费用。

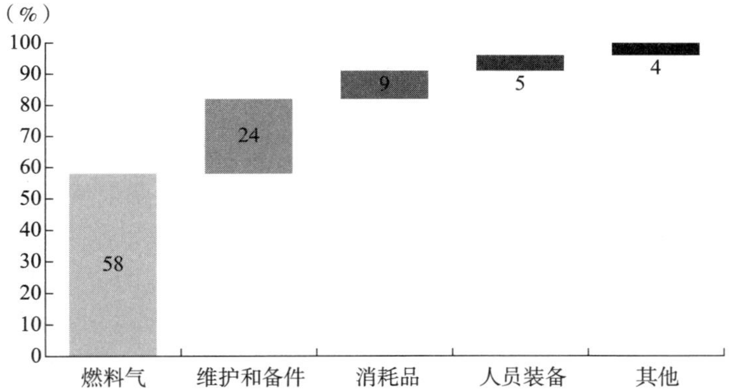

图 2.15　液化装置 OPEX 构成（假设燃气成本为 5 美元 / 百万英热）

资料来源：Songhurst（2018）。

2.1.4　项目商业模式和合同设计

考虑到 LNG 液化项目的前期投资较高，项目开发商将寻求通过包含在商业模式中心风险分担机制，以及支撑原料气采购和 LNG 销售市场的商业合同设计，来降低投资风险。

项目商业模式可分为三种基本类型：

（1）垂直一体化模式：原料气的生产、液化终端的所有权和运营以及 LNG 销售和出口集中在一个单一的商业实体。项目收入来源于 LNG 长期购销协议（SPA）。

（2）销售商模型：液化终端的所有者和运营商与上游资产的开发商和原料气供应商是不同的商业实体。这需要一家或多家上游公司与 LNG 项目公司签订 GSA。本质上，GSA 一方面确保上游公司的收入，另一方面确保向 LNG 项目公司供应原料气。LNG 项目公司的收入来源于 LNG SPA。

（3）液化模式收费：液化终端的所有者和运营商向其客户提供液化服务。一般来说，此类 LNG 项目的收入来源于其客户根据长期液化协议支付的液化费。LNG 项目公司客户的收入通常由 LNG 长期 SPA 保障（见图 2.16）。

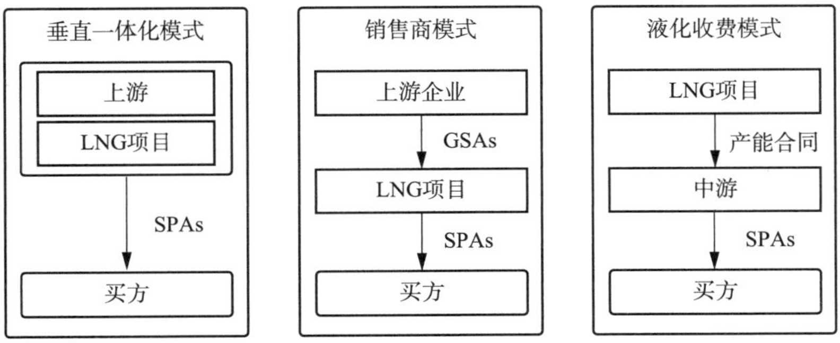

图 2.16　LNG 项目商业模式类型

资料来源：作者绘制。

此外，混合模式也可能出现。例如，LNG 项目公司可能会采取捆绑销售的方式，即同时向客户提供与通货膨胀率挂钩的固定费用 LNG 产能，以及与给定枢纽气价挂钩的原料气，例如切尼尔能源（Cheniere Energy）的 Sabine Pass 和 Corpus Christi 项目。

LNG 液化合同和 LNG SPA 均具有与天然气输送协议相似的特点：

（1）期限条款：2015 年至 2019 年期间签订的长期 SPA 期限从历史平均水平即 20 年以上缩短到 15 年以下，但液化协议的签订期限通常为 20 年左右。

（2）合同量条款：液化合同和 LNG SPA 均包含照付不议购买承诺（请参阅本手册第 20 章），合同量灵活性有限。

（3）价格 / 液化费条款：LNG SPA 包含整个合同期间的谈判价格公式，以及最终修订条款（请参阅本手册第 20 章）。合同通常考虑通货膨胀的固定电价，该价格反映项目盈亏平衡成本和开发商预期利润。

（4）目的地条款：历史上 LNG SPA 通常包含目的地限制，对卖方的市场细分产生影响）。尽管这些条款仍然存在于传统合同中，但由于在全球天然气市场流动性和互联性日益增强的过程中受到买方的抵制，这些条款在新的 SPA 中越来越少。国际能源署的《2019 年全球天然气安全回顾》显示，2019 年签署的长期合同中，几乎 90% 没有固定的目的地（见图 2.17）。

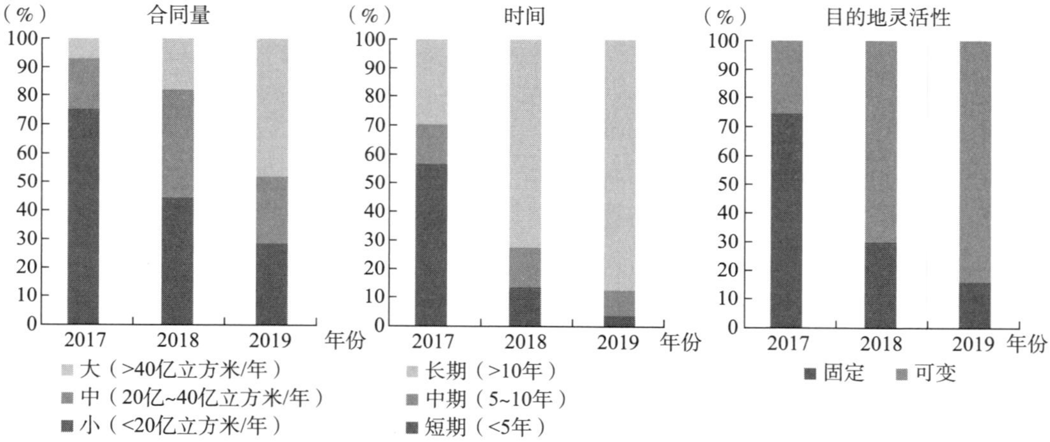

图 2.17　2017—2019 年 LNG 合同变化

资料来源：国际能源署（2019）。

2.2　LNG 运输

LNG 的国际贸易通过大型双壳船实现，并配有专门设计的货舱围护系统，能够将 LNG 保持在大气压力和接近 −162℃的温度下。

LNG 运输义务将取决于 LNG SPA 中卖方和买方之间约定的合同条款，包括以下形式：

（1）装货港交货（Free-on-board，FOB）：在装货港交货，买方承担运输义务和费用；

（2）卸货港交货（Delivery ex ship，DES）：在卸货港交货，卖方承担运输义务和费用；

（3）成本、保险费加运费（Costs，Insurance and Feight，CIF）：在装货港，买方即拥有 LNG 所有权并开始承担风险，但卖方承担运输义务和费用。

本小节概述了 LNG 运输船的最新发展趋势、支撑其发展的合同安排以及决定 LNG 运输船单位投资的因素。

2.2.1　LNG 运输船

过去 10 年，LNG 运输船的平均投资为 2 亿美元，被认为是最昂贵的船舶之一，仅次于大型邮轮。

截至 2019 年底，已投运的 LNG 运输船刚刚超过 600 艘，包括 37 艘浮式储存和再气化装置（FSRU）及 46 艘运输能力低于 50000 立方米的船舶（见图 2.18）。

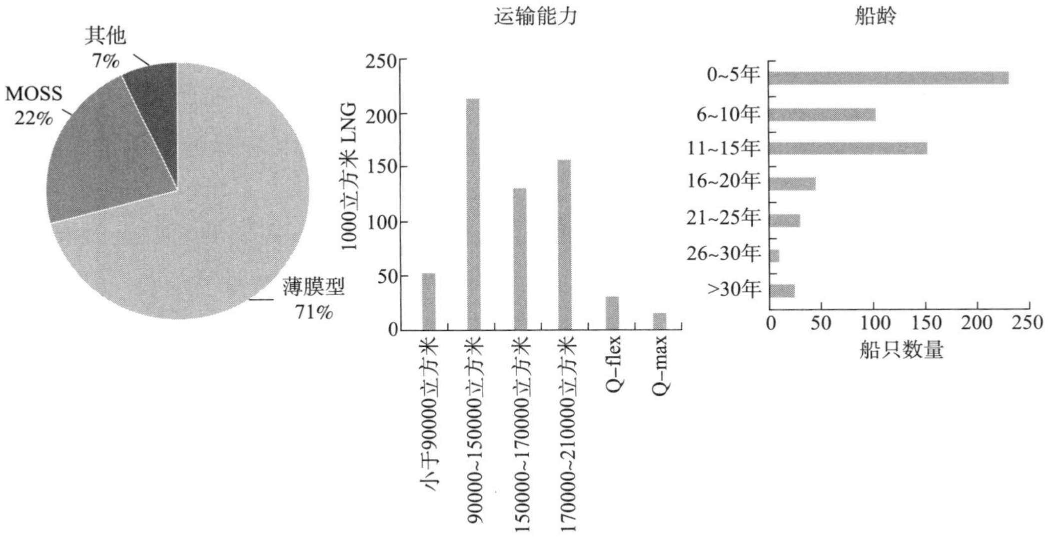

图 2.18　全球 LNG 运输船概况

资料来源：GIIGNL（2020）和 IGU（2020）。

货舱围护系统主要分为两种类型：

（1）薄膜型围护系统实际上是放在船舱内的箱形储罐。为了承载货物，船舱涂有能够承受载荷的低温衬里。薄膜在 −163℃的温度下容纳 LNG，使用完全不透水的密封层将液体货物和船体之间隔开，同时也避免了蒸发导致的 LNG 损失。薄膜型围护系统目前占货舱围护系统的 70% 以上。

（2）MOSS 球罐型货舱围护系统由铝合金制成的隔热球形储罐组成，用于在低温和接近大气压的压力下运输 LNG。这些储罐被封装在空隙空间内，并在船体内从前到后排列成一条直线。

两个货舱围护系统的目的都是尽量减少 LNG 的蒸发。通常，在航行期间，每天有 0.1%~0.15% 的 LNG 液货蒸发。较新的运输船蒸发率较低，同类中最低可至 0.08%（IGU，2018）。

货运量的总体趋势是逐渐增长的，从 20 世纪七八十年代的平均 125000 立方米增加到21 世纪前十年中期的160000 立方米，增幅近30%。最大的LNG运输船Q-max 在 2008 年至 2011 年期间投运，以配合卡塔尔大型 LNG 生产线的启动，其容量超过 260000 立方米。根据国际海事组织（IMO）的安全要求，储罐的最大容量为其容积的 98%。

LNG 运输船投运时间较短，超过一半的 LNG 运输船的船龄在 10 年以下，这主要反映了过去 10 年 LNG 贸易的近两倍的强劲增长。LNG 运输船通常在 30~35 年后不再使用或重新改造。

就动力推进系统而言，可分为以下主要类型（IGU，2020）：

（1）蒸汽涡轮机：锅炉产生蒸汽以运行动力涡轮机和辅助发动机。锅炉通常使用蒸发气，并且可以部分（或在某些情况下完全）使用重质燃料油。在过去，蒸汽涡轮机一直是主要的动力推进系统类型，但由于其相对较低的热效率会导致较高的可变 OPEX，逐渐失去了市场份额，但在 2020 年仍占 40% 以上。

（2）双燃料电力推进（DFDE）是由双燃料中速柴油发动机驱动的电力推进系统，可使用柴油蒸发气，效率通常比蒸汽涡轮机高 25%~30%。

（3）三燃料柴电推进（TFDE）是由柴油、重油和蒸发气提供动力的电力推进系统。TFDE 和 DFDE 合计占使用中的推进系统的约 1/3。

（4）气体喷射推进系统（ME-GI）对蒸发气加压，并用少量喷射的柴油燃烧。与 DFDE 相比，效率可以提高 15%~20%，目前在使用的推进系统中占比约 10%。

（5）低压低速双燃料推进系统（X-DF）代表最新一代的推进系统，即燃烧燃料和空气并以较高的空燃比将二者混合，在低压条件下注入。燃烧气体时，使用少量燃油引燃燃料。X-DF 的燃油效率与 ME-GI 推进系统相当。目前，X-DF 仅占使用中的推进系统的一小部分，但从 2020 年开始，几乎占 LNG 运输船订单的 2/3（见图 2.19）。

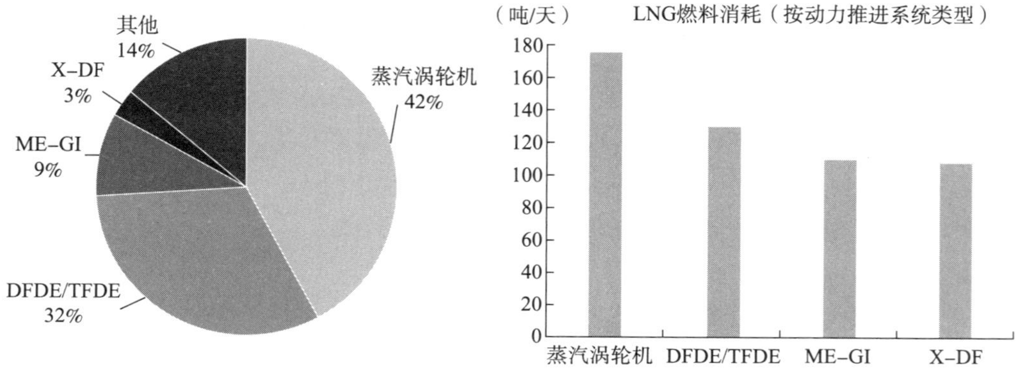

图 2.19 按市场份额和燃料效率分列的在用推进系统

资料来源：ICIS LNG Edge 和 IGU（2018）。

2.2.2 LNG 运输船的租赁

大多数 LNG 运输船由独立船东拥有（权益约为 70%），这些船东通常根据长期租赁协议向包括卖方、买方、贸易商在内的市场参与者出租 LNG 运输船。

近年来，定期租船合同的平均期限大幅缩短，2008 年至 2017 年，签订的合同期限由 20 年以上降至 10 年以下。这反映了 LNG 市场参与者对于灵活性要求的变化和 LNG SPA 期限的缩短（见图 2.20）。

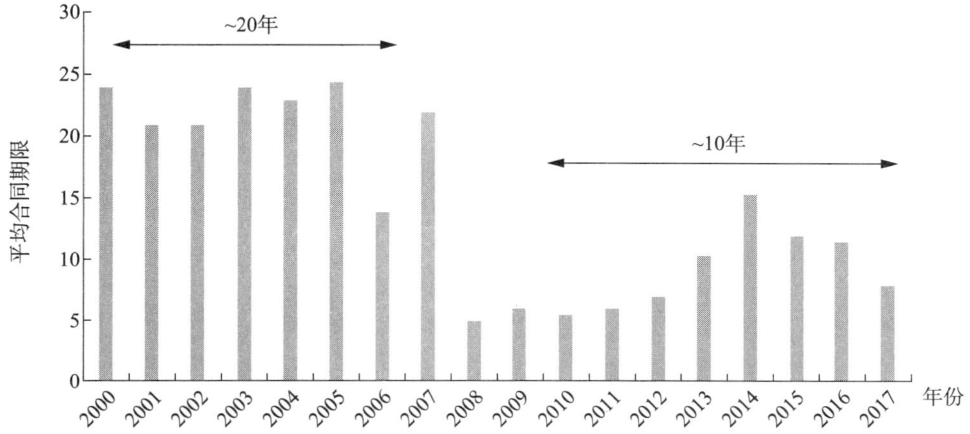

图 2.20 定期租船合同的平均期限（合同签订年份）

资料来源：Adede（2019）。

长期租船协议可分为两种基本类型：

（1）航程租赁：船东提供 LNG 运输船和运营服务（包括船员、管理、维护、保险等）。因此，租金由两部分组成，即基于资本支出的固定费用和基于运营支出的可变费用。承租人支付航程相关费用，包括燃料和港口费用。

（2）光船租赁：船东只需提供 LNG 运输船，通常收取基于资本支出的固定租金。

长期租船费率仍然不透明。根据各价格报告机构的估计，2018 年至 2019 年，使用蒸汽轮机推进系统的 LNG 运输船的长期租赁价格平均约 50000 美元 / 天，使用 TFDE 推进系统的 LNG 运输船的平均价格约 80000 美元 / 天。

除长期租船外，可用于短期租赁和现货航次租赁的 LNG 船的数量不断增加（约占全球船数的 10%），这进一步支持了 LNG 短期贸易的发展。需要注意的是，现货租船费率表现出更大的波动性，2018 年在 30000 美元 / 天和 200000 美元 / 天之间波动。

2.2.3 LNG 运输的单位成本

液化和再气化终端之间的 LNG 运输的单位成本取决于许多因素，包括：

（1）距离和航行时间：距离（海里）通常指整个往返的距离。鉴于租船费率是每日支付的，且取决于船舶的速度（节，即海里①/小时），因此航行时间非常重要。通常，船舶分别在装货港和卸货港各停留一天进行装卸作业。

（2）租船费率通常占总运输单位成本的一半以上。并根据船舶的大小、船龄、推进系统和蒸发率而变化，如果是现货租赁，则主要取决于当前市场条件。

（3）蒸发气：取决于船舶的蒸发气比率、距离和船舶速度。

（4）燃料成本与船舶的航行距离和速度成正比。更高的速度（约 19 节）会转化为更多的燃料和/或蒸发气消耗，相比之下，以 14~15 节速度行驶的船舶可以完全依靠天然蒸发气。而缩短航程时间可以降低租船成本。燃料价格将取决于船用燃料（通常为 HFO/MDO）的市场价格和承租人的采购策略。包括蒸发气在内，燃料成本通常是总单位运输成本的第二大组成部分。

（5）LNG 船的底脚货要求是指在用于保持卸载后储罐冷却的最低库存水平，如果在沸腾状态下运行，则可能需要空载航行。通常认为是初始货量的 2%~4%。

（6）通过苏伊士运河和巴拿马运河时，必须支付运河费用。该标准由运河管理局设定，通常每次运输在 300000~500000 美元的范围内。

（7）港口费用：装卸作业期间每日支付，通常认为约 100000 美元/天。

（8）经纪费：现货租船通常由专业经纪人安排，经纪费通常占总租船成本的 1%~2%。

（9）保险：通常可单独涵盖船舶或货物本身，亦可捆绑承保。

图 2.21 显示了主要运输路线的 LNG 运输成本。总的来说，如果 DFDE 船舶的货物容量为 160000 立方米，以 80000 美元/天的价格租用，以 18 节的速度航行，运输不需要通过运河，则其单位运输成本约为 0.04 美元/百万英热 · 1000 千米，较通过管道运输的成本要低得多（费率在 0.5 美元/百万英热 · 1000 千米至 2 美元/百万英热 · 1000 千米）。

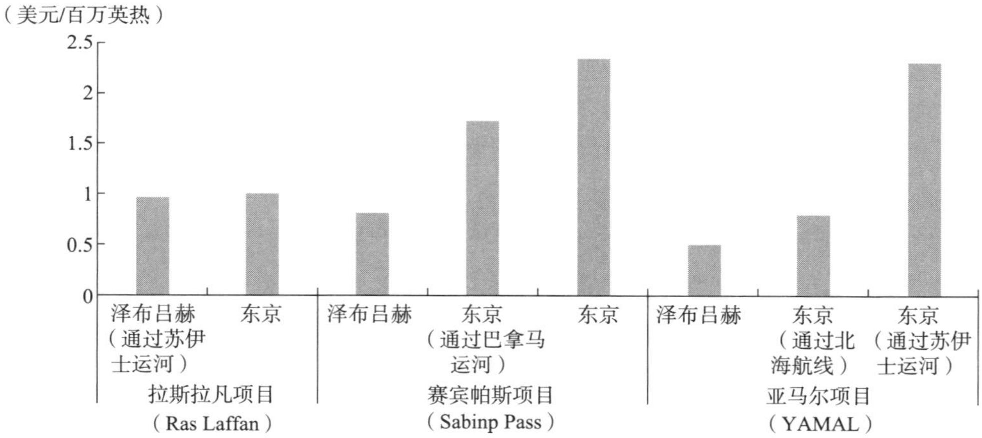

图 2.21　DFDE 船舶主要运输路线的 LNG 运输成本

资料来源：ICIS LNG Edge。

① 1 海里 =1.15 英里 =1.852 公里。

2.3 再气化终端

再气化终端可为陆上终端或 FSRU，在不具备储存功能的情况下为浮式再气化装置（FRU）。2020 年初，陆上再气化终端占全球再气化产能的近 90%。

再气化终端通常由以下设施组成：

（1）卸船臂：卸船臂将 LNG 从船上卸下，从而建立船舶管汇系统（即管道连接）和码头之间的连接。通常设有多个卸船臂和一个气体返回臂。气体需通过返回臂输送回 LNG 运输船，以避免造成真空。卸货通常需要 12～16 小时，船舶在港口停留约一天。

（2）储罐：卸载后，LNG 通过低温管道运输至储罐。储罐可优化向下游市场输送 LNG 的过程，并增加灵活性。储罐的设计与液化终端的设计类似，主要服务于罐车调度的灵活性和输送以及销售的优化。需要注意的是，在没有显著地下储存能力的市场，LNG 储罐可以提高供应安全性。

（3）气化器：从储罐中输出的 LNG 用气化器进行再气化。气化器可分为四种基本类型：一是使用海水作为气化所需热量的开架式气化器；二是将终端产生的天然气热气送入包含管式换热器的水浴中浸没式燃烧气化器；三是具有两级热交换的中间流体蒸发器，第一级在 LNG 和中间流体（如丙烷）之间，第二级在中间流体和热源（通常是海水）之间；四是使用来自空气热量的环境空气蒸发器，通常应用于较小的再气化终端。

（4）输出：天然气再气化后将流入调压计量站，然后再输送至国家输气系统。根据再气化终端的配置，天然气在离开终端前可在加臭站加臭。

陆上再气化终端的单位投资显著低于液化终端，2013 年至 2017 年平均约为 250 美元 / 吨·年（图 2.22）。然而，需要注意的是，2006 年至 2012 年投运的项目平均单位投资为 115 美元 / 吨·年，这意味着成本大幅上升，这是 EPC 合同相关的费用上涨以及储罐逐渐变大所推动的。

海上再气化终端通常具有较低的单位投资，约 100 美元 / 吨·年，因为它们需要较少的地形准备和地面工作。FSRU 通常是改造的 LNG 运输船，这也会降低其单位成本。与传统的陆上再气化终端相比，它们通常具有更短的交付周期。例如，埃及的第二个 FSRU 项目已在创纪录的 5 个月内完工。这对于近期天然气需求增长或潜在供需失衡的市场尤其重要。另外，由于船只通常需要租赁，所以导致较高的运营费用和较低的储存能力，并且未来扩展难度较大。自 2005 年第一台 FSRU 投入使用至 2020 年初，海上再气化能力已大幅增长至超过 1 亿吨 / 年。

再气化产能通常根据长期合同确定。在开放市场中，根据“要么使用，要么失去”的原则，剩余再气化能力必须在二级市场上交易，例如通过拍卖。再气化费用通常在 0.3 美元 / 百万英热至 1 美元 / 百万英热。

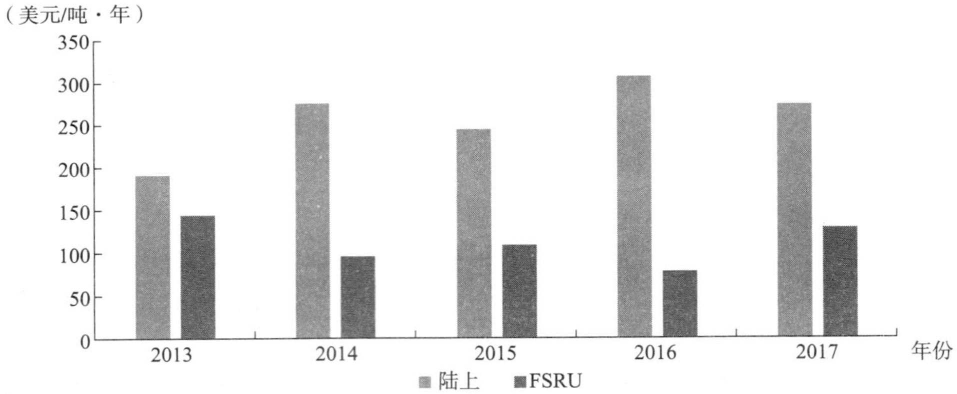

图 2.22　再气化终端单位投资（2013—2017 年）

资料来源：IGU（2013—2018）。

3　总结

运输环节通常占天然气国际贸易价值链总成本的一半以上，因此极大地影响了其成本竞争力。

长输管道和 LNG 的前期投资均较高，需要将风险分担机制（主要为垂直一体化）纳入项目商务模式本身和 / 或项目开发商与其客户之间的商业合同设计中。

风险分担通常是指买方长期承诺为购买一定的商品量或运输量支付固定费率，并以照付不议条款为基础。其中，固定费率反映项目的盈亏平衡成本和项目开发商的预期利润。虽然天然气销售合同结构已趋向于具有更大的商业灵活性，如交易期限更短、约定承诺较少、价格公式更为多样化，但运输合同，尤其是基于新基础设施开发项目时，基本上保留了其保守的条款，这允许项目开发商及其贷款人通过稳定的收入收回最初高昂的前期投资。

在比较 LNG 与长输管道系统的运输成本时应注意，对于 LNG，初始投资和运营费用的大部分都是在液化阶段发生的，随后在运输阶段以低于 0.05 美元 / 百万英热 · 1000 千米的价格相对缓慢地增加。相比之下，长输管道系统的运输成本随着输送距离的增加以 0.5 美元 / 百万英热 · 1000 千米至 2.5 美元 / 百万英热 · 1000 千米的价格迅速增长。

因此，LNG 仅在长距离（通常超过几千千米）运输中具有成本竞争力。图 2.23 是 LNG 船运输成本（假设平均液化费用约 2.4 美元 / 百万英热，再气化费用约 0.4 美元 / 百万英热，长期租金为 80000 美元 / 天）和管道运输成本（以较低费率 0.5 美元 / 百万英热 · 1000 千米运行和较高费率 1 美元 / 百万英热 · 1000 千米运行）的对比。

考虑到上述假设，对于 3000~7000 千米及以上的距离，管道运输具有成本竞争力。然而，正如本章所述，每一条管道和每一个 LNG 项目都是独一无二的，两种运输方式的基础设施单位投资变化区间均较大，这会显著改变 LNG 和长输管道系统之间的“盈亏平衡差距”。

与煤炭、原油等其他一次能源相比，天然气的高运输成本严重影响了其成本竞争力。天然气行业需要继续致力于优化运输成本。

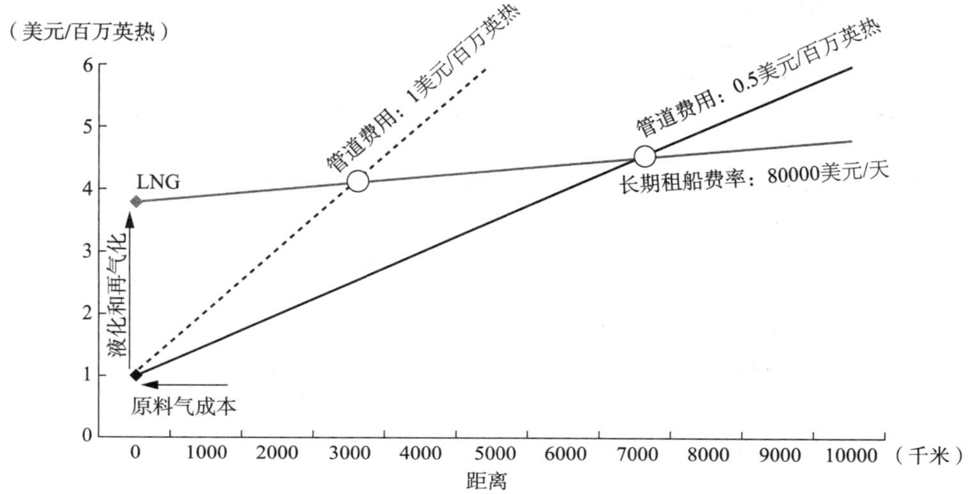

图 2.23　LNG 运输船与管道运输成本对比

资料来源：作者绘制。

在 21 世纪 10 年代初，液化终端的单位投资达到历史最高水平，即超过 2000 美元 / 吨 · 年，随后持续下降。然而，目前在建项目的平均投资约 850 美元 / 吨 · 年，仍然是 2000 年至 2008 年投产项目单位投资的两倍左右。这说明潜在成本降低可通过改进项目管理、优化设计和模块化、船舶转换为 FLNG 等创新的方式实现。

鉴于天然气管道系统的技术相对成熟，因此成本降低空间有限。新建管道的设计将越来越需要考虑改善与氢气（见本手册第 4 章氢能经济学）、生物甲烷、合成气等低碳气体的兼容性。

参考文献

[1] ACER(2015), Agency for the Cooperation of Energy Regulators, Gas Infrastructure Unit Investment Costs Report, Ljubljana.

[2] Adede(2019), Amokoye Adede, Evolution of Flexibility/Liquidity in the LNG Shipping Market, 19th International Conference & Exhibition on Liquefied Natural Gas, Shanghai.

[3] Brauer(2016), Ansgar Brauer, Techno-economic Optimisation of Large Natural Gas Transmission Systems, Gas for Energy.

[4] CEER(2019), Council of European Energy Regulators, Pan-European Cost-efficiency Benchmark for Gas Transmission System Operators, Brussels.

[5] Energy Charter Secretariat(2003), Final Act of the Energy Charter Conference with Respect to the Energy Charter Protocol on Transir(Draft), Brussels.
[6] GIIGNL(2020), International Group of Liquefied Natural Gas Importers, GIIGNL 2020 Annual Report, Neuilly–sur–Seine.
[7] GIIGNL & SIGTTO(2014), International Group of Liquefied Natural Gas Importers and Society of International Gas Tanker and Terminal Operators Ltd, LNG Shipping at 50: A Commemorative SIGTTO/GIIGNL Publication, Riviera Maritime Media Ltd, Enfield.
[8] ICIS(2020), Independent Commodity Information Service, LNG Edge.
[9] International Energy Agency(1994), Natural Gas Transportation: Organisation and Regulation, OECD, Paris.
[10] International Energy Agency(2019), Global Gas Security Review 2019, OECD, Paris.
[11] IGU(2013), International Gas Union, World LNG Report—2013 Edition, Barcelona.
[12] IGU(2014), International Gas Union, World LNG Report—2014 Edition, Barcelona.
[13] IGU(2015), International Gas Union, World LNG Report—2015 Edition, Barcelona.
[14] IGU(2016), International Gas Union, 2016 World LNG Report, Barcelona.
[15] IGU(2017), International Gas Union, 2017 World LNG Report, Barcelona.
[16] IGU(2018), International Gas Union, 2018 World LNG Report, Barcelona.
[17] IGU(2019), International Gas Union, 2019 World LNG Report, Barcelona.
[18] IGU(2020), International Gas Union, 2020 World LNG Report, Barcelona.
[19] McKinsey(2019), Setting the Bar for Global LNG Cost Competitiveness.
[20] E. Shashi Menon(2011), Pipeline Planning and Construction Field Manuel, Gulf Professional Publishing, Elsevier, United States of America.
[21] G.G. Nasr and N.E. Connor(2014), Natural Gas Engineering and Safety Challenges: Downstream Process, Analysis, Utilization and Safety, Springer, Switzerland.
[22] Brian Songhurst(2018), LNG Plant Cost Reduction 2014–2018, Oxford Institute for Energy Studies, Oxford.
[23] Robert M. Yamasaki(1980), Proposed Oil and Gas Transportation Scenarios of Proposed OCS Sale No. 53 Offshore Central and Northern California, Bureau of Land Management. Pacific Outer Continental Shelf Office, United States of America.

第 3 章　石油炼制经济学

让・皮埃尔・法文内克[①]

1　简介

消费者并不直接消费原油，因此石油炼制成为石油工业的关键环节。石油炼厂是一组旨在将通常无法使用的原油转化为成品油的装置，这些成品油包括车用汽油、航空煤油、柴油、燃料油、润滑油、液化石油气、石脑油等。

消费量最大的成品油是车用汽油、车用柴油和重质燃料油，消费量增长最快的成品油是航空煤油和柴油（见表 3.1）。

表 3.1　全球成品油消费量　　单位：百万吨

	1973 年	2017 年	2017 年与 1973 年相比（%）
液化石油气（LPG）/ 石脑油	199	517	260
汽油	559	1112	199
航空煤油	114	371	325
柴油	592	1422	240
燃料油	747	371	50
其他	196	605	309
合计	2407	4337	180

资料来源：根据国际能源署的数据整理。

1.1　原油

原油主要由碳氢原子形成的碳氢化合物分子组成，杂质也存在其中，特别是硫和金属。由于含硫，原油燃烧时会产生对环境有害的二氧化硫。尽管原油中金属的含量非常低（百万分之几），但也会对加工工艺（尤其是催化剂）产生不利影响。

---

① 让・皮埃尔・法文内克（Jean–Pierre Favennec），法国巴黎 WDCOOPERATION；电子邮箱：jpfavennec@yahoo.fr。

世界上可能有400多种不同类别的原油。主要产自沙特阿拉伯加瓦尔（Ghawar）油田的阿拉伯轻质原油（Arabian Light）年产量超过2.5亿吨，但许多其他类别的原油产量非常小。只有约100种重要的原油在国际范围内交易。

世界各地有众多油藏和大量的原始资源。每类原油的特征体现为不同的密度，通常以美国石油协会（American Petroleum Institute，API）度数衡量①。目前原油密度介于0.8（约45° API）~1（约10° API）。轻质低密度原油可产出相对较多的汽油和柴油以及低质燃料油，而重质原油可产出大量的重质燃料油。

1.2 石油炼制主要过程

石油炼制，即将原油转化为成品油，需要进行以下操作：

（1）将原油分离成不同馏分，这是生产成品油的基础；

（2）提高某些馏分的质量；

（3）将重质馏分油转化为轻质馏分油；

（4）成品油调和。

炼油厂由以下设施构成：

（1）将原油分离成馏分的加工装置。为了达到商业要求，一些馏分经过额外加工以进行重整；重质馏分可转化为轻质馏分。

（2）公用工程，即炼制过程需要的所有燃料、电力、蒸汽等的生产装置。

（3）储存设施。

（4）接收和运输设施。

（5）调和设施。

炼油厂占地面积可达几十公顷，但其中绝大部分面积被储存设施覆盖。

2 石油炼制的历史与演变

使用石油的历史可追溯到很早的时代。美索不达米亚国王萨尔贡在流传至今的楔形文字文献中提到了沥青，圣经中也提到沥青，无论是诺亚方舟的嵌缝，还是摩西摇篮的涂层，都使得尼罗河上漂浮着沥青。

很早以前，中国就炼制了原油。许多文献都提到使用石油基产品作为润滑油。1000多年前，巴库地区就已经开始开采原油。大约在同一年，有1000名阿拉伯化学家通过石油蒸馏制造了不同产品，例如润滑油。

石油也被广泛用作战争武器。著名的"希腊火"（Greek fire）就从这个时代开始在地中海地区的海战中散布恐怖。先是阿拉伯和波斯的化学家，随后是中国的化学家，也以同样的方式使用高度易燃的石油制品。

① API度数公式为141.5/密度−131.5。因此，密度为1的水的API度为10。所有种类的原油都比水轻，越轻，API度越高。

现代石油工业则是从生产照明用煤油开始。在此之前的很多年，使用灯油（主要是鲸油）是照亮房间的最佳方式，直到鲸鱼数量迅速减少。1846 年，加拿大新斯科舍省的亚伯拉罕·格斯纳（Abraham Gessner）发明了利用煤炭炼制煤油的工艺。此后不久，1854 年，伊格纳西·卢卡西维茨（Ignacy Łukasiewicz）开始在波兰利用人工钻探油井生产煤油。

在美国，土著印第安人以不同方式利用渗出的石油，包括照明。当时一些专家就认为有可能在地下找到石油。1859 年埃德温·德雷克（Edwin Drake）在宾夕法尼亚州泰特斯维尔（Titusville）附近挖了一口 20 米深的井，发现了石油，开启了现代石油工业。很快，聪明的年轻会计师约翰·D. 洛克菲勒（John D. Rockefeller）建立了几家炼油厂，主要生产煤油，并垄断了美国的炼油和销售行业。他创建了标准石油公司（Standard Oil），该公司能够利用不同特性的各类原油生产标准（即稳定）质量的煤油。该公司是多家公司的联合体，差不多美国各州均有一家。

然而，1911 年通过的《谢尔曼法》（*Sherman Act*）禁止垄断，标准石油公司被告上法庭，随后被拆分为 34 家公司，其中包括新泽西标准石油公司（Standard Oil of New Jersey），现 Exxon，即埃克森美孚（ExxonMobil）的一部分；纽约标准石油公司（Standard Oil of New York），现美孚，即埃克森美孚的另一部分；加利福尼亚标准石油公司（Standard Oil of California），即现在的雪佛龙等。20 世纪初，内燃机的引入及其在汽车上的使用造就了汽油市场，成为石油工业较快增长的推动力。早期的石油发现，诸如在安大略省和宾夕法尼亚州的发现，很快被俄克拉何马州、得克萨斯州和加利福尼亚州的大型石油“繁荣”所取代。

从技术角度来看，石油炼制工业真正开始于 1863 年，美国波士顿建造了第一套蒸馏装置。当然，该装置与如今所知的炼油厂毫无关系，但它仍然使得从原油中提取当时所消费的煤油或灯油成为可能。托马斯·爱迪生（Thomas Edison）发明电力为煤油带来了竞争对手，但电力消费的增长非常缓慢。此后不久，汽车的出现导致汽油和柴油消费量的增加。然后，正好在第一次世界大战之前，燃料油在海军得到应用。

炼油行业蓬勃发展，第二次世界大战即将来临，世界范围内的炼油能力达到 3.64 亿吨 / 年，其中美国占 2/3，欧洲仅占 4%，约 1600 万吨 / 年。

更多的蒸馏装置以及所谓的二次加工装置被建造。首先，热重整用于提高汽油产量。其次，热裂解，以减少重质燃料油的产量并增加轻质产品的产量，特别是汽油和柴油。最后，在第二次世界大战之后，引入了催化重整工艺以提高汽油质量。许多其他工艺并行发展，当前的炼油工业已发展成为一个成熟的行业。

洛克菲勒最初专注于原油加工和成品油销售业务，将他认为风险较高的原油生产业务留给了其他参与者。但逐渐地，在大型跨国石油公司内部，炼油业务既与石油勘探和生产一体化，又与销售业务一体化。一体化发展为石油公司整合了原油的来源和出路，从而促进了石油产业链实体业务的顺畅运行。然而，由于 20 世纪 70 年代几个国家开展国有化，先是阿尔及利亚、利比亚、伊拉克，随后是委内瑞拉、科威特、沙特阿拉伯，国际石油公司逐渐成为以炼油和销售业务为主的公司，原油生产业务主要由产油国的国家石油公司控制。如今该趋势已部分逆转，一些产油国开放石油勘探和生产业务，以吸引能够带来专业知识和资金的大型跨国石油公司，这通常是通过国家石油公司与外国公司间的国际合作（成立合资企业）实现的。

目前一些石油输出国组织即“欧佩克”（Organization of the Petroleum Exporting Countries，OPEC）成员国在炼油方面发挥着关键作用。波斯湾国家和委内瑞拉已形成一定能力规模，主要以出口为导向。出于战略考虑，其中一些国家（沙特阿拉伯和委内瑞拉）还控制了国外（尤其是美国）的重要炼油能力。

3 全球炼油能力

以常压蒸馏能力衡量的炼油能力已由1950年的略高于10亿吨/年增加到1980年的超过40亿吨/年。在第二次石油危机之后，全球炼油能力在1985年下降至低于36亿吨/年。1986年油价下跌后，炼油能力再次提高，目前约50亿吨/年，即1亿桶/天。

（1）亚洲（从巴基斯坦到日本）是目前全球炼油能力最大的地区，约17亿吨/年。日本和中国拥有全球最大的炼油设施，韩国和印度也拥有颇具规模的炼油设施。由于需求增长非常强劲，近年来亚洲炼油能力增长非常迅速，特别是中国和印度。

（2）北美洲（美国、加拿大和墨西哥）也拥有非常庞大的炼油基础设施，炼油能力占全球的20%以上，其中美国炼油能力占北美地区的80%以上。需要注意的是，美国炼油厂的数量在40年间由320家减少到135家，而总炼油能力却在增加。美国中部的小型炼油厂曾因当时缺少原油被迫关闭，而大型炼油厂多位于沿海地区。

（3）西欧和土耳其拥有全球17%的炼油能力，虽然在20世纪80年代初期炼油能力大幅降低，但仍然是重要的炼油地区。该地区的炼油厂数量由160家减少到约100家，总炼油能力降低了30%。东欧的炼油能力约占全球的13%，其中约80%位于曾经的苏联地区，但不应该被这些数字误导，东欧地区的设施通常陈旧、简单，目前并未得到充分利用。

（4）中南美洲的炼油设施精良，其中巴西和委内瑞拉拥有最大的炼油能力。大型炼油厂位于加勒比海地区和委内瑞拉，通常以出口为导向，对这些地区而言，美国是有影响力的市场。然而，应该强调的是，在撰写本章时，美国对委内瑞拉的制裁正在影响该国的炼油工业。

（5）中东也是重要的炼油中心，几家大型炼油厂的业务以出口为主，特别是出口到亚洲。最大的成品油出口国是科威特、沙特阿拉伯。在经济增长和相当低的成品油价格推动下，需求增长强劲，要求炼油能力快速增加。此外，沙特阿拉伯最近新建了多个大型炼油厂，例如SATORP，这是由道达尔和阿美公司建设的2000万吨规模的复杂炼油厂，中石化和阿美公司也正在合作建设类似的炼油厂。

（6）非洲的炼油能力有限，阿尔及利亚、埃及、尼日利亚和南非4个国家的炼油能力占非洲大陆的60%以上。除了阿尔及利亚、利比亚和埃及向欧洲、美国出口成品油之外，该地区的炼油厂主要供应当地市场。在撒哈拉以南的许多非洲国家，小型炼油厂（能力为 100 万 ~300 万吨 / 年）供应同等规模的当地市场。这些炼油厂的盈利能力并不稳定，但能够为所在国提供自主权，生产的成品油对于所在国是非常重要的。

然而，近些年来很多这样的炼油厂被迫关闭，例如西海岸的毛里塔尼亚、塞拉利昂、利比里亚和多哥；东海岸的蒙巴萨、达累斯萨拉姆和马普托。这些炼油厂发现越来越难以与从波斯湾或印度大型炼油厂运来的大量成品油相竞争。

目前，全球共有约 700 家炼油厂，总炼油能力约为 1 亿桶 / 天，平均单个炼油厂的炼油能力约为 15 万桶 / 天或近 800 万吨 / 年。

贾姆纳加尔（Jamnagar）炼油厂是自 2008 年以来全球最大的炼油厂，炼油能力为 124 万桶 / 天，超过 6000 万吨 / 年，几乎相当于一个欧洲大国的炼油能力。该炼油厂位于印度古吉拉特邦（Gujarat），为信实工业（Reliance Industries）所有。

在其他巨型炼油厂中，委内瑞拉的帕拉瓜纳（Paraguana）炼油厂的炼油能力为 98 万桶 / 天，该炼油厂是阿穆艾（Amuay）和卡尔东（Cardon）炼油设施合并的结果（两个炼油设施之间已经建立了管道连接）。韩国蔚山（两个炼油厂）和丽水的合计炼油能力超过 200 万桶 / 天。其他巨型炼油厂位于沙特阿拉伯和美国。

也有适应小规模独立市场的小型炼油厂。内陆国家（马里、尼日尔、乍得、乌干达、卢旺达等）难以获得 1000 多千米外非洲海岸的成品油供应。在产油国乍得和尼日尔，2010 年以来中国企业建造了两个能力约 2 万桶 / 天的炼油厂。

4 炼油产品需求结构及演变

正如我们所见，石油（以及石油产品）消费的强劲增长可以追溯到 20 世纪五六十年代。当时，从煤炭到液体燃料的转变导致对重质燃料油和取暖油的需求大幅增加。20 世纪 70 年代初，一个简单炼油厂（由蒸馏 + 催化重整 + 脱硫装置组成）能够完美适应需求，可以加工阿拉伯轻质原油类的中质原油，生产 40%~50% 的重质燃料油，用于工业和电力生产。

1973 年和 1979 年的石油危机导致石油价格上涨 10 倍，一方面，重质燃料油需求急剧下降，被煤炭、天然气或核能替代；另一方面，由于无可替代，汽油、柴油、航空煤油等需求持续增长。为了应对需求结构的变化，有必要建造更多转化装置，这些装置能够将重馏分转化为较轻的馏分，即汽油或柴油组分。大多数建造的装置都是催化裂化（Fluid Catalytic Cracking，FCC）装置，因为与加氢裂化装置等替代解决方案相比，该装置具有较高燃料效率和“适度”投资双重优势。转化率（Conversion Rate）是炼油厂加权合计转化能力与其炼油能力之比，全球各地区的转化率均有所提高。在西欧地区，转化率提升非常显著，由 1975 年的 5% 左右提高到 50% 以上。1977 年西欧地区共有 143 家炼油厂，但其中仅有 1/3 拥有 FCC 装置，目前其余 100 家炼油厂中的 90% 都配备了 FCC 装置（或等效工艺装置）。

在世界其他地区也观察到了类似趋势。在亚洲建造的最新炼油厂和最近在中东扩建的炼油厂均涉及很多裂化装置。

炼油厂必须不断适应重大变化，例如在 1990 年左右改用无铅汽油；普遍降低燃料的含硫量；减少船舶二氧化硫排放，这需要安装过滤器或改用 LNG。

因此，我们见证了新装置的建造，这些装置能够供应辛烷值更高的汽油组分（通过再生催化重整、异构化、烷基化等），以满足对无铅汽油的需求并改造而非新建脱硫装置，以应对强制降低产品含硫量的要求，特别是对柴油燃料的要求。

考虑到市场趋势，减少重质燃料油产量势在必行，目前正在通过改进现有的能够处理“更重”负荷的 FCC 装置以及近期或未来的深度转化装置来实现，这始终是炼油厂面临的主要挑战。投资较高的深度转化装置（渣油加氢裂化、焦炭气化焦化）的建设要求柴油和重质燃料油之间存在相当大的价差。FCC 装置改进也可以处理“更重”的负荷。通过气化将残渣转化为电能也是一个有吸引力的选择。

美国炼油工业的特点是转化率特别高。传统上，美国炼油工业不得不面对非常强劲的车用汽油需求。美国的汽油需求约 4 亿吨 / 年，约占该国石油产品总需求的 45%，占世界汽油总需求的 40%。美国汽车的排量、高单位耗油量以及部分商用车配备汽油发动机的事实解释了该国对汽油的强劲需求。另外，丰富的天然气和煤炭资源缩减了取暖和重质燃料油的市场规模。因此，美国炼油厂或者至少是最大的炼油厂，不仅配备了 FCC 装置，还配备了焦化装置。全球 80% 的焦化装置位于美国，该国炼油厂的平均汽油收率超过 55%。

5 炼油投资

建设一个全新炼油厂的投资取决于其规模、复杂性和地理位置。如果在欧洲建造一座 16 万桶 / 天（800 万吨 / 年）的炼油厂，且配备催化裂化、减粘裂化和汽油装置，目前预计投资将超过 60 亿美元。在炼油厂的环保和产品质量方面，如果有极其严格的排放法规，炼油厂投资可能会显著增加。

一个规模较小（10 万桶 / 天或 500 万吨 / 年）的简单炼油厂（常压蒸馏 + 催化重整 + 馏分加氢脱硫）的投资是上述金额的一半，即 30 亿美元，但这种小型炼油厂的建设已不再提上议程，原因是产出的重油太多，不再有利可图。一个配备了深度转化装置以将重质燃料油的产量减至最低的超大型炼油厂，投资将超过 100 亿美元。

对投资的分析表明，“厂外”设施（公用工程系统、储存、接收和运输设施）投资所占比例非常高，可能占简单炼油厂投资的一半以上。在所有其他条件相同的情况下，炼油厂的电力自主程度、油罐规模、接收和运输设施规模等都是估算投资总额的重要参数。

在确定投资时，有两个基本的特征参数：

（1）尺寸：设施的体积（决定其生产能力）是半径立方的函数，而表面积（决定其成本）是半径平方的函数。随着设施尺寸的增加，其生产能力将比成本增加得更快。因此，炼油厂具有显著的规模经济特征，节约投资受某些装置的最大尺寸限制。因此，常压蒸馏装置的能力通常不会超过 1000 万吨 / 年，较大规模的炼油厂至少有两个常压蒸馏塔。

（2）厂址：装置的运输成本和组装成本是建设投资的重要组成部分。因此，位于远离主要装置（塔、反应器等）制造厂的炼油厂将比邻近供应商（北美、欧洲和东南亚）的相同炼油厂投资更高。当地劳动力稀缺，导致专业团队被迫搬迁，也会对投资金额产生重大影响。此外，特殊的气候条件也会影响设备价格。

6　炼油成本和利润

6.1　成本

为了便于分析，将炼油成本区分为可变成本（与原油加工量成正比）、固定成本（与原油加工量无关，包括人员、维护和管理费用）和投资（或折旧）。

6.1.1　可变成本

可变成本与加工的原油数量成正比，主要与化学品和催化剂相关。

化学品：石油炼制过程需使用大量化学品，但相关成本有限。长期以来，重点关注的是铅添加剂（四乙基铅），用于提高汽油的辛烷值，但逐渐减少使用这些添加剂降低了化学品的总成本，而越来越多地使用其他添加剂（十六烷值改进剂、提高柴油耐寒性的添加剂、“降凝剂”等）又略微增加了成本。

催化剂：除了只有一个蒸馏塔的炼油厂外，大多数炼油厂拥有催化工艺装置，涉及重整、裂化、异构化、烷基化、加氢脱硫、催化裂化、加氢裂化等工艺，所使用的催化剂种类繁多。重整工艺需要使用贵金属催化剂，单位公斤成本超过数百美元。但这些催化剂可再生（在最新的装置中是可连续再生，在旧的装置中是周期性再生），即在使用周期结束时，贵金属可被回收并供重新使用。

对于催化裂化过程，催化剂的损失通过不断注入新催化剂而得以补充。催化剂的成本也是有限的。

总的来说，加工原油的化学品和催化剂合计成本约为 1 美元 / 桶。

6.1.2　固定成本

固定成本包括人员、维护、保险、地方税、管理费用等，几乎与原油加工量无关。事实上，无论炼油厂以其名义能力的 60% 还是 100% 运行，人员成本都是相同的。

人员成本：炼油厂的员工数量差别很大。一个简单的炼油厂至少需要 200~250 人。对于配备多个常压蒸馏装置和裂化装置的复杂炼油厂，员工数量会更多。例如，某大型炼油厂（2 个常压蒸馏装置、1 个重整装置、1 个催化裂化装置、1 个加氢裂化装置、1 个减粘裂化装置、加氢脱硫装置和 1 条管线）直接雇用员工 1000 多人。因此，员工数量很少取决于规模，而主要取决于复杂性。简单炼油厂的人员成本约 1500 万美元 / 年，配备深度转化项目的炼油厂人员成本可达 4000 万美元 / 年。应当指出的是，一些炼油厂，尤其是曾属于苏联国家的炼油厂，拥有大量员工，比西欧炼油厂的员工人数高出数倍。原因是同一类炼油厂的小型装置成倍增加，以及存在高度发达的辅助服务业务，一些炼油厂甚至有备件制造车间、健康服务和农业生产合作组织。

维护成本：维护成本或多或少与初始投资成正比。根据经验，每年的维护成本为初始投资的 1% 或 2%，即 5000 万美元 / 年（简单炼油厂）至 1 亿美元 / 年（配备深度转化装置的炼油厂）。目前西方的炼油厂已将视为非核心业务的大部分维护服务外包。

一般成本：包括税收、保险、操作成本杂项和管理费用。

固定成本合计 2~3 美元 / 桶（如果炼油厂以满负荷运转或接近满负荷运转）。

6.1.3 投资（或折旧）

无论是新建炼油厂的初始投资还是现有炼油厂新装置的投资，都必须以折旧方式收回。

如我们所见，对于配备常规转换装置的 16 万桶 / 天的炼油厂，初始投资约为 60 亿美元。如果是新建炼油厂，投资折旧金额（可以解释为利息和本金的总和，假设建造炼油厂所需的资金全部来源于借款）将在 8~9 美元 / 桶的范围内（如果炼油厂以满负荷运转或接近满负荷运转）。

6.1.4 炼油总成本

总的来说，一个新的传统炼油厂满负荷运行的成本（不包括公用工程）略高于 10 美元 / 桶，但大多数正在运营的炼油厂的大部分投资已经折旧完毕，因此炼油成本较低，合计为 3~5 美元 / 桶。

6.2 各地区炼油利润

在美国，不同地区的炼油利润差别很大。在墨西哥湾周边地区，为最大限度地提高汽油产量而建造的大型复杂炼油厂的炼油利润是合理的，该地区便于进口，利润受到成品油到货影响，特别是来自欧洲和拉丁美洲的成品油。而美国中西部的炼油利润要高得多，加利福尼亚州的利润更高，既是因为供需平衡更好，也是因为成品油价格更高。成品油质量标准的提高也体现在价格上。需要强调的是，美国中部地区的原油价格是指西得克萨斯中质原油（WTI）在俄克拉何马州库欣的报价。库欣的原油来源多种多样（包括来自加拿大的合成原油），并配备了大型储存设施。WTI 价格是美国其他原油的参考价格，通常低于布伦特原油价格，因为原油流入量大而输油管道设施有限，这是美国炼油利润较高的主要原因。

在 1997 年亚洲金融危机之前，由于需求的持续增长和某些市场的保护，亚洲地区的炼油利润比其他地区更高。1997 年年中，该地区的金融危机导致需求增长放缓，而恰好赶上当时刚建成较大炼油能力，炼油利润大幅下降，直到 2000 年才有所回升，但如果按现货价格计算，炼油利润仍处于相对较低水平。应该记住的是，在许多国家，成品油价格是由政府管制的，以保证本国炼油工业有一定的盈利能力。

在欧洲，位于鹿特丹的一家复杂炼油厂在 20 世纪 90 年代的炼油利润为 1~2 美元 / 桶，直到 2000 年才开始增长。

原油价格的快速变化也会导致炼油利润水平的显著变化。

6.3 影响炼油成本和盈利能力的因素

正如我们所见，固定成本（人员、维护和管理费用）和投资占炼油总成本的绝大部分，对炼油的经济性产生非常重要的影响。

6.3.1 开工率

炼油厂开工率（Operating Rate）是最重要的参数，炼油厂必须以接近最大负荷运行。这不仅适用于常压蒸馏装置，也适用于其他装置。与满负荷运行相比，66%的开工率意味着单位固定成本增加50%。但如果一个地区的合计炼油能力超过了整体成品油需求，那么所有炼油厂的满负荷运转可能导致（且通常会导致）价格甚至利润暴跌。这就是一些炼油厂有时会决定减少原油加工量的原因。这些措施的持续时间通常很短，因为利润增加会立即转化为炼油能力的全面恢复。

6.3.2 规模

对于给定的利用率（Utilization Rate），单位炼油成本会随着炼油厂规模的增加而降低，事实如下：

（1）人员和管理费用几乎与炼油厂规模无关。

（2）维护成本和投资的增长速度低于规模增长速度。

因此，除了极特殊的情况外，通常不再建造炼油能力低于500万吨/年以下的炼油厂。只有地理原因，一是靠近原油产地，例如美国，二是靠近孤立的市场，例如非洲，可以证明小型炼油厂的存在是合理的。

6.3.3 复杂性

炼油厂的复杂程度增加自然会导致单位炼油成本增加，主要是因为较高的投资和维护成本。两个重要的认识如下：

（1）在其他条件（规模、位置、市场等）相同的情况下，由于轻质成品油的产量更高，复杂炼油厂将比简单炼油厂的收率更高。

（2）如果原油已适应转换装置的加工工艺，复杂炼油厂将比简单炼油厂有效地产生更高利润。换句话说，该炼油厂不得不处理“更重”负荷，以充分利用裂化装置。

6.3.4 厂址

一家炼油厂的投资因与装置供应商的距离增加、劳动力稀缺和极端气候条件而增加，单位的炼油成本也会更高。

6.3.5 与石油化工业务的协同

炼油与其他业务并置，特别是与石油化工产品生产业务并置，是一项非常重要的优势，不仅可以直接为蒸汽裂解装置（制造塑料、合成纤维和合成橡胶的基础烯烃的主要加工装置）提供原料，还可以与该区域的所有活动共享支持服务（维护、实验室、一般服务和运输等）。

6.4 利润

炼油（毛）利润是离开炼油厂的成品油价值（不包括税费和销售成本）与进入炼油厂的原油成本之间的差额。净利润等于毛利润减去可变成本。炼油利润取决于许多因素，特别是炼制方案。因此，本章将讨论配备拔头、重整、裂化和减粘裂化装置（Topping，Reforming，Cracking and Visbreaking，TRCV）炼油厂的利润。炼油利润还取决于所在的地理位置，良好的地理位置意味着更高的产品价值，从而获得更好的利润。以美国为例，内陆地区的炼油利润要高于沿海地区。

如前所述，考虑投资（贷款和利息本金偿还）后，新建 16 万桶 / 天且配备标准转化装置的常规炼油厂的炼油总成本约为 10 美元 / 桶。但大多数炼油厂，至少在北美和欧洲地区的炼油厂，都是 20 多年前建造的，目前投资已全部折旧，单位炼油成本约为 3 美元 / 桶。

虽然炼油成本相对稳定，但炼油利润变动很大，这取决于市场情况。在 2000 年之前，炼油利润水平一直很低。过去几年，由于炼油能力合理化，炼油利润有所改善，这涉及许多炼油厂的关闭。目前的炼油收入尚不能够覆盖全部成本，但可以覆盖有限的现金成本和近期投资的折旧。事实上，大多数在运营的炼油厂是在第一次石油危机之前建成的。在大多数西方国家，最近新建的炼油厂可以追溯到 20 世纪 70 年代，因此初始投资大部分已折旧完。当然，炼油厂仍不断需要新的投资，但这些新增投资的折旧金额与新建炼油厂的投资折旧金额相比非常有限。

6.5 利润与成本预测

石油公司或行业期刊公布的炼油利润是虚拟炼油厂的典型利润，这被称为利润指示。在欧洲，利润指示通常与位于鹿特丹且竞争激烈的炼油厂利润情况相对应，这些“鹿特丹计算”的利润并未涵盖新建炼油厂的全部成本。

一些因素改善了炼油的经济性：

（1）就成本而言，生产效率已经取得了非常显著的进步。几年前，一家法国大型公司宣布，每年将加工原油的盈亏平衡点降低约 1 美元 / 吨。这一趋势仍在继续，包括开工率提高、各项努力、库存减少以及严格的投资决策是解释这一改善的要素。

（2）一般公布的利润只考虑主要产品（汽油、航空煤油、柴油、燃料油），所谓的特种产品（润滑油、沥青、液化石油气，甚至石油化工产品）并没有被考虑在内，然而，这些产品往往有助于提高炼油利润。

（3）一些炼油厂实际的成品油销售价格往往高于利润指示计算中所用到的价格参数，高价格可能是出于更有利的地理位置，位于欧洲内陆进口地区的炼油厂将以比鹿特丹高得多的价格销售其成品油，差价反映了运输成本。

（4）在一些国家，炼油商同时经营销售业务抵消了炼油利润较低的影响。

（5）为了更好地应对竞争和糟糕的市场环境，炼油商正在通过合作进行炼油业务重组。面对一个可能在未来几年继续增长的市场，炼油能力重组预示着全球炼油工业的良好形势。

7 未来石油需求

2018 年全球石油需求为 1 亿桶 / 天。国际能源署（IEA）预测，在基准情景下，2030 年全球石油需求可能超过 1.1 亿桶 / 天（55 亿吨油当量 / 年），其中大部分需求增长来自新兴国家，到 2030 年新兴国家石油需求将占全球石油消费量的 60% 以上，而目前水平为略高于 50%。当然，在这种基准情景下，全球二氧化碳排放量将增加，与 2015 年的《巴黎协定》相矛盾。

IEA 提出了第二种情景，反映了各国政府积极的能源政策和措施影响，与基准情景相比，2030 年需求将适度减少 10%，石油消费量因此减少到 9900 万桶 / 天，生物燃料在燃料总消费量中的占比将由 4% 增加到 7%，这似乎并没有展示太大野心，但至少在欧洲，可以解释在协调 27 个成员国的行动时遇到的困难。

与石油相关的二氧化碳排放量的增加将大大增加政府限制需求增长的压力，但实施具有重大影响的措施需要真正的政治意愿。

石油将越来越多地用作燃料和石油化工原料，而非用于取暖和发电。

如农业燃料、煤制油（Coal to Liquids，CTL）和天然气制油（Gas to Liquids，GTL）获得的合成燃料等石油替代品的发展将受到限制，因为其用能昂贵，而催化剂的改进使炼油厂有可能制造出优质产品。最近建造的唯一天然气制油装置位于卡塔尔，但没有新的相关装置建设规划。

8 炼油的未来

石油产品消费量的稳步增长对增加炼油能力提出要求。由于无利可图，炼油厂（通常规模较小）关闭，导致新建炼油厂是不可避免的。这些新增炼油能力将主要位于亚洲，以应对不断增长的需求。此外，考虑原油可获得性，新增炼油能力还将主要位于中东地区。出于价格和减少污染的需要，新建炼油厂必须考虑到重质成品油的需求会不断减少，船舶转向使用低硫燃料（2020 年成为强制性规定）说明了这一趋势。新建炼油厂还将面临越来越严格的轻质产品规格要求。

炼油厂将受益于一个有利因素，这是预测者很少预料到的。虽然在 20 世纪七八十年代，待发现的石油资源似乎不可避免地越来越重、含硫量越来越高，但这一趋势从未成为现实。例如，在沙特阿拉伯发现的原油较此前最初在第二次世界大战前后发现的原油更轻。大量生产的页岩油也有着同样的趋势，页岩油又被称为轻质致密油（Light Tight Oil），因为其密度（API 度在 40~45）非常低。未来石油产品需求的不确定性无疑会限制炼油工业的发展，如果需求将在 20 年或 30 年后下降，现在新建炼油厂的理由并不充分。

如今炼油工业的经济形势比30年前要好。20世纪80年代的市场反复疲软，导致重组才能获得利润。因此，我们可以预期，炼油工业将锚定平均规模更大、更复杂、盈利能力更强的方向缓慢但坚定地发展。

参考文献

[1] Favennec, J.–P.(2003), Petroleum Refining—Vol 5: Refinery Operation and Management IFPEN Rueil Malmaison.

[2] Leffler, W.L.(2008), Petroleum Refining in Nontechnical Language, Fourth Edition.

[3] Pennwell Tulsa Oklahoma.

[4] Leprince, P.(ed.)(2001), Petroleum Refining—Volume 3: Conversion Processes IFPEN Rueil Malmaison.

[5] Trambouze, P.(2000), Petroleum Refining—Volume 4: Materials and Equipment IFPEN Rueil Malmaison.

[6] Wauquier, J.–P.(1995), Petroleum refining—Volume 1: Crude Oil, Petroleum Products, Process Flowsheets.

[7] Wauquier, J.–P.(2000), Petroleum refining—Volume 2: Separation Processes IFPEN Rueil Malmaison.

第4章　氢能经济学

马丁·罗宾努斯[①]　西蒙纳斯·切尔尼亚斯卡斯[②]
莱因哈特·马德莱纳[③]　克里斯蒂娜·科克尔[④]
艾伦·普卡提[⑤]　戴特勒夫·史特伦[⑥]

1　简介

日益增加的温室气体排放和人为导致的气候变化加剧社会担忧，推动人类找寻新的解决方案以发展脱碳且更可持续的能源系统。氢作为一种多用途、非化石能源的载体，在促进能源系统转型方面有巨大潜力。本章概述了氢的科学技术和经济特性，并为探讨氢能在脱碳能源系统中的角色提供了必要的背景信息。首先，本章介绍了氢的潜在应用领域，并预测了2050年氢在一个典型的工业化国家的市场潜力。其次，讨论了氢能相关的政策法规。再次，描述了氢能供应的重要内容，包括生产、储存、加工、运输和加注。复次，讨论了公众接受度以及氢燃料供应链和使用方面的安全问题。最后，分析了消费者为氢技术付费的意愿。

2　氢能应用场景

氢可以应用于不同的领域，包括交通、家庭、商业和贸易、化学和重工业以及电力行业（见图4.1）。因此，氢越来越被认为是实现能源系统完全脱碳所必需且极具潜力的能量载体。本章简单介绍氢能在能源系统不同部门的应用和相关的市场潜力。当前全球氢能需求为7400万吨，其中超过99%的氢能用于重工业和化学工业部门（SRI，2007；IEA，2019）。因此，氢在这些领域发挥着至关重要的作用。

① 马丁·罗宾努斯（Martin Robinius），德国于利希研究中心能源与气候研究所技术经济系统分析部门（IEK-3）；邮箱：martin.robinius@umlaut.com。

② 西蒙纳斯·切尔尼亚斯卡斯（Simonas Cerniauskas），德国于利希研究中心能源与气候研究所技术经济系统分析部门（IEK-3）。

③ 莱因哈特·马德莱纳（Reinhard Madlener），德国亚琛工业大学，挪威科技大学工业经济学与技术管理学院。

④ 克里斯蒂娜·科克尔（Christina Kockel），德国亚琛工业大学。

⑤ 艾伦·普卡提（Aaron Praktiknjo），德国亚琛工业大学。

⑥ 戴特勒夫·史特伦（Detlef Stolten），德国于利希研究中心能源与气候研究所技术经济系统分析部门（IEK-3），德国亚琛工业大学。

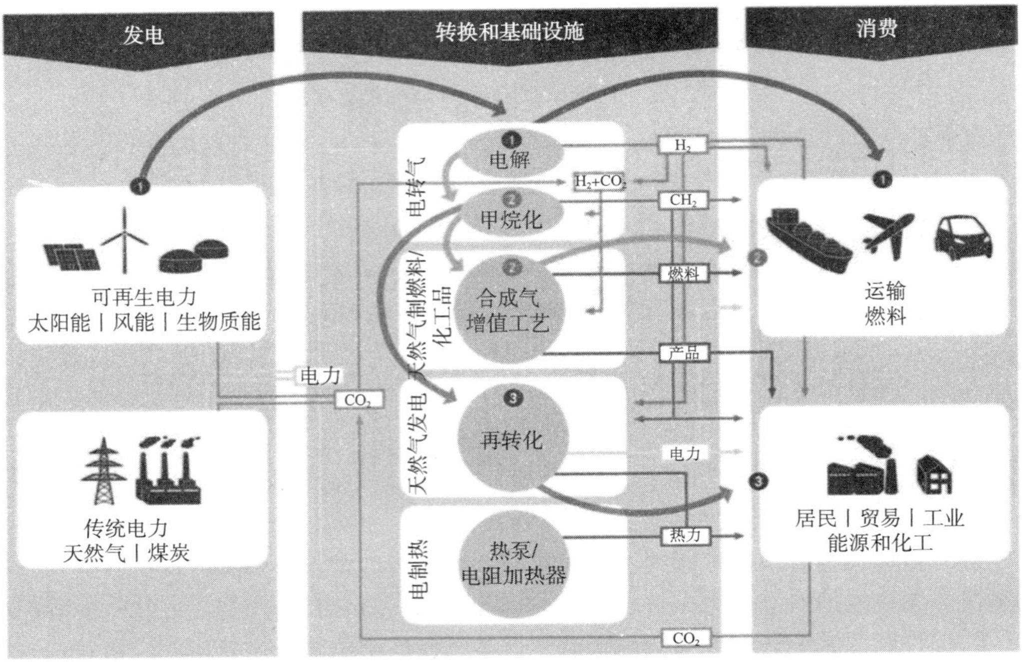

图 4.1 氢能在能源系统中的潜在应用

资料来源：Robinius et al.（2017b）。

2.1 交通

在交通运输部门，氢可用于传统的内燃机，但更重要的是用于燃料电池，其效率明显高于内燃机，并且不会像柴油或汽油发动机那样向大气中排放二氧化碳和氮氧化物。与其他零排放传动系统相比，燃料电池电动汽车（FCEV）具有更大的续航里程（>500 千米）和更短的加注时间（3~5 分钟或更少），以及相对较高的功率容量，适用于重型和商业应用（Offer et al.，2010）。然而，到目前为止，燃料电池成本高、氢基础设施开发不足等因素限制了 FCEV 的市场渗透（Gnann et al.，2015）。在过去，FCEV 最显著的目标市场是乘用车，这是由于该市场规模大且客户付费意愿较强。为了满足乘用车空间和设计上较高的要求，FCEV 一般配备 700 巴（bar）的车载储氢设备。早在 20 世纪 60 年代，FCEV 的第一批原型车就已经进入了研发阶段（Fuel Cells Bulletin，2016）。随着技术不断进步，在各种市场引入政策的支持下，迄今为止全球道路上约有 1.1 万辆 FCEV 乘用车（Fukui，2019）。

尽管 FCEV 在乘用车领域进展缓慢，但该技术在公共交通和商用车等其他应用领域正吸引越来越多的关注（Wulf et al.，2018a）。由于空间和设计的限制，这些车辆通常使用的车载储氢系统的压力为 350 巴。受续航里程的限制，商用纯电动汽车（BEV）的应用受限，反而为地方公共汽车、小型客运火车和货运车辆引入燃料电池技术创造了市场机会（Ritter，2016；Alstom，2018；Roland Berger，2015；FCH JU，2016）。

另一个近年来显著增长的应用领域是物流车（MHV）市场（Micheli and Hanke，2015）。快速加注、零排放操作以及宽裕的运行温度范围（如恶劣的天气条件）使得燃料电池 MHV 可以节省物流中心的宝贵空间，还能够在低温室内环境下运行，例如在冷库中使用（Fischedick，2017）。其他有望在未来能源系统中发挥作用的 FCEV 应用包括摩托车、船舶、飞机、铁路和农业机械（Hart，2015；New Holl and Agriculture，2014；Hof，2017）。

研究发现，专用车队如公共运输和叉车相关市场的潜力足以使全国氢供应具有成本竞争力（Cerniauskas，2019a）。从基础设施的角度来看，类似货车和乘用车这种更大的交通市场，需要公共加氢站网络，因此氢进入这些市场更具挑战性。最后，绿氢可以在未来合成燃料的生产中发挥关键作用，如合成汽油、合成煤油等，这些燃料是航空旅行和大功率运输工具如火车的主要脱碳选择。

2.2　私人住宅及供暖

氢可以灵活地应用于供暖部门，提供不同的温度，从而具有广泛的应用范围（例如空间供暖、热水制备），适合单户到大型住宅，以及多层商业和住宅建筑。现有的天然气锅炉可加以改造以使用氢气，因为氢气具有与天然气类似的沃泊（Wobbe）指数（Hodges et al.，2015）。考虑到氢供应基础设施充足，这种方法能使供暖部门快速脱碳，因为在 20 世纪上半叶从城镇煤气到天然气的转变过程中，以及当下仍在进行的从低热值天然气到高热值天然气的转变中，已经证明了供暖设备能够成功实现大规模改造（Dorrington et al.，2016；Fernleitungsnet2betreiber，2017）。然而，天然气掺氢比例目前受到天然气质量要求的限制，各国差异很大，从 0.01%vol 到 12%vol 不等（ITM Power PLC，2013；Dolci et al.，2019）。掺氢的热应用和天然气的成本竞争力使得这一市场比交通应用更难渗透。

事实上，由于燃烧效率低，氢的燃烧利用方式并不受青睐。不过，氢可以用于热电联产装置（CHPs），这在分布式能源系统中越来越重要（Weidner et al.，2019）。与全电动解决方案相比，燃料电池热电联产能够实现更高的整体效率（相当于性能系数（COP）>5），它结合了最高效率的联合循环燃气轮机（效率 >50%）和最高效率的热泵（COP 3–4）（Staffell，2015）。Rigas 和 Amyote（2013）针对最新的市场状况、支持计划和立法变化，分析了德国微型燃料电池支持计划的有效性。研究表明，该技术在德国本土应用中仍然没有竞争力，并且 PEMFC 系统，包括所有辅助设备成本必须减半（即从 19500 欧元减少到 10500 欧元），才能使该技术在没有任何形式补贴的情况下具有竞争力。

2.3　化工和重工业

氢已在重工业和化工领域发挥着至关重要的作用。然而，在这些领域中，氢并不是作为一种能源载体，而是作为化工原料用于合成氨和甲醇的生产以及石油的精炼（SRI，2007）。食品加工部门和玻璃制造业也存在较小的氢需求（Schenuit et al.，

2016）。此外，氢可用于铁矿石的直接还原，从而促进温室气体排放强度大的钢铁行业实现脱碳（Otto et al.，2017）。

但是，绿氢在化工和重工业部门的渗透比交通部门更困难，包括当前的化工工艺以及新的应用，如直接还原铁（Power-to-Steel）和合成燃料的生产（Power-to-Fuel）。全球大宗商品市场中高成本，以及技术和市场发展的不确定性，将大大降低工业消费者短期采用绿氢的意愿。因此，业界普遍预计，大规模采用绿色氢将发生在氢市场发展的后期阶段（Fraunhofer ISI and Öko-Institute，2015；Hydrogen Council，2017）。

2.4 电力行业

风能和太阳能光伏等可再生能源的装机不断增长拉动了储能系统的需求，这要求储能系统能够提供足够的灵活性以缓冲能源生产的波动，从而满足当前的供应安全要求。传统的抽水蓄能和更新的解决方案，如先进的压缩空气储能和电池存储技术可以缓冲短期的小时级和日度波动。然而，可再生能源技术依据季节性变化需要数周至数月的长期储能，这可以利用地下化学储能技术通过氢或者合成甲烷的方式实现（Welder et al.，2018）。储存的能量可以转移到交通运输、供热和重工业部门，或者通过专用的开放式循环燃气轮机转换回电力，但燃料电池的电化学转换效率（60%）高于燃气轮机（40%），这有利于该技术与其他部门耦合，而不是重新供电。在这方面，各项研究表明，氢能转化为电能将在可再生能源渗透率较高的电力部门发挥关键作用（Henning and Palzer，2013，2015；Knor et al.，2014）。Roche 等（2010）采用技术经济模型分析了氢（和可再生甲烷）与电转气（P2G）系统，以及与用于负载平衡的地下储能相结合的经济可行性。作者发现，在调查的所有案例中（即基础案例、仓储套利、存储和平衡），在目前的市场条件下，P2G 系统在经济上是可行的，因此需要大量的财政政策支持。

3 氢能政策和规章制度

近年来，关于氢能政策和监管的文献不断增加，特别是关于绿氢在交通领域的应用（见图 4.2）（Ajanovic and Haas，2018；Bleischwitz and Bader，2010；Collantes，2008；Rodrígueza et al.，2019；Pique et al.，2017）。Ajanovic 和 Haas（2018）研究了乘用车运输中使用绿氢的经济前景和必要的政策框架，考虑了多种可再生能源技术的制氢成本和有关燃料电池汽车的学习曲线效应。作者得出结论，除了需要在经济上可行之外，氢的前景在很大程度上取决于现行的政策框架（促进低碳排放车辆的发展），例如车辆税收 / 补贴（购买和使用）、非货币性措施（进入市中心、使用公交车道、免费使用公共停车位等）和燃油经济性标准等方面。Bleischwitz 和 Bader（2010）回顾了当前欧盟向氢经济转型的政策和监管框架，特别关注了普遍存在的障碍和不一致性。作者得出的结论是，目前的政策框架并不妨碍氢能发展，但也没有强有力地促进其发展。最重大的影响是在氢和燃料电池的研发方面。研究发现，监管政策对氢有微弱但积极的影响，而欧盟的资助政策则表现出一些不一致性。在他们看来，氢和燃料电池的大规模市场推广将需要一种新的、针对技术的支持方法，以及明确考虑区域范围的支持性政策框架。然而，最近欧盟可再生能源指南的变化，包括将绿氢作为炼油厂的原料，表明欧盟政策的一致性越来越高（European Parliament and Council，2018）。

Collantes（2008）基于一项来自 323 个不同利益相关者组织的 502 人网络调查，分析了美国交通燃料政策辩论的多个维度，特别聚焦于氢。他们通过收集利益相关者的政策信仰和偏好，以确定并衡量与美国使用氢作为交通燃料相关政策辩论的主要维度，从而大大降低了政策背景的复杂性。他们发现的三种政策偏好是：①命令和控制方法；②用技术中立的方法解决外部性问题；③促进技术进步和创新。Rodrígueza 等（2019）就墨西哥的氢监管法律框架开展了另一项研究，旨在将氢技术的潜在贡献转化为公共政策计划。研究发现，在氢经济得以实行之前，缺乏氢储存、氢在最终应用中的监管以及安全监管是必须克服的基本障碍。Pique 等（2017）发表了对 9 个不同国家加氢站的法规、规范、标准和实践的比较研究，即美国（加利福尼亚）、英国、意大利、德国、加拿大、瑞典、挪威、丹麦和西班牙。作者发现，除了技术指南之外，各国通常没有专门针对氢燃料的具体国家法规，而国际标准（如 ISO 17268 或 ISO 20100）是几乎所有国家都适用的参考标准。

Leibowicz（2018）通过调查交通部门的历史动态，特别是跨系统的基础设施、车辆和旅行扩散过程的相对时间规律，提出了向可持续交通和运输系统转型的政策建议。在此过程中，他分析了技术锁定、技术制度复合体、技术转型、应用障碍以及运输系统的历史扩散。

4 氢能基础设施

4.1 生产

氢可以从水或各种化石能源和生物质的碳氢化合物中分离出来。氢单质是无色的，但由于氢的来源广泛，根据其二氧化碳排放量，对氢有不同名称的分类，如灰氢、蓝氢和绿氢（IEA，2019）（见图 4.2）。一般来说，灰氢是指通过化石能源制氢，最常见的工艺是蒸气甲烷重整（SMR）。由于电网中电力生产的二氧化碳排放量很高，通过电网电力电解生产的氢也可被称为灰氢，这取决于电网的二氧化碳排放强度。另外，还有二氧化碳强度较高的其他类型氢，如棕氢和白氢。棕氢代表煤制氢，是二氧化碳排放强度最高的一种制氢方式。副产氢不用作原料而是为附近设施供热，被称为白氢。在其他使用情景下，现场的热利用可以被天然气的燃烧所取代，比灰氢的二氧化碳排放强度更小。蓝氢一般是指满足低二氧化碳排放强度标准的不可再生能源制氢。碳捕集和封存（CCS）技术在煤气化和 SMR 中的应用使这些过程能够充分减少相关排放，以满足这一标准。蓝绿氢是甲烷通过热裂解形成固体碳和氢，如果高温反应器的热量由可再生能源提供，该过程的二氧化碳排放强度较低，而通过核电电解生产的氢被称为黄氢。绿氢完全由可再生能源产生。通常，绿氢是由水电解产生的。其他的制氢方式还包括生物质的气化和发酵以及沼气的重整。下面将探讨以上所述制氢工艺过程的主要特征。

棕氢	煤气化制氢
灰氢	利用化石燃料电解水制氢
	天然气重整制氢
白氢	工业加工过程的副产品
蓝氢	煤气化制氢和 CCS
	天然气重整制氢和 CCS
蓝绿	甲烷热裂解制氢
黄氢	利用核能电解水制氢
绿氢	生物气重整制氢
	生物质气化和发酵
	利用可再生电力电解水制氢

图 4.2 制氢的颜色编码

目前，从碳氢化合物中提取氢最广泛应用的制氢方法是 SMR、部分氧化和气化（灰氢）（SRI，2007）。SMR 包括天然气和蒸汽的高产吸热反应，以生产高纯度的氢气（Gupta，2008）。碳氢化合物的部分氧化具有较低的原料利用效率和较低的氢产品纯度，但可以利用更多种类的燃料，包括油渣（Gupta，2008）。气化法的原料利用效率和氢纯度最低，但原料的利用范围更广，如煤（棕氢）和生物质（Gupta，2008）。以二氧化碳减排政策为背景，这些制氢工艺可以继续延续下去，并与 CCS 结合（蓝氢），从而能够减少制氢的二氧化碳足迹，预计这将成为广泛低排放制氢的关键桥梁技术（IEA，2019）。在制氢的同时避免二氧化碳排放的另一种可能路径是甲烷热裂解（蓝绿氢），即在高温环境下甲烷通过非催化热裂解方式生成氢和碳。然而，尽管甲烷热裂解的应用前景广阔，但其技术成熟度（TRL）较低，预计在未来 10~20 年内不会实现商业化（Geres，2019）。从技术发展的角度来看，最新制氢示范项目的目标是达到 12 千克氢气 / 小时的生产能力（ARENA，2019），这大约相当于一个功率为 600 千瓦的电解槽满负荷运行一年的产量。图 4.3 概述了前景最好的低二氧化碳强度天然气制氢方案。

	SMR	
性质	低	高
η_{LHV}, CH_4%	70	78
成本 欧元/kg H_2	1.0	2.2

TRL：9
优点：
制氢成本低
技术成熟
工艺可拓展

缺点：
CO_2排放量大

典型项目：
Corpus Christi（美国）
Ludwigshafen（德国）

	SMR+CCS	
性质	低	高
η_{LHV}, CH_4%	70	78
成本 欧元/kg H_2	1.2	2.8

TRL：8
优点：
CO_2 排放量中等
制氢成本居中
工艺可拓展

缺点：
CO_2 排放量中等
需要CO_2 基础设施

典型项目：
H21（英国）
H2 Magnum（荷兰）

	甲烷裂解	
性质	低	高
η_{LHV}, CH_4%	55	75
成本 欧元/kg H_2	1.0	2.5

TRL：5
优点：
CO_2排放量为零
副产品为黑炭
制氢成本低

缺点：
碳氢量平衡
无明确首选工艺

典型项目：
Hazer（澳大利亚）
Monolith（美国）

SMR：蒸汽甲烷重整　CCS：碳捕集与封存　LHV：低位热值　TRL：技术成熟度

图 4.3　天然气制氢方法对比

资料来源：Geres 等（2019）；ARENA（2019）；Monolith Materials（2018）；Parkinson 等（2019）；Sarsfeld-Hall 和 Unger（2019）；Eikaas（2019）；Machhammer 等（2016）；Abánades 等（2013）.

另外，随着电力生产（绿氢和黄氢）进一步脱碳，还可通过电解水制氢。目前主要电解水制氢工艺是碱性（AEL）、聚合物电解质膜（PEMEL）和固体氧化物（SOEL）电解。AEL 是最成熟的技术，已经在几兆瓦的工业规模上实施，并用于目前 4% 的氢气生产（SRI，2007）。由于该技术的典型应用是氯气生产，而不是与可变可再生能源集成，AEL 对工作范围有严格的限制，要求最小负载为 20%，在运行节点之间的动态响应速度相对较慢，小于 30 秒（Schmidt et al.，2017b；Brinner et al.，2018）。相比来看，PEMEL 具有更宽的 0～150% 的工作范围，其运行节点之间的动态响应速度小于 2 秒，从而使 PEMEL 能够与太阳能光伏和风能等高间歇性电源进行耦合（ITM Power，2018；Bayer et al.，2016；Kopp et al.，2017）。另一种替代方案是 SOEL，其在高温下工作（700℃ ~1000℃，以 ZrO2 陶瓷作为电解质），比其他电解槽系统的效率更高（Brinner et al.，2018）。然而，较高的工作温度也增加了热惯性，从而增加了电池的可行尺寸，这给大规模部署 SOEL 以及与可变可再生能源技术的集成带来了重大挑战。此外，当前的 SOEL 必须克服关键缺陷，如寿命短和材料退化（Schmidt et al.，2017b）。图 4.4 概述了电解水制氢技术的最主要特征。

图 4.5 总结了最具前景的典型制氢技术二氧化碳强度和制氢成本的关系，考虑了制氢过程和一次能源的全生命周期碳排放情况。如考察煤制氢过程时，地下开采煤炭的情况会被考虑；考察电解水制氢过程时，可再生电力会被纳入考量。同样，SMR 和 SMR+CCS 还考虑了天然气供应链中发生的排放（Munnings and Krupnick，2018）。图中显示了各类技术的不确定性和变化区间。化石能源生产的变化主要受效率以及一次能源和 CCS 的成本影响，而电解水制氢的不确定性主要来自不同可再生能源的可用性以及未来电解水制氢技术和可再生能源发电技术的发展。可以观察到，沿着 y 轴从上

	PEM电解	
性质	低	高
$\eta_{LHV,el}$%	63	70
CAPEX 欧元/kg H_2	1500	500
TRL：7~8 **优点：** 气体纯度高 负载灵活性高 功率密度高 **缺点：** 催化剂中有稀有金属 **典型项目：** Energy Park Mainz（奥地利） Energy Valley（荷兰）		

	碱性电解	
性质	低	高
$\eta_{LHV,el}$%	65	70
CAPEX 欧元/kg H_2	1000	580
TRL：9 **优点：** 催化剂中无稀有金属 特定成本低 技术成熟 **缺点：** 需要提纯 灵活性有限 **典型项目：** George Olah（冰岛） Audi e–gas（德国）		

	固体氧化物电解	
性质	低	高
$\eta_{LHV,el}$%	75	83
CAPEX 欧元/kg H_2	2500	500
TRL：4~5 **优点：** 潜在的高效率 可利用废热 工艺可逆 **缺点：** 材料应力大 寿命短 **典型项目：** Dresden（德国）		

PEM：质子交换膜　LHV：低位热值　TRL：技术成熟度　CAPEX：资本支出

图 4.4　电解水制氢技术的对比

资料来源：Wulf 等（2018a）；Brinner 等（2018）；Schmidt 等（2017b）；Saba 等（2018）；Glenk 和 Reichelstein（2019）；Smolinka 等（2018）.

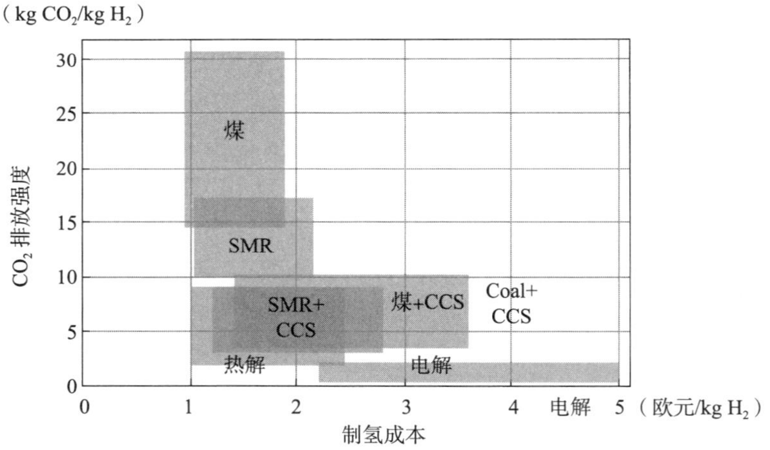

图 4.5　制氢成本与 CO_2 排放强度

资料来源：基于文献修改［Parkinson 等（2019）；Heuser 等（2019）］。

到下，这些技术显示出制氢成本和相关二氧化碳排放强度的帕累托边界。一方面，煤炭和 SMR 虽然制氢成本最低，但二氧化碳排放强度最高；另一方面，绿氢的低碳排放强度是以更高的生产成本为代价。在这两者之间，可以看到热裂解、结合 CCS 的煤制氢以及天然气制氢技术。然而，如前所述，热裂解方式仍处于早期发展阶段。因此，在早期阶段，制氢方式向低碳排放强度过渡可能无法依赖这项技术。

4.2　存储

风能和太阳能光伏等可再生能源的季节性变化需要长时间储能解决方案以应对间歇性发电情况。氢储能可以满足可再生能源的长期储能需求，也可以通过储存纯氢或使用氢载体来实现（Reuß et al.，2017）。纯氢能以压缩液态形式储存在专门的钢容器中，或者以高压气态方式储存的在地下设施中。地下储氢的高储存容量和相对较低的成本使其成为一个特别有吸引力的解决方案，以应对季节性可再生能源的变化。相比之下，气体和液体储存方案更适合部署在加氢站，作为储氢缓冲系统。自 20 世纪 60 年代以来，地下储存方式在工业设施中的应用，已经证明了吉瓦时规模的地下储氢的技术可行性（Crotogino et al.，2010）。然而，尽管欧洲和其他一些地区的地下储氢潜力巨大，但地下盐穴和多孔岩石所需岩层地质条件限制了该种储氢方式在全球的可用性（多种储能介质可能会与地下储氢形成竞争，如压缩空气、二氧化碳和氢气本身）。另外，氢可以以合成燃料的形式储存，也可以利用专门的能量载体储存。虽然使用合成燃料可以利用现有的基础设施，但缺点包括转换过程中的高能量损失和从空气中分离二氧化碳的成本，因为预计到 2050 年能源系统将实现脱碳。特殊的能量载体，如氢化物和液体有机能量载体，可以在低压力条件下提供有利的能量密度特性，从而减轻潜在的氢风险（Reuß et al.，2017）。然而，这些技术在能量释放效率方面存在缺陷，并且必须在日常操作中证明技术可以商业化（见图 4.6）。

	盐穴[1]	
性质	**现在**	**未来**
密度 GJ/m^3	1.44	1.44
CAPEX 欧元/kW_{el}	21	21

TRL：8~9
优点：
长期储存
空间需求小
特定成本低

缺点：
地质限制

典型项目：
Clemans Dome（美国）
Tesside（英国）

	气态储氢	
性质	**现在[2]**	**未来[3]**
密度 GJ/m^3	2.88	3.84
CAPEX 欧元/kW_{el}	800	600

TRL[2]：8~9
优点：
循环寿命长
技术成熟[2]
无地质限制

缺点：
特定成本高

典型项目：
London（英国）
Oslo（挪威）

	液态储氢	
性质	**现在**	**未来**
密度 GJ/m^3	8.5	8.5
CAPEX 欧元/kW_{el}	25	25

TRL：9
优点：
循环寿命长
技术成熟[2]
无地质限制

缺点：
需要液化

典型项目：
Vancouver（加拿大）
London（英国）

TRL：技术成熟度　**1：盐穴 V = 500000 立方米**　**2：管束压力 = 350 巴**
CAPEX：资本支出　**P = 150 巴**　**3：管束压力 = 500 巴**

图 4.6　氢储能特征

资料来源：Wulf 等（2018a）；FCH JU（2016）；Brinner 等（2018）；Reuß 等（2017）；Hua 等（2014）；Acht（2013）；Yang 和 Odgen（2007）.

4.3 加工与调节

在氢供应链上，由于氢气的状态、纯度和压力等因素，各部分的技术特性各不相同，因此需要进行压缩、液化和净化等加工步骤。在使用能量载体储存和运输氢的情况下，必须考虑充氢和放氢环节。

电解水制氢的输出压强通常在1~20巴，而为了存储足够数量的氢并节省空间，移动氢燃料电池应用场景的压强等级为350~700巴。这显著升高了储氢压力，需要沿着氢供应链进行维护和操作。此外，氢供应链设备如高压管道和500巴长管拖车，受额外的氢压力限制。为了满足上述的压力要求，可以通过机械、电化学、混合方式和离子来实现。其中，只有机械是一种成熟的技术，已被证明具有可行性。另外，随着供应链上的储氢压力逐渐增加，氢可以在生产点液化，然后在加氢站蒸发并压缩到所需的压力水平。

与压力一样，氢纯度由最终用户对氢质量的要求决定，例如PEMFCs的纯度要求为99.97%（ISO，2012）。然而，根据所使用的氢供应链途径，当考虑到SMR、副产氢或氢液化时，可能会受额外的氢纯度限制（Berstad，2018；Zhu et al.，2018）。目前应用最广泛的氢气净化方法有变温吸附法（TSA）和变压吸附法（PSA），特殊膜在小型应用场景中也很有前途。

4.4 运输

氢运输主要有三种方式，包括气态氢长管拖车、管道和液氢槽车。运输方式的有效性取决于所选择的储氢方式，因为氢状态的变化会增加能量损失、输送距离和输氢量（Reuß et al.，2017；Yang and Odgen，2007）。

在氢能引入初期，气态氢长管拖车提供了一种具有经济性的解决方案，适合需求低且分布稀疏的场景。在后期氢需求增加的阶段，气态氢长管拖车就变得不那么经济。然而，即使氢需求巨大时，从氢管道到加气站的最后一英里配送，气态氢长管拖车仍然是一种具有成本效益的选择（Reuß et al.，2019）。此外，氢可以液化或以液态有机氢载体的形式运输，这两种选择都可以实现经济高效的长距离氢运输，对跨国氢贸易尤其重要（Heuser et al.，2019）。液态氢运输相关的挑战与LNG类似，运输设备需要高阻隔以避免蒸发损失，因为与LNG运输一样，氢运输船和卡车也会产生氢的蒸发损失。在液态有机氢载体（LOHC）的情况下，运输方式与液体燃料运输非常相似，只需要对目前的化石能源管道和拖车进行轻微改进。然而，研究表明，LOHC输送的经济可行性在很大程度上取决于低成本热能的可用性（Reuss，2019），因此LOHC运输更适合一些特定场景（见图4.7）。

输氢管道通常被认为是中远距离输送大量氢气的最具成本和环境效益的方式（Wulf et al.，2018a；Tlili et al.，2020；Emonts et al.，2019）。这使得输氢管道特别适合主干网络与工业场景的连接。目前，在欧洲和美国已经存在几条总里程为3000km的专用输氢管道网络为工业设施供氢。在氢能市场起步阶段，管道利用率低的风险和逐步增加的钢管投资（见图 4.8）对输氢管道的发展提出了挑战。但是，管道费用可以通过改变现有的天然气管道用途来分摊；随着供暖行业不断提升电气化水平，以及从低热值天然气转向高热值天然气，这种天然气管道改造方式的发展空间非常可观。通过对德国天然气输送网的初步调查，即使采取额外措施来处理与氢有关的材料脆化问题，但与新建专用输氢管道相比，天然气管道的重新利用可以每年减少最多 80% 的管道支出（Cerniauskas et al.，2019a）。另一种通过天然气管网输氢的方式是天然气掺氢模式。从历史上看，有许多利用富氢煤气（含氢气 50%~60%）的案例，但这种燃料在 20 世纪 60 年代被放弃转而使用天然气（Williams，1981）。目前，有些国家已经开始使用天然气掺氢混合气，掺氢比例最高达到 10% w/m（ITM Power PLC，2013）；如果供热设备、天然气涡轮机和压缩天然气（CNG）汽车（目前允许的最高浓度为 2%vol）被改造以适应更高的掺氢浓度，则天然气管道掺氢的比例还可以进一步增加（DVGW，2019）。20 世纪 60 年代从城镇煤气到天然气的过渡期间，以及从低热值天然气到高热值天然气的持续转变期间，我们已经看到了终端消费设备的大规模更新变化（Fernleitungs-netzbetreiber，2017；Williams，1981）。然而，尽管我们看到了天然气基础设施大规模普及和不建设新基础设施所带来的明显好处，掺氢方式仍可能会被热能利用限制，因为任何其他氢应用都需要后续的氢纯化（ISO，2012）。

	管道	
性质	现在[1]	未来[2]
能力 tH_2/h	2.4	245
CAPEX 欧元/m	500	3400

TRL：8~9
优点：
运输能力强
空间需求小
特定成本低

缺点：
前期成本高

典型项目：
Leuna（德国）
Texas（美国）

	气态氢长管拖车	
性质	现在[3]	未来[4]
能力 tH_2/h	400	1100
CAPEX 欧元/m	500	600

TRL[3]：8~9
优点：
无须液化
投资成本低
技术成熟[3]

缺点：
运输能力低

典型项目：
London（英国）
Oslo（挪威）

	液氢槽车	
性质	现在	未来
能力 tH_2/h	4300	4300
CAPEX 欧元/m	200	200

TRL：9
优点：
投资成本低
运输能力强
技术成熟

缺点：
需要液化

典型项目：
Vancouver（加拿大）
London（英国）

TRL：技术成熟度
CAPEX：资本支出

图 4.7　输氢方式的特点

资料来源：Wulf 等（2018a）；FCH JU（2016）；Brinner 等（2018）；Reuß 等（2017）；Hua 等（2014）；Tractebel 和 Hinicio（2017）；Krieg（2012）.

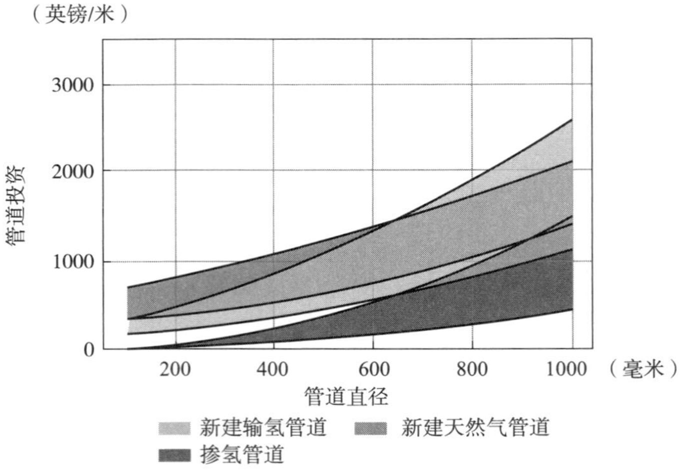

图 4.8　管道投资一览

资料来源：Robinius 等（2017a）；Krieg（2012）；Cerniauskas 等（2019a）；Mischner 等（2011）.

4.5　加注

目前，所有氢动力汽车都倾向于采用气态而非液态的储氢方式，因为后者将不可避免地导致蒸发损失。对于乘用车来说，目前的技术水平是 700 巴的压力等级，而公交车和其他商业应用中氢气使用的主流压力是 350 巴。加氢站的底层结构与目前的化石能源加注站类似，由缓冲存储、分配设备、冷却单元和燃料处理单元组成，这些单元可以产生必要的压力梯度，利用高压加氢。这一原理适用于气态、液态和 LOHC 输送（Pratt et al.，2015）。为了补偿加注过程中由焦耳 · 汤姆逊效应引起的温度升高，需要对氢气进行额外的冷却。详细的加氢站设计因氢气输送形式和所需压力梯度的形成方式选择而有所不同。对于 700 巴的乘用车氢气加注，压力需提高到 875 巴，以实现 1.8~3.6 千克 / 分的快速加注速率（FCH JU，2016；SAE，2014）。为了实现这一目标，氢气通常储存在便于加注的高压容器或中压容器中，并安装一个小型额外压缩机，以满足最高的压力梯度要求。在液体或 LOHC 输送的情况下，氢气由液氢气化产生或从载体中释放，并被压缩到所需的压力。对于 350 巴的车辆，快速加氢对压力梯度要求较低，因此可以采用 500 巴长管拖车作为车辆加氢的高压储氢介质（Elgowainy et al.，2014；Reddi et al.，2017）。

5　氢安全

一般来说，人们对氢安全的担忧各有不同，但并不比天然气、汽油或柴油等化石能源更严重（Rigas and Amyote，2013）。大多数氢危害与这样一个事实有关，即氢气与甲烷一样，人类的感官无法检测到它的存在（Rigas and Amyote，2013）。对于甲烷，气体泄漏的可检测性会随着向甲烷气体中添加气味剂而提高。然而，目前燃料电池对氢纯度的要求很高，不允许使用气味剂（Rigas and Amyote，2013）。不过，与氢相关的材料退化危害已经被广泛研究并能有效管控，因为这是引发石油和天然气行业设备故障的主要原因之一（Popov et al.，2018；Shehata et al.，2008）。与化石能源相比，氢在安全性方面也有一些优势。与甲烷和汽油相比，氢能够迅速扩散至不可燃烧的浓度，具有较小的爆炸能量（Hess Corp，2007；Linde AG，2018；Air Liquide AS，2018）。此外，与汽油不同，氢既无毒也不致癌（Hess Corp，2007；Linde AG，2018）。

氢气相关事故长期被持续跟踪和研究，从而提高了氢系统的运行安全性。与氢有关的事故的主要原因可以分为以下几类（Federal Institute for Materials Research and Testing，2002）：

（1）机械和材料失效；

（2）腐蚀和脆化；

（3）过压事故；

（4）液氢膨胀蒸发事故；

（5）与氢无关的事故；

（6）人为错误。

对 240 多个历史事故的研究显示，其中 95% 都未导致任何死亡事件，34% 没有造成任何损害（Rigas and Amyote，2013；Weiner and Fassbender，2011）。我们还可以确定，大多数事故是由简单设备（如阀门和管件）造成的，这通常与组装和维护期间的人为错误有关（Tools，2019）。因此，尽管大多数事故是由设备故障直接引起的，但最常见的直接和间接事故原因是缺乏对环境的认识和人为错误（Rigas and Amyote，2013；Tools，2019）。

Markerta 等（2017）主张使用综合方法来分析氢基础设施的风险和可持续性，建议使用“功能建模”方法，并将其与生命周期分析（LCA）和地理信息系统（GIS）相结合。他们认为风险评估是更普遍的决策计划的一部分，需要设计和建立经济、高效、可靠、安全的可持续供应链。通过使用功能分解（从早期设计阶段开始），可以分析和比较可选的供应链解决方案，这些解决方案可以在安全性、可靠性、环境影响和成本方面提供所需的系统功能。

5.1　公众对氢的接受程度

几十年来，公众对氢技术的接受度一直是研究的主题。广泛的方法学研究对不同水平的接受度进行了检验。以下描述仅突出了几个选定的标准，主要与德国普通人群的看法有关（Zimmer，2013a；Spillet and IFOK，2016）：由于氢气运输的尾气零排放特性和未来技术的地位，人们通常对氢能交通持总体积极的态度。一个例外是接受调查的民间社会行动者，他们对氢能交通应用持合理的怀疑态度。公民调查尤其集中在车辆可用性、健康和噪声、气候和环境保护以及安全敏感性方面的技术预期上（Zimmer，2013a；Spillet and IFOK，2016）。在可用性方面，受访者大多对当前的范围、性能、车辆尺寸和加注站可用性作出假设（Zimmer，2013a）。

根据德国的报告，在评估中噪声削减的作用不大（Zimmer，2013a）。最重要的附加值被认为是该技术对环境保护的贡献。由于氢的化学物理性质，安全感知通常是关键问题，但在研究中几乎没有提及。报告指出，氢的危险性问题从未得到解决。此外，在市民会议上，在初步讨论了氢安全问题后，大家认为氢能汽车是安全的。还有人进行了一项具有代表性的调查，大约 1000 人被问及他们对这一陈述的看法——“我更害怕住在加氢站旁边，而不是传统的加油站旁边”，6% 的人选择“完全适用”，17% 的人选择“相当适用”，43% 的人选择“相当不适用”，34% 的人选择“根本不适用”，最后以 77% 的压倒性多数否定该说法。Zaunbrecher 等（2016）在德国采访了 182 人，了解他们对储氢的态度和接受度。根据提供的 141 个答案，可以得出结论，与目前讨论的其他能源系统改造技术相比，氢在社会接受度方面通常被积极看待。人们在原则上也支持必要设施的建设，尽管在居民区附近储氢的风险尚不确定。

其他国家也对类似问题进行了研究。Iribarren 等（2016）调查了西班牙社会对氢作为道路交通燃料的接受程度，核心问题包括公众对氢本身的看法、氢作为公共交通燃料以及氢的环境友好性等。以上三个问题的答案都是积极的，在某些情况下超过了 70%。在加氢站的接纳问题上，令人惊讶的是，有超过 50% 的受访者不反对建设加氢站，但更倾向于在远离居民区的地方建造加氢站。只有 3% 的受访者反对建设加氢站。关于支持市场引入氢能方面，主要围绕适当的（负担得起的）税收问题开展。74% 的人对此持肯定态度，但约 60% 的人认为不应该通过直接税收的方式实现。在一项关于氢接受度的跨欧洲研究中也得出了类似的结果，这反映出社会对氢和燃料电池技术应用的潜在接受度和支持度（HYACINTH，2013）。

Bögela 等（2018）的一项研究调查了 7 个欧洲国家对于氢能技术相关公众宣传活动的事前态度。结果显示，公众对于固定式和便携式氢燃料电池应用的心态强度稳定度较低。这表示，在氢能发展早期阶段开展信息宣传活动，一方面可以帮助公众提高对于氢能的认识，尤其是那些不了解或对氢能技术知之甚少的群体；另一方面可以积极影响公众对氢能技术的态度。在氢能发展的后期阶段，当公众的知识和认知水平提高时，关于先前态度的心理学研究变得更有意义，可以进行所使用理论模型的实证检验。

一个有趣的问题是，提供关于氢基础设施的量化风险信息会增加还是减少公众对氢能接受度（无论是在技术还是在心理方面）。一项反复进行的日本在线调查（Ono and Tsunemi，2017；Ono et al.，2019），以受访者家附近的加油站建设加氢设施为场景，基于风险感知的量化表对公众的接受度进行研究。定量的风险信息和风险接受标准提高了受访者对在家附近建设加氢站的接受度，但降低了在最近的加油站附近建设加氢设施的接受度。

Roche 等（2010）回顾了用于研究公众对新交通技术态度的各种概念框架和方法。他们从汽车的角度研究了最近关于氢和燃料电池终端使用技术的接受度、态度和偏好的文献。作者建议在探索公众态度之前，应使用建立知识和熟悉技术的方法。他们提倡从整个系统的角度来看待氢技术，在比较其他竞争性的零碳燃料技术的情况下看待

（绿）氢，旨在识别早期可能阻碍社会接受氢能的迹象（在增加氢的渗透过程中，特别是在增加加氢站的数量时，如果出现反对意见，要做好准备）。

5.2　付费意愿

氢能交通工具的广泛使用，除了需要提供 FCEV 和氢燃料供应的合适条件外，还存在一个问题，即消费者是否愿意通过购买 FCEV 的方式来选择氢能交通工具。根据经济学理论，如果①产品或服务提供的效用超过所谓的所有权益成本（Total Cost of Owner，TCO），即其净效用为正，且②其净效用在所有可用替代品中最高，客户就会购买该产品或服务（Zweifel et al.，2017）。虽然效用本身是主观的，取决于消费者的个人偏好，但其影响因素是可测量的。在以氢为基础的交通工具中，大部分司机当然会考虑到机动性本身，例如在特定的时间范围内可以行驶的距离。然而，正如 Hackbarth 和 Madlener 所表明的那样，还有其他因素，例如二氧化碳排放的减少，可能会增加消费者对氢能交通工具的感知效用（Hackbarth and Madlener，2016）。关于 TCO，我们可以区分消费者的固定成本和可变成本。就固定成本而言，影响最大的是车辆本身的成本。其他固定成本可能包括税款或保险支出。对于可变成本，最重要的因素是氢作为燃料的成本。此外，维护成本取决于 FCEV 的使用情况。

消费者付费意愿（Willinguess to Pay，WTP）的货币价值可以用不同的分析方法量化。一般来说，这些方法可以分为实际的（被揭示的）或假设的（陈述的）消费者市场行为。一方面，消费者的偏好可以通过他们在市场上的实际购买行为来体现。通过对实际市场交易的观察，可以获得关于消费者偏好的高度可靠和有效的数据（Schmidt and Bijmolt，2019）。以购买量作为市场价格的函数，可以得出消费者的 WTP。然而，这种揭示偏好的方法要求所讨论的商品或服务有足够的市场流动性，以便获得实际消费者行为的数据。而就氢能交通而言，具有足够流动性的市场尚未形成。另一方面，分析人员可以使用指定的基于偏好的方法来研究 WTP。特别是对于尚未形成流动性市场的商品或服务，这种方法是最常用的。其中包括所谓的离散选择试验（DCE）：受访者从一组不同属性（如二氧化碳排放、加注时间等）的选项中选择自己最喜欢的选项，分析人员可以通过受访者的选择得出所讨论商品或服务的 WTP。

对于消费者来说，在现有可利用的方式中（如化石能源）选择氢能运输服务的前提是氢能的单一净效用必须更高。目前，以氢为基础的运输 TCO 超过了使用其他燃料替代品。在这种情况下，或者氢交通工具的 WTP 远超化石能源交通工具（因为消费者愿意为更环保的交通工具支付更多的钱），或者必须大幅降低氢交通工具的 TCO，直到与化石交通工具相当。在任何一种情况下，国家监管都可能导致这样一种情况：通过增加氢运输的净效用（例如通过补贴）或通过降低化石能源替代品的净效用（例如通过税收），使得氢运输的净效用最大化。根据上述的观察结果（见“3 氢能政策和规章制度”部分），成功减少二氧化碳排放需要这两种措施的平衡组合。

Zimmer（2013a）在德国进行的一项具有代表性的调查结果表明，约 83% 的人愿意为更环保的替代品多花费约 5000 欧元。如果将这项研究的结果转化为 TCO，则德国环境友好型交通方式的 TCO 可以超过化石能源交通方式，但也仅仅超过约 5000 欧元。图 4.9 显示了对运输成本的进一步研究结果。这表明 WTP 可能会因地点（国家）和其他特征（如环境问题、加注时间和行驶范围）而出现很大差异。调查结果显示，消费者愿意为减少二氧化碳排放的替代燃料汽车支付更多的钱。FCEV 和 BEV 都可能满足这些要求。与 BEV 相比，FCEV 能够通过快速加注的优势（一般仅为几分钟）为客户提供更高程度的灵活性，从而实现数百公里的行驶里程。尽管人们大多数的平均日行驶里程远低于 BEV 的最大续航里程，但这种灵活性仍然是购买车辆的重要标准，这种优势可直接转化为更高的 WTP。

图 4.9 关于不同用户需求的支付意愿研究

资料来源：Hackbarth 和 Madlener（2016）；Tanaka 等（2014）；Hidrue 等（2011）；Hoen 和 Koetse（2014）；Parsons 等（2014）；Jensen 等（2013）；Potoglou 和 Kanaroglou（2007）.

6 总结

氢是一种多功能的能源载体，为各经济部门的脱碳提供了多种可能性。迄今为止，氢能已在全球范围内实现了工业规模的利用，但制氢几乎完全来自天然气或煤炭。低碳能源制氢成本仍然很高，但在可再生能源成本持续下降、电解槽实现规模经济和大规模生产的情况下，预计制氢成本将迅速下降（Dodds，2015）。绿氢受到公众的欢迎，而且比化石能源的危害更小，这为该技术获得公众认可提供了有利条件。此外，许多潜在消费者表达了愿意为绿氢服务付费的积极意愿，这进一步缩小了氢能技术与当前技术的效用差距。出于这些原因，绿氢的市场化和商业化发展越来越受到政策制定者和企业的关注。

参考文献

[1] Abánades A., Rubbia C. and Salmieri D. (2013), Thermal cracking of methane into Hydrogen for a CO2-free utilization of natural gas. International Journal of Hydrogen Energy, 2013. 38(20): p.8491-8496.

[2] Acht A. (2013), Salzkavernen zur Wasserstoffspeicherung. 2013: RWTH Aachen.

[3] Air Liquide AS (2018), Safety data sheet: methane. 2018, Air Liquide AS.

[4] Ajanovic A. and Haas R. (2018), Economic prospects and policy framework for hydrogen as fuel in the transport sector. Energy Policy, 2018. 123: p. 280–288.

[5] Alstom (2018), Coradia iLint regional train. 2018 accessed on 11.12.2017]; Available from: http://www.alstom.com/products-services/product-catalogue/railsystems/trains/products/coradia-ilint-regional-train-/.

[6] ARENA (2019), World-frst project to turn biogas from sewage into hydrogen and graphite. 2019, Australian Renewable Energy Agency (ARENA): ARENA media.

[7] Bayer A. et al. (2016), Compact 1 MW PEM water electrolysis system—renewable hydrogen for mobility and energy storage. 2016.

[8] Berstad D. (2018), Technologies for hydrogen liquefaction, in Proceedings of Gasskonferansen. 2018: Trondheim, Norway.

[9] Bleischwitz R. and Bader N. (2010), Policies for the transition towards a hydrogen economy: the EU case. Energy Policy, 2010. 38(10): p. 5388–5398.

[10] Bögela P. et al. (2018), The role of attitudes in technology acceptance management: Refections on the case of hydrogen fuel cells in Europe. Journal of Cleaner Production, 2018. 188: p. 125–135.

[11] Brinner A. et al. (2018), Technologiebericht 4.1 Power-to-gas (Wasserstoff), in Technologien für die Energiewende. Teilbericht 2 an das Bundesministerium für Wirtschaft und Energie (BMWi). 2018, Wuppertal Institut, ISI, IZES: Wuppertal, Karlsruhe, Saarbrücken.

[12] Cerniauskas S. et al. (2019a), Future Hydrogen Markets for Transportation and Industry—The Impact of CO2 Taxes. Eneriges, 2019. (Submitted).

[13] Cerniauskas S. et al. (2019b), Options of Natural Gas Pipeline Reassignment for Hydrogen: Cost Assessment for a Germany Case Study. International Journal of Hydrogen Energy, 2019. (Submitted).

[14] Collantes G. (2008), The dimensions of the policy debate over transportation energy: The case of hydrogen in the United States. Energy Policy, 2008. 36(3): p. 1059–1073.

[15] Crotogino F. et al. (2010), Large-scale hydrogen underground storage for securing future energy supplies. in 18th World Hydrogen Energy Conference (WHEC2010). 2010. Essen, Germany.

[16] DECHEMA Gesellschaft für Chemische Technik und Biotechnologie e.V.

[17] Dodds P.E. (2015), 3—Economics of hydrogen production, in Compendium of Hydrogen Energy, V. Subramani, A. Basile, and T.N. Veziroglu, Editors. 2015, Woodhead Publishing: Oxford. p. 63–79.

[18] Dolci F. et al. (2019), Incentives and legal barriers for power-to-hydrogen pathways: An international snapshot. International Journal of Hydrogen Energy, 2019. 44(23): p. 11394–11401.

[19] Dorrington M. et al. (2016), Desk study on the development of a hydrogen-fred appliance supply chain. 2016, Kiwa, E4Tech.

[20] DVGW (2019), Mehr Wasserstoff technisch sicher verankern, in DVGW–Regeln für klimafreundliche Energieinfrastruktur. 2019, DVGW.
[21] Eikaas S. (2019), Low carbon solutions, in Energirike Konferansen. 2019.
[22] Elgowainy A. et al. (2014), Tube–trailer consolidation strategy for reducing hydrogen refueling station costs. International Journal of Hydrogen Energy, 2014. 39(35): p. 20197–20206.
[23] Emonts B. et al. (2019), Flexible sector coupling with hydrogen: A climate–friendly fuel supply for road transport. International Journal of Hydrogen Energy, 2019. 44(26): p. 12918–12930.
[24] European Parliament and Council (2018), Directive (EU) 2018/2001 of the European Parliament and of the Council on the Promotion of the Use of Energy from Renewable Sources, The European Parliament and T.C.o.t.E. Union, Editors. 2018.
[25] FCH JU (2016), Clean Hydrogen in European Cities 2010–2016, Fuel Cell electric buses: A proven Zero–Emission Solution key facts, results, recommendations. 2016, Fuel Cell Joint Undertanking (FCH JU).
[26] Federal Institute for Materials Research and Testing (2002), Hydrogen Safety. Federal Institute for Materials Research and Testing, 2002, Brussels.
[27] Fernleitungsnetzbetreiber F.G.–D. (2017), Netzentwicklungsplan Gas 2016–2026. 2017.
[28] Fischedick M. (2017), Energie der Zukunft?: Nachhaltige Mobilität durch Brennstoffzelle und H2. 2017, Wuppertal Institut: Hamburg. p. 37.
[29] Fraunhofer ISI and Öko–Institute (2015), Klimaschutzszenario 2050. 2015, Fraunhofer ISI, Öko–Institut: Berlin.
[30] Fuel Cells Bulletin (2016), GM marks 50 years of FCEV development, from Electrovan to Chevrolet Colorado ZH2. Fuel Cells Bulletin, 2016. 2016(11): p. 14–15.
[31] Fukui H. (2019), Tracking Clean Energy Progress. Hydrogen 2019 [08.11.2019]; Available from: https://www.iea.org/tcep/energyintegration/hydrogen/.
[32] Geres R. et al. (2019), ROADMAP CHEMIE 2050. 2019, FutureCamp Climate GmbH.
[33] Glenk G. and Reichelstein S. (2019), Economics of converting renewable power to hydrogen. Nature Energy, 2019. 4(3): p. 216–222.
[34] Gnann T. et al. (2015), Modelling market diffusion of electric vehicles with real world driving data—German market and policy options. Transportation Research Part A: Policy and Practice, 2015. 77: p. 95–112.
[35] Gupta R.B. (2008), Hydrogen Fuel, Production, Transport and Storage. 2008: CRC Press.
[36] H2 Tools (2019), Contributing Factors. Available from: https://h2tools.org/lessons.
[37] Hackbarth A. and Madlener R. (2016), Willingness–to–pay for alternative fuel vehicle characteristics: A stated choice study for Germany. Transportation Research Part A: Policy and Practice, 2016. 85: pp. 89–111.
[38] Hart D. et al. (2015), Scenarios for deployment of hydrogen in contributing to meeting carbon budgets and the 2050 target. 2015, E4tech, UCL Energy Institute, Kiwa Gastec.
[39] Henning H.M. and Palzer (2015), Was kostet die Energiewende? Wege zur Transformation des deutschen Energiesystems bis 2050. Fraunhofer ISE, 2015: p. 89.
[40] Henning H.–M. and Palzer A. (2013), Energiesystem Deutschland 2050. 2013, Fraunhofer ISE: Freiburg.
[41] Hess Corp (2007), Material safety data sheet: gasoline. 2007, Hess Corp.

[42] Heuser P.M. et al. (2019), Techno-economic analysis of a potential energy trading link between Patagonia and Japan based on CO2 free hydrogen. International Journal of Hydrogen Energy, 2019. 44(25): p. 12733–12747.

[43] Hidrue M.K. et al. (2011), Willingness to pay for electric vehicles and their attributes. Resource and Energy Economics, 2011. 33(3): p. 686–705.

[44] Hodges J. et al. (2015), Injecting hydrogen into the gas network—a literature search. 2015, Health and Safety Laboratory: Buxton.

[45] Hoen A. and Koetse M.J. (2014), A choice experiment on alternative fuel vehicle preferences of private car owners in the Netherlands. Transportation Research Part A: Policy and Practice, 2014. 61: p. 199–215.

[46] Hof E., Madlener R. and Kukla P. (2017) Power-to-Gas for Rail Transport: Economic Evaluation and Concept for the Cost-Optimal Hydrogen Supply. 2017, Institute for Future Energy Consumer Needs and Behavior, RWTH Aachen University: Aachen.

[47] Hua T. et al. (2014), Status of hydrogen fuel cell electric buses worldwide. Journal of Power Sources, 2014. 269: p. 975–993.

[48] HYACINTH (2013), Hydrogen acceptance in the transition phase (HYACINTH). 2013.

[49] Hydrogen Council (2017), Hydrogen scaling up: A sustainable pathway for the global energy transition. 2017, Hydrogen Council.

[50] IEA (2019), The Future of Hydrogen. Seizing today's opportunities, IEA, Paris.

[51] Iribarren D. et al. (2016), Assessing the social acceptance of hydrogen for transportation in Spain: An unintentional focus on target population for a potential hydrogen economy. International Journal of Hydrogen Energy, 2016. 41(10): p. 5203–5208.

[52] ISO (2012), ISO 14687-2: 2012: Hydrogen fuel—product specifcation—Part 2: Proton exchange membranes (PEM) fuel cell applications for road vehicles. 2012.

[53] ITM Power GmbH (2018), Wasserstoff als Nutzungsoption für Windparks. 2018, ITM Power GmbH.

[54] ITM Power PLC (2013), Power-to-gas A UK feasibility study. 2013, ITM Power PLC: Sheffeld.

[55] Jensen A.F., Cherchi E. and Mabit S.L. (2013), On the stability of preferences and attitudes before and after experiencing an electric vehicle. Transportation Research Part D: Transport and Environment, 2013. 25: p. 24–32.

[56] Knor K. et al. (2014), Kombikraftwerk 2. 2014, Fraunhofer IWES, Siemens AG, University Hannover, CUBE Engineering GmbH.

[57] Kopp M. et al. (2017), Energiepark Mainz: Technical and economic analysis of the worldwide largest Power-to-Gas plant with PEM electrolysis. International Journal of Hydrogen Energy, 2017. 42(19): p. 13311–13320.

[58] Krieg D. (2012), Konzept und Kosten eines Pipelinesystems zur Versorgung des deutschen Straßenverkehrs mit Wasserstoff. Schriften des Forschungszentrums Jülich: Reihe Energie & Umwelt. 2012, Jülich: Forschungszentrum Jülich, Zentralbibliothek. 228 Seiten.

[59] Leibowicz B.D. (2018), Policy recommendations for a transition to sustainable mobility based on historical diffusion dynamics of transport systems. Energy Policy, 2018. 119: p. 357–366.

[60] Linde AG (2018), Safety data sheet: hydrogen (compressed). 2018, Linde AG.

[61] Machhammer O., Bode A. and Hormuth W. (2016), Financial and Ecological Evaluation of

Hydrogen Production Processes on Large Scale. Chemical Engineering & Technology, 2016. 39(6): p. 1185–1193.

[62] Markerta F. et al. (2017), Risk and sustainability analysis of complex hydrogen infrastructures. International Journal of Hydrogen Energy, 2017. 42(11): p. 7698–7706.

[63] Micheli R. and Hanke M. (2015), Einsatz einer wasserstoffberiebenen Flurförderzeugfotte unter Produktionsbedingungen: Herausforderungen, Wirtschaftlichkeit, Nachhaltigkeit. 18.VDI–Flurförderzeugtagung 2015, R. Micheli M.Sc., Lehrstuhl fml Dipl.–Ing. M. Hanke, Linde Material Handling AG, 22.09.2015., 2015.

[64] Mischner J., Fasold H.–G. and Kadner K. (2011), Systemplanung in der Gasversorgung Gaswirtschaftliche Grundlagen. 2011, Munich, Germany: Oldenbourg Industrieverlag GmbH.

[65] Monolith Materials (2018), Monolith's Seaport Plant. [04.02.2018]; Available from: https://monolithmaterials.com/pilot–plant/.

[66] Munnings C. and Krupnick A. (2018), Comparing Policies to Reduce Methane Emissions in the Natural Gas Sector. 2018.

[67] New Holland Agriculture (2014), New Holland NH2 Hydrogen Powered Tractor. 2014, New Holland Agriculture.

[68] Offer G.J. et al. (2010), Comparative analysis of battery electric, hydrogen fuel cell and hybrid vehicles in a future sustainable road transport system. Energy Policy, 2010. 38(1): p. 24–29.

[69] Ono K. and Tsunemi K. (2017), Identifcation of public acceptance factors with risk perception scales on hydrogen fueling stations in Japan. International Journal of Hydrogen Energy, 2017. 42(16): p. 10697–10707.

[70] Ono K., Kato E. and Tsunemi K. (2019), Does risk information change the acceptance of hydrogen refueling stations in the general Japanese population? International Journal of Hydrogen Energy, 2019. 44(31): p. 16038–16047.

[71] Otto A. et al. (2017), Power–to–Steel: Reducing CO2 through the Integration of Renewable Energy and Hydrogen into the German Steel Industry. Energies, 2017. 10(4): p. 451.

[72] Parkinson B. et al. (2019), Levelized cost of CO2 mitigation from hydrogen production routes. Energy & Environmental Science, 2019. 12(1): p. 19–40.

[73] Parsons G.R. et al. (2014), Willingness to pay for vehicle–to–grid (V2G) electric vehicles and their contract terms. Energy Economics, 2014. 42: p. 313–324.

[74] Pique S. et al. (2017), Comparative study of regulations, codes and standards and practices on hydrogen fuelling stations. International Journal of Hydrogen Energy, 2017. 42(11): p. 7429–7439.

[75] Popov B.N., Lee J.–W. and Djukic M.B. (2018), Chapter 7—Hydrogen Permeation and Hydrogen–Induced Cracking, in Handbook of Environmental Degradation of Materials (Third Edition), M. Kutz, Editor. 2018, William Andrew Publishing. p. 133–162.

[76] Potoglou D. and Kanaroglou P.S. (2007), Household demand and willingness to pay for clean vehicles. Transportation Research Part D: Transport and Environment, 2007. 12(4): p. 264–274.

[77] Pratt J. et al. (2015), H2FIRST Reference Station Design Task. 2015, NERL: USA.

[78] Reddi K. et al. (2017), Impact of hydrogen SAE J2601 fueling methods on fueling time of light–duty fuel cell electric vehicles. International Journal of Hydrogen Energy, 2017. 42(26): p. 16675–16685.

[79] Reuß M. et al. (2017), Seasonal storage and alternative carriers: A fexible hydrogen supply chain model. Applied Energy, 2017. 200: p. 290–302.

[80] Reuß M. et al. (2019), A hydrogen supply chain with spatial resolution: Comparative analysis of infrastructure technologies in Germany. Applied Energy, 2019. 247: p. 438–453.

[81] Reuss M.E. (2019), Techno-ökonomische Analyse alternativer Wasserstoffnfrastruktur. Schriften des Forschungszentrums Jülich Reihe Energie & Umwelt/Energy & Environment. 2019, Jülich: Forschungszentrum Jülich.

[82] Rigas F. and Amyote P. (2013), Hydrogen Safety. Green Chemistry and Chemical Engineering, ed. S. Lee. 2013, USA: CRS Press.

[83] Ritter M. (2016), Wasserstoff und Brennstoffzelle im Schienenverkehr. 2016.

[84] Robinius M. et al. (2017a), Linking the Power and Transport Sectors—Part 2: Modelling a Sector Coupling Scenario for Germany. Energies, 2017. 10(7): p. 957.

[85] Robinius M. et al. (2017b), Linking the Power and Transport Sectors—Part 1: The Principle of Sector Coupling. Energies, 2017. 10(7): p. 956.

[86] Roche M.Y. et al. (2010), Public attitudes towards and demand for hydrogen and fuel cell vehicles: A review of the evidence and methodological implications. Energy Policy, 2010. 38(10): p. 5301–5310.

[87] Rodrígueza, M.L.Á., et al. (2019), The legal regulation of the H2 as a strategy for public policy in Mexico from the consolidation of the National Council of the hydrogen. International Journal of Hydrogen Energy, 2019. 44(24): p. 12303–1230.

[88] Roland Berger (2015), Fuel Cell Electric Buses—Potential for Sustainable Public Transport in Europe. 2015, Fuel Cells and hydrogen joint undertaking (FCHJU).

[89] Saba S. M. et al. (2018), The investment costs of electrolysis—A comparison of cost studies from the past 30 years. International Journal of Hydrogen Energy, 2018. 43(3): p. 1209–1223.

[90] SAE (2014), SAE J2601, Fueling Protocols for Light Duty Gaseous Hydrogen Surface Vehicles. 2014, SAE.

[91] Sarsfeld-Hall R. and Unger B. (2019), Hydrogen from natural gas—The key to deep decarbonisation. 2019, Zukunft ERDGAS.

[92] Schenuit C., Heuke R. and Paschke J. (2016), Potenzialatlas Power to Gas. 2016, Deutsche Energie-Agentur GmbH (dena).

[93] Schmidt J. and Bijmolt T.H.A. (2019), Accurately measuring willingness to pay for consumer goods: a meta-analysis of the hypothetical bias. Journal of the Academy of Marketing Science, 2019.

[94] Schmidt O. et al. (2017a), Future cost and performance of water electrolysis: An expert elicitation study. International Journal of Hydrogen Energy, 2017. 42(52): p. 30470–30492.

[95] Schmidt O. et al. (2017b), The future cost of electrical energy storage based on experience rates. Nature Energy, 2017. 2.

[96] Shehata M.T., Elboujdaini M. and Revie R.W. (2008), Initiation of stress corrosion cracking and hydrogen-induced cracking in oil and gas line-pipe, in Safety, Reliability and Risks Associated with Water, Oil and Gas Pipelines G. Pluvinage and M.H. Elwany, Editors. 2008.

[97] Smolinka T. et al. (2018), Study IndWEDe—Brief Overview. 2018, NOW GmbH.

[98] Spillet and IFOK (2016), HyTrustPlus. 2016, NOW GmbH: Berlin.

[99] SRI (2007), Industrial Gases, in: Chemical Economics Handbook.

[100] Staffell I. (2015), Zero carbon infnite COP heat from fuel cell CHP. Applied Energy, 2015. 147: p. 373–385.
[101] Tanaka M. et al. (2014), Consumers' willingness to pay for alternative fuel vehicles: A comparative discrete choice analysis between the US and Japan. Transportation Research Part A: Policy and Practice, 2014. 70: p. 194–209.
[102] Tlili O. et al. (2020), Geospatial modelling of the hydrogen infrastructure in France in order to identify the most suited supply chains. International Journal of Hydrogen Energy, 2020. 45(4): p. 3053–3072.
[103] Tractebel and Hinicio (2017), Study of early business cases for H2 in energy storage and more broadly power to H2 applications. 2017, Fuel Cells and Hydrogen Joint Undertaking (FCH JU).
[104] Weidner E., Ortiz Cebolla R. and Davies J. (2019), Global deployment of large capacity stationary fuel cells, in JRC Technical Reports. 2019, Joint Research Centre (JRC).
[105] Weiner S.C. and Fassbender L.L. (2011), Lessons Learned from Safety Events, in International Conference on Hydrogen Safety (ICHS2011). 2011.
[106] Welder L. et al. (2018), Spatio-temporal optimization of a future energy system for powerto-hydrogen applications in Germany. Energy, 2018. 158: p. 1130–1149.
[107] Williams T.I. (1981), A History of British Gas Industry. 1981, Oxford, UK: Oxford University Press
[108] Wulf C. et al. (2018a), Life Cycle Assessment of hydrogen transport and distribution options. Journal of Cleaner Production, 2018. 199: p. 431–443.
[109] Wulf C., Linßen J. and Zapp P. (2018b), Review of Power-to-Gas Projects in Europe. Energy Procedia, 2018. 155: p. 367–378.
[110] Yang C. and Odgen J.M. (2007), Determining the lowest-cost hydrogen delivery mode. International Journal of Hydrogen Energy, 2007. 32(2): p. 268–286.
[111] Zaunbrecher B.S. et al. (2016), What is Stored, Why, and How? Mental Models, Knowledge, and Public Acceptance of Hydrogen Storage. Energy Procedia, 2016. 99: p. 108–119.
[112] Zhu X. et al. (2018), Two-train elevated-temperature pressure swing adsorption for highpurity hydrogen production. Applied Energy, 2018. 229: p. 1061–1071.
[113] Zimmer D.R. (2013a), Auf dem Weg in die Wasserstoffgesellschaft, 2013.
[114] Zimmer R. (2013b), HyTrust Auf dem Weg in die Wasserstoffgesellschaft. 2013, Unabhängiges Institut für Umweltfragen e.V.
[115] Zweifel P., Praktiknjo A. and Erdmann G. (2017), Energy economics. 2017, New York, NY: Springer Science+Business Media.

第5章　发电经济学

曼弗雷德・哈夫纳[①]　贾科莫・卢西亚尼[②]

电力可以通过化学方式产生（如光伏电池板），但更常见的是通过发电机旋转运动的机械方式产生。发电所需的旋转运动可以通过蒸汽在高温下膨胀、水的流动或风力涡轮机来获得，也可以通过普通的内燃机获得。提升蒸汽温度可以通过燃烧煤炭、石油、天然气、废弃物和生物质来获得，也可以通过核反应堆中的受控裂变来获得，还可以通过集中太阳光辐射或者通过从地壳中提取热量来获得。总而言之，发电的解决方案有很多，每一种都有具体的特点，使其更适应所需电力的具体条件和情况。

为了对发电技术和经济性进行令人满意的分析，仅一章的篇幅远远不够，因此，分为一章一般性的介绍和一系列关于各个具体发电类型的详细介绍：本章是一般性介绍；第6章是基于化石能源（煤、石油和天然气）的火力发电；第7章是核能发电；第8章是水力发电；第9章是太阳能发电；第10章是风力发电；第11章是地热发电；第12章是潮汐和波浪发电。本章简单介绍以上方案之间的主要经济性差异，强调了每种解决方案的相对优势和劣势。一个运作良好的电力系统总是需要以适当的方式组合不同的技术，以满足一系列预期会出现的情境。

在讨论电力和比较不同的发电技术及其特性时，读者必须首先牢记容量（或功率）和能量（或产生或消耗的电力）之间的区别。容量（或功率）是指发电站瞬间产生（或电力设备消耗）的电力，以瓦、千瓦（1千瓦=1000瓦）、兆瓦（1兆瓦=1000千瓦）和吉瓦（1吉瓦=1000兆瓦）为单位。电厂的装机容量通常是一个电厂的最大容量。电厂在一定时间内生产的电力（或电力设备消耗的电力）以千瓦时为单位。千瓦时是通过生产（需要）的千瓦数乘以生产（使用）的小时数来确定的。因此，能量是指在一段时间内产生的（所需的）电量，以瓦时、千瓦时、百万瓦时（兆瓦时）、千兆瓦时（吉瓦时）和太瓦时衡量。

与煤炭、石油或天然气不同，电力不容易储存。因此，它必须在需要的时候精准地产生和输送。在解决发电问题时，需要考虑的最重要因素是需求负荷曲线（Demand Load Curve）。负荷曲线显示了负荷（以千瓦或兆瓦为单位）随时间（以小时为单位）的变化。负荷曲线可以绘制成一天24小时的曲线，即日负荷曲线；如果考虑的是一年，就被称为年负荷曲线。负荷曲线很重要，因为消费者（工业、住宅和商业）所需的电

---

① 曼弗雷德・哈夫纳（Manfred Hafner），巴黎政治大学国际事务学院，约翰・霍普金斯大学高级国际问题研究院，埃尼・恩里科・马泰基金会（FEEM）；电子邮箱：Manfred.hafner@sciencespo.fr。

② 贾科莫・卢西亚尼（Giacomo Luciani），巴黎政治大学国际事务学院，瑞士日内瓦高等国际关系与发展研究院；电子邮箱：giacomo.luciani@sciencespo.fr。

力量随时间变化。通常情况下，工业活动在白天，商业活动在白天和傍晚，而住宅活动主要在晚上，这时大家都在家里开灯、看电视和使用其他电器。由此产生的一个国家的日负荷曲线是夜间水平较低，白天水平较高，在白天或傍晚有一些峰值。此外，每天的负荷曲线都不同（在周末和节日，当工业活动减少时，负荷曲线一般较低），不同季节也不同（当寒冷的冷季时，由于供暖，电力负荷较高，而在炎热的夏季，由于制冷，电力负荷可能最高）。一些气候相对温和的高收入国家如今可能有两个季节性高峰：冬季因供暖而出现的高峰，夏季因制冷而出现的高峰。因此，由于文化和气象的不同，各国的负荷曲线也不尽相同。负荷曲线下面的积分曲面代表电力需求［电力需求（千瓦时）= 容量 × 时间］。

负荷曲线将定义电力需求量，其中包括基本负荷（全年需要的负荷）、峰值负荷（每天只需要几小时的负荷），以及基本负荷和峰值负荷之间工作时间的中间负荷。不同的电厂有不同的资本成本和运营成本分配，将被用来满足不同的负荷部分。

所有的发电厂都是相对资本密集型的，也就是说，初始投资是总成本的重要组成部分，而且经常是主要组成部分；然而，各类电厂资本成本与运营成本的比例有很大的不同：核电、风电、太阳能电站、大型燃煤电厂和一些水电厂的资本成本最高，而燃气轮机或基于内燃机的电厂的资本成本最小。核电、火电和有大型水库的水电站可以使用很多小时，并相对方便地保持高可利用率，以便在最大的小时数上摊销非常高的资本成本，减少生产每千瓦时电的单位成本。太阳能和风力发电也是如此，只是这些电厂发的电是不可调度的，运营商不能控制其运营时间。因此，核电站、燃煤电站和一些水电站是满足基本负荷需求的最佳选择。相比之下，燃气轮机发电厂或基于内燃机的发电厂通常是满足需求高峰或处理紧急情况的首选，例如，在旅游旺季的岛屿或其他孤立的旅游目的地，或在电网电力不可用的医院。在高峰时段会使用小型抽水蓄能电站，因为这些电站的机会成本很高。

另一个重要的区别是间接成本和直接运营成本的区别。间接成本与电厂的维护有关，与电厂的使用程度无关，通常每年都会发生。相反，直接成本与电厂的使用直接相关，例如，燃煤或燃油热电厂、燃气轮机厂的燃料成本。间接成本是固定的，基本上是不可避免的，而直接成本则与电力生产直接相关。资本成本和间接成本不是边际成本的一部分，边际成本是生产一千瓦时额外电力的成本，只反映了直接成本。因此，一些技术，特别是太阳能、风能和大多数水电站的边际成本为零，而核电的边际成本很低，因为每千瓦时生产的燃料成本非常小。与此相反，燃气轮机或基于内燃机的电厂有显著的边际成本，只有在需求合理的情况下才会启动。

一个发电站不会总是满负荷发电，有的时候它的发电量低于满负荷，有的时候它不被使用，根本就不发电。这可能是由于负荷曲线或一些电厂内在的可用性（最明显的是依赖太阳能和风能的电厂的可用性）。

一个具有一定（或名义）装机容量的电厂将生产多少电力，取决于该电厂可用于生产的小时数（可用性）和该电厂实际使用的可用小时数。

没有一个电厂可以全年 8760 小时均可用，有些电厂在一年中的大部分时间都可以使用（燃煤、核电、生物质能、地热、河道水电站或有很大水库的水电站），并且可靠运行接近 8000 小时（由于维护和其他原因停电，不能在一年中所有时间都运行）。

相比之下，其他电厂的可用性必然受到限制。例如，太阳能光伏板只在白天发电，当太阳低于地平线或被云层覆盖时，发电量会非常少，这意味着即使在可以想象的最佳条件下，光伏板也不可能达到 3000 小时的可用性，在许多地方可能只有 1000 小时的可用性。同样，一个拥有小型水库的水电站（例如在阿尔卑斯山）在一年中可能只能以额定容量发电 2000~3000 小时。

后两种情况的区别在于，在水电站发电的情况下，运营商通常可以使用机会成本决定何时使用水电站，即决定何时“花费”水电站有限的可用时间，以实现收入最大化，而在太阳能光伏发电的情况下，运营商根本无法控制可用性，电力可能在需要时生产，但也可能在不需要时生产。因此，各种技术之间的另一个关键区别就是可调度性。有些技术［特别是热电厂（与热源无关）以及有大型水库的水电厂］是完全可调度的，也就是说，运营商决定电厂何时运行。有些技术完全不可调度，例如风能、太阳能和没有水库的水力发电，当适当的自然条件存在时就会发电，而不是在其他时间。

这种区别很重要，因为如前所述，电网中的电力需求和供应必须在任何时候都是实时平衡的。电力生产者（以及电网管理者，称为输电系统运营商或 TSO）几乎不能控制需求，必须根据需求调整供应——如果电力是由不可调度技术生产的，这项任务就会变得更加困难。第 13 章“能源网络经济学”讨论了这方面的细节，第 15 章讨论了不可调度可再生能源的融合。需求和供应不一致的问题突出了电力储存的重要性，而电力储存是有限的和昂贵的，就电池储能而言，第 14 章讨论了这个问题；就抽水蓄能而言，第 8 章讨论了这个问题，该方式是迄今为止通过将电力转换为势能来储存电力的主要方式。

高峰负荷发电比基本负荷发电更昂贵。在前一种情况下，需要建造一个每天只运行几个小时的设备；而在后一种情况下，投资可以摊销，几乎全年都在发电。尽管在物理学上，一千瓦时等于一千瓦时，不管它在何时何地被消费，但在经济学上，一千瓦时不等于一千瓦时。生产一千瓦时的成本取决于它被消耗的时刻，因此它需要随时被生产，因为它不容易被廉价地储存。

这种需求（以及生产）的时间因素不仅与发电厂的调度有关，而且与未来的装机容量规划有关。如果一个国家的总体电力需求增加了一定数量的太瓦时，但大部分需求的增加预计发生在高峰时段，那么与需求增加主要发生在低负荷时段从而增加基本负荷的情况相比，所需的电厂投资将有根本的不同。

我们需要区分为了满足未来电力需求的发展而进行的装机容量投资规划和为未来一小时或一天的需求进行的现有电厂调度。对于未来的容量规划，需要采取完全成本（或长期边际成本）的方法（包括投资、运营和维护成本、燃料成本，可能还有碳排放成本，以及可能还有其他旨在将环境和其他外部因素内部化的成本）；而对于调度的目的，只考虑短期边际成本（燃料成本和其他单位环境成本）。因此，在一天中的某一时刻，对发电技术（以及能源）的选择取决于不同电厂满足需求的优先次序（边际成本）。在单纯的调度目标下，所有的固定成本都被认为是沉没成本。

随着发电系统中不可调度的发电资源所占比例越来越大，灵活性机制变得极为重要。不可调度的发电方式（如风能和太阳能）由于其短期边际成本为零，所以总是排在第一位，但它们在很大程度上并不可靠，即每当阳光普照和有风吹过，就可以使用它们，但每当看不到阳光和无风，就无法使用。事实上，可调度的发电厂不再需要遵循消费者定义的“需求负荷曲线”，而是所谓的净负荷曲线，即消费者需求的负荷曲线与不可调度的零边际成本电力（主要是太阳能和风力发电）曲线之间的差异。与消费者的负荷曲线相比，净负荷曲线的可预测性要低得多，而且有更高的升负荷和降负荷要求。所需的灵活性机制包括：①电厂快速升负荷和降负荷的能力［抽水蓄能等和燃气轮机电厂可以快速降负荷 / 升负荷，而基于蒸汽轮机的电厂（特别是大型煤电，甚至更多的核电厂）则不能快速提升 / 降低电力输出压力］；②与邻近电力系统的互联；③存储（到目前为止主要是抽蓄储存，但在未来可能在某种程度上也包括电池）；④电力需求侧管理（特别是需求响应）；⑤部门耦合（例如电转热、电转气、电力转汽车）。

另一个区别性特征是规模，以电厂的容量来衡量。对于一些技术，特别是燃煤电厂和核电厂，规模经济可能是非常重要的，这有利于建造非常大的电厂（超过 1 吉瓦的容量）。然而，核电站也可以是中型或小型的（包括小于 100 兆瓦）。事实上，人们对这种小型核电站的兴趣越来越大。基于燃气轮机的发电厂可以是小型的（燃气轮机–GT）或中型的（联合循环发电厂–CCGT）。单独的风力涡轮机是小型的（目前高达 10 兆瓦），单独的光伏电池板也非常小。水力发电站可以有各种规模，世界上最大的发电厂是水力发电站，但水力解决方案也可用于电网无法到达的地方的小规模应用场景。

规模的另一个相关方面是空间占用和对周围环境的物理影响。拥有大型水库的水电站可能需要广阔的面积，并需要重新安置大量人口，这是一个明显的缺点。大型太阳能发电站也占用了非常大的面积，但容量却相对有限，这就阻碍了它们在有其他用途需求的耕地、森林或居住地的部署。这也是大型太阳能发电厂往往被规划在沙漠地区建设的原因之一，那里空间的潜在替代用途有限（另一个原因是在干燥的沙漠地区，太阳辐射非常高）。与此相反，核电站相对于它们所能达到的非常大的容量来说是非常小的，尤其比较常见的几个核电站集中在一个地方的情况下。

最后一个重要的特点是地点限制。有些技术只能在特定的地点使用，水力发电就是最明显的例子，风能和太阳能的条件也因纬度、气象和地形而有很大的变化。这一点很重要，因为电力是昂贵的，而且难以远距离运输，发电厂的规模必须考虑到它们能够有效地送达，且能够有经济性地满足总需求。因此，一些非常有前途的水电、风电和太阳能发电地点仍未被开发或未被利用，因为在地理上没有足够近的需求来证明建立输送能力和发电站是合理的。

相比之下，火力发电站从其定位的角度来看是非常灵活的，因为它们基本上只需要靠近水源进行冷却。从历史上看，这使得工业可以在靠近市场或其他生产要素（尤其是劳动力）成本较低的地方实现本地化；而在过去几个世纪，当能源主要是以动能形式存在时，工业在能源（主要是河流）附近聚集。随着对可再生能源（太阳能、风能和水）的依赖程度增加，至少在某种程度上，工业可能会回到靠近能量来源的地方，这对工业生产的国际布局有潜在的重大影响，特别是高度能源密集的行业。

第 6 章 煤炭、石油、天然气和生物燃料发电

阿拉什·法努什[①]

1 引言

本章介绍了煤炭、石油、天然气和生物燃料 4 种不同能源发电的经济性，涵盖了多种发电技术及其关键经济特征，包括资本支出、运营成本、可调度性、灵活性选址和预期使用寿命。从优化技术选择的角度，为进一步分析发电项目提供了计算公式，并通过对煤炭、石油、天然气和生物燃料发电机组的对比分析得出一些结论。

火力发电在世界总发电量中占比很大，自 20 世纪 90 年代以来，这一比例已超过 60%。自 1875 年世界上第一座为周边提供照明的火力发电厂在巴黎北站建成以来，世界电力工业逐渐向性能更好、容量更大的方向发展。

按照装机容量计算，目前世界上最大的燃煤发电厂是中国的托克托发电厂，最大的燃气发电厂是俄罗斯的苏尔古特发电厂，最大的燃油发电厂是沙特阿拉伯的舒艾拜发电厂（见表 6.1）。

煤炭、石油和天然气一直是发电的主要能源来源（见图 6.1）。尽管随着环保意识的提高，可再生能源逐渐发挥作用，但化石能源在发电中的地位仍然不可动摇。

表 6.1 世界十大火力发电厂

电厂名称	燃料	装机容量（兆瓦）
中国内蒙古托克托	煤炭	6720
韩国泰安	煤炭	6100
韩国唐津	煤炭	6000
中国台湾台中	煤炭	5700
沙特阿拉伯舒艾拜（Shoaiba）	石油	5600
俄罗斯苏尔古特	天然气	5597
波兰别尔奇亚托夫	煤炭	5300

① 阿拉什·法努什（Arash Farnoosh），法国石油研究院，巴黎政治大学国际事务学院；电子邮箱：arash.farnoosh@ifpen.fr。

续表

电厂名称	燃料	装机容量（兆瓦）
阿联酋杰贝尔阿里电力和海水淡化厂	天然气	5163
日本东新潟	天然气	5149
中国嘉兴	煤炭	5120

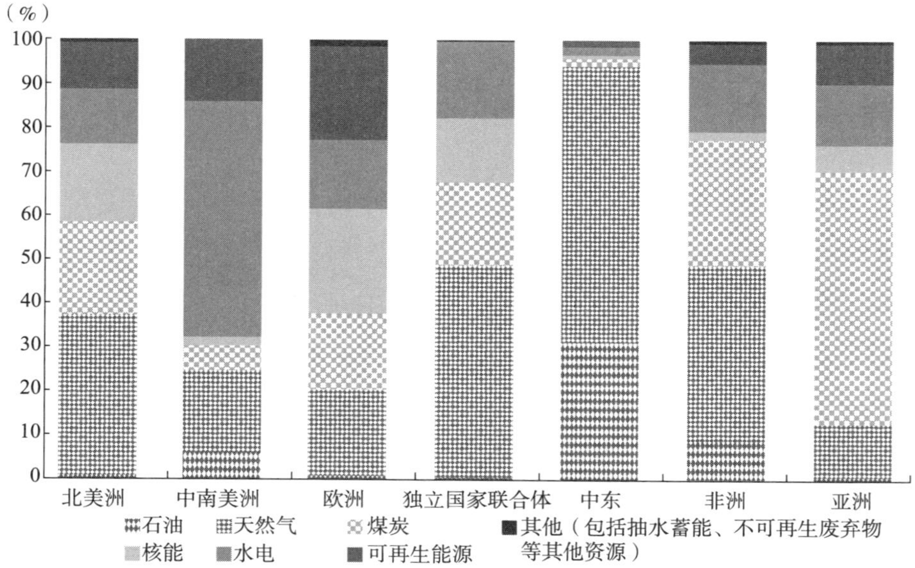

图 6.1　2019 年各区域不同燃料发电量占比

资料来源：《bp 世界能源统计年鉴》2020。

煤炭占全球发电量的 40% 左右，是世界上最重要的发电燃料，也是二氧化碳排放的主要来源。它因价格低廉且可广泛使用而获得了重要的地位。煤炭作为能源已经使用 4000 多年，但 19 世纪末才有煤炭发电，最初以蒸汽机为基础。随着蒸汽轮机的发展，煤炭发电在 20 世纪成为主要的发电方式。许多国家的繁荣都建立在煤炭的基础上，发电用煤炭最多的国家分别是中国、美国和印度。

目前，天然气发电量占总发电量的 23.23%，且这一比例正持续增长。随着全球碳排放量的增长和温室效应的加剧，一些国家正在积极采取措施减少排放，使用天然气替代煤炭，因为天然气发电的平均二氧化碳排放量仅为燃煤电厂排放量的 54%。

在天然气发电厂，压气机吸入空气压缩后送入燃烧室内，与天然气混合后燃烧。燃烧产生高温高压燃气，驱动燃气轮机带动发电机发电。废气通过烟囱排放到大气中，也可以将燃气轮机排出的气体引入锅炉（余热锅炉），作为锅炉的热源，利用锅炉产生的蒸汽进入蒸汽轮机再发电，这被称为联合循环燃气轮机（CCGT）。

石油与天然气发电机组的原理非常相似。

无论是煤炭、天然气、石油，还是生物质能源，它们都有一个共同的特点，即通过燃烧来转动涡轮机，使热能转化为机械能，然后进一步转化为电能，从而实现从一次能源到二次能源的转换。天然气可以通过空气循环和冷凝进行回收。

从环保的角度来看，天然气和生物质在二氧化碳排放方面比煤炭更清洁。然而，从发电的总成本来看，燃煤发电经济性最好，其次是天然气发电。虽然天然气的发电效率最高，但其生产、运输和储存成本也更高。

本章将详细讨论不同类型电厂（机组）的发电过程。

2　可选发电方案

2.1　燃煤发电

2.1.1　燃煤发电的历史

19 世纪 80 年代美国开始利用煤炭发电，与当时用蒸汽机产生机械动力的技术相同。煤被燃烧以产生蒸汽，蒸汽被用来驱动发动机，进而带动直流或交流发电机发电。第一个完全商业化的发电站是纽约的珍珠街发电站，由托马斯·爱迪生建造，于 1882 年开始运行。珍珠街发电站使用波特·艾伦往复式蒸汽机和发电机来产生直流电，只为照明提供电力。

1884 年查尔斯·帕森斯发明了蒸汽轮机，可以更有效地进行能量转换和获得更高的输出功率，是又一个重大进步。在 20 世纪，使用蒸汽轮机燃煤发电成为全球最重要的电力来源。直至 21 世纪 20 年代，仍然是最重要的电力来源。

2.1.2　全球燃煤发电

2018 年全球煤炭产量增长 4.3%，明显高于 10 年平均增速 1.3%（见图 6.2）。产量增长集中在亚太地区（1.63 亿吨石油当量），其中中国占全球增长的一半，印度尼西亚产量增长了 5100 万吨油当量。自 1985 年以来，中国一直是世界最大的煤炭生产国，2018 年生产煤炭约 35.5 亿吨，比 2017 年增长了 4.5%。2018 年，美国的产量下降了 2.5%，延续了自 2008 年以来下降超过 1/3 的长期趋势。

2018 年，全球煤炭消费量增长 1.4%，这是 2013 年以来的最快增长。目前，亚太地区（7100 万吨油当量）占全球消费的 3/4 以上，尤其是印度（3600 万吨油当量）再次推动了煤炭消费量的增长，而 10 年前，该地区占 2/3。

在全球范围内，煤电占发电量的 38%，这一比例与 20 年前相同，66.5% 的煤炭主要用于发电和商业供热。然而，在经合组织（OECD）国家，煤炭作为燃料用于发电和供热的占比从 1985 年的 44.4% 下降到 2018 年的 25.2%。

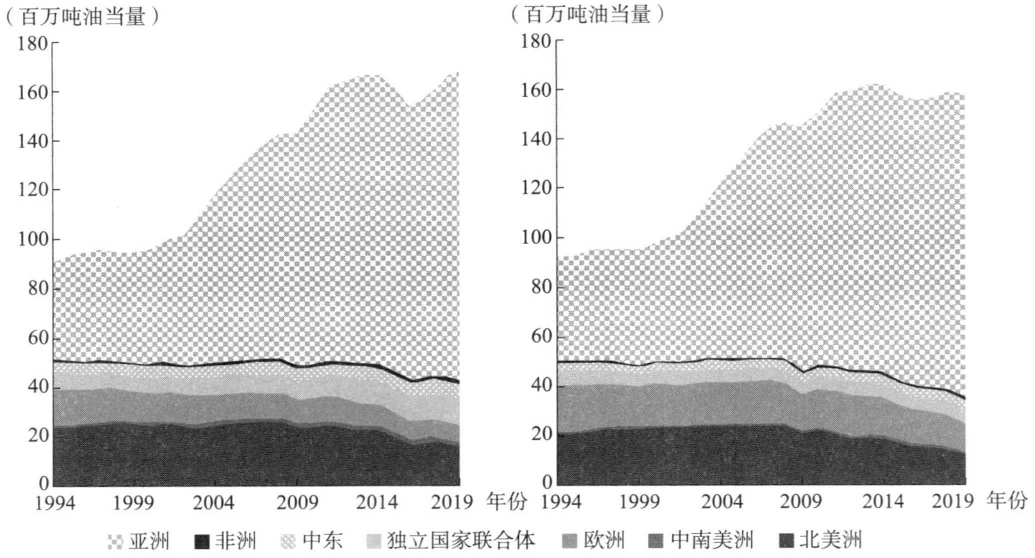

图 6.2 各地区煤炭产量（左）和消费量（右）

资料来源：《bp 世界能源统计年鉴》2020。

2.2 天然气发电

2.2.1 现状

从图 6.3 中可以看出，与其他发电方式相比，全球天然气发电的份额在过去 20 年中呈逐渐上升的走势。由于全球碳排放量的增长和温室效应的加剧，一些国家已经使用天然气替代煤炭。

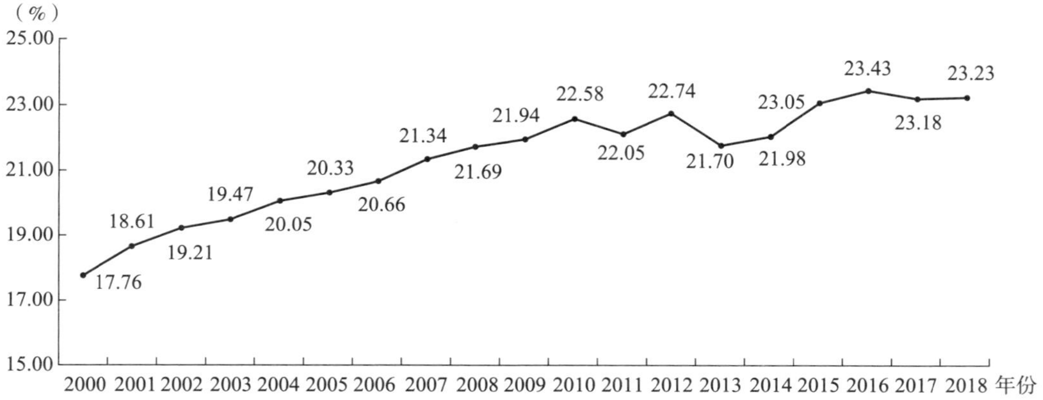

图 6.3 天然气发电量占全球总发电量的比例

资料来源：《bp 世界能源统计年鉴》2020。

美国的页岩气革命使得天然气供应大幅增加、价格下降，显著降低了天然气发电成本，加上天然气发电厂相比燃煤发电厂更易建造、成本更低、污染排放更少，天然气发电占比大幅增加。2019年，美国天然气发电量占全球天然气发电总量的27%，占全球总发电量的6%。

俄罗斯天然气资源丰富，且天然气发电规模世界第二。日本排名世界第三，主要使用进口LNG来提高天然气发电量，这刺激了全球LNG工业的发展。早在20世纪70年代，日本就开始使用进口LNG发电，且拥有的天然气发电厂较多，目前全球十大天然气发电站中有7座位于日本。

全球不同地区天然气发电在能源结构中所占份额存在很大差异（见表6.2）。天然气发电占比最高的是中东（约63%），其次是独联体国家（主要是俄罗斯和乌克兰）。由于不同国家之间石油和天然气储量的巨大差异，每个国家的天然气发电占比也有很大差异（见表6.3）。2019年，中国天然气发电量占国内发电总量的3%，而美国、俄罗斯和日本分别为38%、47%和35%。

表6.2　2019年天然气发电量占地区总发电量的比例

	北美	中南美洲	欧洲	独立国家联合体	中东	非洲	亚太地区
总发电量（太瓦时）	5426	1329	3993	1431	1264	870	12691
天然气发电（太瓦时）	1976	245	768	693	793	340	1483
占比（%）	36	18	18	48	63	40	12

资料来源：《bp世界能源统计年鉴》2020。

表6.3　2019年特定国家天然气发电量占总发电量的比例

	美国	加拿大	德国	英国	俄罗斯	伊朗	南非	中国	日本	印度
总发电量（太瓦时）	4401	660	612	324	1118	319	253	7503	1037	1559
天然气发电（太瓦时）	1701	69	91	133	520	200	2	236	362	71
占比（%）	38	10	15	40	47	63	1	3	35	5

资料来源：《bp世界能源统计年鉴》2020。

这还与国家资源和能源政策有关。例如，土库曼斯坦、卡塔尔和马来西亚等国家天然气产量较高，而煤炭和水资源有限，天然气发电量占总发电量的70%以上。阿根廷、荷兰等国虽然天然气产量高，但有其他电力来源，天然气发电量占总发电量的50%。天然气发电量占总发电量20%～40%的国家有英国、日本和意大利，而韩国和匈牙利等国家为10%～20%。

2.2.2　未来规划

未来，全球天然气发电趋势可能取决于各国应对全球气候变化的政策调整，以及风能和太阳能等间歇性的可再生能源对天然气发电调峰的需求，但由于天然气价格较高，阻碍了其在发电中的更大应用。

总的来说，天然气发电优点较多，如节能减排、提高供电安全、平滑电力供应的高峰和低谷，以及促进循环经济的发展，这是现代能源领域发展的趋势。未来，随着全球电力消费的增长，用于发电的天然气绝对消费量必将进一步增长。尽管增长速度将有所放缓，但未来 10 年左右的时间，天然气仍会在全球新增发电能力中占较大份额。

根据多种情景，全球电力需求的总体上升推动天然气需求上升，尽管天然气发电的占比可能相对稳定在 20% 左右。

2.3 生物燃料发电

2.3.1 现状

生物质是一种可再生能源，具有二氧化碳中性的潜力，通常与其他燃料一起用于燃烧发电。

全球多地都有生物燃料发电的成功项目，尤其是欧洲和北美地区。欧洲的商业模式较为成功，北美的大部分生物燃料发电项目仅限于示范水平。

生物燃料可分为四类：第一类生物燃料是由油料作物、淀粉作物和糖类作物等组成，主要作物有油菜籽、谷物、土豆、甜菜和甘蔗，燃料行业必须与营养和饲料行业竞争这些农产品。第二类生物燃料是由农业和林木业剩余物组成，主要来自秸秆、芒草、莎草和种植园剪枝，此类非营养类原料对缓解食品与燃料的竞争至关重要。第三类生物燃料从含油微生物中提取，是发电燃料的潜在原材料，不与耕地上的粮食作物竞争。第四类生物燃料是转基因藻类，可以在废水和其他残留水中培养。转基因藻类是化石能源的替代品，可以大大提高生物燃料的产量，但其潜在的环境和健康风险仍然令人担忧。

2.3.2 工艺和技术状态

混合燃烧是生物质发电最有竞争力的方式，它可以将生物质与其他燃料（如煤或天然气）混合并同时燃烧，以产生蒸汽用于发电。在增加生物质和可再生资源在全球能源结构中的占比以及减少温室气体排放方面，热电联产可以发挥重要作用，它为林业、农业、建筑业、制造业、食品加工和运输等行业创造了更好地管理农业和木材废弃物的机会。改造现有煤电厂以进行生物质热电联产的成本明显低于仅依靠生物质建造新系统的成本。尽管生物质专用电厂提供了巨大的环境效益，但由于原料供应不可预测，仅依靠生物质是有风险的。而且生物质发电还有热值低和燃料体积密度低等其他限制因素，这就需要运输大量生物质。

热电联产包括三种主要技术：直接、间接和并联。每种技术在锅炉系统设计和生物质共燃的比例方面都有所不同。

直接燃烧是最简单、最便宜、最常见的选择，生物质可以和煤炭混合磨碎（即通常能量含量低于 5%），或者先磨碎然后分别送入同一台锅炉。共同或单独的燃烧器均可使用，单独的燃烧器在生物质类型和数量方面有更多的灵活性。如图 6.4 所示，在直接混合燃烧技术中，生物质在与基础燃料混合后一起或单独送入炉子。

间接燃烧是一种不常见的工艺，在这个过程中，气化器将固体生物质转化为燃料气体，然后在同一锅炉中与煤一起燃烧。尽管需要额外增加昂贵的技术设备（即气化器），但该过程可以使用更多种类和更高百分比的生物质。在燃烧前需要对气体进行净化和过滤以去除杂质，两种燃料的灰烬保持分离。

并联燃烧需要一个单独的生物质燃料锅炉，向同一个蒸汽循环提供蒸汽。这种方法可以使用较高比例的生物质，常用于纸浆和造纸工业方面，其利用的是造纸生产的副产品，如树皮和废木材。如图 6.5 所示，在生物质并联燃烧技术中，预处理、进料和燃烧活动是在单独的生物质燃烧器中进行的。并联技术需要完全独立的外部生物质燃烧锅炉，生产用于机组发电的蒸汽。

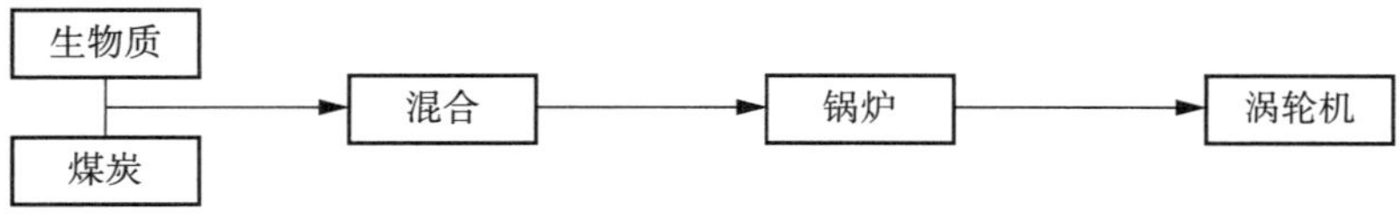

图 6.4　生物质直接燃烧

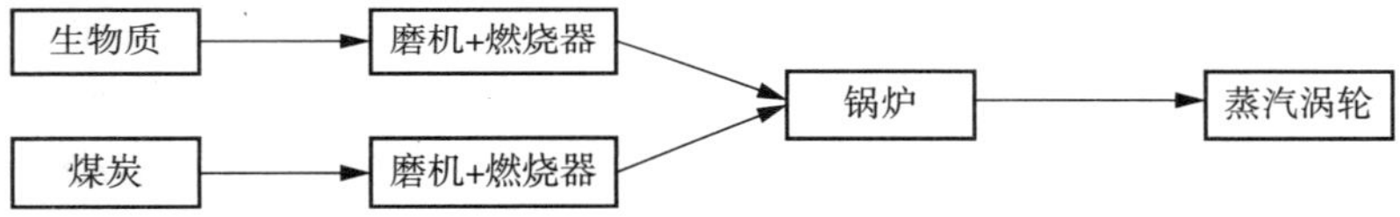

图 6.5　生物质并联燃烧

2.4　燃油发电

2.4.1　作用

与天然气类似，石油在发电厂燃烧产生热量，用于生产蒸汽以推动涡轮机发电。主要用作发电厂燃料的油品有三种：原油、柴油和重质燃料油。

原油在最纯净的条件下直接从油井中生产，是所有石油产品的基础，有 500 多种成分。根据其含硫量分类，原油可以分为“甜”（低硫）或“酸”（高含硫）两类。

柴油是原油炼制过程中产生的不同中间馏分的混合物，通常由轻质和重质燃料油、轻质和重质循环油以及真空燃气油组成。

重油（HFO），也被称为“残余燃料油”，是原油在炼制过程中经过蒸馏和裂解后残留下来的高黏度、焦油状物质。作为一种残余产品，重油相对便宜，成本通常比蒸馏燃料低 30%，也低于原油。

燃油发电厂通常排放亚硝酸盐和硫氧化物、甲烷、汞化合物和大量的二氧化碳。与燃气电厂和燃煤电厂类似，燃油电厂需要大量的水用于生产蒸汽和冷却。发电厂使用石油也会产生称为污泥的残留物，这些残留物没有完全燃烧，需要在垃圾场填埋处理。

目前，70% 的燃油发电能力是在 1980 年之前建成的。截至 2018 年底，以石油为主要燃料的工商业发电机仅占总发电容量的 3%，发电量不到总发电量的 1%。

燃油发电通常在电力需求高峰期间或当地天然气需求导致天然气价格上涨时短期使用，主要因为石油价格相对于其他燃料较高、空气污染限制以及发电技术过时而效率较低。大多数燃油发电机是涡轮机或内燃机仅用于电力需求高峰时段或天然气价格上涨时的供电。

2.4.2 不同国家的燃油发电厂

美国燃油发电装机量约为 36.4 吉瓦，超过 68% 的燃油发电能力分布在有海港的 10 个沿海州。这些发电厂于 20 世纪 70 年代左右建成，当时燃煤发电是主要的电力来源，但沿海各州（如佛罗里达州）离煤炭生产区相对较远，煤炭主要通过铁路运输，这些地区煤炭的长途运输成本与通过海运方式运送的石油相比没有竞争优势。20 世纪 70 年代，国际石油市场价格大幅上涨，人们对石油作为公用事业燃料的认识发生了根本性的转变。在石油危机期间（阿拉伯石油禁运、伊朗革命和两伊战争），供应短缺也阻碍了全球以石油为燃料的发电能力的增加。

在沙特阿拉伯，位于红海沿岸的舒艾拜（Shoaiba）发电厂是世界上最大的燃油发电厂和第二大火电厂。舒艾拜发电厂是沙特阿拉伯的一个特色项目，目前很少有国家还在建设燃油发电厂，石油燃烧排放大量温室气体是最主要的原因，价格和供应的不确定性也是主要影响因素，但拥有巨大石油储量的沙特阿拉伯不会存在这种情况。

伊朗拥有大量的化石能源资源，该国在利用热力系统发电方面进行了投资。伊朗 90% 的电力供应来自热电厂，其中天然气是最大的发电燃料来源，占比 66%（大多数波斯湾国家都是如此）；重油和汽油发电占比分别为 17.4% 和 6.6%。

日本也是以石油为燃料发电的大用户之一，这主要是地理状况的原因。例如，位于日本海岸的鹿岛发电站，距东京东北约 50 英里，是世界上第二大的燃油（和燃气）发电站，装机容量为 4400 兆瓦（见表 6.4）。

表 6.4 全球最大的燃油发电厂

	发电厂名称	国家	装机容量（兆瓦）	燃料	隶属公司
1	舒艾拜	沙特阿拉伯	5600	原油	沙特电力公司
2	鹿岛	日本	4400	燃料油、天然气	东京电力公司
3	安崎	日本	3600	原油、燃料油、天然气	东京电力公司
4	博野	日本	3200	原油、燃料油、煤炭	东京电力公司
5	横须贺	日本	2276	轻质油、天然气	东京电力公司

资料来源：http://dy.163.com/v2/article/detail/EEM9SO3F05484WS6.html；https://www.power-technology.com/features/feature-giga-projects-the-worlds-biggest-thermalpower-plants/.

3　经济特征

3.1　经济性分析

3.1.1　固定成本和可变成本

发电项目的固定成本包括资本支出（CAPEX）和固定运营成本（OPEX）。

3.1.1.1　资本支出

资本支出（CAPEX）发生在项目投产前的建设阶段，以每千瓦装机容量或名义容量的货币单位（欧元、美元或任何选定的货币）表示。CAPEX 必须根据不同的技术寿命和股权投资者（如公用事业公司、私募股权持有人、消费者等）组成进行细分。不同的项目和技术，CAPEX 也不同。从表 6.5 中可以看出，煤炭和生物燃料发电厂的 CAPEX 远远大于其他传统化石能源发电厂的 CAPEX，在所有技术中，天然气发电是最具竞争力的。

表 6.5　中型发电项目的 CAPEX 范围

		煤炭	天然气	生物质发电	生物沼气发电	柴油发电
资本支出（美元 / 千瓦时）	最小	360	900	2500	3000	1000
	最大	5000	1300	4500	6500	1300

资料来源：《可持续能源手册》（Sustainable Energy Handbook）. Simplified Financial Models. Module 6.1, 2016.

3.1.1.2　运营成本

运营成本（OPEX）是每年发生的现金支出，可能是固定的（与产量无关）或是可变的（与产量有关）。对于固定的 OPEX，以每年的货币单位和每千瓦的装机容量或名义容量表示；对于可变的 OPEX，则以每千瓦时的发电量表示。

表 6.6　中型发电项目的 OPEX 范围

		煤炭	天然气	生物质	生物沼气	柴油
固定运营成本（占资本支出的百分比）	最小	1.0%	0.5%	4.0%	5.0%	2.0%
	最大	1.5%	1.6%	6.0%	8.0%	4.0%
可变非燃料运营支出（美元 / 千瓦时）	最小	—	—	0.002	0.020	0.014
	最大	—	—	0.004	0.030	0.028
可变燃料运营支出（美元 / 千瓦时）	最小	0.004	0.002	0.005	0.014	0.300
	最大	0.007	0.006	0.022	0.058	0.500

资料来源：《可持续能源手册》（Sustainable Energy Handbook）. Simplified Financial Models. Module 6.1，2016.

从表 6.6 中可以看出，生物燃料厂的固定和可变 OPEX 均高于化石能源发电厂，天然气厂最有优势。部分 OPEX 是可变的，因为它与基本商品的消耗量有关，如冷却水、化学品、润滑剂、易损件的更换，当然还有化石能源。由于 OPEX 是浮动的，如果电厂的产量低于预期，项目业主 / 运营商将面临度电成本增加的风险；度电成本可能超过购电协议中与发电量成比例的收入。对于新项目，OPEX 是项目的全部运营成本。对于修复或扩建项目，OPEX 是项目的边际运营成本。

3.1.1.3 总成本

安装技术的总成本（欧元 / 兆瓦时）包括固定成本和可变成本：

$$C_{total}=\frac{C_f}{\eta}+\left[\frac{P_{CO_2}}{\eta}\cdot\frac{1}{E}\right]+VCOM+\frac{FCOM}{U}+\frac{aI}{U}$$

其中，C_f代表燃料成本，单位欧元/兆瓦时；η是总热效率①；P_{CO2}是二氧化碳排放价格，单位为欧元 / 吨，适用于碳税或排放交易制度管辖区；$1/E$ 是燃料的排放系数，单位为吨 / 兆瓦时；$VCOM$ 是运营和维护的可变成本，单位为欧元 / 兆瓦时；$FCOM$ 是固定成本；a 是对应于 i（利率）的年金；I 是单位投资，单位为欧元 / 兆瓦；U 是利用率，单位为小时 / 年。

从上述公式中很容易理解，与初始投资较低的发电机组相比，投资较高的发电机组的总成本对利用时间更为敏感，即使后者的燃料成本更为昂贵。对于利率 i 或电力装置的摊销年限的敏感性也是一样的。

3.1.2 寿命和收益

对于某些技术，CAPEX 可能是一种经常性支出。一些设备或部件的使用寿命比项目寿命短，这必须考虑定期（每 5 年或 10 年）投资。这就是 CAPEX 是按技术寿命比经济寿命短的设备进行分解的原因。同样，将制造商提供的质保期短于项目经济寿命的部件分开是很有用的，此情况假设该设备或部件必须在使用寿命结束时被更换。

项目的收入从商业投运开始按年计算，将抵消项目成本，通常计算为项目产生的能源实物量（或付费消费者消耗的能源量）乘以单价。

3.1.3 基本经济指标

3.1.3.1 回收期

回收期计算的是年度净收入等于 CAPEX 所需的年限，年度净收入为年度收入减年度 OPEX。项目的经济可持续性取决于投资回收期是否短于项目经济寿命。

---

① 不同技术的火力发电厂效率是不同的，在同一技术中也可能是不同的，因为它取决于火力装置的设计和工程。煤电厂的效率在 40%~44%，生物燃料 / 燃气电厂的效率在 20%~25%，单一燃气轮机（燃油或燃气）的效率在 35%~40%，而联合循环是效率最高的火电厂，其效率在 55% 以上，甚至可达 63%（IEA，2018）。

3.1.3.2 内部收益率（IRR）

IRR 计算的是在收益确定期内所有现金流的净现值（NPV）等于零的折现率，包括负的支出和正的收入。

$$\sum_{t=1}^{n}\frac{(R_t-C_t)}{(1+i)t}=I_0$$

其中，R_t 是第 t 年的收入；C_t 是第 t 年的总成本；i 是内部收益率；I_0 是初始投资。

第一年现金流由 CAPEX 组成，为负值。从第二年到时间序列结束，现金流由收入减去 OPEX（如果适用，减去再投资）组成。为了在财务上可行，投资的 IRR 应超过加权平均资本成本（WACC）。

3.1.3.3 净现值（NPV）

项目在其经济寿命期内的 NPV 以下式计算。从第二年起，现金流量与内部收益率的计算相同。

$$NPV=\sum_{t=1}^{n}\frac{(R_t-C_t)}{(1+i)t}-I_0$$

其中，R_t 为第 t 年的收入；C_t 为第 t 年的成本；i 为折现率；I_0 为初始投资。为了使项目在经济上可行，净现值必须为正。

3.2 财务分析

需要融资的总金额包括“3.1 经济评价”部分所述的 CAPEX，加上建设期间发生的特定融资成本，即建设期利息（IDC）。在建设期，项目不能从收入中偿还财务费用，因此，该成本必须计入用于计算资金需求的项目成本。

资金来源有三种：股权、贷款以及在某些情况下的赠款。股权融资来自项目所有者的自有资金以及权益伙伴承诺的资金。贷款是由银行根据预先确定的还款时间表提供的资金。赠款是由没有偿还义务的捐助者提供的资金（假设有这样的捐助者）。

3.2.1 加权平均资本成本（WACC）

WACC 是适用于足以偿还贷款并产生预期股权回报的项目折现率。WACC 在贷款期限内计算如下：

贷款份额 × 贷款利率 + 股权份额 × 贷款期限 × 预期股权回报率 + 赠款份额

在上述公式中，赠款份额越高，加权平均资本成本就越低，因为贷款和股权份额较低。

3.2.2 平准化度电成本（LCOE）

LCOE 的计算方法是将年化 CAPEX 与年度 OPEX 相加，然后除以发电量。LCOE 应低于电价，否则项目将产生损失。

$$PV\text{总成本}=\sum_{n}\frac{\text{总 CAPEX 和 OPEX}}{(1+i)^{n}}$$

$$PV\text{发电量}=\sum_{n}\frac{\text{总发电量}}{(1+i)^{n}}$$

$$\text{LCOE}=\frac{PV\text{总成本}}{PV\text{发电量}}$$

其中，i 为折现率，n 为电厂的使用寿命。

3.3 可调度性和灵活性

发电站分为两类，即基础负荷电站和调峰电站。当有稳定的需求和燃料来源（如煤或天然气）时，基础负荷发电站（大多数煤电厂）非常有用。电力调峰站，也称为调峰电站，是帮助平衡电网不断变化的电力需求而设计的电站。调峰电站通常在待机状态下运行，当电网的电力需求达到峰值时，它们会收到开始运行的信号。由于其灵活性和稳健性，调峰站能够对不断变化的需求作出快速反应。当需求下降时，它们就会被转为关闭状态。

例如，燃油发电站往往用于满足高峰时段的电力需求，并且它们通常比大多数其他类型的发电厂具有更低的容量因子和更高的热耗率，通常安装在较难获得替代电源的地方，停电时主要用作不间断供电的备用电源。此外，这些电厂只需要很小的安装面积，与燃煤电厂相比，热效率更高。

一般来说，液体燃料发电厂具有较强的可调度性，可在几秒钟内向电网供电，并能在几分钟内达到满负荷发电。此外，它们还具有巨大的燃料灵活性，可以使用重质燃料油、轻质燃料油、原油、乳化燃料或液体生物燃料运行。一些发电厂能够在不同的燃料之间切换，可能会使容量因子的计算变得复杂。例如，通常天然气发电厂可能在天然气需求量大的时候选择燃烧石油（或石油产品）。

天然气发电也比较灵活，其爬坡时间（从零到满负荷）很短。在单循环模式下，一台燃气轮机从启动到满负荷只需要 10 分钟左右，联合循环（同时运行燃气轮机和蒸汽轮机）需要 40~50 分钟。天然气发电厂具有良好的调节性能，可以在 25%~100% 的输出范围内运行。例如，一个装机容量为 570 兆瓦的 GE HA 级燃气联合循环机组可以在不到 30 分钟内启动，并以每分钟 60 兆瓦的速度增加或减少负荷。只要负荷不低于 200 兆瓦，它就可以满足排放标准并提供稳定的电力，还可以成为间歇性电源（如风能和太阳能）的可靠备用，促进可再生能源的快速增长。此外，它可以像液体燃料发电厂一样灵活地运行，当天然气供应不确定或价格不稳定时，即使在运行状态，也可以从天然气切换到液体燃料，反之亦然。

目前，天然气发电与其他电力来源相比具有一些独特的优势。例如通用电气和南加州爱迪生公司开发的全球第一个电池—燃气轮机混合发电系统，集成了一个 10 兆瓦的锂离子电池储能系统和一个 LM6000 航空燃气轮机，以及相应的控制系统，使燃气轮机在不使用燃料的情况下处于旋转待机状态，并对不断变化的电力调度要求作出及时响应。当不需要调峰时，燃气轮机处于旋转待机状态（与电池相连）。当需要调峰时，先进的控制系统立即将燃气轮机从旋转待机状态唤醒，燃气轮机迅速带负荷启动，电力立即输送到电网。

3.4　选址

与其他技术相比，煤炭电厂的选址更具限制性，因为煤炭是一种固体，运输成本高，且燃烧效率较低。通常燃煤电厂建在煤矿附近，选择不同的运输方式会影响电厂建造的位置以及所需地块的大小和形状，尤其是大型电厂。运输方式应考虑大运量、低运费、高速度和灵活性，这使燃煤电厂的选址更加困难。

相反，石油易于运输，且有多种运输方式，包括管道和船舶。因此，燃油电厂通常位于沿海地区。

燃气发电站的特点是占地面积小，非常适用于人口密集和土地资源稀缺的国家和地区。与燃煤电厂相比，燃气发电设备更加紧凑，不占用大量土地，而且消耗的水仅为燃煤电厂的 1/3。

3.5　预期使用寿命

火力发电厂的设计经济寿命为 30～40 年，但在某些地区，一些发电厂的使用时间超过了其设计寿命。火力发电的关键部件是锅炉和涡轮机，运行存在有形和无形的老化过程。有形老化是指设备在高压和高温下运行、承受机械应力而发生物理和化学变化，如磨损、蠕变、腐蚀等，逐渐使设备无法在规定的设计参数下继续安全运行。无形老化是指技术进步，即更加高效或劳动密集度更低的生产设备的出现，意味着旧设备将在越来越不经济的条件下运行。一些设备的有形老化（如冷凝器铜管、加热器管、锅炉加热面管、涡轮叶片、炉壁等）可以在大修时消除。然而，往往是这些重要设备部件的老化决定了火力发电厂的技术寿命，进而决定了其经济寿命。运行经验表明，在 450℃以下运行的设备的使用寿命为 40～50 年。对于在 450℃以上运行的设备，其运行时间可能减少到 10 万小时。

燃气轮机和蒸汽轮机都是通过高温高湿的高压气体驱动转子高速旋转的装置，不同之处在于燃气轮机中燃气的压力和温度要比蒸汽轮机高。以 GE PG9351FA F 级燃气轮机为例，从燃烧室进入涡轮的气体温度为 1327℃，废气温度为 609℃，这种高温和热应力下的工作环境加剧了燃气轮机的周期性损坏。热力部件的材料由于低周疲劳[①]和热应力而变形，这增加了部件的故障概率，严重影响了设备的使用寿命。此外，对于双轴调峰发电机来说，频繁的启动和关闭也是缩短寿命的主要原因之一。对于燃气—蒸汽联合机组，调峰运行可能严重影响燃气轮机、余热锅炉和蒸汽轮机的寿命。需要注意的是，燃气轮机的可靠运行和合理维护不仅影响到整个机组的安全，也影响到机

① 低周疲劳是指使得部件在有限次数的循环（通常少于 10^5 次循环）后断裂的载荷极值。

组的经济性。

4 结论

本章阐述了不同化石能源发电厂的经济性基本要素，首先介绍了全球最大的化石能源发电厂，以及每种发电能源（煤炭、天然气、生物燃料和石油）的技术性能，然后进行经济分析，并讨论 CAPEX、OPEX、NPV、IRR 和 LCOE 等指标，以及其他技术经济特征，如每项技术的可调度性、灵活性和预期寿命。从上述讨论中得出的相关结论和建议如下：

虽然一般技术成本评估可以提供粗略估计，但每项技术的实际成本高度依赖于项目的具体因素。电力行业规划人员不应低估技术成本或未来 OPEX 的不确定性水平，国家层面的分析可以更准确地描述每项技术的相对成本。即使如此，任何预测都应该谨慎对待。不应试图挑选“最佳的”技术，而应确定哪些技术和燃料适合特定环境，然后创造多样化的组合模式。这样做可以防止技术或燃料出现重大干扰，有助于平衡 CAPEX 和 OPEX，同时减轻环境影响。

最后，感谢为本章提供有用建议和数据的人，特别是我的研究生迪鹏、姚学兵和邹志勤。

参考文献

［1］ Valdemaras, M., Astrida, M., Tatiana, S., Natalia, T., Tadas, S. The impact of biofuels production development in the European Union［J］. Agricultural Economics(Zemedě lská ekonomika), 2018, 64(4): 170–185.

［2］ Agbor, E., Zhang, X., Kumar, A. A review of biomass co-fring in North America［J］. Renewable and Sustainable Energy Reviews, 2014(40): 930–943.

［3］ Washburn, C., Pablo-Romero, M. Measures to promote renewable energies for electricity generation in Latin American countries［J］. Energy Policy, 2019(128): 212–222.

［4］ Freitas, F.F., De Souza, S.S., Ferreira, L.R.A., Otto, R.B., Alessio, F.J., De Souza, S.N.M., Venturini, O.J., Ando Junior, O.H. The Brazilian market of distributed biogas generation: Overview, technological development and case study［J］. Renewable and Sustainable Energy Reviews, 2019(101): 146–157.

［5］ Bórawski, P., Bełdycka-Bórawska, A., Szymańska, E.J., Jankowski, K.J., Dubis, B., Dunn, J.W. Development of renewable energy sources market and biofuels in the European Union［J］. Journal of Cleaner Production, 2019(228): 467–484.

［6］ Fantin, V., Giuliano, A., Manfredi, M., Ottaviano, G., Stefanova, M., Masoni, P. Environmental assessment of electricity generation from an Italian anaerobic digestion plant［J］. Biomass and Bioenergy, 2015(83): 422–435.

［7］ Loução, P.O., Ribau, J.P., Ferreira, A.F. Life cycle and decision analysis of electricity production from biomass—Portugal case study［J］. Renewable and Sustainable Energy Reviews,

2019(108): 452–480.
[8] Gómez, A., Rodrigues, M., Montañés, C., Dopazo, C., Fueyo, N. The potential for electricity generation from crop and forestry residues in Spain [J] . Biomass and Bioenergy, 2010, 34(5): 703–719.
[9] Topcu, I., Ülengin, F., Kabak, Ö., Isik, M., Unver, B., Onsel Ekici, S. The evaluation of electricity generation resources: The case of Turkey [J] . Energy, 2019(167): 417–427.
[10] Arifn, Y., Tanudjaja, E., Dimyati, A., Pinontoan, R. A second generation biofuel from cellulosic agricultural by–product fermentation using clostridium species for electricity generation [J] . Energy Procedia, 2014(47): 310–315.
[11] Leong, W.–H., Lim, J.–W., Lam, M.–K., Uemura, Y., Ho, Y.–C. Third generation biofuels: A nutritional perspective in enhancing microbial lipid production [J] . Renewable and Sustainable Energy Reviews, 2018(91): 950–961.
[12] Abdullah, B., Syed Muhammad, S.A.F.A, Shokravi, Z., Ismail, S., Kassim, K.A., Mahmood, A.N., Aziz, M.M.A. Fourth generation biofuel: A review on risks and mitigation strategies [J] . Renewable and Sustainable Energy Reviews, 2019(107): 37–50.
[13] Zhou, Q., Cai, W., Zhang, Y., Liu, J., Yuan, L., Yu, F., Wang, X., Liu, M. Electricity generation from corn cob char though a direct carbon solid oxide fuel cell [J] . Biomass and Bioenergy, 2016(91): 250–258.
[14] Hassan, S.H.A., el Nasser A. Zohri, A., Kassim, R.M.F. Electricity generation from sugarcane molasses using microbial fuel cell technologies [J] . Energy, 2019(178): 538–543.
[15] Adeniyi, O.M., Azimov, U., Burluka, A. Algae biofuel: Current status and future applications [J] . Renewable and Sustainable Energy Reviews, 2018(90): 316–335.
[16] Jin, E., Sutherland, J.W. An integrated sustainability model for a bioenergy system: Forest residues for electricity generation [J] . Biomass and Bioenergy, 2018(119): 10–21.
[17] Sagani, A., Hagidimitriou, M., Dedoussis, V. Perennial tree pruning biomass waste exploitation for electricity generation: The perspective of Greece [J] . Sustainable Energy Technologies and Assessments, 2019(31): 77–85.
[18] Biomass Co–fring Technology Brief. IEA–ETSAP and IRENA Technology Brief E21. 2013.
[19] Chiodo, V., Zafarana, G., Maisano, S., Freni, S., Galvagno, A., Urbani, F. Molten carbonate fuel cell system fed with biofuels for electricity production [J] . International Journal of Hydrogen Energy, 2016, 41(41): 18815–18821.
[20] Nazari, S., Shahhoseini, O., Sohrabi–Kashani, A., Davari, S., Sahabi, H., Rezaeian, A. SO2 pollution of heavy oil–fred steam power plants in Iran [J] . Energy Policy, 2012, (43): 456–465.
[21] Park, J.–K., Park, S., Kim, M., Ryu, C., Baek, S.H., Kim, Y.J., Kim, H.H., Park, H.Y. CFD analysis of combustion characteristics for fuel switching to bioliquid in oil–fred power plant [J] . Fuel, 2015(159): 324–333.
[22] Kharbach, M., Chfadi, T. Oil prices and electricity production in Morocco [J] . Energy Strategy Reviews, 2018(22): 320–324.
[23] Wu, T.Y.–W., Rai, V. Quantifying diversity of electricity generation in the U.S [J] . The Electricity Journal, 2017, 30(7): 55–66.
[24] Sustainable Energy Handbook. Simplifed Financial Models. Module 6.1, 2016.

第 7 章　核能发电 ①

瓦莱丽·福顿 ②

政府间气候变化专门委员会（IPCC）认为，核能与可再生能源和带有碳捕集和封存（CCS）的化石能源一样是一种低碳能源。至今核电已经在 30 多个国家得到应用，并且可以大规模部署。公众对核电的看法因国家而异，对能源政策产生很大影响，一些国家如英国，正在发展核电以实现其气候目标并确保供应安全，而其他国家如德国，已决定逐步淘汰核电。

在 2019 年的一次会议上，IPCC 主席指出，“核电有相当大的潜力，也有相当大的不确定性”（Lee，2019）。他补充说，除了公众舆论，未来几年核电的真正挑战是“在成本上与其他非化石能源技术竞争，并实现比过去更快的部署”。他对核电界的代表们说，“我祝愿你们成功应对这些挑战，因为应对气候变化需要所有得到帮助”。

本章讨论了核电的经济性，涵盖了核能的基本要素，并回顾了现有项目和新建项目长期运营的成本驱动因素，然后回顾了与核电可以为整个电力系统和放松管制的电力市场中批发价格形成带来价值相关的最新研究。

1　提示：低碳情景中核能作用总结

当今，核电为全球低碳电力供应作出了重大贡献。

（1）截至 2020 年，世界上约有 450 个核反应堆在运行（IAEA），总容量超过 400 吉瓦。核能发电占全世界总发电量的 10% 以上（OECD–IEA，2019），在欧盟占 25%。

（2）核电自 1970 年以来已经避免了超过 600 亿吨的二氧化碳排放（OECD–IEA，2019），相当于电力部门 5 年的二氧化碳排放规模。核能是世界上仅次于水电的第二大低碳能源来源，也是 OECD 国家的第一大低碳能源来源。

国际机构已经指出，到 2050 年实现碳中和需要包括核能在内的所有低碳技术。

根据 IPCC，“减少与能源有关二氧化碳排放的战略是强有力的和众所周知的，包括积极提高能效、增加电气化以及电力供应的去碳化”（Lee，2019）。《IPCC 全球升温 1.5℃特别报告》报告在其“决策者摘要”中描述了四种“1.5℃”的轨迹，设想 2050

---

① 本章基于作者与法国核能协会（SFEN）和 OECD–NEA 的同事近期所做的大量工作，并特别感谢 Michel Berthélémy。

② 瓦莱丽·福顿（Valerie Faudon），欧洲核学会（European Nuclear Society），法国核能协会（SFEN），巴黎政治大学国际事务学院；电子邮箱：valerie.faudon@sfen.org。

年核能发电量较现在高出2~6倍。

（3）根据国际能源署的预测，为了实现气候目标，清洁电力的扩张需要比目前快3倍（经合组织—国际能源署，2019）。随着对效率和可再生能源的大规模投资，到2040年，全球能源发电量应增加80%。

（4）欧盟委员会的最新参考方案确认，核电和可再生能源的结合将是2050年碳中和能源组合的基础（欧盟委员会，2018）。届时，核电将占总量的18%左右。

2　核能经济性的基本要素

2.1　生产成本

与其他能源一样，核电项目成本一般包括三个不同的部分：

（1）资本成本（CAPEX）。该成本对新建电厂的LCOE产生很大影响，因为包括建设电厂的初始投资。核能，像风能和太阳能一样，是一个高度资本密集型的产业。在最初的折旧期之后，CAPEX比例会下降，特别是在核电站长期运行的情况下。

（2）运营成本（OPEX）。该包括燃料成本和运行维护（O&M）成本。燃料成本的比例对于化石能源和生物质发电项来说通常是很高的，而对于风能和太阳能来说接近于零，对于核电来说是很低的，估计铀燃料平均占总核电成本的5%。因此与化石能源电厂相比，核电厂受燃料价格波动的影响较小，燃料成本上涨50%只会导致总发电成本增加5%（法国审计法院，2014）。

（3）外部成本。与煤炭或天然气发电厂相比，核电是一种低碳技术，几乎不产生空气污染。此外，由于它是高度管制行业，所以必须包括为电厂退役以及管理和处理使用过的燃料和废物提供资金。另外，外部成本可能包括处理严重事故的费用，这些费用超出了保险限额，在实践中，这种类型的风险（潜在成本高概率非常低）由政府承担。

2.2　核电站收入

发电成本是电力零售价格的三个组成部分之一，另外还有输电和配电基础设施的成本以及税费。

在所谓的监管市场中，发电收入是在公用事业管理部门的监督下，通过监管程序确定的。在“放松管制”的市场中，所生产的电力在批发市场上进行交易，价格是根据“优胜劣汰”（经济优先）的逻辑即时确定的，由于电力不能大规模储存，为满足特定的需求水平，各种发电装置根据其边际成本顺序而被调用。

正如我们所看到的，核电站的燃料成本低，因此边际成本也低，通常被排在“第二位”，在水力、风力和太阳能燃料成本为零的机组之后，在煤和天然气发电厂之前。电力批发价格将决定核电站的收入，将由边际电站（通常是火电厂）的可变成本来决定。

3 核电长期运营的经济性

在发达经济体中，目前正在运行的大多数核电站都是在1990年之前建造的，平均已运行时间为35年（OECD–IEA，2019）。大多数现有核电站的初始设计寿命为40年，但工程评估已经确定，它们可以运行更长的时间（在美国为60年甚至80年）。这些国家支持低碳发电能力建设的最快和最便宜的方法之一是进行“长期运行”（Long–term Operation）计划（见图7.1）。

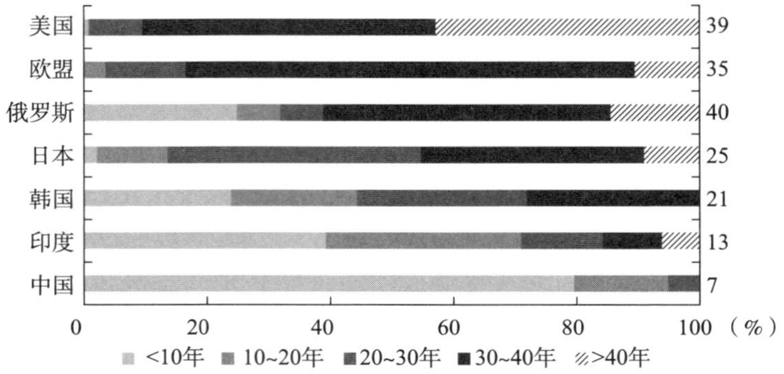

图7.1 部分国家/地区的核电装机容量与运行时间分布

资料来源：OECD–IEA（2019）。

在过去的几年里，许多老旧核电站的运营商一直在投资此类项目，并在某些情况下同时增加产能（所谓的升级改造）。在美国，目前有95个核反应堆在运行（IAEA n.d.），占全国总发电量的20%，约占美国低碳发电量的50%。大约88个已经更新了一次运行许可证，将其运行期限从40年延长到60年（Patel，2019）。然而，由于其中大多数20年延期将在2029年之前到期，预计许多电站将寻求第二次更新其许可证并再延长20年的期限。2019年12月，美国核管理委员会（NRC）首次颁发延期许可证，授权佛罗里达州的2个机组的核反应堆运行超过60年，最长可达80年[①]。

3.1 核电站长期运营的成本驱动因素

成本估算受到反应堆类型、电厂情况和监管要求的影响（IAEA，2018）。大部分费用与电厂整修有关，特别是更换主要部件以减轻老化或损坏，也要为满足国家许可要求的变化而进行安全改进，例如，从运行经验中吸取的教训、行业实践的变化和运行的经验反馈，或从事故（如福岛大地震）中吸取的教训。许多新的系统配置在电厂调试时没有考虑到，后期可能会增加。在某些情况下，整修和安全改进将伴随着功率的提高，这包括新的许可费用、燃料循环的调整和一些其他部件的更换。

① 佛罗里达电力公司Turkey Point核电站的3号和4号机组。

3.2　核电站长期运营的竞争力

根据 OECD–IEA（2019），延长核电站期限是“到 2040 年提供低碳电力来源的最具成本效益的方式之一”。延长轻水堆核电站运行寿命的 CAPEX 一般从每吉瓦 5 亿美元到 11 亿美元不等，延长时间为 10~20 年。长期运营核电项目的 LCOE 通常落在每兆瓦时 40~60 美元的范围①。如果考虑到核电作为可调度、高利用率（在过去 20 年中，核电的平均容量系数一直在 78%~83% 之间）、低碳电力来源的全部价值，核电站延期的竞争力就更强了（第 4 节将详细阐述）。在图 7.2 中，“价值调整后的 LCOE（VALCOE）”是 IEA 的一个新指标，将一项技术的成本与其他技术价值的估计结合起来。

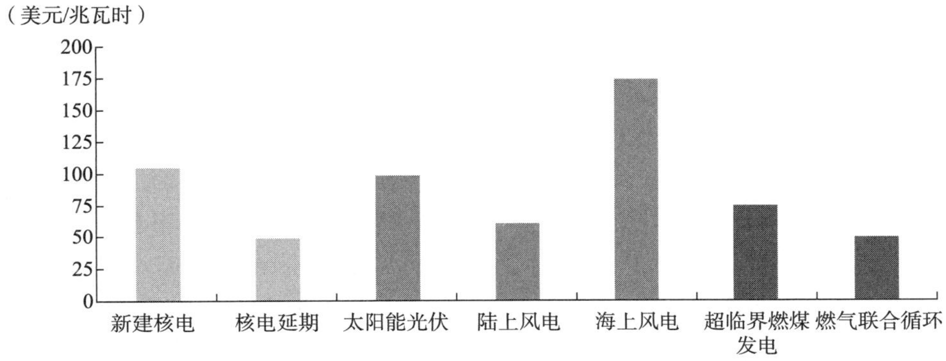

图 7.2　2018 年美国各技术的 LCOE

资料来源：国际能源署，美国按技术划分的 LCOE；https://www.iea.org/data-and-statistics/charts/lco-by-technology-in-theunited-states—2018。

4　新建核电项目的经济性

全世界在建的核反应堆数量为 54 个（OECD–IEA，2019），其中大部分在亚洲，还有一些在欧洲和美洲。

4.1　近期项目中与延期和成本超支有关的挑战

在过去的 10 年里，正如 OECD 核能署（OECD–NEA）总干事威廉·麦格伍德（William Magwood）所提到的，“一些 OECD 国家核电项目的重大成本超支和延期已经对其竞争力构成挑战，并正在提高未来项目的风险认知”（OECD–NEA，2020）。随着该行业从“第二代”反应堆过渡到“第三代”反应堆，其安全水平有所提高，但建造起来更加复杂，全球大多数“全球首堆”（FOAK）项目与最初计划相比都出现了重大延期，如表 7.1 所示。

① 基于 5 亿 ~11 亿美元的投资和 10~20 年的延期，假设加权平均资本成本为 8%。

表 7.1 最新 FOAK 三代 / 三代 + 一代项目的建设投资

核电技术类型	国家	核电站机组	建设开始年份	最初公布的建设时间（年）	实际建设时间（年）	功率（兆瓦）	最初预算（美元 / 千瓦）	最终投资（美元 / 千瓦）
AP 1000	中国	三门 1，2	2009	5	9	2×1000	2044	3154
	美国	Vogtle 3，4	2013	4	8/9	2×1117	4300	8600
APR 1400	韩国	Shin Kori3，4	2012	5	8/10	2×1340	1828	2410
EPR	芬兰	Olkiluoto 3	2005	5	16	1×1630	2020	>5723
	法国	Flamanville 3	2007	5	15	1×1600	1886	8620
	中国	台山 1，2	2009	4，5	9	1×1660	1960	3222
VVER 1200	俄罗斯	Novovoronezh II–1 & 2	2008	4	8/10	2×1114	2244	无数据

资料来源：作者对 NEA 资料的整理。

这种情况在大型复杂的基础设施项目中很常见，特别是 FOAK 项目的交付，在经济文献中也有详细记载。一个典型案例是英吉利海峡隧道的建设，其预算在完工时总投资较最初预算翻了一番。许多研究（麦肯锡，2013；Merrow et al.，1981；Yemm et al.，2012）也强调了这些项目上游的“乐观主义偏差（Optimism Bias）”，以及后续项目的“快速学习（Rapid Learning）”效应。

根据国家的情况不同核电项目的推迟分为两类：一方面，有些国家一直在以持续的方式建造新的反应堆，因为这些国家仍在建造其初始集群，如中国，或者是因为这些国家已经开始更新其机组的一部分，如俄罗斯。俄罗斯投入使用了第一个第三代反应堆，而第一个启用欧洲压水堆（EPR）的是中国，这是很有代表性的。另一方面，有些国家（如法国、芬兰、美国）已经停止建造新反应堆长达 10~15 年，这些国家不仅要面对与 FOAK 相关的挑战，而且还必须使其技能和供应链重新达到建造核反应堆的标准。

4.2 新建核电项目的成本驱动因素

与可再生能源项目（风能、光伏和水力）相似，核电成本在很大程度上被建设阶段的 CAPEX 所支配。在平均情况下，估计 CAPEX 将占总成本的 2/3 左右（见图 7.3）。超过一半的 CAPEX 是建设成本。此外，核电项目的现金流结构要求预先调动大量资金。施工准备时间和成本以及资金成本，决定了一个电厂的经济性表现。一旦电厂建成，其运行和维护以及燃料成本是较低且可预测的。

在评估一个新的核电项目的成本时，折现率（取决于借款人是政府还是私营部门）对 LCOE 产生很大的影响。OECD–NEA（2015）的敏感性分析表明，如果采用 7% 的折现率，平均建厂成本将达到 45 欧元 / 兆瓦时，但如果采用 3% 的折现率，则只有 20 欧元 / 兆瓦时。

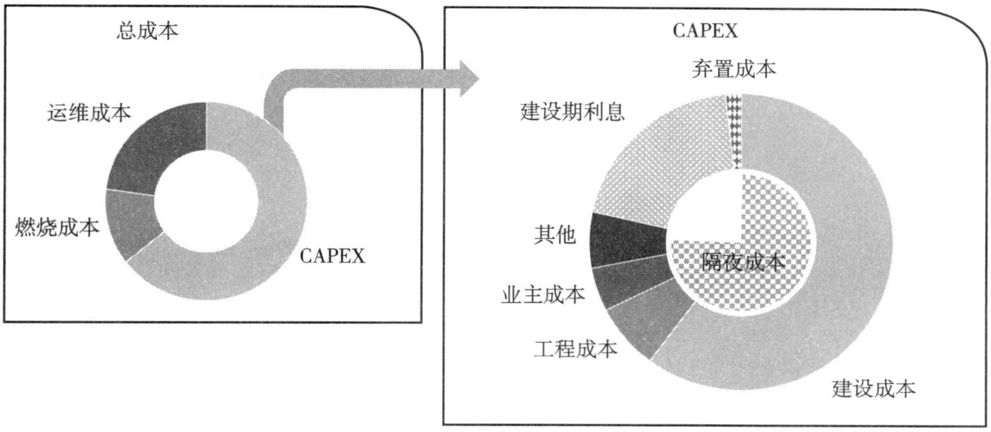

图 7.3　总成本与 CAPEX

资料来源：OECD，SFEN。

4.3　降低新建核电项目成本的潜力

近年来，一些报告和研究（OECD–NEA，2020；SFEN，2018）已经梳理了项目获得的经验教训，以及降低成本的驱动因素，以减少新核电项目的建设和资本成本。本小节将借鉴以上研究。

从 FOAK 项目中吸取的最重要的教训是，详细的设计必须在施工开始前完成，以便将设计规格转化为每个施工阶段的详细供应链要求和计划。例如，在芬兰的压水堆（ERP）建设中，对核能复兴的预期和从先发优势中获益的动机使法马通·西门子以未完成的设计投标，导致需要进行许多调整，鉴于项目的复杂性，这些调整是造成延误和成本超支的主要原因。相反，台山 EPR 的建设受益于从 Flamanville 学到的设计能力和第一手的经验教训，根据 Folz（2019）报告，虽然法国 Flamanville3 号机组的最终成本估计为 124 亿欧元，但台山的两个 EPR 的总成本估计仅为 123 亿欧元，即每台约 60 亿欧元。

除了这一教训，最近的研究还发现了许多降低核电成本和风险的驱动因素，如图 7.4 所示。

在 FOAK 阶段，电厂设计和有效的项目管理之间的相互作用带来了一系列降低成本的机会，一个关键的例子是在设计过程的早期参与供应链，以整合所有必要的施工要求。在 FOAK 之后，持续的改进和创新可以产生更多的机会，一个例子是预期将“系统工程”和“项目运行期管理”方法引入核工业，这些方法已经在航空领域成功实施，并允许参与特定项目的所有参与者从设计到施工共享数据。

从长远来看，就像任何其他类型的项目、产品或服务一样，降低建设成本的主要动力是系列效应。当达到适当的设计成熟度时，设计配置应被固定并尽可能系统地复制。我们首先可以看到计划效应（研究、鉴定和测试工作由几个单位共同承担）和供应链中的生产力效应：由于从有保证的订单中获得的可见性，供应商可以计划和优化

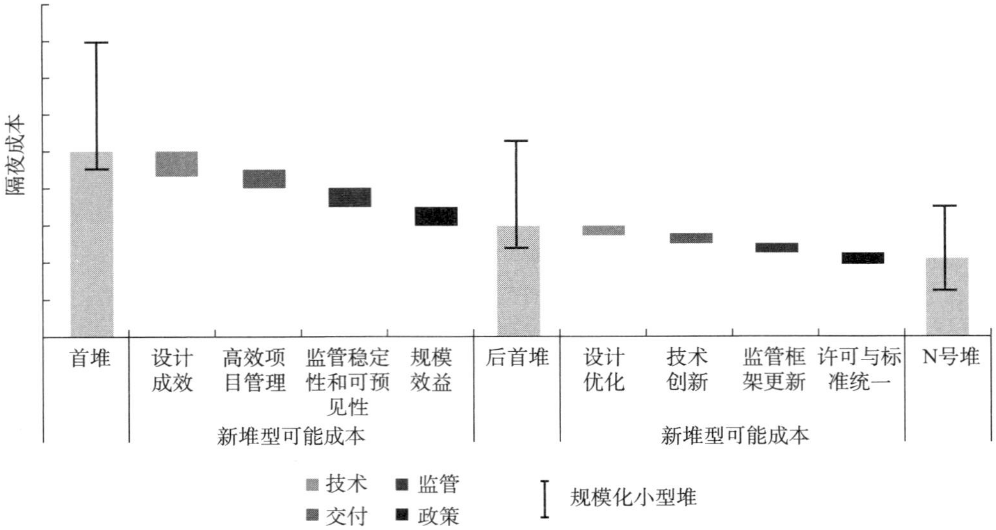

图 7.4 降低核电成本和风险的驱动因素

资料来源：作者根据 OECD–NEA（2020）整理。

资源和生产工具。20 世纪 80 年代法国核电集群建设的反馈表明，通过成对建造反应堆可以达到最大的系列效应（单个场址上的一对反应堆可减少 15% 的成本），至少三个反应堆的系列可减少 30% 的成本（Cour des Comptes，2014；SFEN，2018）。最近阿拉伯联合酋长国的 Barakah 4 项目，其 1 号堆在 2020 年 7 月实现了首次临界，据说在 2 号堆和 4 号堆之间实现了超过 50% 的成本降低（Gogan，2019）。可能是从这些结论中得到启示，印度最近确认建造总共 16 个相同的 700 兆瓦反应堆（IANS，2020），在第一批机组建成后，将在 2031 年前逐步完成机组的"集群设置模式"。

最后，我们已经看到 LCOE 对折现率很敏感。在英国欣克利角 C 项目的案例中，英国国家审计署（NAO）表明，通过在各利益相关者之间更好地分配风险，有可能大大节省财务成本（NAO，2017）。例如，如果所需的税后资本回报率从 9%（接近法国电力集团（EDF）为该项目设定的基准收益率）下降到 6%（考虑到该项目作为公共基础设施的相关投资框架），这将导致消费者的单位千瓦时成本减少 1/3。必须进行进一步研究，以确定最佳的项目商务模式，并允许在不同的参与者之间分配风险。2019 年，英国政府就所谓的受监管的资产基础（Regulated Asset Base，RAB）融资模式发起征询，该模式也用于如能源网络等其他形式的基础设施。这一举措将降低该计划的资本成本，因为在电厂建成之前，消费者的能源账单中将增加一项附加费（FT，2020）。然而，一些人建议政府直接资助，因为这是一个更合理和有效的解决方案（Ford，2020）。EDF 首席执行官宣称，通过利用所有的成本驱动因素，DEF 在未来法国核电项目的成本目标应该在 50~70 欧元 / 兆瓦时，远远低于最近宣布的 Flamanville3 号机组预计的 110~120 欧元 / 兆瓦时（Cour des Comptes，2020）。

4.4 颠覆性创新案例：小型模块化反应堆（SMR）

第三代大型项目的延期和成本超支，增加了对设计更简单、颠覆性概念的小型机组兴趣。小型模块化反应堆（SMR）被定义为300兆瓦容量或更小的反应堆。单个反应堆不需要大量的前期CAPEX，并将被设计为可以连续施工。事实上，SMR有可能在一个场外专用设施中制造，以提高施工质量和效率水平，然后在现场独立安装或逐个模块组装，形成一个大型核电项目。

除了传统的基荷发电外，SMR能够应对新的市场和应用，其小尺寸和被动安全特性更适合电网较小和核电经验较少的国家。在国土面积较大的国家，SMR可以为岛屿（如印度尼西亚）、异地（矿区）和偏远地区（加拿大北部或西伯利亚）供电。在美国，SMR可以瞄准棕地项目，以取代退役的煤厂。SMR也可以被用作储能的替代物，在具有高渗透率可变可再生能源的电网上进行负荷跟踪，产生热量并使区域系统脱碳（中国或芬兰）或进行海水淡化（沙特阿拉伯），或提供低碳工业热量并使复杂的工业流程脱碳。

世界范围内正在进行几个具有不同规模和设计的SMR项目，最先进的可能是美国的Nuscale项目。该项目由美国能源部支持，已经获得了几个许可，目前正在为其在爱达荷州的FOAK项目做准备。

为了使SMR在21世纪30年代初成为一个可靠的选择，必须在21世纪20年代开发出成功的原型以证明其好处。特别是，需要实现有关系列效应以及简化和标准化的雄心，并平衡一些规模不经济因素，例如安全系统方面的问题。进入全球市场是促进系列生产经济的必要条件，但这只有在产业监管和协调的前提才有可能。

5 关于核能在未来低碳组合中价值的新看法

面对不断变化的需求和不确定性，为了保持电力供应和需求的持续平衡，传统的电力系统依赖于可调度的发电，如火力发电厂和水力发电在某些情况下提供了很大的灵活性，因为它们可以在短时间内提升或降低功率。

根据所有的低碳情景，未来的系统将需要整合越来越多的间歇性发电容量——主要是风能和太阳能，以满足气候目标。与此同时，需要关闭传统可调度的煤炭和天然气电厂，以实现电力部门的净零排放。这是一个真正的范式转变，将对电力系统的管理方式和成本产生重大影响。

5.1 超越发电成本的“系统成本”概念

当间歇性可再生能源（风能和太阳能光伏）的份额较低时，电力系统可以很容易地吸收波动性。然而，随着份额的增加，间歇性可再生能源的引入将需要额外的备用（如储能）和调节能力（如需求灵活性），以保证电力质量和供需平衡，还将涉及电力网络的强化。在比较不同技术发电成本时，这些影响导致了电力系统需要整合的额外成本。OECD–NEA 最近的一项研究（2019）表明，当间歇性可再生能源在电力组合中的份额从 10%增加到 75%时，系统成本（system costs）将从 7 欧元 / 兆瓦时提高到近 45 欧元 / 兆瓦时。

在这种新的模式下，不可能在不考虑其运行系统特点的情况下研究每种发电方式的竞争力问题，必须考虑电力系统内的相互影响（不可调度的电力来源的份额、储存设施的限制和其他灵活性电力来源）和电力市场的结构。新的核电，是一种低碳能源，可以 24 小时控制，并提供很大的灵活性（可能的变化是 5% 的额定值）。但就其为电力系统提供的服务而言，必须与其他可控电源（如水电）或配备碳捕集和封存的化石能源电源（煤炭、天然气）进行比较。

5.2 麻省理工学院研究表明，最低成本的碳中性投资组合包括一定份额的核电

麻省理工学院最近的一项研究（2018）详细探讨了施加碳约束如何影响世界不同地区（美国、英国、中国）的最佳发电组合。如果碳约束不是一个决定性因素，那么化石能源无论是煤炭还是天然气，通常都是成本较低的发电选择。在适度的碳排放限制下，可再生能源发电通常提供了一个较低的成本选择。然而，随着世界寻求更深层次的电力部门减碳，可再生能源的增量成本急剧增加。

该研究得出的结论是，最低成本的投资组合包括一个相当大的核电份额，其规模随着核电成本的下降而明显增长。深度脱碳，即电力部门的排放目标远低于 50 克二氧化碳千瓦时的低碳解决方案的组合中包括核电，有助于最大限度地减少系统成本的上升，这使得实现严格的排放目标更加现实（相比之下，目前全世界电力部门的排放强度平均约 500 克二氧化碳 / 千瓦时）。降低核技术的成本有助于降低实现更温和去碳化强度目标（如 100 克二氧化碳 / 千瓦时的排放目标）的成本。

5.3 争取实现电力市场监管的重大变革

一些研究（OECD–NEA，2019；SFEN，2020）表明，作为间歇性可再生能源，在电力组合中份额增加的结果是电价的波动性将大大增加。太阳能和风能发电量非常高的时期（价格非常低，有时是负值）与发电量非常低的时期（价格非常高）交替，因此，研究得出的结论是，随着太阳能光伏电站和风电站部署增加，间歇性资源对系统的价值下降，这对它们仅基于单一能源市场进行融资产生重要影响。

在这种环境下，法国核能协会（SFEN）最近的一项研究表明，在低碳组合中，核电在稳定电价方面发挥着重要作用；由于其边际成本不是零，且可调度，能够跟随负荷支持与太阳能和风能的融合。它还为网络提供频率响应服务，并长期运行（至少 60 年）。

一般来说，由于大多数发电技术将不得不依靠有限的高市场价格时期来收回其投资，这使投资者更加难以预测其投资的未来收入，因此需要改变电力市场的监管规则。

6 结论

在2019年的报告中，OECD-IEA针对那些打算保留核电选择的国家提出了几项主要建议：第一，保持核电选项的开放性，并在安全允许的情况下授权延长现有核电站的运行期限。第二，重视可调度性，在设计电力市场时，适当重视维护电力安全所需的系统服务，包括容量备用和调频服务。总的来说，该机构建议重视非市场效益并给予相应的回报。

参考文献

[1] Cour des Comptes(2014).Le coût de production de l'énergie nucléaire, actualisation 2014, Paris, mai. https: //www.ccomptes.fr/sites/default/files/EzPublish/20140527_rapport_cout_production_electricite_nucleaire.pdf.

[2] Cour des Comptes(2020).La filière EPR, Paris, Juillet. https: //www.ccomptes.fr/fr/publications/la-filiere-epr.

[3] European Commission(2018). The Commission calls for a climate neutral Europe by 2050, November 28. https: //ec.europa.eu/clima/news/commission-calls-climate-neutral-europe-2050_en.

[4] Folz, J.-M.(2019).La construction de l'EPR de Flamanville—Rapport au President Directeur Général d'EDF. https: //www.vie-publique.fr/sites/default/files/rap-port/pdf/271429.pdf.

[5] Ford, J.(2020).Britain needs new nuclear, and the government should fund it, Financial Times June 1.

[6] FT(2020).Cost of new Sizewell C nuclear plant put at £20bn, June 26.

[7] Gogan, K.(2019).The potential for nuclear cost reduction, presentation at IAEA Atoms 4 Climate Conference, Vienna, 7-11 October.

[8] IAEA(2018).Economic Assessment of the Long-Term Operation of Nuclear Power Plants: Approaches and Experience, IAEA Nuclear Energy Series NP-T-3.25. https: //www.iaea.org/publications/11162/economic-assessment-of-the-long-term-operation-of-nuclear-power-plants-approaches-and-experience.

[9] Lee, H.(2019).speech at IAEA's International Conference on Climate Change and the Role of Nuclear Power; video available at http: //streaming.iaea.org/21230; tran-script available at https: //ideesrecuessurlenergie.wordpress.com/2019/10/19/hoesung-leespeech-ipcc-president-from-the-iaea-conference/.

[10] IAEA(n.d.).Power Reactor Information System(PRIS). https: //pris.iaea.org/PRIS/home.aspx.

[11] IANS(2020).Four More Nuclear Power Units with Total Capacity of 3400 MW to Be Built In Haryana, Tamil Nadu. Swarajya magazine July 29. https: //swarajya-mag.com/news-brief/four-more-nuclear-power-units-with-total-capacity-of-3400-mw-to-be-built-in-haryana-tamil-nadu.

[12] McKinsey and Co.(2013).A risk-management approach to a successful infrastructure project, Working Paper on Risks n° 52. https: //www.mckinsey.com/industries/capital-projects-and-infrastructure/our-insights/a-risk-management-approach-to-a-successful-infrastructure-

project.
[13] Merrow, E. M. et al.(1981).Understanding Cost Growth and Performance Shortfalls in Pioneer Process Plants, Santa Monica, CA: Rand Corporation.
[14] MIT(2018).The Future of Nuclear Energy in a Carbon Constrained World. https: //energy.mit.edu/wp–content/uploads/2018/09/The–Future–of–Nuclear–Energy–in–a–Carbon–Constrained–World.pdf.
[15] NAO(2017).Hinkley Point C—Report by the Comptroller and Auditor General. https: //www.nao.org.uk/wp–content/uploads/2017/06/Hinkley–Point–C.pdf.
[16] OECD–IEA(2019).Nuclear Power in a Clean Energy System May 2019. https: //www.iea.org/reports/nuclear–power–in–a–clean–energy–system.
[17] OECD–NEA(2015).Projected Costs of Generating Electricity. https: //www.oecd–nea. org/ndd/pubs/2015/7057–proj–costs–electricity—2015.pdf.
[18] OECD–NEA(2019).The Cost of Decarbonization: Systems Costs with High Shares of Nuclear and Renewables. https: //www.oecd–nea.org/ndd/pubs/2019/7299–system–costs.pdf.
[19] OECD–NEA(2020).Unlocking reductions in the construction costs of nuclear. http: //www.oecd–nea.org/ndd/pubs/2020/7530–reducing–cost–nuclear–construction.pdf.
[20] Patel, S.(2019).NRC Issues First Subsequent License Renewals, Extends Nuclear Reactor Life to 80 Years, Power Magazine December 11, https: //www.pow–ermag.com/nrc–issues–first–subsequent–license–renewals–extends–nuclear–reactor–life–to–80–years/.
[21] SFEN(2018).Les coûts de production du nouveau nucléaire français. https: //new.sfen. org/note–technique/les–couts–de–production–du–nouveau–nucleaire–francais/.
[22] SFEN–CL(2020).Peut–on prendre le risque de ne pas renouveler le parc nucléaire fran–çais? https: //new.sfen.org/note–technique/peut–on–prendre–le–risque–de–ne–pas–renouveler–le–parc–nucleaire–francais/.
[23] Yemm, R. et al.(2012).Pelamis: experience from concept to connection, Phil. Trans.

第 8 章　水力发电

艾克·布鲁姆·韦里[1]　马丁·埃弗茨[2]

1　简介

水电已经被人类使用了几个世纪，最早的文献可以追溯到中国的汉朝和古希腊，当时主要用于研磨谷物。在工业革命期间，水电成为纺纱机的动力来源。

19 世纪涡轮技术革新为现代水电的使用奠定了基础。1827 年，法国工程师富尔内隆（Benoît Fourneyron）发明了第一台水轮机，即涡轮机，大约 6 马力或 4.5 千瓦。其改良版的涡轮机传遍了欧洲和美国。而最常用的涡轮机是 1849 年由英裔美国工程师詹姆斯·弗朗西斯研制的弗朗西斯涡轮机。19 世纪 70 年代末机，美国发明家莱斯特·艾伦·佩尔顿发明了一种脉冲水轮机，即佩尔顿水轮机。

在 1878 年英国诺森伯兰郡首个装置点亮一盏弧光灯后，相应创新使得水力发电成为可能。首先是在欧洲和北美，出现很多水力发电站，到 19 世纪末 20 世纪初，全球其他地方也出现很多水电站。在 20 世纪，越来越多大型水电站被开发，一些电站的功能从发电扩展到防洪和灌溉。1936 年，在大萧条中期，胡佛大坝正式投产，装机容量为 1345 兆瓦。

如今，世界上最大发电站就是水力发电站，中国的三峡大坝装机容量为 22.5 吉瓦；巴西和巴拉圭边境的伊泰普大坝装机容量为 14 吉瓦。在全球范围内，2018 年水电发电量超过 4000 太瓦时，约占总发电量的 16.3%，装机容量超过 1000 吉瓦（IEA，2018）。在撰写本章时水力是迄今为止最重要的可再生能源来源，约占所有可再生能源发电的 67%（IEA，2018）。如表 8.1 所示，水电站分布在世界各地的所有气候区，但主要建在地形有利的地区。

表 8.1　全球水电装机容量的地区分布（2016 年）

地区	水电装机容量（吉瓦）	占比（%）
非洲	22.3	2.1
中东和北非	18.1	1.7

① 艾克·布鲁姆·韦里（Eike Blume-Werry），德国工业联合会。
② 马丁·埃弗茨（Martin Everts），瑞士卡姆奥地利金属公司（AMAG Group AG, ）。

续表

地区	水电装机容量（吉瓦）	占比（%）
拉丁美洲和加勒比海	140.4	13.2
北美	171.3	16.1
欧洲	259.6	24.4
中南亚	63.8	6.0
东亚	336.2	31.6
东南亚和太平洋地区	51.1	4.8
总计	1064	100

资料来源：世界能源委员会（World Energy Council，WEC）。

在发达国家，最好和最适宜的水力发电地点早已被开发，但在发展中国家，特别是非洲，水力发电的潜力仍然很大。在过去的几十年里，东亚地区的水力发电出现了大幅增长，主要是因为中国水力发电的增长，中国的装机容量和发电量都是世界最高的。总之，一个多世纪以来，水力发电一直是一种有竞争力的发电来源，但它需要符合一定的地理条件，这将在后文更详细地探讨。

水力发电可分为川流式水电、水力蓄能和抽水蓄能。以下章节将介绍这 3 种技术的特点。3 种类型的发电都遵循相同的原理，即用水来驱动一个或多个涡轮机。可以用以下公式计算水轮机的输出功率：

$$P=\eta\times\rho\times q\times g\times h$$

式中，P 为功率输出；η 为涡轮效率（一般在 0.8~0.95）；ρ 为密度（水约为 1000 千克 / 立方米）；q 为特定地点的水流量，单位为立方米 / 秒；g 为重力（9.81 米 / 秒^2）；h 代表水头，即下落高度，单位为米。

2 川流式水电站

川流式水电指的是水力发电厂利用河流的水流来发电，不需或仅需小规模储水设备，这种储水设备称为蓄水池。顺流而下的水量和河床的高度差决定能产生的电量。河床高度差越大，水量越大，可转化为电能的势能就越大。川流式发电站通常将河水引至运河或管道，再进入发电即所谓的水渠引导水流通过涡轮机发电。之后，水通过管道或运河顺流而下。

由于川流式发电站不把水储存在水库中，因此其可扩展性和灵活性受到一定的限制，容量从只有几千瓦的微型装置到几百兆瓦的大型电站。一般来说，装机容量为 100 千瓦至 1 兆瓦的电站被归类为微型电站，装机容量小于 10 兆瓦（或 50 兆瓦，取决于国家）的电站被归类为中型电站，装机容量大于 10 兆瓦（或 50 兆瓦）的电站被归类为大型电站。一般而言，装机容量在 10～1000 兆瓦的大型电站在全球装机容量和发电量中占主导地位。

由于缺乏储水设施，川流式发电站依赖于河流的流量，而河流流量随时间变化呈现很大的波动。例如，高山河流边的电站在春夏积雪融化后的几个月里发电量相当大（见图 8.1）。在世界其他地区，淡水、季风季节或厄尔尼诺等天气现象会在一些月份引起类似的波动。因此，川流式发电站是一种有间歇性的发电技术，只有部分可调度，不能总是根据需求调整发电量。

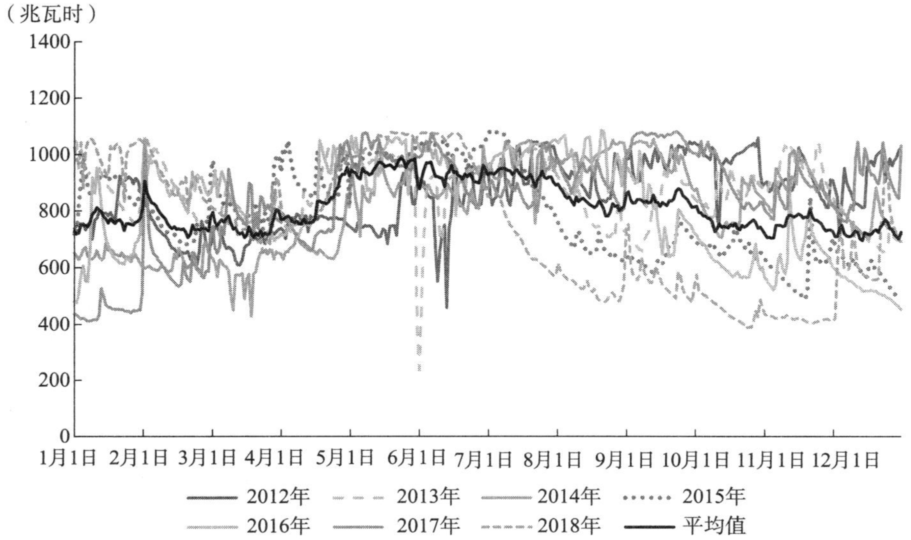

图 8.1　瑞士川流式发电站月均发电情况

资料来源：作者对 Axpo Holding AG 数据的整理。

由于川流式发电站不需要大型水坝来储存水，因此建设更简单，并且避免了大坝建设相关的问题（见下一节）。

任何水电站都应单独考虑其位置、类型和规模对环境的影响。一般来说，由于不需要修建大坝和淹没陆地，川流式发电站对人类和水生生物环境的影响比水坝或抽水蓄能电站要小。然而，川流式发电站仍然会对河流生态系统产生负面影响（通常较弱），对鱼类，特别是洄游鱼类来说是一个物理屏障，涡轮的设计和运行对鱼类来说往往是致命或较为致命的[①]。近几十年来，涡轮设计和绕道选择（如鱼梯）已有改进，但立法要求因国家或司法管辖区不同而存在很大差异。

川流式发电站的使用寿命很长。一些关键设备，如涡轮机，使用寿命大约 25 年，但发电站的寿命通常在 80 年左右。由于合适的地点有限，目前水力发电仍然是一种经济的可再生能源选择，接近使用寿命的发电站通常会进行现代化改造，而非拆除。一些古老的水电站，尤其是在欧洲，已被列入文化遗产名录。

---

① Anderson 等（2015）详细分析了水力发电对河流生态条件的影响。

3 水力蓄能电站

水力蓄能电站通常使用水坝将水储存在水库中。蓄水池利用高海拔地区水的重力势能发挥蓄能作用。为了发电，闸门让水流进蓄水池，蓄水池又把水引向发电站的一个或多个涡轮机。然后，水向下游流入盆地和/或河流。从本质上讲，该原理和川流式发电站一样，关键区别在于它的水流是人为控制的。这意味着储存的水力是一种可调度的能源，不像河流的水力。运营商可以在规定的监管限制范围内选择发电量和时间。

水力蓄能电站和水坝的规模和容量巨大，可以成为地球上最大的人工建筑物。例如，中国的三峡大坝是世界上最大的电站，装机容量为22500兆瓦。在发电量方面，只有位于巴西和巴拉圭边境的伊泰普大坝超过三峡大坝（与水文条件有关），21世纪10年代末的发电量纪录超过96太瓦时。除了那些大规模的水电站，还有只有几兆瓦规模相对较小的水电站。然而，微型水力蓄能电站通常不归为此类，而归为川流式发电站。

水力蓄能电站的运行属性有很大不同。有些，如上文提到的两个，是保障基本供电，具有相对较高的容量。另一些是峰值负荷电站，容量低得多，只在需求高或价格高的时候运行。水库的大小、进入水库的水量和水轮机容量是决定水力蓄能电站运行的因素。根据选址地点的不同，法律规定的最小水流量和水库水位等其他因素也起一定作用。

在开放的欧洲电力市场上，大多数水力蓄能电站都是峰值负荷电站。在春季和夏季，随着积雪融化，水库会被填满。需求高峰和随之而来的高价格通常发生在欧洲的冬季，因此发电站的运营商在冬季排放大部分的水（见图8.2）。考虑到每次储存的水只能排放一次，排放即出售储存的水力，反映了对更高价格上涨的押注。在上游水库中，一定数量的水等于产生一个单位电力的看涨期权。放水的机会成本等于未来电力的预期价值。水电站运营商运用现代期权定价理论优化电站调度。简而言之，运营商试图在水库可用水量有限的情况下，在一年中最高价格时段提供服务。与其他在单一能源市场上以边际成本投标的发电商不同，水力发电的调度不是以边际成本为基础的。相反，运营商使用影子价格——反映额外替代（火力）发电站的边际成本——在市场上投标。

水力蓄能电站的建设需要一定的地理和地质条件。它们通常位于河流海拔急剧下降的山区，地形有利于在水库蓄水。水电站的水库往往覆盖了大片以前干燥的土地。因此，大坝和水库的建设对河流生态系统和周边地区有着深远的影响。水库不仅淹没了大片土地，将山谷变成湖泊，而且还改变了下游的河流生态系统。自然的季节性洪水不再发生，流速的改变导致生物多样性的丧失和沉积物的变化，因为大坝可能阻碍沉积物向下游流动。关于水库的温室气体排放（主要是甲烷）也存在持续的学术争论①，特别是在热带气候下，微生物会在厌氧条件下分解水中的有机物质。

① 关于水库温室气体排放的详细讨论参见Prairie等（2018）。

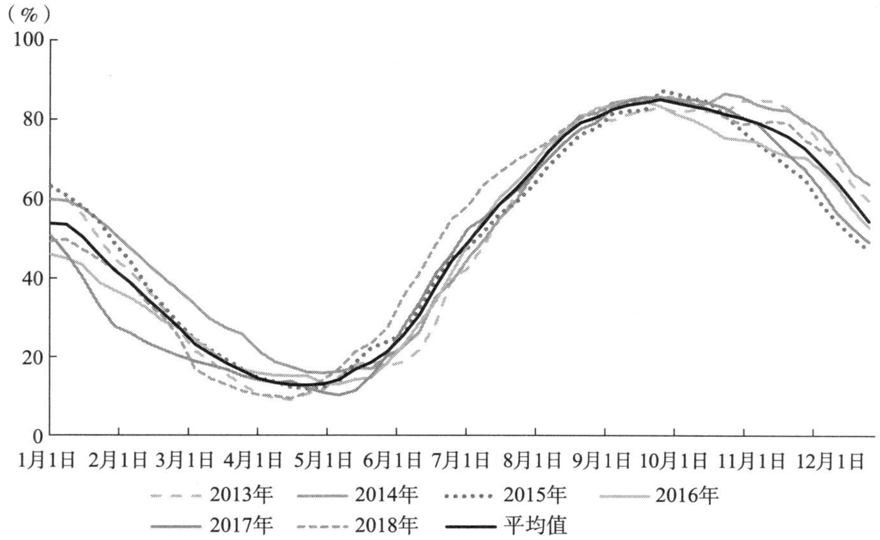

图 8.2　瑞士水力水库的周水位表明阿尔卑斯山水力蓄能电站的季节性使用情况

资料来源：作者对瑞士联邦能源办公室数据（2019）的整理。

需要注意的是，大型水坝和水库的建设不仅对自然环境产生影响，对生活在那里的人们也有影响。在世纪之交，一个在纳尔逊·曼德拉的赞助下研究有争议大坝问题的全球治理组织世界水坝委员会，提交了一份最终报告（World Commission on Dams，2000）。关键的动机是解决和防止与大坝建设、使用有关的人权冲突，特别是在发展中国家。最终报告特别强调，在许多情况下，下游社区和流离失所者为大坝的可观利益付出了社会和环境方面不可接受的代价，这些人数估计约有 4000 万 ~ 8000 万。

就像川流式电站一样，水力蓄能电站的运行期限很长，大约有 80 年。水力机械元件通常寿命较短，因此需要及时更换，而根据设计，大坝的结构的运行期限可以超过 80 年。考虑到大坝溃坝的灾难性后果，定期对大坝结构安全性进行评估是必不可少的。欧洲管理机构通常会授予运营商 25~75 年的特许经营权（Glachant et al.，2014）。拆除带有水库的水电站大坝是一项复杂而昂贵的任务。在欧洲，大多数接近使用寿命的大坝都进行了现代化改造，迄今为止只有相对较小的大坝被拆除。在北美地区，水电大坝的拆除更为重要，但也还没有拆除过发电量相当大的大坝。

4　抽水蓄能电站

抽水蓄能电站利用两个或多个不同海拔高度的蓄水池，以水的重力势能形式储存电能。在价格低的时候，水被抽到海拔较高的水库，在价格高的时候，水被排放出来发电。发电过程与水力蓄能电站相同，唯一的区别是排放的水被收集到海拔较低的水库中。

由于抽水过程消耗电力，抽水蓄能电站既消耗电力又生产电力。抽水蓄能是迄今为止

（电网规模）唯一经济上可行且成熟的储能形式，但近年来不同的电池技术取得了重大进展。抽水蓄能的往返效率（抽水和排放发电）通常在 70%～80%（Rehman et al.，2015）。

一般来说，抽水蓄能电站的蓄水池比其他水电站的蓄水池要小，因为其应用场景不同。许多水力蓄能电站是季节性蓄能单位，在春季和夏季填满水库，但抽水蓄能电站的首要作用是作为每日或每周的蓄能单位。然而，有的抽水蓄能电站的蓄水池相当大，还有传统的水力蓄能电站建有抽水装置和较低海拔的水库。规模经济适用于抽水蓄能电站，因此通常抽水蓄能电站规模较大，容量在 1000～1500 兆瓦。全球容量最大的抽水蓄能电站是美国巴斯县抽水蓄能电站，为 3003 兆瓦。截至 2018 年底，全球抽水蓄能装机容量约 160 吉瓦，占储能装机容量的 94% 以上（Henley，2019）。

水力蓄能电站的位置限制也适用于抽水蓄能电站，但抽水蓄能水库往往较小，因此，抽水蓄能电站通常位于山区，水库之间的高度差有几百米。100 多年前，世界上第一座抽水蓄能水电站在瑞士阿尔卑斯山脉建成。目前，中国、日本和美国是抽水蓄能装机容量最高的国家。

从经济上讲，抽水蓄能电站利用电力市场上的价差。在价格较低的时段（如夜间、周末或供应过剩的时段），将水抽入上部水库，在价格较高的时段，水被排放发电（见图 8.3）。在特定市场上，价格差越大，抽水蓄能发电站的盈利能力就越强。这种运营形式有助于平衡市场，特别是在间歇性可再生能源高渗透率的情况下，这将在下一节中更详细地探讨。

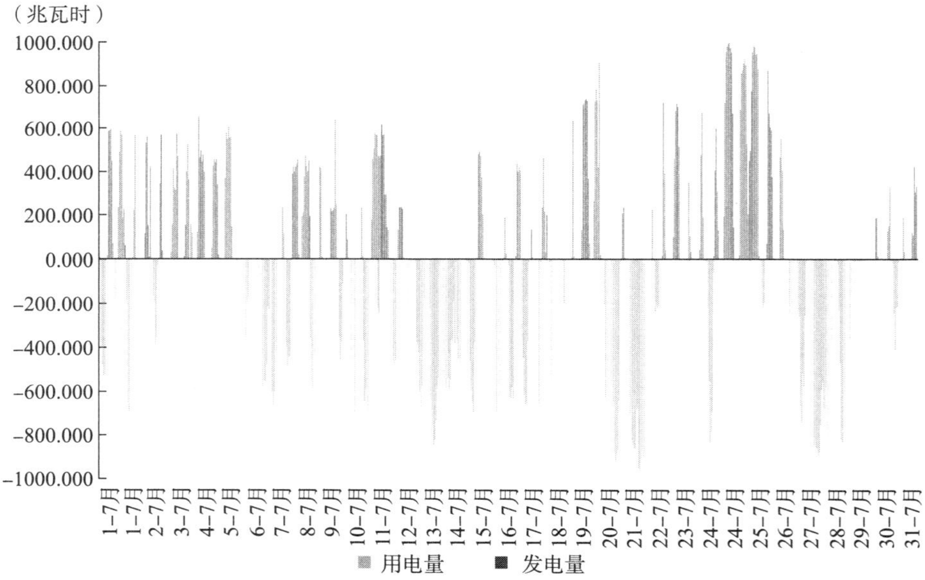

图 8.3 抽水蓄能水电站用电量和发电量情况

资料来源：作者对 Axpo Holding AG 数据的详细解读。

鉴于传统水力蓄能站和抽水蓄能电站的相似之处，传统水力蓄能站的环境问题也存在于抽水蓄能电站。此外，抽水蓄能电站因耗电量多于发电量受到批评（除非有相当大的自然流量)。这种批评忽略了一个事实，抽水蓄能电站在用电高峰时发电，而这些电力原本可以被可调度的化石能源发电资源所替代。事实上，抽水蓄能电站的运营商在电力市场的调度策略和投标中，使用了额外的传统化石能源发电站的影子价格。专家们几乎毫无异议地认为，间歇性可再生能源渗透率（非常）高的能源系统需要抽水蓄能和电池等储能解决方案，这突出了抽水蓄能水电站对脱碳电力系统的重要性。

5 水电在电力系统中的作用及其灵活性

一个多世纪以来，水力发电一直是一种经济上可行的发电技术。但水力发电在各国发电组合中发展缓慢，没有像其他可再生能源电力那样发生根本变化。在工业化国家，只要自然环境允许使用水力发电，就会部署水电站。现在，水力发电被认为是一种可再生且零排放的发电技术，这在水电开发的早期并不被认为是特别重要的。因此，水力发电在国家发电组合中的作用通常取决于这个国家是否适合发展水力发电。一些国家，如挪威、阿尔巴尼亚或巴拉圭，水电资源几乎满足了全部甚至超过了其国内电力需求。

水力发电是经济上可行且可持续的电力来源，但水力发电在发电组合中的占比更多取决于自然条件而非政策，需要有相当高的海拔下降的合适水道可用。因此，发达国家的水电潜力被大量开发，全球水电容量的增长不如其他可再生能源，如风电和光伏发电（PV）。中国水电容量增长占全球的大部分，在其电力结构中约占 19%（IEA，2018）。在美国，约 7% 的发电来自水力发电，而在欧盟（EU–28），这一比例约为 10%，但各成员国之间存在相当大的差异（Eurostat，2019；International Energy Agency，2018）。

如前所述，水力发电站可以用高容量来满足基本负荷的需求，也可以被设计为满足高峰需求、具有高容量和低容量、以及介于两者之间的一切容量。即使在一个国家，水力发电的份额很小，水力发电和抽水蓄能发电的灵活性对电网的稳定和平衡往往也至关重要。水力蓄能和抽水蓄能电站可以在几秒钟内对市场和电网需求作出反应。换句话说，灵活的电站有助于在供需突然变化时，通过调整输出功率来保持稳定。在一个去碳化的世界里，间歇性可再生能源越来越多地渗透到电网中，这种灵活性对于供应安全至关重要。抽水蓄能的灵活性体现在，不仅可以作为生产者在用电高峰提供电力，而且还可以作为消费者储存剩余电力，抽水蓄能在大多数情况下作为日度存储单元，传统水电站则作为季度存储单元。因此，抽水蓄能的应用场景与电网电池的应用场景不同，电网电池成本在过去几年中下降明显，但仅适用于较短的灵活性。除了电池之外，水力发电是目前最灵活的发电技术，它可以在不损失传统火力发电站在低负荷下的效率情况下降低负荷。因此，具有相当比例的柔性水力发电机组的电力系统可以更有效地耦合可再生能源发电。

6 水电成本和水电站融资

水电站的建设成本因地而异。大型和小型电站的单位装机容量和单位发电量的成本差异很大。然而，不仅是发电站的规模，法律 / 监管要求（例如鱼类通道）和地理位置（例如偏远山区）都是决定特定发电站成本的关键因素，并且可能每个地点都差异很大。无论如何，与其他发电技术相比，水力发电的典型特征是很高的 CAPEX。国际可再生能源机构（International Renewable Energy Agency，IRENA）将大型水电的建设成本范围设定为 1050~7650 美元 / 千瓦，而小型电厂的建设成本略高，因为不太可能从规模经济中获利（IRENA，2012）。

与高 CAPEX 相比，水电站的 opex 很低，因为其“燃料”，也就是水，通常是免费的，OPEX 主要来自机械设备的维护成本和运营电站的人工成本，因此整体 OPEX 非常低[①]。IRENA 将大型水电项目的年度运营和维护成本描述为每千瓦装机容量投资的 2%~2.5%，而小型水电项目的成本略高（IRENA，2012）。总的来说，在分析其全生命周期的成本后，水力发电可以说是一种非常经济的电力来源。在这种情况下，学者们提到了所谓的 LCOE，即发电的平均生命周期成本。IRENA 给出了大型水电站的 LCOE 范围为 0.02~0.19 美元 / 千瓦时（小规模水电站则接近 0.27 美元 / 千瓦时），假设资本成本为 10%。

相对较高的 CAPEX 加上水力发电站通常有相当长的寿命，使水力发电项目的投资难度较大。在 20 世纪上半叶的第一波水电浪潮中，许多水电站都是由国有企业或准垄断企业建造的。如今，大多数水电站必须由私营公司提供资金，政府或国家没有或只有非常有限的补贴或担保。然而，为 CAPEX 高、寿命长、未来收入不确定的基础设施投融资具有挑战性。

与 OPEX 相比，风能和光伏等其他可再生能源的 CAPEX 也很高。与水力发电站类似，许多政府和州通过补贴，如固定电价或其他形式的未来收入担保，帮助建设了第一批风力和光伏发电站。在过去 10 年中，大多数政府和州都减少了为新建风能和光伏电站提供的担保。随着补贴和担保的减少，市场开发了为可再生能源发电站融资的新工具，首先是电力购买协议（Power Purchase Agreements，PPA）。然而，这些 PPA 的期限通常只有 10 年。对于寿命约为 20 年的电厂，其前半期的担保通常足以获得私人融资，但期限为 10 年的 PPA 无法充分涵盖未来收入的不确定性，从而无法吸引大量私人投资。

7 水电发展展望

水电作为一种可再生、清洁的发电技术，应继续在未来低碳电力系统中发挥重要作用。尽管发达国家进一步部署水力发电的地点有限，但发展中国家，特别是非洲地区的国家，仍有巨大的开发潜力（Henley，2019）。

---

① 这取决于具体的国家和和地区，有些地区可能增加 OPEX，例如向水力发电站运营商收取用水费用。

与其他可再生能源技术不同，如风能和光伏在过去的 20 年里经历了大量的技术创新，水电不可能有如此巨大的创新或成本降低。因而，可以预期的是，水力发电技术的灵活性优点将受到其他储能技术的挑战，如电池。此外，川流式发电站的优点也将受到其他可再生技术的挑战。

从更大的范围来看，地理位置始终是可再生能源来源的驱动因素。在多风的地区，风力发电站将被使用（至少已经使用了两个世纪）；阳光充足的地区将尝试收集太阳能；而在潮湿和多山的地区，水力发电将继续在电力系统中发挥重要作用。

参考文献

[1] Anderson, D., Moggridge, H., Warren, P., Shucksmith, J., 2015. The impacts of "run-of-river" hydropower on the physical and ecological condition of rivers. Water and Environment Journal 29, 268–276. https: //doi.org/10.1111/wej.12101.

[2] Eurostat, 2019. Electricity production, consumption and market overview.https: //ec.europa.eu/eurostat/statistics-explained/index.php/Electricity_production, _consumption_and_market_overview#Electricity_generation(accessed 5.09.19).

[3] Glachant, J.-M., Saguan, M., Rious, V., Douguet, S., Gentzoglanis, E., European University Institute Florence, I., 2014. Regimes for granting right to use hydropower in Europe. EUI, San Domenico di Fiesole.

[4] Henley, W., 2019. 2019 Hydropower Status Report. International Hydropower Association, London.

[5] International Energy Agency, 2018. Key World Energy Statistics 2018. International Energy Agency, Paris.

[6] IRENA, 2012. Renewable Energy Technologies: Cost Analysis Series—Hydropower(No. 3/5), Renewable Energy Technologies. International Renewable Energy Agency(IRENA), Bonn.

[7] Prairie, Y.T., Alm, J., Beaulieu, J., Barros, N., Battin, T., Cole, J., del Giorgio, P., DelSontro, T., Guérin, F., Harby, A., Harrison, J., Mercier-Blais, S., Serça, D., Sobek, S., Vachon, D., 2018. Greenhouse Gas Emissions from Freshwater Reservoirs: What Does the Atmosphere See? Ecosystems 21, 1058–1071. https: //doi.org/10.1007/s10021-017-0198-9.

[8] Rehman, S., Al-Hadhrami, L.M., Alam, Md.M., 2015. Pumped hydro energy storage system: A technological review. Renewable and Sustainable Energy Reviews 44, 586–598. https: //doi.org/10.1016/j.rser.2014.12.040.

[9] Swiss Federal Office of Energy, 2019. Electricity statistics. https: //www.bfe.admin.ch/bfe/en/home/versorgung/statistik-und-geodaten/energiestatistiken/elektriz-itaetsstatistik.html(accessed 30.09.19).

[10] World Commission on Dams(Ed.), 2000. Dams and development: A new framework for decision-making. Earthscan, London.

第 9 章　太阳能发电

莱玛·艾克[①]　安塞尔姆·艾克[②]　曼弗雷德·哈夫纳[③]

1　引言

世界经济发展的年度能源需求仅是不超过 2 小时的全球太阳辐射量。虽然太阳能十分充足，但从光转化而来的可利用能源仅占当前全球能源供应的极小比例。近年来，太阳能在全球能源供应的占比快速提升，特别是在电力部门。过去 10 年，在提升能源可获得性、供应安全性和缓解气候变化影响的推动下，太阳能发电得到超预期部署。2010—2017 年，全球太阳能发电装机容量增长超过 10 倍，从 34 吉瓦增加到 437 吉瓦（IRENA，2020）。陡峭的学习曲线和规模化经济促进技术进步，最终实现了大幅成本降低。

20 世纪 50 年代，使用半导体材料完成光电转换的光伏发电技术首次在航天领域使用时，曾是最昂贵的发电技术之一。到 2020 年，光伏发电已成为一种经济可靠的能源来源，在许多领域得到应用。另外一种可实现太阳辐射转换为电能的技术路线是光热发电（Concentrated Solar Power，CSP）。但 2017 年，光热发电在全部太阳能发电装机容量中的占比不足 3%（IRENA，2020）。

光伏发电是全球第三大可再生能源来源，仅次于水电和风力发电。全球太阳能发电主要部署于亚洲、欧洲和北美地区，受中国和印度快速增长的带动，亚洲地区装机容量增长强劲，如图 9.1 所示。根据 IEA 的《全球能源展望报告（World Energy Outlook）》，在既定政策情景下，2035 年光伏发电将成为装机容量最大的发电技术（IEA，2019）。

① 莱玛·艾克（Laima Eicke），哈佛大学肯尼迪政府学院，德国波茨坦高级可持续发展研究院（IASS），德国埃尔福特大学；电子邮箱：Laima.Eicke@iass-potsdam.de。

② 安塞尔姆·艾克（Anselm Eicke），德国赫尔梯行政学院；电子邮箱：anselm.eicke@daad-alumni.de。

③ 曼弗雷德·哈夫纳（Manfred Hafner），巴黎政治大学国际事务学院，约翰·霍普金斯大学高级国际问题研究院，埃尼·恩里科·马泰基金会（FEEM）；电子邮箱：mhafner@johnshopkins.it。

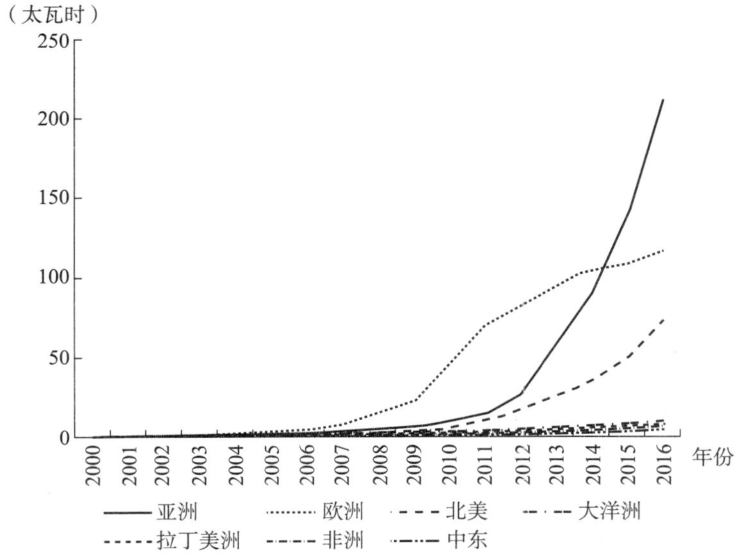

图 9.1　全球各地区光伏发电量

资料来源：IRENA（2020）。

2　技术特性

2.1　太阳能光伏发电

光伏电池的主要组成是半导体材料，如硅、锗。在这类材料中，太阳光释放电荷载流子（电子），从而产生电场。作为发电来源，电场感应形成直流电流。该过程即被熟知的光电效应。光电效应发电不仅对直射太阳光有效，对散射光同样有效，因此在多云的天气下，光伏电池仍然可以有效发电。

光伏电池被集成为阵列。逆变器（将光伏面板形成的直流电流转换为交流）、变压器、电气保护装置、线缆和监控设备组成平衡系统（Balance of System，BOS）。在某些场景下，BOS 也包括驱动光伏板朝向太阳实现发电量提升的跟踪系统。

三种主要的光伏发电技术路线是单晶电池、多晶电池和薄膜电池。其中，单晶电池和多晶电池合计占全球组件产量的 95% 以上（Fraunhofer ISE，2019）。

单晶电池具有最高的转换效率，通常为 15%~20%，最好质量的光伏板转换效率可达到 23%。同各类光伏板一样，单晶电池板的转换效率取决于环境温度。平均来看，环境温度升高 25℃，转换效率下降 10% 左右（Quaschning，2019）。单晶电池板因其高效率更节约空间，相比其他光伏发电技术，可利用更少的空间实现同等发电量。单晶电池寿命更长，通常制造商质保期限为 25 年。主要缺点是成本高，因其制备需要更高等级规格的硅料。

多晶电池价格更便宜，因为其生产流程更简单、硅料浪费比单晶硅电池少。多晶电池的转换效率较低，通常为13%～16%。同时，多晶电池的耐热性略低，意味着在高温环境下多晶电池性能比单晶电池下降更快。

薄膜电池是在基底上沉积一层或多层光伏发电材料。大多数薄膜电池组件的转换效率为9%～11%。薄膜电池产量高，因此价格相比晶硅电池更低。薄膜电池主要应用于面板尺寸不受限的场景。另一个优点是可轻易地集成到建筑外立面和屋顶。

当在比较不同电池的转换效率时，需要特别注意的是区别电池、光伏板，包括逆变器和变压器在内的整个系统的差异。过去10年，商用晶硅组件的平均转换效率从12%上升至17%（Fraunhofer ISE，2019）。在光束集聚和新材料应用的条件下，实验室测试的电池转换效率最高接近50%，表明优化生产以提升转换效率仍有较大潜力（Geisz et al.，2020）。

2.2 光热发电

光热发电的技术原理不是光电效应。聚热反光镜用于汇聚太阳光以加热液体介质。与传统发电装置类似，热量驱动涡轮机发电。该技术的一个缺点是只能利用直射的太阳光，因为散射光无法被集聚。因此光热发电装置大多位于直射辐射量高、气候干燥的区域，如北非和中东地区。

光热发电相比光伏发电的主要优点是能够以相对较低的成本储热。许多光热发电装置配备了熔盐容器作为储热装置，在日间具有较稳定的发电曲线，并在日落后仍具有较长时间的发电能力。

光热发电的4种主要类型是塔式、槽式、线性菲涅尔式和碟式，如图9.2所示。槽式和塔式是目前主流的最成熟的光热发电技术，装机容量领先（REN21，2019）。

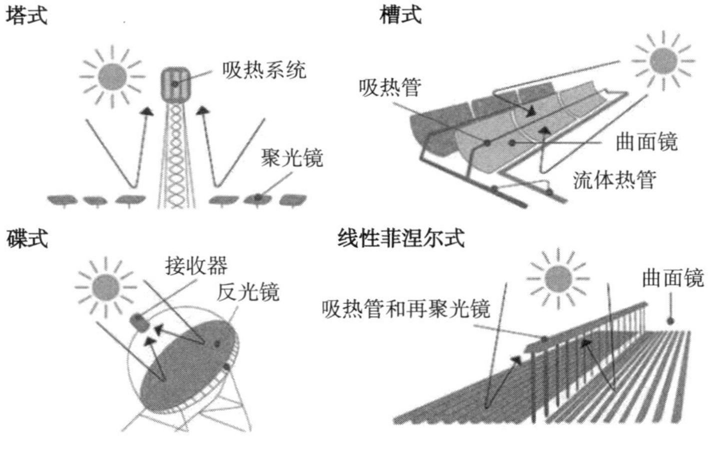

图9.2 光热发电技术类型

资料来源：Qader和Stückrad（2016）。

光热发电技术路线可分为点聚光系统（塔式和碟式）和线性聚光系统（槽式和线性菲涅尔式）两类。点聚光技术可获得比线性聚光技术更高的温度（点聚光技术超过

1200℃，线性聚光技术为 300℃ ~500℃），从而具备更高的热效率。但利用数量众多的反光镜将太阳光集聚至单点是高度复杂的过程，导致建设和维护成本较高。相比点聚光技术，线性聚光技术需要的土地空间更少。

槽式和塔式光热发电系统在 20 世纪 80 年代首次商业化。尽管蒸汽轮机、冷凝器和发电机等成熟开发应用的蒸汽工艺的学习潜力已耗尽，但未来其他部件的技术改进仍有空间。例如，使用可在更高温度下实现能量传递和储存的新型流体 / 颗粒介质以获得更高的储热潜力；可降低成本、增加反射率的增强型反光镜材料；将信息技术用于监控系统故障、降低操作和维护成本，特别是在复杂的点聚光技术路线中；能够提升转换效率，进一步降低成本的其他技术创新（Desai and Bandyopadhyay，2017；Islam et al.，2018）。

3　太阳能利用

光伏发电系统曾长期被用作独立的离网特殊应用场景，而并网型光伏发电系统首次建设于 20 世纪 90 年代。当前，太阳能发电广泛应用，涵盖小型屋顶到大型集中式规模化发电场。与模块化的光伏发电不同，光热发电的主要部署形式是大型发电装置。

大规模发电场的光伏发电和光热发电系统，可直接接入高压电网，用于商业规模发电。全球最大的太阳能发电装置是光伏发电场，单场最大装机容量可达 2 吉瓦，与大型核电站装机规模相当。最大的光伏发电场位于印度、中国和中东地区。

模块化光伏发电系统（碟式光热发电系统）可小规模部署。在成本下降和政府支持政策鼓励下，屋顶光伏系统装机规模增长显著。因为规模较小，屋顶光伏发电系统主要自用或供应区域微电网。在很多国家，分布式户用光伏系统的电价已低于零售电价，使得自用型光伏系统的部署具备经济上的吸引力（IEA，2020b）。根据“表后”商业模型，储能电池比例的提升，可使屋顶光伏发电系统的电量实现完全自用消纳。在偏远的农村离网区域，特别是在太阳能资源丰富的发展中国家，分布式太阳能发电系统接入区域微电网，可在国家级主电网接入成本较高时为该地区提供更好的电力覆盖。在城镇区域，屋顶光伏可为不可靠的电网供应提供备用电源。在这些应用场景中，屋顶光伏系统仍不能与大型发电系统相提并论，但可与柴油发电机等其他小型发电装置相竞争。通常，太阳能发电不仅是最可持续的替代方案，同时具备经济可行性。小型光伏发电系统经济吸引力的不断提升，将推动分布式光伏系统装机规模的快速增长。

除了发电外，光热发电系统还可以产生蒸汽，用于其他领域，如提高原油采收率或使用蒸汽的工业领域。因此，光热发电可成为各经济体进一步降碳的耦合要素。

4　太阳能发电成本

建设投资是目前太阳能发电的最大支出项。由于除了免费的太阳辐射外，太阳能发电不使用任何其他能源，其可变运维成本接近于零。太阳能发电的成本结构与传统发电技术差异较大，本节将讨论建议投资和维护成本的变化趋势。

4.1 建设投资

2010—2018 年，全球光伏发电总体平均建设投资下降了 74%，如图 9.3 所示。由于光伏发电装机容量的快速增长，超出通常水平的成本下降成为现实。2010—2018 年，光伏发电装机容量的年复合增长率为 36.8%（Fraunhofer ISE，2019）。成本下降的另外一个指标是学习曲线（又称经验曲线）。该曲线描述了价格随着制造产品数量增长而下降的情况。光伏发电的学习曲线特别陡峭，在过去 40 年，装机容量的每次翻倍都带来 20%~22% 的成本下降（Fraunhofer ISE，2019）。在光伏组件中，光伏电池是成本占比最高的项目。驱动光伏电池成本下降的三大主要因素是：①制造规模的不断增大（规模经济）；②光伏板组件转换效率提升（技术进步）；③高纯硅价格下降。近期光伏发电成本下降的很大原因是占据全球组件产能 70% 的中国的制造能力快速扩张（Fraunhofer ISE，2019）。相比其他大多数发电技术，光伏板由于其模块化设计，远距离运输更加容易实现，而风力发电的塔筒和叶片通常只能在当地制造。因此，光伏板市场是一个全球市场，特征是大规模制造基地和伴随成本削减效应的激烈竞争。

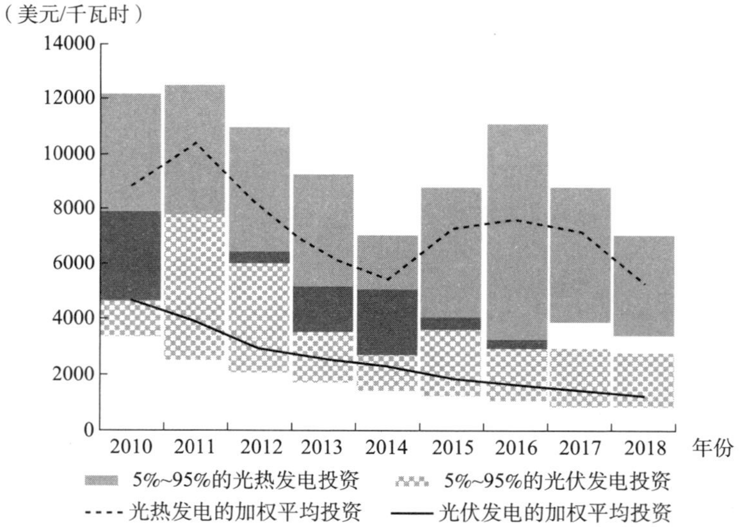

图 9.3 光伏发电和光热发电建设投资

资料来源：IRENA（2020）。

BOS 成本下降的驱动因素是逆变器价格的下降。虽然历史上光伏发电总体建设投资占比最大的一直是光伏板组件，但 2020 年 BOS 成本在建设投资中的占比已升至 40%~60%（IEA，2020b）。

与光伏发电类似，高昂的前期建设投资是光热发电技术发展的主要障碍。光热发电的前期建设投资几乎占据总成本的 4/5。过去 10 年中，尽管光热发电的平均建设投资不如光伏发电般稳定下降，但也从 2010 年的 8800 美元 / 千瓦时下降至 2018 年的 5200 美元 / 千瓦时，如图 9.3 所示。这种不均衡的下降曲线可用新增装机数量少和国家间建设不平衡来解释。到 2013 年，因政府刺激计划的激励，光热发电装机增长主要在西班牙和美国。但西班牙从 2013 年后、美国从 2015 年后，均未有新增光热发电项目进入商业化运营。当前装机容量的增长主要来自中国和摩洛哥（REN21，2019）。

4.2　运维成本

太阳能发电的第二个成本组成部分是运维成本。为了确保系统的高水平技术性能，需要识别受损的光伏发电光伏板、光热发电的吸热系统和反光镜，并更换。特别是在沙漠等干燥的区域，反光镜和光伏板组件需要定期进行清洁。两类运维工作合计成本较高（IRENA，2020）。大型太阳能发电场的运维成本可受益于规模经济效应。

大型太阳能发电场的建设增加了对检测和监控工具的需求。无人系统因其宽广的监控范围和能力在太阳能行业中得到普遍应用。过去人工监控流程快速被数据驱动的解决方案所替代。通过探测元件，无人系统可在更短时间内更精确地获取必要的数据，并后续进行数字化处理，这使大范围检测和设备便捷操控成为现实，从而显著降低运维成本。

4.3　平准化度电成本（LCOE）

LCOE 包括综合了建设投资和运维成本，定义了单位发电量的平均发电成本。LCOE 是一个衡量成本下降和技术进步的合适指标，但是不应该被用于不同发电技术间的对比。该指标对等效发电小时数高度敏感，但忽略了电力价值，即电量发出时刻的电价（见第 15 章对电网接入的描述）。

2018 年，光伏发电的 LCOE 约 60~210 美元 / 兆瓦时，全球平均 LCOE 为 85 美元 / 兆瓦时（IRENA，2019c）。预期未来成本在 2030 年降至 20~80 美元 / 兆瓦时，2050 年降至 14~50 美元 / 兆瓦时（IRENA，2019a）。光热发电的 LCOE 在过去 10 年同样持续下降。在美国，光热发电的 LCOE 下降接近一半，从 2010 年的 340 美元 / 兆瓦时下降至 2018 年的 190 美元 / 兆瓦时（IRENA，2019c），预计在 2030 年降至 50 美元 / 兆瓦时（美国能源部，2020）。

LCOE 下降可能源于成本的下降，也可能源于发电量的增加。发电量增加的情况可反映为容量因子（又称利用率或负载率）的上升。该指标描述了总发电量与装机容量的比率，容量因子为 20% 表示发电量等于系统在全年小时数 20% 的时间内满发状态下的发电量。容量因子高度依赖于项目场址位置和自然条件。

5　发电模式

由于夜间无光，太阳能仅可在日间发电。因此太阳能发电系统（无储能配建下）的容量因子相比其他发电技术低，通常为 10%~20%，在沙漠等条件好的地方最高可达 25%。2010 年以来，全球大型光伏发电系统的加权平均容量因子稳定上升，如图 9.4 所示。容量因子上升主要有三个驱动因素（IRENA，2019c）：一是光伏系统在太阳辐射较高的区域部署增多；二是反光镜逐日跟踪系统的大量应用增加了发电量；三是系统损耗下降，如逆变器转换效率提升。

图 9.4 显示光热发电比光伏发电有更显著的容量因子快速提高趋势，主要原因是光热发电系统配置了储热装置，这使得系统可在无光条件下继续发电，容量因子从而提升至 30%～40%。储能配建和蒸汽涡轮机功率适配理论上可达到超过 90% 的转换效率，但仍不够经济。高温流体是最适合光热发电系统的能量储存方式。储热技术的应用使光热发电系统的容量因子提升至 70%（IRENA，2020）。由于储热装置的广泛应用，光热发电模式与光伏形成显著区别。相比不可调节的光伏发电，光热发电的灵活性提供了附加的价值（Pfenninger et al.，2014）。

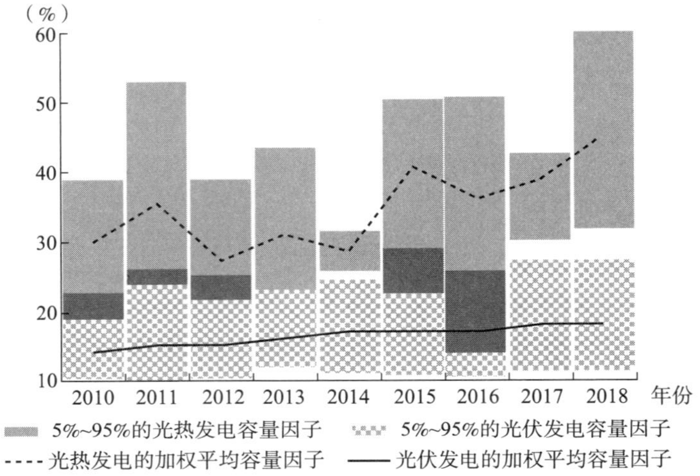

图 9.4 光伏发电和光热发电容量因子

资料来源：IRENA（2020）。

由于容量因子相对较低，一个国家的太阳能发电量占比通常要低于发电装机容量占比。发电模式的第二个相关效应是太阳能发电高度集中于全天日间的数个小时。在这数个小时内，区域内的大多数光伏发电系统都在发电。高度集中的太阳能电力供应对电力销售价格有抑制效应。在太阳能发电装机占比高的国家，太阳能电力市场价值明显低于其他发电技术，意味着太阳能发电销售收入低于平均批发电价（Hirth，2013）。这种效应被称为优势排序效应，特别适用于光伏发电，因其发电时间高度集中。

6 资源分布

全球太阳能资源分布差异显著。根据太阳辐射水平，太阳能发电容量因子在赤道最高，向两极递减。太阳能资源最丰富的区域位于南美洲阿塔卡马沙漠、中东撒哈拉地区、中国西部戈壁沙漠、澳大利亚和美国西部。这些地区的太阳辐射是当前全球大部分太阳能发电装置部署的中国东部和北欧大部分国家的两倍以上。因而，不同地区的发电量、发电成本差异可达两倍。

光热发电技术比光伏发电更依赖直射辐射，每年需要至少 1800 千瓦时 / 平方米的直射辐射量，因此光热发电的应用更加受限。但在各大洲都能找到非常适宜光热发电的场址，包括美国西南部、中东、北非、南非、澳大利亚、墨西哥、智利和南欧地区。

除了日间发电模式外，太阳能发电还涉及季节性模式，特别是在接近两极的高纬度区域。靠近赤道的区域太阳辐射递增但云层覆盖更高。在这些区域，太阳能发电量全年保持相对稳定，太阳位置变化幅度小，日出日落时间保持相近。

7 政策工具和支持计划

没有政府政策支持，太阳能发电装机快速增长就不能实现。研发经费和发展政策促进太阳能行业发展。太阳能发电尤其受到上网电价保障政策的驱动，该政策首次于 2000 年在德国颁布实施。

有效支持计划的制定需要综合考虑太阳能发电的成本和财务结构。如前文所述，太阳能发电是资本密集型产业，大部分太阳能发电的支出发生在项目生命周期早期的建设阶段。因为当年投资在 10 年后才能收回，贷款利率高等因素导致更高资金成本，将强烈影响项目的收益率。因此，太阳能发电项目的经济可行性将因为资金成本的上升而显著下降。相比之下，天然气发电厂建设投资低，大部分的燃料和排放成本也可通过发电收入增加来抵消。

支持计划的其中一个主要目标是降低资金成本，通过降低开发商风险等方式实现。最初，上网电价是支持计划的主要方案，当时大部分项目为私人家庭建设的小型项目。通过保证固定上网电价，未来收益风险得到大幅降低，同时也降低了投资者的电价波动风险。在这些政策支持下，太阳能发电项目变得具有经济性。从 2010 年开始，许多国家在招标配置阶段确定大型项目的上网电价，通过竞标确定可获得支持的装机容量，只有经济性最高的方案才可获得支持。在 21 世纪 10 年代后期的许多国家市场上，太阳能发电从补贴驱动的发展模式逐步向电价竞争配置方式转变，包括在无政府政策支持下，电力供应方和工业、大用户等电力购买方签订的双边 PPA。

目前技术成熟度稍差的光热发电技术仍需要依赖政策支持以实现经济可行性。由于其相比光伏发电有更高的 LCOE，支持计划需要更好地反映光热发电的可调度性，以促进技术的进一步发展。随着能源系统降碳和逐步向更高比例可再生能源发展，系统稳定性将更加重要，如电力需求高峰期的发电能力。

8 展望

释放巨大的太阳能资源将是实现全球气候目标和限制全球变暖的关键（IRENA，

2019a），全球许多国家持续推出支持政策。除了支持计划外，进一步降低成本和创新驱动太阳能发电市场的快速扩张。如同其他市场一样，数字化驱动太阳能发电成本降低。基于大数据的预测算法和人工智能技术将使得光伏板和光热发电反光镜可自适应调整逐日位置，最大化提升发电量。新型监控系统将减少维护成本。未来循环再生材料的使用，如硅，将进一步助力实现可持续性提升和成本降低。

在不断提升的成本竞争力和政策支持驱动下，太阳能发电处于高度活跃状态。2019—2024 年，IEA 预测太阳能发电将成为全球发展最快的能源种类，总的新增装机容量将达到 700 吉瓦（IEA，2020a），累计装机容量将是 2018 年 490 吉瓦的 2 倍多（IRENA，2019b），中国、欧盟、美国、印度、日本有望成为中坚力量（IEA，2020b）。到 2050 年，IRENA 预计光伏发电的总装机容量将超过 8000 吉瓦，约为 2018 年 490 吉瓦的 16 倍（IRENA，2019b）。太阳能行业需要提前为快速提升的全球需求做好准备，而扩大投资是未来 10 年的关键。

参考文献

[1] Desai, N. B., & Bandyopadhyay, S.2017. Line–focusing concentrating solar collectorbased power plants: A review. Clean Technologies and Environmental Policy, 19(1): 9–35.

[2] ESMAP. 2019. Global Solar Atlas 2.0 Technical Report. Washington, DC: World Bank.

[3] Fraunhofer ISE. 2019. Photovoltaics Report. Freiburg. https: //www.ise.fraunhofer.de/en/publications/studies/photovoltaics–report.html.

[4] Geisz John F., Ryan M. France, Kevin L. Schulte, Myles A. Steiner, Andrew G. Norman, Harvey L. Guthrey, Matthew R. Young, Tao Song, and Thomas Moriarty. 2020. Six–Junction III–V Solar Cells with 47.1% Conversion Efficiency under 143 Suns Concentration. Nature Energy, 5(4): 326–335. https: //doi.org/10.1038/s41560–020–0598–5.

[5] Hirth Lion. 2013. The Market Value of Variable Renewables: The Effect of Solar Wind Power Variability on Their Relative Price. Energy Economics, 38: 218–236.

[6] IEA. 2019. World Energy Outlook 2019. https: //www.iea.org/reports/world–energy–outlook—2019.

[7] IEA. 2020a. Solar—Fuels & Technologies. https: //www.iea.org/fuelsand–technologies/solar.

[8] IEA. 2020b. Solar PV—Tracking Power—Analysis. 2020. https: //www.iea.org/reports/tracking–power—2019/solar–pv.

[9] IRENA. 2019a. Future of Solar Photovoltaics: Deployment, Investment, Technology, Grid Integration and Socio–Economic Aspects(A Global Energy Transformation: Paper).

[10] IRENA. 2019b. Renewable Capacity Highlights. Renewable Capacity Statistics 2019. https: //www.irena.org/–/media/Files/IRENA/Agency/Publication/2019/.

[11] IRENA. 2019c. Renewable Power Generation Costs in 2018. https: //www.irena.org/publications/2019/May/Renewable–power–generation–costs–in—2018.

[12] IRENA. 2020. Solar Energy. https: //www.irena.org/solar.

第 10 章 风力发电

安塞尔姆·艾克[①] 莱玛·艾克[②] 曼弗雷德·哈夫纳[③]

1 引言

风能已经被人类利用了数千年。空气流动产生的动能在古埃及被用于推动船舶航行，在古波斯被用于泵水，并随后在欧亚大陆用于碾磨谷物。第一座利用风力发电的风车于 1887 年在苏格兰建成。随后美国和若干欧洲国家也开始探索项目建设。如今众所周知的风力涡轮发电机在 20 世纪下半叶才被研发出来。

从 21 世纪早期开始，全球风力发电建设经历了高速发展阶段。全球风力发电装机容量在过去 10 年增长超过 5 倍，从 2008 年的 100 吉瓦增长至 2019 年的 620 吉瓦以上。风力发电已成为仅次于水电的第二大可再生能源技术，2018 年的新增装机容量达到 51 吉瓦，仅次于太阳能发电位列第二（IEA，2020）。根据风机位置，风力发电可分为陆上风电和海上风电，但直至 2018 年，海上风电在风力发电总装机容量中的占比仅有 4.1%（24 吉瓦）（IEA，2019）。

亚洲风力发电装机容量全球占比 41%，是全球风力发电市场的主导力量，如图 10.1 所示。21 世纪早期，欧洲风力发电装机容量全球占比 75%，推动了风力发电的快速发展，但在 2014 年被亚洲超越。北美洲 2018 年装机容量达到 112 吉瓦，排名全球第三。在其他大洲，虽然风能资源丰富，但风力发电发挥的作用很小（IRENA，2020）。2018 年全球风力发电量仅占总发电量的 6%，但 IRENA 预测风电将在 2050 年成为最大的电力来源，约占全部电力供应的 35%（IRENA，2020）。

相比陆上风电，海上风电技术的突破时间更晚。直至 2010 年，首批大型海上风电场才在北海和大西洋海岸建成。北海和大西洋海域拥有全球 90% 的海上风电场（IRENA，2020）。2010—2018年，全球海上风电市场每年增长将近30%，2018年中国、北美和大洋洲新增装机最多，预计未来几年增长更加强劲（IRENA，2019）。

---

① 安塞尔姆·艾克（Anselm Eicke），德国赫尔梯行政学院；电子邮箱：anselm.eicke@daad-alumni.de。

② 莱玛·艾克（Laima Eicke），德国波茨坦高级可持续发展研究院（IASS），哈佛大学肯尼迪政府学院；电子邮箱：Laima.Eicke@iass-potsdam.de。

③ 曼弗雷德·哈夫纳（Manfred Hafner），巴黎政治大学国际事务学院，约翰·霍普金斯大学高级国际问题研究院，埃尼·恩里科·马泰基金会（FEEM）；电子邮箱：mhafner@johnshopkins.it。

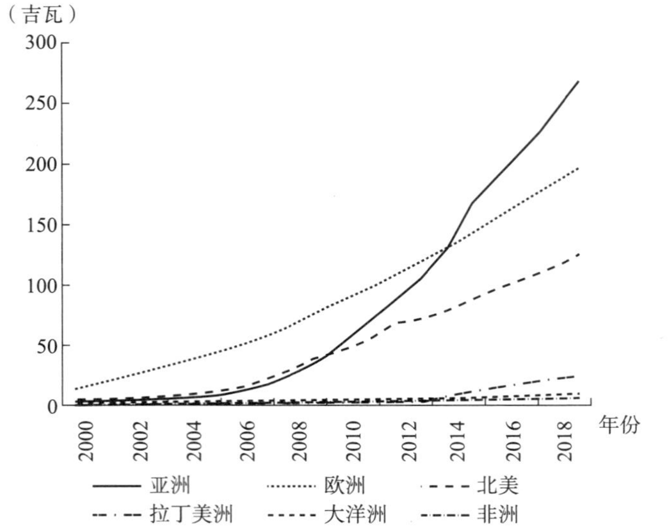

图 10.1　全球各地区风力发电装机容量（陆上风电和海上风电合计）

资料来源：IRENA（2020）。

IRENA 预测最强增长地区将是亚洲，2050 年装机容量全球占比将超过 50%。根据该预测，陆上风电方面，北美地区的总装机容量全球占比 23%，欧洲为 10%（IRENA，2019）。海上风电方面，亚洲仍将领先，总装机容量全球占比达到 60%，欧洲、北美分别以 22% 和 16% 位列第二、第三。

2　技术特性

风力涡轮机将空气流动的动能转换为电能。当风机机组的叶片处于运动状态时，将带动风力涡轮机转动，旋转能量通过轴承传递给与之相连的发电机来发电。

现代风机机组由 3 个重要部件构成，即塔筒、机舱和叶片。机舱是风机机组的核心部件，包含轮毂、发电机和齿轮箱等组件。叶片通常与齿轮箱相连，部分也可通过轴承与发电机直接相连。电气设备可对叶片角度进行调节，以限制高风速下的发电量，并在变化的风速条件下优化输出。

从技术细节来看，风机机组的电能输出主要取决于两个参数，即风速和叶片长度。由于风机机组的电能输出与叶片的扫风面积成正比，叶片增长两倍将使风力发电量增加 4 倍。电能输出与风速的三次方成正比，风速翻倍将使风力发电量增加 8 倍，因为风速通常随着离地高度增加而增加，轮毂高度（即塔筒长度）成为风机机组设计的重要技术参数。一般来说，更高的塔筒将带来更多的发电量。除了离地高度外，不同区域的风速也存在较大差异。因此，安装点位对风力发电的经济性至关重要。一般情况下，与内陆地区相比，沿海地区可受益于更高的风速。因此，虽然海上风电机组的复杂性和成本更高，但仍有开发的吸引力。海上风电主要为固定式，已有少量漂浮式。固定式海上风电的基础架构立于海床之上，因此通常只能安装在浅水区域。漂浮式风电基于油气行业经验发展而来，技术成熟度稍低，但可在更远的深水海域安装部署。直至 2017 年，全球首个商业化漂浮式风电场才在苏格兰启动运行。

技术进步聚焦于增加叶轮直径、提高轮毂高度，以增加发电量。但需要在两个参数间折中：塔筒高度越高，更高风速带来更强振动，塔筒可承受的重量越小；建筑材料的强度限制塔筒高度的增加。过去几十年，提高效率的努力一直指引技术发展，导致成本的大幅降低：塔筒高度在 50~200 米，平均叶轮直径增加超过两倍，从 2000 年的 50 米增加至 2018 年的 110 米。这些努力的结果是平均单机容量增长了 250%（IRENA，2019）。21 世纪 20 年代初，风机机组的最大单机容量预计将达到 12.5 兆瓦，叶轮直径将达到 220 米。未来，预计风机机组的额定功率将进一步增加（GE Renewable Energy，2020）。

风电市场从风能资源富集国家率先启动，包括丹麦、德国和英国。随着风速最优区域的逐步开发利用，开发商对中低风速区域的关注与日俱增。整机厂商已开始研发可适用于低风速场址的新型风机机组，主要通过增加塔筒高度实现，但发电机的功率也同时有所下降。通过更长叶片和更低功率发电机（小装机容量）的组合，可在低风速条件下实现更高的利用率，从而获得更加稳定的发电曲线，这有助于风力发电接入电网系统中。低风速风机机组的缺点是在高风速条件下，风能资源无法完全转化为电能。相对应的是，更大功率的风机机组（成本更高）可在高风速时产生明显更多的电能，但经常浪费低风速资源。目前，整机厂商已提供大量根据特定风速条件优化定制的可选风机机组。

在沙漠和高海拔区域，除了增加平均塔筒高度和叶轮直径外，新趋势包括采用新的空气动力学叶片和新材料以增加耐磨性、减少维护成本（IRENA，2019）。数字化驱动基于大数据的预测算法应用。算法可优化风机机组的风中姿态，提升监控系统性能，从而减少维护成本（Wood Mackenzie，2019）。多种材料回收利用能够实现可持续性提升并降低成本，早期回收昂贵玻璃纤维叶片的项目已展现出可期结果（IRENA，2019）。

3　风能资源潜力

风能资源潜力通常用该点平均风速表示，在全球范围内分布极不均衡。因此，风机机组的电力输出根据位置不同差异很大。通常，适合风力发电的高质量风资源区靠近极地，低风资源潜力区靠近赤道。欧洲最具开发潜力的区域在北部，如北海、波罗的海。南美洲和新西兰拥有相似的高资源潜力。

当前风力发电装机远未挖掘出如理论推算的资源潜力。理论上，在资源潜力最好的地点安装风机机组发电将可提供超过全球电力需求的电量（IEA，2019）。实践中，用地冲突、民众反对、环境保护等限制了可开发区域，这种限制特别阻碍陆上风电的快速发展，而海上风电受到的影响相对轻微。

风速变化不仅因地而异，同样因时而异。大多数时间内，风场不能在满载状态下发电。容量因子指标表示一台风机机组每年的平均发电量，计算方式是实际发电量除以最大理论发电量。最大理论发电量是指风机机组按照额定功率一直运行的总发电量。容量因子越高，风机机组发电量越多。典型的陆上风电容量因子为 30%~40%，如 2018 年平均值为 34%，如图 10.2 所示。高容量因子可通过优化选址和采用新机组设计实现。特别是，沿海区域相比内陆地区风速更高，海上风电机组的单位装机发电量通常明显更高。海上风电的容量因子为 35%~65%，2018 年平均值为 43%。部分容量因子最高的区域位于欧洲北海和波罗的海地区（IEA，2019）。相邻场址采用不同风机机组设计也会影响容量因子。

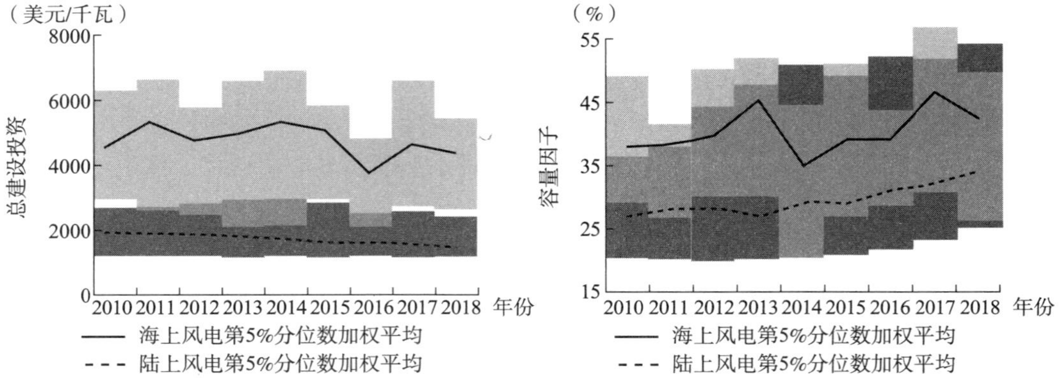

图 10.2 2010—2018 年全球陆上风电和海上风电的平均建设投资和容量因子

注：阴影表示每年 5%~95% 分位数。

资料来源：IRENA（2020）。

4 风力发电成本

相比化石能源发电，风力发电资本密集度更高。由于风力发电无能耗成本且运维成本相对较低，最大的支出项目是投资和财务成本，这导致风力发电装机特别依赖于良好的融资环境和低资金成本。

风力发电的建设投资因国家而异。例如，2018 年陆上风电的平均总建设投资介于中国的 1170 美元 / 千瓦和美国的 2030 美元 / 千瓦（IEA，2019）。导致差异的主要原因是零部件的市场结构。风机的叶片和塔筒庞大笨重、难以运输，因此通常在当地制造，各国的价格显著不同。与之相比，机舱、发电机和变压器等电气设备可全球运输，价差相对更小。风力发电装机最昂贵的部件是风机机组，其次是电网接入和基础设施（EWEA，2009）。

2010—2018 年，陆上风电项目的建设投资年平均下降 22%，如图 10.2 左图所示，并有望继续下降。陆上风电投资下降主要受益于陡峭学习曲线表征的技术进步（IRENA，2017，Williams et al.，2017）。这些技术进步通过多个重要市场的公共投资培育（Klaassen et al.，2005；Zhou and GU，2019）。特别是，更大的发电机和更长的叶片增加发电功率，导致单机容量投资下降。与此同时，陆上风电的平均容量因子由 27% 增加至 34%，如图 10.2 右图所示。容量因子提升主要得益于更好的选址和适合低风速区域的机组新设计。

海上风电场的建设投资比陆上风电更加昂贵。海上风电风机机组安装需要使用更昂贵的设备，包括特种船舶。同样，因可达性更低，海上风电全生命周期运维成本也比陆上风电更高。对建设投资而言，海上风电的平均值为 4360 美元 / 千瓦，接近陆上风电平均值 1500 美元 / 千瓦的 3 倍，如图 10.2 左图所示（IRENA，2019）。但近几年海上风电建设投资持续下降，原因与陆上风电大致相同。特别是，运维成本下降明显。未来，与技术降本类似的海上风电成本下降驱动因素可能是中国的高投资开发规划。

LCOE 是单位发电量的平均成本，计算方式是所有成本除以全寿命期发电量。因此，该指标可表征成本下降和技术进步导致的容量因子上升，但由于其忽视了电力的时间价值，即电量向电网供电时刻的发电成本，所以不能够用于不同发电技术间的对比。当技术进步降本效应（分母）和发电能力提升带来的容量因子增加（分子）同时发生，风力发电 LCOE 将下降。IRENA 预计陆上风电 LCOE 将持续下降，从 2018 年的 60 美元 / 兆瓦时下降至 2030 年的 40 美元 / 兆瓦时（IRENA，2019）。但由于发电曲线不同，两种发电技术的成本效益对比将超越 LCOE 对比范畴，例如陆上风电的 LCOE 为 55 美元 / 兆瓦时，显著低于海上风电的 186 美元 / 兆瓦时（IRENA，2020）。如前所述，海上风电容量因子比陆上风电更高，如图 10.2 右图所示，因此发电曲线更加平稳。这意味着陆上风电不发电时海上风电仍可发电。因为风力发电对电力销售价格有抑制作用，海上风电可在销售电价较高时发电，由此获得更高的销售收入。

越来越多的二三十年前安装的风电场接近设计寿命，老旧风场技改可释放降本潜力。全部换新是对风场进行全部更换，而部分换新是对单个部件的更新，例如保留基础和塔筒的叶片、齿轮箱等的更换。应用新技术的老旧部件更换或升级可增强风场的发电能力，增加运行寿命。技改可实现在已被现有装机占据的风资源良好区域应用最先进的技术。相比新场址，已经习惯风力发电的当地居民的接受度更高，已有的环评结果也可降低风险和成本。如采用更大功率的风机机组，技改可能需要进行电网扩容（IRENA，2019）。

预计未来 10 年，陆上风电和海上风电的建设投资预计将持续下降（IRENA，2019）。进一步的技术进步、竞争更加激烈的供应链、生产制造的规模经济将是降本的主要驱动力。限制成本下降的因素包括材料成本、运输成本和管理成本。

5　电网接入

风力发电装机规模的快速扩张为电网系统带来新的挑战，阻碍其接入电网的因素是风力发电的间歇性、波动性、不确定性以及风资源潜力地区差异，这些因素给电网系统带来额外成本。

变化的风速导致发电量因时而异。用时变的风能替代可调度的电源将诱发发电容量充裕度问题，即是否始终有充足的发电能力以满足电力需求。风力发电对电网系统发电容量充裕度的贡献被称为“容量价值”，即在不降低供电安全性的情况下可替代的可调度发电装机容量。风力发电的容量价值依赖于负荷高峰期间的风资源量。根据经验，当风力发电在电网系统的份额很小时，容量价值接近风力发电的平均功率（Milligan et al.，2017）。这意味着海上风电因为更高的容量因子，将比陆上风电有更高的容量价值。当在电网系统的占比增加时，风力发电的容量价值下降。如果风速条件与电力需求相关度高，容量因子可提高。如风速更高的冬天，取暖电力需求增加。

高比例风力发电可能导致发电量的快速变化，例如锋面快速导致风速变化，间接影响发电量。这需要可调度电源快速适应发电量变化，将导致陡峭的爬坡曲线。目前大多数常规发电机组不具备爬坡运行的技术设计能力和改造潜力，特别是核电和煤电机组。风力发电的同时性也会给运营商带来问题，电力供应过剩将导致风电价值下降，反映为电力市场中的低电价（“优先排序效应”）。

风力发电的不确定性增加了对风力发电装机导致平衡成本上升的担忧。但实践证明，风力发电占比提升可降低平衡成本（Hirth and Ziegenhagen，2015）。在欧洲多国和美国，风电提供调频服务（IEA Wind Task 25，2017）。增强高比例风电灵活性的措施包括建设新的电力市场体系、需求侧响应和储能。日间跨区交易、调峰和辅助服务市场建设有助于风力发电接入电网。

多能互补可显著克服风力发电的三大劣势，即间歇性、波动性、不确定性。多能互补的空间平滑可减少极端变化。例如，在2017年欧洲所有风力发电厂仅在连续两小时内发电量低于其装机容量的5%，发电量低于装机容量10%的最长时间为38小时。（IEA Wind Task 25，2017）。

风资源潜力的地区差异也是阻碍风力发电接入电网系统的因素。风电场通常位于远郊人烟稀少的地方或海上，发电需要通过电网输送至负荷中心。加剧该挑战的因素是出于规模经济考虑，风力发电主要建设集中式大型风电场。大型风电场通常包括数百台风机机组，总装机规模可达1.5吉瓦，等效于一个大型常规发电机组。在许多国家，建设额外的输送基础设施是极其耗时的工程。电网基础设施的缺乏意味着电力无法输送并导致弃风。风力发电所需的电网加固因地区而异，主要取决于风电场相对负荷中心和现有电网基础设施的位置。并网通常是风力发电接入电网的主要成本。但是，在许多国家，该项成本不是由开发商支付（Eicke et al.，2020）的，因为电网成本很难明确划归至某个风电场。

6 政策支持

本章讨论了风力发电面临的诸多障碍。技术挑战包括恶劣的自然环境、间歇性、不确定性和基础设施需求。经济方面的障碍是前期高昂的CAPEX和较长的回收期，导致在许多国家融资较为困难。此外，风机机组常面临有限的社会接受度、日益增加的投资风险和更长的安装过程。为了应对这些挑战，进而增加可再生能源和本国能源来源，全球多个国家颁布了多项风力发电支持政策，这些政策可归类为开发政策、并网技术政策和产业扶持政策（IRENA，2019）。

开发政策解决经济性障碍，主要是财政工具，如欧洲多国在 21 世纪初提出了上网电价补贴（feed–in tariffs）政策，而美国和印度提出了可再生能源配额制，并引入税收激励措施。从 21 世纪 10 年代后期起，全球逐步推广应用可再生拍卖机制（IRENA，2019）。竞争配置带来建设投资的降低，促进了技术进步，但导致荷兰、德国、英国等国在海上风电拍卖时出现极端低价且无上网电价保障（IRENA，2019）。在技术中立拍卖中，风电通常可胜出。因此，许多国家开始采用特定技术拍卖（Steinhilber，2016；Mitchell and Connor，2004）。海上风电开发支持政策经常体现在为并网和场址再开发提供资金。

并网技术政策通过提升电网系统的灵活性解决风能并网技术障碍，包括现有电网基础设施加固、促进部门耦合和储能的研发。丹麦、德国等风力发电占比较高的国家鼓励在发电高峰期电解水制氢。欧盟正在通过《绿色协议》（Green Deal）支持电池储能和制氢方案的战略准备工作（Eicke and Petri，2020）。并网社会政策则会提高风力发电的社会接受度，包括项目规划阶段的公众参与、通过所有权模式或本地服务规定，提升当地民众参与度。促进当地共有产权或增加附近居民收入的政策已证明可有效提升风电场的社会接受度（Wolf，2019）。

产业扶持政策考虑整个社会经济现实，以更加系统的方式解决上述提及的多种挑战和障碍，例如气候目标和产业战略可提供中长期指引和投资保障。产业扶持政策促进风力发电项目的开发，并建立本国风力发电产业链。在中国、德国等国家，海上风电产业扶持政策成为新冠肺炎疫情后恢复经济的抓手（Weko et al.，2020）。这些政策措施的出台主要基于经济增长强劲的预期和潜力创造就业需求（Helgenberger et al.，2019）。产业扶持政策还包括为风力发电行业提供成熟技能人才的劳动力市场策略、科研和教育培训政策。财政政策可能显著改变风力发电相对其他化石能源发电的发电成本，如引入碳定价（IRENA，2019）。

根据各国国情和政策目标的不同，不同国家制定的支持政策差异显著。综上所述，本节讨论了解决技术、经济、社会等方面问题的开发、并网及产业扶持政策，这些政策有利于促进风力发电技术进步和全球巨量风资源潜力的挖潜利用。

参考文献

［1］ Eicke, A., Khanna, T. & Hirth, L.(2020). Locational Investment Signals: How to Steer the Siting of New Generation Capacity in Power Systems? . The Energy Journal, 41(6): 281–304.

［2］ Eicke, L., Petri, F.(2020). The EU in Global Energy Governance. In Knodt M., Kemmerzell J.(eds), Handbook of Energy Governance in Europe. Springer, Cham.

[3] EWEA.(2009). The Economics of Wind Energy. Available online at: http: //www.ewea.org/fileadmin/files/library/publications/reports/Economics_of_Wind_Energy.pdf. Last Accessed: 20.06.2020.

[4] GE Renewable Energy.(2020). Driving efficiency and decreasing the cost of offshore wind energy. Available online at: https: //www.ge.com/renewableenergy/windenergy/offshore-wind/haliade-x-offshore-turbine Last Accessed: 20.06.2020.

[5] Global Wind Energy Atlas.(2019). Map obtained from the "Global Wind Atlas 3.0" , a free, web-based application developed, owned and operated by the Technical University of Denmark(DTU). The Global Wind Atlas 3.0 is released in partnership with the World Bank Group, utilizing data provided by Vortex, using funding provided by the Energy Sector Management Assistance Program(ESMAP).URL: https: //globalwindatlas.info/download/high-resolution-maps/World.

[6] Helgenberger, S., Jänicke, M., & Gürtler, K.(2019). Co-benefits of Climate Change Mitigation. In W. Leal Filho, A. M. Azul, L. Brandli, P. G. Özuyar, & T. Wall(Eds.), Climate Action: Encyclopedia of the UN Sustainable Development Goals. Cham: Springer International Publishing.

[7] Hirth, L., Ziegenhagen, I.(2015). Balancing power and variable renewables: Three links, Renewable and Sustainable Energy Reviews, Volume 50, Pages 1035-1051, https: //doi.org/10.1016/j.rser.2015.04.180.

[8] IEA.(2020). Wind. Available online at: https: //www.iea.org/fuels-and-technologies/wind Last Accessed: 20.06.2020.

[9] IEA.(2019). Offshore Wind Outlook. Available online at: https: //www.iea.org/reports/offshore-wind-outlook—2019 Last Accessed: 20.06.2020.

[10] IEA Wind Task 25.(2017). Design and operation of power systems with large amounts of wind power. Final summary report, Phase four 2015-2017. Available online at: https: //www.vttresearch.com/sites/default/files/pdf/technology/2019/T350.pdf Last Accessed: 20.06.2020.

[11] IRENA.(2017). Onshore Wind Industry Learning Fast. Available online at: https: //www.irena.org/newsroom/articles/2017/Mar/Onshore-Wind-IndustryLearning-Fast Last Accessed: 20.06.2020.

[12] IRENA.(2020). Statistics. Available online at: https: //www.irena.org/Statistics/ViewData-by-Topic/Capacity-and-Generation/Regional-Trends Last Accessed: 20.06.2020.

[13] IRENA.(2019). Future of wind. Available online at: https: //www.irena.org/-/media/Files/IRENA/Agency/Publication/2019/Oct/IRENA_Future_of_wind_2019.pdf Last Accessed: 20.06.2020.

[14] Klaassen, G., Miketa, A., Larsen, K., & Sundqvist, T.(2005). The impact of R&D on innovation for wind energy in Denmark, Germany and the United Kingdom. Ecological economics, 54(2-3): 227-240.

[15] Milligan, M., Frew, B., Ibanez, E., Kiviluoma, J., Holttinen, H., Söder, L.(2017).Capacity value assessments of wind power. Wiley Interdisciplinary Reviews: Energy and Environment, Wiley Blackwell, 6(1), January.

[16] Mitchell, C., Connor, P.(2004). Renewable energy policy in the UK 1990-2003. Energy Policy, 32(17): 1935-1947.

[17] Steinhilber, S.(2016). Auctions for Renewable Energy Support in the Ireland: Instruments and lessons learnt. Aures Report D4.1-IE.

[18] Weko, S., Eicke, L., Quitzow, R., Bersalli, G., Lira, F., Marian, A., Süsser, D., Thapar, S., & Xue, B.(2020). Covid–19 and Carbon Lock–In: Impacts on the Energy transition. IASS Study. https: //doi.org/10.2312/iass.2020.27.

[19] Williams, E., Hittinger, E., Carvalho, R., & Williams, R.(2017). Wind power costs expected to decrease due to technological progress. Energy Policy, 106: 427–435.

[20] Wolf, I.(2019). Soziales Nachhaltigkeitsbarometer der Energiewende 2019. IASS Study. Worldbank(2019): Global Wind Atlas. Available online at: http: //www.Globalwindatlas.info Last Accessed: 20.06.2020.

[21] Wood Mackenzie.(2019). Unplanned wind turbine repairs to cost industry $8 billion in 2019. Available online at: www.woodmac.com/press–releases/unplanned–windturbine–repairs–to–cost–industry–$8–billion–in—2019 Last Accessed: 20.06.2020.

[22] Zhou, Y., & Gu, A.(2019). Learning Curve Analysis of Wind Power and Photovoltaics Technology in US: Cost Reduction and the Importance of Research, Development and Demonstration. Sustainability, 11(8): 2310.

第 11 章　地热发电

伊莎贝拉·纳尔迪尼①

1　简介

地热一词来源于希腊语 gê 和 thermòs，字面意思是地球的热量。

地热能是来源于地球内部的热能。这种能量的主要来源是地幔和地壳中同位素放射性衰变产生的放射热，以及地球形成时遗留下来的原始热。该热量不断地从地球内部传递到地表：深度每增加 1 千米，岩石温度就增加约 30℃（地温梯度）。雨水通过多孔、断裂、可渗透的岩石在地下循环，被加热。热水（或蒸汽）从断层和裂缝中上升，可以到达地表，形成温泉、喷气孔和间歇泉（Geysers），但大部分仍留在地下，困在不透水表面之间的裂缝和多孔岩石层中。钻井可将地热资源与地表连接起来，以利用流体中所含的热能。

地球热能总量的估算数是巨大的，但只有一小部分可以被人类回收和利用。

天然水池和温泉的地热能自古以来就为人所知。一万多年前，美洲原住民使用地热能做饭、洗澡和取暖。在埃及人、以色列人、印度人看来，用温泉和地热水洗澡是神圣的事情。希腊人和罗马人也用地热水洗澡、做饭和治病，其中保存最完好的证据之一是公元 1 世纪的罗马城市庞贝，那里的供水和供暖系统不断更新，采用了当时最先进的技术。这种地热能的使用最初仅限于有热水和蒸汽的地方。

世界上最早的区域供暖系统于 14 世纪初在法国绍德赛格（Chaudes-Aigues）安装，但直到 9 世纪后期，才在美国的几个城市进行商业推广，工业界开始意识到地热资源的经济潜力。如今，世界上最大的地热区域供暖系统位于冰岛雷克雅未克，自 1930 年以来，雷克雅未克一直利用天然热水为建筑物和房屋供暖。早期的工业应用包括 19 世纪早期在意大利拉德瑞罗（Lardrello）从地热流体中提取硼酸。地热发电的第一次尝试同样发生在拉德瑞罗，1904 年成功开发了一个实验工厂。第一口地热井于 1919 年在日本钻探，1921 年在加州北部进行了间歇泉钻探。1958 年地热发电厂在新西兰投入使用，1959 年在墨西哥投入使用，1960 年在美国投入使用，后来在许多国家投入使用。

① 伊莎贝拉·纳尔迪尼（Isabella Nardini），德国弗劳恩霍夫能源基础设施和地热能研究所（Fraunhofer IEG）；电子邮箱：isabella.nardini@ieg.fraunhofer.de。

2　地热能技术与利用

地热能在全球范围内都可以找到，并不受外部条件的限制（而太阳能和风能则表现出较高的差异性和间歇性），而是取决于资源的深度和生产地热能的经济便利程度。人们对可再生资源的认识和兴趣日益增强，因此有必要统一地热资源的报告要求，以便在全世界范围内应用地热资源。由于没有国际公认的标准、指导方针或规范，地热评价的定义模糊性导致资源不确定性和投资风险增加，开发信心降低。除此之外，地热资源的分类高度依赖于不同的方法（即根据温度、用途、类型和状态、可获得性、发电量、储存热量、比能、可回收体积、可回收热量、可回收电力、净利润）（Falcone et al.，2013）。地热既可以用于生产清洁电力，也可以用于加热和冷却或用于工业。然而，对于发电来说，通常需要靠近火山活跃区的中高温资源。基于储层温度、流体类型（水或蒸汽）、应用和技术的简化方案如表 11.1 所示。

表 11.1　基于储层温度、流体类型、应用和技术的简化方案

储层温度	流体类型	应用	技术
高温 >150℃	水、蒸汽	发电、直接利用	● 干蒸汽发电 ● 单级 / 双级 / 三级闪蒸 ✿ 热交换器
中温 90℃ ~150℃	水	发电、直接利用	● 双循环发电 ✿ 热交换器 ✿ 地源热泵
低温 <90℃	水	直接利用	✿ 热交换器 ✿ 地源热泵 ✿ 直接利用

地热能利用一般分为发电和直接利用两类。深层地热技术通常利用更深（通常超过 2 千米）、更高温度的地热资源来发电，而地源热泵和直接利用地热技术则利用更浅、更低温度的地热资源来加热、冷却和进行工业应用。

2.1　干蒸汽发电厂

干蒸汽发电厂利用地下的蒸汽资源，其转换装置是一种蒸汽轮机，用于直接利用地下地热储层中产生的低压、大量流体。蒸汽通过地下井直接输送到发电厂，并被导入涡轮 / 发电机组中。干蒸汽厂通常使用冷凝式涡轮机，冷凝水被重新注入（封闭循环）或在湿式冷却塔中蒸发。该类型的地热发电厂使用 150℃或更高的蒸汽，规模为 8 兆瓦到 140 兆瓦不等（S&P Global Platts，2016）。

2.2　闪蒸汽发电厂

目前运行中最常见的地热发电厂是闪蒸汽发电厂，其转换设施类似于干蒸汽装置，然而，蒸汽是通过一种叫作闪蒸的分离过程获得的。闪蒸汽发电厂利用地热储层中极高温的水，这些水在自身压力作用下从地下井中向上流动。当水向上流动时，压力下降，一些热水沸腾成蒸汽，然后蒸汽从水中分离出来，被引导到涡轮机中。离开分离器的流体馏分，以及蒸汽冷凝物（湿式冷却系统中蒸发的冷凝物除外），通常被重新注入。如果压力降低，流体的温度就会下降，所以当井温大于180℃时，闪蒸汽发电厂的工作效果最好。闪蒸汽发电厂依规模分类，包括单闪电式（0.2~80兆瓦）、双闪电式（2~110兆瓦）或三闪电式（60~150兆瓦）（S&P Global Platts，2016）。

2.3 双循环发电厂

双循环发电厂需要较低温度的水。地热水通过热交换器在闭环中加热二次液体，通常是低沸点的有机化合物，即卡林娜循环（kalina cycles）中使用的氨/水混合物或有机朗肯循环（organic rankine cycle，ORC）中的碳氢化合物。通常，双循环发电厂使用100℃~170℃的资源，虽然也可以使用低于100℃的资源，规模从小于1兆瓦到50兆瓦不等（S&P Global Platts，2016）。

2.4 联合循环或混合发电厂

一些地热发电厂使用联合循环，其中添加了传统的朗肯循环，以利用从双循环中产生的废热发电（ORMAT，2017）。联合循环电厂的典型规模从几兆瓦到10兆瓦不等。混合地热发电厂使用与独立地热发电厂相同的基本原理，但在过程中结合了不同的热源，例如来自光热发电厂的热量。这些热量被添加到地热卤水中，增加了温度和输出功率。

地热发电主要依靠开发传统地热资源的技术，如干蒸汽发电厂、闪蒸汽发电厂、双循环发电厂、联合循环或混合发电厂。然而，随着高质量的常规资源越来越难获得，未来可能会通过增强型地热系统（Enhanced Geothernal System，EGS）的发展获得更深层次的资源。

2.5 增强型地热系统（EGS）

很大一部分地热潜力是储存在比常规钻探深度更深地层的热量。

EGS的原理是通过水力或化学增压来制造人工裂缝，连接生产井和注入井。增压是通过注入水（没有自然水流）和少量化学物质在高压及岩石深处形成或重新打开裂缝来完成的。EGS使用双循环装置利用热卤水发电，然后需要重新全部注回，以保持压力和产量稳定。在EGS储层创造和改造过程中，岩石可能会沿已存在的裂缝滑动并产生微地震事件，这是发展EGS的主要争议问题之一。

2.6 热泵和直接使用系统

地源热泵利用地下温度（20~100米深度的平均温度为14℃）与地下环境空气温

度之间的自然差异工作。地热水可用于许多需要热量的应用系统。在地热储层中钻一口井，就可以获得稳定的热水流。水通过水平或垂直井被举升上来，机械系统（管道、热交换器）将热量直接输送到预定的应用场景。然后，处理系统将冷却水注入地下或在地面上处置。热泵也可以反向工作，将建筑物周围空气中的热量转移到地下，从而有效地为建筑物降温。该系统的一个附加优势是，热水也可以使用相同的循环供应到建筑物。在热交换过程中，建筑物的多余热量在到达地面回路之前被转移到热水系统。加热水不需要额外的能量，也没有气体排放，因为一切都在一个封闭循环中。

除了用于建筑物供热和制冷的热泵系统和区域供暖，直接使用系统有广泛的应用，如温室作业、加热人行道和道路以融化积雪、热水供应、水产养殖，以及其他工业用途，如洗衣、烘干、生物过程、废弃物管理、度假村和旅游业中的水疗中心。通过一些应用，研究人员正在探索有效利用地热能发电的方法。

3　全球地热发电市场概况

图 11.1、图 11.2 和表 11.2、表 11.3 中显示的可再生能源发电装机容量数据代表了使用可再生能源发电的发电厂和其他转换设施的最大净发电能力。对于大多数国家，数据反映的是某一年的装机容量和并网容量。容量数据以兆瓦表示，发电量数据以吉瓦时表示。

过去 10 年，全球地热装机容量持续增长（见图 11.1）。到 2020 年，全球地热装机容量已达 14013 兆瓦，约占全球可再生能源装机容量的 0.5%。表 11.2、表 11.3 以及图 11.2 分别显示了不同国家和地区的地热总装机容量数据。由于印度尼西亚（2131 兆瓦）和菲律宾（1928 兆瓦）的显著贡献，亚洲占全球总地热装机容量的 32.4%，其次是日本（481 兆瓦）。北美洲占 24.9%，其中美国的贡献最大（2587 兆瓦）。欧洲占总装机

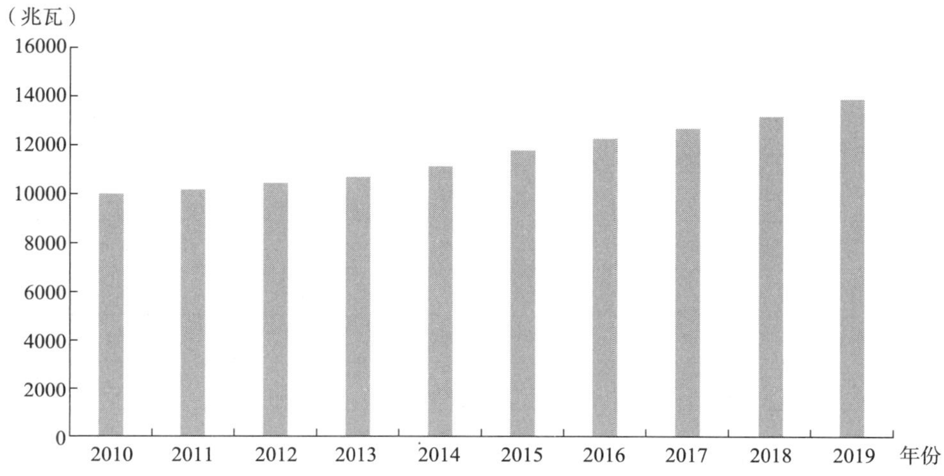

图 11.1　2010—2019 年全球地热总装机容量情况

资料来源：IRENA《可再生能源统计》（2021）。

容量的 11.8%，主要贡献来自意大利（797 兆瓦）和冰岛（756 兆瓦）。欧亚大陆（俄罗斯联邦和土耳其）占 12.1%，几乎全部集中在土耳其（1613 兆瓦），俄罗斯联邦（估计为 81 兆瓦）贡献很小。在大洋洲，贡献最大的是新西兰（984 兆瓦）。非洲国家占总装机容量的 5.9%，主要集中在肯尼亚（824 兆瓦）和埃塞俄比亚（7 兆瓦）。中美洲和加勒比地区主要涉及哥斯达黎加（262 兆瓦）、萨尔瓦多（204 兆瓦）和尼加拉瓜（153 兆瓦）。南美洲的地热装机容量完全集中在智利（40 兆瓦）。

表 11.2　2020 年全球各地区地热装机容量

地区	地热装机容量（兆瓦）	占比（%）
亚洲	4540	32.4
北美洲	3492	24.9
欧洲	1652	11.8
欧亚大陆	1695	12.1
大洋洲	1040	7.4
非洲	831	5.9
中美洲和加勒比	723	5.2
南美洲	40	0.3
总计	14013	100.0

资料来源：IRENA《可再生能源统计》(2021)；IRENA 问卷；官方数据；行业协会报告；其他报告和新闻。

表 11.3　2020 年全球各国地热装机容量

国家	地热装机容量（兆瓦）	占比（%）
美国	2587	18.5
印度尼西亚	2131	15.2
菲律宾	1928	13.8
土耳其	1613	11.5
新西兰	984	7.0
墨西哥	906	6.5
肯尼亚[a]	824	5.9
意大利	797	5.7
冰岛	756	5.4
日本	481	3.4
其他	1006	7.2
总计	14013	100.0

资料来源：IRENA《可再生能源统计》(2021)；IRENA 问卷；官方数据；行业协会报告；其他报告和新闻。
a 表示数据根据 IRENA 收集到的数据推测得到。

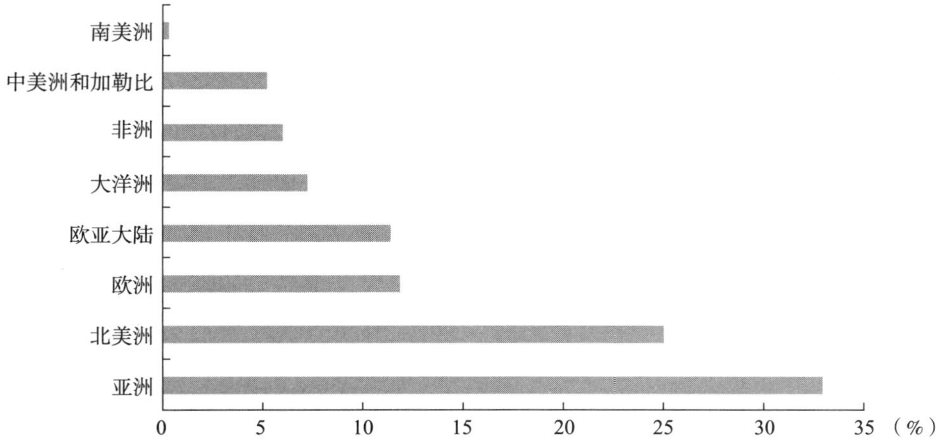

图 11.2　2020 年各地区地热装机容量占比

资料来源：IRENA《可再生能源统计》(2021)。

相应地，全球地热发电量也由 2011 年的 69856 吉瓦时增长到 2019 年的 92047 吉瓦时。

截至 2020 年底，欧洲共有 139 座地热发电厂，地热发电容量为 3.5 吉瓦。2020 年，土耳其已经成为世界上最活跃的地热发电市场，共有 8 座新建电厂，增加了 165 兆瓦的地热发电装机容量。此外，土耳其政府确认放宽上网电价政策为 2025 年或之前投产的项目（EGEC，2020），盈利能力推动地热发展。欧洲地热发电市场仍然由意大利和冰岛主导，两国的地热发电潜力巨大，可以满足甚至超过许多国家的实际电力需求。欧盟成员国的国家能源和气候计划（National Energy and Climate Plans，NECPs）显示，其目标是到 2030 年达到 8 太瓦时当量的发电量。

欧洲是地热区域供暖和制冷的全球主要市场。2019 年，25 个欧洲国家新增地热区域供暖和制冷能力为 5.5 吉瓦，对应 327 个系统。到 2020 年，共有 350 个地热区域供暖和制冷系统正在运行，还有 232 个正在开发，预计 2025 年投入运行（EGEC，2020）。欧洲地热区域供暖和制冷的现状反映了人们对这种可再生资源的强烈兴趣，以及在欧洲几乎所有地方实施地热区域供暖和制冷的可能性。荷兰仍然是欧洲深层地热供暖和制冷的增长市场。

欧洲地热热泵市场已实现安装 200 万台的里程碑，正在成为一些国家或地区的主要供暖和制冷解决方案。欧洲成熟的热泵市场包括德国、法国和瑞士。在气候较冷的国家，热泵市场更接近成熟，瑞典是唯一有资格成为成熟市场的国家。

4　地热能成本和地热发电厂融资

从最广泛的意义上讲，地热项目的总成本不仅取决于地质环境，还在很大程度上取决于从国家到地方的市场和政策。然而，所有项目都受共同的经济因素影响，如燃料（资源类型）、转换技术、商业模式和融资。支出基本上分为地面基础设施和作业成本以及地下活动投资。地面投资包括地面勘探和资源评价的成本以及转换技术的成本（转换设施和相关地面设备的设计和建造，如具有所需变压器和输电线路的发电厂、道路、建筑物），而地下投资主要是钻井（勘探井、生产井和注水井）投资。虽然地面投资的预测具有一定的准确性，但钻井投资的不确定性较高。低温地热开发的钻井投资通常为总成本的10%~20%，而高温地热的钻井投资通常为总成本的20%~50%。尽管钻井投资对总成本有很大影响，但地热开发的不确定性不能完全归咎于钻井投资。

地热发电厂的典型投资从2000美元/千瓦到6000美元/千瓦不等（取决于地点）。近期项目的数据显示，2020年全球加权平均总装机容量投资为4468美元/千瓦，略低于2019年水平，但与过去4年的平均水平基本一致。

地热发电厂的LCOE通常依据安装投资、运维成本、经济寿命和加权平均资金成本来计算。2020年全球已投产地热发电厂的LCOE为0.071美元/千瓦时，较前几年略有下降（IRENA，2021）。地热项目的运维成本很高，因为需要定期对生产井进行作业，以保持液体流动，从而维持生产。

相对于所有其他可再生能源，地热发电厂的容量因子是最高的，通常预期在70%~90%的范围内，但考虑到25年的经济寿命，其使用寿命容量因子将在很大程度上取决于井的表现和维持生产井和钻新井的持续投资，因为储层对流体的提取和回注会作出反应。

预计地热技术成本将持续下降到2050年（Sigfusson and Uihlein，2015）。地热发电厂的经济效益可以通过开发诸如二氧化硅、二氧化碳和其他化学物质等副产品来提高。

由于勘探和钻探成本高，地热发电厂的开发是资本密集型的，因此很难获得银行贷款。又由于地热勘探被认为是高风险的，开发商通常需要获得某种类型的公共融资。这种风险源于这样一个事实，即发现资源之前，也就是在确定项目盈利能力之前需要资金。政策制定者可以通过应用经济和金融政策工具，例如钻井投资分担和保险计划等来降低私营开发商的风险和资生成本；或者与开发商共享数据（包括国家或地方政府拥有的地震、裂缝和深井数据）。

5 地热能展望

从目前的化石能源系统向可持续能源系统的过渡需要进一步突破可再生能源技术。地热能潜力巨大，可在全球范围内使用。由于地热资源的某种独特性，地热发电与其他可再生能源发电技术有很大不同。地热是一项成熟的、经过商业验证的技术，随着技术和工艺的进步，到2050年，其竞争力将越来越强。此外，地热能的优点不仅是在不同的工厂配置中发电，而且可在工业中直接应用热量来加热和冷却。在减缓全球气候变化、增强国家能源安全、增强经济竞争力等方面，地热完全有能力发挥重要作用。

初始勘探和钻井涉及重大风险，但有利的监管环境（包括税收优惠政策、土地许可以及资源开发许可的法律框架可以大大促进该行业的进一步发展。此外，地热发电不仅是一种清洁的可再生能源，而且还适用于基本负荷发电，有潜力成为地方电网系统的支柱。

参考文献

[1] EGEC (2020) –EGEC Geothermal Market Report 2020.

[2] Falcone, G., Gnoni, A., Bob Harrison, B., Alimonti, C. (2013). Classifcation and Reporting Requirements for Geothermal Resources. European Geothermal Congress 2013, Pisa, Italy, 3–7 June 2013.

[3] IRENA (2021), Renewable Energy Statistics 2021 The International Renewable Energy Agency, Abu Dhabi.

[4] IRENA (2021), Renewable Power Generation Costs in 2020, International Renewable Energy Agency, Abu Dhabi.

[5] ORMAT, (2017). Combined Cycle Units Geothermal Power Plants, ORMAT.

[6] S&P Global Platts (2016). "UDI World Electric Power Plants Data Base", https://www.platts.com/products/world–electric–power–plants–database.

[7] Sigfusson, B., Uihlein, A., (2015). 2015 JRC Geothermal Energy Status Report, EUR 27623 EN; https://doi.org/10.2790/757652.

第 12 章　潮汐能与波浪能发电

杜茹瓦·巴特纳格尔　丹妮尔·裴修素　丽贝卡·奥尼尔[①]
简·阿拉姆、萨普塔什·巴塔查里亚、萨麦德·哈尼夫亦有贡献

1　引言

海浪和潮汐具备满足很大一部分世界能源需求的潜力。水的密度比空气大，海洋的力量更强大，世界各地的海洋环境附近都人口密度大、电力负荷重。然而，迄今为止，海洋能源资源开发技术的商业化仍然有限，2018 年全球海洋能仅发电 1.2 太瓦时，而全球电力需求却有 23000 太瓦时（IEA，2019a，2019b）。

目前，海洋能设备的成本和技术不确定性是阻碍其进一步发展的最主要因素。但是，随着可再生能源技术逐步成熟，以及在政策扶持、经济发展、发电补贴、扎实研究和开发规划的联合支持下，海洋能技术越来越有希望实现商业化。

本章讨论了迄今为止海洋能项目的发展、部署和运营的经济性以及未来商业化路径。海洋可再生能源技术包括一系列的设备，如海洋热能转换技术和洋流发电装置等，但本章重点介绍潮汐能和波浪能。

2　资源、技术、部署

潮汐能捕集装置和波浪能转换器（Wave Energy Converters，WECs）在设计、规模、开发和技术水平方面存在很大差异。鉴于此两种能源在经济潜力方面最有用的共同特征是其资源禀赋和产生情况。

2.1　潮汐能设备

潮汐通常受地球自转、天体与地球的相对位置以及当地的水深等（即海洋深度和地形）影响而形成。潮汐是双向的，但通常是一维的，因为潮汐通常沿着一个矢量方向涨落。潮汐能装置可以安装在海底并升举到水流中，也可以悬浮在海面上。归根结底，潮汐的速度决定可以利用的能源规模。

① 杜茹瓦·巴特纳格尔（Dhruv Bhatnagar）、丹妮尔·裴修素（Danielle Preziuso）、丽贝卡·奥尼尔（Rebecca O'Neil），美国西北太平洋国家实验室；电子邮箱：Rebecca.ONeil@pnnl.gov；https://www.pnnl.gov/marine-energy；https://www.pnnl.gov/projects/marine-energy-grid-value。

最简单同时也是最主流的潮汐能设备是水平轴流式涡轮机，它大致类似于水平轴风力涡轮机，并以类似的方式运行。其他类型的设备也正在开发中，包括潮汐风筝、振荡水翼、导管涡轮机和螺旋涡轮机（Roberts et al.，2016；U.S.Department of Energy，2015）。潮汐堰则不同于以上技术，它根据潮汐涨落高度的变化来捕集能量，而不是从水平方向捕集潮流的动能，此项技术已经实现商业化应用几十年。潮汐能会发生变化，但其变化的可预测性很高，不像其他可再生资源（如风能和太阳能）需要开展广泛的短期预测和进行能源储备来应对天气变化的影响。潮汐运行的模式通常符合正弦规律，但在短距离内强度和模式可能发生巨大变化。在距离不到 20 英里的情况下，一日之内美国西北部华盛顿州的阿德默勒尔蒂湾的最大流速可以是塞奎姆湾最大流速的两倍多，并且随着时间的推移，相应资源模式呈现出显著不同的情况，如 12.1 所示。

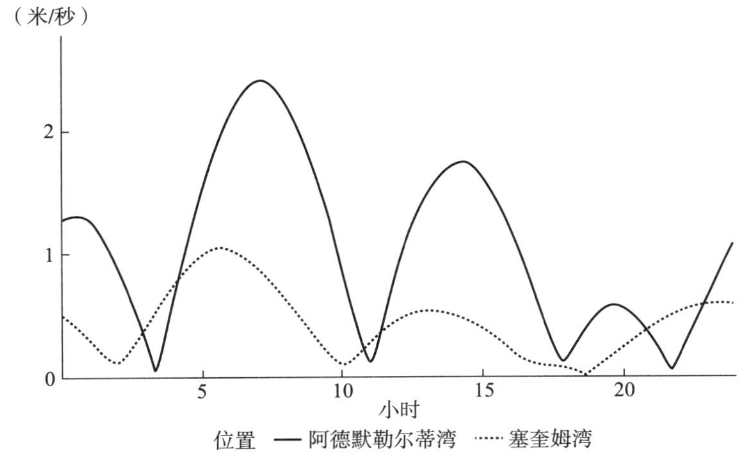

图 12.1　美国华盛顿州阿德默勒尔蒂湾和塞奎姆湾的潮流速度

资料来源：美国潮流能生产潜力分析（Hass et al.，2011）。

2.2　潮汐能设备部署

尽管潮汐能设备还没有实现公用事业规模的发展，但已经成功地进行了并网部署和原型试验。迄今为止最先进的潮汐能涡轮机设备是 SIMEC 亚特兰蒂斯能源公司的 SeaGen 设备，该设备安装在英国北爱尔兰的斯特兰福德湖，并于 2008 年并网（MacEnri et al.，2013）。在使用期限内，这个 1.2 兆瓦的系统产生了超过 11.6 吉瓦时的电力，在 2019 年设备完全退役之前，电力由 ESB Independent Energy 公司通过 PPA 购买（SIMEC Atlantis Energy，2019；Renewable Technology，2017）。

近年来，欧洲海洋能源中心（EMEC）主持搭建和测试了几个原型机，包括轨道海洋动力公司的 SR2000 潮汐能涡轮机，该涡轮机于 2016 年启动研发，2 兆瓦浮动双涡轮系统在 EMEC 运行的前 12 个月里，产生了超过 3 吉瓦时的电力（Orbital Marine Power，2020）。北美地区也开展了试点项目，2019 年 2 月可持续海洋能源公司（Sustainable Marine Energy）在加拿大新斯科舍省的 Grand Passage 测试了其 280 千瓦的

PLAT–I 潮汐能平台。截至目前，该项目已成功发电，对海洋生物也没有明显的负面影响，但尚未正式并网（Sustainable Marine Energy，2019a）。

2019 年 9 月，可持续海洋能源公司宣布已获得新斯科舍省能源和矿产部的许可，通过 PPA 向新斯科舍省电力公司（Nova Scotia Paver）出售电力。该公司将与 Minas tidal LP 公司在芬迪湾开发 9 兆瓦的潮汐能发电项目（Sustainable Marine Energy，2019b）。2018 年 11 月，法罗群岛的电力公司 SEV 与 Minesto 签订了一份 PPA，部署两个潮汐风筝装置。欧盟委员会的 SME 仪器计划在 2019 年 6 月向 Minesto 和 SEV 资助 250 万欧元，用于支持 Minesto 设备的安装。截至 2020 年 4 月，作为深绿岛模式项目（Deep Green Island Mode Project）的一部分，位于韦斯特曼纳群岛的两个潮汐风筝项目的所有选址许可都已获得批准（Minesto，2020a）。

2.3 波浪能转换器（WEC）

波浪是一种本身就不稳定的能量。海洋表面的波浪是由风在海洋上的运动产生的，一旦产生，可以传播很远的距离。当它们到达一个远离源头区域的位置时，被称为浪涌。虽然波浪的峰值强度和平均强度变化很大，但也表现出了季节性特征，可以按振幅、相位和方向来分类。

与潮汐能设备不同，WEC 设备的设计多种多样（Falcão，2010；Drew et al.，2009）。点吸收器、振荡浪涌装置、衰减器和振荡水柱是最常见的设备类型，前三种技术通常由一个或多个部分组成，通过与参考系（例如海床）之间由波浪引发的相对平移运动和 / 或旋转运动来产生能量。振荡水柱与这些装置不同，它是由约束在一个水柱上的气柱组成的，因波浪运动而造成的水柱起伏，使得空气进入涡轮机而产生能量。大多数设备都是将波浪转化为电力，即在单个设备中产生电力，然后在阵列电缆中聚集，并通过输出电缆将电力传输到岸上。其他液压装置是为近岸环境设计的，能将海水泵入岸上的发电设备。

2.4 波浪能转换器部署

与潮汐能设备一样，WEC 尚未实现商业化开发，但各种各样的 WEC 早已在世界各地进行部署和测试，其中许多已并入当地电网。2011 年，在西班牙公用事业公司 Ente Vasco de la Energía 的支持下，一个集成在防波堤上的 300 千瓦振荡水柱系统在西班牙穆特里库港口成功部署。该系统也是世界上第一个测试的多涡轮 WEC 系统（IEA—Ocean Energy Systems，2016）。在澳大利亚，卡内基清洁能源公司（Carnegie Clean Energy）已经成功部署了几个试点项目。在花园岛附近部署的珀斯（Perth）项目包含 3 个完全浸入的浮标设备，并与电网相连，已连续运行 12 个月。该项目包括一个海水淡化厂以生产淡水，澳大利亚国防部就该项目电力供应签订 PPA（Sawyer，2017）。在北美部署的 WEC 也已并入电网。18 千瓦 Azura 技术项目由西北能源创新公司（Horthwest Energy Innovations）于 2015 年在夏威夷美国海军波浪能试验场部署，是美国首个 WEC 并网设备。

3　成本驱动因素

3.1　技术成本驱动因素

与其他现有发电技术相比，波浪能和潮汐能设备的预期部署成本相对较高。如上所述，已部署的项目主要是小规模项目或试点项目，旨在测试水下技术、电力生产、与海洋环境的相互作用以及与电力系统的集成。项目的设备开发是一个定制化的过程，产业尚未实现制造标准化、供应链统一以及海洋交叉领域的规模经济和有效利用，这将导致建造成本的增加和工期延误。

海洋作业环境也带来了特殊的危险，相应地增加了新的和不可避免的成本。盐水中含有的矿物质会腐蚀材料和涂层。水生生物与设备相互作用，会引起环境问题并触发监管要求。波浪能装置被专门设计成包含外露机械的移动设备，不断变化着浸没水平。潮汐能和波浪能设备需要特殊保护，比如高级涂层、耐腐蚀材料或保护外壳。由于需要定制的供应链、专用船舶和设备，并且作业窗口期也有限制，这些设备在海洋中的部署可能会受到限制。技术开发人员必须设计出能够承受巨大和多个方向力的设备。世界各地的研发促进了以降低成本为目标的战略投资（U.S.Department of Energy，2019b；IEA，2019b）。单个波浪能转换设备的功率输出能力必须明显高于平均水平，从而能够应对高强度的自然波动（Yu et al.，2018）。

3.2　系统成本：平准化度电成本

LCOE 是比较不同发电技术成本效益最常用的指标。例如，经常被引用的拉扎德估计（Lazard Estimats），就是以 LCOE 为基础来比较不同技术（Lazard，2019）。与单位额定功率的安装成本等简单指标相比，LCOE 考虑了实际发电量，能够更全面地描述一个能源项目。

LCOE 指标代表了项目全周期成本的现值与在整个周期中发电量的比率。LCOE 的单位是每单位电量的货币单位，在美国是美元每千瓦时。计算公式如下：

$$LCOE = \frac{\text{发电成本（全周期内资本投资和运维成本）}}{\text{总发电量}}$$

这个指标考虑了项目成本随时间的变化，而可再生能源项目的选址决定了资源的强度和可利用的能源。能源产量的差异影响了 LCOE 方程的分母：项目每年生产的能源越多，电力成本就越低。当政府想要鼓励新技术时，LCOE 是重要的衡量标准，可以衡量哪些创新技术更具有商业可行性，以及是否可以在未来几年进行投资。

小型和早期开发的潮汐能项目的 LCOE 约 400~800 美元 / 兆瓦时（Jenne et al.，2015；IEA-OES，2015），波浪能项目约 250~2000 美元 / 兆瓦时（IEA-OES，2015）。相比之下，太阳能约 49 美元 / 兆瓦时，风能约 57 美元 / 兆瓦时，加州联合循环天然气发电厂约 119 美元 / 兆瓦时（Neff，2019）。

波浪能和潮汐能的 LCOE 变化范围较大，也反映在电力公用事业部门规划文件中的估计数上。回顾美国公用事业综合资源计划（Integrated Resource Plans，IRP）来看，随着估计数预测至 2019 年，潮汐能和波浪能发电的成本比例范围都超过了 6 ： 1。海上风电的范围小一些，比例为 5 ： 1。但是，成本比例所用到的数据点较少，潮汐能只有 4 个观测值，而海上风电和波浪能有 8 个观测值，见图 12.2。

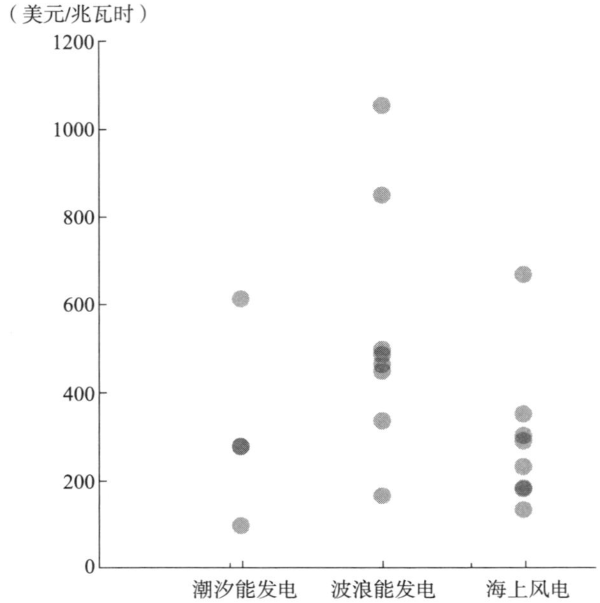

图 12.2　美国公用事业综合资源计划报告中潮汐能、波浪能和海上风电的 LCOE（按照 2019 年可比价格）

注：数据点是半透明的，那些较暗的数据点表示在该点的 LCOE 涉及多份 IRP 的报告。

潮汐能和波浪能发电的 LCOE 估算数比其他发电方式要高一个数量级。由于潮汐能和波浪能设备还没有实现商业化，而且预测波动范围较大，这些成本仍然是猜测值，不被认为是可靠的对标值或是衡量未来平均成本的可靠标准。太阳能电池板和风力涡轮机在发展早期阶段都有类似的高 LCOE 情况。2010 年，全球公用事业规模的太阳能光伏（PV）发电的加权平均 LCOE 约为 370 美元 / 兆瓦时。自那时以来，该 LCOE 水平下降了 77%（IRENA）。

研究表明，波浪能设备具有与海上风电项目在同一个厂址开发的潜力，因为发电资源可以互补，共同开发方式可降低两种能源资源的单位生产成本（Reikard et al.，2015；Chozas et al.，2012）。同样，储能特别适合与潮汐能项目搭配使用。潮汐能固有的可预测性和周期性，使其能够很好地与存储容量有限的储能设备耦合工作。搭配储能的模式可以减少电力输出随时间的波动，从而提高潮汐能项目的竞争力。然而，引入储能设备会增加项目成本，并且由于充放电效率问题会略微减少设备在现场的净发电量（Zhou et al.，2013；Ben Elghali et al.，2019）。

虽然 LCOE 被广泛使用，并覆盖了可再生能源项目的经济周期，但它仍不能完整地展现特定能源项目的价值。LCOE 未能体现出发电项目的其他潜在价值，最明显的是对电网运行至关重要的服务（The University of Texas at Austin Energy Institute，2020；Ueckerdt et al.，2013）。在过去，当能源系统完全由可调度的资源组成时，能源输出可以被调节以满足负荷需要并且技术属性变化很小，例如运行了几十年的大型中央规模化发电厂，需要大致类似的土地和燃料供应，LCOE 是直接比较各种技术的合适指标。如今，人们越来越认识到技术属性和差异化的范围，以及对电网可靠性的贡献，而不仅仅是需要测量和计算的简单能量。

从简单成本的角度来看，海上能源项目总是难以与陆上能源项目竞争。因此，潮汐能和波浪能资源在未来电网中的经济竞争力可以通过这些资源的独特价值和属性来评估，而不仅仅是成本。为了研究潜在的未来市场和经济机会，本章的剩余部分将讨论潮汐能和波浪能设备为全球能源系统提供的独特或具有竞争力的价值。

4　经济价值：相关市场和应用

尽管在海洋环境中的运行存在费用问题，但波浪能和潮汐能资源在特定的市场中可能会有一些竞争优势。很多市场适合部署此类项目，特别是偏远及岛屿社区、军事基地以及电网受限或者可再生能源渗透率很高的电网系统。另外，海洋船舶应用也可能会提供一些市场机会。

4.1　偏远及岛屿社区

潮汐能和波浪能在电力成本高且难以获得持续燃料供应（如柴油）的地区更有前景。这些地方通常是偏远及岛屿社区，电网比较少。

岛屿和沿海社区往往最容易受到气候变化的影响，并有强大的动力向更清洁的能源转型（Dornan and Shah，2016）。除了提供清洁能源外，在偏远社区开发可再生资源还可以在创造就业、经济发展和减排方面带来好处（Shirley and Kammen，2013）。潮汐能和波浪能资源有助于避免化石能源的影响，并解决与其他可再生技术集成相关的挑战（太阳能或风能的可变性、间歇性和缺乏可预测性）。研究表明，海洋能可以减少向偏远沿海地区输送能源方面的投资（Robertson，2010；Moazzen et al.，2016）；作为一种可预测的能源资源，海洋能只需要一小部分集成成本，便可以和其他资源进行整合；为了实现可再生能源的高物理渗透水平，具有冬季峰值的资源（如海洋能）可能是有价值的。在投资组合中使用海洋能增加了资源的多样性，降低了电网和燃料供应中断的脆弱性以及燃料价格波动的风险。

下面的例子突出了潮汐能和波浪能设备的独特价值，并说明了更广泛的潜在市场机会。

4.1.1 法罗群岛（资源互补）

法罗群岛的公用事业公司 SEV 对潮汐能的使用进行评估，把潮汐能作为实现 100% 可再生能源发电组合的一部分。SEV 发现，潮汐能可持续且可被预测，是其他季节性变化资源，即风能、水力发电和太阳能光伏发电的补充。SEV 预测，这些资源与抽水蓄能和电池相结合，可以成功且可靠地实现 100% 的清洁发电组合。否则，实现 100% 的清洁发电组合将需要大量、过度开发风能和太阳能（Katsaprakakis et al.，2019）。该公司目前正在进行前面提到的试点项目，以展示潮汐能的应用价值；如果项目成功，将使用更大的潮汐能涡轮机组继续扩大试验（Minesto，2020b）。

4.1.2 阿拉斯加（燃料供应和资源可用性）

美国阿拉斯加州有几个偏远社区，其中许多社区没有连接到大型电网，能源自给自足，主要或完全依赖柴油发电（Beatty et al.，2010）。人们对使用可再生能源为这些社区提供可靠和不依赖燃料的电力非常感兴趣，从而减少因燃料成本高（由于运输）和供应链不确定性而导致的高成本柴油电力。受天气或其他因素影响，柴油运输可能会中断，因此使用当地可靠和可用的资源，具有潜在的弹性效益。阿拉斯加的 Igiugig 社区已经部署了一种类似潮汐能的河流能装置，Yukatat 社区正在评估一种波浪能转换器，测试这些资源的电力供应情况，以减少对化石能源发电的依赖（Alaska Center for Energy and Power，2016；ORPC，2020）。

4.1.3 加勒比及印度洋岛屿（土地用途）

波浪能和潮汐能设备的另一个优点是占地面积小，仅有电缆和岸上并网的辅助设施。在岛屿上，土地是稀缺的，使用土地要面临竞争。为了实现气候目标，可再生资源将显著增加，在可用土地较为稀缺的地区，可再生能源海上选址的效益将越来越大。在 2017 年的加勒比公用事业公司的综合资源计划中，Pace Global 发现了利用海洋能，特别是海洋热能转换（OTEC）技术的优势，因为与其他资源相比，开发海洋能源所需的土地要少得多（Pace Global，2017）。同样，塞舌尔能源委员会批准了一份为期 25 年的 PPA，将在马埃岛附近的湖上开发一个 4 兆瓦的漂浮式太阳能发电项目；非洲法律支持机构指出，该发电项目能提供清洁电力，同时避免了岛上土地资源限制的挑战（Bellini，2020）。

4.2 军事基地

世界上有几个偏远的军事基地：在一个国家的大陆边境内但没有并网的偏远哨所，或者岛屿或另一个国家的领土上的偏远哨所。能源对于军事行动至关重要，这些基地需要时刻保证有可靠的电力，特别是在恶劣天气和军事冲突期间，而这些基地往往面临严重依赖柴油供给的问题（Defense Science Board，2016）。同样，有许多连接了电网的基地依赖于电网供电，在突发事件中电力容易中断（Samaras et al.，2019）。例如，2011 年 4 月，一场龙卷风使美国陆军位于阿拉巴马州亨茨维尔的红石兵工厂基地停电

8 天，导致基地关闭，而关键活动需要依赖柴油备用发电机。到最后，发电机几乎耗尽了燃料储备（Marqusee et al.，2017）。

最近，军队开始探索使用替代资源，特别是具有储能功能的可再生资源，以减少对柴油的依赖，这不仅减少了成本和排放，而且实现了在柴油供应短缺的情况下确保持续作战的目标（Samaras et al.，2019）。潮汐能和波浪能装置由于可预测性和周期性，可以作为化石发电的替代品，例如，在微电网中与间歇性可再生技术和储能结合使用来支持用能负荷。此外，潮汐能和波浪能设备可以提供比太阳能或风能更高水平的不间断供电，以此来提高能源供给的韧性（Newman，2020）。图 12.3 使用微电网调度模型显示了这种价值。箱型图显示了在 100 次不同断电时间的微电网模拟中，使用潮汐能资源而非太阳能光伏资源为微电网供电时，为满足 100% 电力需求，相应的可再生能源容量、电池容量、柴油发电机容量和柴油燃料消耗的百分比。

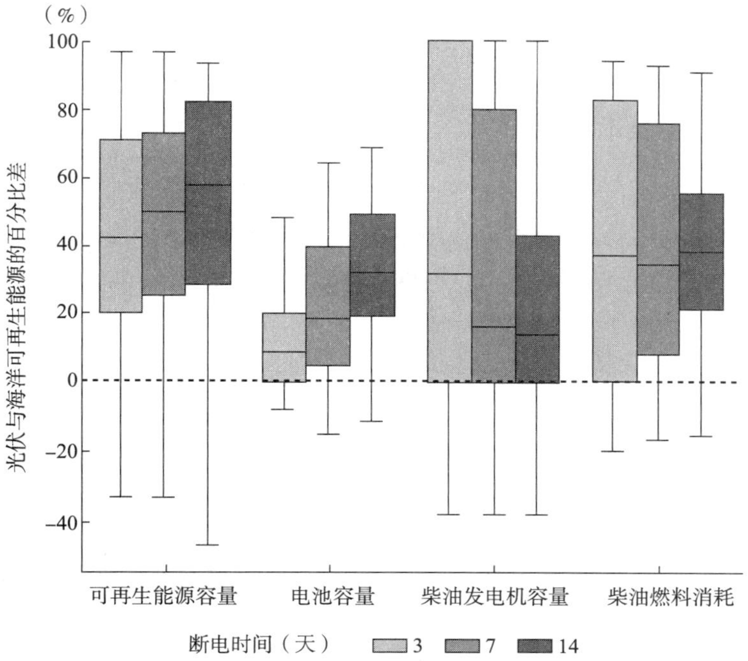

图 12.3　可再生能源容量、电池容量、柴油发电机容量下降比例的变化情况

资料来源：Newaman（2020）。

4.3　电网受限和可再生能源渗透率高的电网

电源可以地处距离大型和偏远沿海负荷中心很远的地方，这意味着需要输电基础设施来确保长距离可靠电力输送。沿海地区的输电服务可能受到容量限制，使得电力系统难以新增电力负荷，从而抑制了经济增长。安装新的输电基础设施成本高且空间受限（ScottMadden，2020）。此外，沿海输电和配电线路可能发生单点故障，如果线路突然不能使用，则难以为这些社区提供电力（Hasan et al.，2013）。我们在美国北卡罗来纳州的沿海城市看到了这样的例子，在那里，飓风等极端天气和不可预见的突发事件会导致主要旅游景点大范围停电（Bohatch，2017；Dalesio，2014）。

将潮汐能和波浪能装置安置在这些电网受限的地区，既可以提供清洁的可再生能源，也可以为电力系统带来好处，例如推迟或减少对配电和输电系统的投资，提供辅助服务（例如频率和电压支持），以及提升当地的电力质量效益。同时还能支持能源有限地区的经济发展（Oregon Department of Energy，2012）。最后，实现可再生能源目标所需的基础设施建设，特别是当政策提出资源就近原则，例如直接连接到一个州或特定公用事业的电力系统时，有可能会需要使用过量的土地，这时就为潮汐能和波浪能创造了另一个机会（ScottMadden，2020）。

波浪能和潮汐能的输出比太阳能或风能更容易预测。这一优势使潮汐能和波浪能资源能够以其他的方式为电网提供效益，包括提供最佳数量的补充资源、配电和输电系统管理，以及减少运营储备成本。波浪能和潮汐能的电力输出特性可以在年度、季度和日度为风能和太阳能资源提供补充。随着可再生能源发电水平越来越高，海洋能将弥补电网中的资源缺口。更广泛的多元可再生能源组合带来了地理上的多样性，提升了资源丰度，并降低了可靠性风险。

4.3.1 苏格兰（储能集成）

2018 年，新星创新公司将特斯拉电池存储系统与苏格兰设得兰群岛潮汐能阵列集成在一起，扩大了当地的发电能力（Renewable Energy Magazine，2018）。该系统在电力生产高峰期间存储多余的潮汐能，然后在低电力或无电力生产期间释放存储的潮汐能。由于电力产量特征相对平缓，该设施被称为世界上第一个“基础负荷”的潮汐能设施（Nova Innovation，2019）。

通过与储能系统相结合，潮汐能或波浪能设施的可控性更好，并且实现了规模化可调度的电力生产。研究人员探索了非电池储能解决方案与海洋能的耦合。一种利用潮汐能装置原型搭配小型电解槽的系统被研发出来，通过潮汐能设备生产的电力进行电解水制氢（H_2），氢气产能可达 220 千克 / 天（ITM Power，2017）。当电力需求增加时，该系统产生的氢气可用于发电，使用时间可能比当前标准商业电池技术 4 小时的时限长得多。该系统还可为燃料电池车辆和其他运输系统供氢（U.S. Department of Energy，2019a）。这些发展表明，将海洋能设备与各种类型的储能结合起来可以创造新的价值。

4.3.2 澳大利亚（可再生能源融合）

随着澳大利亚在其电力系统中部署越来越多的可再生资源，该国已经意识到整合这些可再生能源需要技术和多元资源的支持。利用波浪能和潮汐能可以通过减少能源生产曲线的变化，来降低电力系统容量和平衡要求。这种多样性方式能够提供自然的恢复能力：地理上能源生产越具多样性，系统被意外事件干扰的可能性就越小。随着可再生能源的部署水平越来越高，季度和日度发电量的不稳定情况将给系统可靠性管理带来重大挑战。相比之下，波浪能在不同季节能保持稳定的电力生产，可以填补发电缺口，以此提供可靠的电力服务。澳大利亚联邦科学和工业研究组织评估了澳大利亚的波浪能潜力，发现该国南部海岸线的能源资源可满足澳大利亚全部能源需求的 11%（CSIRO，2020）。

4.4 为蓝色经济提供动力

近期来看，推动波浪能和潮汐能技术商业化的战略路径是针对现有和新兴海洋产业部门的电力需求进行开发，即发展"蓝色经济"。为了满足海洋产业的电力需求，需要有针对性地开发具有专业特点的小规模技术，以适应海洋环境的需求。这些市场包括海洋观测、海水淡化、海洋矿产和水产养殖（LiVecchi et al.，2019）。虽然这种方法可以促进海洋能技术的商业化，但在上述情况下，最大的经济机会仍然是为传统电网服务。

5 结论

考虑到潮汐能和波浪能的资源规模，以及政策对更清洁、脱碳电力系统的推动作用，潮汐能和波浪能将在世界各地部署并实现商业化。在清洁能源资源选择有限的环境中尤其如此，部署海洋能技术将在这些地方产生额外的价值，而有些地方的电网也需要潮汐能和波浪能的独特属性。

本章的研究由美国能源部水力技术办公室（Water Power Technologies Office）直接提供支持，特此致谢。

参考文献

［1］ Alaska Center for Energy and Power. 2016. "Yakutat Wave Energy Resource Assessment." Alaska Center for Energy and Power. Accessed May 18. http://acep. uaf.edu/projects-(collection)/yakutat-wave-energy-resource-assessment.aspx.

［2］ Azzellino, Arianna, Vincenzo Ferrante, Jens Peter Kofoed, Caterina Lanfredi, and Diego Vicinanza. 2013. "Optimal siting of offshore wind-power combined with wave energy through a marine spatial planning approach." International Journal of Marine Energy 3–4: e11–e25. https://doi.org/10.1016/j.ijome.2013.11.008, http://www.sciencedirect.com/science/article/pii/S2214166913000349.

［3］ Beatty, Scott J., Peter Wild, and Bradley J. Buckham. 2010. "Integration of a wave energy converter into the electricity supply of a remote Alaskan island." Renewable Energy 35 (6): 1203–1213. https://doi.org/10.1016/j.renene.2009.11.040, http://www.sciencedirect.com/science/article/pii/S096014810900528X.

［4］ Bellini, Emiliano. 2020. "Quadran International wins Seychelles tender for large-scale floating PV with bid of $0.095/kWh." PV Magazine. Last Modified January 10 2020. Accessed May 18. https://www.pv-magazine.com/2020/01/10/quadran-wins-seychelles-tender-for-large-scalefloating-pv-with-bid-of-0-095-kwh/.

[5] Ben Elghali, Seifeddine, Rachid Outbib, and Mohamed Benbouzid. 2019. "Selecting and optimal sizing of hybridized energy storage systems for tidal energy integration into power grid." Journal of Modern Power Systems and Clean Energy 7 (1): 113–122. https://doi.org/10.1007/s40565-018-0442-0.

[6] Bohatch, Emily. 2017. "No light in sight: North Carolina barrier islands could be with-out power for weeks." USA Today. Last Modified July 28, 2017. Accessed September 23. https://www.usatoday.com/story/news/2017/07/28/north-carolina-barrier-islands-without-power-no-timeline-restoration/519972001/.

[7] Bryden, I. G., and D. M. Macfarlane. 2000. "The utilisation of short term energy stor-age with tidal current generation systems." Energy 25 (9): 893–907. https://doi. org/10.1016/S0360-5442(00)00020-7, http://www.sciencedirect.com/science/article/pii/S0360544200000207.

[8] Carnegie Clean Energy. "CETO 5—Perth Wave Energy Project." Carnegie Clean Energy. Accessed June 17. https://www.carnegiece.com/project/ceto-5-perth-wave-energy-project/.

[9] Chozas, Julia Fernandez, H. C. Sørensen, and N. E. Helstrup Jensen. 2012. Economic Benefit of Combining Wave and Wind Power Productions in Day-Ahead Electricity Markets.

[10] Cooke, A.L., R.S. O'Neil, and D.C. Preziuso. 2020. Review of Marine Renewable Energy in Integrated Resource Plans. PNNL-29862. Richland, WA: Pacific Northwest National Laboratory. (Anticipated.).

[11] CSIRO. 2020. "Wave Energy in Australia." CSIRO. Last Modified April 29 2020. Accessed May 18. https://www.csiro.au/en/Research/OandA/Areas/Marine-technologies/Ocean-energy/Wave-energy.

[12] Dalesio, Emery. 2014. "Arthur hits North Carolina coast just before holiday." Associated Press. Accessed September 23. https://krcgtv.com/news/local/arthur-hits-north-carolina-coast-just-before-holiday-08-14-2015.

[13] Defense Science Board. August 2016. Task Force on Energy Systems for Forward/Remote Operating Bases: Final Report. Defense Science Board (Washington, D.C.: Defense Science Board). https://dsb.cto.mil/reports.htm.

[14] Dornan, M., and K. U. Shah. 2016. "Energy policy, aid, and the development of renew-able energy resources in Small Island Developing States." Energy Policy 98: 759–767. https://doi.org/10.1016/j.enpol.2016.05.035. <Go to ISI>://WOS:000387300300073.

[15] Drew, B., A. R. Plummer, and M. N. Sahinkaya. 2009. "A review of wave energy con-verter technology." Proceedings of the Institution of Mechanical Engineers, Part A: Journal of Power and Energy 223 (8): 887–902. https://doi.org/10.124 3/09576509JPE782.

[16] Falcão, António F. de O. 2010. "Wave energy utilization: A review of the technolo-gies." Renewable and Sustainable Energy Reviews 14 (3): 899–918. https://doi. org/10.1016/j.rser.2009.11.003, http://www.sciencedirect.com/science/article/pii/S1364032109002652.

[17] Fernandez, JC, HC Sorensen, and NE Helstrup. 2012. Economic benefit of combining wave and wind power productions in day-ahead electricity markets. (International Conference on Ocean Energy). https://www.icoeconference.com/publication/economic_benefit_of_combining_wave_and_wind_power_productions_in_day_ ahead_electricity_markets/.

[18] Fraunhofer ISE. 2020. Recent Facts about Photovoltaics in Germany. Fraunhofer ISE (Fraunhofer ISE). https://www.ise.fraunhofer.de/content/dam/ise/en/docu-ments/publications/studies/recent-

facts–about–photovoltaics–in–germany.pdf.

[19] Haas, K.A., Fritz, H.M., French, S.P., Smith, B.T., and Neary, V. 2011. Assessment of Energy Production Potential from Tidal Streams in the United States. Georgia: Georgia Tech Research Corporation.

[20] Hasan, Kazi Nazmul, Tapan Kumar Saha, Mehdi Eghbal, and Deb Chattopadhyay. 2013. “Review of transmission schemes and case studies for renewable power inte–gration into the remote grid.” Renewable and Sustainable Energy Reviews 18: 568–582. https://doi.org/10.1016/j.rser.2012.10.045, http://www.sciencedi–rect.com/science/article/pii/S1364032112005965.

[21] International Energy Agency—Ocean Energy Systems (IEA–OES). 2015. International Levelised Cost of Energy for Ocean Energy Technologies: An analysis of the development pathway and Levelised Cost of Energy trajectories of wave, tidal and OTEC technolo–gies. IEA Technology Collaboration Programme for Ocean Energy Systems (OES) (IEA Technology Collaboration Programme for Ocean Energy Systems (OES)).

[22] ———. 2016. Ocean Energy Systems Annual Report. (International Energy Agency The Executive Committee of Ocean Energy Systems). https://report2016.ocean–energy–systems.org/.

[23] International Energy Agency. 2019a. “Global energy demand rose by 2.3% in 2018, its fastest pace in the last decade.” International Energy Agency,. Last Modified 28 March 2019. https://www.iea.org/news/global–energy–demand–rose–by–23–in–2018–its–fastest–pace–in–the–last–decade.

[24] ———. 2019b. Tracking Power. (Paris, France: International Energy Agency). https://www.iea.org/reports/tracking–power–2019.

[25] IRENA. 2019. Future of Solar Photovoltaic: Deployment, investment, technology, grid integration and socio–economic aspects (A Global Energy Transformation: paper), International Renewable Energy Agency, Abu Dhabi. https://irena.org/–/media/Files/IRENA/Agency/Publication/2019/Nov/IRENA_Future_of_Solar_ PV_2019.pdf.

[26] ITM Power. 2017. “World’s first tidal–powered hydrogen generated at EMEC.” Accessed May 2. http://www.itm–power.com/news–item/worlds–first–tidal–powered–hydrogen–generated–at–emec.

[27] Jenne, D.S., Y.–H Yu, and V. Neary. 2015. “Levelized Cost of Energy Analysis of Marine and Hydrokinetic Reference Models.” 3rd Marine Energy Technology Symposium, Washington, D.C. NREL/CP–5000–64013.

[28] John, Jeff St. 2020. “Transmission Emerging as Major Stumbling Block for State Renewable Targets.” Greentech Media. Last Modified January 15 2020. Accessed May 19. https://www.greentechmedia.com/articles/read/transmission–emerging–as–major–stumbling–block–for–state–renewable–targets.

[29] Katsaprakakis, Dimitris Al, Bjarti Thomsen, Irini Dakanali, and Kostas Tzirakis. 2019. “Faroe Islands: Towards 100% R.E.S. penetration.” Renewable Energy 135: 473–484. https://doi.org/10.1016/j.renene.2018.12.042, http://www.science–direct.com/science/article/pii/S0960148118314733.

[30] Lazard. 2019. “Levelized Cost of Energy and Levelized Cost of Storage 2019.” Lazard. Last Modified November 7 2019. Accessed May 18. https://www.lazard.com/per–spective/lcoe2019.

[31] Lehmann, Marcus, Farid Karimpour, Clifford A. Goudey, Paul T. Jacobson, and Mohammad–Reza Alam. 2017. “Ocean wave energy in the United States: Current status and future

perspectives." Renewable and Sustainable Energy Reviews 74: 1300–1313. https://doi.org/10.1016/j.rser.2016.11.101, http://www.sciencedi–rect.com/science/article/pii/S1364032116308164.

[32] LiVecchi, A., A. Copping, D. Jenne, A. Gorton, R. Preus, G. Gill, R. Robichaud, R. Green, S. Geerlofs, S. Gore, D. Hume, W. McShane, C. Schmaus, and H. Spence. 2019. Powering the Blue Economy; Exploring Opportunities for Marine Renewable Energy in Maritime Markets. U.S. Department of Energy (Washington, D.C.: Office of Energy Efficiency and Renewable Energy U.S. Department of Energy). https://www.energy.gov/sites/prod/files/2019/03/f61/73355.pdf.

[33] MacEnri, J, M Reed, and T Thiringer. 2013. "Influence of tidal parameters on SeaGen flicker performance." Philosophical Transactions of the Royal Society A. https://doi. org/20120247, https://royalsocietypublishing.org/doi/10.1098/rsta.2012.0247.

[34] Magagna, Davide, and Andreas Uihlein. 2015. "Ocean energy development in Europe: Current status and future perspectives." International Journal of Marine Energy 11: 84–104. https://doi.org/10.1016/j.ijome.2015.05.001, http://www.sciencedi–rect.com/science/article/pii/S2214166915000181.

[35] Marqusee, Jeffrey, Craig Schultz, and Dorothy Robyn. 2017. Power Begins at Home: Assured Energy for U.S. Military Bases. Reston, VA: Noblis. https://www.pewtrusts. org/~/media/assets/2017/01/ce_power_begins_at_home_assured_energy_for_ us_military_bases.pdf.

[36] Minesto. "Faroe Islands—tidal energy to reach 100% renewable by 2030." Minesto. https://minesto.com/projects/faroe–islands.

[37] ———. "Faroe Islands—tidal energy to reach 100% renewable by 2020a. "Minesto secures all permits for Faroe Islands' installations." Minesto. Last Modified April 1 2020a. Accessed May 18. https://minesto.com/news–media/minesto–secures–all–permits–faroe–islands%E2%80%99–installations.

[38] ———. "Faroe Islands—tidal energy to reach 100% renewable by 2020b. "Minesto signs PPA with electric utility SEV for utility–scale tidal energy installations." Minesto. Last Modified February 19 2020. https://minesto.com/news–media/minesto–signs–ppa–electric–utility–sev–utility–scale–tidal–energy–installations.

[39] Moazzen, I., B. Robertson, P. Wild, A. Rowe, and B. Buckham. 2016. "Impacts of large–scale wave integration into a transmission–constrained grid." Renewable Energy 88: 408–417. https://doi.org/10.1016/j.renene.2015.11.049. <Go to ISI>://WOS:000368563900039.

[40] Neff, Bryan. 2019. Estimated Cost of New Utility–Scale Generation in California: 2018 Update. (California Energy Commission). https://ww2.energy.ca. gov/2019publications/CEC–200–2019–005/CEC–200–2019–005.pdf.

[41] Newman, S. 2020. "Marine Renewable Energy Meta–Analysis with the Microgrid Component and Optimization for Resilience (MCOR) Tool." Richland, WA: Pacific Northwest National Laboratory. (Anticipated.).

[42] Nova Innovation. 2019. "Bluemull Sound, Shetland." Nova Innovation Ltd. Accessed September 10. https://www.novainnovation.com/bluemull–sound.

[43] Orbital Marine Power. 2020. "Orbital Marine Power Takes Final Lessons from SR2000 Tidal Turbine and Brings Prototype Programme to a Close." August 12, 2020. https://orbitalmarine.com/orbital–marine–power–takes–final–lessons–from–sr2000–tidal–turbine–and–brings–prototype–programme–to–a–close/.

[44] Oregon Department of Energy. 2012. "Why Wave Energy?: Why wave energy is good for Oregon's energy systems" https://digital.osl.state.or.us/islandora/object/osl%3A12964/datastream/OBJ/view.

[45] ORPC. 2020. "RivGen® Power System." ORPC Inc. Accessed May 18. https://www. orpc.co/our-solutions/scalable-grid-integrated-systems/rivgen-power-system.

[46] Pace Global. 2017. 2017 Integrated Resource Plan Report Prepared for: Caribbean Utilities Company. (Pace Global).

[47] Reikard, Gordon, Bryson Robertson, and Jean-Raymond Bidlot. 2015. "Combining wave energy with wind and solar: Short-term forecasting." Renewable Energy 81: 442–456. https://doi.org/10.1016/j.renene.2015.03.032, http://www.science-direct.com/science/article/pii/S0960148115002141.

[48] Renewable Technology. 2017. "Strangford Lough Tidal Turbine, Northern Ireland." https://www.renewable-technology.com/projects/strangford-lough-tidal-turbine-northern-ireland/.

[49] Renewable Energy Magazine. 2018. "Tesla Battery Storage Successfully Integrated with Tidal Energy Array." Accessed November 6. https://www.renewableenergy-magazine.com/ocean_energy/tesla-battery-storage-successfully-integrated-with-tidal-20181031.

[50] Roberts, A; Thomas, B; Sewell, P; Khan, Z; Balmain, S; Gillman, J. 2016. "Current tidal power technologies and their suitability for applications in coastal and marine areas." Ocean Engineering and Marine Energy. https://link.springer.com/con-tent/pdf/10.1007%2Fs40722-016-0044-8.pdf.

[51] Robertson, Bryson. 2010. Ocean Wave Energy Generation on the West Coast of Vancouver Island and the Queen Charlotte Islands. Vol. 3.

[52] Samaras, Constantine, William J. Nuttall, and Morgan Bazilian. 2019. "Energy and the military: Convergence of security, economic, and environmental decision-making." Energy Strategy Reviews 26: 100409. https://doi.org/10.1016/j.esr.2019.100409, http://www.sciencedirect.com/science/article/pii/S2211467X19301026.

[53] Sawyer, Tim. 2017. "Perth Wave Energy Project." Tethys. Last Modified January 24 2017. Accessed May 18. https://tethys.pnnl.gov/project-sites/perth-wave-energy-project.

[54] ScottMadden. 2020. Informing the Transmission Discussion. WIRES (WIRES). https://wiresgroup.com/wp-content/uploads/2020/01/ScottMadden_WIRES_ Informing-the-Transmission-Discussion_2020_0113_FINAL.pdf.

[55] Shirley, R., and D. Kammen. 2013. "Renewable energy sector development in the Caribbean: Current trends and lessons from history." Energy Policy 57: 244–252. https://doi.org/10.1016/j.enpol.2013.01.049. <Go to ISI>://WOS:000318530300029.

[56] SIMEC Atlantis Energy, 26 July 2019. "Atlantis Successfully Decommissions 1.2 MW SeaGen Tidal System in Industry First," https://simecatlantis.com/2019/07/26/meygen-operational-update-3-2/.

[57] Stoutenburg, E. D., N. Jenkins, and M. Z. Jacobson. 2010. "Power output variations of co-located offshore wind turbines and wave energy converters in California." Renewable Energy 35 (12): 2781–2791. https://doi.org/10.1016/j.renene.2010.04.033. <Go to ISI>://WOS:000280379400020.

[58] Sustainable Marine Energy. 2019a. "Results of First Phase PLAT-I Testing at Grand Passage." Sustainable Marine Energy Ltd. Last Modified June 6th, 2019. https://sustainablemarine.com/news/plat-i-testing-1-1.

[59] ———. 2019b. “SME reveals plans for 9MW Pempa’q Tidal Energy Project.” Sustainable Marine Energy Ltd. Last Modified September 30th, 2019. https://sus–tainablemarine.com/news/pempaq–project.

[60] The University of Texas at Austin Energy Institute. 2020. “The Full Cost of Electricity.” The University of Texas at Austin. Accessed May 19. https://energy.utexas.edu/policy/fce.

[61] U.S. Department of Energy. 2015. “Advancing Clean Electric Power Technologies: Technology Assessments.” In Quadrennial Technology Review 2015.

[62] ———. 2019a. H2@Scale: Enabling Affordable, Reliable, Clean, and Secure Energy across Sectors. U.S. Department of Energy, Office of Energy Efficiency and Renewable Energy (Washington, D.C.). https://www.energy.gov/sites/prod/files/2019/09/f67/fcto–h2–at–scale–handout–2019.pdf.

[63] ———. 2019b. Water Power Technologies Office 2019 Peer Review Final Report. U.S. Department of Energy, Office of Energy Efficiency and Renewable Energy (Washington, D.C.). https://www.energy.gov/eere/water/2019–water–power–program–peer–review–report–and–presentations.

[64] Ueckerdt, Falko, Lion Hirth, Gunnar Luderer, and Ottmar Edenhofer. 2013. “System LCOE: What are the costs of variable renewables?” Energy 63: 61–75. https://doi. org/10.1016/j.energy.2013.10.072, http://www.sciencedirect.com/science/arti–cle/pii/S0360544213009390.

[65] Whitlock, Robin. 2015. “Azura wave energy device deployed at US Navy test site.” Renewable Energy Magazine. Last Modified 18 June 2015. Accessed May 19. https://www.renewableenergymagazine.com/ocean_energy/azura–wave–energy–device–deployed–at–us–20150618.

[66] Yu, Yi–Hsiang, Nathan Tom, and Dale Jenne. 2018. “Numerical Analysis on Hydraulic Power Take–Off for Wave Energy Converter and Power Smoothing Methods.” ASME 2018 37th International Conference on Ocean, Offshore and Arctic Engineering.

[67] Zhou, Zhibin, Mohamed Benbouzid, Jean Frédéric Charpentier, Franck Scuiller, and Tianhao Tang. 2013. “A review of energy storage technologies for marine current energy systems.” Renewable and Sustainable Energy Reviews 18: 390–400. https://doi.org/10.1016/j.rser.2012.10.006, http://www.sciencedirect.com/science/article/pii/S1364032112005485.

第 13 章 能源网络经济学

安德烈亚·博赞尼[①]

1 电网与管道：基于网络的电力与天然气

虽然电力和天然气作为能源产品在性质上有诸多差异，但显而易见的是，它们都依靠大规模的复杂传输网络将其从生产端输送到消费端。对于其他能源产品而言，远距离运输是常见方式，例如全球海运煤炭交易。而连接生产者和消费者的传输网络也并不罕见，例如用于原油和成品油运输的大范围管网系统。只有电力和天然气基于网络经济的属性更为突出，即没有网络它们将变得几乎毫无价值，在现代能源体系中无法发挥作用。电力和天然气是绝佳的网络能源。因此，本章将以“能源网络”一词指代电网和天然气管网两种基础设施。

本章将概述通过能源网络输送电力和天然气的经济性问题。第 2 节描述什么是能源网络，聚焦其物理和经济特性；第 3 节讨论能源网络的垄断属性以及对电力和天然气产业链的影响；第 4、5、6 节研究竞争性能源市场中如何体现能源网络的作用，如何接入网络以及应作出怎样的机制设计才能确保获得较高的经济效益，并兼顾各类市场参与者的公平；第 7 节阐释能源网络输送价格的形成机制以及用户如何在网络中实现能源交换的问题。第 8 节是本章总结，并展望了能源网络的未来。

2 能源网络的物理和经济特性

从物理角度看，电力和天然气在网络中的流动现象大相径庭。

电力网络由电力导体（钢芯铝导线最常见）组成。由于两点间存在电位差（即**电压**），电子在导体中流动。现代电网采用频率为 50 周波每秒（赫兹）或 60 周波每秒（赫兹）的时变**交流电**，而**直流电**用于不相连的交流电网间传输电力。整流器将交流转换成直流，逆变器则将直流转换成交流。在给定距离下，一组导线（称作一条**线路**）能够传输电力的极限由其热容量（单位为瓦特）和电压（单位为伏特）的函数决定。线路通常架空置于铁塔、木制 H 形杆以及木制或水泥单电杆上。根据电压和外部环境

① 安德烈亚·博赞尼（Andrea Bonzanni），瑞士日内瓦国际碳排放交易协会（IETA），巴黎政治大学国际事务学院；电子邮箱：Andrea.bonzanni@sciencespo.fr。

条件的不同，这些铁塔和电杆的结构和高度也不相同。当架空线在技术上不可行或者因环境因素不能被采用时，可将线路埋入地下，甚至没入水中。电的物理特性复杂，因此需要在电网中安装大量设备以控制调节系统。**开关站**和装有**变压器**的变电站遍布网络，以确保线路中的电流总能具有合适的电压。**断路器**的必要作用是在故障时快速将网络中的电流切断，以避免电网扰动和设备损害。

天然气网络包括管道（通常埋于地下）、压缩站、阀站和计量站。**管道**可由碳钢、高强度塑料或复合材料制成，选材取决于其直径和运行时的压力水平。**压缩站**（由涡轮机、电动马达或发动机驱动）给天然气加压，减小其体积，并在管道中产生一个压差，使天然气能够在网络中从高压端流向低压端。通常每隔 50~160 千米设置一座压气站，以确保合适的压力水平和稳定的流速。管道中天然气的流速为 15~32 千米 / 时。**阀站**的作用类似网关，可以关闭气流，让其按需要转向。**计量站**用于检测、管理和记录流过管道的气量。计量站经常与其他控制部件相连，例如过滤和加臭装置。

控制室或控制中心是电力和天然气网络中的重要组成部分。它位于网络中的物理枢纽位置，有员工一年 365 天、一天 24 小时值守，监控网络运行，采取必要措施确保其稳定性和安全性。随着信息化手段不断进步，信息质量显著提高，更多的设备和处理过程可远程完成，控制室在能源网络中的重要性随着数据技术的发展不断提升。

尽管存在这些关键的基础性差异，电网和天然气管网在结构和分类上仍然归于类似的模式。传统上我们将能源网络分为传输网和配送网。**传输**指的是电力和天然气分别经由高压线路和大口径高压管道实现远距离输送。**配送**指的是以低压线路和低压管道连接传输系统与终端用户。传输网与配送网之间没有严格的界限。电网中，大多数配电网在 50 千伏以下，但是某些情况下配电线路电压等级可高至 132 千伏，输电线路可低至 66 千伏。同样地，天然气网络中，部分承担长输任务的主网和城市配网运行在大约 200psi 的相近压力水平，但是某些长输管道压力在 1000psi 以上，某些连接终端用户的管道压力在 10psi 以下。与电力不同，天然气网络中长输和分配管道的连接点划分明确，通常称作**城市门站**。在电网和天然气管网中，一些大用户（例如工业园区和燃气电厂）可以绕过配网直接与主网连接。

目前规划的能源网络运行模式是，能源从几十个大型输入口（火电厂或核电厂，连接产气区的进口气管道、集采管道）向几十个输出口（分配网络、大用户）流动，且大多数输电线路和长输管道单向运行。然而，随着能源系统演变，**双向**能源流动的需求大大增加。特别是在电力领域，与配电网相连的分布式可再生能源发电（DERs）快速增加，使得电力从低压向高压线路传送的情形增多。在天然气领域，能源安全和分布式的目标促使投资增加，以实现部分网络能够更灵活地运行。

能源网络建设是一项复杂而耗资巨大的工程。即使对每千米或每能源传输单位的天然气管道和输电线路的投资进行过详细评估，但由于评估建立在大量假设之上，所以这些计算很难有通用性。

（1）建设成本是高度不确定的，取决于诸多外部因素，例如土地成本、环境条件和约束、许可流程的复杂度。

（2）固定成本比可变成本要高得多，因此一项网络工程的总成本很大程度上与能源传输量无关。

（3）资金成本比运维（O&M）成本高得多，因此总成本中的最大部分发生在网络规划和初设阶段，而不是运营阶段。

（4）确保能量在网络中有序流动的成本严重依赖于管理网络用户的规则。一般而言，电力的此项成本远高于天然气。

3　自然垄断和纵向一体化

结合上述描述，我们可以得出一个值得关注并具有经济学意义的结论，即能源网络具有自然垄断属性。19 世纪，**自然垄断**的概念被正式定义为经济学中的一类例外，即一家公司能比两家或多家公司联合时提供成本更低的服务[①]。本质上，由于能源网络巨大的规模经济效应，导致无论产出处于什么水平，输送电力和天然气的长期平均成本总在不断下降（也总高于长期边际成本）。这一决定性的先发优势给后来者造成了无法逾越的进入障碍。在自然垄断领域，任何试图引入竞争的努力都将带来资产的重复性浪费，而且如果没有持续的补贴，新进入者必将失败。因此，能源网络领域的竞争既不可持续，也不明智（见图 13.1）。

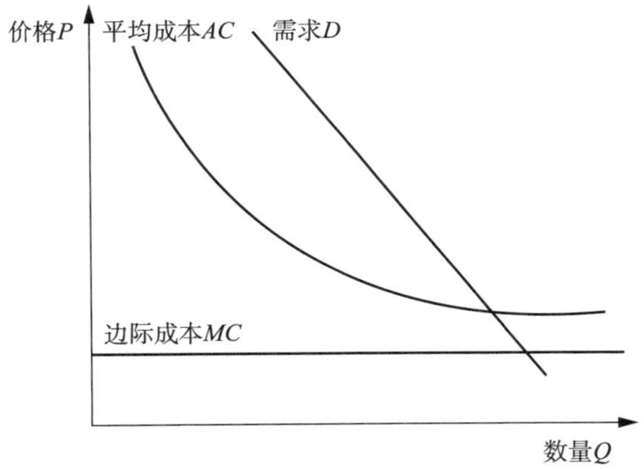

图 13.1　自然垄断

资料来源：作者说明。

这一通用原则有一些例外情况，对于相对简单的直流线路和长输管道，如果需求足够高，则多家竞争性供应商服务市场时也能盈利。这通常称为**商业性传输投资**，但在实践中成功的商业案例非常少[②]。21 世纪初期澳大利亚的许多商业性输电投资以及连接欧洲大陆与英国的 IUK 和 BBL 天然气管道，随着后续市场变化和初始投资的长协到

① OECD（2003）。

② 从理论上讨论商业模型及其实践不足，见 Joskow 和 Tirole（2005）。

期，都陆续采取了市场监管。

如果能源网络的所有权不受约束，它将滥用其**市场权力**，增加对竞争者封锁市场的机会，以区别对待的方式提高新进入者的市场准入门槛。因为天然气生产商、发电公司以及天然气和电力供应商等市场参与者，不得不使用能源网络。虽然经济学原理表明，可以通过长协管控网络所有者和网络用户之间的不平等关系[①]，但在实践中，巨大的市场地位不对等抑制了新增投资，提高了市场准入门槛，导致垄断性市场结构的影响超出了传输和配送网络本身。自能源市场形成早期，随着产业链的日臻完善，**纵向一体化**就成为主导的产业结构，电力和天然气供应迅速成为本地或国家垄断纵向一体化公司的特权（见图 13.2）。

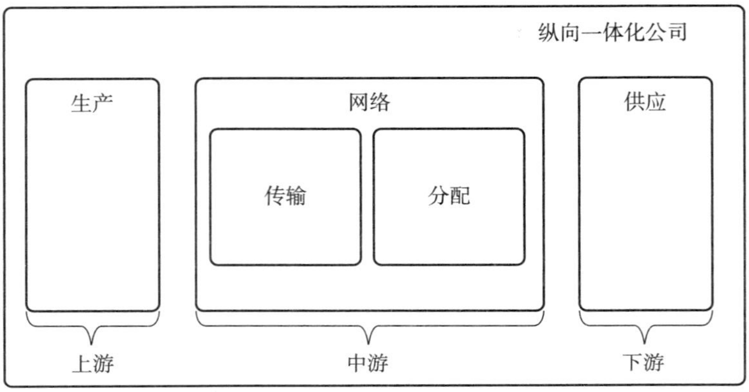

图 13.2 网络能源中的纵向一体化

资料来源：作者说明。

如果市场行为纯粹基于利润最大化考量，则具有垄断地位的市场主体不可避免地利用其市场地位将价格大幅提升至远高于边际成本的水平。考虑到能源需求极低的价格弹性和对其他经济社会部门普遍的能源溢出效应，能源网络垄断产生的负面影响极为严重。因此，公共介入成为必然，其形式可以是所有权改变或市场监管。尽管两者在概念上区别很大，但是两种方式的作用非常接近。两种情况下，公共管理部门都能确保垄断者不再追求利润最大化，而是在制定价格和作出关键决策时考虑到更广泛的社会福利。

为避免垄断者滥用市场权力，**公共所有**是最简单也是最初级的方式。在 20 世纪大部分时期，这一直是世界各国政府的优先选择。能源资产的公共所有，包括但不限于能源网络，长久以来都是常态。这种情况有的是国有化运动（例如 1946 年的法国或 1947—1949 年的英国）的产物，有的是中央或当地政府直接介入了这些产业的建立（例如意大利天然气行业的埃尼公司和德国的市政公用事业公司 Stadtwerke）。公共所有的一种变形是合作所有。该形式下网络所有者全部或部分为私营参与者，但是他们并

① Joskow（1984）。

不追求从自然垄断中获取利润最大化。在能源工业发展早期，合作企业（例如农业或工业财团）很常见，而随着分布式可再生能源发电和微网的激增，它们正在经历复苏。

市场监管是另一种替代模式。该模式下，资产仍然属于私营公司，但是它们的定价机制、收入要求、服务条款以及其他运营投资相关的关键决策都要被政府部门通过立法和监管法案限制。受这一体制约束的公司称为**受监管实体**。为了保证其技术能力和中立性，规则制定权通常交给一个形式上独立于政府部门的、由技术专家官员组成的**监管机构**。例如，美国投资者拥有的公用事业公司和英国 1990 年私有化后的国家电网就是这种情况，其行为分别被国家主管部门公用事业委员会和天然气电力市场办公室严格监督监管。世界大多数国家在历经几十年时间完成国有资产私有化过程后采用了这种模式，但是有些国家在市场形成早期就采用了此模式。例如，美国以 1935 年《联邦电力法案》和 1938 年《天然气法案》监管私有州际传输企业。

如何在公共所有模式和私有资产监管模式之间做选择，通常取决于意识形态。国有化通常成为"左翼"或社会主义政府主导的广泛经济改革的一部分，而更多的保守派政府则倾向于采用市场监管的方式，以避免触及私有产权。公共机构的能力水平也是考量的重要因素之一。专业知识有限的政府倾向于采用公共所有模式，因其相对简单—— 一旦国有化完成，政府即可完全掌控产业决策过程。而私有资产监管模式需要政府保持不断的监督，对产业运营有深入的理解，以确保规则总能与监管目标相适应并跟上时代的步伐[①]。出于这两个原因，从 20 世纪 80 年代末到 21 世纪初，随着自由市场学说成为经济政策领域主流理论，政府也日益构建起更复杂的专业知识体系，钟摆明显从公共所有模式摆向市场监管模式。即使在仍保持公共所有模式的国家，纵向一体化企业也被列为受约束型的企业，国家成立独立监管机构对其进行监管。近期，随着国家干预主义在学术界日趋受追捧、脱碳政策目标给能源系统带来了前所未有的挑战，公共所有模式又重新活跃起来。

4 能源网络的拆分

纵向一体化公司，不管是政府所有的还是受到监管的，天然具有一些缺点，政策制定者试图在电力和天然气行业引入竞争。传统上这一政策取向通常称作**自由化**、重构、改革或用一个不甚恰当的表述——解除监管。有效竞争的前提条件是将自然垄断部分与价值链上其他可竞争部分分离。这样的去纵向一体化称作**拆分**，包括成立不许介入电力和天然气产业链上其他活动的独立网络公司。这些网络公司继续保持受监管的实体状态，而活跃在产业链上其他部分的公司可以自由地作为追求利润最大化的实体进行运营。拆分的根本理由是，避免利益冲突，确保网络能以独立透明的方式作

① 大量的学术文献和观察性证据表明，这是一种监管俘虏现象，即由于监管者和他们应监管的行业之间存在着不成比例的经济和认知差距，使得监管机构无法展开它们的任务。这表明，即使在最先进经济体中，实现有效监管也是非常困难的。

出与其相关的日常运营和长期战略决策，以非歧视方式对待所有活跃于行业中的公司。按照这一理论，由于不存在能通过控制网络得到巨大优势从而获利的支配型市场主体，因此所有公司可以平等地竞争、投资，从而向消费者提供更好的服务和更低廉的价格。

拆分之后，网络的所有权和运营权通常是统一的，当然也有两种功能由不同实体运行的情况。在欧洲，拆分后的公司通常称为**传输系统运营商**（TSOs）或**配送系统运营商**（DSOs），还有一种常见的**配送**网络运营商（DNOs），特别是在英国。在美国，天然气输送运营商简称为管道公司。而在电力行业，我们需要区分独立系统运营商（ISOs）和区域输电组织（RTOs）。独立系统运营商所运营的网络不归其所有，区域输电组织由多个州的网络运营商组成。本章中，我们统一使用“网络运营商”一词指代运营能源网络的公司，不考虑其所有权情况。

从概念上讲，有四类拆分方式（见表 13.1）。

表 13.1　拆分模式

	网络所有者	网络运营商	法律独立性
所有权拆分	独立公司	独立公司	完全独立
法律拆分	独立子公司	独立子公司	浅层独立
运营权拆分	纵向一体化公司	独立公司或独立子公司	浅层独立
财务拆分	纵向一体化公司	纵向一体化公司	不独立

资料来源：作者说明。

- **所有权拆分**。网络被移交给一家新设立的公司，该公司成为网络所有者和运营商。这是最彻底的拆分形式。新公司与之前所属的纵向一体化公司没有任何关联，它不能从事传输和配送业务之外的任何经营活动。英国就是这种情况，成立国家电网公司作为独立的电力和天然气传输运营商。
- **法律（或功能性）拆分**。网络所有权和运营权被移交给纵向一体化公司的一家独立子公司。如果实施得当，这家子公司应该确保运行和管理上的独立性。但是该方式被视为拆分的浅层方式。法国采用这种方式，其电力和天然气网络被分别移交给 RTE（法国输电网公司）和 GRTgaz，但是这些公司的唯一股东仍然是前纵向一体化垄断公司 EDF（法国电力集团）和 Engie（前法国燃气集团 GDF）。
- **运营权拆分**。网络所有权和运营权是分离的，通常前者依然属于前纵向一体化公司，后者由一家独立实体运营。后者常被称为独立系统运营商（ISO）。这是另外一种浅层方式的拆分。这种方式在电力市场环境下较为常见，特别是在北美，九家独立系统运营商和区域输电组织运营着美国和加拿大大部分电力网络。在天然气行业，这种方式非常少见，但没有根本性原因表明这种拆分方式不适合该行业。
- **财务拆分**。网络所有权和运营权仍然在一家纵向一体化公司中，但是会给传输和配送经营活动出具独立会计报表。这是一种非常温和的拆分形式，并不能达到独立决策的效果，但是至少它能向监管者提供大量信息，以达到监督纵向一体化公司行为的目的，且必要时监管者可以介入。若干欧洲国家在配送网络中采用了这种方式。

自由化能源市场和拆分网络的尝试，常常伴随着能源资产的**私有化**。但理论上讲，这两个过程是有区别的，也不需要同时进行。以波兰为例，它将输电网运营商 PSE 和天然气管道运营商 OGP Gaz-System 公司分别从 PSE 和 PGNiG 公司彻底拆分出来，但是四家公司仍然全部由国家控制。

1981 年第一个开创性地开展拆分的国家是智利[①]，之后英国分别在 1986 年和 1989 年对天然气和电力行业进行拆分。拆分也为由欧盟委员会在 20 世纪 90 年代和 21 世纪初推动的欧洲能源市场自由化奠定了基础。国际金融机构将拆分纳入其一系列常规推荐措施中，并采取有条件的支持促进其实施。最新的案例是，2020 年 1 月 1 日，在国际货币基金组织（IMF）、欧洲复兴开发银行（EBRD）和欧盟委员会推动下，乌克兰完成了将 Ukrtransgaz（乌克兰天然气输送公司）从 Naftogaz（乌克兰国家石油天然气公司）拆分出来的工作。虽然目前大多数欧洲和拉美国家已经实施了某种形式的拆分，但是纵向一体化仍然在非洲和大部分亚洲地区占据主导地位，有些令人吃惊的是，在北美也是如此。

许多研究尝试采用应用计量经济学模型揭示拆分的有效性，但是并不能通过有据可依的模型方法得出这一定论，甚至验证结果和假设经常是互相矛盾的[②]。这些研究大多数以终端用户价格来衡量拆分成功与否。逻辑非常简单，如果拆分后的价格低于拆分前的价格，则拆分是成功的；如果拆分后价格高于拆分前，则拆分是失败的。然而现实中，太多的干扰变量在起作用，从而降低了这些分析的说服力。首先，终端用户价格低不能有效证明市场发挥了作用，因为在价格形成过程中有太多因素起作用。电力和天然气价格高度依赖于全球大宗商品周期，而全球大宗商品周期又取决于特定行业和宏观经济情况。此外，至少在欧洲，拆分的同时还在进行能源系统脱碳化的早期尝试，这导致了对可再生能源的直接支持和更高的系统成本，而大部分成本被传递给了终端用户。其次，孤立的拆分并不能作为市场自由化成功的标志。网络与价值链其他部分分开后，一家或几家主导企业仍然有办法获取市场权力，串通共谋以及限制市场准入。如果发生了这种情况，有必要采取额外政策措施，例如采取横向去一体化（拆分大的生产和供应公司）或向新进入者提供直接支持和帮助。

当考虑这些因素后，关于拆分有效性和效益的讨论将变得更加复杂，需考虑的因素将更为多元，涉及在网络经济中实施自由化和引入竞争的有效性[③]。如果没有某种形

---

① Pollitt（2004）。

② 关于实证研究的概述，见 Growitsch 和 Stonzik（2011）。

③ 当宽泛地讨论竞争的好处时，我们应该做一个公正的评价，即纵向一体化垄断市场结构有一些无可置疑的优点，例如可以更好地协调作出运营和投资决策（进而这些决策可以提高系统可靠性和供应安全）、减少营销活动中的资金比例、降低资金充裕带来的财务成本以及给纵向一体化企业带来更好商誉。

式的网络拆分，建立竞争性的能源市场是无法实现的。将网络与价值链的其他环节分离是建立正常运转的竞争性市场的必要步骤，但仅这样做是不够的。

5 网络拆分后的第三方准入

拆分的结果是，天然气生产商、电力生产商和其他供应者必须通过成为传输和配送网络的用户来继续开展商业活动。拆分后，网络的准入及网络和用户间的所有活动都应受到一套规则的管制，以确保公平对待所有网络用户。这些规则，通常称为**网络导则**，由监管机构起草或审查、批准。这就是**监管型第三方准入**（rTPA）原则。

监管型第三方准入覆盖的关键环节是**网络连接**。天然气生产商、电力生产商和消费者（直接接入的大用户或通过供应商接入的家庭和小商业用户）都必须接入网络参与能源市场活动。网络运营商负责网络接入、运维，并收取费用，费用一般是输送成本加上合理收益。输送成本则取决于申请接入的容量、输送距离以及相应网络的升级成本等因素。监管型第三方准入规则确保了接入流程的清晰明确，避免网络运营商对网络用户实施歧视性接入政策。对电网而言，其新连接点带来的额外电力注入或流出对网络其他部分的影响比天然气网络更大，因此电网接入流程比天然气管网复杂得多。在监管型第三方准入系统中，网络运营商通常有义务确保所有提出申请的网络用户可以并网接入。随着可再生电力的快速发展，在某些电力系统中，由于可再生能源发电并网申请过多，网络运营商往往难以承受剧增的运行压力，因此出现了一些适应这一新变化的替代性并网接入模式，并正在评估其并网效率。例如在西班牙，正在讨论的一种模式是，给新发电商的接入设置一个最大的门槛量，并通过拍卖机制将其分配给出价最高者。

监管型第三方准入的另一个关键环节是将能源送至网络中不同点的能力，通过预订在指定时间段经天然气管网或电网输送一定量能源的权利的方式，这种能力得以实现。预订的网络容量，在电力领域称作**输电权**，而在天然气领域则用“预订输送容量”来表示。当然，这两个概念并没有本质差异。监管型第三方准入规则确保所有通过审核的相关方可以预订网络容量并成为网络用户。

容量以标准化产品的形式进行分配，这些产品的作用就是允许在一年、一天或一小时的时间段内传输固定量的能源。一些电力网络也会分配以半年和月度为时间段的产品。实际运行中，曾一度出现多年预订容量（最高可达 15~20 年）的方式，特别是在天然气行业，但是现在有变少趋势。

网络用户基于他们对相关时间段峰值需求的预估，提前预订所需容量。如果其容量需求是可以预测的，那么他们可以通过不同周期产品的组合大致描绘出其预订容量（见图 13.3）。

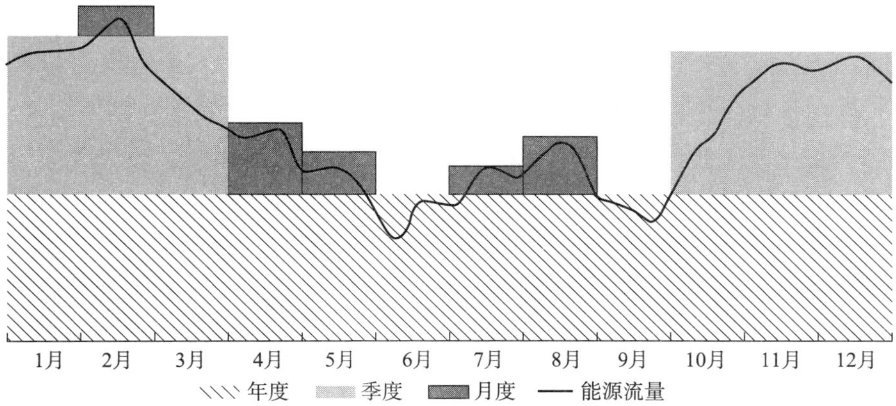

图 13.3 容量预订的描绘

网络用户以此获得输电权或预订输送容量的流程称为**容量分配**。其有以下几种方式：

（1）**先到先得（FCFS）**。容量由第一个正式提出需求且支付相应费用的用户获得。这是最简单也是最早期的分配方式。随着监管型第三方准入系统越来越复杂，这一方式逐渐被放弃，但有时仍然会采用。例如，大多数欧洲电力市场的日内输电权仍然基于先到先得方式分配。

（2）**按比例获得**。这一方式中，网络运营商从所有意向方收集有法律约束力的申请。如果申请总量没有超过可用容量，那么所有申请均可满足。如果申请总量超过了可用容量，那么所有申请被重设，使每一个网络用户收到一个在其申请量上按固定比例削减后的容量。这样的机制被认为比先到先得方式更加公平，因为先发者并没有过多优势。然而，这种方式的弊端是可能导致个别用户“耍花招”，也可能导致低效率。

（3）**拍卖**。经过拍卖，容量分配给出价最高者。拍卖可以采取多种形式，在欧盟关于容量分配机制（CAM）和统一分配规则（HAR）的网络导则实施后，拍卖成为欧洲电力和天然气市场分配容量的标准机制。

（4）**开放期**。这种方式一般用来分配潜在的未来容量。网络用户为潜在容量报价，如果达到足够的预订量，就可以为相应的新增输送容量建设投资提供担保支持，从而将潜在容量转变为现实中的容量。开放期方式本质上就是分配长期容量（从最短 5 年到 20 年或更长）。它是一个迭代过程，通常包括初始无约束阶段和有约束阶段，后者需要用户承诺预订潜在未来容量并付款。

容量分配既可以是显式的，也可以是隐式的。**显式分配**是最简便的流程。首先网络运营商分配容量，然后要求预订容量所有者提出拟通过分配容量传输的能源量，即容量申请。显式分配被广泛用于天然气市场，其在月度或更长时间窗口的电力市场中也是常见的。当采用**隐式分配**机制时，网络容量被自动分配给在两个网络点间传输能量的网络用户。隐式分配在天然气市场中很少见，主要用于欧洲和北美大部分竞争性电力市场的日市场或更短时间范围的容量分配市场。欧盟内部的日前跨网络容量通过隐式拍卖机制进行分配，这称为基于潮流的**市场耦合**，其通过算法决定网络中可用容量给定情况下的欧洲电网最优潮流。隐式拍卖被认为是更有效率的分配方法，因其能确保容量被分配给出价最高者，并且所有分配的容量都可以被网络用户实际利用。

网络容量的一项重要特征是**不可撤销性**。不可撤销容量给了预订容量的用户一项不可撤销的输送能量权利。然而，由于流过网络的能量并不能总被可靠地预测，可能发生**网络阻塞**，因此现实中并不能保证这项权利的实现。在这些情况下，网络运营商可以阻止容量所有者使用容量并禁止任何能量流动安排。网络运营商的这种操作称为**限制**。这个问题在电力领域更加严重，因为这种能源承载方式的潮流管理复杂性更大。这在天然气领域也不罕见，特别是万一发生诸如非计划检修或反季节寒潮等意外事件时。不可撤销容量所有者被限制后，有权从网络运营商处获得补偿。关于限制和补偿的规则属于监管型第三方准入制度中最具争议性的部分。在天然气网络中，一种常规行为是分配**可中断容量**。这类容量的所有者没有不可撤销权，因此网络运营商可以限制其流量而无须补偿。这种容量产品在电力领域非常少见。

不同类型容量产品之间是有区别的，物理传输权和金融传输权之间的区别是重要的一例。**物理传输权**（PTRs）给予其所有者在两地间以物理方式传输能源的权利。而**金融传输权**（FTR）类似一种金融期权，它是对网络容量实际所有权经济结果的复制。实践中，两地间金融传输权所有者会在一地售出能源，在另一地购入能源，如果两地市场价格之差（差价）为正，则可从分配金融传输权的网络运营商处获得差价。而由于前文所述，物理传输权不能确保获得完全不可撤销权。金融传输权的金融不可撤销性，意味着网络运营商有义务在任何情况下支付对应差价，不管该能源流动是否在物理上可行。因此，对于网络运营商来说，金融传输权的分配非常复杂，需要对网络潮流有深刻理解，具备强大计算能力，才能以合适价格分配出适量的金融传输权。在天然气领域，所有的预订管容都是物理传输权。金融传输权在北美电力市场比较常见，正被逐渐引入欧洲。

监管型第三方准入规则可以豁免网络容量分配流程。这虽然不常见，但可以预料的是，如果没有豁免，将不会有人实施新增基础设施建设工程。可豁免的第三方准入规则背后的逻辑是，只有网络用户得到保证可拥有排他性接入新建基础设施特权时，他们才会承诺一定水平的必要预订容量以使该工程可行。监管机构通常在附加严格条件和限定时间段的情况下批准第三方准入豁免。网络运营商获得分配容量的特征见图 13.4。

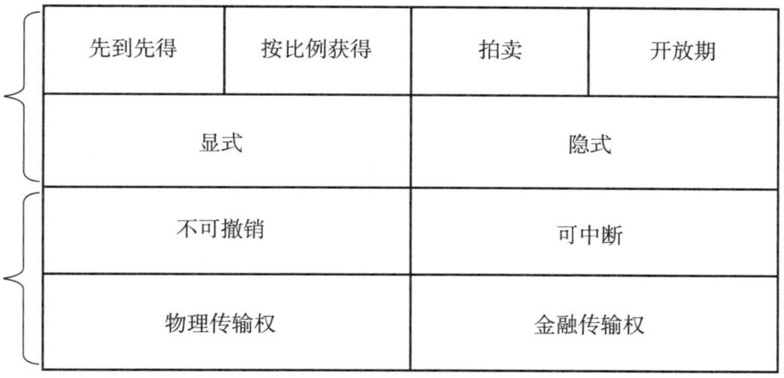

图 13.4　网络运营商获得分配容量的特征

资料来源：作者说明。

6　能源网络的收入监管

作为受监管的垄断者，能源网络会受到严格的**收入监管**。收入监管的基本原则是网络运营商允许获得的回报（通常称为**允许收入**）受到规则和监管机构所设参数的限制。为了提高网络运营商和网络用户的稳定性，允许收入被设定后会保持数年（通常是五年）不变，这段时间称为一个**监管期**。允许收入只有在不同监管期之间才能发生大的改变。可以说，在开放市场中，收入监管是监管机构必须要做的一项重要且复杂的工作。

没有两个收入监管制度是相似的，但是监管机构所采用的方法总体可以分为两大类：收益率（也称作服务成本）监管和激励监管。激励监管可分为价格上限（price-cap）监管和收入上限（renevue-cap）监管。在**收益率监管**制度中，监管机构给网络运营商设定一个准许的最高目标收益率。该网络的收入 R 为：

$$R=(RAB\times r)+E+d+T$$

其中，RAB 是监管资产基准，或是网络运营商用于开展经营活动的资金与资产总额；r 是监管机构设定的准许收益率；E 是网络运营商开展经营活动所发生的运营费用；d 是资本资产贬值的费用；T 是网络运营商所付税款。

上述公式中最重要的变量是 r，它的设定水平需要足以吸引必要规模的投资。从会计角度，r 必须高于网络的加权平均资本成本（WACC），其是公司偿还债务和进行股权投资的成本[①]。收益率监管是**成本加成定价法**的一种有效形式，因为网络运营商确保可获得固定的边际收益（在这个例子中是 RAB 的固定百分比），不管其成本水平多少。当系统保证投资者可获得长期稳定回报时，投资者相应地会倾向于减少财务成本，而这时的网络运营商也没有动力降低其运营费用。不仅如此，如果回报直接与 RAB 水平

① 需要注意的是，如果网络所有者是政府实体，则至少在理论上，r 可以设定在一个低于公司加权平均资本成本的水平上，因为政府政策倾向于用一个较低效率的公共资本分配换取更低的能源成本。

成比例，那么这将刺激网络运营商进行过度的资本资产投资，这种行为通常被市场讽刺为“镀金”。尽管有这些缺点，在 20 世纪多数时间里，收益率监管一直是能源行业中监管垄断的标准方法。目前仍然广泛用于能源网络监管，尤其是在美国。

为应对收益率监管的上述不足，20 世纪 80 年代英国出现了**价格上限监管**。它的起源一般可追溯到 1983 年给英国工业部的一份报告，该报告与刚完成私有化的电信业有关[①]。从名字可知，这一方法的目标是直接设定网络运营商的最高收费价格，而采取的方式是限制下面公式中的增量 ΔP：

$$\Delta P=RPI-X$$

其中，RPI 代表零售价格指数，由英国国家统计办公室发布，反映通货膨胀程度；X 是一个参数，反映期望网络运营商在相应时期达到的效率增量。

价格上限监管（经常简称为 RPI–X）的目的是激励网络运营商更有效率地运营。如果企业的实际效率增量大于参数 X，那么它可以保留由此产生的额外收入。这个思路背后的潜在假设是，由于信息不对称，监管机构不可能正确地评估网络资产基准价值和运营成本（在收益率监管制度中，这些是决定网络回报的关键参数）。采用价格上限监管方法，网络运营商的全部创效能力将会被激发出来，监管机构可以通过在下一个监管周期调整参数 X，最终将监管价格设定在一个较低的水平。由于原理上的吸引力和简便性，价格上限监管迅速被全世界接受。尤其是在 20 世纪 90 年代和 21 世纪初拉美和亚洲的私有化浪潮中，价格上限监管方法非常流行。然而，体现价格上限监管优越性的实证性证据很有限，其允许网络运营商保留超额利润的做法又频繁激起政治反弹。即使在英国，单纯的 RPI–X 系统也很快被放弃，而是采用可以更直接监控网络运营商行为的混合方法。

收入上限监管与价格上限监管在很多方面类似，二者不一样的是，收入上限监管是给网络运营商有权赚取的总收入施加上限。在典型化表达中，网络运营商在一个周期可以发生的收入 R_1 为：

$$R_1=（R_0\times\pi）+I_1+d\pm A_0$$

其中，R_0 是上一周期的准许收入；π 是通货膨胀指标；I_1 是网络运营商承诺在本周期发生的投资费用；d 是资本资产贬值的费用；A_0 是准许收入 R_0 和实际发生收入之差，它可以是正数（超额回收），也可以是负数（回收不足）。

虽然收入上限监管从概念上与价格上限监管非常相似，但是收入上限监管一项至关重要的特征是，它将网络收入与提供服务量解耦[②]。正因如此，这种方法使网络运营商避免了需求波动风险，非常适合大部分成本固定且公共政策经常倾向于更低网络利用（例如提升能效、自我消费和需求响应）的经营活动。目前欧洲大部分网络均受到某种形式的收入上限监管。

实践中，激励型监管会伴随着附加规则和机制，以努力使其更加公平，尽管这样

---

① Littlechild（1983）。
② Jamison（2007）。

会使监管变得愈加复杂。现代能源网络收入监管制度中特别的制度设计一般包括：详尽报告商业计划和投资的义务、严格成本监控、给予网络运营商激励或因其未达到某个目标（包括与透明度和行为规范相关的那些目标）给予惩罚的机制等。

尽管监管机构在不断积累经验以提升能力，但是收入监管仍被认为容易产生计算错误和争议。一方面，网络运营商对某些关键参数从专业角度容易比监管机构有更深的认识，可能会导致与监管机构的博弈。另一方面，存在着由于信息不对称等导致的内在不确定性。例如，网络运营商和监管机构都不能准确预测需求趋势和利率，这对网络利用和投资可行性有重大影响。在这样的情况下，不可避免地会导致未来数年收入和成本预测的准确性非常低，同时引发以下情况：网络要么获得过度补偿，损害监管机构的信誉，要么补偿不足，导致投资不足甚至危及网络运营商的财务能力。

7　网络价格和市场结构

按照上一节讨论的收入监管和监管型第三方准入原则，网络运营商向网络用户提供各种服务（例如网络连接或网络点的容量预订）并收取费用，这种收费对所有网络用户而言必须处在一个公平的水平上，这一水平被称作**网络管制价格**。假如通过拍卖分配某项服务，则管制价格就是起拍价。网络价格的计算或批准是通过一个预先确定的方法（也被称作**收费制度**）完成的，这是能源监管机构的另一关键任务。价格是一个政治上很敏感的话题，因为它决定着网络成本在不同类别网络用户之间的分摊，而这又会极大地影响不同终端用户支付的能源成本。

就像收入监管制度一样，各种网络价格计算方法区别极大，可以观察到的主要是区域和节点价格体系间的区别。在**区域价格体系**中，当网络用户预订容量进出网络时，他们向网络运营商支付费用，而当他们在网络内传输能量时则不用付费。因此，这种体系也被称为**进—出**体系。从实际角度看，一个网络用户在网络点 A 注入能量，在网络点 B 取出能量，他需要在 A 预订进入容量，在 B 预订退出容量。能量在 A 和 B 之间的流动仅由网络运营商管理。区域价格体系分为**邮票**法和考虑**位置信号**法。对于前者，像传统邮政系统一样，所有进出点的价格是相同的，而不会考虑在不同网络点之间传输电子或天然气分子的成本。对于后者，确定价格时会考虑这种成本（通常由不同点之间的距离决定）。大部分输电网和几乎全部的输气管网均采用考虑位置信号法的区域价格体系。配送网络，不论电力还是天然气领域，通常采用邮票法的区域价格体系。

节点价格体系是一种更复杂的制度，网络运营商对网络用户在网络中两节点间的每次能量传输都要收费。这种对网络容量的颗粒状收费方式可能导致网络中每个点的价格各不相同。因此，这类体系也被称作**节点边际定价**（LMP）。实践中，节点价格体系中任意两个不同网络节点之间的容量通常以零底价拍卖，故只有需求超过可用容量，或称网络阻塞时，两个节点间的价格才会为正，两个位置间的价格差称为**阻塞收入**。节点体系相对区域体系更优，这是有广泛学术共识的，由于前者允许在网络中进行更有效率的定价，因此能实现更有效率的网络利用[①]。然而，区域体系更为常见，因为一般它运营起来更加简单，争议也更少[②]。自20世纪90年代，节点价格体系就已被美国的多个输电网采用，但是在北美以外推进缓慢。

网络价格计算方法也影响网络用户之间如何交互能源。在区域价格体系中，网络运营商管理**虚拟交易点**（也称作虚拟中心）是非常普遍的，该管理或者直接进行，或者通过指定名义发生地的第三方提供者完成。对网络用户而言，另一种替代方案是在两个网络的连接点上交易（称作法兰交易）。例如，整个欧洲所有的网络（或网络串）有它们自己的虚拟交易点。在天然气系统中，每个点会被给出一个确定的名字（例如TTF、NBP、NCG、PSV）。在电力系统中，会简单地称呼网络名。自21世纪早期以来，法兰交易就遭到政策制定者的大力反对，目前几乎已经消失。在节点价格体系中，市场参与者理论上可以在每一个网络节点买入或售出能源。实践中，交易总是合并在某些关键位置，这些位置也称**物理中心**，这么做的原因要么是它们是关键的基础设施连接点，要么是长期以来交易活动通常聚集于此。在美国，最多的电力交换发生在大约10个主要物理中心。同样地，北美天然气市场建立在亨利中心（Henry Hub，实际位置在路易斯安那州）和若干卫星区域中心之上。

8 总结：能源网络的未来

本章概述了能源网络的结构和功能。许多关键概念，例如拆分、监管型第三方准入、收入监管，是目前能源政策的核心议题。能源网络经济学领域的共识正被学者和从业人员重新研究，试图设计适当的解决方案和有组织的模型，以便能源网络能够解决前所未有的政策和环境挑战。表面上看，当前趋势对电力和天然气网络的影响方式是不同的。但是，二者的未来是相同的，即必须进行快速转型和大规模投资。由于许多能源用户（主要是公路运输业）的电气化，电网需要处理用电量的大规模增长，同时由于可调度的火电厂被不可调度的可再生能源装机替代，电网需要能够管理波动性和不可预测性更强的能源潮流。另外，如果天然气管网行业不能促使其基础设施完成面向低碳气体，如生物甲烷、氢气的转型，那么化石能源类的天然气在发电、工业和供热领域的逐步退出会将其置于毁灭的风险之中。电力和天然气网络更密切的互动（包括开展联合基础设施规划和运行）也是很可能发生的[③]。

尽管由于分布式可再生能源发电和电力数字化的快速进步使得被广为宣传推动的离网方案成为可能，但是很难想象未来现代能源系统电网不再继续扮演基础性角色。即使在最富热情的自发电倡导者的计划中，无论是提供能源还是疏散本地富余电力，

① Hogan（1999）。

② 应用节点边际定价（LMP）导致不同位置的消费者支付的能源价格不同，虽然这在经济上更有效率，但是已被证明大多数国家在政治上不可接受。

③ 在电解装置将电力转换成氢气（这既存储了电力也产出了低碳气体）的情景成为能源系统的重要特征时，电力和天然气网络的完全融合是很有可能的。

电网连接的持续可靠性仍是基本要求。因此，能源网络可能将经历快速递增的角色和功能演化，而不是遭遇颠覆性革命。虽然能源行业遭受破坏的不确定性极大，但是我们可以自信地说，能源网络将始终存在。

最后，感谢 Linda Rotasperti 对本章早期版本有益的意见和她在图表上的无价支持。

参考文献

[1] Biggar, Darryl R. and Hesamzadeh, Mohammad Reza (2014), The Economics of Electricity Markets. Chichester: IEEE Press/Wiley.

[2] Brunekreft, Gert, Neuhoff, Carsten and Newbery, David (2005), Electricity transmis-sion: An overview of the current debate. Utilities Policy, 13(2), 73–93.

[3] Chawla, Mallika and Pollitt, Michael (2013), Global Trends in Electricity Transmission System Operation: Where Does the Future Lie? The Electricity Journal, 26(5), 65–71.

[4] Council of European Energy Regulators (2019), Implementation of TSO and DSO Unbundling Provisions. CEER Status Review.

[5] Council of European Energy Regulators (2020), Report on Regulatory Frameworks for European Energy Networks. CEER Report.

[6] Dahl, Carol A. (2014), International Energy Markets: Understanding Pricing, Policies, and Profits—2nd edition. Tulsa: PennWell.

[7] Folga, Stephen M. (2007), Natural Gas Pipeline Technology Overview. Argonne National Laboratory Report.

[8] Glachant, Jean-Michel et al. (2013), Incentives for investments: Comparing EU elec-tricity TSO regulatory regimes. Florence: European University Institute.

[9] Greenblatt, Jeffrey B. (2015), Opportunities for Efficiency Improvements in the U.S. Natural Gas Transmission, Storage and Distribution System. Ernest Orland Lawrence Berkeley National Laboratory Report.

[10] Growitsch, Christian and Stronzik, Marcus (2011), Ownership Unbundling of Gas Transmission Networks—Empirical Evidence. EWI Working Paper, No. 11/07.

[11] Henriot, Arthur (2013), Financing investment in the European electricity transmission network: Consequences on long-term sustainability of the TSOs financial structure. Energy Policy, Elsevier, vol. 62(3), 821–829.

[12] Hogan, William W. (1999), Transmission Congestion: The Nodal-Zonal Debate Revisited. Harvard University, John F. Kennedy School of Government, https://scholar.harvard.edu/whogan/files/nezn0227.pdf (retrieved on 02/07/2020).

[13] Jamison, Mark A. (2007), Regulation: Price Cap and Revenue Cap, in Encyclopaedia of Energy Engineering and Technology, Vol. 3. New York: CRC Press, Taylor and Francis.

[14] Joskow, Paul L. (1984), Vertical Integration and Long Term Contracts: The Case of Coal Burning Electric Generating Plants. Journal of Law Economics and Organization, 1(361), 33–80.

[15] Joskow, Paul L. (2008), Lessons Learned from Electricity Market Liberalization. The Energy Journal, 29(2), 9–42.

[16] Joskow, Paul L. (2014), Incentive Regulation in Theory and Practice: Electricity Distribution and

Transmission Networks, in Rose, Nancy L. (ed.), Economic Regulation and Its Reform: What Have We Learned? Chicago: Chicago University Press.

[17] Joskow, Paul L. and Tirole, Jean (2005), Merchant Transmission Investment. The Journal of Industrial Economics, 53(2), 233–264.

[18] Laffont, Jean–Jacques and Tirole, Jean (1993), A Theory of Incentives in Procurement and Regulation. Cambridge: MIT Press.

[19] Littlechild, Stephen C. (1983), Regulation of British Telecommunications' Profitability—Report to the Secretary of State. London: UK Department of Industry.

[20] Newbery, David M. (1998), Rate–of–return regulation versus price regulation for public utilities, in Newman, Peter (ed.), The New Palgrave Dictionary of Economics and the Law. London: Macmillan.

[21] OECD (2003), Glossary of Statistical Terms—Natural Monopoly. OECD, https://stats.oecd.org/glossary/detail.asp?ID=3267 (Retrieved: 29/05/2020).

[22] Pipeline Safety Trust (2015), Pipeline Basics and Specifics About Natural Gas Pipelines. Pipeline Briefing Paper, No. 2.

[23] Pollitt, Michael (2004), Electricity Reform in Chile Lessons for Developing Countries. Centre for Energy and Environmental Policy Research (CEEPR), Working Paper, 04–016.

[24] Stern, Jon (2003), What the Littlechild Report Actually Said. Regulation Initiative Working Paper, No. 55.

[25] U.S. Department of Energy (2015), Quadrennial Technology Review 2015— Technology Assessment 3F: Transmission and Distribution Component. Washington, DC: U.S. Department of Energy.

[26] Vagliasindi, Maria and Besant–Jones, John (2013), Power Market Structure: Revisiting Policy Options. Washington, DC: The World Bank.

[27] World Energy Council (2020), Performing while transforming: The role of transmis–sion companies in the energy transition. World Energy Council Innovation Insights Brief.

第 14 章　电池储能经济性

米歇尔·努桑 ①

1　引言

与人类活动相关的能源消耗总是涉及某个特定的能源供应链、在特定时间向最终用户提供所需的确切数量的能源。由于能源供应并不能够总是与用户需求相匹配，因此需要储存能源以弥补这种差异。所需的储存时间长短不一，从几分之一秒到几个月，甚至几年不等。不同的能源载体涉及多种储存解决方案，这取决于与所储存的能量形式（化学、势能、动能、静电等）有关的限制和机会，以及现有储存技术的经济特点。

通常最容易储存的能源是燃料，尤其是固体和液体燃料，它们通常可以以正常形态储存，无须特殊的解决方案。虽然必须注意避免潜在的自燃、化学降解或相变，固体和液体燃料通常被储存在简单的储罐中，最终在特定的气候条件下冷却或加热。

气态燃料，主要是天然气，通常有额外的要求。由于天然气的体积密度较低，其运输和储存通常采用高压压缩或液化的方式，并需要持续冷却。天然气储存通常与季节相关，以实现与全年不同天气条件下的波动需求相匹配的持续供应。这种储存策略通常涉及大型地下构造，即枯竭油气藏或盐碱地层。气田的连续生产可节省大量经济成本，从而弥补天然气的低能量和燃料损耗。

另一种常用的能量载体是热量，通常以温水或热水的形式储存，既可以储存在与区域供热网络或工业用户相连的大型设施中，也可以储存在家庭用户的小型储热系统中。蓄热主要用于热能发电机在恒定负荷下较高效率的运行，特别是生物质锅炉和热泵。不过，一些国家正在使用大型季节性地下系统，在夏季储存太阳能，在冬季提供区域供热。一些系统开发土地作为储存介质，而另一些系统则依靠大量的水（Bott et al.，2019）。对于小规模储存，基于相变材料的替代技术是多项研究工作的目标，但商业应用仍然有限。

电能是最难储存的能量载体之一。电能储存解决方案通常依赖于将其转换为另一种形式的能量。除超导技术外，目前的其他技术逻辑解决方案都依赖于化学、机械、重力或静电形式的能量。为了保证电网的持续平衡，并为最终用户提供可靠有效的服

① 米歇尔·努桑（Michel Noussan），埃尼·恩里科·马泰基金会（Fondazione Eni Enrico Mattei，FEEM），巴黎政治大学国际事务学院；电子邮箱：michel.noussan@sciencespo.fr。

务，人迫切需要电力储存系统。为此，需要提供多种服务，这些服务通常根据存储时间长短进行分类：从用于频率控制的几秒或几分钟，到跨周、跨日或跨昼夜的能量转移（也称为套利），以及为并入电网的工业用户提供不间断电源（Uninterrupted Power Supply，UPS）（Crampes and Trochet，2019）。

根据技术限制、设计选择和经济特点，每种可用的储能技术通常都是为特定应用量身定制的。目前，全球大部分电力储存都是通过抽水蓄能系统来实现的，这种系统依靠的是成熟技术，与其他替代技术相比成本较低。虽然抽水蓄能也可用于频率调节，但其潜在的较长放电时间（长达几十上百小时）所带来的灵活性通常被用于套利。频率控制可通过飞轮实现，但更多时候是通过备用发电机。电池介于两者之间，因为它们的放电时间通常长达数小时，但同时它们的响应速度又足以提供频率调节服务。压缩空气储能系统的应用与抽水蓄能系统类似，但由于可用场地有限，应用很少。

虽然大多数储存系统都是成熟技术，但目前在部署的电池，特别是基于锂离子的电池吸引关注。两个主要的驱动因素是不可调度的可再生能源（主要是太阳能和风能）所需的额外灵活性，以及电动汽车电池生产的大规模升级所带来的成本下降。尽管其他化学物质在未来可能被证明具有颠覆性，但目前的选择似乎坚定地倾向于锂离子电池，这是全球众多大型工厂（所谓的千兆工厂）的首选。锂离子电池的模块化特性也为其带来了广泛的应用，从公用事业规模的电网储能到最终用户的电表后电池，通常与分布式光伏发电相结合。

因此，鉴于锂离子电池有望在未来电力系统中发挥核心作用，本章将重点讨论锂离子电池，并简要提及其他化学物质，以突出它们的潜在优势。第 2 节提供了技术视角，强调了电池设计、部署和运行所涉及的主要方面。第 3 节重点介绍电池经济性，关注制造供应链以及规模和运行逻辑。第 4 节总结了研究的主要结论以及一些政策影响。

2 电池技术

根据阳极、阴极和电解液的不同化学性质，电池现有的技术有所不同。每种组合都会产生不同的设计和运行参数，涉及的方面非常广泛，而选择通常取决于每种应用的核心要求（如电动汽车的高能量密度、固定储存的低成本等）。目前，锂离子电池的产能在全球范围内不断攀升，不仅满足了电动汽车（EV）行业的要求，还为固定式储能应用提供了可行的解决方案，包括公用事业规模电池和表后分布式储能。

全球固定式储能电站容量的历史趋势（见图 14.1）显示，近年来固定式储能电站容量不断增长，从 2010 年的约 0.6 吉瓦时增长到 2017 年的约 3.5 吉瓦时。截至 2010 年，大部分容量都依赖钠电池，而 2017 年，锂离子电池几乎占总容量的 60%（考虑输出功率时，数字可能略有不同，因为不同技术的能量 / 功率比通常不同）。该增长是由不同因素造成的，但最重要的因素肯定是成本下降，这是由电动汽车（EV）的制造升级所驱动的，将在后面进一步解释。

图 14.1 仅限于公用事业规模的储能，而表后储能①的数量也在不断增长，但更难量化。2016 年的估计值从 0.5 吉瓦时到 2.4 吉瓦时不等，取决于资料来源，仅限于住宅、工业和商业运营的分布式储能。该容量由大量容量较小的储能系统组成，通常与本地可再生能源（主要是太阳能）发电相结合。公用事业规模的电池通常由中央管理，而分布式能源系统的优化运行则需要在数字平台（例如虚拟聚合器②）的支持下运行智能电网和网络。

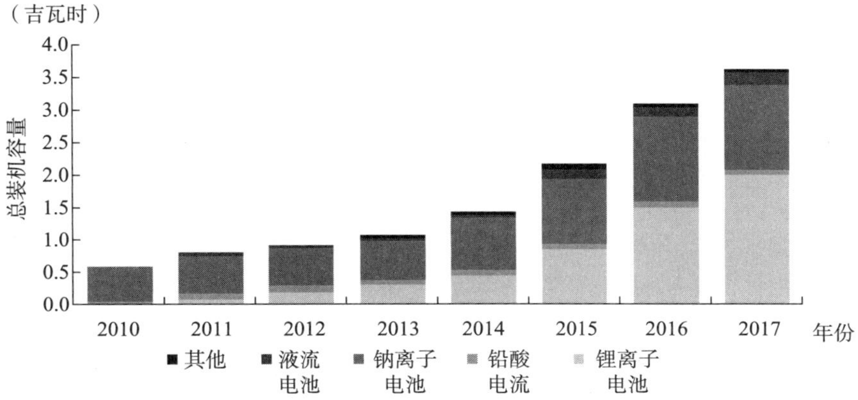

图 14.1　按技术分类的固定式储能（公用事业规模）装机容量的变化

资料来源：Tsiropoulos 等（2018）。

必须强调的是，固定式储能可为输电和配电两级的电网提供不同的服务，这些服务因电池的响应时间、放电持续时间和系统规模而异。这些应用可能包括为输电网提供的服务（套利、频率调节、削峰填谷、黑启动和升压③），也可能包括为配电网和用户提供的服务（电压支持、平衡管理、不间断电源（UPS）和支持光伏发电的自用消耗④）。

下一节将介绍现有最重要技术的主要特点，不仅重点介绍锂离子电池，还将讨论主要替代技术：铅酸（Pb–A）电池、钠硫（Na–S）电池和钒氧化还原（V–R）液流电池。表 14.1 概述了不同电池技术的主要特点。正如预期的那样，每种电池都显示出与特定应用相关的特殊参数。特别是能量 / 功率比（E/P）对应用的选择至关重要，虽然通过考虑特定的设计参数（如锂离子电池的电极厚度）有一定的调整空间，但每种技

① 表后储能是指私人用户，主要是住宅用户安装的分布式电池储能，通常与光伏等分布式发电系统相连。

② 虚拟聚合器（virtual aggregators）协调多个系统运行，包括发电单元、储能系统和需求响应的数字平台，目的是达到参与批发市场所需的最低电力门槛（通常高于 1 兆瓦）。

③ 套利（arbitrage）是指在电价较低时从电网购电，并在电价上涨时将其储存起来以备日后使用。频率调节（frequency regulation）是为电网提供的一种服务，通过同步发电机，确保交替电流维持在所需的容差范围内。削峰填谷（peak load shaving）是指在高峰时段利用可用储能满足最大电力需求，优化发电设备，避免过度变化。黑启动填谷（black start）是在部分或全部停机后恢复电网运行的过程。升压（ramping）则是增加或减少发电机组输出功率的操作。

④ 电压支持和平衡管理（Voltage support and balance management）是为配电网提供的灵活性服务，可使所有电网在容许范围内正常运行。不间断电源装置可确保在电网发生故障时电力供应不会中断，对电力短缺敏感的昂贵机器通常需要这种装置。为了最大限度地利用本地电力，提高系统的能源效率和 / 或降低用户的成本，可能需要支持光伏发电的自用消耗。

术通常都最适合特定的应用，下文将对此进行介绍。

表 14.1 不同电池技术的主要特点

	单位	锂离子电池	铅酸电池	钠硫电池	液流电池
寿命	（循环次数 @ 充放电效率）	3000~10000@80%	200~1800	4500@80%，2500@100%	10000~12000+@100%
能量密度	Wh/kg	75~200	30~50	150~250	10~30
容量 / 功率	kWh/kW	0.025~0.6	0.12~0.5	6	1.5~6+
循环效率	—	80%~98%	63%~90%	75%~90%	75%~80%
每日自放电	—	0.1%~0.3%	<0.5%	20%	可忽略不计

资料来源：作者根据 Leadbetter 和 Swan（2012）整理。

2.1 锂离子电池

锂离子电池是一种最新技术，最初于 20 世纪 60 年代在贝尔实验室开发，并于 1990 年由索尼公司首次商业化。2019 年诺贝尔化学奖授予给约翰·古迪纳夫（J.B.Goodenough）、斯坦利·惠廷厄姆（M.S.Whittingham）和吉野彰（A.Yoshino），以表彰他们在锂离子电池开发的不同阶段所发挥的关键作用（Nobel Media AB，2019）。锂离子电池在便携式电子产品领域的成功主要得益于高循环寿命、高能量密度和高效率，尽管与其他解决方案相比价格较高。

锂离子电池主要应用于便携式电子产品（包括笔记本电脑、手机等），直到人们对电动汽车的兴趣日益高涨，电动汽车才开始大量使用锂离子电池，而锂离子电池价格的下降也有助于其在固定式储能和其他应用领域（包括医疗设备、园艺工具和电动自行车）实现销售增长（见图 14.2）。

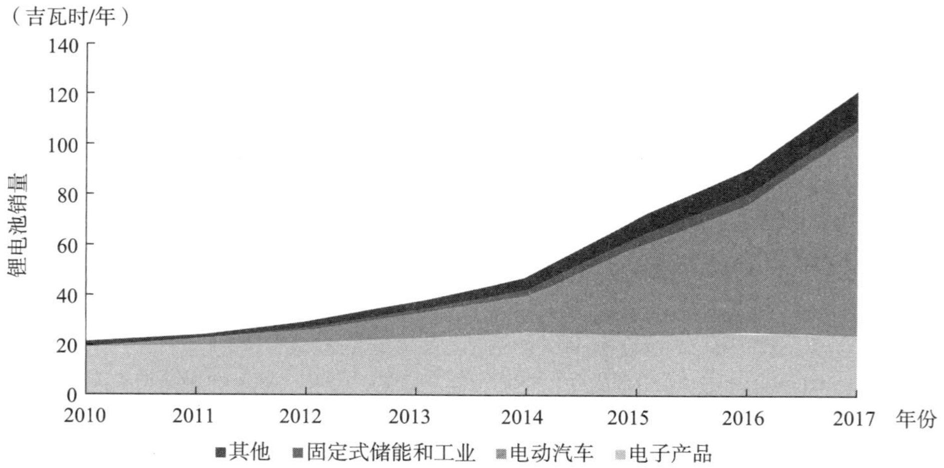

图 14.2 锂离子电池全球销售量变化情况

资料来源：Tsiropoulos 等（2018）。

由于性能优越，锂离子电池是最值得研究和开发的技术。当前，大多数研究都集中在替代阴极化学物质上，以提高能量密度和安全性，或通过有限使用特定材料（尤其是钴）来降低成本。其他研究领域包括阳极和电解质材料以及制造工艺。

2.2　其他电池技术

2.2.1　铅酸电池

Pb–A 电池是世界上最成熟、最普及的电池技术，其首次应用可追溯到 19 世纪 60 年代。尽管电池的使用寿命和能量密度有限，但经过对许多不同方面的广泛研究，目前已能保证较低的成本。为实现特定目标，如减少自放电或降低腐蚀性，可使用特定的添加剂（Leadbetter and Swan，2012）。铅酸电池主要用于重循环应用，但一般也适用于非重循环应用，例如削峰填谷或不间断电源。作为示范研究，一些国家已经安装了高达 20 兆瓦时和 40 兆瓦时的大型电池，尽管需要适当的能源管理方法，但在多次循环中表现出了良好的性能。尽管技术已经成熟，但不同领域的研究仍在积极进行，目的是降低成本和应对具体挑战，如延长生命周期或更准确地确定充电状态（SOC）。

2.2.2　钠硫电池

Na–S 电池是另一种相对较新的技术，从 20 世纪 60 年代一直开发至 90 年代。虽然最初服务于电动汽车的研究并不成功，但该电池最终成为电网储存和可再生能源应用可选的成本最低的电池之一。Na–S 电池的运行涉及一些特殊方面，包括液态钠需要高温运行（300℃ ~350℃），以及在密封损失情况下钠与空气的潜在高反应性。虽然运行期间的低效率通常足以在无须外部能源供应的情况下将钠保持在合适的温度，但在不运行的情况下，由于散热，电池的日容量损失高达 20%。在过去的几十年中，现有的设备增长迅速，迄今为止，最大的固定式储能系统容量达到 34 兆瓦，与 51 兆瓦的风电项目配合使用可稳定其电力输出，发电量为 245 兆瓦时（Leadbetter and Swan，2012）。

2.2.3　液流电池

液流电池最普遍的类型是钒氧化还原电池（VRB），其开发始于 20 世纪 80 年代初，特点包括使用寿命长、可独立设计所需的功率和能量输出、自放电损耗极低、效率和成本适中。在液流电池中，两种电解质分别储存在两个独立的槽中，H+ 离子通过薄膜循环进行氧化还原反应产生电流。在输出功率不变的情况下，可以通过增大储液罐的尺寸来提高储存能力，而增大隔膜面积则只能扩大输出功率（即储存容量不变）。一个重要的问题是工作温度范围有限（10℃ ~35℃），通常需要安装温度控制系统，尽管添加电解质可以扩大该温度范围。与其他解决方案相比，VRB 的技术准备水平较低，迄今为止商业应用很少，规模也很小。一个应用实例是安装在中国张北风力发电研究和测试中心的 500 千瓦 / 兆瓦时 VRB（国际可再生能源机构，2015）。其主要目的是在需求较高的时段，通过储存多余的发电量并将其输送到电网，从而支持风力发电；电池还可以在较短的时间内提供服务，如负载跟随和电压支持。不过，专家警告，要与锂离子或先进的 Pb–A 技术竞争，必须大幅降低成本，而这反过来又需要增加制造和研发资金，如果不增加收入，可能就无法实现（Fisher et al.，2019）。

3 锂离子电池的经济性

在电力系统管理框架中，电池仍然是一项新兴技术，由于政府及其部门缺乏技术知识，因此面临高昂的前期成本和监管限制。投资成本包括电池组、系统平衡（BOS）成本以及设计、采购和施工（EPC）成本。由于电动汽车部署的规模经济效应，电池组的价格正在大幅下降；而由于储存模块标准化程度的提高和市场竞争的加剧，预计其他剩余成本也将大幅降低。

锂离子电池的经济性可以通过定义平准化储能成本（LCOS）来量化，其与众所周知的 LCOE 的定义类似，考虑了影响储能放电寿命成本的所有技术和经济参数（Schmidt et al.，2019）。该指标的定义可改善仅考虑投资成本的局限性（投资往往是唯一的分析指标），将更换和处置成本、运营和维护成本以及性能参数（如随时间推移的容量衰减）包括在内。因此，LCOS 被定义为蓄电技术投资的总寿命成本除以其累计交付电量（Schmidt et al.，2019）；计算涉及对设备预期性能的更深入分析。

式（14.1）代表了 LCOS 的一般表述，定义了电池输出每单位电力的贴现成本，与有关该主题的最新报告（Jülch，2016；Lazard，2018；Schmidt et al.，2019）一致。该公式涉及投资成本、运维成本、充电成本以及寿命终止成本，所有这些成本相加后除以储能系统在整个经济寿命周期（N）内的发电量总和，并以贴现率（i）进行贴现。

$$LCOS\left[\frac{\$}{MWh}\right]=\frac{INV_{cost}+\sum_{n=1}^{N}\frac{O\&M_{cost}}{(1+i)^n}+\sum_{n=1}^{N}\frac{Charging_{cost}}{(1+i)^n}+\frac{EOL_{cost}}{(1+i)^{N+1}}}{\sum_{n=1}^{N}\frac{E_{discharged}}{(1+i)^n}} \tag{14.1}$$

LCOS 通常是根据输出的能量来定义的，但对于侧重平均功率相关服务的特定应用，更合适的定义是考虑可用的输出功率，而不是输出的电量。一些文献还通过考虑每年可提供的净发电量来评估基于功率的 LCOS（Schmidt et al.，2019）。

投资成本通常以电池的功率输出和能量容量为参数，在电池的使用寿命内需要更换某些组件，更换费用可以包含在投资成本中，并根据预计的更换年份进行适当折算，也可以将其视为维护成本的一部分，对 LCOS 的最终计算结果没有任何影响。

年度成本包括运维成本和充电成本，两者都受到电池年度循环次数的影响。充电成本可能还与具体的电价有很大的关系，往返效率也会随着时间的推移而降低。废弃成本通常以投资成本的一部分来计算，但回收流程（和专门法规）的变化可能会对其产生重大影响。

下文将重点讨论投资、运维成本所涉及的主要经济性问题，以及影响 LCOS 的年度充电成本和发电量的性能参数。

3.1　投资成本

近年来，锂离子电池的投资成本显著下降，预计未来这一趋势仍将持续。如前所述，目前最重要的趋势是电动汽车行业对电池的强劲需求，这导致全球不同地区的工厂都在扩大产能。虽然这一趋势推动了电池组成本的降低，但用于固定储能的锂离子电池还涉及额外的组件，如平衡系统、电力转换系统、能源管理系统[①]和EPC等。得益于与其他行业的潜在协同效应（例如，逆变器成本的降低得益于其在光伏发电中的应用），这些附加组件中的一部分有望在未来实现类似的成本下降。

由于保密限制，通常无法获得投资成本的详细信息。此外，由于与具体应用相关的技术和电池配置存在很大差异，很难就投资成本各组成部分的权重得出结论。如图 14.3 所示（IRENA，2017），不同文献研究分析的材料相关成本占总成本的比例从 1/3 到近 2/3 不等，具体取决于资料来源。

然而，当考虑到材料成本的细分时，数据差异较小，电极材料（阳极、阴极和电解液）约占成本的一半，其中主要是阴极材料（占材料总成本的 31%~39%）。尽管材料对电池总投资成本的影响不尽相同，但在技术创新的推动下，能量密度的提高最终将导致成本的节约，这要归功于相同的输出能力所需的材料投入降低。

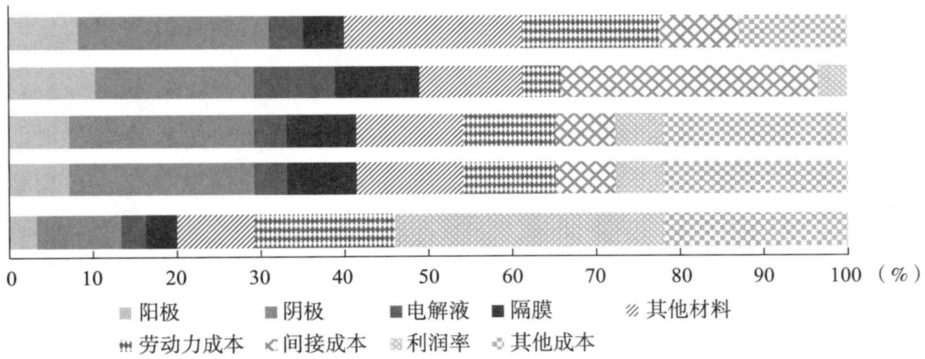

图 14.3　五种不同来源的投资成本明细

资料来源：作者根据 IRENA（2017）整理。

许多学者根据历史趋势计算学习曲线，假设成本下降与外部约束无关（Berckmans et al.，2017；Kittner et al.，2017；Schmidt et al.，2017）。然而，其他研究强调，活性材料的成本，尤其是在全球需求不断增长的情况下，可能会成为进一步降低电池成本的强大制约因素，并可能会减缓学习曲线（Hsieh et al.，2019）。电池需求的增长将转化为原材料需求的快速增长，如图 14.4 所示。

---

① 平衡系统包括监测电池运行以避免特定参数超出可接受范围的组件，可以计算和报告指标。电力转换系统包括将电力从一种形式转换为另一种形式的组件，例如从直流电转换为交流电，以及调整电压或频率。能源管理系统包括保证电池与电网之间互动的软件和操作逻辑，以支持充电和放电，并确保储能系统高效运行。

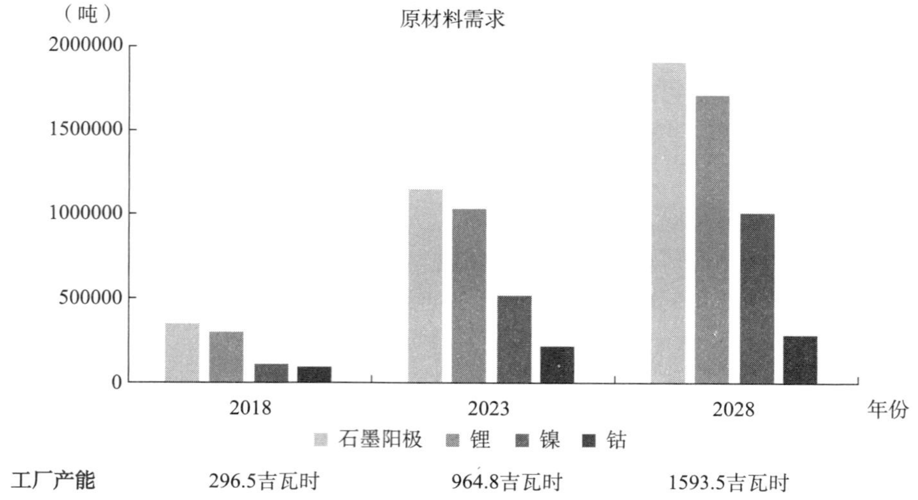

图 14.4　全球锂离子电池制造对原材料需求及工厂产能情况

资料来源：作者根据 Benchmark Mineral Intelligence（2018）整理。

预计全球锂离子电池产能将增长。特别是在 2018—2028 年，钴的需求量将增长约 3 倍，锂和石墨的需求量将增长 5.5 倍，镍的需求量可能增长 9 倍。人们对可能缺乏支持这种扩张的材料进行了大量讨论，认为需要对采矿业和下游供应链的升级进行充分规划，因为预计最关键的瓶颈将在短期内出现。与钴有关的问题尤为突出，一方面是由于资源的空间集中（2018 年全球超过 2/3 的钴来自刚果民主共和国），另一方面是由于钴通常作为镍和铜矿开采的副产品而获得，这使得扩大生产规模变得更加困难。此外，原材料加工的市场集中度更为关键，2018 年，中国占全球锂（51%）、精炼钴（62%）和球形石墨（100%）产品制造的最大份额（Colbourn，2019）。行业集中度也限制了市场机会，因为缺乏多元化的视角可能会导致现有参与者制定保守的供应扩张计划（IRENA，2017）。

锂电池回收行业的发展或可以弥补原材料需求增加的问题。未来几年，电动汽车中使用的首批锂离子电池将陆续接近其技术寿命，届时需要证明其有效性。

3.2　运维和充电成本

固定式储能的运维成本主要与充电相关电力成本和维护工作有关，后者可能包括耐用性低于电池寿命的组件的更换费用。运维成本因应用而异，但其在 LCOS 中的占比变化有限，目前安装的设备约占 16%~24%（Lazard，2018）。与批发和输配电（T&D）应用相关的成本占比较高（22%~24%），而与光伏发电相结合的公用事业规模或表后应用通常对运维成本的影响较低（16%~19%）。

充电的电力成本是一个重要方面，其可变性不仅与应用有关（输配电和表外系统的电价差异很大），还与这些系统的位置有关，因为各国的电价差异很大。此外，所有与间歇性可再生能源发电耦合的应用通常考虑的都是零充电成本，尽管发电厂的部分投资成本也应考虑在内。

LCOS 研究中的充电成本通常考虑固定的平均价格（在某些情况下，在系统生命周期内会有一些增量），输配电应用通常约为 50 美元 / 兆瓦时，表后应用约为 100 美元 / 兆瓦时（Schmidt et al.，2019）。然而，虽然很难预测如此长间隔时间内的更准确值，但必须提醒的是在某些应用（如能源套利）中，这种成本随时间波动较大，是电池充放电频率和持续时间的主要驱动因素。表后应用通常面临的电价比较稳定，尽管电价较高。

3.3　寿命中止：废弃和回收

锂离子电池的寿命终结可能包括不同的途径：再利用或重新用于其他用途、材料回收和处置。虽然目前的研究主要集中在潜在的回收程序上，但据估计，目前绝大多数电池都被弃置，锂离子电池的回收尚未成为市场上具有竞争力的解决方案（Pellow et al.，2019）。不过，其他更成熟的电池技术，尤其是铅酸电池，已经建立了回收途径，但制定明确的政策目标是开发适当技术解决方案的关键。

正如在电池制造方面所讨论的那样，在回收方面，电动汽车电池所占的较大份额可能也会推动回收市场的发展。不过，这两种应用的报废条件可能大不相同。研究表明，有可能将电动汽车电池作为固定存储设备重新用于住宅和工业应用（Mirzaei Omrani and Jannesari，2019）。虽然电池组一定程度的性能下降可能无法满足运输应用要求，但由于其成本非常低，可以重新用于固定应用。如果这一方案获得关注，电动汽车电池的直接材料回收就变得有限，其会通过这种二次应用延长使用寿命。

目前很少有研究对锂离子电池的潜在回收成本进行估算，而且不同研究的假设条件也大相径庭，导致研究结果的可比性非常低。特定材料的回收率变化很大，很难将学术研究与为数不多的实际应用进行比较。对于锂离子电池报废后的可持续性，无论是在具体能耗方面还是在环境影响方面，目前仍缺乏共识（Pellow et al.，2019）。

3.4　性能参数

虽然关注电池生命周期内的总成本很重要，但电池性能也是比较不同解决方案的另一个相关方面，因为这直接影响到电池在给定电力输入情况下提供的可用电力。电池通常根据其容量进行比较，但其标称充放电率、最大放电深度（DoD）和循环效率[①]也同样重要。工作温度对锂离子电池性能也有影响，它会影响效率、安全性和使用寿命。高温会加快不必要的化学反应速度，导致电池单元降解，与设计温度相比，每相差 10℃总寿命最多可缩短 50%（IRENA，2017）。电池的最长使用寿命通常是在 20℃～30℃范围内实现的，因此在炎热的气候条件下需要使用冷却系统。在极

① 放电率测量电池充电或放电的速度，反映这些过程的平均持续时间。最大放电深度是相对于电池的标称能量容量的可用能量，可以在不损害电池性能的情况下安全使用。循环效率通常为电池在放电阶段提供的能量与充电阶段消耗的能量之比，由于过程中有能量损失，该比率小于 100%。

低温度下运行也会导致严重的功率损耗，从而在某些地方对电动运输系统造成严重限制。

因此，应注意实际操作性能与制造商或测试结果的预期额定值之间的差异，特别是考虑到不同的循环假设及其对电池降解的影响。运行过程中出现的多种情况都可能导致电池降解，包括过度充电/放电、高电流和机械应力，如电极材料膨胀[①]（Li et al., 2019）。

3.5 不同 LCOS 研究的比较

如前几节所述，计算 LCOS 所需的假设很多，导致不同研究的可比性较低。尽管如此，还是可以从有关该主题的最新文献中获取一些信息，以反映与锂离子应用相关的 LCOS 结果的变化范围。图 14.5 展示了不同研究计算得出的锂离子电池 LCOS 平均值（Comello and Reichelstein，2019；Jülch，2016；Lazard et al.，2018；Schmidt et al.，2019）。

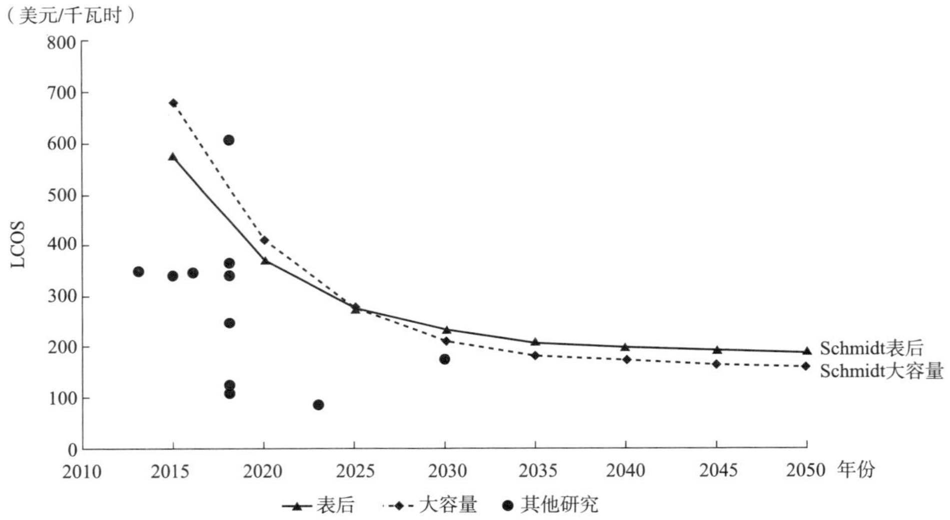

图 14.5 不同研究计算得出的锂离子电池 LCOS 平均值

虽然有许多针对当前 LCOS 的分析，但很少有研究将分析扩展到 LCOS 值未来变化趋势。Schmidt（2019）等的文献是唯一对未来趋势进行详细预测的研究，同时也是唯一区分表后电池和大容量电池 LCOS 的研究。图 14.5 显示相关性很高。必须强调的是，这些数字受到与技术投资成本和电力供应市场条件相关的高度不确定性的严重影响。因此，图 14.5 中的数值应仅被视为基于最新文献的潜在未来指示，由于用于电站

① 电池在超出设计值的条件下运行可能会引发不同的问题。电池的过度充电和/或过大的电流可能会减少其化学成分，而且由于充放电过程中的体积变化，可能会对材料造成额外的机械应力。

储能的锂离子电池商业部署才刚刚开始，这些数字在未来几年可能会出现重大变化。此外，与其他文献结果比较一样，需要强调的是，LCOS 的计算需要多种假设，不同的研究成果可能会有不同的假设。

3.6 外部环境和收入机会

虽然人们普遍关注储能成本，因为这往往是限制因素，但对潜在收益机会的简要分析可以为锂离子电池的经济性提供更多启示。任何储能技术的潜在收益机会都与商品在一段时间内的可变价值有关，因此，当电力需求与供应之间存在较大的不匹配时，最需要储能技术。

这种不匹配通常通过输电层面的容量市场投标和报价来解决，其参与通常仅限于可调度发电厂，如热电和抽水蓄能电厂。然而，在当前向更高比例的可再生能源和分布式发电过渡的过程中，这些机制可能还不够。在这一过渡阶段，虚拟发电厂正在部署中：通过使用数字技术，将几个不同性质的小型单位（即发电商、储能单位、需求侧管理）虚拟聚合在一起。由于系统规模的可扩展性和运行的灵活性，储能可适用于不同层次。

不同利益相关者的参与可能与即将实施的特定政策和法规密切相关，但低碳能源系统的灵活性要求必然对应不同解决方案中的储能。在输电和配电系统运营商为广泛的网络服务评估电池的同时，大规模间歇性可再生能源生产商也在考虑使用电池，以提高其电力调度能力以及相关的价值和市场机会（IRENA，2019a）。在住宅层面也存在类似的驱动因素，如果面临高电价，安装了光伏系统的家庭会尝试最大化自发自用（IRENA，2019b）。最终用户通常受严苛法规的影响更大，表后储能的盈利能力在各国之间可能存在很大差异。

目前出现的机遇在全球范围内分布不均，因为拥有有利法规的国家已经在不同程度地部署了电池储能系统，包括德国、澳大利亚、韩国和美国（IRENA，2019a）。

3.7 固定式锂离子电池的未来部署

除了前面的经济性分析之外，讨论固定电池部署的预期方案也很重要。虽然这些方案会根据能源系统和能源市场的发展而不断更新，但对不同国际组织的当前方案进行比较，可以凸显固定式储能的强劲发展势头和巨大潜力。

图 14.6 展示了一些最有影响力的能源组织［即 IRENA（2017 年）、IEA（2019 年）和彭博新能源财经（2019 年）］对未来趋势的预期比较。这些方案在最终部署容量方面存在差异，而且预测中包含的应用类型并不总是很明确，尤其是在表后应用方面。不过，尽管与电动汽车中使用的锂离子电池相比，固定式设备用锂离子电池可能仍然是一个小市场，但在所有情景下，预期的电池储存容量都会达到相当可观的总量。截至 2017 年，全球抽水蓄能的总储能为 4.5 太瓦时（国际可再生能源机构，IRENA）。

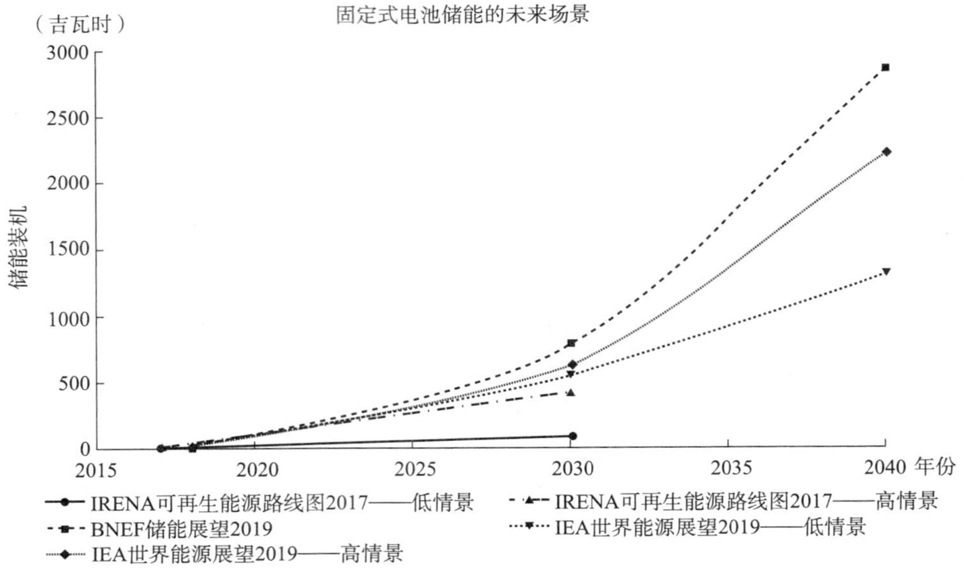

图 14.6 固定式电池未来部署方案比较

然而，重要的是，电池和抽水蓄能并不是竞争关系，而是提供互补的服务，因为电池大多用于短期服务（最多几个小时或在某些情况下几天），而抽水蓄能的特点是充放电时间较长（大约几周或几个月）。

4 结论

本章介绍了电池储能系统经济性的主要内容，并对电池技术和潜力进行了定性讨论。由于锂离子电池的发展势头迅猛，特别是与电动汽车应用的预期强劲产能增长有关，未来更新的数据可能会呈现出较大的年度差异。

另外，与主要成本驱动因素和收入机会相关的基本趋势可能会出现较小的变化，并保持其重要性。在过去几年中，用于固定存储的锂离子电池的前期成本大幅下降，预计这一趋势在未来 10 年内仍将持续。在电动汽车需求不断增长的推动下，电池供应能力有望在全球范围内提高，这将有益于规模经济以及与电池性能和制造效率相关的技术改进。大量部署电动汽车的一个次要影响因素可能是廉价的二次寿命电池的供应，这些电池可以在未来 10 年内被生产出来。其余性能水平不适合应用于运输的电池对于固定储能来说也是可以接受的。虽然人们通常非常重视锂离子电池的投资成本，但还有其他因素会影响电池运行的实际总成本，可以通过 LCOS 来评估。这些因素不仅包括运维成本、充电费用和报废成本，还包括一些影响电池性能的技术参数，从而影响可实现的电力输出。这些参数包括能量 / 功率比（通常由设计选择决定）、往返效率、日历寿命和循环寿命、随时间推移的衰减，以及电池在每年循环次数和平均放电时间方面的运行逻辑。要全面了解锂离子电池在电力储存方面的经济性，就必须了解这些参数，因为现有研究结果在很大程度上取决于基本假设。

目前，锂离子电池在公用事业规模和表外系统等固定储存领域的应用表明，政策和法规对于促进此类技术的应用和提高其成熟度至关重要。虽然前期成本仍然是广泛应用的主要障碍，但现有法规往往也限制了不同应用和网络服务电池的开发和部署。此外，主要利益相关者并不总是了解这种技术的潜力和现有案例研究的结果。

如果目前成本下降的趋势在未来持续下去，且不会受到原材料缺乏或供应链瓶颈等问题的阻碍，那么锂离子电池有望在为低碳电力系统提供所需的灵活性方面发挥关键作用。与电动汽车市场的竞争将是一个重要方面，因为电动汽车市场的扩大可能会对固定存储应用产生积极或消极的影响。

参考文献

[1] Benchmark Mineral Intelligence, 2018. Lithium ion battery megafactory assessment.

[2] Berckmans, G., Messagie, M., Smekens, J., Omar, N., Vanhaverbeke, L., Van Mierlo, J., 2017. Cost Projection of State of the Art Lithium-Ion Batteries for Electric Vehicles Up to 2030. Energies 10. https://doi.org/10.3390/en10091314.

[3] BNEF, 2019. Energy Storage Outlook 2019.

[4] Bott, C., Dressel, I., Bayer, P., 2019. State-of-technology review of water-based closed seasonal thermal energy storage systems. Renew. Sustain. Energy Rev. 113, 109241. https://doi.org/10.1016/J.RSER.2019.06.048.

[5] Colbourn, R., 2019. Europe's Role in the Battery Megafactory Supply Chain.

[6] Comello, S., Reichelstein, S., 2019. The emergence of cost effective battery storage. Nat. Commun. 10, 2038. https://doi.org/10.1038/s41467-019-09988-z.

[7] Crampes, C., Trochet, J.-M., 2019. Economics of stationary electricity storage with various charge and discharge durations. J. Energy Storage 24, 100746. https://doi.org/10.1016/J.EST.2019.04.020.

[8] Fisher, M., Apt, J., Whitacre, J.F., 2019. Can fow batteries scale in the behind-themeter commercial and industrial market? A techno-economic comparison of storage technologies in California. J. Power Sources 420, 1–8. https://doi.org/10.1016/J.JPOWSOUR.2019.02.051.

[9] Hsieh, I.-Y.L., Pan, M.S., Chiang, Y.-M., Green, W.H., 2019. Learning only buys you so much: Practical limits on battery price reduction. Appl. Energy 239, 218–224. https://doi.org/10.1016/J.APENERGY.2019.01.138.

[10] IEA, 2019. World Energy Outlook 2019. https://doi.org/DOE/EIA-0383(2012) U.S. IRENA, 2019a. Utility-scale Batteries—Innovation Landscape Brief.

[11] IRENA, 2019b. Behind-the-meter Batteries—Innovation Landscape Brief.

[12] IRENA, 2017. Electricity storage and renewables: Costs and markets to 2030, Electricity-storage-and-renewables-costs-and-markets.

[13] IRENA, 2015. Battery storage case studies.

[14] Jülch, V., 2016. Comparison of electricity storage options using levelized cost of storage (LCOS) method. Appl. Energy 183, 1594–1606. https://doi.org/10.1016/J. APENERGY.2016.08.165.

[15] Kittner, N., Lill, F., Kammen, D.M., 2017. Energy storage deployment and innovation for the clean energy transition. Nat. Energy 2, 17125.
[16] Lazard, 2018. Lazard's Levelized Cost of Storage Analysis—v 4.0.
[17] Leadbetter, J., Swan, L.G., 2012. Selection of battery technology to support gridintegrated renewable electricity. J. Power Sources 216, 376–386. https://doi.org/10.1016/J.JPOWSOUR.2012.05.081.
[18] Li, Y., Liu, K., Foley, A.M., Zülke, A., Berecibar, M., Nanini-Maury, E., Van Mierlo, J., Hoster, H.E., 2019. Data-driven health estimation and lifetime prediction of lithium-ion batteries: A review. Renew. Sustain. Energy Rev. 113, 109254. https://doi.org/10.1016/J.RSER.2019.109254.
[19] Mirzaei Omrani, M., Jannesari, H., 2019. Economic and environmental assessment of reusing electric vehicle lithium-ion batteries for load leveling in the residential, industrial and photovoltaic power plants sectors. Renew. Sustain. Energy Rev. 116, 109413. https://doi.org/10.1016/J.RSER.2019.109413.
[20] Nobel Media AB, 2019. Press release: The Nobel Prize in Chemistry 2019.
[21] Pellow, M.A., Ambrose, H., Mulvaney, D., Betita, R., Shaw, S., 2019. Research gaps in environmental life cycle assessments of lithium ion batteries for grid-scale stationary energy storage systems: End-of-life options and other issues. Sustain. Mater. Technol. e00120. https://doi.org/10.1016/J.SUSMAT.2019.E00120.
[22] Schmidt, O., Hawkes, A., Gambhir, A., Staffell, I., 2017. The future cost of electrical energy storage based on experience rates. Nat. Energy 2, 17110. https://doi.org/10.1038/nenergy.2017.110.
[23] Schmidt, O., Melchior, S., Hawkes, A., Staffell, I., 2019. Projecting the Future Levelized Cost of Electricity Storage Technologies. Joule 3, 81–100. https://doi.org/10.1016/J.JOULE.2018.12.008.
[24] Tsiropoulos, I., Tarvydas, D., Lebedeva, N., 2018. Li-ion batteries for mobility and stationary storage applications, JRC Science for Policy Report, EU Commission., Publications Offce of the European Union. https://doi.org/10.2760/87175.

第 15 章　行业耦合经济

米歇尔·努桑 [①]

1　引言

在电力系统中，不断增加的不可调度的间歇性可再生能源需要额外的灵活性，以确保电网运行的需求和供应之间的持续平衡。提供能源平衡服务的传统技术包括电力储存、输电网络、以化石能源为基础的可调度能源，以及需求响应或管理方案。

正在出现的另一种解决方案是行业耦合，也称为“P2X”，其中“X”代表各种应用，如气体（G）、热（H）、车辆（V）、液体（L）或其他。行业耦合的理念是将多余的可用电力转化为另一种需要的或比电力更容易储存的能源载体。在某些情况下，这种转换是可逆的，尽管通常充放电循环效率较低，但电力可以再生。

在某些情况下，行业耦合的应用可在长期储能中带来显著效益，特别是电转气（P2G）或电转液（P2L）。在目前一些应用中，行业耦合被用于避免当产量超过需求量的特殊时段对可再生能源的限制，因为可再生能源发电时是没有成本的。然而，在大多数情况下，由于每年的运行时间有限，难以实现理想的投资回收期，这也是由于一些技术的投资成本相对较高导致的。一些应用，包括氢气和合成燃料，可能需要专门的可再生能源供应，以达到符合目前投资成本与回报的合理年负荷率。预计 P2X 将在能源转型中发挥重要作用，与直接使用可再生能源或利用可再生能源进行清洁发电并列。然而，要释放行业耦合技术的潜力，需要解决 3 个主要问题：扩大技术规模、确定市场和需求结构、建立有力的投资框架以确保供应（Perner and Bothe，2018）。虽然可以通过技术升级来降低成本，但仍需要客户购买更清洁的能源以替代目前使用的化石能源。政策驱动的激励措施或二氧化碳排放市场可能支持 P2X 技术的未来商业模式。以下各节将介绍行业耦合最有前景的应用：电转气（P2G）、电转热（P2H）、电转车（P2V）和电转液（P2L）。

2　电转气

在谈论 P2X 时，电转气是最常见的应用，它通常指通过电解水制氢，但也可以进

---

① 米歇尔·努桑（Michel Noussan），埃尼·恩里科·马泰基金会（Fondazione Eni Enrico Mattei，FEEM），巴黎政治大学国际事务学院；电子邮箱：michel.noussan@sciencespo.fr。

一步甲烷化以合成甲烷。甲烷化所需的能源消耗可通过利用现有天然气资产（如管道或涡轮机）的机会抵消。在这种情况下，甲烷生产需要额外输入二氧化碳，这可以从碳捕集或空气捕集中直接获得，以结束二氧化碳循环并避免在合成甲烷期间的净排放。图 15.1 是主要电转气供应链的方案。

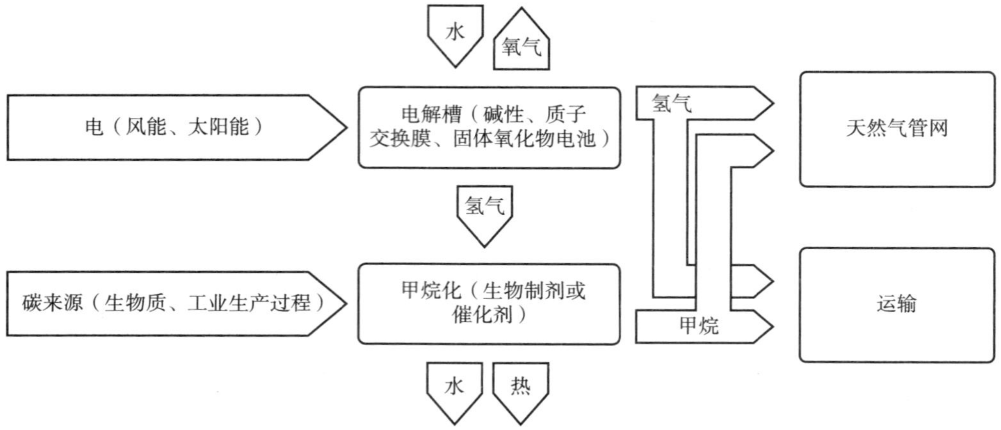

图 15.1　P2G 供应链示例

资料来源：Götzet 等（2016）。

目前，电解槽的能源效率为 60%~81%，其变化与技术类型和负载因数有关。电解制氢产量在目前全球氢能产量（6900 万吨）中的占比低于 0.1%。如果转变为 100%，将导致 3600 太瓦时的电力消耗，这超过了欧盟的年度总发电量（IEA，2019a）。因此，氢在未来能源系统中应用需要大规模部署可再生能源发电。另一个副作用是需要淡水作为输入资源，这在水资源缺乏的地区可能是一个问题。使用海水将需要额外的淡化过程，可以通过反渗透技术实现，单位立方米的成本约 1~2 欧元（Caldera et al.，2018）。因此，海水淡化成本可能只占 P2G 总成本中很小的份额，因为 1 立方米的水可以生产超过 110 公斤的氢。

存在替代性的电解技术，其性能、操作压力和温度、使用寿命、负载范围的灵活性和投资成本都不同。最成熟的技术是碱性电解、质子交换膜（PEM）电解和固体氧化物（SOEC）电解，主要运行参数见表 15.1。在过去几年中，全球应用最广泛的能源技术已从碱性电解转向质子交换膜电解，在 2015—2019 年的 95 兆瓦的新增产能中，近 90% 是质子交换膜电解。

表 15.1　主要电解工艺及其操作参数

	碱性电解槽			PEM 电解槽			SOEC 电解槽		
	目前	2030 年	长期	目前	2030 年	长期	目前	2030 年	长期
电效率（%）	63~70	65~71	70~80	56~60	63~68	67~74	74~81	77~84	77~90
压力（巴）	1~30			30~80			1		

续表

	碱性电解槽			PEM 电解槽			SOEC 电解槽		
	目前	2030 年	长期	目前	2030 年	长期	目前	2030 年	长期
温度（℃）	60~80			50~80			650~1000		
运行时间（千小时）	60~90	90~100	100~150	30~90	60~90	100~150	10~30	40~60	75~100
资本支出（美元 / 千瓦）	500~1400	400~850	200~700	1100~1800	650~1500	200~900	2800~5600	800~2800	500~1000

资料来源：IEA（2019a）。

电解水制氢成本取决于多个参数，最重要的参数是投资、电力成本和年运行小时数。根据 IEA（2019a）预测，如果利用可再生能源发电厂，到 2030 年，欧洲的制氢成本为 2~4 欧元 / 公斤，如果考虑电网电力，则为 3.2~6.5 欧元 / 公斤。无论有无碳捕集、利用和封存（CCUS）设施，预计这些成本都将高于采用化石能源（天然气和煤炭）的生产途径。

世界其他地区可能会选择潜力更高且成本较低的可再生能源，特别是太阳能，尽管其年运行时间有限。风力发电厂，尤其是海上风力发电厂可能会拥有更高的负荷系数，当它们与电解槽结合时，代表着更有吸引力的选择。

需要注意的是，氢可能有一些直接使用的应用场景，但通常需要进一步转化为电能。从这个角度来看，P2G（与随后的“G2P”过程相结合）可以被视为一种电力储能解决方案，这对长期储能（从几天到几个月）特别有效。如今，氢已经是季节性储能的最有效的解决方案，不包括抽水蓄能和压缩空气储能（Schmidt et al.，2019），从长远来看，它有望提供更好的性能。

在过去的几年中，甲烷化的 P2G 项目似乎优于简单的制氢，它们显示了在目前水平上提高能源效率的更大潜力，特别是通过加强对副产品、氧气和热量的利用，这一点在现有项目中很少考虑。目前，与二氧化碳甲烷化有关的 CAPEX 指的是上游电解器消耗的电力，化学甲烷化约为 800 欧元 / 千瓦，生物甲烷化为 1200 欧元 / 千瓦（均不包括电解器的成本）。预计到 2030 年，该数值将分别下降到 500 欧元 / 千瓦和 700 欧元 / 千瓦（Thema et al.，2019）。尽管技术发展可能产生影响，但这些成本变化预计将更依赖于生产规模的扩大。

3 电转热

电转热指利用电力和供热部门之间的潜在协同作用，与现有的区域供热网络耦合或为单个用户提供分布式供热。目前，区域供热网络的应用更加广泛，因为在大型集中式工厂中，任何潜在的经济优势都是特别值得关注的。也由于在同一系统中包含多种发电技术的做法普遍存在，可以利用低电价通过电锅炉或大型热泵来产生热量。与其他行业耦合应用相比，电转热的投资相对较低，依赖于已经广泛应用并且具有较高技术成熟度的组件（热泵和更多的电锅炉）。然而，这种关于额外投资的权衡与每年的运行时间有关，而运行时间又与电力价格的波动有关，在某些情况下，还与替代燃料（特别是按小时价格购买的天然气）的价格波动有关。这些解决方案通常最适合大客户，如区域供热发电厂或大型商业用户，他们可以用多种发电方式来供应所需的热量。电转热目前仅能在有限的市场中实现，因为与传统技术相比，它的运营成本普遍偏高，但在未来更强的脱碳措施和更低的电价前景中，该应用显示出潜力，特别是通过热泵。

电转热在区域供热网络应用中已经相当成熟，特别是在北欧的一些国家，如丹麦、瑞典和挪威，但仍有巨大的未开发潜力（Schweiger et al.，2017）。通常使用投资较低的电锅炉时，区域供热网络管理人员可利用可再生能源发电过剩的特定时段的低电价，实现与其他发电技术相比较低的边际成本。交易市场价格因国家而异，主要是由于不同的电力组合以及电力消费的税负水平。

一项关于 2014—2015 年丹麦、瑞典和挪威市场数据的研究（Rosenlund Soysal and Sandberg，2016）分析了区域供热系统中的电锅炉。结果显示，在丹麦 26% 和瑞典 46% 的区域供热运行小时中，电锅炉的边际成本低于天然气热电联产机组。然而，只有挪威的电锅炉能够与生物质热电联产机组竞争，在每年 14% 的时间里显示出较低的边际成本。在丹麦和瑞典，与燃气热电联产竞争的热价分别为 22.7 欧元 / 兆瓦时和 26.5 欧元 / 兆瓦时；而在挪威，与生物质热电联产机组竞争的热价为 14.4 欧元 / 兆瓦时。尽管有相似的购电价格，这些国家显示出非常不同的电锅炉边际价格（即不包括购电成本但包括税负），丹麦为 51.6 欧元 / 兆瓦时，瑞典为 38.9 欧元 / 兆瓦时，挪威为 12.8 欧元 / 兆瓦时。

图 15.2 显示瑞典和丹麦不同发电技术的对比，比较了基于电价的热价变化。电锅炉供热的成本随着电价的增加而增加，而在热电联产技术中，高成本电力带来的收入增加导致热价降低。需要注意的是，该图是基于批发电价，在计算边际价格时考虑了额外的税收，因此即使电力成本为零，电锅炉成本也为正值。

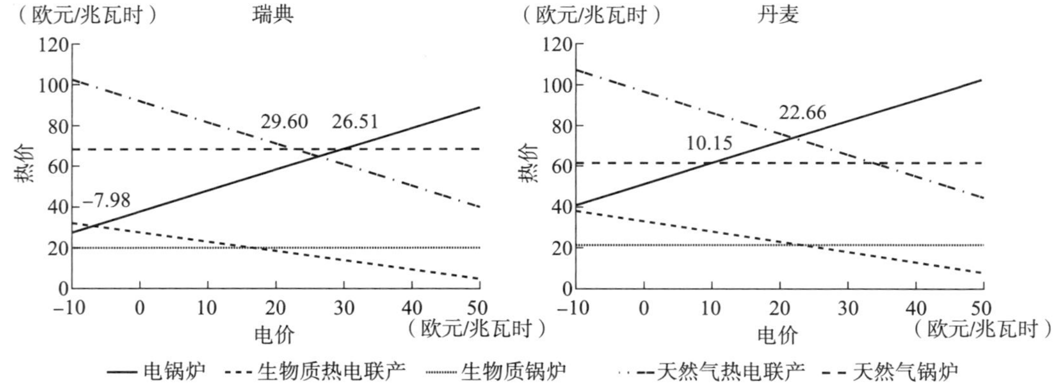

图 15.2　基于电价的瑞典和丹麦不同发电技术的边际成本

资料来源：罗森隆德·索萨尔和桑德伯格（2016）。

电转热的一个更广泛的应用是加热和制冷部门的逐步电气化，以支持更高水平的可再生能源渗透。这一趋势得到了不同层次的脱碳政策的支持，由于能源效率更高，热泵通常比电锅炉更受欢迎，尽管投资成本明显较高，但在终端客户电价较高的国家，设备使用寿命的总成本可能证明选择热泵是合理的。然而，在大多数国家，与传统的化石能源锅炉相比，电转热总成本仍然明显较高，通常需要激励措施来支持用户向清洁燃料过渡。

目前，小型热泵的运行通常受固定电价的约束，而且可以跟随批发市场价格的分时电价的应用也很有限。然而，电力聚合商可以利用大量小型热泵形成聚合池，特别是与本地储热相结合为电力系统提供服务。参与平衡市场是聚合商最有趣的应用场景之一，尽管需要快速反应时间、双向通信，以及通常最小的规模为几兆瓦（Spreitzhofer，2018）。在不同的国家，包括奥地利（BMVIT and FFG，2019）、瑞士、德国和美国（IEA HPT，2017）都有一些通过热泵进行的电转热项目。

4　电转车

未来几十年，另一个可能面临电力渗透率大幅增加的部门是交通运输，特别是随着电动汽车（EV）在私家车市场的部署。汽车电池的充电需求将释放出额外的电力需求，但也可以通过管理大量分布式电池的充电时间和利润来实现灵活性的选择。基本上有两个不同层次的整合，从延迟充电（也称为智能充电，或 P2V）到双向行业耦合（通常被称为车辆到电网，或 V2G）。后者需要特定的电池设计，因为需要根据要求向电网放电，这在目前的电动汽车中很少见。

电转车计划的未来部署与电动汽车的市场份额密切相关，电动汽车的销量在过去几年呈指数级增长，2018 年全球销量达到 200 万辆，大约是上年的两倍（IEA，2019b）。不同机构预测的未来情景差异很大，而且往往每年都向上修正。IEA（2019b）估计，到 2030 年，全球电动汽车年销量将达到 2300 万 ~4300 万辆，电动汽车库存约 1.3 亿 ~2.5 亿辆。

一个关键的方面是可用充电站的数量、公共和私人充电站之间的比例以及慢速和快速充电之间的比例。电网和电动汽车之间的相互作用需要通过专用的充电点持续连接，特别是在白天，电力平衡需求更高，需要大量的公共充电站，而家庭中的私人充电站大多在夜间使用。目前全球每辆电动汽车可公开使用的充电点比例已从 2017 年的 0.14 降至 2018 年底的 0.11（IEA，2019b）。数据显示，各国之间的差异很大，在挪威或美国，每 20 辆电动汽车有 1 个公共充电桩，在丹麦或荷兰，每 4~8 辆电动汽车有 1 个充电桩。

电转车是以电动汽车智能充电策略为基础，目的是将额外的电力需求从高峰时段转移到非高峰时段。研究人员发现，目前大多数电动车用户都是在傍晚时分给他们的车辆充电，这时的电力需求很高，因此将充电时间转移到夜间可能会改善电网运行。电转车可能需要按使用时间收费，或者由第三方机构直接控制充电过程（根据最终用户的具体要求）。客户应该能够根据他们的需求设定一些充电目标，即在特定的时间内需要充电的量，同时为不可预测的即时用车需求保留一些空间。英国的一项专门研究发现，用户管理的充电方式比供应商管理的充电方式更受欢迎，因为人们认为个人控制感更强，而且车辆可能无法在规定时间完全充电的风险更低（Delmonte et al.，2020）。相反，倾向于由第三方充电的用户主要是认为这样做对社会有利。在系统层面，不同的研究分析了智能充电策略对增加可再生能源在发电中份额的支持作用，在不同国家都取得了很好的结果（Daina et al.，2017；Jian et al.，2018）。

车到电网（V2G）超越了简单的电动汽车充电时间表，当电网需要平衡服务时，它将汽车作为电池使用。与电转车相比，还涉及更多的方面。从技术上讲，应该允许电动汽车电池向电网放电，充电点应该有更高的平均功率，电池的充电状态应该被仔细监测（并保持在有限的范围内），以便在用户需要时达到所需的水平。随着时间的推移，由于额外的循环，可能存在与电池质量损耗相关的潜在问题，需要专门的算法来优化充放电策略。理想情况下，考虑到多重限制因素，大型电动汽车电池将为聚合商提供更大的灵活性。对电动汽车的电池进行测试研究的结果表明，在一天中的特定时间，可用电池容量与电池额定容量之比可能会降至非常低的水平（Irie，2017）。最糟糕的情况发生在白天充电，当时只有 2.1%～3.9% 的容量是可用的，这是因为连接的车辆很少和剩余的充电水平低。夜间充电和高峰时段放电能达到可用容量的 30%，但在某些天，这一比例会分别低至 14% 和 8%。

5 电转液

电转液的应用是一些缺少其他替代品行业脱碳的必要解决方案，如长途航空、国际航运和特定的高温工业过程（Perner and Bothe，2018）。在这些关键领域，合成燃料可能成为生物燃料的补充解决方案，与生物燃料一样，它们通常可以利用现有的设备和基础设施（例如汽油、柴油和煤油），有可能立即改变一些现有应用，而无须支付转换最终用户设备或供应链中不同组件的前期费用。

电转液的应用包括多种工艺，其中最成熟的是甲醇合成和费托合成。甲醇可以直接使用（有一些限制），也可以进一步转化为其他燃料，如汽油、柴油或煤油。与氢气相比，甲醇有一些优势，包括在正常情况下与其液态有关的安全程序较简单，不需要在高压（或低温）储存方面采取进一步的操作。此外，甲醇合成是一个众所周知的工业工艺，将其进一步转化为其他燃料的工艺也是如此（Varone and Ferrari，2015）。费托合成法需要一氧化碳和氢来生产原始液体燃料，然后通过不同的工艺向传统燃料转化。这是一项相对成熟的技术，它也被应用于从煤和天然气中获得合成燃料。

与现有的水解或甲烷化方面的文献相比，很少有研究涉及电转液成本。合成液体燃料的生产依赖于更成熟的技术，进行工艺改进从而进一步降低成本的可能性较小。然而，由于大规模工厂部署所带来的标准化效应，投资在未来几十年可能会下降。目前，与生产相关的投资约 800~900 欧元 / 千瓦，具体取决于它们是否加上高温或低温电解（这又有不同的成本）。根据不同的情况，预计在 2030 年投资将降低到 544~828 欧元 / 千瓦，到 2050 年成本进一步降低到 300~800 欧元 / 千瓦（Agora Verkehrswende et al.，2018）。这些数值不包括二氧化碳捕集，这可能会对总成本产生重大影响，特别是在依靠直接空气捕集时。目前，二氧化碳直接空气捕集与电转液应用相关的成本高达 2200 欧元 / 千瓦，预计到 2050 年将下降到 1600 欧元 / 千瓦，这仍将是该过程中最昂贵的部分。

生产合成燃料的总供应链成本一直高于电转气，这是由于需要额外的组件和较低的供应链效率，目前的数值在 46%~64%，取决于电解温度（Blanco et al.，2018）。从更广阔的能源系统角度考虑，更高的燃料成本可能是合理的，其潜在的好处包括能使用现有的基础设施和更容易的储存过程。对于某些应用，特别是航空，燃料的能量密度将是在可用替代品之间进行选择的另一个关键因素。需要强调的是，从碳捕集技术中获得专用的二氧化碳流，以关闭循环并允许无碳合成燃料，这是与化石基替代品相比的主要驱动力。从长远来看，直接空气捕集可能是首选，因为它可以在任何地方使用（即不需要靠近二氧化碳产生系统或专门的二氧化碳供应链），尽管需要额外的电力消耗和更高的投资成本。

6 行业耦合的经济效益分析

行业耦合替代方案的经济性比较并不简单，因为多种参数影响着这些技术的运行和商业模式。如前所述，P2X 首次应用来自利用可再生能源过剩电力，特别是在低资本支出不要求高年度运行时数的情况下。这些应用在一些细分市场十分成功，例如北欧国家集中供热网络中的电转热。但对于许多应用来说，由于 CAPEX 高于 OPEX，运营时间仍然是一个关键问题。在这些情况下，P2X 技术可以提供一定程度的灵活性，以利用现有的过剩可再生能源电力，但不能完全依赖于这些过剩电力。

虽然在一年中的某些时间内可以获得多余的电力，甚至可以考虑以零成本的方式获取，这可能是一个重要的优势，但这种有限的优势无法覆盖多个 P2X 应用的高 CAPEX。同样，可再生能源的现场发电显示出有前景的 LCOE，但风能和太阳能资源的年负载率是有限的。

图 15.3 展示了本章中提出的 P2X 技术的简化经济比较，其中平均经济利润率是不同解决方案的收入和发电成本之间的差额，这些解决方案以单位可用电量为基础进行比较。收入被估计为参考替代技术所避免的发电成本（见表 15.2）。考虑到这些技术在不同的环境下运行，不仅有不同的 CAPEX、OPEX 和逻辑，而且根据需要提供的能源载体或服务也有不同的收益。

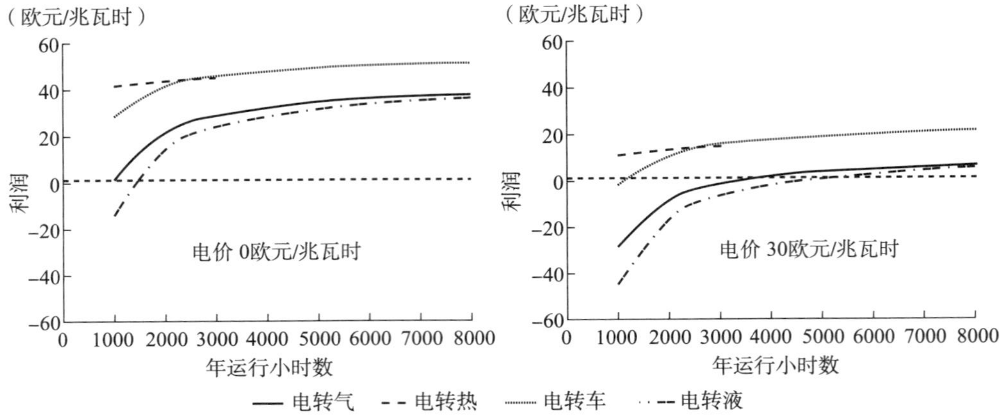

图 15.3　不同的 P2X 技术与可变电力成本和运行时间的经济比较（2040 年的估计值）

表 15.2　P2X 技术的经济比较假设（2040 年）

参数	单位	P2G	P2H	P2V	P2L
资本支出	欧元 / 千瓦	600	90	400	850
效率	兆瓦时当量	0.75	0.99	1	0.65
替代方案	—	甲烷蒸汽重整制氢	天然气锅炉提供的热量	从电网为电动车充电	汽油
替代方案成本（包括排放）	欧元 / 兆瓦时当量	56.4	47.6	55.0	66.3
替代排放	吨 / 兆瓦时当量	0.30	0.21	0.05	0.26
替代排放成本[a]	欧元 / 兆瓦时当量	29.6	21.3	5.0	25.9

注：a 基于 100 欧元 / 吨二氧化碳的碳价格。

这一简单的分析强调了电力成本和年运营小时数对某些 P2X 解决方案长期盈利能力的影响。结果表明，转换效率较高的应用显示出较高的利润率，但由于需求的限制，可能更难确保较多的运行小时数。电转气和电转液的转换效率较低，这也是其较高 CAPEX 的原因之一，可能会被与其产品长期储存可能性相关的灵活性所补偿。这需要进行详细的分析与评估，并考虑到每日和季节性的需求波动。

表 15.2 列示本分析中使用的主要假设，它是基于到 2040 年时间范围的预测，从不同的文献资料中获得，并结合专家意见。所有 P2X 技术的使用寿命均为 15 年，其收益估计为生产相同服务而采用相应的传统解决方案所避免的成本（如适用，包括 100 欧元 / 吨的二氧化碳成本），最后根据最终用户的可用能量给出了替代解决方案。

需要注意的是，表 15.2 的目的是为读者提供不同驱动因素影响的定性比较，因为估计这些参数的不确定性可能导致结果的巨大变化。

7　结论

本章描述了涉及行业耦合应用潜在可行性的主要方面。每个应用都有其特性，但一些常见的模式值得一提。

对于所有的 P2X 应用，两个主要的驱动因素是不断下降的电价和通过提高清洁电力在不同部门的渗透率来推动脱碳的政策。因此，每个 P2X 解决方案将优先部署在具有良好可再生能源潜力的地区，这些地区的风力发电厂或太阳能发电厂的年产能都很高。因此，生产可储存燃料的应用将受益于国际市场，国际市场将基于合成燃料相对于传统燃料的优势达成具体协议，特别强调其在脱碳战略中的贡献（Perner and Bothe，2018）。

这样的国际市场将受益于太阳能和风能在多数国家的分布潜力，这与目前全球范围内化石能源储备高度集中在有限的几个地区形成鲜明对比。各大洲的不同国家可以根据其资源潜力、现有基础设施和国家政策，在各种 P2X 技术的部署中发挥互补作用。

P2X 也可以作为储能的替代品，特别是长期储能，因此它与电池有一些相似之处（见第 14 章），包括需要升级技术以降低投资成本，并确保可接受的运行小时数以保证投资者的公平回报。

虽然在目前条件下，某些应用已经在特定市场上证明了其经济可持续性，但需要更广泛的政策支持来推动这些技术的进一步发展，这些技术往往与现有的化石基替代品竞争。从这个角度来看，考虑气候外部性因素，碳定价模型或类似的政策可能是释放 P2X 技术促进能源系统脱碳潜力的关键。

参考文献

[1] Agora Verkehrswende, Agora Energiewende, Frontier Economics, 2018.The Future Cost of Electricity-Based Synthetic Fuels.

[2] Blanco, H., Nijs, W., Ruf, J., Faaij, A., 2018.Potential for hydrogen and Power-to-Liquid in a low-carbon EU energy system using cost optimization.Appl.Energy 232, 617-639.https: //doi.org/10.1016/J.APENERGY.2018.09.216.

[3] BMVIT, FFG, 2019.ft4power2heat research project [www Document].URL. https: //nachhaltigwirtschaften.at/en/sdz/projects/ft4power2heat.php(accessed 11.21.19).

[4] Caldera, U., Bogdanov, D., Afanasyeva, S., Breyer, C., 2018.Role of seawater desalination in the management of an integrated water and 100% renewable energy based power sector in Saudi Arabia.Water(Switzerland)10.https: //doi.org/10.3390/w10010003.

[5] Daina, N., Sivakumar, A., Polak, J.W., 2017.Electric vehicle charging choices: Modelling and implications for smart charging services.Transp.Res.Part C Emerg.Technol.81, 36-56.https: //doi.org/10.1016/J.TRC.2017.05.006.

[6] Delmonte, E., Kinnear, N., Jenkins, B., Skippon, S., 2020.What do consumers think of smart charging? Perceptions among actual and potential plug-in electric vehicle adopters in the United

Kingdom.Energy Res.Soc.Sci.60, 101318.https: //doi.org/10.1016/J.ERSS.2019.101318.
[7] Götz, M., Lefebvre, J., Mörs, F., McDaniel Koch, A., Graf, F., Bajohr, S., Reimert, R., Kolb, T., 2016.Renewable Power-to-Gas: A technological and economic review.Renew.Energy 85, 1371-1390.https: //doi.org/10.1016/J.RENENE.2015.07.066.
[8] IEA, 2019a.The Future of Hydrogen, The Future of Hydrogen.https: //doi.org/10.1787/1e0514c4-en.
[9] IEA, 2019b.Global EV Outlook 2019.
[10] IEA HPT, 2017.Annex 42-Heat Pumps in Smart Grids—Market status summary per country.
[11] Irie, H., 2017.NEDO Smart Community Case Study.
[12] Jian, L., Yongqiang, Z., Hyoungmi, K., 2018.The potential and economics of EV smart charging: A case study in Shanghai.Energy Policy 119, 206-214.https: //doi.org/10.1016/J.ENPOL.2018.04.037.
[13] Perner, J., Bothe, D., 2018.International aspects of a power-to-X roadmap.
[14] Rosenlund Soysal, E., Sandberg, E., 2016.Electric boilers in district heating systems—A comparative study of the Scandinavian market conditions, in: SAEE-Conference, Luleå.
[15] Schmidt, O., Melchior, S., Hawkes, A., Staffell, I., 2019.Projecting the Future Levelized Cost of Electricity Storage Technologies.Joule 3, 81-100.https: //doi.org/10.1016/J.JOULE.2018.12.008.
[16] Schweiger, G., Rantzer, J., Ericsson, K., Lauenburg, P., 2017.The potential of power-to-heat in Swedish district heating systems.Energy.https: //doi.org/10.1016/j.energy.2017.02.075.
[17] Spreitzhofer, J., 2018.Electricity-market participation of heat pumps in single family houses and district heating networks, in: Workshop—Energy Sector Coupling: Electric-Thermal Interaction through Heat Pumps.
[18] Thema, M., Bauer, F., Sterner, M., 2019.Power-to-Gas: Electrolysis and methanation status review.Renew.Sustain.Energy Rev.112, 775-787.https: //doi.org/10.1016/J.RSER.2019.06.030.
[19] Varone, A., Ferrari, M., 2015.Power to liquid and power to gas: An option for the German Energiewende.Renew.Sustain.Energy Rev.45, 207-218.https: //doi.org/10.1016/J.RSER.2015.01.049.

第 16 章　不可调度的可再生能源的整合

马可·巴罗尼[①]

1　引言

在技术、经济和环境因素的共同推动下，能源行业正在经历一场深刻的变革，生产能源的成本和方式不断变化，消费能源的方式也更加高效。这种转型通常被称为“清洁能源转型”。电力部门是能源行业最大的二氧化碳排放部门，因此是脱碳战略的核心，它在通过增加终端的电气化来减少碳足迹方面也起着关键的作用。

在过去的 20 年里，在世界各国政府制定的支持政策推动下，风能（最初是陆上，近期拓展到海上）和太阳能（主要是光伏）发电技术有了惊人的发展。持续的部署导致这些技术的投资成本大幅下降，这引发了更雄心勃勃的目标和更多国家的支持，创造了一个良性的政策支持、提高目标、发展和成本降低之间的雪球效应。

在过去的 20 年里，全球风能和太阳能光伏发电量的绝对值增加了 110 多倍，从 1998 年仅占全球发电量的 0.1% 增加到 2018 年的 7%（IEA，2020），在一些国家达到了更高的水平。这一部署水平在所有国家和所有主要机构制定的所有方案中都注定将增加，在与巴黎举行的《联合国气候变化框架公约》第 21 次缔约方大会（COP21）期间商定的目标相一致的脱碳方案中发挥越来越大的作用。

尽管最近的趋势令人欣喜，但不能将这些技术的持续扩展视为理所当然，所有相关的行为者——政策制定者、工业界、金融机构、学术界——都有责任预测未来的挑战并提供早期解决方案。本章的目的不是提供风能和太阳能技术在电力组合中的最佳部署水平，而是针对这些技术的特点和电力部门在达到如此高的部署水平后所面临的主要挑战提供指导。

---

① 马可·巴罗尼（Marco Baroni），巴黎政治大学国际事务学院；电子邮箱：marco.baroni@sciencespo.fr；marco.baroni@baronienergy.com。

2 不可调度[①]的可再生能源

可再生能源的可得性在全球范围内有很大差异，利用这些能源的技术有不同的历史和成熟度。水电是最早使用的可再生能源，可追溯到19世纪末。到2018年，全球水电装机容量近1300吉瓦（IRENA，2019a），发电量占可再生能源总发电量的60%以上。

随着电力系统的发展，人们越来越清楚地看到，灵活性（即可随时调度）是匹配电力需求和供应的一个基本特征。水电除了是相对廉价的资源外，也表现出这一特征，因此水库和抽水蓄能电站在世界各地得到了发展和部署。其他重要的可调度的可再生技术包括地热和生物能源。

在过去的20年里，有两种较新的可再生能源技术——风能和太阳能光伏发电（PV），已经在电力组合中占据了相当大的份额。但它们与传统技术的特点不同，特别是灵活性有限，是本章的重点。还有其他一些基于可再生资源的不可调度技术（如海洋能），也可能在未来的电力组合中发挥作用，但目前仍处于非常早期的发展阶段。

2.1 技术及其特点

一些基于可再生能源的技术可以被归类为不可调度的技术，包括陆上风电、海上风电、太阳能光伏发电、无储能的光热发电（CSP）、径流式水力发电和海洋（潮汐和波浪）能（见表16.1），它们的共同特点是发电量随着相关自然资源（风、太阳、降雨模式、月亮的吸引力）的变化而变化，不能随意增加或减少以配合电力需求的变化。每种技术的成本、成熟度和全球推广程度都有很大的不同。

表16.1 不可调度的技术

技术	典型的容量系数（%）	截至2018年底的全球装机容量（吉瓦）	成熟度
陆上风电	15~50	543	高
海上风电	35~60	23	中
太阳能光伏发电	10~25	495	高
光热发电（不含储能）	15~25	3	低
径流式水力发电	20~80	> 100[a]	高
海洋能	15~25	0.5	低

注：a.没有关于全球径流式水电总容量的全面数据，但可以推算出在100吉瓦以上。

资料来源：IEA（2019b）和IRENA（2019a）。

在不可调度的可再生能源中，风电、太阳能光伏和水电已经达到了最高的成熟度和部署水平，而太阳能光热发电和海洋能仍可视为处于起步阶段，部署率低，发电成

① 不可调度的发电是指不能（或能力有限）调整其电力输出以匹配电力需求的技术所产生的电力，因为其来源取决于天气。

本高。此外，太阳能光热发电的未来部署预计将与储热相联系，因此使该技术脱离了不可调度可再生能源类型。

在全球范围内，水电潜力仍然非常大，未来几年最大量的部署可能在发展中国家和地区，如中国、印度、拉丁美洲、东南亚和非洲地区。在先进的经济体中，水电的剩余潜力以及环境和社会问题，极大地限制了进一步开发大中型水电站①的可能性。但小型或微型径流系统的进一步部署是可以预期的。太阳能和风能潜力巨大，但各地区之间差异很大，需要对技术潜力和实际潜力进行区分，以充分了解利用这些巨大潜力的可行性。

需要考虑的一个重要因素是每种资源的质量。太阳辐照度②、风速变化或水的季节性流入通常通过容量系数转化为电力行业术语，容量系数衡量了发电站所产生的电力和在特定时期（通常是一年）可产生的最大理论输出③之间的比率（用百分比表示）。

不可调度的可再生能源的容量系数在不同地区、因不同技术可能有很大区别。通常，海上风电项目的容量系数可以达到最高水平，即 35%~60%，其中欧洲的北海和波罗的海的海上风电项目容量系数为目前最高水平（IEA，2019a）（见表 16.1）。陆上风电和水力发电在最佳地点也可以达到非常高的水平（分别高达约 50% 和 80%），例如在巴西。而其他不可调度的技术通常被限制在 10%～25%。太阳能光伏经常在不可调度技术范围的低端，主要是由于无法在夜间发电。由于太阳辐照度的性质，太阳能容量系数在赤道地区最高，在两极地区最低。

在过去的 20 年里，太阳能光伏和陆上风电技术的产能增长令人印象深刻——在全球范围内增加了 500 多吉瓦。规模经济导致这两种技术的成本急剧下降。陆上风电成本的下降主要是由于两个因素：一方面是制造和安装成本的降低，另一方面是平均容量系数的增加。这两个因素使全球加权平均 LCOE 在不到 10 年的时间里下降了 35%（IRENA，2019b）。与陆上风电类似的因素构成了海上风电成本下降的基础，同时也伴随着运营和维护成本的改善。风力涡轮机尺寸的增加在提高容量系数方面发挥了关键作用，更大的发电机和更长的叶片（导致更大的扫掠面积和更高的功率输出）导致单位千瓦成本降低。

与其他系统技术相比，太阳能光伏发电成本的下降是最急剧和最成功的，这是由光伏组件成本的降低和整个系统平衡成本的下降所驱动的，而后者又是由逆变器成本的降低所导致的。太阳能光伏系统的市场价格和其组件的实际成本可能有很大的不同，这取决于政府向制造商提供的最终补贴。所有这些因素导致太阳能光伏组件的价格遵循 20%~22% 的经验曲线（即容量每增加一倍，价格就会降低）（见图 16.1），在不到 10 年的时间里下降了 90% 以上。

---

① 小水电站可定义为容量小于 10 兆瓦，中水电站容量为 10~100 兆瓦，容量大于 100 兆瓦的为大型水电站。

② 太阳辐照度通常用直接正常辐照度（DNI）、漫反射水平辐照度（DHI）或全球水平辐照度（GHI）等指标表示。

③ 用装机（最大）容量乘以所考虑时期的小时数（一年为 8760 小时）得出。

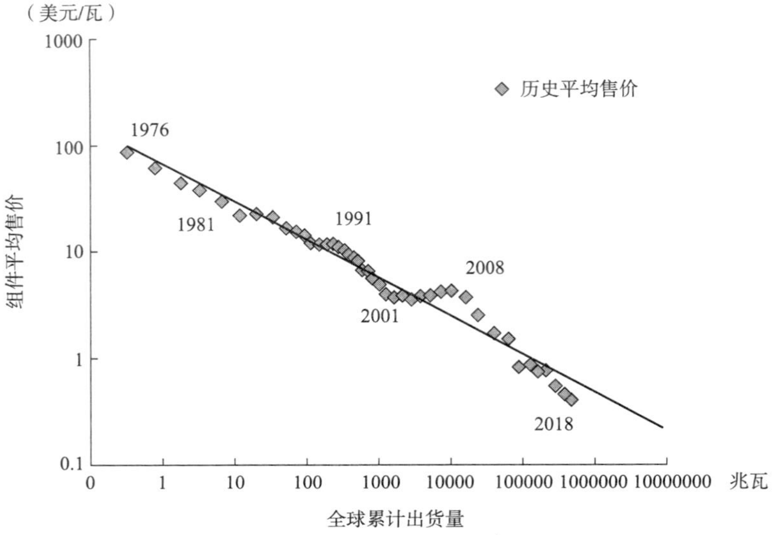

图 16.1　太阳能光伏组件的价格不断下降

资料来源：Paula Mints（2019）。

2.2　关键属性

不可调度的可再生能源（有时在其他出版物中被称为间歇性或可变的可再生能源）的发电量不能根据电力需求的变化进行调整，除非发生缩减（如果发电量过剩）或事先预见到缩减（以便能够提高产量）。在任何情况下，当资源不可用时（例如，太阳能光伏发电在夜间），就不可能发电。

不可调度可再生能源的每小时（或次小时）发电量以及它们与每小时电力需求相匹配（或不相匹配）的方式，对于较大份额的部署至关重要。图 16.2 显示了陆上风电和太阳能光伏的典型特征。如果地理区域足够大，不同项目的发电能力可能会被平滑化，但前提是区域内有足够的电网传输能力。反之，如果不同项目的发电量相似，在相同的时间内出现高峰和低谷，情况就会变得复杂。结合不同的不可调度技术可以实现相互抵消和补充，以减少总的变化。例如，在一些地方，陆上风力发电量在冬季较高，但在平静的夏季较低，而太阳能光伏发电量一般在夏季较高，在冬季则可能低得多。

IEA《2016 年世界能源展望》通过 3 个关键属性总结了在电力系统中整合这些资源的挑战。

（1）稀缺性。这种情况发生在不可调度的可再生资源发电量不足以满足最高水平的电力需求，需要其他类型的装机容量或解决方案来满足需求时。这个问题与下一节讨论的系统充裕性问题有密切联系。

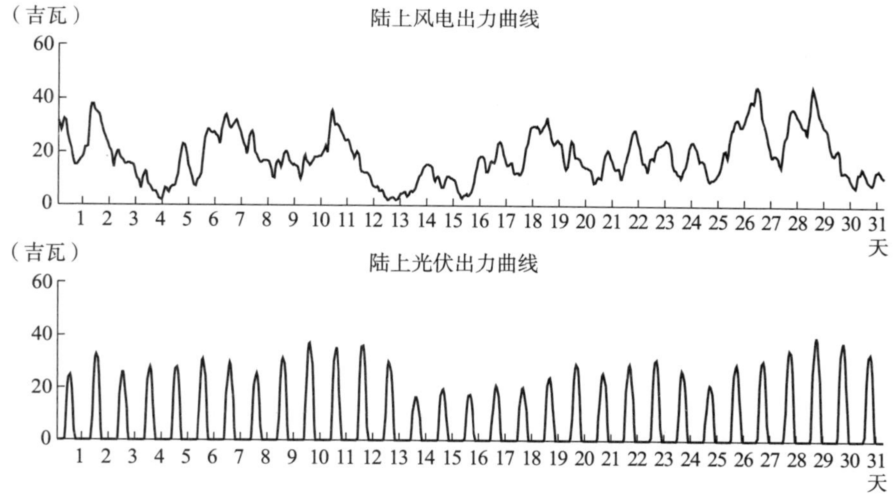

图 16.2　某月陆上风电和太阳能光伏发电的典型特征

资料来源：合成数据，不是基于具体的系统。

（2）可变性。为应对不可调度电源发电量的快速变化，需要在特定时间内提高或降低（或启动和停止）可调度电源的发电量。这些发电机反应所需的时间，特别是提升发电量所需的时间，取决于技术的类型，也取决于电厂是需要启动还是已经在发电。因此，能准确估计未来风能和太阳能光伏发电量的方法可以发挥非常重要的作用。

（3）丰富性。在风能和太阳能光伏高渗透率的电力系统中，可能会出现发电过剩的情况，尤其是在需求低迷的时期。这个问题与缩减有关，对系统稳定性和电价有重要影响（见 3.4 小节）。

3　电力系统结构的变化

引入越来越多的不可调度的发电资源，将改变电力系统的结构和运行方式。根据上一节讨论的特性，必须考虑电力系统的几个变化：装机容量的类型和数量、满足电力需求的方式、对电力调度机制的影响及其对电力价格的影响。

3.1　对系统充裕的影响

电力系统可以用 3 个要素来描述：发电设施、用电中心和允许将能源从前者输送到后者的电网。电力需求每时每刻都在发生变化（为简单起见，将其近似为“每小时”），这取决于使用情况（例如，工业用途、照明或烹饪每小时的模式非常不同）。通常情况下，夜间的需求比白天低，夏季需求在空调系统占主导地位的地区较高，而冬季需求在气温较低使用电取暖的地区较高。

在部署电力系统的整个历史中，供应的可靠性和安全性一直是一个核心问题。满足最高需求即峰值需求的能力，一直是电力系统和市场的一个基本特征。电力系统的充裕性用来衡量系统中是否有足够的发电和输电能力，以满足任何时候的需求（ENTSO-E，2015）。

为了能够满足峰值需求，在排除了所有不可用的容量并考虑到安全系数后，系统需要有足够的发电能力。一般可以计算负荷损失期望值[①]（Loss of Load Expectation，LOLE）来衡量系统的充裕性，其裕度通常被称为备用裕度或容量保证裕度。不可用的容量考虑到了意外停电、备用裕度、维护和不可用的发电容量。不可用的容量与风能和太阳能光伏技术的部署特别相关，并与其容量信用相关，表明预期在其所连接的网络中，高峰需求时期风能和太阳能光伏可靠的发电容量的比例。

图 16.3 显示了选定技术在峰值需求时的可用容量占装机容量的典型比例，其中考虑了可调度化石能源和核电站的平均意外停电率，以及风能和太阳能光伏技术的指示性容量信用。应该注意的是，一般来说，不可调度技术的容量信用取决于几个因素，主要是资源、发电量特征以及与需求特征的匹配或不匹配[②]。不可调度技术对系统充裕性的贡献（容量信用）往往随着其在总量中的份额的增加而逐渐变低。而当不同发电情况的不同地区可以更好地互联时，容量信用可以增加。风力和太阳能光伏技术的低容量信用的一个重要含义是，随着这些技术装机容量的增加，系统中的总装机容量会显著增加，因为系统的充裕性需要其他类型的容量。例如，如果在一个拥有 100 吉瓦可调度电厂的系统中，增加等量的陆上风电和太阳能光伏发电（各 100 吉瓦，容量信用为 10%），那么在淘汰 20 吉瓦的现有可调度电厂后，系统的总容量将约为 280 吉瓦。

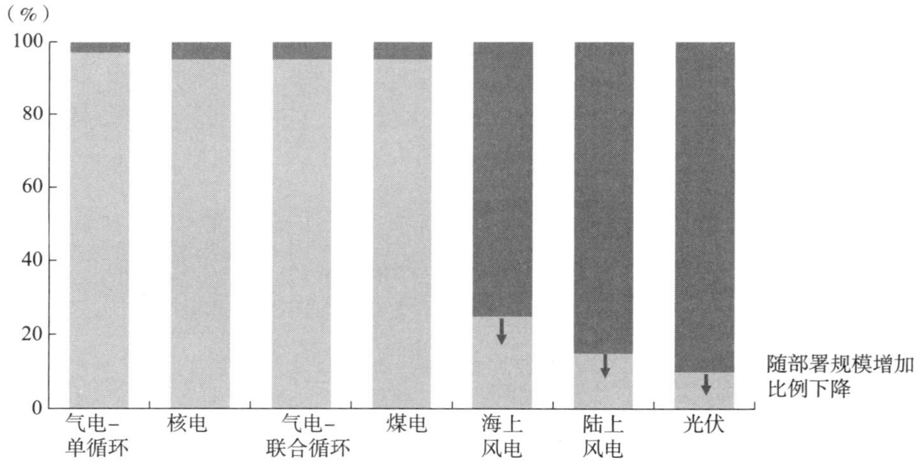

图 16.3 按选定技术分列的峰值需求时的指示性可用容量

下文将探讨系统中这种能力的增加对发电和电价的影响。

① 负荷损失期望值（LOLE）是指在一个特定时期（一般为一年），可用的发电量加上进口量不能满足一个地区负荷的小时数（ENTSO-E，2015）。

② 在不可调度的可再生能源的生产与峰值需求完全吻合的系统中，低渗透率下的容量信用可能比图 16.3 中要高。

3.2　对系统中电厂的组合、类型和运作的影响

电力需求的变化要求不同类型的发电厂以不同的方式运行。负荷持续时间曲线[①]（Load Duration Curve，LDC）长期以来一直被用于以简单的方式表示电力需求，以及以其利用率或容量系数来表示系统中所需要的电厂类型，一个经典的分类方法是按利用率的递减分为基荷（典型的容量系数为 75%~90%）、腰荷（典型的容量系数为 40%~60%）和峰荷电厂（典型的容量系数为 0%~15%）。与负荷持续时间曲线相联系，筛选曲线代表了火力发电厂在特定年份 8760 小时内的固定成本和可变成本，它允许在给定一组投资、运营和维护（O&M）以及燃料成本数据的情况下，确定成本最优的火力发电组合。利用这些曲线，虽然可以简化每小时电力需求的展示，但失去了每小时内的时间连续性，限制了其用于评估灵活性需求，如发电厂的升压或储存设备的充电和放电。

不可调度能源技术的部署需要引入一个中间步骤，以便继续使用这两种有用的方法（负荷持续时间曲线和筛选曲线）。剩余负荷持续时间曲线（RLDC）是通过从每小时的电力需求中减去不可调度技术的每小时发电量，然后应用与 LDC 相同的从高到低的重新排序来获得。图 16.4 显示了不同水平的太阳能光伏容量渗透到一个假定的电力系统中的例子。剩余负荷持续时间曲线通常在峰值水平上非常接近负荷持续时间曲线，随着曲线变得更加陡峭，越来越多的风能和太阳能技术被添加到系统中。剩余负荷持续曲线的陡峭将增加对腰荷和峰荷电源的需求，减少对基荷发电的需求[②]。RLDC 的负值表示在没有整合措施的情况下，多余的发电量将被削减。

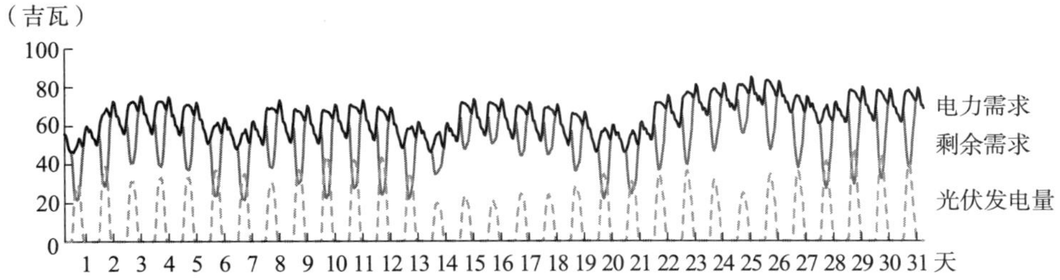

（a）1月份的每小时电力需求，太阳能光伏发电量（60吉瓦）和剩余负荷需求

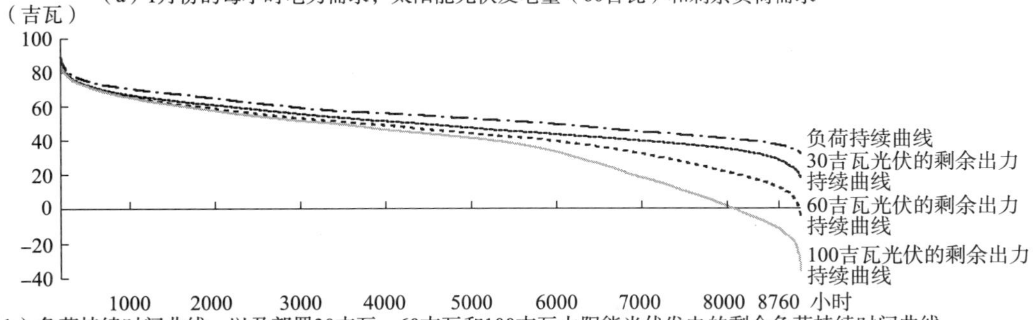

（b）负荷持续时间曲线，以及部署30吉瓦、60吉瓦和100吉瓦太阳能光伏发电的剩余负荷持续时间曲线

图 16.4　剩余负荷持续时间曲线

① 负荷持续时间曲线是通过在一年8760小时内（即365天乘以24小时），将每小时的电力需求从最高值到最低值重新排列得到的。

② 低碳技术的最佳组合取决于几个因素，不是本章的研究对象。

除了上述影响，风电和太阳能光伏电站的低容量信用（见 3.1 小节）给可调度电站带来了重要影响。由于系统中的容量较高，风能和太阳能光伏发电由于其接近零的可变成本而被优先调度，可调度电厂的利用率就会下降。

另外的影响——如前所述，RLDC 无法捕捉到——与风能和太阳能技术发电的变化以及它与每小时的电力需求的关系有关。从加州的案例可以看出（见图 16.5），其需求高峰出现在晚上，太阳能光伏发电在组合中的份额不断增加，在中午前后减少了剩余的电力需求。这导致下午晚些时候（从 17：00 左右到 20：00 左右）对可调度发电机的强烈需求，要求可调度电厂的升压速度比没有太阳能光伏的情况下高出 2~3 倍。因此，提高可调度发电机的灵活性的要求迫切。增加可调度发电机的升压服务（上升和下降）可能会增加与待机有关的成本，并导致发电机的快速磨损，最终降低其效率和寿命，除非对其进行足够的改造。

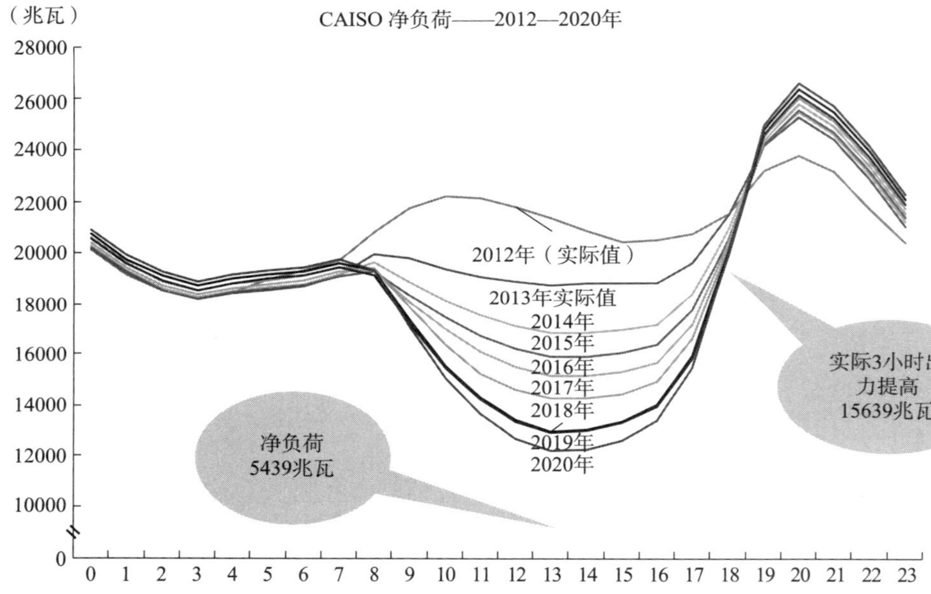

图 16.5 加州一个典型的春日里的每小时剩余需求

资料来源：CAISO（2019）。

3.3 分布式发电的崛起

风力和太阳能光伏项目可以有各种规模，从几千瓦到几百兆瓦不等（目前海上风电和太阳能光伏项目可达 1200 兆瓦，陆上风电场可达几千兆瓦）。出于这个原因，它们可以大致分为公用事业规模和建筑规模，后者通常分为商业和住宅规模。公用事业规模的项目在位置和连接电网方面往往与传统电厂类似（从天然气电厂的 50~400 兆瓦到煤炭或核电厂的 500~1600 兆瓦，以及最大的水力发电厂的 10000 兆瓦以上），而建筑规模的项目数量更多，更多分布在连接到低电压电网的区域。

在过去的几十年里，随着市场从垄断走向市场化，电力系统发生了重大变化，增加了发电商的数量。一般来说，市场上的参与者也在增加。虽然新的公用事业规模的风能和太阳能光伏项目更适合发展，但商业和住宅规模电厂的部署正在大幅增加电力供应商的数量，从几十家到几百家甚至几千家。

这些生产者通常与中压或低压电网（配电网）相连，通常更接近需求中心，而且他们自己也经常是电力消费者。这种新的生产性消费者类别实际上并不新鲜。在许多国家，电力生产性消费者已经存在了几十年（联合国，2020），但主要是为自身的业务 / 活动需要而自行生产电力的企业（如重工业），同时出售多余的电力。

生产性消费者的数量、规模和分布对输电和配电网络产生了重要影响，预计将改变输电系统运营商（TSO）和配电系统运营商（DSO）的运营和互动方式，包括 DSO 通过聚集小型积极参与者向系统提供灵活服务的可能性（TSO–DSO，2019）。

3.4　优先排序效应

从不可调度源引入大量的电力，会对每小时的择优调度产生显著的影响[①]。由于风能和太阳能光伏通常具有接近零的边际成本，它们被定位在优先排序的前列，通常将更昂贵的发电技术挤出优先排序。这种影响每小时都在变化，可能非常明显，也可能是有限的，或者是无效的，这取决于它们的发电量是高的、中等的还是接近零。例如，在太阳能光伏发电情况下，这可能对应于夏季中午的突出时段，而在冬季影响有限，或在夜间没有影响。

优先排序效应对年均电价的影响取决于几个因素，包括部署水平，风能和太阳能光伏技术的类型、组合和地理定位、发电量、与每小时电力需求的匹配或不匹配、传输和分配网络的最终瓶颈，以及可调度电厂的组合和边际成本。

另一个可能影响优先排序的重要因素是容量充裕度（例如系统处于容量过剩或缺乏容量的情况），以及风能和太阳能光伏容量被并入到系统的速度。在系统容量不足的情况下，新增的不可调度容量可能有助于提高充裕度，但对平均批发电价的影响有限[②]。在产能过剩的情况下，再加上不可调度技术的非常高的部署率，平均批发价格的下降可能会更加明显。

不可调度发电量的增加会使剩余负荷持续时间曲线越来越陡峭［如图 16.4（b）所示］，曲线低端对应的价格越来越低。当风能和太阳能光伏发电的水平使系统中存在过多的发电量，而可调度电厂由于物理限制不能进一步减少时，就会出现不可调度发电的缩减（见图 16.6）。在这些电力供应过剩的情况下，电价通常为零或接近零[③]。

---

① 择优调度是一种常用的方法，根据边际成本（或可变成本）的增加对发电商进行排序，在 x 轴上报告每个电厂的发电量，在 y 轴上报告相应的可变成本。它通常是以小时为单位（或分时段，取决于市场），以确定哪些电厂将为特定的需求水平发电。上线电厂的最高边际成本决定了每小时的价格。随着每小时需求变化以及不同电厂可用性变化，每小时的电价也会变化。年度电价是 8760 小时价格的平均数，按小时发电量加权得出的。

② 根据短缺的定价方式，每小时和平均批发价格也有可能降低。

③ 在一些市场上观察到的负电价现象被排除在本章之外，因为这可能只是一个过渡性的现象，而不是一个长期现象。如果事实证明不是这样，“接近零”的价格应该用“接近零或负的价格”来代替。

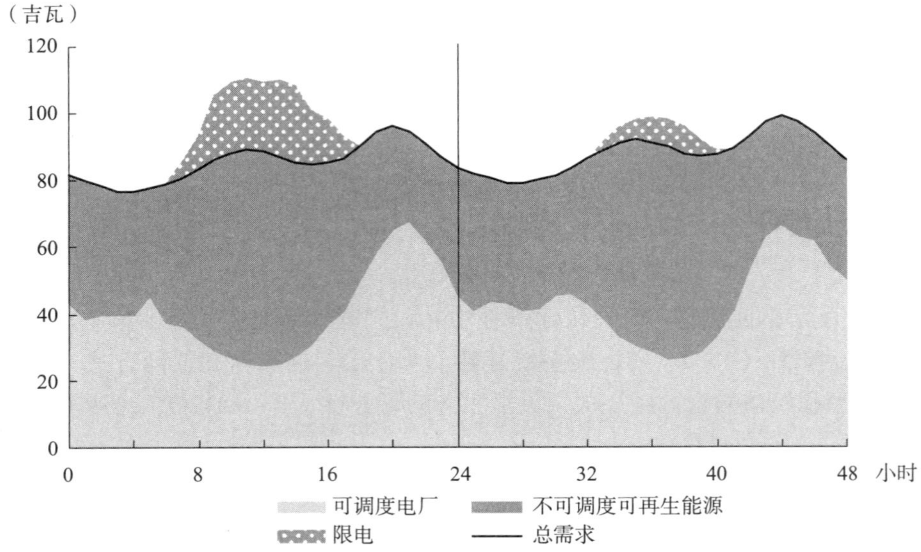

图 16.6 缩减不可调度资源的案例

在电力系统中增加任何类型的电厂，通常都会降低平均电价，即使是少量的，因为在优先排序中它取代了一些更昂贵的电厂（除了容量替换的情况）。这可能会对个别发电商的收入产生重大影响。对于不可调度的可再生能源，价格下降往往发生在发电量最高的时段（如太阳能光伏），因此加剧了可从市场上感受到的收入减少。确保市场机制能够提供正确的价格信号，并保证这些信号足以吸引必要的投资，是任何市场设计的一个关键问题，这一点将在后文 5.2 小节讨论。

4 主要整合选项

在电力组合中，低水平的风能和太阳能光伏通常可以整合到电力系统中，而不会有大的挑战，也不需要大规模地采取整合措施，除非出现具体的瓶颈，通常是由于区域集中。不可调度能源的比例越高，就越需要使用整合措施，并扩大组合规模。这些组合取决于每个电力系统的特点，需要一个协调一致的方法来减少相关的成本（例如，在增加新的储能或新的输电线之间的选择）。

最佳的解决方案组合也取决于不可调度技术的部署水平以及在时间响应（从几秒钟到几个月）和地点方面的要求类型（见图 16.7）。本节将讨论可以确定的 4 个主要的整合方案：

（1）电厂的灵活性；

（2）储能；

（3）需求侧响应；

（4）输电网络及互联互通。

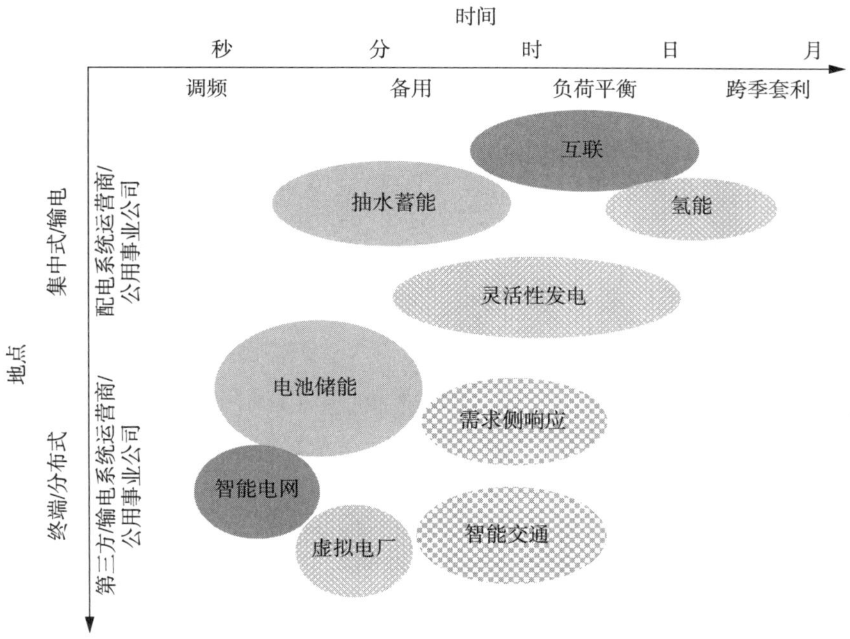

图 16.7　系统整合的选择范围

资料来源：IEA（2018）。

风能和太阳能技术也可以通过谨慎的选址、利用技术进步（例如新型风力涡轮机可以减少风的波动、降低逆变器的尺寸使其容量低于光伏组件的峰值容量、调节光伏电池板的方向以便在“次肩峰时段”发电更多等）或允许预限电，实现在预测的高峰需求期间提高发电量。不过，预限电必须有明确的经济性，因为它需要在一个时期内限制产量，以便在以后阶段增加产量。

2018 年，丹麦的风能和太阳能光伏发电量占总发电量的比例最高，其中约 50% 的年度总发电量来自不可调度资源，主要是风能（IEA，2020）。达到如此高水平要归功于几个因素，其中与邻国的高度互联起了主要作用。

虽然太阳能光伏发电在总发电量中的份额仍然有限，只有加州达到了两位数（约 14%），意大利排名世界第二（约 8%），但一些国家电力组合中的风电份额已经超过了 15%，有些甚至超过了 30%。美国中部的几个州（EIA，2020）（拥有高质量的风力资源）就是这种情况，而欧洲的几个国家（如爱尔兰、德国、西班牙、英国）的风电和太阳能光伏发电组合份额超过了 20%，亚洲其他地区也正在接近类似水平，如中国的内蒙古。

4.1　提高发电厂的灵活性

电力系统的灵活性并不新鲜，与不可调度能源的部署有关。几十年来，电力供应一直与电力需求的变化相匹配，而发电厂的灵活性是实现这一目标的核心。不可调度的可再生能源的新颖性主要体现在风能和太阳能发电量每小时的变化规模上，目前这种变化只在少数系统中存在，预计未来将在更多电力系统中出现并扩大规模（见图 16.8）。

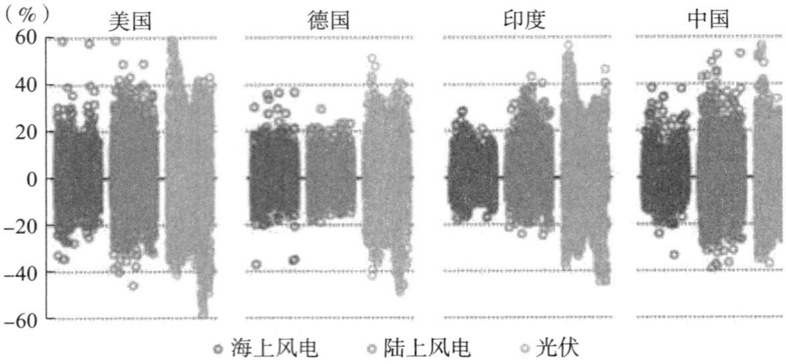

图 16.8　2018 年按技术划分的新项目模拟小时变化的范围

资料来源：IEA（2019a）。

如今，电力系统的灵活性主要由发电厂提供，电网互联的作用较小。在全球范围内，电池和可中断的工业客户只发挥着极有限的作用（IEA，2018）。有水库蓄水的水电站通常以最低的成本提供最大的灵活性，但在许多国家这种资源是有限的，而燃气电厂通常是最灵活的选择，尽管其价格较高。在一些国家如法国，核电对系统的灵活性亦有较大的贡献。灵活性的要求取决于系统中的电厂组合，并且在一年中会有很大的变化。例如，在美国，由于风电和太阳能光伏发电的合计渗透率高，在春季需要高水平的灵活性（NREL，2013）。

更大的灵活性可以来自现有的电厂，但许多这样的电厂（例如最初为基荷运行而设计的老式电厂）可能需要改造或翻新，以提高爬坡能力、最低可持续输出水平与加速关闭和启动的能力。例如在中国，特别是在西北省份，风力发电的限电水平很高。限电的主要原因之一①被认为是火电厂，特别是热电联产电厂缺乏灵活性。为这些电厂提供更高的灵活性，可以减少限电（CEM，2018）。

4.2　储能②

与化石能源的情况相反，电力不容易被大量储存，它需要通过其他形式的能源手段进行储存。重力、机械、化学和热能是最常见的形式。这些储能形式之间的一个重要区别是，它们是否可以随着时间的推移，调整电力的用途（如抽水蓄能或电池），或者将其转换为另一种能量形式（如热力）。

目前，蓄电的主要技术是抽水蓄能（Pumped Storage Hydropower，PSH），它以重力势能的形式储存电力。2018 年，全球建成了 155 吉瓦的水电抽水蓄能容量，占全球电力储能容量的 90% 以上（IEA，2019b）。压缩空气、飞轮和其他储存技术虽然很有

① 另一个重要原因是缺乏输电能力。

② 电力系统中的储能是指将产生的一定电量推迟使用，要么作为最终的能量，要么转换为另一种能量载体（EC，2017）。

前途，但目前的应用仍然相当有限。氢气生产和储存具有潜力，但成本和基础设施的发展限制可能会推迟其部署（IEA，2019c）。

一些国家正在考虑以热的形式进行储能。例如，丹麦和瑞典拥有强大的区域供热网络，并广泛使用热电联产。来自不可调度资源的多余发电量可用于电锅炉（DTU，2019），因此可以进行热存储并减少对化石能源的需求。目前正在探索进一步的项目，以储存高温热量用于工业应用。在中国，正在考虑使用储热和抽水蓄能来减少风力发电限电（Zhang et al.，2016）。

电池储能——其中大部分是锂离子电池——在过去几年里一直在飙升，在 2018 年达到约 8 吉瓦。总装机容量中约 60% 是在过去两年中增加的，这表明政策（目标和补贴计划）和成本降低的组合能够支持技术部署。在 2018 年新增的 3 吉瓦中，超过 60% 用于电表后的电池，其余用于公用事业规模的部署（IEA，2019d）。这两个细分市场具有非常大的进一步发展潜力。

在住宅领域，电池部署的主要动力之一预计来自消费的增加，特别是分布式风电和太阳能光伏发电向电网的销售价格将更多地反映市场价格，而不是由支持政策来决定。在公用事业规模的部署中，电池可以提供不同的系统和辅助服务，持续时间从几秒钟到几小时不等。频率调节也一直是部署的一个重要因素。

蓄电（如电池）在不可调度的可再生能源技术的整合中可以发挥非常重要的作用，特别是在系统中存在过量发电（和缩减）的情况下（见图 16.9）。在这种情况下，电池充电的成本几乎为零，而且大部分的放电可以在接下来的几个小时内进行，这时可放电的发电厂的发电量最高，电价也会发生相应的变化，或者储存运营商自己可能会节省（如果它在面临高价格信号时减少自己的需求）。

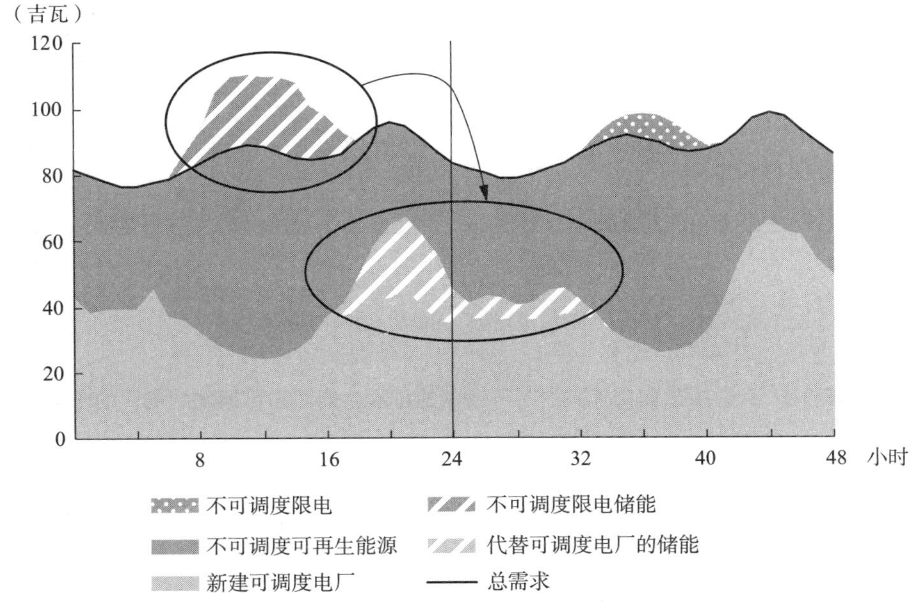

图 16.9　通过储能减少不可调度的可再生能源和可调度电厂发电量的限电

充电和放电之间的电价差是电池储能经济可行性的一个有趣的参数，涉及投资成本和电池在一年中被调用的周期数（这通常使储能在季节性储能中不经济）。从图 16.9 中可以看出，储存容量减少了对其他可调度电厂的调用，因此可能会降低这些时段的整体电价。不断增加的电池容量使这种操作可以重复进行，直到销售电价使利润降低到一个水平，以至于在系统中进一步增加容量在经济上不可行。

4.3 需求侧响应

电力需求在每一时刻都必须与相应的电力生产相匹配。从历史上看，发电量的调整是为了配合电力需求的变化，因为系统中的大部分发电机都是可调度的，而需求是相对不稳定的。更多的不可调度的发电机被添加到系统中，使这种模式发生很大的变化。电力需求可以——而且被设定为——向系统贡献灵活性，根据低成本不可调度的发电量可用性进行调整。

储能将不可调度技术生产的电力转移到需要的时段，而需求侧措施有助于风电和太阳能光伏发电的整合，将需求转移到这些技术发电量最高的时刻（见图 16.10）。需求侧措施的目的是在可调度源的发电量（以及由此产生的电价）较高时降低用电量，并将需求转移到不可调度源发电量较高的时段。例如，延迟使用住宅部门的电器。

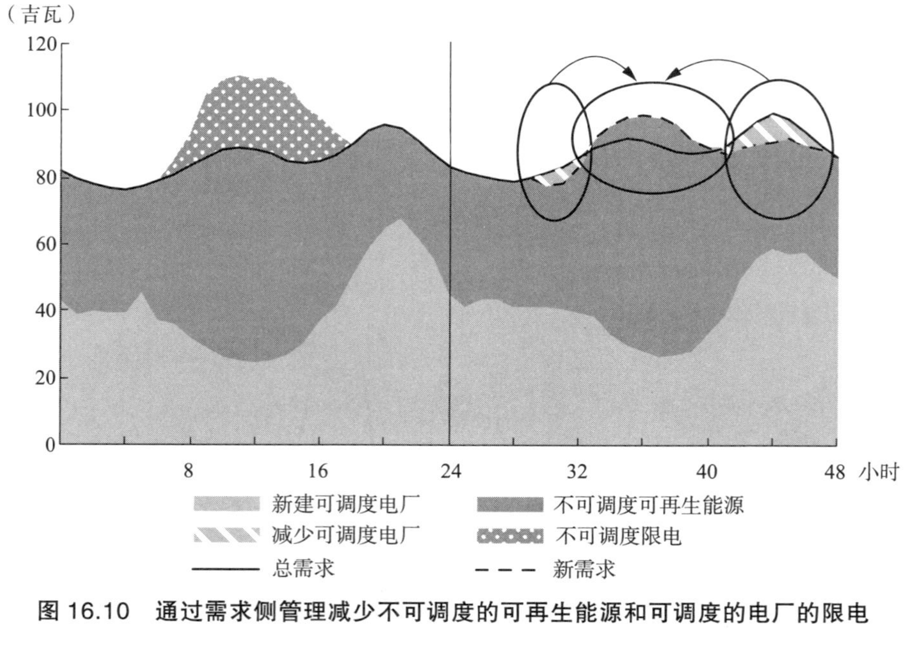

图 16.10 通过需求侧管理减少不可调度的可再生能源和可调度的电厂的限电

推迟几个小时的电力消费，可以避免不可调度的可再生能源弃电或难以使用的情况。这种行为的经济激励是由避免的消费和实际消费之间的电价差决定的。这个差价越高，就越应在不同的部门采取不同的措施，可以实现更高的潜力。

需求响应对电力系统来说并不陌生，但直到最近它还只限于大型工业或商业客户

（主要是为了减轻负荷），而且在某些情况下，是通过日间和夜间电价来实现的。数字化、智能设备和物联网的部署、分布式消费者的激增、智能电表的普及、电动汽车和智能充电的增加，都有助于增加更多的参与者，提高电力需求的可操作性。

监管、使用时间和实时电价①可以在有效实现需求侧潜力方面发挥关键作用。需求侧响应的潜力是巨大的，据估计，2017 年全球有 4000 太瓦时（IEA，2018）。大多数措施在 1 小时到 8 小时的时间内转移消费，其前期投资和运营成本是相当有限的。

潜力最大的部门是商业和住宅部门，但工业和运输业（特别是随着电动汽车的倍增）也有很大潜力。潜力因国家或地区而异，在一年中的不同时期也有很大的差异，使可实现的潜力比理论上有限。政策和法规将是释放这种潜力的关键。

4.4　输配电网和互联互通

几十年来，电网一直是电力系统的支柱，可以连接供应和需求中心，连接和共享资源，并维持电力系统的安全性和可靠性。输电和配电网络在促进风电和太阳能光伏发电技术的整合方面发挥着核心作用，并将继续发挥这一作用。

扩大输电能力可以开发更多的偏远资源。电网扩建规划者需要根据资源的价值和质量仔细评估这种基础设施的成本，以及电网扩建是否符合整个电力系统的需要。例如，在中国，计划大幅扩建高压直流线路，连接西北各省和东南各省的负荷中心，以利用这些省份的风能和太阳能资源，向高需求中心输出。扩大输电能力还可以连接和开发更多的资源，如海上风电连接新的农场，创建新的电力枢纽，最终形成网状网络，以提高安全性，并在不同地区达到更好的整合。

不同地区的互联对不可调度的可再生能源的整合有双重价值。一方面，它们有助于平滑不同的风电场和太阳能光伏电站的发电量波动（见图 16.11）；另一方面，它们

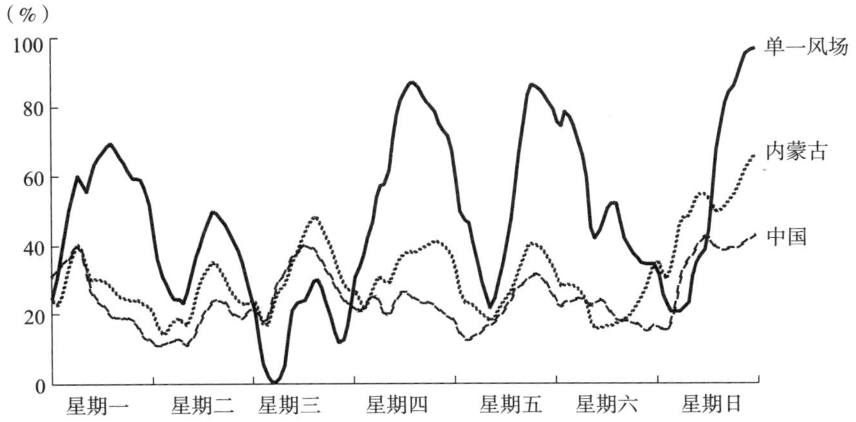

图 16.11　2014 年增加互联互通对部分地区风电小时容量系数的影响

资料来源：IEA（2016a）。

① 在分时电价中，零售价格通常在预先确定的几个小时内变化，与系统条件无关；而在实时电价中，零售价格根据系统条件动态变化，需要智能电表。

可以平衡不同地区的电力需求波动。加强不同地区的互联也有助于更好地整合电力市场，减少不同地区的价格差异。欧盟在2019年通过的“全欧洲清洁能源一揽子计划”（EC，2019）的目标之一是“允许至少70%的贸易能力自由跨越边界，使欧盟边界的可再生能源贸易更加容易，从而支持努力实现欧盟到2030年达到32%可再生能源的约束性目标”。电网规范可在实现这一目标方面发挥关键作用（国际可再生能源机构，2016）。

正如本章前面所讨论的，分布式发电的部署可能会改变输电系统运营商和配电系统运营商的相对角色，加强其互动和协调。不同集成方式和部署水平将相互影响。经济性和政策支持是选择不同集成组合的基础，但解决方案的类型和规模也是一个影响因素。部署电池储能和需求侧响应对电网的影响可能非常不同，这取决于它们是否会增加部署地点的汽车消费。在这种情况下，对电网的需求可能会减少。相反，如果它们的部署使邻近地区的用电量增加，那么对配电网的需求可能会增加。如果储能部署或需求侧响应是在公用事业规模或在地理上遥远的地方进行，对输电和配电网络的需求可能会增加。

5 经济影响

5.1 系统灵活性的经济价值

灵活性将在未来的电力系统中发挥核心作用，同时它也是传统电力系统的一个关键特征。所有的灵活性选择都已经存在于电力系统中：通过电网互联分享备用容量（从而降低成本）、可中断的负荷、储能（主要是抽水蓄能水电站的形式）是现有电厂灵活性的主要选择。

灵活性的价值通常表现为在调峰时段运行电厂的更高价值和回报。这些电厂通常是低投资、高燃料成本的电厂，每年只运行几十或几百个小时。其他灵活性措施通常旨在减少峰值需求，并将负荷转移以更多利用较便宜的基荷电厂（例如，考虑夜间和白天电价的差异）。

在这些系统中，基荷、腰荷和峰荷需求与基本、中间和高峰电价之间有很好的对应关系，这一点通过使用优序调度得到保证（也考虑到平衡区域的限制和输电瓶颈）。电力系统中不可调度的可再生能源容量的增加将改变这种对应关系，使电价最高的时段远离需求高峰期，而与剩余电力需求的高峰时段相对应（见3.2小节）。同样，最低的价格可能发生在不可调度资源的高发电时期，在一些系统中，这可能不再对应于需求最旺盛的时期。例如，在太阳能光伏发电比例较高的系统中，剩余需求高峰往往发生在清晨或傍晚，而最低的剩余需求发生在夏季的中午。因此，风电和太阳能光伏发电量的变化会导致巨大的电价变化。

增加系统灵活性的价值反映了利用尽可能多的不可调度发电量（全部使用可能并不总是经济可行的）的价值。换句话说，在系统中引入越来越多的风电和太阳能光伏发电，往往会使剩余曲线更加陡峭，而引入越来越多的整合措施（如需求侧措施或电池储能），往往会使剩余曲线再次变缓，避免（或减少）它变成负值，并使相关价格达到近零水平（见图 16.12）。此外，灵活性的价值对当日内、平衡和系统服务市场（如频率调节）也很重要。

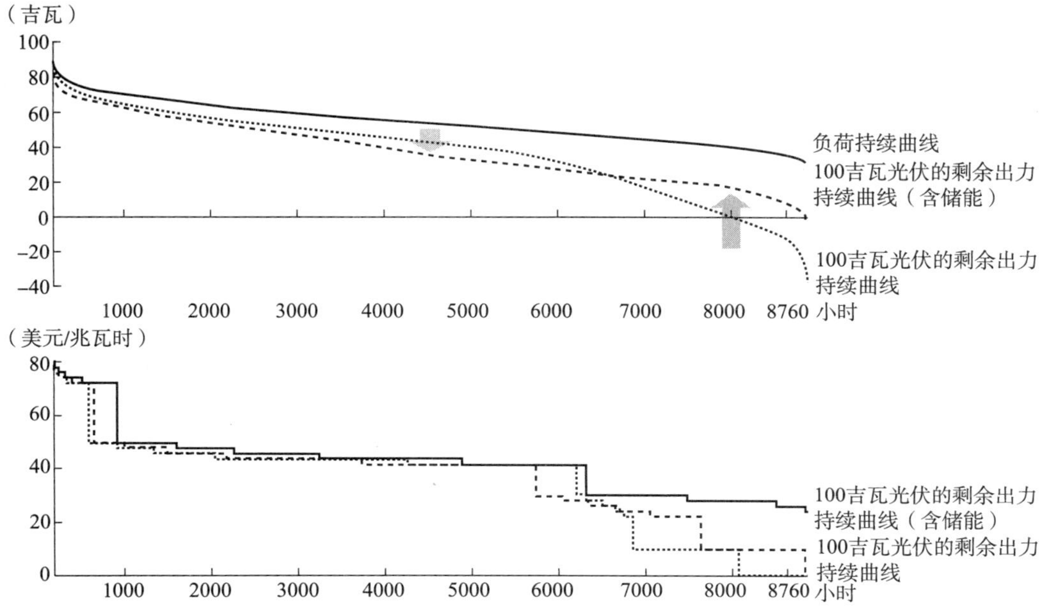

图 16.12 整合措施对剩余负荷持续时间曲线和价格的影响

发电技术和整合措施的组合取决于各种因素，主要受经济和政策的影响，在不同的国家或电力平衡地区会有很大的变化。脱碳目标和系统转型目标的实现速度、最终引入的碳定价、可再生资源的可用性（例如，系统中还能增加多少水电，或者风能和太阳能资源的类型、质量和与需求中心的距离）、技术的禁止或引进（例如核电或太阳能、CCUS）和电力市场规则，都在决定措施组合方面发挥着决定性的作用。

在一个特定的系统中，一个额外的电厂的价值取决于它对其他技术和措施以及整个系统成本的影响。引入越来越多的风电和太阳能光伏发电的份额对其自身的竞争力和收回投资成本的能力有影响。接下来将讨论不可调度能源所产生的电力价值的下降，以及使用 LCOE 来评估竞争力的局限性和克服这些局限性的可能方法。

5.1.1 风力和太阳能光伏发电的价值变化

如上所述，随着风能和太阳能光伏发电量的增加，电力系统总装机容量的增加以及对优胜劣汰的相关影响会对批发电价产生重大影响。在不可调度的可再生能源发电量低的时段，每小时的电价仅有微小的变化。相反，在不可调度资源发电量很高的时段，价格会大幅下降。

在不可调度的可再生能源渗透率高的电力组合中，在发电量最高的时段，每小时的整体销售价格可以达到零或接近零的水平。因此，在风电和太阳能光伏发电量最大的时段，价格将达到最低水平。在这些时间里，额外电厂的发电价值将是最小的，随着组合中渗透率的增加，整体价值将下降（Hirth，2013）。

这种效应通常被称为“自侵蚀”效应，对竞争力的评估（见下文关于LCOE的部分）、每种技术的系统价值、最终补贴的评估以及为这些电厂收回投资而设立的机制都有重要影响。如果风电场和太阳能光伏电站通过电力市场外的机制（如补贴机制或PPA）来收回投资，那么对市场价值的评估对于评估补贴的程度和最终淘汰的可能性、时间非常重要。如果这些电厂越来越多地参与到电力市场中，这种评估是评估其未来部署可能的关键。如果发电容量的部署是集中规划的，这种评估可以提供非常重要的信息，来确定最佳的低碳能力组合。

5.1.2 竞争力、LCOE和系统成本

由于扶持政策和成本下降，风电和太阳能光伏发电技术已经被快速部署。随着成本的下降，它们正在接近其他能源的竞争力，需要有一个适当的评估方法。然而，对不同发电资源的竞争力的评估可能非常复杂，因为涉及几个需要考虑到的参数。这个过程的第一步是评估不同发电技术的生产成本。参数包括固定成本（投资、运营和维护）、资本成本、可变成本（燃料、运营和维护、最终的碳排放价格）、效率、施工时间、寿命（或成本回收期）、发电量以及（在某些情况下）退役成本。

一个经常使用的、将所有这些要素结合在一起的指标是LCOE。这个指标的优点是实用和容易计算，至少在其简化版本中是这样。但它也有一些局限性，包括通常是基于整个生命周期的固定运行时间（至少在简化公式中）；不包括外部因素（如果没有定价，如碳排放）；不显示特定技术对电力系统的价值；不包括有关电网成本或整合成本的信息；考虑成本而不是生产的电力价值。

总的来说，LCOE是评估竞争力的一个重要指标（Joskow，2011），特别是在比较用途不同的电厂时（如调峰与基荷电厂），更要比较可调度和不可调度的技术。由于发电技术不能单独考虑，应考虑整体系统成本（NEA，2012），包括平衡成本、充裕性成本、电网成本、整合措施的成本。

为了适当地修正对不同技术竞争力的评估，一些研究和机构已经开发了一些指标来补充或超越LCOE。包括：美国能源信息署（EIA，2019）开发的平准化避免电力成本（Levelized Avoided Cost of Electricity），OECD核能署（NEA，2019）开发的系统LCOE（Ueckerdt et al.，2013）和IEA（IEA，2018）开发的价值调整LCOE（VALCOE）。

IEA制定的VALCOE调整了3个主要部分——能量、容量和灵活性，分别说明生产电力的价值、对系统充裕性和系统可操作性的贡献（见图16.13）。许多指标，包括IEA的指标，虽然认识到需要考虑电网成本（特别是对配电网的影响）和电力安全，但由于评估的困难都没有考虑。

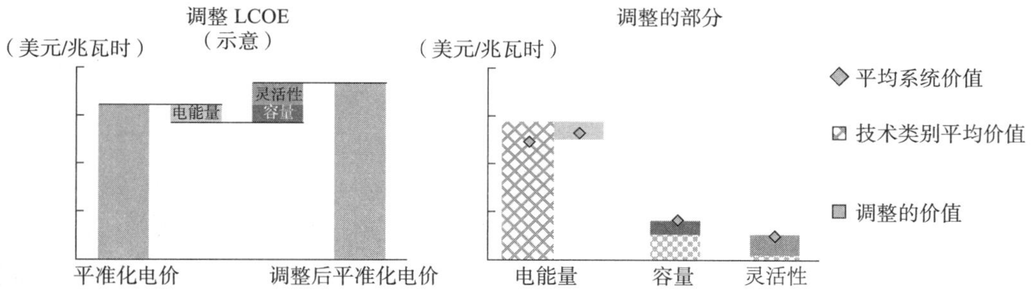

图 16.13　LCOE 与价值调整的 LCOE（VALCOE）

资料来源：IEA（2018）。

5.2　对电力市场的影响和对新电厂投资的吸引力

在电力系统中引入大量不可调度的可再生能源，对装机容量的数量和类型，以及发电厂的运行方式都有影响。总的来说，这导致了在确定的电力平衡区域内装机容量大幅增加，可调度电厂的利用率下降，批发电价下降（至少在短期内）。

电力市场的设计是为了在短期内为有效调度提供适当的价格信号，并在长期内激励足够的投资。虽然在短期内择优调度仍然是选择每小时运行模式的电厂的最有效方式，但风能和太阳能光伏发电被引入电力系统导致了一个问题，即从长远来看，市场信号是否足以刺激对新电厂的足够投资，以确保容量充足并实现电力系统低碳化。如果一个电厂寻求通过电力市场机制或通过支持机制获取其大部分收入，这种影响可能会非常不同（IEA，2016b）。

传统上通过电力市场获得收入的发电厂，在运行时间减少和电力价格下降的共同作用下，其利润已经下降。收入不足以刺激新的投资的问题并不新鲜，特别是对于高峰负荷的电厂来说，在风电和太阳能光伏发电大量增加之前就已经存在。这已经并正在导致一些国家的电力市场从最初设计的“单一能量”市场转变为包括越来越多的容量电价、灵活性和辅助服务机制。虽然现在这些成分的作用可能是有限的，但随着不可调度的可再生能源份额的增加，其作用将增强。

然而，现在许多发电厂并没有从电力市场获得大部分的收入。许多国家都有几种类型的支持措施。最常见的形式有上网电价补贴（FiT）、差价合约（CfD）、保险费、免税或信贷以及 PPA（授予可采用或不采用拍卖方式）。这些机制主要是为了支持可再生能源的发展，现在经常被用于核电站以及 CCUS 示范电厂，在某些情况下也用于化石能源生产。

在过去的 15 年里，对可再生能源的支持措施一直在不断发展，而且很有可能继续变得更加复杂，并适应每个电力系统的需求和要求。然而，如果新电厂的大部分投资将通过非电力市场机制进行，那么电力市场的长期信号的有效性和存在可能会受到质疑（Joskow，2018）。

虽然风电和太阳能光伏发电技术的成本下降使其更具有竞争力，但上文讨论的

“自侵蚀”效应（即风电和太阳能光伏发电在电力市场上的可能收入减少）使人们对这些电厂在没有继续采取某种形式的支持措施的情况下维持当前（甚至加快）部署速度的能力产生怀疑。

大多数低碳技术的一个关键和共同特点是，加权平均资本成本（WACC）在其总体发电成本中具有重要性。风电和太阳能光伏发电，像大多数这些技术一样，是资本密集型的，几乎没有燃料成本。与项目相关的不同类型的风险都反映在加权平均资本成本中，使其成为新投资可行性的关键因素。私人投资者通常可以成功地处理市场风险（如与商品价格波动有关的风险），但对围绕政治和监管风险的不确定性会很警惕。相反，适当的政策措施可以缓和低碳项目的融资风险和成本，在其竞争力形成和降低整体系统成本方面发挥了核心作用。

由于储存和需求方技术成本的降低以及设备和信息系统的日益数字化，电力部门也出现了新的参与者。如虚拟发电厂这样的集合体可以发挥越来越大的作用，将分散的生产者和消费者、储存所有者、灵活的负载联系在一起，并由智能电表和智能电网提供支持。

5.3 对电价和可负担性的影响

电价的形成方式取决于几个因素和每个电力系统的市场规则。终端用户的电价通常包括（IEA，2012）：

（1）发电批发成本：发电厂的资本成本、燃料和最终的二氧化碳成本、运营和维护成本。

（2）充裕性和平衡成本。

（3）输电和配电成本：网络基础设施的资本成本以及运营和维护成本。

（4）计量、计费和其他商业费用。

（5）税费和补贴，如增值税、补贴（如特定的可再生资源）以及其他税费。

风电和太阳能光伏技术的部署得益于补贴，这些补贴通常由消费者通过最终用户电价的附加部分来支付［如德国的《可再生能源法案》的部分内容］。相反，正如之前所讨论的，在电力系统中引入越来越多的风电和太阳能发电容量，导致批发价格降低，至少可以部分补偿因补贴而增加的最终用户价格（Cludius et al.，2013）。

预计风电和太阳能光伏技术的投资成本将继续降低，这将有助于缓和或降低整个系统的成本。这种减少是否会被辅助和平衡成本以及整合措施（如对输配电网的投资、可调度的低碳电源、储能或需求方技术）所补偿，是目前研究的问题。

整个电力系统的成本将取决于额外的解决方案和与其他部门的互动，如运输部门（电动汽车的智能充电）、热力部门（可能在水暖锅炉中使用多余的不可调度的可再生能源），或与其他能源载体（如氢）的关系。

对相对经济性的评估和与其他部门政策的整合将发挥重要作用。特别是，协调可再生能源政策与能源效率政策对于减少（或缓解）终端用户的电费（和能源）增加非常重要。终端用户能否负担得起向低碳电力部门的转型，关键在于能否最大限度地降低相关成本，同时制定旨在消除不平等现象和支持最贫困人口的专门政策。

6　结论

不可调度的可再生能源将在发电行业的脱碳中发挥关键作用，其在电力组合中的份额将在所有国家增加。它们的特殊属性即稀缺性、间歇性和取决于发电时间的丰度（一天、一个月或一个季节内），正在改变电力系统迄今为止的运作方式。这些技术在电力组合中的份额较低时并不构成明显的挑战，但其影响随着份额的增加而增加。

本章提出的主要挑战包括系统充裕性计算的改变、系统中存在的更多不可调度容量、可调度电厂的容量系数降低、对更大的系统灵活性的需求、优先排序和电力定价机制的变化以及发电侧更多的参与者。

已经存在的几个解决方案包括提高现有电力系统的灵活性，并将其作为未来增容的要求，扩大电网的作用和互联（TSO 和 DSO 之间的互动不断发展），加强和促进储能能力和需求侧管理技术的发展。

要利用这些方案，关键在于为这些技术的部署和参与电力市场制定适当政策。为了使整个系统成本最小化，可能需要协调一些整合措施的部署，例如在增加新的储能或新的输电线路之间的选择。每个选择的价值取决于它与所有其他选择的相对经济性。

经济影响是不确定的，特别需要政策制定者作出努力，使消费者能够负担得起这种转变，并确保工业企业不处于行业竞争的不利地位。实现电力部门脱碳的低碳技术组合将取决于相对的经济性，但政策将发挥关键作用，以确保不同的整合方案被充分部署。

参考文献

[1] California Independent System Operator (CAISO) (2019) Accessed in April 2020. https://www.caiso.com/Documents/FlexibleResourcesHelpRenewables_FastFacts.pdf.

[2] CEM (2018) Thermal Power Plant Flexibility, a Publication Under the Clean Energy Ministerial Campaign. https://www.cleanenergyministerial.org/sites/default/files/2018-06/APPF%20Campaign_2018%20Thermal%20Power%20Plant%20Flexibility%20Report_cleanenergyministerial.org__0.pdf.

[3] Cludius, J., Hermann, H., and Matthes, F. (2013, May) The Merit Order Effect of Wind and Photovoltaic Electricity Generation in Germany 2008–2012. CEEM Working Paper 3-2013 (PDF). Sydney, Australia: Centre for Energy and Environmental Markets (CEEM), The University of New South Wales (UNSW). http://ceem.unsw.edu.au/sites/default/files/documents/CEEM%20(2013)%2-%20MeritOrderEffect_GER_20082012_FINAL.pdf.

[4] DTU (2019) Whitebook Energy Storage Technologies in a Danish and International Perspective, DTU Energy, Department of Energy Conversion and Storage, Roskilde, Denmark.

[5] European Commission (EC) (2017, February) European Commission Staff Working Document,

Energy Storage—The Role of Electricity, European Commission, SWD (2017) 61 fnal. https://ec.europa.eu/energy/sites/ener/fles/documents/swd2017_61_document_travail_service_part1_v6.pdf.

[6] ENTSO-E (2015) ENTSO-E Scenario Outlook and Adequacy Forecast 2015, Brussels. https://eepublicdownloads.blob.core.windows.net/public-cdn-container/cleandocuments/sdc-documents/SOAF/150630_SOAF_2015_publication_wcover.pdf.

[7] European Commission (EC) (2019) Clean Energy for All Europeans Package, Brussels. https://ec.europa.eu/energy/en/topics/energy-strategy-and-energy-union/clean-energy-all-europeans.

[8] Hafner, Manfred et al. (2020) The Geopolitics of the Global Energy Transition, Policy and Regulation of Energy Transition Chapter, Springer Nature, Volume 73. https://link.springer.com/content/pdf/10.1007%2F978-3-030-39066-2.pdf.

[9] Hirth, Lion (2013) The Market Value of Variable Renewables. Energy Policy, 38: 218-236. https://www.neon-energie.de/Hirth-2013-Market-Value-RenewablesSolar-Wind-Power-Variability-Price.pdf.

[10] IEA Statistics (2020) International Energy Agency, Paris, Web Page Accessed in July 2020. https://www.iea.org/data-and-statistics/data-tables.

[11] International Energy Agency (IEA) (2012) World Energy Outlook 2012, Paris. https://www.iea.org/reports/world-energy-outlook-2012.

[12] International Energy Agency (IEA) (2016a) World Energy Outlook 2016, Paris. https://www.iea.org/reports/world-energy-outlook-2016.

[13] International Energy Agency (IEA) (2016b) Re-Powering Markets, Paris. https://www.iea.org/reports/re-powering-markets.

[14] International Energy Agency (IEA) (2018) World Energy Outlook 2018, Paris. https://www.iea.org/reports/world-energy-outlook-2018.

[15] International Energy Agency (IEA) (2019a) Offshore Wind Outlook 2019, Paris. https://www.iea.org/reports/offshore-wind-outlook-2019.

[16] International Energy Agency (IEA) (2019b) Renewables 2019 Market Report, Paris. https://www.iea.org/reports/renewables-2019.

[17] International Energy Agency (IEA) (2019c) The Future of Hydrogen, Paris. https://www.iea.org/reports/the-future-of-hydrogen.

[18] International Energy Agency (IEA) (2019d) Annual Storage Deployment, 2013-2018, Paris, Accessed in December 2019. https://www.iea.org/data-and-statistics/charts/annual-storage-deployment-2013-2018.

[19] International Renewables Energy Agency (IRENA) (2016) Scaling Up Variable Renewable Power: The Role of Grid Codes, 2016, Abu Dhabi. https://www.irena.org/publications/2016/May/Scaling-up-Variable-RenewablePower-The-Role-of-Grid-Codes.

[20] International Renewables Energy Agency (IRENA) (2019a) Renewables Capacity Statistics 2019, Abu Dhabi. https://www.irena.org/-/media/Files/IRENA/Agency/Publication/2019/Mar/IRENA_RE_Capacity_Statistics_2019.pdf.

[21] International Renewables Energy Agency (IRENA) (2019b) Renewable Power Generation Costs in 2018, Abu Dhabi. https://www.irena.org/publications/2019/May/Renewable-power-generation-costs-in-2018.

[22] Joskow, Paul L. (2011) Comparing the Costs of Intermittent and Dispatchable Electricity

Generating Technologies. American Economic Review, 101(3): 238–241. https://www.aeaweb.org/articles?id=10.1257/aer.101.3.238.

[23] Joskow, P. (2018) Challenges for Wholesale Electricity Markets with Intermittent Renewable Generation at Scale: The U.S. Experience, MIT CEEPR Working Paper, Dec 2018. https://economics.mit.edu/fles/16650.

[24] Nuclear Energy Agency (NEA/OECD) (2012) Nuclear Energy and Renewables. System Effects in Low–carbon Electricity Systems, Paris. https://www.oecd–nea.org/ndd/pubs/2012/7056–system–effects.pdf.

[25] Nuclear Energy Agency (NEA/OECD) (2019) The Costs of Decarbonisation: System Costs with High Shares of Nuclear and Renewables, Paris. https://www.oecd–nea.org/ndd/pubs/2019/7299–system–costs.pdf.

[26] National Renewable Energy Laboratory (NREL) (2013) The Western Wind and Solar Integration Study Phase 2, Golden, Colorado. https://www.nrel.gov/docs/fy13osti/55588.pdf.

[27] Paula Mints (2019, April) Photovoltaic Manufacturer Capacity, Shipments, Price & Revenues 2018/2019, SPV Market Research. Report SPV–Supply6.

[28] TSO–DSO (2019) TSO–DSO Report, An Integrated Approach to Active System Management, Brussels. https://www.edsoforsmartgrids.eu/wp–content/uploads/2019/04/TSO–DSO_ASM_2019_190304.pdf.

[29] Ueckerdt, F., Hirth L., Luderer G., and Edenhofer, O. (2013, December 15) System LCOE: What Are the Costs of Variable Renewables? Energy, 63: 61–75. https://www.neon–energie.de/Ueckerdt–Hirth–Luderer–Edenhofer–2013–System–LCOECosts–Renewables.pdf.

[30] UN Statistics (2020) United Nations Statistics Division, Accessed in April 2020. https://unstats.un.org/unsd/energy/Eprofles/2015/03.pdf.

[31] United States Energy Information Administration (EIA) (2019) Levelized Cost and Levelized Avoided Cost of New Generation Resources in the Annual Energy Outlook 2019, Accessed in April 2020. https://www.eia.gov/outlooks/aeo/pdf/electricity_generation.pdf.

[32] United States Energy Information Administration (EIA) (2020) Accessed in April 2020. https://www.eia.gov/electricity/data.php.

[33] Zhang, N, et al. (2016) Reducing Curtailment of Wind Electricity in China by Employing Electric Boilers for Heat and Pumped Hydro for Energy Storage. Applied Energy. https://www.sciencedirect.com/science/article/pii/S0306261915013896.

第 17 章　能源投资项目的融资

热罗姆·哈尔布特　玛丽·诺埃勒·里布·塞杜[①]

未来能源格局很可能同时包含化石能源和可再生能源项目，其中一部分项目已建成多年，仍在运行或需要技术升级，其他的项目目前正处于开发或调试阶段。即使在适度能源消费增长叠加效率提高的保守情景下，将来仍然需要巨额投资以维持世界经济发展。

在此背景下，任何能源投资项目的融资至少会面临三类挑战：

首先是 2008 年金融危机以来可用于能源项目开发或再融资的银行贷款金额减少。信贷市场的收缩直接影响了原本计划在 2009 年和 2010 年关停的项目，也影响了最初在 20 世纪 90 年代中期建成投产并在 2008—2010 年进入再融资阶段的项目。21 世纪 10 年代能源项目的融资格局也被间接地改变，项目发起人不得不寻找新的资金来源，并向投资者提供额外的担保，而投资者则开发出新的金融工具和结构方案。

其次是获取资金的竞争加剧。由于存在资金缺口，投资者配置资金的选择比以往任何时候都更广泛。能源项目的盈利能力受到严格审查，尤其关注现金流的波动性和融资成本。投资者（特别是那些以前有能源领域经验的投资者）也会对潜在投资的非财务收益进行全面的尽职调查，例如进入一个新的国家或二级市场、与理想的合作伙伴建立合资企业，以及搭建或重构其资产组合。

最后是能源项目融资难以再简单复制成功的经验。与美国的 LNG 项目相比，发展中国家的小型太阳能项目面临的挑战不同，承担的风险不同，吸引的潜在投资者也不同。由于低收入国家需要更多的能源来维持其经济发展和向可再生能源进行必要的转型，“万能”的融资结构并不存在。

考虑到这些挑战，本章描述和讨论了各种能源项目融资的主要步骤，然后基于不同能源品种重点介绍各项目的特点。

为能源项目融资的第一步是评估维持开发所需的资金规模和性质（第 1 节）。融资结构本身需要明确最有效的模式，并从相关投资者那里获得资金（第 2 节）。尽管各种机制和政策鼓励对可再生能源部门的所有细分行业进行投资，但具体可再生能源项目的融资非常多样化（第 3 节）。与此同时，油气项目的成熟融资模式（仍然占很大一部分）已经有所改进和创新（第 4 节）。

---

① 热罗姆·哈尔布特（Jérôme Halbout）和玛丽·诺埃勒·里布·塞杜（Marie-Noëlle Riboud-Seydoux），法国 4D 全球能源顾问公司；电子邮箱：jerome.halbout@4dgea.com。

1　明确所需资金的规模和性质

1.1　项目可行性分析

项目财务可行性分析包括计算内部收益率（IRR），即投资者可以合理预期的风险 / 收益回报，是投资者向该项目投入资金的机会成本和自有资金成本之和。项目 IRR 取决于项目的成本、收入以及二者所附带的风险。因此，除了经济评价外，能源项目融资还必须进行全面的风险评估。

1.1.1　收入

对于不同能源行业和技术的项目，投资者可能会对未来收入有不同程度的了解。在油气上游行业，通常没有具体的政府管制价格或补贴，项目收入主要取决于产量情况和产品的价格。如果将产品出售给特定的买家，如炼油厂或 LNG 的长期买家，那么投资者对于价格和产量的预期将基于购销协议（SPA）中规定的条款。若产品出口到全球市场，则以包含运输成本的国际市场（包括用于对冲价格波动的期货市场）价格卖出。虽然原油的国际市场价格一直存在，但 LNG 一直是点对点、生产商对买方的市场，而且本身没有单一的国际价格。随着全球 LNG 生产商不断成熟和接收设施投入使用，LNG 现货和远期天然气市场将不断发展，并逐步取代长期固定价格或与油价挂钩的 SPA。

对于可再生能源发电项目，政府通过各种机制的资助持续支持该行业的发展，并吸引投资者。上网电价补贴（FIT）政策是一项长期合同（平均 15~20 年），设定固定价格并保证并网，是实施最广泛的可再生能源政策工具，2018 年已用于 100 多个国家、州或省级司法管辖区（REN21，2019）。一些 FIT 政策甚至会根据项目的阶段调整电价。此外，开发商可能还签订了购电协议（PPA），即政府支持和 FIT 在项目的持续期间（或至少在回报期内）不变，能够高度保障潜在投资者的未来收入。PPA 要求电力生产商在协议有效期内以特定价格向买方（“承购商”，通常是国有电力公用事业公司）供应一定数量的电力，作为交换，买方同意在单位千瓦时的电价之外，支付与发电厂产能挂钩的容量电价。PPA 减少了现金流的不确定性，使得投资类似于年金债券，而这正是机构投资者通常想要的安全且有收益的投资项目类型。对这种债权投资进行评级时要考虑到项目的风险状况，包括承销商的信誉。

在发展中国家，承购方往往是国家公用事业公司（可能面临财政压力），项目的评级可以通过国际金融机构或私人保险公司提供的若干增信或保险机制来提高。投资者还可以从税收抵免机制中受益，其投资产生的税收抵免可用于抵销其他业务部门的税收负债，这被称为“税收公平”，已被美国用于鼓励可再生能源投资。受益于风电生产税收抵免和太阳能发电的投资税收抵免，许多大型风电和 / 或太阳能发电项目得到开发。

1.1.2 成本

对风险高、资本密集型行业的项目投资可能会使投资者的成本不确定性变大，特别是当突发事件、成本或时间超出预期时，会影响项目并危及其财务可行性，或者为了减轻这些风险而对项目经济性产生负面影响。根据行业、项目规模、地点和融资阶段的不同，风险情况明显不同。

然而，大多数能源项目都面临同样的 3 类风险。

首先是法律环境风险，是否有权进行项目建设和运营？是否有主权担保？与东道国政府的关系如何？秋明 BP（TNK–BP）是能源领域政治和国家风险的“最坏案例”。2003 年，总部位于英国的石油巨头 BP 与俄罗斯财团 AAR 达成了一项合资协议，新建了一家实体——TNK–BP，当时 TNK–BP 占 BP 全球石油产量的 1/4 左右。尽管由于能源价格的上涨证明这是一项相当成功的投资，但最终 BP 面临严重的挫折，例如累计达 9.36 亿美元的税款索赔和各种征用风险。

其次是能源项目存在环境风险，不同类型的项目风险程度不同。对于核电站、石油勘探和生产以及在退役阶段的海上风力发电项目，这似乎是显而易见的。

最后是严格意义上的项目运营风险，包括施工风险和作业风险，有经验的行业投资商和开发商更容易预测并化解风险。

根据能源技术是否需要购买、进口和运输燃料，建设阶段与运营和维护（O & M）阶段的成本分配不同（Frankfurt School，2018）。在发达国家，太阳能发电、风电和水电项目总成本的 85%~90% 左右是设备和建设成本，而煤炭项目的这一比例在 65% 左右，天然气项目则在 30% 左右（CPI，2014）。

在过去几年里可再生能源项目的投资一直在下降（Swiss Re/BNEF，2013），过去不可行的项目现在可以为投资者提供有吸引力的投资回报（Frankfurt School，2018）。由于制造工艺改进（特别是由于新进入者经常压低价格）、规模经济和技术创新，2013 年至 2016 年，风力涡轮机的价格下降了约 30%（World Economic Forum，2017）。因此，陆上风电现在已成为许多国家最便宜的电力来源之一。太阳能光伏（PV）组件的成本也大幅下降，2009 年至 2016 年下降超过 75%（IRENA，2016）。这些集中反映为可再生能源 LCOE 的大幅降低。LCOE 评估了能源发电项目在生命周期内产生的所有成本，包括初始投资、运维成本、燃料成本和融资成本。

即使在施工和完工阶段之后，不可预见的事件也会产生额外的成本。最常见的一种情况是在产资产遭受重大损失，因此投资者经常要求开发商购买覆盖运营风险的保险。其他意外事件包括延期和超支，尤其是炼油厂、核电站或 LNG 液化终端等大型项目。为了降低这种风险，潜在投资者希望选定的承包商和供应商在细分的能源领域保持良好的业绩记录。投资者需要注意两类合同：前端工程设计（FEED）合同，用于确定项目的技术要求和粗略成本估算；设计、采购、施工（EPC）合同，用于采购设备和材料以及建造和调试能够全面运行的设施。

1.2　资金的性质和成本

1.2.1　融资工具

可用于能源项目的 3 种主要融资工具是股权、债权和混合工具。每一种工具的风险水平和预期收益各不相同。银行债权排在股权之前，这意味着当一个项目在财务上不再可行时，投资的股权将用于弥补损失，回收的资金将首先支付给银行。股权投资者承担的风险水平越高，其内部收益率也就越高，通常在基础设施基金的 15% 和私募股权基金的 30%～35% 水平之间（见第 2 节）。

混合工具融合了股权和债权的特征。这对投资者来说更加灵活，对于那些不熟悉能源项目的人，或者希望限制在某个项目特定阶段的投资者来说，混合工具可以成为一个切入点。夹层融资作为一种混合工具，在过去 20 年中越来越多地用于能源项目融资，特别是对于那些大部分成本发生在建设阶段的项目。夹层融资比传统的银行贷款成本更高，但比股权融资成本低，并且由于不会稀释股份，项目发起人仍保有控制权。夹层融资的另一个优点是对项目现金流的压力较小，因为项目在偿还优先级债务之后才偿还夹层债务。

与优先债相比，夹层融资收益更高、期限更长。如果股权投资的风险太大（国家风险）或成本太高，同时 / 或者可用的优先级银行债规模不足，能源项目发起人通常会采用夹层融资。

不仅混合工具使得股权和债权之间的界限变得模糊，在股权由债权提供资金的情况下也会如此。当大型石油和天然气公司或国有电力公司等发起人为股权投资进行融资时，可能需要从一家或几家金融机构借款，后者会基于公司的信用发放贷款。

1.2.2　融资成本

股权和债权投资者投资的主要标准之一是期望的项目最低收益率。这通过加权平均资本成本（WACC）来衡量，基于股权和债务在融资结构中的权重来反映融资的总体成本。任何计划或工具如果能降低额外股权成本或更能保证投资者未来收入，例如 FIT 政策或购电协议，都可以降低资本成本。相反，原有补贴取消或缺乏政府支持机制意味着银行将要求获得更高的股权比例。主要是基于这些原因，石油和天然气公司的资本成本传统上高于电力公司，股权成本更高，股权在资本结构中的占比也更高（IEA，2019）。若要预计并降低由于建设成本超支而导致资本成本增加的风险，可以在融资方案中引入 EPC 合同或交钥匙合同。两者都旨在满足贷款人对可融资性的要求，并提供单一的责任点（一个承包商协调其他分包商和服务提供商）、固定的合同价格和固定的完工日期。承包商最终承担大部分建设风险，这是投资者现在几乎都会要求的担保。

资本成本还反映了人们对政治和经济风险的看法，因此不同项目之间的资本成本差异很大。例如，在欧洲的太阳能光伏项目中，德国项目的 WACC 平均为 4%，而希腊项目的 WACC 可以达到两位数（DiaCore，2016）。在许多发展中国家，融资成本甚至更高，主要原因是结构上债务部分成本更高。这是由于可用于长期投资的资本较为有限，同时也存在货币汇率风险，即最初进行投资的货币可能贬值（CPI，2014）。与大型项目相比，小型项目对私人投资者的吸引力更低，因为债务成本高，并且缺乏股权投资者（这反过来增加了债务融资的需求），以及存在潜在的并网问题。因此，发展中国家的绿地能源项目严重依赖多边和双边机构等公共财政机构来为其他投资者提供帮助。

自2008年金融危机以及之后的《巴塞尔协议Ⅲ》（*Basel* Ⅲ）生效以来，商业银行极不愿意提供超过7年或8年的贷款（相比之下，危机前的贷款期限为15年）。不得不在项目完工前进行再融资的开发商，一般会发行项目专项债券（Project Bonds），这种工具传统上只用于已完工（因此风险较小）的项目再融资，但现在也越来越流行在投资的早期阶段发行。2008年银行市场的融资能力收缩，项目债券市场受到关注，2009年发行了一系列的项目债券，特别是LNG设施或天然气管道，从而与类似的银行贷款形成了竞争（Latham and Watkins，2009）。利用项目债券为建设阶段的项目融资需要各种降低风险的工具，例如固定价格的交钥匙合同，而现在投资者对于这些已经都很熟悉了。

一种相对较新的债券融资形式是“绿色债券”，可以为应对气候变化或鼓励能源转型和提高能源效率的项目提供资金。由于适用税收优惠，这些债券比同类应税债券更具吸引力，而一旦项目建设完成，绿色债券通常被用作再融资工具。绿色债券的发行人包括开发银行（如世界银行）、商业银行、公共部门机构和公司。

2 能源项目的融资结构

2.1 能源项目的融资模式

2.1.1 公司融资和项目融资

尽管能源领域有各种各样的项目融资结构，但所有的项目都可以分为两大类，取决于哪个投资者或利益相关者对项目的前期成本负责。在“资产负债表内”融资中，发起人（大型能源公司或东道国政府）依靠自己的财务状况为项目提供资金，即公司融资。选择公司融资不影响资金的来源，因为项目发起公司可能是自己借钱来为能源投资项目融资。东道国政府融资时，资金给到承购方，然后由承购方使用这些资金开发项目。“表内”融资的选择并不决定出资的形式，可以是借款，也可以是股权。

项目融资即在开发商的“资产负债表外”创建一个特殊目的公司（SPV），其唯一目的是开发和运营一个特定的能源项目。SPV接受股东出资，并从商业银行和其他来源借款。然后，这笔借款由SPV的所有资产和商业权利担保，但仅限于此。这意味着，如果SPV不能产生足够的现金来偿还债务，那么债权人对股东没有追索权，而会成为项目的所有者。因为会产生交易成本和多方协调导致的潜在延期成本，项目融资比公司融资更复杂，成本通常也更高。然而，项目融资仍然广泛应用于能源行业，因为该方式使得投资者可以基于 IRR 水平选择部分参与一个大型项目。由于存在交易成本，项目融资通常适用于一个规模大到足以抵消这些额外成本的项目。一般来说，项目发起人和开发商持有多数股权会令借款机构安心，因为这体现出他们承诺并有动机完成项目。在过去的 20 年里，项目融资在评级机构日益严格的审查（现在评级机构对公司的分析中包括表外债务）以及《巴塞尔协议Ⅲ》的监管下不断发展。虽然杠杆率在 70%~80% 并不罕见，但现在往往更接近 60%~70%。

2.1.2　融资结构的选择

能源行业的大多数细分部门都存在无追索权融资（项目融资）的项目和表内融资的项目。尽管几乎不可能评估历史上每个能源部门究竟有多少项目是“表内”或“表外”融资，但 IEA 收集了有关新开发项目的数据，2018 年，超过 80% 的电力项目由公用事业公司、独立电力生产商“表内”融资（IEA，2019）。

核能部门一直是能源行业的一个例外，因为所有的核电站都通过公司融资。开发商通常是一家大型公用事业公司（有时与其他公用事业公司合作），自行筹集资金，以其所有现有资产为抵押借款。鉴于资产的特殊性，贷款人不会选择项目融资，因为在不能偿还债务的情况下（可能是由于建设未完工），贷款人实际上几乎没有追索权，甚至根本不存在追索权（NEA，2009）。

一般来说，如果能源项目价值低于 3000 万美元或 4000 万美元，项目融资可能是一个过于昂贵的方式。如果开发商的资产负债表相当稳健，可能会首先考虑通过公司融资的方式借入部分资金，除非是出于项目的风险考虑，需要通过 SPV 更安全地管理风险。

2.2　能源项目投资者

大多数能源项目，特别是大型项目，都是由几种类型的股权投资者和债权投资者提供资金。

2.2.1　债权投资者

商业银行历来是能源公司的主要债务资金来源。根据IEA（2019）的数据，债务占领先的上市能源公司资本结构的一半（石油和天然气公司占 25%，电力公司占 50%）。传统上，商业银行还为大约 70% 的能源 SPV 提供融资，实际上减少了其对成本更高的股权融资的需求。在 2008 年金融危机爆发后不久，银行需要降低自身的杠杆率和流动性不足导致的风险敞口，这使得能源项目融资相对不足。现在很多能源技术的风险和成本已显著降低，商业银行更看好这类项目。银行可以通过银团（最大的项目最多有 20 家银行参与，由一家或多家银行牵头担任“安排方”）交易，也可以进行“俱乐部交易”（Club Deal）（自金融危机以来使用得更广泛，所有银行平等参与）。一些过去专注于区域市场的商业银行现在更有可能为国际项目提供资金。日本的银行一直在为越来越多的欧洲风电项目提供资金；现在中国的银行在非洲投资很普遍，无论是化石能源还是可再生能源项目。

发展中国家迫切需要为社区和企业提供能源，因此公共财政越来越多地参与能源项目融资。传统上，开发性金融机构（DFIs）侧重于赠款和优惠贷款，为私人融资渠道有限的国家项目提供资金，现在则通过提供广泛的工具、资金和担保，促进私人融资。开发性金融机构的干预实际上降低了项目的风险，并吸引了缺乏经验或资产负债表较差的当地银行在银团以外借出资金。世界银行、欧洲投资银行（EIB）或非洲开发银行（AfDB）等多边开发性银行利用其自有资本提供资金和降低风险的工具。自2008年以来，世界银行及其实体已为能源项目提供了近500亿美元，体现对政府或私营公司的股权或债权投资，为潜在投资者提供了更高水平的保障。其中，3个机构在能源领域尤为活跃，包括国际复兴开发银行（IBRD）、多边投资担保机构（MIGA）和国际金融公司（IFC）。IFC向发展中国家的私营企业提供贷款和股权投资，提供银团贷款，并承销其发行的证券。EIB在资本市场上筹集资金，与私营公司建立了一系列可再生能源股权投资基金，并提供中期和长期资金。在联合国层面，多捐助方信托基金是一种筹资池机制，通过投资中小型项目促进发展中国家的可再生能源发展和能源效率提高。除了开发性银行，发达国家的双边机构，如美国国际开发署（US Aid）、法国经济合作投资和促进公司、沙特基金，也向发展中国家提供非常优惠的贷款。

出口信贷机构（ECA）在能源融资方面也发挥着重要作用，特别是针对大型项目。ECA最初的作用是在新兴市场提供政治风险担保，帮助项目发起人吸引商业银行贷款。随着对替代融资来源的需求增加，特别是在2008年金融危机之后，ECA提供的产品已有所扩展，目前包括贷款担保、出口信用保险和向项目设备和货物的买方提供的直接贷款，而且往往具有竞争力。ECA现在是主流的项目投资者，可以为很大一部分超大型项目提供资金，例如韩国ECA、韩国进出口银行（K-Exim）在2016年向阿布扎比Barakah核电项目提供创纪录的25亿美元直接贷款（占项目总成本的10%）（Irwin et al.，2019）。

2.2.2 股权投资者

虽然银行提供了大部分资金，但项目本身主要是由发起人和开发商来发起和开发，在资产负债表上承担了早期的成本（如开展可行性研究）。项目的股东既可以是开发商本身（油气公司、电力公司），也可以是私募股权（PE）或风险投资（VC）基金等投资公司，还可以是东道国政府支持的公用事业公司或国家石油公司（NOC）。

虽然风投和私募股权基金都为能源项目提供股权投资，但两者专注于项目生命周期的不同阶段。风投基金专注于早期阶段、规模较小的公司，如能效领域的初创企业。私募股权基金会在项目开发的最前期阶段进行投资，前提是有成熟的技术，而且会在建设阶段或生产规模扩大阶段进行投资。这些基金投资价值被低估的公司和项目、表现不佳的上市公司或准备考虑上市的公司。以能源为投资重点的基金有能力与现有的管理团队合作。它们既可以与项目发起人一起投资，也可以与其他私募股权基金一起投资，可以在项目的特定环节提供专业知识或经验。

基础设施基金和养老基金或主权财富基金等机构投资者对长期实物资产越来越感兴趣，因为这些资产与其长期、低风险的资金来源相匹配，且 IRR 类似债券。机构投资者青睐能够降低项目风险的保险产品，普遍是建设投资大幅降低或处于再融资阶段的项目。经过几年的运营，一旦能源项目进入风险较低的阶段，机构投资者就有机会去谈判有利的贷款条款或签订 PPA。

公开市场既是一种投资类型，也是能源项目和能源资产的资金来源。公开市场为投资者提供了高水平的流动性和不同参与方式，尤其是公开上市的能源公司股权或上市项目基金。能源公司一旦取得阶段性进展，就会通过股票市场筹集资金，而一些专门面向小规模成长型公司的市场过去曾被用于为早期项目融资。一旦上市，公司的价值及其再融资能力主要取决于其股价表现。

3 可再生能源项目融资

尽管在过去的几十年里，可再生能源的吸引力毋庸置疑，但一些项目仍面临融资困境。在发达国家和中国，政府支持能源转型，可再生能源现在已经成为一个“由大型行业公司、公用事业公司和机构投资者日益主导的成熟行业”（Frankfurt School，2018），行业内的公司能够依靠其资产负债表为绿地项目融资。然而，在其他发展中国家，情况可能截然不同。

3.1 太阳能光伏（PV）项目融资

尽管太阳能光伏发电仍然比陆上风力发电成本更高，但风险更小，这是因为其依赖可以轻松更换的活动组件更少，（Swiss Re/BNEF，2013）。太阳能光伏项目的融资主要取决于规模和位置。

对于一个位于美国的大型项目（投资超过 5000 万美元），股权投资可以占项目资金的 15%（高投资情景）~35%（低投资情景）（Feldman and Schwabe/NREL，2018）。小型太阳能光伏（小于 1 兆瓦）主要是住宅和商业屋顶系统，融资方式主要有两种：以定期固定付款的方式租用以及采用典型的 PPA 方式，即安装、公司向第三方投资者支付预先确定的价格。安装公司正从租赁模式转向更传统的债务融资（Frankfurt School，2018），可以选择针对住宅光伏系统的太阳能设备贷款。作为小型太阳能开发项目的最大的市场之一，美国的融资工具不断创新，绿色债券现在可用于住宅太阳能系统。此外，还出现了新的投资者类别，如税收权益投资者财团、加拿大独立电力生产商和地区银行。美国太阳能发电市场的成熟得益于太阳能投资税收抵免，以此为基础形成了一种流行的融资结构，即合伙企业“翻转”（Flip）。在这种结构下，合伙企业将 99% 的税收抵免、收入和损失分配给税收权益投资者，直到达到目标收益率。一旦达到该收益率，就会出现配置“翻转”，税收投资者的权益份额会下降。随着该机制在 2023 年失效，美国太阳能发电市场的竞争可能会变得更加激烈，供应商或通过削减成本来应对。

在发展中国家，构建小型太阳能项目的融资结构是一个完全不同的过程。太阳能照明或屋顶太阳能发电项目的融资可以通过离网现收现付（PAYG）计划进行，即公司以较低的首付款价格卖出面向家庭的产品，然后用户通过移动电话服务定期进行小额付款。在那些最成功的方案中，用户在不到一年的时间内就可以拥有该产品（Frankfurt School，2018）。这些公司本身通常会得到风投和私募股权基金、"有影响力的"投资者和多众筹计划的资助，并试图学习美国住宅太阳能电池板证券化的模式。离网太阳能发电系统可以由银行提供资金，银行从开发性机构获得资金，从而降低向用户收取的利率。

如果投资者认为国家风险对项目经济效益影响太高，可能会放弃太阳能项目。例如若东道国未能就拍卖出让的项目签署 PPA，或者投标评估程序不明确，投资者就会干脆放弃。在南非，当地公用事业公司 Eskom 多次拒绝与可再生能源开发商签订 PPA，从而使投资相较于 21 世纪 10 年代初期的创纪录规模大幅降低（根据 Frankfurt School 2018 年的报告，2017 年投资降至 1 亿美元，而 2012 年为 56 亿美元）。在全球最大的太阳能市场之一的印度，一些项目在 2015 年至 2018 年被放弃，因为项目的规模导致面临多种国家风险。一些大型交易是与实力雄厚的独立电力生产商达成的（通常与私募基金和世界银行合作），但对于中等规模的项目，情况则截然不同。在印度的一些邦，临近选举时拍卖被取消的情况翻倍，因此，不得不与地方公共资金合作的风险迫使私人投资者和商业银行望而却步。

3.2 风电项目融资

传统上，欧洲陆上风电的主要融资模式是项目融资，债务比例约为 70%（Wind Europe，2017）。项目融资中使用的债务通常是优先债，股权投资则是预先支付的。然而，项目的最初阶段（在获得许可之前）是由开发商和公用事业公司进行表内融资。2008 年的金融危机打击了陆上风电项目的融资，银行变得更加规避风险，只有 EIB 等多边贷款机构更多地参与。多边银行的参与使得一些项目成功吸引私募股权公司和基础设施基金。现在陆上风电市场已经成熟，开始经历集中度提高阶段，更容易吸引像机构投资者这样的寻找低风险投资组合的大型参与者。

平均而言，海上风电仍比陆上风电成本更高、风险更大。英国与北欧其他国家不同，传统上电力生产商倾向于为新的海上风电项目提供表内融资（Wind Europe，2017）。然而，项目规模大更适合项目融资。如果规模较大的项目承担了额外的风险，也可以承担表外融资的交易成本。自 2018 年扩建以来，世界上最大的海上风电项目 Walney 通过项目融资获得了不同投资者的资金。

3.3 电网融资

电网融资是可再生能源发电项目融资的挑战之一。

陆上和海上风电项目可以在 3~5 年内建成并投入运营，而电网的改进、扩建或互联则需要更长的时间。将电力接入到国家电网的不确定性意味着，尽管陆上风电的风险总体较低，但并不总能筹集到资金。

以肯尼亚图尔卡纳湖风力发电项目为例，这是非洲迄今为止最大的风力发电项目，由于投资者担心输电线路的建设将被推迟，该项目不得不由肯尼亚国有公用事业公司进行融资。在经历了几年的不确定之后，开发商要求世界银行提供部分风险担保，但世界银行拒绝在肯尼亚政府不提供反担保的情况下担保。多边投资担保机构也拒绝该项目，因为不确定承购方是否购电。最终，非洲开发银行提供了部分风险担保，以确保承购方支付前 6 个月的发电费用。

许多新兴国家迫切需要电网投资，无论是初步的发展，还是政府在 20 世纪 60 年代已经实施的电网计划的延伸和互联。中高收入国家也可能需要电网投资以实现能源转型。在德国，北部生产的能源必须输送到该国南部和西部的工业中心地带，到 2020 年升级电网和配电网络所需的资本支出预计达到 520 亿欧元（Zank，2019）。输电系统运营商将会出资，并将通过提高电价来收回投资，且需要在资产负债表之外调动外部资金。

3.4　水电项目融资

水电站的技术寿命为 50~60 年，由于每个项目的场地较特殊，土建工程成本高，建设和环境风险大，传统上往往依靠公共资金融资。然而，电力市场多年来推行市场化，使得开发商最终从私人投资者那里筹集资金。这种情况下会自然而然选择项目融资，尤其是在政府和社会资本合作（PPP）中。融资取决于 PPA 中规定的项目未来现金流。在 PPP 模式下，政府公共管理部门在固定阶段内将新水电站的开发和建设委托给私营公司。这个阶段结束时，该设施及其收入将转移给政府。

各种各样的投资者和金融工具为新建水电站的融资作出贡献。东道国政府不一定参股，但可以提供各种形式的担保。开发商可以发行债券，国内商业银行（如果资产负债表允许的话）可以与开发性银行一起提供一系列贷款。水电融资面临的最大挑战是贷款期限、偿债义务和电站技术寿命之间的时间差。为了弥补这一时间差，通常会在运营的前几年提高电价，这使得私人投资的水电项目的竞争力低于其他发电项目（一旦债务完全还清，竞争力就会大大提高）。在发展中国家，世界银行下属的 IFC 非常积极地帮助水电站融资，并创新了融资结构以降低项目风险并吸引共同投资者。IFC 一直扮演着开发商的角色，同时通过 MIGA 提供政治风险担保，还筹集了不同来源的可再生能源投资资金，创建了一个平台 SPV 来从 IFC 和其他投资者那里融资。

在结构上，小型水电项目（投资低于 1 亿美元）不如大型水电项目收益高，而且对成本高度敏感，这是由于可行性研究的成本几乎都是固定成本。这些小型项目只有在适用上网电价政策或签订 PPA 的情况下才能获得无追索权融资（IFC/Fichtner，2017）。

4 油气项目融资

4.1 油气上游项目融资

油气上游项目是能源行业中风险最大的项目之一。绝大多数进行地质勘查的项目都难以进入评价阶段。即使是已获得资源量的发现，评价工作的结果也可能表明该发现不能商业开发。油气勘探和评价阶段的资金全部来自油气公司的表内融资，使用传统的公司融资工具。在开发和生产阶段，当项目的现金流可预测时，油气公司就可以获得更广泛的资金来源。

大型独立石油公司可以通过基于储量的贷款（RBL）模式为其待开发资产融资。商业银行基于储量能产生的现金流的净现值发放贷款。贷款通过油气公司出售其生产的油气来偿还，在贷款期限内，贷款额度会不时调整，以反映项目估值的变化。上市独立石油公司的股价取决于其产量水平，以及发现、评估和开发新油田的能力。投资者会关注独立石油公司管理资产组合的能力，因为这代表该公司的未来价值。

寻找资金的独立石油公司经常会与国家石油公司（NOC）竞争，而后者则越来越像私营企业。这两类公司都试图利用本地和国际债券市场来融资。来自亚洲和非洲发展中国家的 NOC 现在也会使用预付交易来获得资金，用以换取未来的石油供应（E & Y，2014）。

对于面临特定国家风险的上游项目，投资者也会仔细评估是否以及如何与东道国政府合作。该国法律或财税环境的任何变化都可能影响投资的价值和存亡。天然气项目通常在要履行较高本地市场义务，因此不应低估汇率风险。为发展中国家（尤其是非洲）项目融资的私募股权基金可能会担心缺少退出机制，这是因为难以在当地资本市场公开上市。

项目融资用于上游业务，要么是资产负债表实力不足的小型独立石油公司，要么是大型公司但是风险突出（例如国家风险）。与油气行业的其他部门相比，项目融资在上游业务不是很流行，这是因为项目的收入主要取决于市场中的商品价格。与其他能源领域一样，项目的规模也会影响资金来源和投资者类型。在缺乏探明储量和现金流的情况下，纯勘探的小型公司很难获得商业银行的资金，从而往往选择发行股票。专注于油气的私募股权基金可能会考虑价值被低估的项目，这些项目往往有类似或相邻的成功运营案例，并由经验丰富的管理团队领导。2014 年油价崩盘后，私募股权基金的兴趣有所回升，约 50 家基金筹集了创纪录的 390 亿美元（Senchal，2015）。私募股权基金在页岩油行业也很活跃，尤其是在美国，因为美国天然适合大型基金投资。能源巨头能够通过表内融资来获取页岩油气储量资产时，小型独立参与者却不得不寻找外部融资（承担新债务和发行新股票）。随着行业的成熟，这些公司现在逐渐可以依靠自身活动产生的现金流维持运营。

4.2　油气中下游项目融资

传统上，LNG 项目很适合进行项目融资，因为开发和建设阶段资本密集程度高，且投资者（石油和天然气公司）信誉较好。债务通常不会超过项目总成本的 70%，股权投资者主要是大型油气公司或国家石油公司。

1996 年，卡塔尔石油公司和埃克森美孚的合资企业 RasGas 的项目融资使用了一种新型、一体化的结构，使得 SPV 与项目的每个阶段（液化、储存和上游资产）都利益相关。一个完全一体化的项目需要非常强大的股权投资者的支持，如国家石油公司和大型跨国石油公司，能够评估和减轻纯粹的储量风险，也允许更高的杠杆率（Czarniak and Howling，2019）。

在 21 世纪初，LNG 融资演变为收费模式，SPV 的范围缩小到液化终端。在这种结构下，LNG 由上游公司通过液化终端进行销售。最近出现了一种新的融资模式，在这种模式下，项目公司股东通过自己的股权为液化终端提供资金，随后将 LNG 纳入自己的投资组合。

由于贷款机构不愿意提高优先债在项目总成本中的比例，强劲的美国 LNG 市场越来越普遍地使用替代性的融资来源。夹层融资为投资者提供了一定的灵活性，帮助他们在不稀释股权的情况下弥补潜在的成本超支。由于需要采购高度专业化的设备和材料，ECA 一直在为 LNG 项目提供融资，现在在美国 LNG 出口项目中非常活跃，特别是韩国贸易保险公司（K-SURE）、日本国际合作银行（JBIC）和美国进出口银行（EXIM）（Czarniak and Howling，2019）。

新建炼油项目与现有项目升级或扩建的风险完全不同。绿地项目存在纯粹的建设风险以及潜在的国家和货币风险，而炼油项目的升级或扩建几乎类似于再融资，主要通过传统贷款获得资金。

对发展中国家的炼油项目进行升级，尤其是为了达到欧洲或美国的标准，可能会吸引世界银行旗下的 IFC 等开发性投资者。21 世纪 10 年代初在朱拜勒建造的 Satorp 炼油项目就是融资来源极具多样和融资方案极其复杂的一个案例。这是沙特阿拉伯首个以伊斯兰债券为特色的项目融资。在这个投资 140 亿美元的项目中，约 60% 是通过债务融资的，这比金融危机前的水平要低（早在 2004 年，Sohar 炼油项目的项目融资中约 90% 是通过几家银行和 ECA 的直接贷款完成的）。一个商业银行银团同意以具有竞争力的利率发放 45 亿美元优先债，几家 ECA 与沙特阿拉伯的公共投资基金又共同投资了 40 亿美元。SPV 由项目发起人沙特阿美（SPV 的 62.5%）和道达尔（SPV 的 37.5%）提供股权投资。

5　总结

正如前文中提到的，能源项目融资不止一种方式。根据项目的规模、位置、技术以及投资者对未来收入的放心程度，会最终决定投资一些项目，并为一些项目开展融资，而放弃另一些项目。

虽然每一类融资都很特殊，但仍存在一些适用于大多数能源项目的融资结构和趋势。

首先，IEA 其《2019 年世界能源投资》报告中表示，当前的能源投资“与未来的需求和挑战不太相符”。在不久的将来，这很可能引发项目之间吸引资金的激烈竞争。不断增长的投资需求，特别是可再生能源项目，将需要如机构投资者等新的资金来源。这类投资者被类似债券投资和稳定的现金流所吸引，这些现金流可以通过保险产品等方式提供，而保险产品可能在未来几年蓬勃发展。

其次，除了核电站项目外，在过去 10 年中，所有能源项目的成本都大幅降低，同时建设时间也在缩短（IEA，2019）。这可能会使机构投资者更感兴趣，因为项目的风险水平有所降低。此外，开发性金融机构不仅发挥了促进作用，而且现在已成为所有能源领域的重要融资主体。

最后，大多数能源投资正面临新的融资挑战。如果利率继续上升，大多数项目都可能受到不利影响，投资者将不得不以新的融资渠道取代传统上由商业贷款提供的资金。

如果政府停止对可再生能源的支持，就像美国未来几年的情况一样，项目将取决于 PPA 或简单的商业电价。一个新的融资渠道可能是企业 PPA，目前仅占太阳能光伏和风电投资的 5%。全球油气公司也越来越积极地投资可再生能源资产，通过专门的子公司直接投资可再生能源项目，或者持有可再生能源公司股权，如专注于提高能效的研发公司。在能源转型十分必要、可再生能源投资需要增加的背景下，有必要了解新的资金来源。

参考文献

[1] CPI—Climate Policy Initiative, David Nelson and Gireesh Shrimali (2014). Finance Mechanisms for Lowering the Cost of Renewable Energy in Rapidly Developing Countries. Retrieved from https://climatepolicyinitiative.org/wp-content/uploads/2014/01/Finance-Mechanisms-for-Lowering-the-Cost-of-Clean-Energyin-Rapidly-Developing-Countries.pdf.

[2] Czarniak, J.A., & Howling, G.D. (2019). Current Trends in LNG Development and Construction. The International Comparative Legal Guide to: Project Finance 2019. 8th edition. Global Legal Group Ltd., London. Retrieved from https://www.skadden.com/insights/publications/2019/05/iclg-project-fnance.

[3] DiaCore Project. (2016). Assessing Renewables policy in the EU. Key fndings from the DiaCore project. Retrieved from http://diacore.eu/images/fles2/DIA-CORE_Final_Brochure.pdf.

[4] E & Y—ERNST & YOUNG. (2014). Funding challenges in the oil and gas sector. Innovative fnancing solutions for oil and gas companies. Retrieved from https://www.ey.com/Publication/vwLUAssets/EY-Funding-challenges-in-the-oil-and-gassector/$FILE/EY-Funding-challenges-in-the-oil-and-gas-sector.pdf.

[5] Feldman, David, and Paul SCHWABE/NREL. 2018. Terms, Trends, and Insights on PV Project Finance in the United States, 2018. Golden, CO: National Renewable Energy Laboratory. NREL/TP-6A20-72037. Retrieved from https://www.nrel.gov/docs/fy19osti/72037.pdf.

[6] Frankfurt School—UNEP Centre & BNEF. (2018). Global Trends in Renewable Energy investment 2018. Retrieved from http://www.iberglobal.com/fles/2018/renewable_trends.pdf.

[7] IEA—International Energy Agency. (2019). World Energy Investment 2019. Retrieved after download from https://www.iea.org/wei2019/.

[8] IFC/Fichtner—International Finance Corporation/Fichtner. (2017). Hydroelectric power. A Guide for Developers and Investors. Retrieved from https://www.ifc.org/wps/wcm/connect/906fa13c-2f47-4476-9476-75320e08e5f3/Hydropower_Report.pdf?MOD=AJPERES&CVID=kJQl35z.

[9] IRENA—International Renewable Energy Agency. (2016). Unlocking Renewable Energy Investment: the role of risk mitigation and structured fnance. Retrieved after download from https://www.irena.org/publications/2016/Jun/UnlockingRenewable-Energy-Investment-The-role-of-risk-mitigation-and-structured-fnance.

[10] Irwin, O., Pridgeon, B., & Knox, G. (2019). Growing Complexity of ECA Financing. Bracewell LLP. Retrieved from https://bracewell.com/sites/default/fles/newsfles/PFI%20Global%20 2019%20-%20Growing%20Complexity%20of%20ECA%20Financing.pdf.

[11] Latham and Watkins. (2009). Why Project Bonds Now? Client Alert, Number 914. Retrieved from https://www.lw.com/thoughtLeadership/why-project-bonds-now.

[12] NEA—Nuclear Energy Agency. (2009). The Financing of Nuclear Power Plants. Retrieved from https://www.oecd-nea.org/ndd/reports/2009/fnancingplants.pdf.

[13] Petroleum Economist. (2010, July 15). Aramco, Total sign Jubail refnery fnancing. Retrieved from https://www.petroleum-economist.com/articles/markets/trends/2010/aramco-total-sign-jubail-refnery-fnancing.

[14] Ren21. (2019). Renewables 2019. Global Status Report. Retrieved after download from https://www.ren21.net/reports/global-status-report/.

[15] Senchal, O. (2015). Preqin Industry News. Retrieved from https://docs.preqin.com/newsletters/pe/PESL-March-15-Industry-News.pdf.

[16] SWISS RE./BNEF (Bloomberg New Energy Finance). (2013). Profling the risks in solar and wind. A case for new risk management approaches in the renewable energy sector. Retrieved after download from https://www.bnef.com.

[17] Wind Europe. (2017). Financing and investment trends. The European Wind industry in 2016. Retrieved after download from https://windeurope.org/about-wind/reports/fnancing-investment-trends-2016/.

[18] World Economic Forum. (2017). Renewable Infrastructure Investment Handbook: A Guide for Institutional Investors. Retrieved from http://www3.weforum.org/docs/WEF_Renewable_Infrastructure_Investment_Handbook.pdf.

[19] Zank, S. (2019)—Scope Ratings. "Germany's grid operators face growing multi-billion euro investment challenge". Retrieved from https://www.scoperatings.com/ScopeRatingsApi/api/downloadstudy?id=79fb4e35-2a1c-4e07-95d4-f3ae8d0ca6fe.

第2篇

能源交易与价格发现经济学

第 18 章　原油贸易与价格发现

阿迪·伊姆西罗维奇[①]

1　引言：全球石油市场

石油市场是迄今为止世界上最大的大宗商品市场，每天石油现货交易金额达几十亿美元。然而，这只是冰山一角。一些石油经常不止一次被交易，更关键的是，围绕实物交易发展出了一整套远期、期货、掉期、期权和其他衍生产品。2019 年 8 月 16 日，两个主要石油交易所的两个原油期货合约在一天内的交易量约等于两个多月的全球原油产量。由于沙特阿拉伯石油设施遭到袭击，这一天成了一个特殊的日子。尽管冲突地区在数千英里之外，但距离并没有阻止美国、欧洲或世界其他任何地方的交易员购买美国轻质低硫原油或北海布伦特原油期货合约。石油市场由这些常见的石油交易品种（或“基准”）联系起来，形成了一个全球石油池。这是石油市场最有趣的特点，即石油衍生品的交易量远大于石油现货交易，且大多数现货根本不涉及交易，而是以某个全球价格基准进行长期供应。正是由于这些与基准原油挂钩的衍生品，石油可以在全球范围内以较低的风险顺畅流通。世界石油市场与原油基准及其运作密切相关。

石油相对容易运输和储存，因此影响一个市场价格的因素很快就会传播至其他所有石油市场并引起价格波动。然而，全球石油市场、价格及其相互作用机制的发展往往需要几十年。本章的第 2 节将从历史的角度来理解石油市场是如何发展的，为什么会发展，为什么会如此动荡，为什么会有现在的形式。

全球有数百种质量迥异的原油品种。[②]随着时间的推移，它们的价格演变为与最常见原油基准的价差。基准是公认的、常用的原油品种，买家和卖家众多，价格流动性强，透明度高。[③]主要的全球基准原油是美国的西得克萨斯中质原油（WTI）、欧

---

① 阿迪·伊姆西罗维奇（Adi Imsirovic），英国牛津能源研究所；电子邮箱：adi.imsirovic@oxfordenergy.org。

② 纽约商品交易所（NYMEX）共 368 万份 WTI 期货和期权易手、洲际交易所（ICE）交易了 312 万份布伦特期货和期权合约，每份合约相当于 1000 桶，合计相当于近 70 亿桶。

② 很可能无法计数。大多数油品本身是来自不同油田的石油混合物。最重要的差异是密度（通常用 API 度表示）和硫含量。但这只是冰山一角，因为特定产品的产量、质量、酸度等都很重要。

③ 有关参与评估石油基准的行为体的讨论，参见 Owain Johnson. 价格报告：PRA 和商品基准指南［M］. Routledge，2018.

洲的布伦特原油以及亚洲的迪拜和阿曼原油。它们的价格反映了油品质量和贸易地区普遍存在的供需基本面因素。本章将讨论主要的区域基准、它们的价格机制以及与之相关的所有主要衍生市场。基准有自己的形成机制，随着市场的变化而变化。随着时间的推移，往往会出现新的、相互竞争的基准。以上内容将在本章的后半部分讨论。

全球石油市场通过跨市套利联系在一起。如果来自越南的富含汽油的原油变得稀缺和昂贵，来自利比亚、挪威或美国的类似油品将很快流向亚洲。归功于每个地区围绕基准建立的发达、成熟的“纸货”市场，以及旨在降低特定风险的相关衍生产品，流动可以以相对无风险的方式实现。例如，石油从挪威流向亚洲，不仅需要购买和销售现货石油，还需要运输。整个过程至少需要几个月的时间，在此期间价格风险巨大。管理买入和卖出之间的风险可能涉及“锁定”布伦特－迪拜套利[①]（通过“掉期价差”或掉期交换[②]）、利用远期或期货和“价差合约”（Contracts for Differences，CFD[③]）进行对冲、实物交换（Exchange for Physicals，EFP[④]）、“滚动”某些合约（通过价差）等。原油基准、衍生工具、套利和全球石油流动之间的相互关系将在第 6 节讨论。

随着时间的推移，市场参与者已经演变成两个主要群体：“价格接受者”接受给定的市场价格，并利用它们来管理风险。通常，他们是生产商或上游公司、炼油商和其他涉及石油现货交易的商业实体，他们的主要目标是降低价格风险。“价格制定者”是指通过交易基准积极参与价格制定过程的公司，并在该过程中承担一定的价格风险。在大多数情况下，他们是“风险买家”，由贸易公司、银行、投资基金等组成。当然，情况并不绝对，许多大型石油公司都涉及生产、运输、炼制和贸易。上面讨论了“风险买家”或投机者在塑造石油市场和油价方面的作用。下面将详细讨论原油市场的主要参与者。

石油本身已成为一种资产类别。油价往往与债券和股票等多种资产价格呈负相关[⑤]，这使得石油衍生品在任何投资组合中都具有潜在的吸引力。石油的金融化为石油市场引入了新的参与者，并改变了交易和油价的动态。第 6 节也会讨论石油市场的“金融化”、算法交易（通常称为“黑箱交易”）和人工智能（AI）等新的交易方法及其影响。第 7 节将总结本章的要点，并探讨石油市场的未来发展。

---

① 北海原油以即期布伦特原油为基础进行交易，而亚洲原油可能以迪拜原油为基础进行交易。

② 掉期交换（Exchange for Swaps，EFS）：例如，12 月 EFS 是 12 月布伦特原油期货合约和 12 月迪拜原油掉期之间的价差。

③ 石油市场中的 CFD 通常指即期布伦特和远期布伦特的价差。

④ EFP 是一种用期货换现金或实物的交易。

⑤ 简而言之，高油价可能导致通货膨胀，侵蚀债券收益率。更高的利率（以对抗油价上涨导致的通货膨胀）破坏了股票估值。大量的文献讨论油价对贸易和经济的影响。

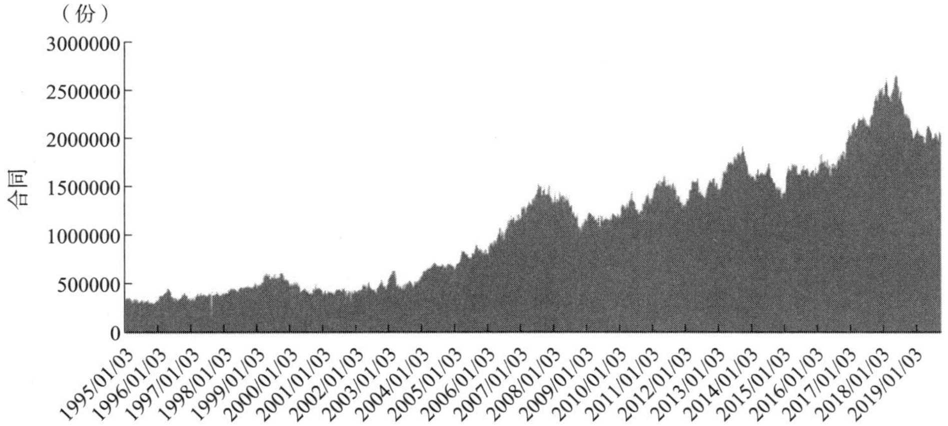

图 18.1 芝加哥商品交易所的 WTI 原油期货未平仓合约（OI）（每个合约的数量为 1000 桶）

资料来源：CME。

2 石油工业与市场：历史概况

石油市场的历史就是自然垄断、繁荣和萧条的历史。

自然垄断可以在完全竞争的市场中出现。经济学家认为自然垄断的出现是因为规模经济和“次可加性”。后者意味着拥有一个商品或服务的供应商比拥有两个或更多供应商更有效，即更经济。石油项目往往是大型的、资本密集的长周期项目，且特定的资产在很长一段时间内只能用于特定的目的。资本支出往往是前置的，投资回报往往在多年后才能获得。资本沉没后，操作成本相对较小，使得减少或停止使用资产变得更加困难。钻机、管道和炼厂就是很好的例子。这使得能源项目对价格、利率和政治较为敏感，风险重重。

为了实现规模经济，大型能源投资通常以离散的、不可分割的“块”形式出现。炼厂、船舶、管道和其他资产的设计和建造都达到了难以快速调整和改变的最佳规模。规模经济使一个大型项目比几个小型项目成本更低。自然垄断通常通过打破一体化结构（由新技术、进入者、供应等造成）或通过政府监管来解决。

垄断的打破往往是由于竞争的出现、价格的降低和技术的改进。竞争会导致能源市场的大幅波动甚至浪费，而垄断有可预测性和稳定性。当然，垄断也存在负面影响，不仅会导致价格上涨，还会增加进入壁垒和变革壁垒。因此，研究市场结构及其随时间变化的方式可以让我们更加深入地了解市场和价格的发展。

2.1 美国石油工业的开端

在 19 世纪 60 年代和 70 年代宾夕法尼亚州工业化的早期阶段，原油的发现引发了钻探热潮以及生产、炼制和运输领域的激烈竞争。但“繁荣”很快带来了生产过剩和浪费，最终导致油价暴跌。生产商试图减少产量[①]，但“作弊”和“搭便车”很常见，结局是灾难性的。1860年至1862年期间，油价从每桶20美元跌至0.20美元（McNally，2019）[②]。这种繁荣和萧条交替的循环一直持续到19世纪末，最终是铁路——另一个“自然垄断”行业，帮助洛克菲勒公司控制了石油行业（Tarbell，1904）[③]。这种从钻井到产品营销（以及中间的产业链）的行业控制被称为“纵向一体化”。它通过制造“进入壁垒”来保护垄断地位和价格。[④]在洛克菲勒垄断期间，原油价格波动率较之前下降了约一半（McNally，2019）。[⑤]尽管标准石油公司在1911年被罗斯福政府拆分，但其影响力在埃克森美孚（Exxon Mobil）、雪佛龙（Chevron）等继承其资产的公司中持续存在，并在20世纪50年代以后继续在某些方面主导石油市场。政府对石油行业的干预不仅持续下来，而且愈演愈烈：从1913年英国政府收购英国石油公司（英波石油公司）51%的股份、20世纪30年代的得克萨斯铁路委员会（Texas Railroad Commission）、1960年石油资源国有化和欧佩克（OPEC）的诞生，到2015年美国石油出口禁令的解除。石油在第一次世界大战的交通运输中发挥了重要的战略作用，也可能是第二次世界大战的最终目标之一（或“奖赏”）[⑥]（Yergin，1991）。

2.2　石油巨头（The“Majors”）

在20世纪50年代和60年代，国际石油市场在很大程度上由大型石油公司控制或由“石油巨头”垄断（Yergin，1991）[⑦]。石油行业除了纵向一体化之外，也在横向一体化；石油在各个地理区域内有计划地供应，确保以尽可能低的成本平衡供需。这种一体化使石油供应能够根据终端产品的需求进行微调，从而确保价格稳定。

横向一体化是通过整合阿美石油公司（ARAMCO）、英波石油公司（Anglo-Persian，后为英国石油公司）、科威特石油公司等中东地区的多家作业公司而实现的。这些合资企业延续了英国、美国、法国等政府的历史和旧殖民地的联系。公司与政府合作并密切关注政府的战略利益。他们通过相互达成协议，防止“有害”竞争。[⑧]各大石油公司在任何一个市场上的份额都保持“原样”（与1928年的市场份额一致）。此外，世界石油市场的供应没有“破坏性价格竞争”（Yergin，1991）。

控制这些大规模石油储量的机制非常巧妙，通常基于各种“规则”，如伊朗的平均

---

① 例如，1861年在宾夕法尼亚州成立油溪协会（Oil Creek Association）。

② 罗伯特·麦克纳利（Robert McNally）：《原油价格波动》（*Crude Volatility*），第15页。

③ 详见Ida Tarbell：《标准石油公司的历史》（*The History of the Standard Oil Company*）。

④ 没有运输能力的生产商成本往往更高，没有加油站的炼油商将被迫以更低的价格出售产品，等等；很快，他们就会被挤出该行业。

⑤ R.McNally：《原油价格波动》，第32页。

⑥ 因此耶金（D.Yergin）的著作名为《奖赏》（The Prize）。译者著：中文出版物名为《石油大博弈》。

⑦ D.Yergin：《奖赏》，第475页。

⑧ 在国际舞台上，巴库（现在是阿塞拜疆）、荷属东印度群岛（现在是印度尼西亚）以及得克萨斯州和俄克拉荷马州（例如，1901年的Spindletop）的石油开采也造成了供过于求。这导致了1900年初标准石油公司和壳牌的激烈价格战。协议旨在防止这种情况。

项目数量（Average Program Quantity，APQ）、伊拉克的“七分之五”规则和沙特阿拉伯的“股息挤压”（Sampson，1988）[①]。垄断价格采用“海湾加运费”体系：无论石油产自何国、销往何处，其销售价格所含的运费里程及其费用一律从墨西哥湾算起。[②]到1950年，“石油七姐妹”[③]拥有除社会主义阵营和北美地区以外70%的世界炼油能力，以及近100%的管道网络和60%以上的私人油轮船队。它们使用“公布价格”对原油进行定价，以在纵向一体化的系统内最大化自己的收入。生产国按百分比收取矿区使用费，因此石油巨头将公布价格保持在较低水平，以将此项成本降至最低。他们通过最大限度地“串通”[④]，以及通过提供信息的合资公司，来控制市场和避免竞争。如图18.2所示，在石油巨头主导的“黄金时期”，石油价格很低，并且非常稳定。

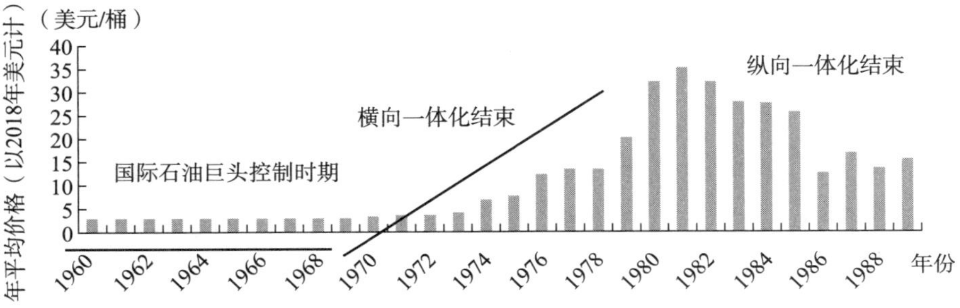

图 18.2 国际石油巨头对市场和价格的控制

资料来源：《bp 世界能源统计年鉴》。

2.3 独立石油公司（The“Independents”）

到20世纪50年代末，这种结构出现了裂缝。当时委内瑞拉和伊朗等石油生产国加大力度提高其产量和收入。石油巨头的巨额利润持续吸引“新进入者”，即规模更小的独立石油公司。这些新进入者，如保罗·盖蒂（J.P. Getty），向生产国作出更多让步，并缴纳了更高的矿区使用费（Sampson，1988）。[⑤]尽管付出了更多，盖蒂还是赚了一大笔钱。这种情况并没有被石油生产国忽视。1956年，法国国家石油公司埃尔夫（Elf）[⑥]在阿尔及利亚发现了石油。在利比亚，1955年《石油法》为投资者提供了很多比当时在产区块面积更少、条款更苛刻的勘探区块（Yergin，1991）。[⑦]1956年，英国石油公司和壳牌在尼日利亚发现了石油。利比亚一半以上的产量最终落入了没有在欧洲开展

---

① 安东尼·桑普森（A.Sampson）:《石油七姐妹》(1988)，第145页。译者著：中文出版物为《七姐妹——大型石油公司及其创造的世界》。

② 例如，如果英国石油公司向意大利供应伊朗石油，尽管从未承担过这样的费用，但这些公司依然收取从美国墨西哥湾到意大利的运费，这高于实际的运费。见 A.Sampson，《石油七姐妹》，第 90 页。

③ “七姐妹”分别是埃克森、壳牌、BP、雪佛龙和德士古（现为雪佛龙）、海湾和美孚（现均为埃克森）。

④ 尽管在大多数司法管辖区是非法的。

⑤ A.Sampson:《石油七姐妹》，第157页。在沙特阿拉伯，盖蒂支付了950万美元的首付款，并为沙特阿拉伯和科威特之间中立区的勘探和生产缴纳了更高的矿区使用费。盖蒂石油公司后来被德士古收购，德士古又与雪佛龙合并。

⑥ 之后合并成为“道达尔”。

⑦ D.Yergin:《奖赏》，第 528 页。

一体化业务，因此也没有石油出口通道的公司中，如康菲公司、马拉松公司和赫斯公司。1959 年，埃尼开始从乌拉尔地区为意大利进口廉价的俄罗斯石油，压低了国际石油巨头制定的价格。到 20 世纪 50 年代末，苏联成为仅次于美国的世界第二大产油国，其石油产量足以与中东竞争（Yergin，1991）[①]。同时，美国设定了进口配额制度，旨在保护国内石油生产商（Sampson，1988）。[②] 这项立法让独立石油公司生产的石油“滞销”，导致它们不得不在全球各个地方寻找市场，并对价格进一步施压。这些新进入者，与现在的页岩油气生产商一样，热衷于迅速将石油开采出来，并确保投资回报。尽管这一时期的需求不断增长（Yergin，1991），[③] 但供应过剩逐渐显现。石油必须以低于“公布价格”的价格出售。这使得支付给生产国的矿区使用费比例实际上高于当时普遍的 50%。石油巨头不仅损失了资金和市场份额，还失去了平衡供需和调控价格的能力。

石油行业的一体化结构正在瓦解。1946 年，9 家石油公司在中东作业。到 1970 年，该数量达到了 81 家（Yergin，1991）。[④] 到 1966 年，几乎没有原油以公布价格交易。1960 年至 1965 年，国际石油巨头在欧洲炼油产能中的份额从 67% 降至 54%。这加剧了成品油市场的竞争，降低了炼厂的利润率，进一步给油价带来了下行压力。国际石油巨头和独立石油公司之间日益激烈的竞争[⑤]，叠加油价下跌（Yergin，1991）[⑥]，给产油国和国际石油巨头之间的关系带来了越来越大的压力。

2.4 石油卡特尔

20 世纪 50 年代，部分石油生产国出现了新一代领导人，包括埃及的纳赛尔（Nasser）、利比亚的穆阿迈尔·卡扎菲（Muammar al-Qaddafi）、阿尔及利亚的布迈丁（Boumediene）、沙特阿拉伯的阿卜杜拉·塔里基（Abdullah Tariki）和委内瑞拉的佩雷斯·阿方索（Perez Alfonso）等。他们除了受过更好的教育，还具有强烈的反殖民意识。阿尔及利亚总统主张产油国带领“第三世界”建立一个更加公平公正的世界秩序（Sampson，1988）。[⑦] “新进入者”向产油国提供了更好的条件，更加清楚地表明，国际石油巨头与主要产油国达成的“旧”条款是一笔糟糕的交易。1969 年 8 月 9 日，最大的国际石油巨头、价格引领者埃克森美孚在没有告知或咨询产油国政府的情况下，宣布将油价下调至每桶 14 美分。在中东的其他国际石油巨头纷纷效仿。产油国[⑧] 感到愤怒，并迅速于 9 月 10 日在巴格达举行会议。4 天后，OPEC 诞生，其主要目标是捍

① D.Yergin：《奖赏》，第 515 页。

② A.Sampson：《石油七姐妹》，第 161 页。

③ 1948 年至 1972 年，美国的消费量增长了两倍，欧洲的需求量增长了 15 倍，而日本需求量增长了 137 倍。D.Yergin：《奖赏》，第 541 页。

④ D.Yergin：《奖赏》，第 531 页。

⑤ 例如，1956 年在委内瑞拉举行的区块出让吸引了最多参与者。此外，伊朗海上区块出让吸引了 33 家公司。

⑥ 1960 年至 1969 年，油价下跌了 22%，剔除通货膨胀影响的实际价格下跌了 40%。D.Yergin：《奖赏》，第 529 页。

⑦ A.Sampson：《石油七姐妹》，第 20 页。

⑧ 沙特阿拉伯、委内瑞拉、科威特、伊拉克和伊朗。

卫石油价格（Bhattacharyya，2011）。[①]OPEC 受到了当时政治思想的影响。国有化在 1970 年 12 月的 OPEC 加拉加斯会议上被提出，并由卡扎菲在 1971 年 OPEC 贝鲁特会议后正式实施。[②]

20 世纪 70 年代初，石油巨头操控石油行业的时代结束。生产决策的控制权从这些石油公司转移到了产油国政府，以国家垄断的形式决策石油生产。其观点是，国家石油公司（NOC）被赋予决定产量的权力，从而影响油价。由于国家石油公司几乎没有船舶、炼厂和分销网络等资产，国际市场上石油买家和卖家之间的区别变得明显。随着国际石油巨头市场控制权的稀释，油价出现大幅度波动，如图 18.2 所示。[③]

3 现货市场和价格

20 世纪 70 年代初，石油行业的横向一体化瓦解，随后，行业的纵向一体化也随着 1979 年伊朗国王的下台而结束。伊朗伊斯兰革命后，国际石油巨头被迫取消从该国交付的第三方石油（长期购油合同——译者注），这迫使石油买家进入现货市场（Treat，1990）。[④]由于没有公司严格控制纵向一体化市场，炼油商购买原油的提货日期、数量、类型和地点之间的差异成为一个问题。[⑤]为了解决这些问题，长期合同持有人必须在他们之间交换和交易不同类型的石油，这使得现货交易量占比从 1979 年 1 月的约 3%～5% 大幅增长到同年 3 月的约 15%～20%（Treat，1990）。[⑥]

纵观历史，OPEC 内部有相当长时间主要矛盾集中在定价政策和基本的长期战略上，这一点在 1980 年阿尔及利亚会议上尤为明显。在会议上，各方意见不一致导致了“人人自由”的政策。由于坚持“官方价格”制度，沙特阿拉伯被迫减少产量，扮演“机动产油国”（Swing Producer）的角色[⑦]，而大多数 OPEC 成员国因竞争和供应过剩选择放弃这一制度。但僵化的官方价格与“真实”现货市场价格脱节。沙特阿拉伯为防止其出口量持续下降（1980 年至 1986 年，出口量从约 1000 万桶 / 天下降至仅 300 万桶 / 天），选择以“净回值”价格出售石油，以恢复其在世界市场的份额。[⑧]一年后，

---

① 关于 OPEC 行为经济模型的经典总结，见 Bhattacharyya（2011），第 344 页。

② 1938 年 3 月墨西哥开始国有化进程，1951 年伊朗开始了国有化进程。

③ 罗伯特 · 麦克纳利（Robert McNally）的《原油价格波动》(*Crude Volatility*)（哥伦比亚大学出版社 2017 年版）对其进行了很好的总结。1973 年 10 月至 1974 年 1 月，阿拉伯轻质原油的价格从 2.8 美元 / 桶跃升至 10.84 美元 / 桶，1979 年 10 月至 1980 年 10 月从 18 美元 / 桶跃升至 30 美元 / 桶。

④ 尽管这一进程在伊朗革命后加快，但其根源还是在 20 世纪 70 年代初。在 1973 年阿拉伯禁运之后的 10 年里，供应给石油巨头的产量下降近 5%，权益产量下降幅度更大，约为 75%。石油巨头在国际石油贸易中所占的份额从 62% 下降到 37%。资料来源：J. E. Treat：《能源未来》，PennWell 出版社，1990 年，第 11 页。

⑤ 在设计和建造炼油厂时，要考虑到特定油品的石油供应。当失去供应时，炼油厂必须寻找类似的替代品，这些替代品可能更昂贵，或者很难短时间内找到。

⑥ J. E. Treat：《能源未来》，PennWell 出版社，1990 年，第 11 页。

⑦ 沙特阿拉伯被迫扮演“机动产油国”的角色，消化供需变化的影响。自 1991 年伊拉克战争以来，沙特阿拉伯一直利用其巨大的过剩产能来平衡市场，并重新获得在卡特尔中的领导地位。

⑧ 价格设定为给定原油的产品价值。实际上，在当时炼油能力过剩的时期，该价格保证了炼油厂的利润率，进而引发石油产品价格下降，这反过来又推动了油价暴跌。

油价跌至每桶 8 美元（世界银行，1995）。[①] 由于 OPEC 无法控制供应，石油行业再次迎来了类似于早期的激烈竞争、繁荣和萧条的周期。随着波动的加剧[②]，价格风险必须得到管控。因为 OPEC 成员国的石油供应通常是远距离运输[③]，风险管理显得更为重要。在波动的市场中，价格可能在购买和交付之间发生显著变化，使卖方和买方都面临巨大的财务风险。通过在购买时出售流动性相对较高的布伦特原油期货，并在交割时回购，可以“对冲”风险。为了简化风险管理，国际石油交易所（IPE）于 1980 年成立，随后不久，以北海最大的单一油品布伦特混合原油（Brent Blend）为标的制定了石油合约。[④]

鉴于 OPEC 官方价格和“净回值”价格都变得不可接受，市场逐步采用了与“现货”相关的公式价格体系。[⑤]到 1987 年，超过 60% 的油价与现货市场价格挂钩。[⑥]这标志着现代石油市场的诞生。这种根据已公布的基准[⑦]为各个品级的石油定价的原则迄今为止仍未改变。

4 原油价格基准

对于所有能源市场，政府政策都至关重要，石油市场也不例外。为了应对 1973 年的阿拉伯石油禁运，美国政府通过《紧急石油分配法》（EPAA）实施了价格管制。1981 年，由于市场供应充足，美国政府解除了这些管制，石油市场走向竞争化、交易化和透明化。市场的这种“自由化”对以 WTI 为标的物的新“纸货”合约的成功至关重要，该合约在俄克拉荷马州库欣设有交货点，并于 1983 年 3 月在纽约商品交易所（NYMEX）上市，同时上市的还有取暖油和汽油期货合约。这是一份实物石油交付合约，旨在模仿库欣枢纽周围成熟的实物交易。

OPEC 的定价规则也因卡特尔成员国以外的大型油气田的发现而受到挑战，特别是北海地区油田的发现。1969 年，阿莫科（Amoco）在挪威发现了埃科菲斯克（Ekofisk）油田，英国石油公司在 1970 年发现了福蒂斯（Forties）油田，壳牌在 1971 年发现了布

① 这是由于 1979 年高峰时期后需求下降以及同样原因导致的供应增加。1979 年至 1985 年，石油在一次能源需求中的份额从 48% 下降到 40%。参见世界银行讨论文件第 3011995 号，第 1 页。类似的事件也在 2014 年底发生，主要是为了应对美国页岩产量的增长。

② 沙特阿拉伯（和其他 OPEC 成员国）的官方价格变化不够频繁，无法跟随现货市场价格波动。例如，在 1979 年的 OPEC 日内瓦会议上，在现货价格飙升至 45 美元 / 桶时，阿拉伯轻质原油的价格仅从 18 美元 / 桶上调至 24 美元 / 桶。

③ 一艘超大型原油运输船（VLCC）从阿拉伯海湾抵达西北欧地区需要大约六周的时间。

④ 1990 年新增尼尼安原油（Ninian crude），所有货物仍在苏格兰设得兰群岛（Shetland Islands）的萨洛姆（Sullom Voe）码头装载。

⑤ 墨西哥国家石油公司（Pemex）开创了这一做法。它涉及相对于经常在现货市场交易的石油和布伦特原油或 WTI 等基准原油的价格设定“官方”折扣。这些折扣（或溢价）通常每月设置一次，反映了炼油厂最终产品价值的相对质量差异。“绝对”价格水平由基准原油每日确定。

⑥ 1988 年 11 月 /12 月欧佩克公报，第 18 页。

⑦ 例如，2019 年 11 月沙特阿拉伯对亚洲的官方售价（OSP）较迪拜和阿曼原油的平均价格每桶增加 3.00 美元。以类似的方式，对美国的销售将与 WTI 油价挂钩，对欧洲的销售则与布伦特原油挂钩。由于沙特阿拉伯对布伦特原油本身没有影响，它们是价格接受者。

伦特油田（McGrandle，1975）。[①] 到 1980 年，北海地区石油产量为 200 万桶 / 日，使该地区成为非欧佩克原油的重要供应来源。在英国法律、标准合同[②]、无目的地限制以及通过“旋转”或“搅动”货物避税[③]的优势支持下，北海布伦特市场发展成为重要的、透明的且流动性强的现货市场（Mabro and Horsnell，1993；Fattouh，2010）。[④] 价格报告机构（PRA）——阿格斯（Argus）和普氏（Platts）进一步增加了市场的透明度。[⑤] 基准价格由现货和纸货市场的参与者（“价格制定者”）设定，而生产者则成为“价格接受者”。[⑥] 价格是指其中一个油品的价格。所有风险管理都涉及衍生品市场，这些市场与布伦特、WTI 和迪拜一起成长，成为石油交易的支柱。

4.1 西得克萨斯中质原油（WTI）

纵观现代历史，美国一直是世界上最大的石油区域市场。[⑦] 俄克拉荷马州库欣位于连接俄克拉荷马州和西得克萨斯州（米德兰市）的主要原油生产区，以及贯穿中西部、中部大陆和墨西哥湾炼油中心的美国石油管道的交叉点。加上数千万桶的巨大原油库容[⑧]和大量参与者，库欣为轻质低硫原油[⑨]交易提供了前所未有的流动性，仅洲际交易所（ICE）[⑩] 的布伦特原油合约的交易量可偶尔超越它。

弄清楚石油集散中心、管道、炼油和进出口设施之间的相互关系是理解 WTI 基准发展和变化的关键。随着美国国内生产和炼油能力的变化，库欣的基础设施也发生了变化。与美国墨西哥湾的管道连接对于保持 WTI 基准与世界其他地区的联系至关重要。20 世纪 80 年代中期，当美国国内产量下降时，正是低硫原油的进口决定了 WTI 的价格。

尽管美国在 1977 年至 2015 年禁止石油出口，但美国市场的巨大规模提供了交易流动性，使 WTI 成为两个最重要的石油基准之一。基准诞生的关键事件发生在 20 世

---

① Leith McGrandle：《北海油田的故事》，Wayland，1975。

② 例如，布伦特“SUKO 1990”（壳牌英国 1990）合同。

③ 译者注：tax spinning，税收旋转，是一种避税技术，在这种技术中，石油公司同时充当买卖石油以获取利润的交易商和该种石油的供应商；churning transaction，搅动交易，传统的搅动交易一般指 A 公司股东成立另一家公司 B，将 A 公司资产出售给 B，即自己，用以将不可摊销的计税基础转换为可摊销的计税基础。

④ 详细介绍见 Mabro 和 Horsnell（1993）与 Fattouh（2010）。R.Mabro 和 P.Horsnell：《石油市场和价格：布伦特市场和世界石油价格的形成》，OUP/OIES，1993 年。另见 B.Fattouh：《原油定价系统剖析》，OIES 论文 WPM 40，2010 年。

⑤ 普氏于 1978 年开始出版《原油市场快讯》，同年，阿格斯在《阿格斯电讯》(*Argus Telex*) 上开始了对新兴现货原油市场的首次每日报价。

⑥ 有关该主题的详细讨论，请参阅本章第 6 节以及 Imsirovic：《转型期石油市场和迪拜基准》，OIES，2014 年 10 月。

⑦ 在撰写本书时，美国需求量接近 2000 万桶 / 日，产量约 1250 万桶 / 日。

⑧ 在 2019 年撰写本书时，库欣有约 7700 万桶的原油库容。

⑨ 要作为 WTI 交付，油品必须满足一定规格。硫：0.42% 或更低；密度：API 度不低于 37，也不高于 42；黏度：100 华氏度时最大 60 塞波特通用秒；放射性蒸汽压力：在 100 华氏度时，每平方英寸小于 9.5 磅；碱性沉积物、水和其他杂质：小于 1%；倾点：不超过 50 华氏度。资料来源：纽约商品交易所 / 芝加哥商品交易所。

⑩ 2001 年，ICE 以 1.3 亿美元收购了 IPE，布伦特原油交易完全电子化。

纪80年代：1981年取消价格管制；纽约商品交易所（NYMEX）在1983年3月推出WTI期货合约；1986年油价暴跌。1981年价格“解除管控”后，现货交易迅速增长，价格报告机构普氏开始调查和公布WTI以及路易斯安那轻质低硫原油（LLS）和西得克萨斯高硫原油（WTS）（Purvin and Gertz，2010）[①]的价格。NYMEX WTI合约在现货交易中具有良好的、成熟的基础（Purvin and Gertz，2010）。[②]

由于处于内陆地区，库欣的石油平衡受到枢纽内、周边地区原油流动和基础设施变化的影响。1986年的油价暴跌导致国内产量下降超过150万桶/天[③]，并导致枢纽周围的原油流动发生变化（Purvin and Gertz，2010）。[④]由于缺乏当地生产的原油，内陆炼厂不得不使用管道反向从墨西哥湾进口的石油。[⑤]考虑到当时国际市场上的“价格战”，外国进口原油变得具有竞争力，很快WTI引入了一种“替代交付程序”，允许合约交割时交付外国低硫油。[⑥]这增加了市场的“深度”；有更多的石油要交付，也有更多的新参与者这样做。1986年，未平仓合约开始增长，从当时的约10万份稳步增长到20世纪90年代的约50万份（每份合约为1000桶）。

随后的15年中，油价稳定在每桶20美元左右。1991年的伊拉克战争之后，美国大量释放战略石油储备（SPR）中的原油，最终将价格稳定下来。这一时期的另一个市场事件是1997—1999年的亚洲金融危机，当时油价从25美元/桶左右的峰值跌至10美元/桶，但最终在2000年触底回升。然而，地缘政治事件——“9·11”恐怖袭击事件和随后2003年3月对于伊拉克的入侵——扰乱了市场，为了对冲市场的剧烈波动，市场对“纸货”的需求大幅增加。到2004年底，WTI已突破50美元/桶大关。随后市场逐渐开始由亚洲主导，尤其是在中国经济高速增长的新时期。石油市场开始逐渐“金融化”，价格变动由基金和其他金融机构等新参与者主导。这是石油市场历史上的一个重要发展阶段，将在本章稍后单独讨论。

与大多数基准一样，WTI基准也存在困难时期。最严重的一次也许是在2005—2015年。但故事的起源更早，在20世纪90年代中期，随着加拿大油砂产量的增加，[⑦]美国成为其主要出口市场。中西部和中大陆地区炼厂投资升级其设施以利用加拿大油砂，因此成为了这些廉价原油的天然消纳地。[⑧]WTI基准的最大变化来自美国页岩产量的爆发式增长，以及2015年石油出口禁令的最终解除。从图18.3中可以看出，2011

---

① 有关历史概况，参见Purvin和Gertz：《WTI作为原油基准的作用》，2010年1月。

② 同①。“库欣不仅是俄克拉荷马州、堪萨斯州和密苏里州炼油厂原油集散地，也是得克萨斯州和俄克拉荷马州管道终点的中心集散地，并将其输送至印第安纳州、伊利诺伊州和俄亥俄州中西部市场中部和东部的主要炼油中心。”

③ 内陆炼油厂的跌幅要大得多，因为1978年的新发现和阿拉斯加的产量缓解了产量下降，使得降幅仅为150万桶/天。

④ WTI在1986年的低点到了10美元/桶附近。“1986年在产井减少了25000口，到1990年，与1985年的峰值相比，在产井减少了45000口。”

⑤ 海路石油管道（再次）从天然气转换为石油，并于1996年开始输送从墨西哥湾进口的石油。

⑥ 2020年，普氏和阿格斯考虑将WTI纳入“布伦特”合约。如今时过境迁。

⑦ 1970年，加拿大的常规石油产量达到峰值，超过150万桶/日；在高油价的支撑下，油砂产量在21世纪初大幅增长，2018年总产量超过350万桶/日，其中大部分出口到美国。

⑧ 由于地理和环境的原因，加拿大的原油生产在“内陆”，购买者主要是垄断买家。

年后美国原油产量大幅增加，导致国内原油供应过剩，抑制了进口。更严重的是，由于当时美国禁止石油出口①，美国国内石油供应过剩状况无法缓解，WTI 价格相对于其他基准大幅下跌。图 18.4 清楚地显示了 WTI 不仅与布伦特原油脱钩，还与 LLS 脱钩。由于国内供应过剩且禁止出口，WTI 开始以低于布伦特原油和 LLS 的价格进行交易。WTI 与国际市场逐渐脱钩，墨西哥湾炼厂以及欧洲和西非的低硫原油出口商主要使用 LLS 作为墨西哥湾炼油中心的市场基本面指标。沙特阿美石油公司对这种状况感到不满，于 2009 年将普氏 WTI 基准换为阿格斯含硫原油价格指数（Argus Sour Crude Index，ASCI）②，紧跟其后的是科威特和伊拉克。

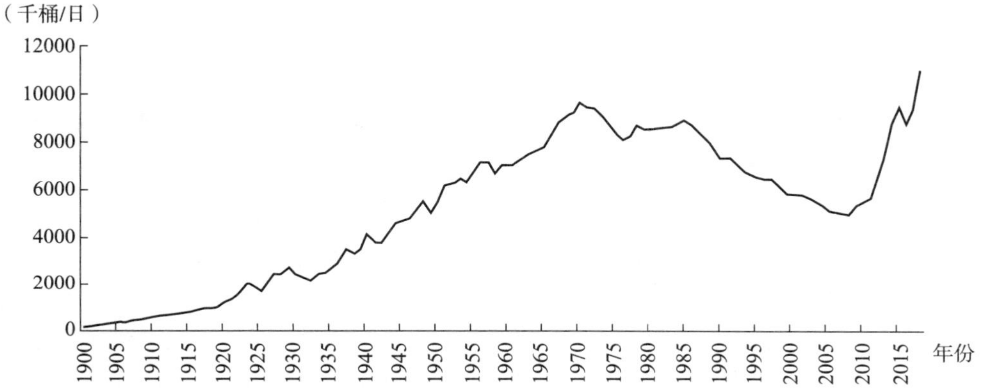

图 18.3　美国原油产量

资料来源：EIA。

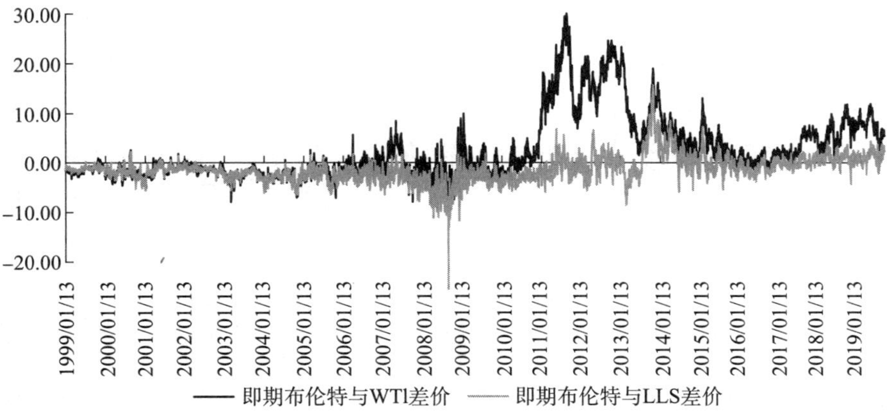

图 18.4　即期布伦特原油与 WTI 和 LLS 价差

资料来源：Argus 现货评估数据。

① 几乎没有例外。

② ASCI 指数是美国 3 种含硫原油（Mars，Poseidon 和 Southern Green Canyon）的每日交易量加权平均值，它表示为相对 WTI 的价差。

2012年，从库欣到墨西哥湾的海路石油管道再次发生反输[1]，WTI的脱钩得以缓解。然而，如图 18.1 所示，WTI 合约的未平仓合约并没有像人们预期的那样下降。这证明了关于基准的一个非常重要的观点：合约的流动性和交易者从中获得的信心通常比所涉及的基差风险更重要。[2] 交易员看重买入和卖出合约的便利性，而不必担心被“挤压”做多或做空。提供这种保证的合约将比提供较少基差风险的非流动性合约更成功（Williams，1986）。[3] 这一“规则”在迪拜、阿曼、穆尔班和许多其他被寄予厚望的石油基准中得到证实。

最终，美国石油出口禁令于 2015 年 12 月解除，缓解了库欣的压力，WTI 再次与国际市场接轨，最终出现了创纪录的未平仓交易量。[4]

4.2 即期布伦特

毫不夸张地说，“即期布伦特”是世界上最重要的石油基准。它是大西洋盆地（北海、地中海和非洲）和亚洲（澳大利亚、马来西亚、越南和其他国家）大多数“低硫”原油的定价基准。[5] 人们普遍认为，迪拜原油是亚洲的主要基准，或者更准确地说是“苏伊士以东”，但其实质上（如下一节所述）仍是相对布伦特原油的价差。

布伦特油田于 1971 年在北海英属设得兰群岛（Shetland Islands）北部发现，第一个“布拉沃”（Bravo）平台于 1976 年开始生产。在 20 世纪 80 年代，该油田的日产量在 40 万 ~50 万桶，或者大约每天只生产不到一船货（一船货 =60 万桶）。它在设得兰群岛的萨洛姆湾（Sullom Voe）码头装货。布伦特“纸货”已从 20 世纪 80 年代的实物远期市场[6] 演变为世界上最复杂的石油市场（Mabro and Horsnell，1993；Fattouh，2010）。[7]“布伦特”是一个基准的“品牌名称”，自20世纪80年代以来已多次重塑自身。由于产量下降，其他北海低硫原油逐渐被引入布伦特原油交付机制，形成了现在所称的布伦特原油或“BFOET 一篮子”原油，包括布伦特（Brent）、福蒂斯（Forties）、奥斯博格（Oseberg）、埃科菲斯克（Ekofisk）和特洛尔（Troll）[8] 原油，并以其命名。随着时间的推移，“布伦特篮子”中的原油实物量增加了，这是因为扩大了符合即期布伦特价格评估条件的货物装载“窗口”。从 1987 年开始到 2002 年，这一“窗口期”比评

---

① 2012 年 5 月 19 日 21 点路透社商业新闻：计划将运输能力增加到 85 万桶 / 天。

② 基差风险受合约和被对冲的基础商品之间的相关性影响。系数越高，使用合约的基差风险越小。

③ Jeffrey Williams 的《期货市场的经济功能》是一本关于这一主题的好书。

④ 这不是一个顺利的过程。随着页岩产量每年增加超过100万桶/天，至少在2020年之前，分输管道的输送能力持续不足。

⑤ 根据洲际交易所（ICE）网站（https://www.theice.com/brentcrude）资料，“布伦特原油是全球70%原油的价格晴雨表，因为是水上运输，很容易运至世界各地”。

⑥ 远期布伦特原油只是“远期”或在当月装船计划发布之前售出的实物货物，表明装船日期。

⑦ 有关历史概况，参见R.Mabro和P.Horsnell：《石油市场和价格：布伦特市场和世界石油价格的形成》，OUP/OIES，1993 年。另见 B.Fattouh：《原油定价系统剖析》，OIES 论文 WPM 40，2010 年。

⑧ 保证基准的实物数量通过添加替代交付等级得以保持，包括：Forties（2002年推出，Buzzard油田于2007年投产）、Oseberg（2002 年）、Ekofisk（2007 年）和最近的 Troll（2018 年）。在 Sullom Voe 码头装载的布伦特混合原油现在只是一个名称。

估日期提前了 15 天（通常称为 15 天布伦特原油）；2002 年，窗口扩大到了 10~21 天；2012 年，扩大到 10~25 天；最后，在 2015 年，“窗口期”再次被延长到 10 天至一个日历月。这些变化都增加了评估中的石油贸易量。如图 18.5 所示，这稳定了“布伦特篮子”披露的交易量。

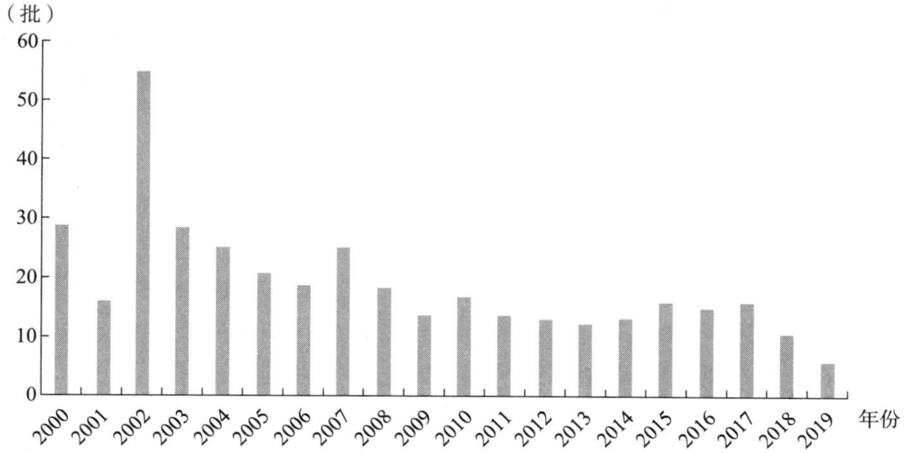

图 18.5　实际 BFOET 或“布伦特篮子”月度交易数量

注：每批 600 千桶 / 天，包括所有 BFOET 等级。

资料来源：Argus 数据。

尽管布伦特原油交易最初是“远期”实物或“现货”市场，因为税收优化，原油被“搅动”（Mabro and Horsnell，1993），[①] 但即期布伦特原油只是有装货日期的布伦特[②]，通常被称为“湿货”（与远期市场中没有装货日期的“纸货”布伦特原油不同）。即期布伦特原油是实际实物石油的价格，通常用作其他类型原油实物交易的基准。要了解实际的即期布伦特基准价格是什么，有必要了解其价格是如何评估的。简而言之，它基于四个支柱：

（1）BFOET 的实物评估[③]。

（2）即期布伦特掉期市场的远期曲线。

（3）布伦特远期或期货合约的固定价格。

（4）除布伦特或福蒂斯原油（Forties）以外其他原油的品质差异或升水。

对即期布伦特原油曲线的评估实现了根据单一基准对多种原油进行定价。普氏和阿格斯等报告了与布伦特原油远期（Forward Dated Brent）的各种价差（例如乌拉尔原油、西非原油、地中海原油、北海原油，甚至许多亚太原油）。这使得炼油厂能够比较不同原油的相对价值，并评估哪些原油相对于单一基准具有竞争力。

---

① 关于影响深远的布伦特原油，该书解释了原始期货市场的细节。P. Horsnell 和 R. Mabro：《石油市场和价格：布伦特市场和世界石油价格的形成》，牛津：OIES，1993 年。

② 这意味着提货流程已经完成，并且三天的销约期或装货窗口是已知的。

③ Brent 和 BFOET 可互换使用，两者具有相同的含义：布伦特基准篮子。

BFOET 实物市场独有的特征是基于与即期布伦特的价差进行交易。因此，PRA 根据实货交易价格评估即期布伦特价格是充满挑战的，因为实货交易价格本身就是与即期布伦特的价差。幸运的是，对即期布伦特的预期评估已通过高流动性的周度掉期合约交易实现①，即价差合约。②从历史上看，价差合约的发展源于将布伦特远期价格直接转换为布伦特远期价格加上价差（反之亦然）。20 世纪 80 年代，大多数布伦特期货合约都是以实货价格为基础进行交易的。由于不同品质的石油使用提单期附近的即期布伦特定价作为参考价格（通常为装货日期前两天和后两天之间的五天），因此需要使用公约数对其进行估价。鉴于价差合约至少提前 6~8 周进行交易，它们被用于构建布伦特远期曲线。下面的示例将有助于说明这一点。

布伦特价差合约掉期是指布伦特现货和远期价值之间的差额。例如，4 月 1 日至 5 日的价差合约掉期可能以 6 月布伦特原油期货价格进行交易，每桶减去 50 美分（-0.50 美元）。接下来的一周（4 月 8 日至 12 日），它们可能以 -0.30 美元进行交易，依此类推。PRA 需要评估这些值（建立远期曲线），因为它们是解决上述评估难题的关键。在循环中，现货布伦特原油通常按照与即期布伦特原油的价差进行交易。让我们以 4 月 2 日至 4 日装载的福蒂斯原油（布伦特原油篮子中的一种）为例，以即期布伦特 +0.50 美元 / 桶进行交易，4 月 9 日至 11 日装载的另一种相同品质的货物以即期布伦特 +0.30 美元 / 桶交易。考虑到上述价差合约值，它们都以相同的绝对价格进行了有效交易，相当于 6 月远期布伦特原油③（-0.50 美元 +0.50 美元 =0 和 -0.30 美元 +0.30 美元 = 0）。6 月远期布伦特原油的实际价值是在伦敦时间 16：30 的“窗口”期结束时确定的（S&P Global Platts，2019；Argus Media，2019）④，并从中增加或减去上述差额。

BFOET 篮子中较高品级的原油（如 Ekofisk、Oseberg 和 Troll）具有升水设定，⑤便于评估过程中的价差“标准化”。布伦特原油最具代表性的品级是 Forties，因为其（但并非唯一）硫含量相对较高，通常确定了即期布伦特原油的价值。Forties 原油的质量有时发生变化，主要取决于巴扎德（Buzzard）油田的产量情况。⑥在硫含量超过 0.6% 时，卖家需要根据含硫量补偿买家。⑦整个过程发生在伦敦“窗口”时间 16：00 至 16：30（英国夏令时），大多数交易都在“窗口”的最后一分钟完成。以上是对价格评估过

---

① 它每周评估一次，因为欧洲的石油价格通常在五天范围内，通常在“提单”附近。

② CFD 是现货或即期布伦特原油与远期（通常是第一批）布伦特原油之间的差额。掉期交易通常在一周内进行，模仿北海货物通常使用的五天定价。

③ 从数学上讲，6 月布伦特原油期货价格是多少无关紧要；50 美元或 100 美元没有什么区别。

④ 有关详细规范，参阅：标准普尔全球平台：《普氏原油方法和规范指南》，2019 年 1 月，https://www.spglobal.com/platts/en/our-methodology/methodology-specifications/oil/crude-oil-methodology 以及《Argus 方法和参考列表》，https://www.argusmedia.com/en/methodology/methodology-listing?page=1。

⑤ 它为 Oseberg 和 Ekofisk 之间既定溢价的 60%，并且是最便宜的等级。Troll QP 于 2019 年 3 月推出，参见《普氏原油方法和规范指南》，2019 年 1 月。

⑥ 由于 Buzzard 油田的含硫量高达 1.42%，API 度也很高，因此在当时，将 Buzzard 原油混入 Forties 原油引起了很多争议。例如，如果不添加 Buzzard，Forties 原油的 API 为 44，硫含量为 0.27%。如果“通常”混合物中的 Buzzard 含量约为 30%，则 Forties 原油比 API 39.6 低得多，硫含量高得多。

⑦ 补偿买方超过 0.6% 的硫含量。参阅：标准普尔全球平台：《北海脱硫方法和规范指南》，https://www.spglobal.com/platts/plattscontent/_assets/_files/en/our-methodology/methodology-specifications/northseadeescalator.pdf。

程的简述。[①]

显而易见的是，衍生品市场，即 CFD 掉期，在确定即期布伦特的价值方面发挥着关键作用。因此，有时会听到“尾巴摇狗”（比喻喧宾夺主，即衍生品左右原油实货价值）的批评。[②]

布伦特原油自 1983 年以来一直作为期货合约交易，并在 ICE 和 CME 交易所上市。通常在交易的最后一天根据合约最后一天的实际交易计算的指数进行财务结算。[③] 拥有布伦特期货头寸的交易者可以通过经纪人，便捷地使用 EFP（期转现）交易将其转化为实物交割合同。这在期货和实物石油之间建立了无缝的联系，使布伦特成为世界上最稳健的基准之一，并成为另一个用于“苏伊士东部”的区域基准，即基准迪拜的基础。此外，布伦特原油最具代表性的油品——Forties 原油在远东地区很受欢迎。2010 年左右，随着欧洲能源需求的下降和亚洲需求的增长，北海石油开始依赖亚洲需求来平衡市场。如图 18.6 所示，越来越多的 Forties 原油最终被运往东方。

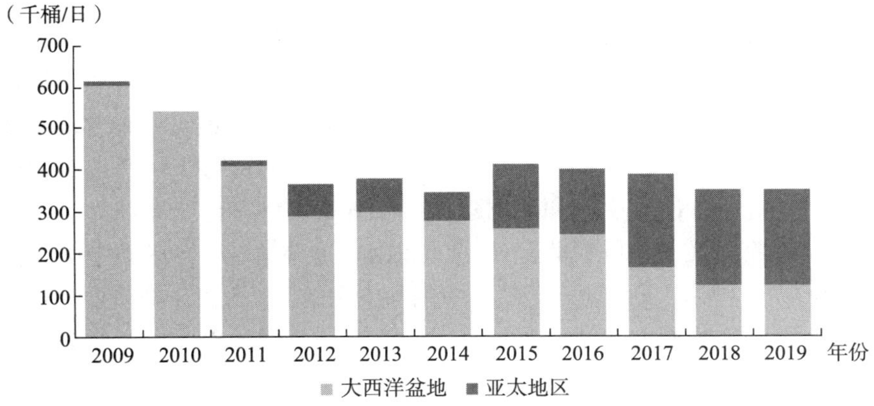

图 18.6　北海 Forties 原油的目的地

资料来源：Argus 数据。

4.3　迪拜原油：布伦特的亚洲表亲

自 20 世纪 80 年代中期以来，迪拜原油一直是亚洲的主要基准（Fattouh and Bassam，2012）。[④] 它用来对目前出口到亚洲的近 3000 万桶 / 日原油进行定价。自推出

---

① 目前，我们避免在普氏的方法论中讨论 EFP 问题。交易者用期货和价差合约对冲其实物石油，会承担额外的 EFP 风险，因为价差合约是基于即期和远期布伦特价差合约，而不是基于即期和期货布伦特价差合约！

② 作者不同意这一观点。参见 Imsirovic：《不要将石油行业的结构性失败归咎于 PRAs》，《金融时报》，2013 年 5 月 20 日。

③ ICE 布伦特指数代表行业媒体报道和确认的相关交割月 BFOE（Brent–Forties–Oseberg–Ekofisk）“现金”或远期（BFOE 现金）市场的平均交易价格。计算中只考虑了已公布的全货物量（600000 桶）交易和评估。ICE 布伦特指数由 ICE 欧洲期货在前一个月 ICE 布伦特期货合约到期后的第二天发布，并由交易所用作最终现金结算价格。芝加哥商品交易所布伦特指数的计算方法类似。

④ 见 Fattouh 和 Bassam：《迪拜基准及其在国际石油定价体系中的作用》，《牛津能源评论》，2012 年。

以来，迪拜原油产量大幅减少。尽管迪拜没有公布其原油产量数据，但从装载数据和销售情况可以推断，2019 年的产量已从 1991 年的峰值约 40 万桶 / 日降至 7 万桶 / 日以下。[①]然而，与布伦特原油一样，该基准也演变成了一个“品牌名称”，允许在新加坡时间 16：00 至 16：30，即所谓的“普氏迪拜窗口”期[②]，将阿曼、上扎库姆、沙欣和穆尔班原油品级放在“迪拜篮子”中进行交易。迪拜的部分交易（以固定价格计算，以美元 / 桶计）仅在这半小时窗口内进行。在交易日的剩余时间内，所有迪拜交易仍为布伦特原油价差（EFS）或其他迪拜掉期月差（掉期价差）。迪拜“品牌”周围的大型衍生品市场已经发展壮大，并反馈到基准本身的价格发现中（Fattouh and Bassam，2012）。[③]

如前所述，20 世纪 90 年代和 21 世纪初，世界石油市场出现了两大变化。首先是需求从发达国家转向发展中国家，特别是亚洲和中东地区。其次是美洲轻质原油和天然气产量的大幅增长（Imsirovic，2014）。[④]原油和石油产品流向亚洲对主要价格基准的影响是深远的。

美国东海岸和加拿大炼厂是北海、西非和北非地区高汽油含量原油的传统买家。但鉴于当地生产的轻质低硫页岩油的供应，它们基本上停止了进口。来自大西洋盆地的低硫油以现货交易为主，没有目的地限制（与大多数 OPEC 原油不同），对于寻求更便宜原料的亚洲炼油商来说，低硫油已成为“摇摆”油品（Fattouh and Sen，2014）。[⑤]

由于欧洲需求疲软且利润率低，欧洲炼油厂在此期间持续关闭。[⑥]与此同时，大量新的、更复杂的炼厂开始在中东和亚洲建设。俄罗斯以牺牲传统原油为代价增加石油产品出口以实现收入最大化的税收激励措施加剧了这种情况。[⑦]尽管中国经济增长放缓，但石油市场的主要需求驱动力仍然是中国和中东地区。[⑧]由于油价由“边际”需求决定，而该地区是这些原油的主要买家，因此亚洲是全球油价的主要驱动力。亚洲的石油交货价格是世界石油市场的关键信号。与此同时，中小企业生产商更加依赖亚洲买家，这导致了亚洲消费者的市场话语权增强，并逐渐消除了“亚洲溢价”（Doshi and

---

① 在撰写本书时，每月大约有 3 批迪拜原油可供装载。

② 普氏利用收盘价（MOC）评估原油、石油产品和相关掉期的价格。MOC 是一个结构化流程，参与者将投标、报价和交易提交给普氏指数的编辑。收盘后，普氏指数的编辑会检查当天收集的数据，并制定反映收盘价值的评估价格。市场参与者在普氏“窗口”收盘前 30~45 分钟的时间段集中交易，此后普氏在价格评估过程中不再接受新的出价或报价。阿曼于 2002 年 1 月引入，上扎库姆于 2006 年 2 月引入。根据普氏的说法，这将为该合同提供超过 100 万桶 / 日的可交付原油。

③ Fatouh 和 Bassam：《迪拜基准及其在国际石油定价体系中的作用》，《牛津能源评论》，2012 年第 4 页。

④ 有关更详细的讨论，参见 Imsirovic：《转型中的亚洲石油市场》，《能源安全杂志》，2014 年 4 月，http://www.ensec.org/index.php?option=com_content&view=article&id=520：asian-oil-markets-in-transition&catid=143：issue-content&Itemid=435。

⑤ 见 Fattouh、Bassam、Sen 和 Amrita：《西非原油的新波动》，《牛津能源评论》，2014 年 8 月。

⑥ 自 2009 年以来，欧洲的炼油厂名义产能低于 200 万桶 / 日。据估计，在 2018 年之前，还需要关闭 150 万桶 / 日的产能。从 2016 年到现在，中国新建炼油厂项目的新增产能为 230 万桶 / 日。2014 年至 2018 年，除伊拉克外，计划中的 ME 炼油厂项目总计近 300 万桶 / 日（所有这些都是根据普氏集团的各种公告计算得出的）。

⑦ 尽管如此，俄罗斯人还是能够通过 ESPO 管道增加对亚洲的原油销售。

⑧ 根据 IEA 2014 年 5 月的《石油市场报告》，全球石油需求增长的大部分来自中国（39 万桶 / 日）、中东（31 万桶 / 日）和拉丁美洲（19 万桶 / 日）。

Imsirovic，2013）。[①]

亚洲作为世界各地石油主要的目的地，其重要性日益增加，这对迪拜市场产生了深远影响。与布伦特原油和 WTI 基准进行“套利”交易的原油通常由最终用户（炼油商）进行评估，并以迪拜基准价格出售。[②]这意味着在供应链中，价格可能需要从其他基准转换为迪拜价格。套利过程包括购买迪拜以外的基准（布伦特原油、WTI）[③]和出售迪拜掉期，以“锁定”具有竞争力的价差。由于布伦特是主要的国际基准，布伦特期货与迪拜掉期的价差也是两个基准之间的主要联系。[④]这被称为 EFS（互换，因为布伦特期货被“交换”为迪拜掉期）。例如，将 12 月装载的布伦特基准的原油进口到亚洲，并将其价格转换为迪拜基准，通常需要购买 12 月 EFS（购买 12 月布伦特期货和出售 12 月迪拜掉期可以通过购买 12 月的 EFS 来实现）。然后，由于货物已“定价”，通常在装货期间，将 12 月布伦特期货按比例出售。由于货物以与迪拜相关的价格交给最终用户，因此只需对掉期“定价”即可。

为了了解“迪拜”基准价格到底是什么，有必要简要回顾一下迪拜基准的评估过程。首先，亚洲炼油商通常在一个日历月的装载期内购买石油。[⑤]其次，在一个日历月的装载期间，大多数实物原油以普氏迪拜评估的价差被交易，其价值相当于当月的迪拜掉期。[⑥]炼厂线性规划模型使用迪拜掉期价值（通常基于预估远期曲线）作为比较不同油品的共同基准。[⑦]

与布伦特原油和 WTI 不同，迪拜没有流动的期货市场。[⑧]然而，EFS、布伦特迪拜掉期利差和迪拜利差在场外交易市场[⑨]经常交易。[⑩]因此，确定迪拜掉期价值的方法是

---

① 参见 Doshi，T.K. 和 Imsirovic，A.：《原油市场的亚洲溢价：事实还是虚构？》第 2 章“东亚地区能源脆弱性管理”，Zha Daoijong 主编，美国：Routledge，2013 年。

② 这显然有例外。大多数出售给中国的安哥拉原油很可能是以布伦特原油为基础定价的。印度以同样的基准购买 WAF。尽管不可能知道每个炼油厂的内部基准，但人们普遍认为迪拜是亚洲最流行的基准。布伦特 / 迪拜的风险敞口可能太大，亚洲“纸货”市场无法承受，导致炼油商要么在其交易部门内部化风险敞口，要么要求更易于管理的布伦特风险敞口。

③ 通常情况下，两者是按顺序排列的：WTI/ 布伦特，然后是布伦特 / 迪拜。

④ 由于大西洋盆地原油通常在提单前后几天或之后的定价期内购买，布伦特期货是对冲此类价格的常见方式。另外，迪拜没有流动性期货市场。鉴于中东生产商和亚洲炼油商传统上一直使用整个月的装载量作为定价期，因此迪拜掉期成为对冲迪拜价格的更方便的方法。

⑤ 这是出于历史原因，回到欧佩克的“公式”或基准相关价格。

⑥ 例如，12 月迪拜掉期是 12 月迪拜所有日报价的平均值。请注意，Platts 和 Argus 将在此期间评估 2 月（M+2）装载的迪拜原油的价值。

⑦ 阿布扎比和卡塔尔等具有追溯性的外包服务提供商反映了已知的迪拜平均水平。例如，8 月初公布的上扎库姆等级 7 月 OSP 为 66.80 美元，相当于 7 月迪拜 +0.65 美元，因为 7 月迪拜的平均价格为 66.15 美元。迪拜 OSP 是一个值得注意的例外（也有点令人费解），它被设定为阿曼原油在 DME 上的月结算平均数的差额。

⑧ 迪拜掉期、掉期利差和布伦特迪拜掉期利差以及 EFS 在 ICE 和 CME 上进行交易。这些通常基于普氏评估（针对迪拜）。但实际的迪拜原油合约没有期货合约。

⑨ 这是两个交易对手之间的直接市场，基本上不受监管，也不总是报告。然而，自 2008 年经济危机以来，大多数场外交易在其中一家交易所进行交易或清算。

⑩ 与 EFS（即布伦特期货与迪拜掉期的价差）不同，BD 掉期价差是布伦特掉期与迪拜掉期之间的平均月价差（例如 12 月布伦特掉期与 12 月迪拜掉期）。

使用布伦特原油，并应用当前月份的 EFS。这一点可以用一个例子来说明。在传统上，迪拜现货原油以迪拜评估价格的差额进行交易（等于装货月份的掉期价值）。例如，10月装船的迪拜原油将作为10月迪拜升水或贴水进行交易，通常会提前两个月左右在8月进行交易。此外，在8月，EFS 市场流动性最强的将是10月 EFS（10月布伦特期货和迪拜掉期）。将10月 EFS 应用于10月布伦特期货，交易者便可获得10月迪拜掉期价值。10月装船的迪拜原油通常在8月开始交易，其价值等于计算的10月掉期加上差额（正或负），差额取决于市场的基本面情况（Horsnell，1997）。①

与即期布伦特原油一样，普氏窗口也由一小部分自主选择的“价格制定者”（Fattouh and Bassam，2012）② 占据主导地位，壳牌、嘉能可和维多占2019年现货收市订单（MOC）交易的一半（见图18.7）。参与者几乎参与了所有的交易。几乎没有国家石油公司（NOC）参与其中。③ 当然，一个或多个大型生产商的大量参与可能产生一个有偏见的基准。

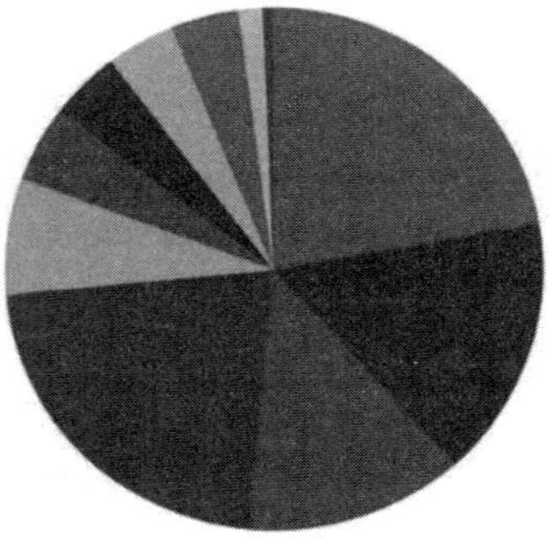

图 18.7 2019 年现货贸易份额 BFOE MOC 平台参与者

资料来源：Platts。

如前所述，迪拜合约中可交付其他品种的石油。由于这两个原油品种对大多数炼油商来说都具有较高的净值，因此假设只有当迪拜价格高于其“真实市场价值”时，才能以迪拜价格交付，从而在定价“窗口”中提供流动性，并为迪拜价格设定“上限”，避免可能的“挤压”。④

---

① 迪拜是布伦特基准衍生出的基准，而不是绝对价格发现中心的结论仍然有效。Horsnell，P.：《亚洲石油：市场、贸易、精炼和放松管制》，牛津：牛津能源研究所，1997年。

② 见 Fattouh 和 Bassam（2012）的《迪拜基准及其在国际石油定价体系中的作用》。当然，一个或多个大型生产商的参与也可能产生一个有偏见的基准。应该说，布伦特原油市场还包括一小部分“自封的精英”参与者。然而，与迪拜不同的是，布伦特原油期货市场的流动性非常强，与 PRA 评估过程一起提供价格发现。

③ 人们应该注意到，越来越难将“石油交易商”与其他市场参与者区分开来。多年来，大多数大公司都有贸易部门（壳牌的贸易部门 Stasco 可能是世界上最大的贸易公司）。然而，越来越多的炼油商（联合石化、中国石油、信实等）也拥有自己的贸易公司。甚至像阿曼这样的生产商也在与维多的合资企业中拥有一家贸易公司（OTI）。最后，嘉能可（Glencore）、维多（Vitol）等贸易公司在相当长一段时间内同时拥有上游和下游资产。

④ 挤压通常被定义为买方购买所有可用原油的情况。当期货和远期市场交易时，实际定价风险可能超过总产量。关于 Platts Dubai 合同中实际交付的油品。

4.4　阿曼原油：迪拜原油被忽视的兄弟

许多 OPEC 产油国的定价公式都基于迪拜原油和阿曼原油。[①] 阿曼原油更轻，含硫量更低，是一种价值更高的石油，通常交易价格比迪拜原油高。即使它没有目的地限制，而且交易频繁，大多数亚洲炼油商也很接受价格较高这一点。阿曼原油每个月至少生产 50 船实货，并在霍尔木兹海峡外装载，具有许多良好基准的特点。它是“迪拜篮子”的一部分，可以在迪拜合同中交付。

图 18.8 显示，阿曼和迪拜的价格可能会相差 1 美元 / 桶，甚至更多。尽管这一差异可能很显著，但历史上亚洲炼油商并没有做太多对冲。证据是，在“定价窗口”之外的迪拜商品交易所（DME），阿曼的交易量相对较低，而且是纯实物交割。DME 阿曼期货合约基于新加坡时间 16：25 至 16：30（与“新加坡—迪拜窗口”完全相同）的加权平均交易价格结算。根据亚洲石油采购的惯用时间安排，该合约在实际装货月份前两个月进行交易。因此，在 2019 年 11 月，首行合约是 2020 年 1 月。阿曼官方销售价格（OSP）是基于 DME 阿曼每日结算的月平均值确定的。现货阿曼原油通常以该 OSP 的差额进行交易。[②]

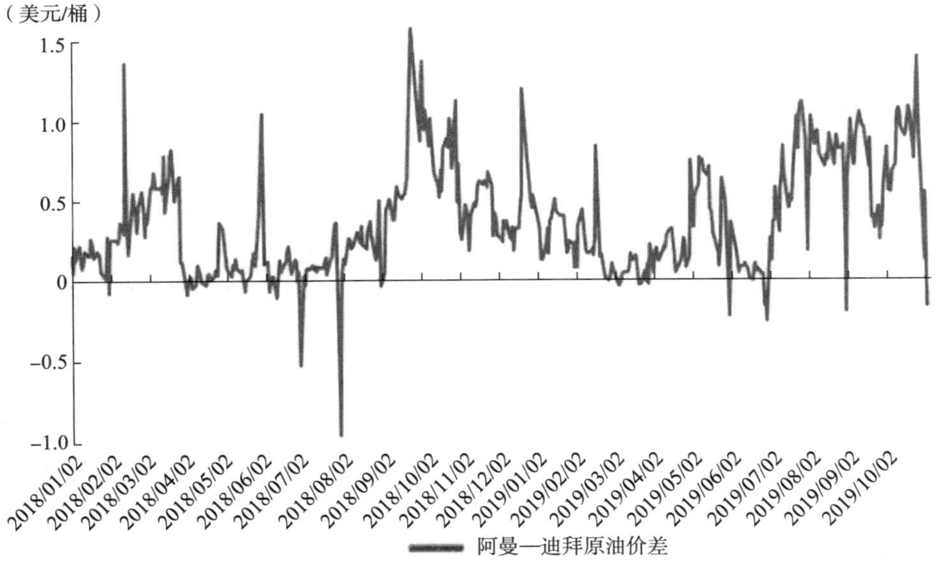

图 18.8　阿曼与迪拜原油的价差

资料来源：迪拜和 DME 阿曼数据来自普氏。

尽管阿曼原油被世界上一些最重要的生产商用作定价基准，并被广泛交易，但它仍然是位于迪拜之下的次要基准。这在一定程度上与一些中东产油国和普氏之间的理

① 产油国包括沙特阿拉伯、科威特和伊拉克。根据普氏报价规则，迪拜原油和阿曼原油权重均为50%。2018 年，沙特阿拉伯从使用普氏阿曼变为 DME 期货阿曼。

② 如果合同已经在大部分OSP中“定价”（比如在12月中旬，2月装船的货物），阿曼将以迪拜掉期为基础进行交易——日历 1 月迪拜掉期加上价差或折扣。亚洲基准之一——迪拜 OSP 实际上是以 DME 阿曼结算价为基础的。

念差异有关。对于普氏而言，目前只有一个迪拜“品牌”的中东基准，[①]包括阿曼等五种中东石油。但考虑到沙特阿拉伯和其他中东产油国对“阿曼 / 迪拜”公式的偏好，普氏别无选择，只能继续发布“阿曼”评估。[②]事实上，阿曼的评估甚至没有包括在其旗舰出版物《原油市场》的“关键基准”部分。

2018 年 10 月，沙特阿美石油公司在其针对亚洲客户的定价公式中改用 DME 阿曼每日结算价格（而不是 Platts 的阿曼原油评估价格）。然而，该决定对阿曼的交易量几乎没有影响。这似乎证实了关于基准的一般“规则”，即交易者更关注流动性而不是基差风险。换言之，他们准备承担一些风险（支付一些风险溢价），使用不完善但流动性强的工具，而不是通过交易非流动性合约（其本身具有风险和可能的成本）来消除这种风险。

到目前为止，我们可以得出结论，全球石油市场围绕着 3 个主要基准（有些人认为是两个：WTI 和布伦特，因为迪拜通常以布伦特的价差进行交易）。还有其他许多的“油品”或“区域”基准。例如，俄罗斯乌拉尔、哈萨克斯坦里海管道混合原油（CPC Blend）、尼日利亚夸伊博（Qua Iboe）、阿联酋穆尔班、印度尼西亚米纳斯等。它们的共同点是，尽管它们的价格提供了关于特定油品的需求和供应以及交易市场的良好信号，但它们都是以布伦特、WTI 或迪拜的价差进行交易的。严格来说，它们不是真正的基准。真正的基准以固定价格交易，以美元 / 桶为单位，从而为所有其他石油交易设定了“绝对价格水平”。

从目前的讨论中可以看出，世界石油市场是动态的，且一直在变化。随着不同地区的需求和供应的变化，价格基准也在变化，向市场发出信号，从而促进全球石油流通。随着时间的推移，这些石油流向会发生变化，基准也会发生变化。1986 年价格暴跌后，库欣的石油供应枯竭，WTI 合同中引入了“替代交付程序”，包括许多不同进口油品。随着 21 世纪初亚洲的繁荣和石油市场的“重心”向东移动，迪拜基准进行重大调整，纳入阿曼、上扎库姆与后来的沙欣和穆尔班等新型原油。布伦特原油也是如此，尤其是作为其主要“篮子”原油之一的 Forties 开始向东移动，布伦特基准愈加容易受到“挤压”。[③]页岩革命之后，美国的出口淹没了欧洲市场，出口量经常超过整个北海油田的产量。如果布伦特基准没有改变，它可能变得无关紧要（Imsirovic，2019）。[④]出于同样的原因，对于美国原油的国际买家来说，库欣 WTI 的价格并不那么重要。他们更关心美国墨西哥湾地区的 WTI 价格，因为他们在那里装载石油。因此，所有主要的 PRA 和交易所都在那里推出了某种形式的新 WTI 合同（Imsirovic，2019）。[⑤]最后，中东生产商长期以来一直希望拥有更多对出口价格的控制权。尽管阿曼有一些吸引力，

---

① 迪拜、阿曼、上扎库姆、沙欣和穆尔班。这就像普氏“布伦特”包括布伦特、福蒂斯、奥斯博格、埃科菲斯克和特洛尔（BFOET）。需要提示的是，这些篮子可能会改变。

② 从历史上看，阿曼原油曾经被广泛交易，因此，成为普氏阿曼评估的起源并被纳入沙特定价公式。

③ 当一个或多个玩家购买了某个月的全部（甚至更多）超过基准的产量时，就会发生挤压。

④ 见 A.Imsirovic：《即期布伦特原油基准的变化：未来可能更多》，OIES，2019 年 3 月。

⑤ 见 A.Imsirovic：《即期布伦特原油基准的变化：未来可能更多》，OIES，2019 年 3 月。

但穆尔班很有可能成为该地区的新标杆。这需要对这种油品的销售和交易方式进行改革，但可能很值得（Mehdi et al.，2019）。[①]

5　全球石油市场：变动中的基准

虽然基准是全球油价的支柱，但并非所有市场参与者都参与制定价格。如前所述，石油行业可以分为积极参与制定基准价格并进行交易的人和单纯使用这些基准价格定价实物原油和对冲的人（Luciani，2015）。[②] 这是非常重要的，因为无论 PRA“窗口”或任何其他方式，基准价格都是通过市场参与者来确定的。在理想情况下，基准应由参与定价过程的所有市场参与者确定，但事实并非如此。这是一个问题，因为有时有人认为基准价格“过高”或“过低”；但如果“过高”的价格没有被出售，而“过低”的价格也没有被市场购买，就没有机制来“修正”基准价格（Imsirovic，2013）。[③] 此外，市场在经济理论意义上也不是“完美”的：与大多数其他市场一样，石油由少数几个非常大的参与者主导，基准价格通常由大型贸易商或大型石油公司的交易部门所决定。[④] 因此，没有完美的油价基准。

尽管不完善，但基准价格及期货、远期、掉期、利差、期权和其他衍生品工具创造了一个市场生态系统，有助于在保持较低的价格风险的同时，使原油在全球平稳流动。亚洲迪拜等地区基准清楚地表明了该地区的石油价值，当然这主要取决于当地的需求和供应。市场的功能是利用这个价格信号，并分配最便宜油品来满足亚洲的需求。这可以通过北海、西非、美国页岩地区或其他地区的石油实现，具体取决于这些地区的石油价格以及将石油运往亚洲的成本。具体可以通过 WTI/ 布伦特和布伦特 / 迪拜等基准之间的价差来显示。因此，亚洲市场的紧张将导致迪拜价格上涨（WTI/ 迪拜和布伦特 / 迪拜价差收窄）。收窄的价差相当于打开了套利大门。市场参与者一旦决定了将石油从一个地区转移到另一个地区，他们将购买价差以对冲风险。这将扩大利差，为进一步套利“关上大门”。因此，这些基准利差是全球石油市场相对强弱的关键指标。这就要求“纸货”的交易量是实际交易的原油量的几倍。[⑤]

当然，交易不仅涉及石油在空间的流动，还涉及其在时间上的移动，这反映在时间差上，通常被称为价格的“时间结构”。石油需求来源于对石油产品的需求，且具有高度季节性。人们在夏天开车更多，在冬天取暖更多。现货价格低于未来交付的石油价格被称为“（远期）升水”，这向市场发出了一个信号，即只要“升水”大于总储存成本，就可以购买和储存廉价的现货石油，并从中获利。现货价格高于未来交付的石

① 见 A.Mehdi 等：《穆尔班：中东的基准？》，OIES，2019 年 10 月。

② 关于沙特阿拉伯如何弥补从价格接受者到价格制定者之间的差距，参见 Luciani（2015）：《从价格接受者至价格制定者：沙特阿拉伯和世界石油市场》，载 B.Hayke 等，《转型中的沙特阿拉伯》，剑桥大学出版社，2015 年。

③ 参见 A.Imsirovic《金融时报》2013 年 5 月 21 日的评论：《不要将石油行业的结构性失败归咎于 PRAs》。

④ 参见 Imsirovic：《转型中的石油市场和迪拜基准》，OIES，2014 年 10 月。

⑤ 套期保值通常不仅涉及布伦特或 WTI 期货和时间价差，还涉及价差合约、EFS、EFP 和其他工具。

油价格被业内称为“(远期)贴水”，向市场发出了一个信号，即石油应该从库存中取出。实际上，交易涉及石油在空间和时间上的流动。WTI 和布伦特原油的（远期）升水结构是亚洲等长途石油运输的理想选择，因为时间价差至少抵销了部分运输成本。

尽管石油基准和它们之间的价差给出了哪里最需要石油的信号，并提供了在几乎没有风险的情况下移动石油的工具，但无法保证这些“纸货”工具的需求和供应是匹配的（Imsirovic，2014）。① 这是因为并不是所有的石油买家和卖家都通过对冲来降低风险。如果它们都有相同的内部衡量标准和风险预测，“纸货”市场可使供需相匹配。不幸的是，事实并非如此。因此，需要一类新的市场参与者——投机者来承担超额风险。当商品的回报很高时，投机者（投资者）就会被市场吸引，从而为市场的平稳运行提供额外的流动性。

6 投机者和金融投资者：价格制定者和价格接受者

普遍认为，投机者（Fattouh et al.，2012；Medlock，2013；Vansteenkiste，2011）② 会增加市场流动性，当然也存在一定的代价。投机者也可能增加波动性（Einloth，2009）③，特别是在需求和供应弹性相对较低且地缘政治风险较高的石油市场。2000 年以来，大宗商品的繁荣时期是一个热门话题；当时油价远远超过 100 美元 / 桶，“石油峰值”的观点重新流行起来。④

商品市场的繁荣与金融市场的增长同时出现。大型基金正将大量资金转移到石油“纸货”市场，以期对冲通胀和提高收益。通常被视为“投机者”的“非商业”性持仓⑤ 的比例从 2001 年的约 20% 增加到 2006 年的约 50%，并在 2008 年金融危机以前持续增长（Medlock，2013）。⑥ 一些生产商，特别是 OPEC，经常将高油价归咎于“投机”。然而，事件的因果关系很难确定：是石油市场的“投机者”和“金融化”导致了高油价，还是他们只是被看涨的市场基本面和高回报所吸引？大量的文献都致力于解释这个问题，其结果也引起了广泛的关注。然而，普遍的共识似乎是，价格主要由市

① 有关可能出现的“市场失灵”的例子，参见 Imsirovic：《转型期石油市场和迪拜基准》，OIES，2014 年 10 月。

② 有关投机对价格影响的优秀评论，参见：Fattouh、Killian 和 Mahadeva：《投机在石油市场中的作用》，OIES，2012 年 3 月；K.B.Medlock III：《投机、基本面和原油价格》，James A.baker 三世公共政策研究所，莱斯大学，2013 年 8 月；Isabel Vansteenkiste：《石油期货价格的驱动因素：基本面与投机》，欧洲央行，工作文件系列第 1371，2011 年 8 月。

③ James Einloth：《石油价格的投机和近期波动》，2009 年 10 月；FDIC 金融研究中心，工作文件，第 2009-08 号。

④ 1956 年，Hubbert 提出，一段时间内某一地区的化石能源生产将遵循大致钟形曲线。换言之，它将不可避免地出现“峰值”和下降。1972 年，罗马俱乐部在《增长的极限》中发表了类似的观点。2005 年，马修 · R. 西蒙斯（Matthew R.Simmons）出版了《沙漠中的黄昏：即将到来的沙特石油冲击和世界经济》一书，使这些不正确的观点重新流行起来。

⑤ 石油生产商和炼油商等商业持仓者主要对冲其实际头寸。非商业持仓者往往是基金、资产管理公司等，通常被视为“投机者”。有关定义参见：https://www.cftc.gov/MarketReports/CommitmentsofTraders/index.htm。

⑥ K.B.Medlock（2013），第 23 页。

场基本面驱动，而投机在某些时期可能会产生影响。①

然而，“金融化”“商品化”和“创新”等术语继续主导着石油市场。人工智能（AI）、算法、“数据挖掘”、“黑箱交易”等被应用到各种电子化交易策略中且逐渐成为主导石油市场的术语。虽然未来无法预知，但正如其他人类活动一样，石油交易将越来越受到信息技术的支配。

7　结束语

与大多数能源市场一样，原油市场也受到“自然垄断”的影响。这些垄断带来了市场稳定，但也导致缺乏透明度，从而使价格上涨。当供应过剩或政府干预时，这种垄断通常会被稀释。1960 年，国际石油巨头的一体化结构崩溃后，OPEC 未能对市场进行有效控制，现代石油市场应运而生。②其结果是竞争加剧、更多的现货交易、透明度增加、价格降低，但波动性更大。市场应对风险和波动的方式是发展“纸货”或衍生工具，以长期对冲风险。在这方面，石油市场可能是世界上最发达和最复杂的商品市场。为了促进数百种不同品种石油的交易，WTI、布伦特和迪拜三个主要的基准已经出现，代表了3个主要贸易地区：美国、欧洲和中东/亚洲。当我们谈论石油价格时，通常是指这 3 种价格，特别是布伦特和 WTI。所有其他类型的原油都使用或参考这 3 种价格基准中的一种进行交易。为了管理价格风险，市场参与者开发了大量衍生品合约，以至于期货、掉期、期权和其他合约交易量常常远远超过全球石油总产量。随着衍生品市场的成熟，市场的复杂性增加。衍生品通常对建立实物基准价格本身至关重要。随着供需基本面的变化，基准随着时间的推移发生了重大变化。它们不断受到新的潜在基准的挑战，如美国墨西哥湾的 WTI、LLS、ASCI 指数、阿曼、穆尔班等。熊彼特的“创造性破坏”理论适用于石油市场，石油交易的存在将使石油市场保持平稳运行。

参考文献

[1]　Argus Media(2019), Argus Methodology and specifications guide Crude Oil, available at: https: //www.argusmedia.com/en/methodology/methodology-listing? page=1.

[2]　Bhattacharyya, S.C.(2011)，Energy economics: Concepts, Issues, Markets and Governance, Springer.

[3]　Doshi T.K., and Imsirovic A.(2013)，The Asian Premium in crude oil markets: Fact or fiction? Chapter 2 in Managing Regional Energy Vulnerabilities in East Asia edited by Zha Daoijong,

---

① 例如，根据相关文献，2011年欧洲央行的论文发现，在2004年之前，市场基本上是基本面驱动的，但2004年之后投机者占主导地位；Kilian 和 Murphy（2012）发现，2008 年之前的投机行为并未推动市场；Juvenal 和 Petrella（2012）研究了 2008 年的情况，发现价格主要由需求驱动，但投机也很重要；最后，Fattouh 等（2012）没有发现任何证据表明投机活动发挥了重要作用。

② 这并不是说 OPEC 对市场和价格没有影响。

USA: Routledge.
[4] Einloth J.(2009), Speculation and Recent Volatility in the Price of Oil, FDIC Center for Financial Research, Working Paper, No.2009-008, October 2009.
[5] Fattouh B.(2012), The Dubai Benchmark and its Role in the International Oil Pricing System, OIES, Comment, 2012.
[6] Fattouh B.(2010), An Anatomy of the Crude Oil Pricing System, OIES, Paper WPM 40, 2010.
[7] Fattouh B., Killian N.and Mahadeva N.(2012), The role of Speculation in the Oil Markets, OIES, Comment, 2012.
[8] Fattouh B.and Sen A.(2014), New swings for West African crudes, OIES, Comment, 2014.
[9] Horsnell P.(1997), Oil in Asia: Markets, Trading, Refining and Deregulation, OIES.
[10] Imsirovic A.(2019), Changes to the "Dated Brent" benchmark: More to come, OIES, March 2019.
[11] Imsirovic A.(2014), Asian Oil Market in Transition, Journal of Energy Security, April 2014. Available at: http: //www.ensec.org/index.php? option=com_content&view= ar ticle&id=520: asian-oil-markets-in-transition&catid=143: issuecontent&Itemid=435.
[12] Imsirovic A.(2013), Do not blame PRAs for oil industry structural failures, Financial Times, 20 May 2013.
[13] Luciani G.(2015), From Price taker to Price maker: Saudi Arabia and the World Oil markets: in Haykel B.et al.(2015), Saudi Arabia in Transition, Cambridge University Press.
[14] Mabro R.and Horsnell P.(1993), Oil Markets and Prices, the Brent market and the Formation of World Oil Prices, OUP/OIES 1993.
[15] McGrandle L.(1975), The Story of North Sea Oil, Wayland, 1975 McNally R.(2019), Crude Volatility, Columbia University Press.
[16] Medlock K.B.III(2013), Speculation, Fundamentals, and the price of crude oil, James.
[17] A.Baker III(2013), Institute for Public Policy, Rice University, August 2013.
[18] Mehdi A.et al.(2019), Murban: A benchmark for the Middle East? OIES, October 2019.
[19] OPEC(1988), Bulletin Nov/Dec 1988.
[20] Purvin & Gertz(2010), The Role of WTI as a Crude Oil Benchmark, January 2010.
[21] Sampson A.(1988), Seven Sisters.
[22] S&P Global Platts(2019), Platts Methodology and specifications guide Crude Oil, January 2019. Available at: https: //www.spglobal.com/platts/en/ourmethodology/methodology-specifications/oil/crude-oil-methodology.
[23] Tarbell I.(1904), The History of the Standard Oil Company, McClure, Phillips and Co.Treat J.E.(1990), Energy Futures, PennWell Publishing.
[24] Vansteenkiste I.(2011), What is driving oil futures prices: fundamentals v speculation, European Central Bank, Working Paper Series No.1371, August 2011.
[25] Yergin D.(1991), The Prize, Simon & Schuster.
[26] Williams J.(1986), The Economic function of futures markets, Cambridge University Press.
[27] World Bank(1995), Review and Outlook for the World Oil Market, World Bank, Discussion Papers No.301, Shane S.Streifel, September 1995.

第 19 章　石油产品交易与价格发现

莉兹·博斯莱[①]

1　引言

大体上说[②]，原油之所以有用，是因为可以通过炼油过程从中提炼出石油产品。虽然这一点似乎很明显，但石油行业存在着知识孤岛，这意味着供应链上游产业往往不知道下游的炼油环节发生了什么，更不知道消费终端的零售商在做什么。

幸运的是，尽管历史上许多原油交易员与他们的炼油产品交易员同事所从事的工作完全隔离，但是如今原油和炼油产品交易之间的划分已不再像是独立的知识孤岛，而更像是百叶门的两面。二者之间仍然存在着分界线，但更多的是知识和信息的交流。

本章的目的在于阐释：

（1）什么是原油以及不同类型原油的范围；

（2）最常见的炼油加工方法；

（3）通过炼油从原油中提取的不同产品的质量和数量；

（4）消费者使用这些炼油产品的目的；

（5）原油和炼油产品价格之间的相互关系。

2　碳化学基础知识

从地下开采出来的原油是一种复杂的碳氢化合物混合物。顾名思义，碳氢化合物是含有碳原子和氢原子的化合物，其中一些还含有氧原子。这是碳氢化合物与碳水化合物的区别，因为所有碳水化合物都含有氧原子，碳水化合物常见于石油行业以外其他行业。

原子由一个带正电的原子核及若干围绕在原子核周围带负电的电子组成。原子核中核电荷数决定了需要多少核外电子来稳定或中和该原子。原子通过得失核外电子来中和其原子核的核电荷数。

元素的化合价与它和化合价为 1 的氢（“H”）结合以达到中性的能力有关。氢原子由一个带正电的质子构成的原子核与一个绕核运动的核外电子组成。这枚电子可与其

① 莉兹·博斯莱（Liz Bossley），英国 Consilience 能源咨询集团有限公司；电子邮箱：LizBossley@ceag.org。

② 这一规律不适用于包括沙特阿拉伯在内的少数几个国家，这些国家直接燃烧原油来发电。

他原子结合，形成化合物。

例如，一个氧原子与两个氢原子结合形成水分子，由于每个氢的化合价为 1，因此可以推断出氧的化合价为 2。一个碳原子（“C”）最多可与四个其他原子结合，也就是说，它的化合价是 4。

因此，我们熟悉的一个基本碳氢化合物分子就是 CH_4，即甲烷。这代表了一个化合价为 4 的 C 与 4 个化合价为 1 的 H 相结合。

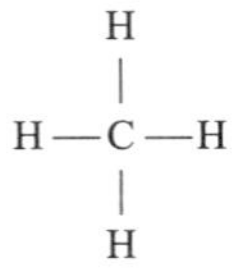

甲烷=CH_4

碳原子不仅可以与其他元素的原子（如氢）结合，还可以与其他碳原子结合。这意味着，碳原子可以形成链和环，其他原子可以连接在链和环上。碳化合物是根据碳原子的排列方式和其他原子的连接方式来分类的。

族组分（Zu）表示这些碳链或碳环在原油中是如何组成的，包括烷烃（Paraffins）、烯烃（Olefins）、环烷烃（Naphthenes）、芳烃（Aromatics）。这四种碳氢化合物之和为 100%，因此烷烃含量越低，环烷烃和芳烃的含量就越高。原油中不存在烯烃，具体原因在后文中予以解释。

烷烃，是直链或支链的碳氢化合物，其中含有“饱和”的氢。换句话说，化合价为 4 的碳已经被足够多的 1 价氢所中和，耗尽了碳的所有价数。

烷烃原料在石化工业中被用于制造乙烯和丙烯，而这两种物质是制造聚乙烯和聚丙烯的基础材料。烷烃存在于所有原油中，特别是轻质原油。

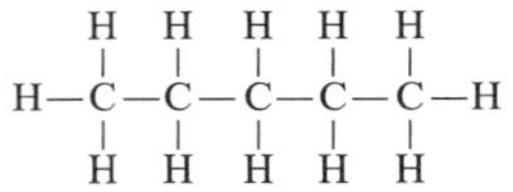

正戊烷=C_5H_{12}

在提到烷烃时，“饱和”是指碳原子之间没有双键或三键，也就是说，价键是“中和”的，因为每个 4 价碳原子都与其他四个原子相连。

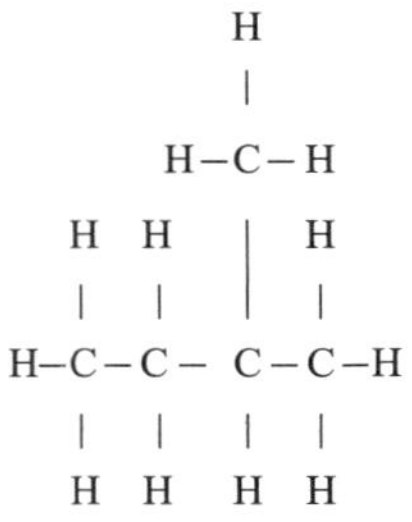

异戊烷=C_5H_{12}

烯烃是不饱和的，由含有碳双键的碳氢化合物组成。当可用的氢不足或有其他原子时，碳原子的 4 价就“不满足”了，该碳原子就会试图从另一个碳原子那里获得一个多余的电子。这些碳原子彼此共用电子对并形成双键。

烯烃往往不是天然存在于碳氢化合物中，因为双键具有高反应性，烯烃可以迅速转化为更复杂的分子，在这种分子中，碳原子对电子的所有需求都能得到满足。

然而，当大的碳分子在炼油过程中被裂化时，例如在催化裂化（FCC）装置中，烯烃往往普遍存在。也就是说，碳—碳键断裂需要与氢原子结合实现价键饱和，如果可用的氢不足，就会形成双键或更不稳定的碳碳三键（炔烃）。同样，烯烃往往会破坏催化裂化装置中的催化剂，因为烯烃非常活跃，并在催化剂表面集聚积碳。

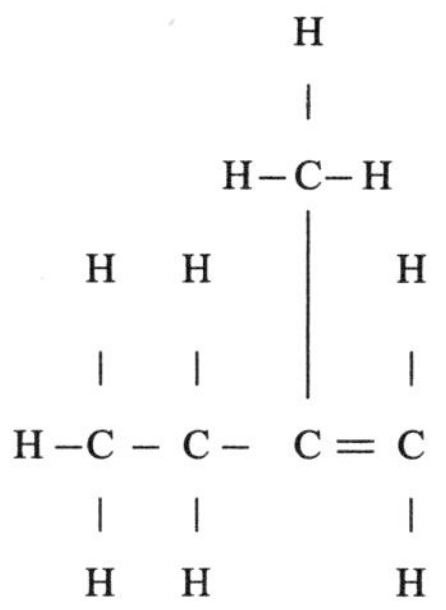

异戊烯=C_5H_{10}

环烷烃，又称 C- 烷烃，是由 4 个以上碳原子组成的饱和环状链，如环戊烷或环己烷。

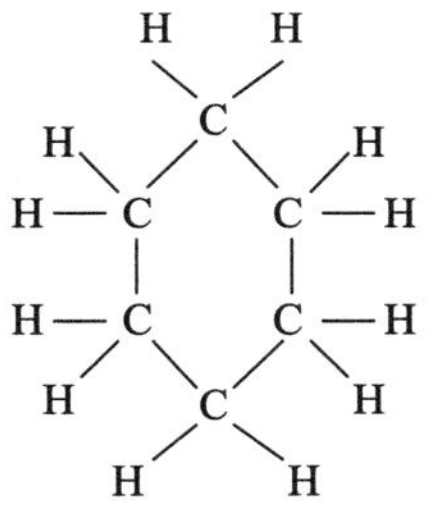

环己烷=C_6H_{12}

不饱和的环烯烃也存在，如环戊二烯。

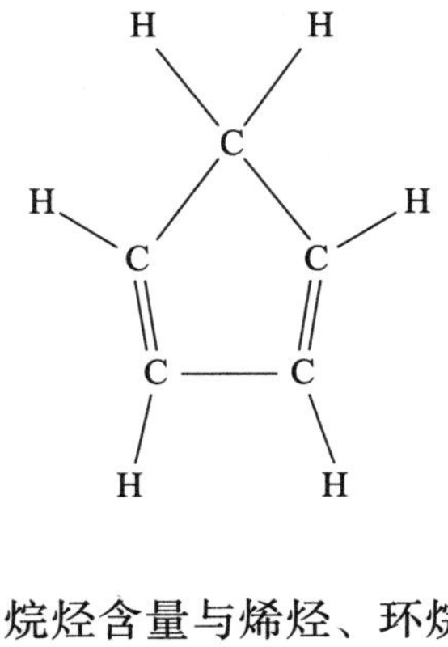

环戊二烯=C_5H_6

蒸馏产品石脑油的烷烃含量与烯烃、环烷烃和芳烃（PONA）的相对关系，是一项关键指标。如前所述，这四种碳氢化合物的总和为 100%，因此，烷烃含量越低，环烷烃和芳烃的含量就越高。这一关系决定了石脑油是环烷基还是石蜡基，若为环烷基，将进入重整反应器生产汽油，若为石蜡基，则用作石化原料。

芳烃是环状的不饱和分子，如苯、甲苯和二甲苯。

最简单的芳香族——苯，可简单地表示为一个碳环，中间有一层电子云，由六个碳共享。

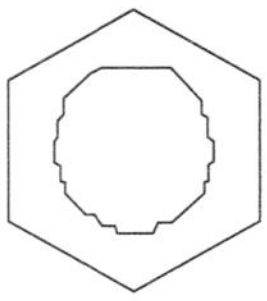

苯=C_6H_6

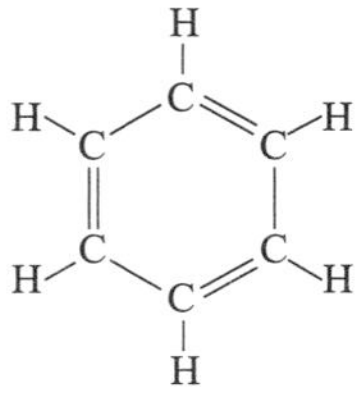

芳烃与环烯烃的不同之处在于芳烃含有一个不间断的环状电子云。N+A 环形结构通常用于汽油生产，而芳烃则用于制造聚苯乙烯、油漆、溶剂等。

3 原油检测

在石油工业中有两种不同的原油检测方法：

（1）PVT 分析；

（2）炼油分析。

PVT 是压力（Pressure）、体积（Volume）和温度（Temperature）的缩写，分析原油在储层和采油井中如何流动，这是油藏工程师使用的上游数据。油田项目经理通常会向他们的石油贸易商提供 PVT 分析，并期望贸易商对他们特定原油的市场估价进行反馈。

不幸的是，市场上的消费者对原油的储层特性不感兴趣。他们感兴趣的是通过炼油可以从原油中提炼出什么类型和数量的石油产品。因此，为了对某一特定类型的原油进行估价，贸易商需要看到炼油检测结果。这需要获得油井生产的原油样本，然后将其送到实验室，对各种日益复杂的炼油过程进行模拟。

所得的炼油分析结果通常以表格形式提供，并包含以下数据：

（1）未炼制的原油的整体属性，它提供了关于原油应如何处理、储存和运输的重要信息。

（2）实沸点（True Boiling Point，TBP）蒸馏曲线，它描绘了在不断升高的温度下被蒸发的原油的累计体积和重量。

（3）炼油产品的族组分（PONA）评价。原油中的烯烃含量应达到或接近于零。烯烃的存在可能意味着原油中加入了一些经炼制的裂解物，从而使原油体积变大。买方应该对烯烃的存在提出质疑。

（4）依照不同温度范围或截止点所划分的炼油产品的数量和质量，这些范围或截止点通常被称为“分界点”。例如，所有在 165℃和 235℃之间沸腾的产物都可以被归类为煤油。

4　原油物性

4.1　密度

每一次检测都会包含原油密度的相关信息，这是定义原油的主要特征之一。密度被定义为每单位体积的质量，单位为千克 / 立方米或千克 / 升。由于物质的体积随着温度的变化而变化，因此密度是在某规定温度下的相对值，通常是 15℃。

密度通常用同一温度条件下相对于水的密度，即比重来表示。比重是一个比率，而不是一个特别便于使用的数字，比如 0.8536。其中，水的比重为 1。在石油工业中，我们有自己的密度测量方法，即 API 度。

API 度越高，原油就越轻，从 API 度不到 10° 的非常重、密度很高的委内瑞拉原油，到 API 度高达 45°～50° 的非常轻、常常被归类为凝析油的原油。水的 API 度为 10°。大多数原油浮在水面上是因为原油通常较轻，API 度大于 10°。

4.2　含硫量

硫是一种污染物，在所有原油中都或多或少地存在。人们希望燃烧“更清洁”的燃料，这意味着在将最终产品出售给消费者之前，必须将硫化物从原油中去除。硫化物的腐蚀性和毒性各不相同，从二硫化物、硫化物、硫醇到毒性最强的硫化氢（H_2S）。最后一种化合物被管道运营商严格限制，通常低于 10ppm，超过 100ppm 就会被认为存在致命风险。

此外，硫醇也可能因其特有的“臭鸡蛋”气味而受到限制，这种气味在低至 0.5ppm 的浓度下也能够被检测到。将硫醇添加到气体供应中，可以帮助检测泄漏。但油轮通常会拒绝高硫醇原油，因为其气味不仅难闻，而且持久。一些港口不允许前五批次货物中运载过高硫醇原油的油轮入港。

4.3　倾点

顾名思义，倾点是指某一温度，低于此温度的油品不能被倒出或泵出。如果倾点太高，那么可能需要用带加热盘管的油轮来运输，具体取决于季节和目的港的气候。曾经发生过这样的情况：运载高倾点原油的船只由于与以前的航行有关的原因，在夏季的北方港口被扣留，当争端得到解决、船只在冬季被释放时，石油已经凝固，不得不从油轮上挖出来。

原油的倾点与原油的蜡含量和运动黏度有关。高石蜡含量的原油可能有高含量的复杂蜡分子，这些蜡分子在低温下开始结晶，这可以通过其“浊点”来衡量。但这并不是一个硬性规定，因为一些高环烷烃含量的原油，如委内瑞拉的一些原油，也具有高黏度。浊点是这些晶体最早出现的温度。运动黏度记录了给定体积的石油在受控温度下，仅在重力作用下通过管道已知距离所花费的时间。

4.4 酸值、盐含量和金属含量

总酸值（TAN）是指中和一克原油所需的氢氧化钾的量（以毫克为单位），因此它是原油酸度的衡量指标。如果 TAN 值超过 0.3，就会给没有耐酸冶金技术的炼油厂带来困难，这表明炼油厂可能需要将原油与低酸等级的原油混合，或完全不使用该酸级的原油。

含盐量高的原油也可能具有腐蚀性，在进入蒸馏塔之前需要在脱盐装置中进行预处理。大多数炼油厂都有这样的脱盐装置。金属的存在，如钒和镍，会给炼油厂催化剂的使用带来问题，因为微量金属会沉积在催化剂表面，减缓化学反应的速度。

对这些原油特性的分析，可以初步显示所分析的原油类型，以及哪种类型的炼油厂最有可能从这种石油中榨取出所有价值。

更多的细节包含在炼油分析所描述的产品馏分部分。我们将在讨论完炼油工艺后再讨论这些问题。

5 炼油工艺

炼油工艺可以划分为三种基本类型：

（1）分离，将原油分为不同类别的产品，如液化石油气、石脑油、煤油、瓦斯油和重质燃料油。这不会在分子水平上使原油发生任何变化。从理论上讲，重新组合产品可以恢复成原油。

（2）处理，不改变单个产品的产量，但改变产品的特性以去除污染物，通常是硫。处理可能涉及将产品与其他材料混合，或加入添加剂，以使该产品符合市场或政府法规要求的质量规格。

（3）升级 / 转换，可以改变产量，将价值较低的重质产品分解为更轻、更有价值的产品。

5.1 一次蒸馏或常压蒸馏

一次蒸馏是在常压下进行的，是炼油部门最常用的分离工艺。它是原油向终端用户所需的炼油产品生产转化的起点。

原油在炉子里加热，使很大比例的原油汽化，液体 / 蒸汽混合物被引入蒸馏塔。任何未被汽化的液体都会落到蒸馏塔的底部，这就是所谓的常压渣油。蒸汽上升到塔内，会通过一些有孔的塔盘。每个塔盘都装有液体，当蒸汽从液体中冒出来时，蒸汽就会冷却下来。在较低的温度下，一些蒸汽会变回液体，并可以从塔盘的侧面抽出。较轻的成分仍然是蒸汽，并上升到下一个塔盘，在那里重复这一过程。较低的塔盘将提取较重的馏分，较高的塔盘将逐步提取较轻的馏分。最终的馏分是液化石油气、石脑油、煤油、瓦斯油和常压渣油。常压渣油可用于制造重质燃料油，但通常会被进一步加工，以生产更多终端用户所需的轻质产品。

根据塔盘放置的位置和温度，炼油厂可以生产多一点或少一点石脑油，少一点或多一点煤油；或者少一点煤油，多一点瓦斯油。

历史上，一些炼油厂在这一节点停止原油加工。这些炼油厂被称为“拔头”炼油厂。留存下来的简单“拔头”炼油厂很少，它们往往倾向于将其产品作为半成品出售给更复杂的炼油厂，以便进一步处理和升级。

最高沸点的化合物不能通过上述的裂解过程进行升级。因此，有必要通过额外蒸馏进一步分离适合升级的馏分。

一次蒸馏产生的渣油如果经受更高的温度，就会以一种不受控制和不受欢迎的方式分解或裂解为较轻的产品。因此，为了在不分解的情况下提取渣油，就有了对常压渣油的二次蒸馏，这次是在真空下进行的。这降低了分离馏分所需的沸点，减压瓦斯油（VGO）可以分离出来并用于选择性裂解。二次蒸馏残余的减压渣油，是一种重质、黏稠、类似焦油的物质，可用作沥青或燃料油，也可通过焦化或加氢裂化等过程进行升级。

通过温度分离原油中的产品，无论是否在真空条件下，都不是唯一的分离过程。分离也可以根据冻结点和在不同化学品中的溶解度来实现。但一次蒸馏是商业应用中最主要的方法。

5.2 加氢脱硫和轻度加氢

过程主要涉及处理或去除产品中所含的硫化合物。主要有两种技术：

（1）加氢脱硫，将硫化合物首先转化为 H_2S，H_2S 作为气体，可以很容易地从液体产品中分离出来。单质硫可以从气体中回收。

（2）Merox 处理方法，包括将硫醇氧化为含硫量更低且无腐蚀性的二硫化物。

加氢脱硫工艺需要供应氢气，以脱除产品中的硫。这就是加氢脱硫往往与重整同时进行的原因。

重整装置将初馏塔中的石脑油转化为汽油。将石脑油在铂催化剂的作用下加热，其辛烷值得到提高。辛烷值是衡量燃料均匀燃烧能力的指标。重整装置中会发生许多化学反应，氢作为副产物产生。这种氢可用于加氢脱硫过程，因此开发了将重整与加氢处理相结合的轻度加氢炼油工艺。

轻度加氢炼油工艺的最终结果中，液化石油气、汽油、煤油或航空涡轮机油、瓦斯油和常压渣油的比例与一次蒸馏大致相同。此外，还可以从加氢装置中回收单质硫。

5.3 升级 / 转换

炼油厂的第三种工艺是升级或转换。这些工艺用于改变产品的产量，通常包括将不需要的高沸点、长链碳氢化合物转化为较短的分子。这是通过在热和催化剂的作用下使分子裂化来实现的。

裂化过程使用催化剂来促进长碳链的热分解。裂化是一种吸热反应，即需要热量的输入。它还会产生碳，碳可以用来产生热量，并为这一过程重新提供能量。裂化工艺包括流化催化裂化（FCC）和加氢裂化，加氢裂化也需要消耗氢来饱和所产生的烯烃。

其他升级工艺包括：

烷基化——将轻质、气态碳氢化合物，如丙烯、丁烯和异丁烷结合，以制成汽油组分；

减黏裂化——通过热裂化从残余燃料油中生产更多的中间馏分；

零燃料——减少温室气体排放的持续努力意味着炼油厂不得不采用更多的升级工艺，以按比例生产更高产量的清洁运输燃料。炼油厂被要求采用一种以上的裂解方式，"零燃料油"炼油厂已开始受到炼油商的青睐。通常，焦化装置与裂解装置一起使用，以完全分解燃料油馏分。

经过处理和升级的产品与通过一次蒸馏和轻度加氢产生的产品不同：前者将包括更多的液化石油气和汽油、大约等量的航空涡轮机油或航空燃料、更多的超低硫柴油（ULSD）或柴油，以及更少的重燃料油。具体取决于经过炼油系统的特定原油或原油混合物，以及通过炼油分析确定的原油性质。

从原油中提取的产品的数量和质量不同，依照不同的温度范围进行种类划分，结果见表 19.1。对于这些分界点应该在哪里，并没有绝对的规定，这是由于在炼油过程中，不同产品之间可能会有相当多的重叠。

表 19.1 原油产品及其实沸点范围

原油产品	实沸点范围（℃）
轻石脑油	C5[a]~85
重石脑油	85~165
煤油	165~235
中间馏分油	235~350
减压瓦斯油	350~550
常压渣油	350+
减压渣油	550+

注：[a]C_5 指戊烷，它有 5 个碳原子和 12 个氢原子（C_5H_{12}）。链较短的碳氢化合物，如甲烷（CH_4）、乙烷（C_2H_8）、丙烷（C_3H_8）和丁烷（C_4H_{10}）在大气温度和压力下以气体形式自然存在。

6　炼油产品

当原油交易商和炼油产品交易商转换业务领域时，对他们来说，首要的也是最明显的区别是对买卖商品质量的定义。

原油交易商习惯于购买仅以其“品牌名称”标识的原油。这可能是在交货时间和地点可获得的任何质量的尼日利亚邦尼轻质原油（Bonny Light）或者巴西的卢拉（Lula）原油。但当原油是来自多个不同质量油田的混合油时，这样做就成了一个问题。混合原油的质量可能会有所不同，有时差异会非常大，这取决于各个油田的产量，例如在维护期间，某些以质量变化大而闻名的混合原油在销售合同中有价格调整机制，如果当天实际交付的原油质量超出预先定义的范围，则对买方进行补偿。

如果所交付的原油质量与预期不符，买方一般无权拒收。在这种情况下，炼油商可能不得不对原油使用不同类型的炼油工艺，或将其与其他等级的原油或半成品混合。

就炼油产品而言，买方对于将要交付的产品质量规格会更加明确，而不太关注其产自哪类原油。产品必须符合购买目的，买方将拒绝接受任何不符合合同规格的货物。

在炼油过程中生产的产品或馏出物可分为两类：燃烧类主要产品和非燃烧类特殊产品。燃料类主要产品有 LPG、汽油、煤油 / 航空燃料、柴油和燃料油。非燃料类特殊产品有石脑油、沥青、润滑油、石蜡和焦炭。

6.1　LPG

液化石油气是丙烷和丁烷的混合物。它们用于加热 / 烹饪和用作汽车燃料，也可以用作化工厂的原料或推进剂。

由于丙烷和丁烷都是纯化合物，一般只需要说明混合物的化学成分，就可以明确所需的产品质量。硫含量和其他碳氢化合物污染物含量也是其重要的质量标准。

6.2　石脑油

石脑油既可用作汽油的上游原料，也可用于石化生产，还可以直接用作溶剂。它的化学成分，即它的 N+2A，将决定它是否适合重整生成汽油，或者是否应该用作石化原料。N+2A 可以按照石脑油中环烷烃体积或质量百分比加上两倍的芳烃体积或质量百分比来计算。

石脑油的 N+2A 越高，石脑油进重整装置生产汽油的辛烷值就越高。低 N+2A 意味着石脑油很可能被卖给石化产业。

轻石脑油，特别是直链戊烷和己烷，被称为正戊烷和正己烷，可与正丁烷一起通过异构化装置转化为支链的异构体。它们的辛烷值比直链烷烃高，可用于汽油调和。异丁烷为烷基化装置提供了原料。

石脑油的沸点范围是决定石脑油在重整装置中收率的一项关键指标，合同中对其进行了明确。另外，硫含量也要明确，因为它是一种潜在的有毒污染物。

6.3 汽油

汽油的燃烧质量是由辛烷值决定的。这是一个相对于异辛烷和庚烷的指标，异辛烷的辛烷值为100，庚烷的辛烷值则为0。辛烷值是衡量燃料在不引起发动机爆震的情况下顺利燃烧的指标。当一个活塞内出现多个火焰位置时，就会引起发动机爆震。

汽油的里德蒸汽压（RVP）以磅/平方英寸为衡量单位，表示燃料的挥发性，或在给定温度下蒸发的程度。这一点很重要，因为燃料必须能够在低温下汽化和点火，以确保汽车在寒冷的早晨也能启动。由于不断收紧的环保要求，硫含量和化学成分也受到严格管制。

汽油调和是炼油厂最复杂的工序，通常在专门的调和终端进行。目标是采购廉价、质量差的组分，将其与更昂贵、质量更好的组分混合，以追求整体优于部分之和。汽油是一种季节性很强的产品，冬季和夏季规格之间的差异非常显著，尤其是在寒冷的气候条件下。

6.4 煤油 / 航空燃料

许多国家仍在采用煤油取暖和照明。煤油和航空燃料本质上是同一种产品，但航空燃料的规格更多。

这两种产品的燃烧特性是由烟点来定义的。烟点以毫米为单位，是火焰在不冒烟的情况下燃烧时的最大火焰高度。烷烃的烟点很高，环烷烃和芳烃的火焰高度则逐渐降低。

对于航空燃料来说，由于高海拔地区温度和压力较低，挥发性和凝点尤为重要，稳定性、沸点范围和酸度也同样重要。由于飞机需要能够在世界上任何一个机场充满信心地加油，航空燃料是唯一的国际指定产品。

有趣的是，航空燃料是所有运输燃料中允许含硫量最高的燃料，因为它是在高海拔燃烧，被认为对人类的威胁较小。

6.5 柴油

瓦斯油和柴油本质上是同一种产品，但柴油在柴油汽车发动机的应用中有更多的规格。瓦斯油最常用于农业机械和工程机械，而船用瓦斯油越来越多地应用于船用燃料工业。

这些产品的燃烧特性由十六烷值或指数来确定，它测量的是从开始点火到燃烧之间的时间。十六烷值越低，点火延迟越长，就越不适合作为柴油汽车发动机的燃料。

冷流特性对柴油尤为重要，通过冷滤点（CFPP）衡量，单位为摄氏度，是在控制温度和压力条件下，在60秒内通过标准过滤器抽取一定体积柴油的最低温度。柴油和瓦斯油的含硫量都受到严格控制，沸点范围和密度也有规定。

6.6 燃料油和燃料

燃料油是一个术语，涵盖在重型发电厂、熔炉和低速柴油发动机中使用的沸点较高的燃料。密度和以黏度、倾点衡量的冷流特性，是重质燃料的重要指标。由于燃料油经常在人类附近燃烧，金属含量和硫含量出于环保原因被严格控制。

船用燃料油过去是指裂解燃料油和其他低品质渣油、在油轮和其他海上船只发动机中燃烧的燃料油。对环境的关注改变了人们对燃料的态度。因此，燃料油越来越多地提取自瓦斯油库，以提供更高品质的船用瓦斯油。

2016 年，国际海事组织（IMO）宣布，从 2020 年 1 月 1 日起，将全球海运燃料硫含量的上限由 3.5% 降低至 0.5%。该限制适用于硫排放控制区（Sulphur Emissions Control Areas，SECA）以外的地区。在 SECAs 内，硫含量上限甚至低至 0.10%。在编写本报告时，IMO SECA 清单为：

（1）北美太平洋沿岸；

（2）美国、加拿大、法国的大西洋沿岸和墨西哥湾；

（3）夏威夷群岛；

（4）美国加勒比海地区；

（5）波罗的海；

（6）北海。

中国于 2019 年 1 月 1 日推出了自己的 SECA。随着时间的推移，这一规定正在逐步收紧。

从 2020 年 3 月 1 日起，甚至禁止携带不符合规定的燃料，除非船舶有废气清洗系统或洗涤器，这些系统可以改装，但价格昂贵。

对硫的限制并不是船用燃料唯一的环境目标。IMO 从 2019 年起对全球航运实施了强制性的海洋燃料消耗数据规定，以提高未来船队的燃料效率，减少燃料燃烧的温室气体排放。

6.7 润滑油

被批准用于生产润滑油的原油含有一个小小的经济头彩，因为它是桶油中附加值最高的产品之一。额外的利润通常归于生产润滑油的炼油商，而不是上游生产商。鉴于润滑油的用途，黏度、冷流特性和烷烃含量是其重要的规格参数，其中黏度指数用来衡量润滑油在不同温度下黏度的变化。

润滑油有两种主要类型：石蜡基和环烷基。石蜡基润滑油用于工作温度有显著变化的情况。环烷基润滑油用于温度几乎恒定的情况，因此绝对黏度更重要。

一个等级的原油需要很长时间才能被批准用于润滑油生产。这是因为润滑油必须在发动机中进行破坏性测试，这在实验室中可能需要一年多的时间。

润滑油主要由减压蜡油制成，并通过化学添加剂进行进一步加工和改进。

6.8 沥青

沥青用于铺路和道路工业，软化点和针入度是其相关的特性，它们描述了材料在环境温度变化时保持其完整性的能力。因为沥青不用于燃烧，所以它的硫含量不像其他产品那么重要。

6.9 焦炭

石油焦是原油高沸点组分热分解的副产物，如焦炭。高品质的焦炭可以用作金属电解过程的电阳极，但通常该产品用于熔炉燃烧。

如前所述，石油产品的沸点范围有很大程度的重叠。例如，重石脑油可以成为汽油、煤油甚至瓦斯油池的一部分。炼油商可以选择不生产煤油，而是最大限度地提高汽油和瓦斯油的产量。重要的是认识到产品产量的重叠，因为这可能会对原油价格的确定产生影响。

7 产品总值和原油价值

我们在一开始就说过，原油之所以有用，是因为通过炼油过程可以从中提取出各种产品。我们进行了原油的化学分析，研究了不同的炼油工艺，以及如何从原油中提取和处理有用的产品，以满足市场所需的数量和质量。我们还研究了终端用户对这些炼油产品的应用。

现在是时候看看上述所有因素对原油价值的影响了，完成这项任务的基本指标之一是产品总值（GPW）。

GPW 是通过对所涉原油等级进行物理和化学分析，即所谓的鉴定来确定的。可以根据特定质量石油在不同类型、不同复杂程度的炼油厂中的表现来评估鉴定结果。如果出售给合适的炼油厂，可以对从该等级原油中能够提取的炼油产品的数量和质量进行评估。

例如，原油卖方将 API 度非常高的轻质原油卖给具有炼焦能力的炼油厂，将不会获得最好的价格，因为焦化商购买更便宜、低 API 度的重质原油，从减压蒸馏装置的残余燃料油中提取更有价值的轻馏分，效果会好很多。同样，一家采用不锈钢冶金技术的炼油厂也不会通过购买低 TAN 原油来实现利润率最大化。它最好购买自己能使用而其他炼油厂不能使用的便宜、高 TAN 原油。

将该分析与相关原油的最佳炼油模式结合起来，可以计算出原油的 GPW。

可用在特定炼油厂配置下可以从特定原油中提取的每种产品的价格乘以其产量，并将结果加起来，从而估算出原油在市场上可能的价值，即 GPW 是每种产品的数量与其价格的乘积的总和。显然，必须使用正确的产品价格。试图用鹿特丹的产品价格来评估卖给新加坡炼油厂的原油价值是没有意义的。

事实上，市场上的实际交易价格可能与 GPW 有很大不同，因为对原油价格产生影响的不只是质量。例如，炼油商不仅会考虑原油的 GPW，还要考虑将石油运至炼油厂的运输成本。炼油商可能更喜欢原油等级 GPW 较低，但位于家门口，运费最低。买方可以考虑其个人关注的任何因素。例如，如果买方从持续延迟的装货码头以离岸价购买，而滞期费索赔没有及时解决，或者根本没有解决，买方可能会降低其为该原油支付的价格。

GPW 并不代表一桶原油的绝对价值，但在交易数据不多的情况下，通过将其与某一交易活跃、价格信息透明的原油等级的 GPW 进行对比，是评估这一等级原油可能的市场价格的有用方法。比较两种不同等级原油的 GPW，是评估这两种原油在市场上可能的相对价格，即两者之间价差的正常出发点。

8　石油价格的领先与落后

石油贸易界长期存在的一个难题是，成品油价格是否会导致原油价格上涨或下跌，还是随着原油价格的波动上涨或下跌。没有唯一的正确答案，因为这两种说法在不同的时间都可能是正确的。

例如，20 世纪 80 年代中期，当面对北海等新产油区石油产量的上升时，OPEC 决定维持其市场份额，OPEC 产油国向买家承诺保证炼油利润为正，或“净回值”。有了利润保证，炼油商开始全力生产市场需要或想要的，导致成品油价格下跌。为了兑现炼油利润为正的承诺，OPEC 产油国不得不下调原油价格。原油价格追随炼油产品价格跌至每桶 10 美元以下，直到 1986 年 8 月 OPEC“妥协”并取消了“净回值”政策。

再如，2014 年底的原油价格暴跌是市场经济学研究的经典案例。在中国、印度和其他新兴经济体对炼油产品需求迅速增长的推动下，原油价格上涨，导致此前不具经济效益的油田（包括美国的页岩油生产）的原油供应迅速增加。产量的增加对原油价格上涨产生了缓冲作用，而高企的炼油产品价格抑制了需求，新兴经济体面临衰退。这成为了经济学入门课程的内容。

考虑到 2020 年新冠肺炎疫情对油价的影响，由于中国采取隔离措施，对炼油产品的需求大幅下降，世界其他地区也紧随其后，减少了对炼油产品的需求，并不可避免地压低了原油价格。

但 2020 年的另一个复杂因素是，由沙特阿拉伯和俄罗斯主导的石油价格战。自 2017 年以来一直生效的 24 个产油国之间的“OPEC+”减产合作协议在 2020 年 3 月的一次会议上破裂，原油供应的闸门被打开，加速了整个原油和炼油产品价格体系的底层竞争。

原油和成品油价格之间的关系很大程度上受到套利过程的影响。如果一个地区的石油价格高，而另一个地区的石油价格低，交易员就会购买价格较低的石油，并将其运输到价格较高的地区，直到运输成本和货币的时间价值使这样做不再具有经济性。

同样，如果今天交割的石油价格低于下个月交割的石油价格，交易员就会购买现在交割的石油，并储存起来，待价格上涨时再交割。他们会一直这样做，直到储存成本和货币的时间价值使这样做不再具有经济性。

最后，如果由于气候、季节或监管原因，不同地区对特定规格或数量的炼油产品的需求不同，贸易商将通过运输和 / 或储存和 / 或混合炼油产品来消除地区间价格的异常差异。

炼油商通过改变炼油厂加工的原油类型，即他们的原油原料，来应对这种价格异常以满足最终用户要求的质量规格，直到他们不再有正的炼油利润率。此时，价格异常很可能已被上述的套利组合所消除。

参考文献

[1] “Trading Crude Oil: The Consilience Guide”, by Liz Bossley, published by The Write Approach Limited, 2013.

[2] “Trading Refined Oil Products: The Consilience Guide”, by Liz Bossley and Catherine Jago, published by The Write Approach Limited, 2014.

[3] “Petroleum Refining for the Non-Technical Person”, by William L.Leffler, published by Pen Well Publishing Company, Second Edition, 1985.

[4] “Oil Markets and Prices”, by Paul Horsnell and Robert Mabro, published by The Oxford Institute for Energy Studies, 1993.

[5] “Demand, Prices and the Refining Industry”, by Robert Bacon, Margaret Chadwick, Joyce Dargay, David Long and Rober Mabro, published by The Oxford Institute for Energy Studies, 1990.

第 20 章　天然气交易与价格发现

曼弗雷德·哈夫纳[①]　贾科莫·卢西亚尼[②]

定价机制是天然气贸易的关键要素。在过去 10 年中，随着供应商和买家之间的分歧不断增加，定价机制越来越受到关注。这种情况首先发生在欧洲，特别是在 21 世纪 10 年代前半段，随后发生在亚洲，直到 21 世纪 10 年代末。针对长期供应合同的重新谈判和仲裁浪潮动摇了天然气行业的支柱，其中定价是核心问题。本章旨在简要讨论定价的一般概念，思考定价机制的重要性，分析不同时期和地区的定价机制，并对近期发生的重要变革进行阐述，其中一些变革仍在持续。

1　定价和价格——功能概述

有人可能会认为，对供应商和买家来说，终极重要的是价格水平。从这个意义上讲，定价机制的重要性在于它是影响价格水平的关键因素之一。事实上，定价机制是决定商品供需平衡（市场基本面）的变化如何转化为价格水平的工具。另一部分人认为，定价机制没有考虑市场基本面。无论如何，虽然价格水平可能是定价机制最重要的结果，但供应商和买家可能会在定价机制方面支持其他长期和 / 或战略利益，而这些利益超出了此类机制在特定时间内所得到的价格。例如，这些利益可能与稳定性（缺乏波动性）和透明度有关。在某些情况下，短期利益可能与长期利益相冲突。例如，即使某种定价机制最初得到的价格相对较低，但因为预期从长期来讲它能给出更高的价格，供应商也可能会支持这种定价机制。

价格和定价在天然气业务中的重要性再怎么强调也不为过。首先，价格水平和定价机制是调整需求和供应的关键因素，而定价和价格是买家和生产商实施风险管理策略的基本要素，在预示投资机会和投资需求方面发挥着重要作用，例如，如果一个地区比相邻地区有较高的溢价，就会出现跨境贸易投资的信号。其次，定价和价格是天然气相对于替代能源是否有竞争力的决定性因素，它们还影响不同来源天然气之间的竞争。如果买家不受约束，即可以在不同供应商之间随意切换，那么定价和价格还将影响销量，从而影响收入。最后，在分析将天然气作为关键原料和主要成本的产品

① 曼弗雷德·哈夫纳（Manfred Hafner），巴黎政治大学国际事务学院，约翰·霍普金斯大学高级国际问题研究院，埃尼·恩里科·马泰基金会（FEEM）；电子邮箱：Manfred.hafner@sciencespo.fr。

② 贾科莫·卢西亚尼（Giacomo Luciani），巴黎政治大学国际事务学院，瑞士日内瓦高等国际关系与发展研究院；电子邮箱：giacomo.luciani@sciencespo.fr。

（如化肥）竞争力时，天然气的定价机制和价格是重要因素。

2 天然气价值链的不同定价机制

众所周知，随着时间的推移，天然气价格会发生变化，而且天然气价格也会因地区而异。鲜为人知的是，天然气价格也会沿着天然气价值链而变化。上游企业以井口价格销售，这基本上是天然气生产地的批发价格。当天然气被运输、储存和分销时，将增加新的价格组成部分，以反映产生的额外成本（请注意在分析中区分价格和成本至关重要）。例如，价格将反映进入费、存储费和退出费。首先，必须涵盖运输费（国际管道运输费或液化天然气运输费）。市场进口价格（离岸价）还不是一个国家终端用户最终支付的价格。事实上，价格还需要反映目的地市场的运输成本和销售成本（包括各种税费以及商家的利润）。一些大型用户直接连接到输气管网，但更下游的客户支付的价格除存储和分销成本以外，还包括税费以及分销商的利润。另一个重要的概念是“城市门站价”：这通常是指天然气输送到当地公用事业部门分销网络入口处的价格。零售价格与批发价格和进口价格相差很大。

天然气在价值链各个层次上的交易方式也不同。出于定价目的，将生产商（例如俄罗斯天然气工业股份公司）与进口公司（例如埃尼集团）之间的贸易和进口公司的国内销售（即埃尼集团向意大利的工业用户、发电厂和零售用户等客户供气）进行区分非常重要。传统上，越是靠近下游市场，天然气短期交易就越多。另外，过去国际天然气贸易由长期合同主导，尽管现在长期合同仍是国际天然气贸易（管道天然气和液化天然气）的主流，但近年来，短期贸易已取得重大进展。短期交易是指期限为3~4年或更短的合同和现货交易[①]，现货交易又可以采取多种不同的形式（场外交易、交易所交易等）。

3 定价机制分类

天然气价格和定价机制在很大程度上因地理位置变化而不同，对定价机制进行统一考虑是非常困难的。与石油不同，天然气运输成本明显高于石油，因此天然气市场具有明显的区域性特征。这可以用气体分子（气态）和油分子（液态）的不同性质来解释——气体的能量密度低于油的能量密度。由于运输对天然气的最终交付 / 采购成本影响较大，传统上，天然气贸易倾向于区域性贸易（绝大部分）而非国际性贸易。事实上，世界上各国生产的天然气绝大多数都是在本国消费的。

液化天然气贸易正在改变这一局面，各地区的价格正在趋同。然而，天然气市场和石油市场之间的差异仍然存在，全球天然气价格不太可能完全趋同。尽管随着液化天然气贸易市场化程度越来越高，亚洲和欧洲的价格关联性逐步增强，但生产 / 净

① 根据 GIIGNL（International Group of Liquefied Natural Gas Importers）的分类。

出口地区和消费 / 净进口地区的价格差距仍将存在。欧洲天然气很难达到与美国亨利枢纽（Henry Hub）相同的价格水平，因为欧洲的本土产量正在下降，天然气价格取决于国际贸易和灵活供应量的可获得性。相反，在美国，当地枢纽指数价格由其国内供需动态平衡所决定。未来，尽管区域定价的差异和价差将低于当前，但预计仍将存在。

国际燃气联盟（IGU）（2019）提出的定价机制分类法被广泛采用。这一分类法首次区分了油价联动（OPE）和气—气竞争（GOG）定价方法，这是重新谈判和仲裁的核心，在 21 世纪初曾撼动天然气行业，并可能继续撼动亚洲天然气行业。油价联动（石油指数化）和气—气竞争（枢纽指数化）定价法之间的主要区别在于，油价联动定价法中天然气价格与另一种商品（石油）的价格挂钩；而气—气竞争法中，气价由天然气供需决定。关于石油指数化是否仍然可以接受的争论非常激烈。石油指数化被一些人称为“野蛮”和时代错误（Pirrong，2018），另外一些人则对与油价挂钩的长期合同情有独钟，肯定了它在稳定市场预期、形成共识以及促成必要的资本密集型投资方面的价值和历史作用（Komlev，2016）。

在石油指数化定价中，天然气价格通常通过基准价格和斜率系数与原油（尤其是在亚洲）或燃料油、瓦斯油和汽油等一揽子石油产品（在欧洲更常见）的价格挂钩。理论上，天然气价格可以与其他多种能源产品的价格挂钩。除了石油，电力价格或者煤炭价格均可以作为基准，但这仅在个别情况下出现过。事实上，将天然气价格与煤炭价格挂钩可能更有意义，因为天然气和煤炭仍然在电力行业存在直接竞争关系，而天然气和石油目前竞争关系不大。

在气—气竞争定价中，价格由供需决定。反映价格的交易活动可以有多种时间周期：每天、每月、每年等。日前、月前、年前价格反映了这些不同的交易期限。交易可以在实体枢纽或虚拟枢纽进行。需要强调的是，天然气交易可以通过定期合同进行，并与枢纽指数价格挂钩，或者直接通过枢纽进行现货交易。因此，长期合同和枢纽指数价格是完全兼容的：显然，枢纽指数价格需要一些现货和短期交易活动才能存在（而且交易活动越多，交易者越多，枢纽指数价格的设置就越透明，就越是可信的、具有代表性的基准价格）。各方在长期供应合同中采用枢纽定价机制并不存在阻力。

除了石油指数化和枢纽指数化定价法之外，IGU 分类中的第三种定价机制是双边垄断定价。双边垄断定价是指卖方和买方在双边谈判中确定价格，可以使用各种标准来设置价格，这些标准中有一些可能与市场因素有关，但通常更多考量与成本（考虑可能的“公平价格”）以及政治相关的因素。协议达成后，将在固定期限内有效，通常为一年。该协议通常是高层协议，涉及政府或国有企业。在国际天然气贸易中，该定价机制主要在苏联和中东使用，很少在西方世界使用。

石油指数化定价、枢纽指数化定价和双边垄断定价是国际天然气贸易中使用的三大类定价机制。对于国内销售，还有其他的定价方法。首先是“最终产品的净回值”定价法。这种定价法基本上意味着天然气供应商收到的价格，是买方得到的最终产品

（例如化肥）价格的函数。这种方法通常用于天然气是生产产品的主要可变成本，并且目的是维持天然气买方（以及最终产品的生产商）财务稳定的情况。

此外，天然气价格经常受到管制，但这通常适用于国内天然气贸易，而非国际天然气贸易（见图 20.1）。

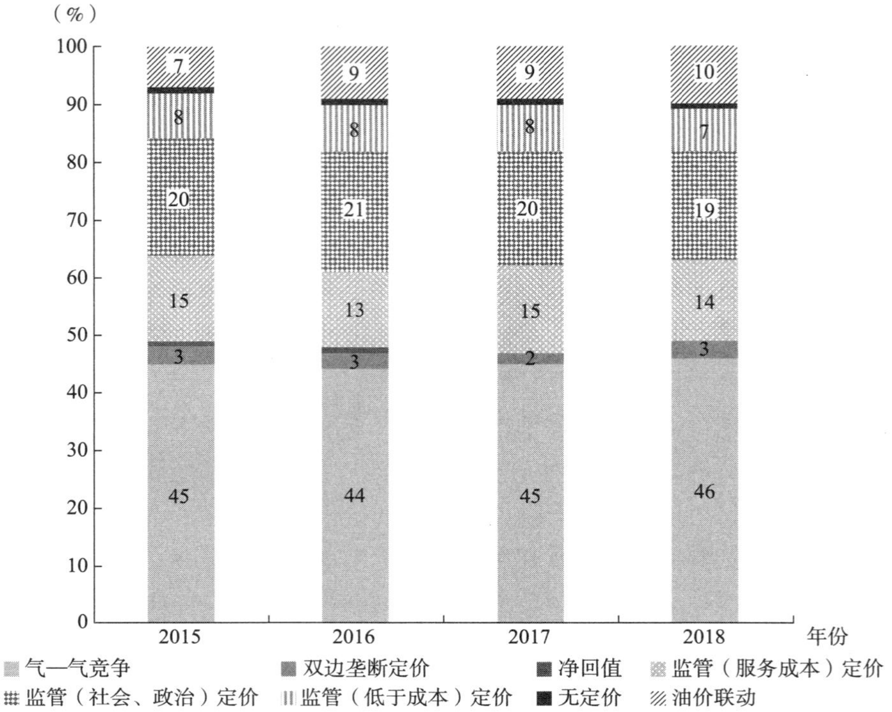

图 20.1 天然气定价机制演变——国内天然气消费

资料来源：IGU（2019）。

在许多地区，化石能源仍然得到大量补贴，这通常是基于良好的社会和政治动机，虽然从气候变化的角度来看，它受到的抨击越来越多，国际能源署（IEA）也一直呼吁停止化石能源补贴[①]。事实上，许多低收入国家很大一部分人难以负担国际能源价格。低收入国家政府通常向本国产业提供较低的能源价格来确保其国际竞争力，从而促进制造业发展以实现经济多样化。在非常寒冷的国家，燃气供暖也发挥着关键的人道主义作用。然而，价格管制会产生一些扭曲效应。首先是消费者不会将天然气视为稀缺资源，这鼓励了商品的浪费使用，降低了能源效率。随着时间的推移，这可能会导致国内需求激增，如果与大规模人口和经济增长相叠加，国内需求可能会失控。例如，北非一些国家一直以来履行其天然气出口合同都很困难，就是因为其国内价格受到管制导致国内需求正在以不受控制的方式增长。这个例子也有助于说明，虽然价格管制涉及的是国内天然气消费量，但同样与国际天然气贸易

① https://www.iea.org/topics/energy-subsidies。

有联系。发展中国家天然气价格与全球天然气市场价格之间的巨大差异也是国际石油天然气公司不愿承诺在当地市场大量销售的原因，它们倾向于销往全球市场。然而，资源国往往希望制订一些当地的天然气项目开发计划，以实现工业化并减少贫困。国际石油公司关于定价机制、价格和国内销售份额的谈判通常是复杂而漫长的。

在管制价格中，第一个广泛而重要的区别在于价格是高于成本还是低于成本。事实上，管制价格有时低于市场价格，但仍能回收生产成本（有时还包括整个天然气价值链的运输成本和其他经营活动成本）。而在更极端的补贴案例中，管制价格设置得太低以至于生产（或价值链中的其他经营活动）处于亏损状态，政府不得不介入，其结果是成本由社会承担。有时也存在交叉补贴，即对一些用户的收费高于其他用户，用于弥补免费用户或受保护用户带来的缺口。IGU 进一步对“监管（服务成本）定价”（RCS）和“监管（社会、政治）定价”（RSP）进行了区分。前者是指价格由政府机构或监管机构确定，且价格旨在覆盖成本和最低回报率；后者是指价格设定基于明显的政治或社会基础，用于应对特定需求或提高收入，设定的时间间隔不规则。IGU 提供的最后一个类别是“无定价”（NP）。在许多情况下，天然气是免费提供给军事用户或国内工业用户的，特别是在有大量天然气生产且天然气没有其他明确或明显用途的情况下，否则就要烧掉。

4 石油指数化定价的合理性

如前所述，在国际天然气贸易中，石油指数化和枢纽指数化是主要的价格机制，并且正在从石油指数化长期合同过渡到短期贸易和枢纽定价。

有人可能会疑惑，为什么天然气价格要与另一种商品挂钩。简单的解释是，天然气市场的规模和参与度都很有限，而石油市场几十年来一直都是一个真正的全球化流动市场。之前提到过的两种商品的物理特性，可以在很大程度上解释这些差异。由于天然气市场还不成熟，人们认为天然气市场并不存在一个可靠的基准价格。在以国内市场为主且垄断（或同业联盟）主导的市场中，价格被操纵的可能性很高。与油价挂钩之所以能维持如此之久，另一个重要原因是价格机制具有惯性，大家一旦建立了对一个系统的信任，就不愿意在没有冲击的情况下改变它。

石油指数化长期合同存在的理由非常充分。天然气供应商需要在生产和运输方面投入大量资金，而天然气买家往往需要在分销网络方面投入大量资金，下游的工业、住宅和商业用户通常需要在国家的帮助下采用燃气设备，整个国家的气化成本高昂。因此，供应商和买家都需要强有力的担保，而石油由于其流动性、全球性和贸易性，提供了比新兴商品更有力的担保。

交易成本经济学，特别是其创始人奥利弗·威廉姆森（Oliver Williamson，1979）的研究，有助于解释为什么采用长期合同而非现货交易来管理某些类型的交易。在完美资本市场条件下，正如新古典经济学所描述的那样，没有交易成本。威廉姆森认为，如果交易成本为零，就不需要经济组织。然而，在现实世界的经济交易中，信息永远不完全，交易成本也一直存在。当特定交易的价值很高时，特殊的治理结构将不得不取代标准的市场交易。威廉姆森认为，必须建立针对特定交易的治理结构，以管理经常性交易、需要“特殊”投资以及在不确定性环境下进行的交易。下面让我们回顾一下这些概念。

频率之所以重要，是因为与信息不完全相关的问题（以及各方预测未来成本和收益的能力）在交易重复发生或持续进行时很重要，而在一次性交易中它们并不相关。

同时，威廉姆森认为，非独特性的商品并不会构成重大风险，因为买家可以很容易地转向其他供应商，反之亦然。然而，当个体的特点对成本产生重大影响时，就会出现“非市场性”的情况，涉及这类商品的交易被称为“专用性交易”。在这方面，要重点强调的是，当液化天然气市场开始全球化并逐步成熟时，投资管道比投资液化天然气更具独特性：如果失去当前客户，LNG 流向可以改变（或者如果失去供应商，可以从另一个地方获得 LNG），但是管道不能移动，从而造成买方和供应商被锁定的情况。

涉及专用性交易的合同必须解决有限理性和机会主义所产生的问题。一旦所投资的资产除了特定用途之外没有其他用途，这种投资就会“沉没”。在提供担保和保证的特殊治理结构发生违约的情况下，显著的资产专用性会导致 Klein 等（1978）所描述的“停滞”情况：当投资方意识到存在无法回收投资的高风险时，就不愿意进行投资，这可能导致普遍的投资不足。当存在专用性交易时，现货交易所将无法提供合适的投资激励，因此保证长期商业关系是必要的，这是进行投资的基础。

不确定性也非常重要。在不确定条件下执行的长期合同即使存在，也会非常复杂。大家并非一开始就能预料到未来的所有情况，这可能导致合同需要进行修改，因此合同的灵活性非常关键。在未来收益取决于世界未来状态的合同（与国家有关的索赔）中，很可能会出现争议，鉴于当事人被认为是机会主义者，很难确定应该相信谁的索赔。因此，还需要建立争端解决机制。

长期天然气供应合同体现了以上所有特征。虽然前面曾经说过，从概念上讲，石油指数化和长期合同是不同的，但在天然气贸易初期，例如欧洲与苏联、日本与东南亚 LNG 出口国之间的天然气贸易中，这两种模式是“不可分割的整体”。

它们可以被视为“不可分割的整体”，因为它们是复杂的风险分配机制的重要组成部分，也就是说，合同数量、期限和价格条款都是买卖双方在数十年的天然气贸易中能接受的。因此，本章在重点讨论定价的同时，也将讨论一些关键的非定价合同条款。

在欧洲 – 苏联合同（Euro–Soviet Contracts）所采用的方案中，出口商承担更高的价格风险，进口商承担更高的数量风险。出口商承担（更高的）价格风险，是因为无论合同价格如何，他们均承诺提供合同约定的数量。油价波动将影响到合同价格，而且谁也无法预知合同价格会不会在很长一段时间内处于低位。为了限制价格波动，合同价格是根据前几个月（通常是前 12 个月）的一篮子石油产品的平均价格计算的，适用的期限更短（通常是接下来的 6 个月）。然而，价格风险也并非完全由出口商承担。事实上，进口商也受到价格波动的影响，但是风险有限——因为他们可以将（更高的）采购成本转嫁给最终用户，而最终用户（在市场自由化前的环境中）是受控的。相反，对于进口商来说，主要的风险是当需求低于预期时无法销售合同规定的天然气数量，即数量风险。

之所以选择石油指数化合同，是因为天然气市场不具备流动性，各方觉得有必要将合同价格与一种交易量更大的商品挂钩。选择石油指数化的另一个原因是进口国的公司已经有了这种经验，而且能源部门的经营者对国际石油市场的动态情况十分了解。此外，石油指数化是有意义的，因为当时天然气和石油深度交织在一起，不仅在上游（有相当大的伴生气产量），而且在下游——天然气在供暖和工业方面与石油产品竞争，不过在发电方面竞争程度较低（Stern，2012）。如前所述，和与原油挂钩的亚洲合同不同，俄罗斯和欧洲之间的合同与石油产品挂钩，特别是在工业领域与天然气竞争的重质燃料油，以及在住宅领域与天然气竞争的瓦斯油。在欧洲进口合同中使用的典型石油指数公式可以简化如下：

$$P_t=P_o+\alpha\times a_1\times b_1(Go_t-Go_o)+(1-\alpha)\times a_2\times b_2(HFO_t-HFO_o)$$

式中，P_t 为合同价格，P_o 为基准价，α 和 $1-\alpha$ 为不同市场组分的权重（本例中为居民和工业部门）；a_1 和 a_2 为石油产品和天然气的能量换算因子；b_1 和 b_2 为将石油产品价格变化转化为天然气价格变化的传递因子（通常相对石油产品采用 80%~90% 的折扣率）；Go_0 和 HFO_o 是基于几个月均值计算的瓦斯油和重质燃料油在 t_0 时刻的价格。①

亚洲的价格公式设计有所不同。除了与原油而非石油产品挂钩外，亚洲长期合同最显著的特征之一是存在一个 14.85% 的石油斜率（源自印度尼西亚国家石油公司和日本西方买家联盟之间的历史“基准”合同）（Flower and Liao，2012）。不同时期签订的合同斜率不同，同一时期的不同合同斜率也有所不同，但通常保持在 10%~17% 的范围内。斜率本质上决定了指数化比率（考虑到两种商品之间的热值差异）。在早期的 LNG 贸易中，LNG 价格和原油价格之间存在线性关系（此外，该公式还包括通货膨胀因素）。通常情况下，在低油价环境下，根据上述最初的亚洲公式计算得出的天然气价格要高于原油价格，而在高油价环境下可能低于原油价格。当一方的定价变得不可持续时，s 型曲线间歇性地得到应用（当天然气和石油价格非常低或非常高时，s 型曲线缓和了两者之间的关系）（Flower and Liao，2012）。

长期合同和定价机制所具有的一个基本属性是灵活性。由于输气管道的投资回收期可能要几十年，各方预计市场条件在合同期限内会发生变化，需要动态调整。正如刚才提到的亚洲合同，以及下文将讲到的欧洲 – 俄罗斯合同（European–Russian

① C.Falso，L.Franza，Long–Term Gas Import Contracts in Europe：The Evolution in Pricing Mechanisms，Clingendael International Energy Programme，2014.

Contracts），如果情况变得不可持续，其中一方可以调整定价机制。

事后来看，长期进口合同被证明是极其灵活的：尽管地缘政治发生了深刻的改变，能源使用也发生了根本性的变化，但在几十年的贸易中，这些合同虽然肯定被修改过，但从未被毁弃。

首先，合同供应量具有灵活性，当需求下降时，买家可以购买低于年合同量（ACQ）的天然气，并有可能在接下来的几年进行补偿。显然，买家必须遵守最低下限门槛。买方可以购买较少的数量，但是，在一定的阈值下，仍然必须按照合同价格支付未购买的天然气（照付不议）。这个较低的阈值被称为最低合同量（MCQ）或照付不议量（TOP），通常是年合同量的 75%~85%。供应量除了具备向下的灵活性外，还具有向上的灵活性，允许卖方供应量超过年合同量。因为具有闲置的产能，俄罗斯特别承诺，如果有需求，可以提供更大的供应量。

其次，灵活性与定价有关。允许双方在市场变化合理的情况下对合同条款进行审查，在特定的时间间隔内（最初每三年）修改定价机制。这样做是为了避免定价公式给出对买方或卖方都完全无益的价格水平（包括了机会成本的考量）。例如，在欧亚天然气贸易中，考虑到所投资资产的专用性和市场准入的要求，俄罗斯天然气工业股份公司既关注从天然气销售中获利，又关注让欧洲买家满意（以避免其转向其他能源或天然气供应商），至少确保买家在财务上有偿付能力。

总之，长期合同是一种复杂的治理结构，旨在由各缔约方分担商业风险，其中涉及地缘政治因素。由于当时缓和欧苏关系这一重要目标，叠加长协潜在的交易性特点，欧苏长协体现了维持地缘政治关系的特征。合同的条款是为了尽量减少争端，或者至少可以管理争端。日本和东南亚国家之间的合同也通过高层政治协调得到加强。在 1973 年的价格冲击后，出于供应安全的考虑，日本选择了进口大量液化天然气在当地进行气化来减少对石油（和中东）的依赖。出于签署天然气协议的需要，日本与印度尼西亚和马来西亚这两个第二次世界大战期间被日本占领的国家和解。

从历史上看，定价机制是更广泛的“不可分割的一揽子计划”的一部分，服务于商业和地缘政治的长期战略目标。当然，这些计划还必须具有商业意义。这一点，再加上它们的灵活性，使它们在几十年里都富有韧性。用威廉姆森（Williamson）的行话来说，本节中所描述机制的目的是，当高专用性资产、经常性交易和显著不确定性出现时，限制各参与方的事后机会主义。

5 石油指数化定价的压力：气—气竞争

在很长的时间里，美国一直在全球天然气定价方面是个例外。事实上，美国作为天然气主要生产国，在将枢纽定价确立为行业规范方面做了重要的开拓性工作。亨利枢纽（Henry Hub）的重要定价角色不是简单得来的，而是监管者辛苦工作的结果。在美国，取消井口价格管制是天然气市场化的首批关键步骤之一，随后是通过拆分输送基础设施和第三方准入，在批发市场引入竞争。美国放松天然气市场管制的第一步是 1978 年的《天然气政策法》(*Natural gas Policy Act*)，其中包含了逐步取消井口价格上限的规定。后来，1989 年天然气井口解除管制法案完全放松了对井口价格的管制。1989 年，随着管制放松，(NYMEX) 选择亨利枢纽 (Henry Hub) 作为合同地点。之所以选择亨利枢纽，是因为路易斯安那州的供应和基础设施非常集中。事实上，美国的一大优势，在于美国本身就是一个主要天然气生产国，这极大地增加了天然气的流动性。

从那时起，Henry Hub 价格成为美国天然气的基准价格。区域中心仍然存在，但区域价格通常跟随 Henry Hub 价格，除非存在设施瓶颈。在过去的几十年里，Henry Hub 价格发生了重大变化，但由于页岩气革命，在过去 10 年直到 2021 年之前，价格一直处于非常低的水平（通常低于 3 美元 / 百万英热）。

20 世纪 90 年代和 21 世纪头 10 年，美国之外的天然气行业也发生了根本性变化，传统的定价机制在这些地方开始面临越来越大的压力。

天然气投资的资产专用性下降了，特别是在成熟市场。天然气输配基础设施开始实行摊销，由于技术进步和规模升级，液化天然气的资本密集度大幅降低（Cornot-Gandolphe，2003；詹森，2003）。较低的资本密集度导致较低的风险，并限制了“停滞”问题（Chyong，2015），从而削弱了签署长期合同的必要性。

LNG 贸易相对于管道气贸易的增长也促成了这些动态变化。由于 LNG 贸易的流动性，它不像管道气贸易那样具有资产专用性，因此为市场双方带来了更多的灵活性（Chyong，2015）。更具灵活性的 LNG 以及快速增加的市场参与者正在改变支撑与油价挂钩长期合同发展的基本市场结构。

天然气贸易正在变得更加“客观”，与油价的关联性也更弱，基于市场的定价机制所带来的压力也相应增加。长期的战略考虑逐步让位于短期的、以利润为导向的动机。随着天然气市场（和枢纽）的成熟，人们对气—气竞争能够提供可靠价格发现的信任不断增加，伴随天然气与石油之间的直接竞争减弱，石油指数化定价失去了部分吸引力和最初的理论基础。

外生因素在改变定价机制方面发挥了根本性作用。最重要的因素是天然气市场化。天然气市场化始于美国，随后扩展至英国和欧洲大陆。最近，西方以外的国家也开始开放天然气市场。日本强制要求第三方参与者接入基础设施，中国也开始拆分天然气管道。市场化对定价很重要，因为其主要影响之一是打破了现有企业和终端用户之间的牢固联系。在市场化的环境中，终端用户不再被束缚，他们可以切换其他供应商，直接在枢纽上购买天然气。这意味着现有企业（中游企业，例如进口公司）失去了转嫁额外采购成本的能力。市场化还带来了良性循环，即枢纽提供的交易量越大，就有越多的枢纽成为基准，从而吸引更多的贸易，等等。当然，前提是要有相应的实物量。

在市场化的环境中，价格是在枢纽确定的，枢纽是天然气交换的市场，可以是虚拟的，也可以是实体的。美国的亨利枢纽指数（Henry Hub）、英国的国家平衡点（NBP）和荷兰的产权转让设施指数（TTF）是目前世界上流动性最强的枢纽。在亚洲，还没有建立西方那样的枢纽价格指数，一个关键的市场指标是日韩基准估价（JKM），这是普氏能源资讯根据交易活动计算的指标。石油生产国在竭力反对以枢纽为基础的定价并捍卫石油指数化之后，也开始尝试枢纽贸易。它们似乎已经承认石油指数化定价属于过去，而最现代的定价机制是枢纽指数化定价。它们现在正在努力建立自己的枢纽，这样他们的收入就不会完全由出口市场的枢纽决定进而导致对出口市场没有任何控制权。需要注意的是，俄罗斯最近建立了一个交易所——圣彼得堡商品交易所（SPIMEX），并在2018年开始通过电子销售平台（ESP）向欧洲销售天然气。

终端用户可以直接在枢纽上购买天然气具有革命性意义，这使旧的商业模式面临巨大压力。当与油价挂钩的价格与枢纽指数价格之间的差距扩大到对中游企业来说不可持续的程度时，压力就达到了临界点。2008—2009年，全球天然气出现了供过于求的局面。美国本土天然气产量足以满足国内需要，卡塔尔原本运往北美市场的液化天然气无法在北美销售。因此，卡塔尔LNG需要寻找新的出口目的地，其将目标定为欧洲。2008—2009年的金融危机抑制了天然气需求，加剧了供需不平衡，欧洲枢纽指数价格暴跌。与此同时，由于中游企业（进口公司）必须履行它们与俄罗斯、阿尔及利亚和其他供应商签订的与油价挂钩的天然气长期合同，并且不能像过去一样将增加的采购成本完全转嫁给终端用户，它们发现自己处于一种不可持续的状态。一方面，它们不得不购买昂贵的与油价挂钩的天然气；另一方面，为了能够售出天然气，又不得不打很大的折扣。

因此，在21世纪上半叶，欧洲中游企业开始要求就它们的长期合同重新进行谈判。它们的主要诉求是使合同价格与市场价格保持一致。起初，俄罗斯天然气工业股份公司、阿尔及利亚国家石油公司和卡塔尔都拒绝改革定价机制。但由于担心不利的仲裁裁决，它们随后均作出了让步，尤其是俄罗斯天然气工业股份公司开始尝试在结构上不改变传统定价公式的情况下，对其组成部分（如P0或转换系数）进行调整，使公式反映的价格更符合市场价格，从而减轻欧洲中游企业的负担。然而，随着时间的推移，从西北欧开始，俄罗斯天然气工业股份公司以及其他供应商被迫在结构上更多地采用枢纽指数化定价公式。现在枢纽指数化定价公式在欧洲进口合同中的应用很普遍。在亚洲，2018—2019年出现了类似的要求重新谈判的压力，主要区别在于亚洲缺乏由气—气竞争和国家枢纽（除了一些人为但被广泛遵循的基准，如JKM）形成的完全自由化的市场。

6 21世纪前10年的天然气定价

由于上述原因，天然气定价机制发生了重大变化。2019年IGU对批发价格调查显示（IGU，2019），2005 年至 2018 年，枢纽指数化定价方式占比增长 16%，而石油指数化定价方式占比下降 5%。两个数字不匹配的原因是，虽然在一些地区（尤其是欧洲）枢纽指数化取代了石油指数化，但在其他地区（即新兴市场），石油指数化取代了当地原有的更过时的定价方式，因为至少石油指数化定价已引入了一个市场成分（尽管是外生成分）。已经是边际定价机制的双边垄断定价方式占比进一步减少 2.5%。以服务成本为标准的定价方式占比增加 9%，社会和政治定价方式增加 3%。最后，低于成本的管制定价方式占比下降了近 20%，反映了最极端的亏损补贴机制被逐步淘汰（见图 20.2）。

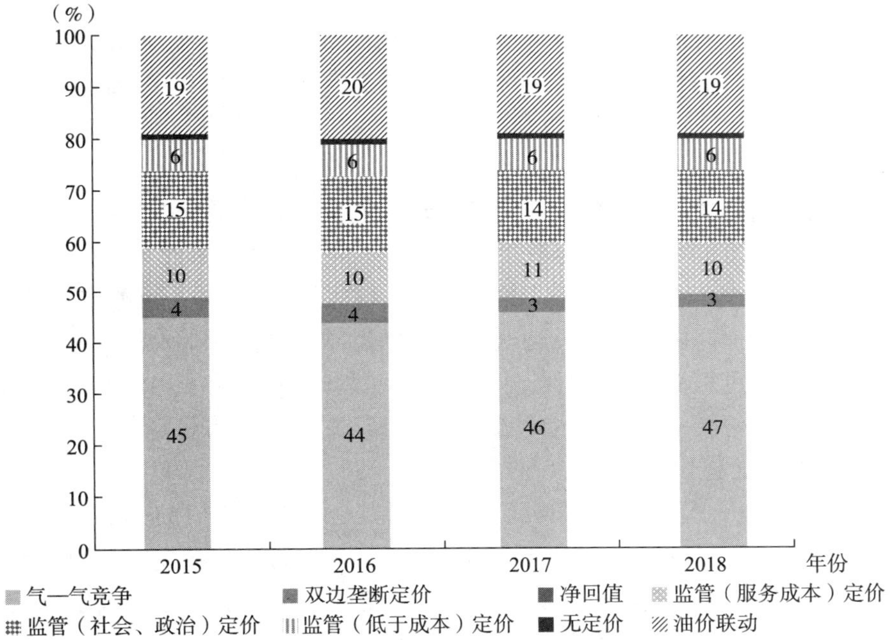

图 20.2　天然气定价机制演变——全球消费

资料来源：IGU（2019）。

在欧洲，现在 3/4 的天然气采用枢纽指数定价。石油指数定价仅限于 1/4 的消费量中，涉及伊比利亚半岛、欧洲东北部和东南欧等地区。枢纽指数化不仅在西北欧盛行，在意大利和中欧也很普遍。需要强调的是，这些只是粗略的估计，因为许多进口合同实际上采用了石油指数化和枢纽指数化的混合公式。采用其中哪一种公式也取决于价格水平，因为已经设定了价格区间，其中合同价格遵循枢纽指数化还是石油指数化，取决于价格水平。由于欧盟委员会竞争总署就俄罗斯天然气工业股份公司在欧洲的活动作出了裁决，俄罗斯天然气工业股份公司承诺调整东欧的定价以适应市场。这些地区的客户现在可以使用西欧枢纽指数价格的平均值来计算合同价格。随着 2014 年和 2020 年油价的下跌，要求进一步摆脱石油指数化定价的压力也在减小。

在亚洲，由于石油指数化定价逐步取代非市场定价机制，石油指数化定价方式大幅增加。在国内生产的天然气方面，石油指数化定价的增加是因为中国、印度尼西亚和马来西亚更广泛地采用了石油指数化定价取代受管制的价格。石油指数化定价方式大幅增加的另一个原因是土库曼斯坦和中国新签署的天然气合同采用了石油指数化定价机制，数量非常大。

北美尚未出现任何转变，因为它已经实现了完全的枢纽指数化。

非洲在定价机制方面的变化也很有限。监管定价仍然占主导地位，尽管已经从低于成本的管制定价方式过渡到服务成本定价。

中东仍以管制定价为主，特别是社会和政府监管定价（占 76%）。然而，补贴正在减少，而低于成本的管制定价方式减少尤其明显。管制定价的占比如此之高，是因为这是伊朗、沙特阿拉伯和阿联酋等天然气大国在国内销售时采用的定价机制。从 2005 年到 2018 年，随着卡塔尔向阿联酋和阿曼的管道天然气出口的占比增加，双边垄断定价方式一直在增加。

在俄罗斯，随着独立天然气生产商开始相互竞争，并与俄罗斯天然气工业股份公司展开竞争，国内天然气生产从低于成本的管制定价方式转变为气—气竞争定价方式。此外，俄罗斯天然气工业股份公司从低于成本的管制定价转向了服务成本管制定价，反映了俄罗斯政府提高国内价格并逐渐使其更贴近欧洲净回值平价的雄心。这一进程因俄罗斯遭受经济危机而放缓，但未来可能会恢复。另一个转变是俄罗斯与乌克兰的合同从双边垄断定价转向石油指数化定价。随着乌克兰开始从欧洲进口天然气，乌克兰的进口合同采用了枢纽指数化定价方式。

在拉丁美洲，由于阿根廷和哥伦比亚的改革以及 LNG 进口的增加，枢纽指数化定价方式占比从 2005 年的 4% 增加到 2018 年的 17%，而社会和政府管制定价方式占比从 52% 下降到 16%，与全球趋势相反，低于成本的管制定价方式占比从零增加到 13%，因为委内瑞拉采用了这种监管方式。

在全球范围内，枢纽指数化定价方式在管道天然气贸易中普遍存在，而石油指数化定价方式在液化天然气贸易中仍然普遍存在（见图 20.3）。

这听起来可能违反直觉，因为石油指数化定价方式被视为“旧”的（相对于枢纽指数化定价方式），而 LNG 贸易被视为“新”的（相对于管道天然气贸易）。此外，我们还讨论了液化天然气如何彻底改变天然气贸易，降低了资产专用性，为从点对点贸易向商品化过渡铺平了道路。然而，这一原因是显而易见的：液化天然气主要与油价挂钩是因为全球 3/4 的 LNG 流向亚洲，而亚洲仍然普遍采用与油价挂钩定价方式。相反，在欧洲，管道天然气进口占很大份额。由于 LNG 的目的地具有灵活性，石油指数定价方式并未阻止 LNG 彻底改变天然气贸易。

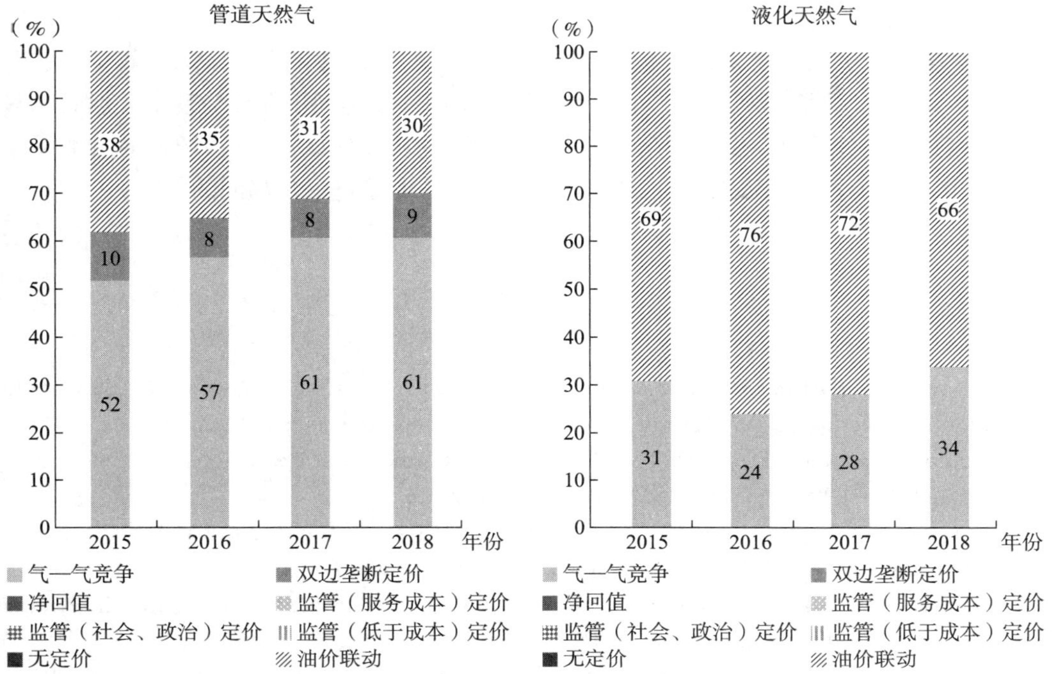

图 20.3　管道和液化天然气贸易定价机制的演变

资料来源：IGU（2019）。

7　结论

定价机制是天然气贸易的一个关键组成部分，是价格水平的决定性因素，即价格如何对供需变化作出反应。定价机制的选择也会影响供应商和买家在选择数量最大化或价值最大化方面的战略回旋余地。传统上，天然气供应商捍卫与油价挂钩的长期合同。然而，过去数十年来一直是国际天然气贸易支柱的石油指数化定价方式被削弱了，尤其是在欧洲。现在，市场化交易更加盛行，而关系性合同曾经在历史上对天然气行业的发展发挥至关重要的作用。

天然气市场日趋成熟，交易活动日益增多，促使更多国家采用枢纽指数化定价模式。北美地区一直是解除井口价格管制和支持气—气竞争的先驱。在欧洲，与过去相比，枢纽指数化定价提供了更好的价格发现功能，因为它得到了更高效金融服务的支持，更多的参与者活跃在枢纽市场，减少了价格波动和被操纵的机会。监管在促成运转良好、流动性强的贸易枢纽方面发挥了并将继续发挥关键作用。绝大多数销往欧洲的天然气现在都采用枢纽指数化定价方式。亚洲也在逐步提高枢纽指数化定价方式的比例，尽管在建立自己的枢纽方面仍远远落后。亚洲现在主要依赖于普氏日韩基准估价（JKM），该指标已于 2018—2019 年开始与油价脱钩。在其他地方，受管制定价方式仍然是常态。国内生产和消费的天然气在天然气消费总量中占很大比例，这也解释了管制定价在天然气消费中的重要性。

总的来说，天然气价格仍然是区域性的。LNG 的灵活性带来了全球化效应，各方都通过交易 LNG 寻找套利机会，全球天然气价格进一步趋同正在成为现实。然而，基础设施瓶颈、对特定地区的监管和市场基本面的响应，以及最近日益增加的政治风险（例如，由于中美贸易摩擦而对 LNG 征收关税）都限制了进一步趋同的空间。

参考文献

[1] Chyong, C.K.(2015), Markets and Long-term Contracts: The Case of Russian Gas Supplies to Europe(Cambridge, 2015): Energy Policy Research Group, University of Cambridge.

[2] Cornot-Gandolphe, S.(2003), The Challenges of Further Cost Reductions for New Supply Options(2003), Paper for the 22nd World Gas Conference.

[3] Flower, A.and Liao, L.(2012), LNG Pricing in Asia, in: Stern, J.(ed.), The Pricing of Internationally Traded Gas, Oxford Institute for Energy Studies(OIES), 2012.

[4] Franza, L.(2014), Long-term Gas Import Contracts in Europe: The Evolution in Pricing Mechanisms, Clingendael International Energy Programme.

[5] Gustafson, T.(2020), The Bridge: Natural Gas in a Redivided Europe(Cambridge, MA, 2020): Harvard University Press.

[6] IGU(2019), Wholesale Gas Pricing Survey, International Gas Union.

[7] Jensen, J.(2003), The LNG Revolution, The Energy Journal, 24: 2, 1-45.

[8] Klein, B.et al.(1978), Vertical Integration, Appropriate Rents and the Competitive Contracting Process, Journal of Law and Economics, 21: 2, 297-326.

[9] Komlev, S.(2016), Oil Indexation: The Best Remedy for Market Failure in the Natural Gas Industry, Demian Literary Agency.

[10] Pirrong, C.(2018), Liquefying a Market: The Transition of LNG to a Traded Commodity, University of Houston, Presentation.

[11] Stern, J.(2012), The Pricing of Gas in International Trade—an Historical Survey, in: Stern, J.(ed.), The Pricing of Internationally Traded Gas(Oxford, 2012): The Oxford Institute for Energy Studies.

[12] Williamson, O.(1979), Transaction Cost Economics: The Governance of Contractual Relations, Journal of Law and Economics, 22: 2, 233-261.

第 21 章　煤炭交易与价格发现

卡洛斯·费尔南德斯·阿尔瓦雷斯①

1　煤炭的主要生产商、贸易商：发展趋势

煤炭是仅次于石油的全球第二大一次能源（2019 年占比 26%），是全球主要电力来源（2019 年占比 36%），同时也是生产现代社会两大基础材料——钢铁和水泥的最主要能源。从煤炭的消费结构看，约 2/3 用于发电，约 15% 用于钢铁工业，约 6% 用于水泥行业，其余部分用于居民采暖和各种工业应用等领域。

中国是全球最大的煤炭生产国，2018 年产量达到 355000 万吨，占全球总产量 781300 万吨的 45% 左右；其后分别是印度（77100 万吨）、美国（68500 万吨）、印度尼西亚（54900 万吨）和澳大利亚（48300 万吨），居第六至第十位的依次是俄罗斯、南非、德国、波兰和哈萨克斯坦。2018 年，中国同样是全球最大的煤炭消费国，全年消费量达到 375600 万吨，占全球煤炭消费量 772100 万吨的 49%，其后分别是印度（98500 万吨）、美国（61500 万吨）、俄罗斯（23200 万吨）、德国（21500 万吨），居第六至第十位的依次是南非、日本、韩国、波兰和土耳其。

以上数据显示出两个需要关注之处：第一，从地理位置看，全球煤炭市场存在两种截然不同的趋势。一方面，由于电力需求低迷、气候和环境政策、天然气价格下降以及一些国家对煤炭的淘汰政策，欧洲国家和美国煤炭需求逐步下降。1990 年，美国和欧盟占全球煤炭需求的 40%，到 2019 年，这一比例仅为 12%。另一方面，亚洲的煤炭需求不仅没有下降，反而持续稳步增长。这可能导致部分欧洲国家在全球的煤炭消费排名被亚洲国家反超，例如，2018 年德国位居全球第五大消费国，但可能很快就会跌出前十。第二，煤炭的计量单位，不同类型煤的热值差异很大，即同样重量的煤所含能量差异很大，同理，按重量（吨）计量和按能量（吨煤当量）计量的煤炭的体积可能出现很大差异。如果按能量计算，中国在全球消费中的占比远超 50%，德国的煤炭消费量落后于南非、日本和韩国。虽然能量比重量更适合在计量能源消费量时使用，特别是在与其他类型能源相比较时，但行业通用的是重量计量，本章也使用该标准。

从国家细分来看，与其他化石能源相比，全球煤炭市场最显著的特点是由一个国

---

① 卡洛斯·费尔南德斯·阿尔瓦雷斯（Carlos Fernández Alvarez），法国巴黎国际能源署；电子邮箱：Carlos.FERNANDEZALVAREZ@iea.org。

家（中国）占据绝对主导地位。2018年，美国是世界上最大的石油和天然气生产国，但也仅占全球石油产量的13%和天然气产量的20%，远低于中国煤炭产量在全球45%的比重。在需求方面，美国同样是最大的石油和天然气消费国，在全球石油和天然气消费量中所占份额约为20%，与中国煤炭消费量49%的占比也相差甚远。中国在煤炭市场占据主导地位的另一大特点是，中国国内煤炭市场规模是全球煤炭贸易量的3倍，而中国还是全球最大的煤炭进口国，因此，中国对世界各地煤炭贸易和定价有着重大影响。

尽管近年来全球煤炭市场的国际贸易量占比逐渐增加，但煤炭仍是最常见的自用化石能源，全球82%的煤炭直接被生产国使用，而天然气和石油自用比例仅为68%和42%，其主要原因是运输成本随着能源能量密度的降低而增加，在国际贸易中，煤炭热值通常为20~30吉焦/吨，明显低于石油（超过40吉焦/吨）或天然气（超过50吉焦/吨），井口消耗煤的热值大多低于20吉焦/吨。

2018年，在全球14亿吨国际煤炭贸易量中，有10.6亿吨为动力煤（包括少量无烟煤和褐煤），其余为焦煤（包括硬焦煤、半软焦煤和喷吹煤）。海运煤炭贸易量为12.8亿吨（其中10亿吨为动力煤，2.8亿吨为焦煤）。2018年，国际煤炭贸易收入超过1400亿美元，这一数额在很大程度上取决于每年都在大幅变化的煤炭价格。2019年，由于煤炭价格同比下行，煤炭贸易收入降至约1000亿美元。

全球动力煤出口国按出口量排序为印度尼西亚（2019年为45600万吨，其中褐煤8500万吨）、澳大利亚（21200万吨）、俄罗斯（19300万吨，其中无烟煤2500万吨，褐煤1200万吨）、南非（7900万吨）、哥伦比亚（7600万吨）和美国（3400万吨）。截至2019年，全球炼焦煤出口国按出口量排序为澳大利亚（2019年为18300万吨）、美国（5000万吨）、蒙古国（3400万吨）、加拿大（3100万吨）和俄罗斯（2500万吨）。蒙古国是一个内陆国家，因此在国际煤炭市场上扮演着特殊的角色，蒙古国所产的全部焦煤均出口至中国。按收入计算，澳大利亚是迄今为止最大的炼焦煤出口国，在全球昂贵的炼焦煤市场上占据主导地位。

中国是全球最大的动力煤进口国（2019年中国大陆进口动力煤22500万吨，包括约1000万吨无烟煤和10000万吨褐煤），其后分别是印度（18700万吨）、日本（14300万吨）、韩国（12300万吨）、中国台湾地区（6500万吨）。中国是全球最大的炼焦煤进口国（2019年为7500万吨），其后分别是印度（6100万吨）、日本（4300万吨）和韩国（2500万吨）。尽管全球动力煤和焦煤的出口分别由6个和5个国家或地区主导，但由于世界上大多数国家都进口煤炭用于本国发电或工业应用，因此在全球范围内，煤炭的进口国分布十分广泛。

在全球煤炭需求市场中，资源国的本土化需求通常很高，如中国、印度、美国。因此，全球规模较大的煤炭生产公司优先满足本国市场需求。在世界八大煤炭生产商中，印度煤炭公司、皮博迪能源公司分别服务于印度和美国的国内市场，其余六家都是中国的煤炭公司，并且均主要服务于中国国内市场（出口仅占其产量的0.2%）。嘉能公司是世界上最大的煤炭出口商，但仅是第九大煤炭生产商。过去几年，大型多元化煤炭公司正在逐步减少，2018 年，力拓出售了其在澳大利亚的最后一笔煤矿资产。必和必拓将其大部分热能资产分拆重组为一家名为 South 32 的新公司，专注于焦煤生产。英美资源集团在几年前出售了国内的煤矿资产后，宣布将在未来几年剥离其在南非的出口型火电资产。简言之，在多元化的大型矿业公司中，只有嘉能公司保持了煤炭的主导地位，尽管嘉能公司在 2019 年承诺将煤炭产量保持在 150 百万吨以下，这可能限制其未来增长潜力。由于对气候变化的担忧，苏伊士公司、阿达罗公司、皮博迪能源公司、布米公司、澳大利亚兖矿公司、德拉蒙德公司、怀特哈文公司等专注经营煤炭的公司正面临越来越大的来自投资者的压力。但即便如此，煤炭资产依然不乏买家。

大西洋和太平洋是国际煤炭贸易的主要市场，两个市场相互关联，又各有特色。在大西洋市场，欧洲是主要进口国，美国、南非和哥伦比亚（占比较小）是主要出口国。在太平洋市场，日本是主要进口国，韩国和中国台湾地区也有一定的进口量，澳大利亚是主要出口国，印度尼西亚也有一定出口量。在过去 10 年中，煤炭市场发生了巨大变化。2003 年，中国是仅次于澳大利亚的世界第二大煤炭出口国，但到了 2009 年，中国已转变为净进口国。两年后，中国超越日本成为世界最大煤炭进口国。这一重大转变以及市场对中国煤炭进口量可能会在未来几年保持强劲增长的预期，对解释过去 10 年煤炭市场形势，包括 2012 年至 2016 年煤炭供应过剩和价格下降至关重要。

中国在全球煤炭市场上的重要地位意味着，了解中国国内市场的运作方式是了解全球煤炭市场运作方式的关键，特别是了解中国煤炭生产和消费的地理位置非常重要。中国三个最大的煤炭生产省份——内蒙古（2018 年产量为 97600 万吨）、山西（89300 万吨）和陕西（62300 万吨），合计约占中国煤炭总产量的 3/4，这三个省份的大部分煤炭被运输到国内其他省份。产自这三个省份的煤炭通过铁路运输到中国北方港口，中国北方的七个主要港口（即 N7 港口——秦皇岛、天津、京唐、黄骅、青岛、日照和连云港）都至少与这三个省份的一条主要铁路相连。煤炭到达北方港口后将运往中国沿海煤炭消费中心，主要是华东地区（上海和浙江）和东南地区（广东和福建），少量煤炭运往广西和山东。每年从北方港口运往沿海地区的煤炭约 75000 万吨。如果叠加 30000 万吨的进口煤炭，中国沿海地区的海运煤炭贸易量将大于中国以外海运市场的煤炭贸易量总和。中国沿海地区国内与国际供应之间的套利对全球煤炭定价至关重要。中国政府在用煤炭进口平衡国内市场的同时，也试图通过各种政策来调节进口，以促进中国煤炭生产商拥有健康的发展环境，这些政策通常起到潜移默化的调节作用。2014 年，中国政府建议公用事业部门减少煤炭进口。2015 年，大气污染治理工程进一步放缓了中国进口煤炭的脚步。2016 年，全年节假日政策的调整，促进中国内地和港澳台地区煤炭价格上涨。2018 年，建立进口配额制度。鉴于中国在全球煤炭市场的主导地位，这些不断变化的政策对全球煤炭市场产生了深远影响。

另一个值得关注的国内和国际市场相互作用的国家是美国，与其他主要出口国不同，因质量、地理及合同原因，美国国内市场和国际市场在很大程度上是脱节的。按质量、成本和价格可划分为五个主要产区，分别是阿巴拉契亚中部、阿巴拉契亚北部、伊利诺伊盆地、尤因塔盆地和粉河盆地。尽管国内价格远低于国际价格，但如果考虑国内运输成本，大部分美国煤炭在国际市场上几乎没有竞争力，因此，美国成为大西洋沿岸动力煤的主要供应国。由于美国生产商的交货成本通常高于俄罗斯、南非和哥伦比亚，因此当市场供应紧张、价格上涨时，美国煤炭就会涌入国际市场；相反，当市场供应宽松、价格下降时，美国生产商则会减少出口。但伊利诺伊州所生产的煤炭是个例外，因为其含硫量过高，需折价出售或与低硫煤混合出售。

2 不同的煤炭质量和价格发现工具

2.1 质量

煤炭是一种沉积岩，由古老的植物群（即树木和植物）演变而成，这些植物群被埋藏在缺少氧气的高压高温环境下数千万年（褐煤）至数亿年（无烟煤）。在这一转变过程中，原始植物群中的水分逐渐消失，而碳被保留下来。相比其他化石能源（石油和天然气），在煤炭形成过程中，由于来源、埋藏年份和埋藏环境差异很大，不同煤种的某些特征参数差异极大。例如，某些无烟煤的水分含量低于 5%，而某些褐煤的水分可达 50%。不同类型的煤炭，在灰分含量、挥发性物质含量、硫含量和其他杂质含量上存在很大差异。根据煤炭的各种特征，可从多种维度分类，最常见的分类方法是根据从原始植物群到煤炭的转化（也称为煤化）程度，将煤炭分为不同等级。基于煤化程度由高到低（即含碳量由多到少、含水量由少到多）可以将煤分为无烟煤、烟煤、亚烟煤和褐煤。通常，这也是煤的热值由高到低的排序，但需注意两个重要事项：一是由于氢含量较高，一些烟煤的热值可能高于无烟煤；二是由于煤炭中含有的灰分没有能量，因此，同一等级煤炭的灰分含量越多，其热值越低。尽管这是最常用的煤炭分类方式，但出于商业目的，也在使用更侧重消费端的分类。在全球范围内，大部分煤炭（约 80%）产生的热量直接或大部分用于产生蒸汽，通过驱动涡轮发电机，供应电力需求。约 15% 的煤炭没有燃烧，但经过热解产生一种碳密集型燃料——焦炭，其中，约 90% 的焦炭用于高炉炼铁。剩余不到 5% 的煤炭用于气化等，在气化过程中，用空气、蒸汽、氧气或它们的组合吹煤形成合成气，并用于生产化肥、氢气、化学品或电力。另外，还有各种煤炭产品和副产品被用于特定用途。因此，在本章中，为了更切合实际，我们采用以市场为基础的分类方式，将煤炭分为动力煤（包括无烟煤和褐煤）和炼焦煤。对于主要用于能源输出的动力煤，热值是主要决定因素，硫含量、灰分含量和其他杂质的含量均会对煤炭热值造成影响。无烟煤仅占烟煤和亚烟煤的一小部分，根据质量决定其用途。无烟煤的价格取决于其质量和用途。褐煤由于含水量高，即热值低，运输成本高，多用于矿井井口或附近的改造。国际褐煤的交易量很小，通常遵循动力煤的交易价格。焦煤通常用于高炉炼铁，因此，焦炭反应后强度（CSR）和焦炭反应性指数（CRI）是定价时的主要参数。与动力煤一样，灰分、硫和磷等杂质含量也会影响其热值。喷入高炉以节约焦炭的喷吹煤属于炼焦煤类别，但只是焦煤的一小部分，其定价通常低于焦煤。

2.2　关于煤炭开采的概念

与其他商品一样，煤炭价格是由供需情况决定的。然而，动力煤的价格波动程度小于石油和天然气，而焦煤价格因其产地较为集中，波动程度较为剧烈。尽管煤炭开采属于资本密集型产业，但其资本密集程度弱于石油和天然气生产，因此煤炭开采和内陆运输的离岸付现成本在全部成本中所占比例高于石油和天然气。受此影响，相较于石油和天然气，离岸付现成本的高低更能决定煤炭整体价格，特别是在供过于求的情况下。众多分析师总结以往经验发现，市场价格一旦达到 90% 生产商的离岸付现成本，就会触底。煤炭出口国在频繁地与铁路和港口运营商签订照付不议合同时，必须要考虑离岸付现成本。如果生产商 A 的离岸付现成本为 70 美元 / 吨，其中 20 美元 / 吨是与铁路签订的照付不议合同，那么以 60 美元 / 吨的价格出售煤炭将导致 10 美元 / 吨损失，但随着铁路成本的降低，运费可能节省 10 美元 / 吨，因此实际离岸付现成本是 50 美元 / 吨。此外，煤炭的储存比石油或天然气储存简单且便宜得多，这减小了煤炭价格暴跌的可能性。储存不足与价格上涨和下跌有很大关系。例如，由于电力储存非常昂贵，电力批发市场可能出现负价格；一些天然气枢纽也可能出现负价格；甚至在 2020 年 4 月，在供需失衡期间，由于石油缺乏储存能力，美国油价首次出现负价格。

2.3　价格发现

煤炭价格是由现货和衍生品两个市场决定的，2011 年以来，随着动力煤市场的质量划分越来越细，低热值煤炭的贸易份额越来越大。尽管不同质量煤炭的价格通常是相关的，但价差可能存在很大变化。以 6000 千卡 / 千克和 5500 千卡 / 千克这两种热值的煤炭在纽卡斯尔的离岸价格为例，2017 年 3 月价差为 9 美元 / 吨（差异率为 11%），而 2018 年 8 月的价差扩大至 51 美元 / 吨（差异率为 45%）。开采中断、货运瓶颈、港口容量限制等供应方面的问题，均会在短期内推升煤炭价格。同样，金融市场在某些特定领域的投机也可能对煤炭短期价格产生影响，但长期来看，普遍认为基本面仍是煤炭价格的决定性因素。价格发现是通过其他工具完成的，如代理单、交易出版物和供应付现成本信息。考虑到付现成本是确定煤炭价格的重要组成部分，大多数市场参与者借助商业公司来评估供应付现成本曲线，包括汇率和油价变动的影响，因为煤炭运输成本与油价相关。煤炭开采，特别是露天开采，需要大量柴油作为燃料，同时，取决于油价的运输成本也是煤炭运输成本的重要组成部分。尽管焦煤面临较弱的竞争环境（电弧炉能与氧气顶吹转炉炼钢法竞争，主要依靠其废料的可用性），但发电用煤与天然气存在直接竞争关系，从长远来看，还将与其他发电能源（即核能和可再生能源）竞争。因此，焦煤价格主要受供需影响，而动力煤同时受到天然气和二氧化碳价格、电力政策等因素影响。

动力煤种类繁多，而且有多种分类方式。正如上文提到的，煤炭的挥发性物质含量和杂质含量（主要是硫，也包括灰分）决定了煤炭质量，也决定了其价格，当然热值也是不能忽略的重要参数。

有许多不同的国际贸易术语，它们定义了买方和卖方之间的成本分配，但本节仅使用 FOB、CIF 和 CFR。FOB（船上交货价）通常用于出口港口煤炭定价，指煤炭装船后支付的价格。CIF（成本、保险、运费）是指包括煤炭成本、保险和运费在内的价格，通常用于目的地港口的进口煤炭。CFR（成本、运费）也用于目的地港口的进口煤炭，但不包括保险费用。由于 CIF 和 CFR（以美元 / 吨计）包含运费，因此通常在价格评估中考虑运输船舶的规模。对于动力煤，热值规格可分为高热值（GAR，总热值）和低热值（NAR，净热值）。NAR通常比GAR低5%左右（取决于水分和氢含量）。

在现货市场中，价格评估机构（PRAs）给出的评估价格在价格发现中发挥着关键作用，PRAs 属于私人评估机构，不会从给出的评估价格中获得利益，它们相互竞争，会遵循国际证监会组织（IOSCO）制定的原则，给出最公正的评估结果。目前，对国际煤炭市场开展价格评估的主要机构是 Argus、S&P Global Platts 和 IHS Markit（原 McCloskey）。

2.4 动力煤质量

通常来说，用于贸易的煤炭的标准净热值为 6000 千卡 / 千克，硫含量在 1% 以下，这种质量的煤炭价格主要有 API2、API4 和 API6，由 Argus 和 IHS Markit/McCloskey 联合定价。这三种价格分别是 ARA（阿姆斯特丹—鹿特丹—安特卫普）枢纽进口煤炭 CIF 价格、南非理查兹湾港口出口煤炭 FOB 价格、澳大利亚新南威尔士州纽卡斯尔港口出口煤炭的 FOB 价格，均是每周更新一次。在过去 10 年中，全球煤炭的需求侧和供给侧都经历了重大变化。首先，中国和印度成为新的主要进口国，并都十分看重进口成本、质量和安全。其次，印度尼西亚出口量大幅增加，一跃成为全球最大的动力煤出口国，出口量是排名第二位的澳大利亚的两倍。印度尼西亚出口的大部分煤炭热值小于 6000 千卡 / 千克，是低硫或极低硫煤炭，适合与中国的高硫煤炭混合，因此适合在中国沿海地区公用事业中使用。正是由于对不属于常见规格的煤炭需求有所增加，澳大利亚和南非等热值在 6000 千卡 / 千克左右的传统煤炭出口国也在一定程度上增加了高灰分煤的出口。简而言之，全球煤炭市场发生了巨大变化，目前，API2 和 API4 规格以外的煤炭占海运煤炭贸易量的 2/3 左右。PRAs 为新的煤炭交易标的创建了价格代码。2010 年初，Argus 和 IHS Markit 启用 API8 评估华南（广州）进口的 5500 千卡 / 千克煤炭的 CFR 价格，启用 API3 评估理查兹湾出口的 5500 千卡 / 千克煤炭的 FOB 价格，启用 API5 评估纽卡斯尔出口的 5500 千卡 / 千克煤炭的 FOB 价格。例如，对于印度尼西亚煤炭，Argus/CoalIndo 启用了 ICI1、ICI2、ICI3、ICI4 和 ICI5 的价格标记，分别评估总热值 6500 千卡 / 千克（净热值 6200 千卡 / 千克）、5800 千卡 / 千克（净热值 5500 千卡 / 千克）、5000 千卡 / 千克（净热值 4600 千卡 / 千克）、4200 千卡 / 千克（净热值 3800 千卡 / 千克）以及 3400 千卡 / 千克（净热值 3000 千卡 / 千克）的不同类型煤炭，其中 ICI4 是最相关和最具流动性的一类。在运输过程中，热值越低物流成本越高，因为在最终使用过程中，同等能量下需要运输更多煤炭，导致效率更低，这与煤炭的高湿度（以印度尼西亚为例）和高灰分等因素相关。根据经验数据，热值为 3000 千卡 /

千克的煤炭价格大致是热值为 6000 千卡 / 千克的煤炭价格的 1/3。

考虑到中国对全球煤炭的影响力，中国的价格指数在全球范围内也是非常重要的。从对中国各种煤炭贸易因素的评估结果来看，热值为 5500 千卡 / 千克的煤炭是中国最典型的。就地理位置而言，产自秦皇岛的煤炭是典型的 FOB 价格，华南（广州）是典型的 CFR 价格。环渤海动力煤价格指数是中国北方港口一篮子产品的基准价格，一直以来都与评估价格相关度最高，政府也经常使用该价格指导制定各种政策；但对于贸易商来说，主要参考的是汾渭 CCI5500 价格指数，该指数也是评估现货和合同价格的综合指数。

3 主要国际合同

3.1 动力煤

1996 年 12 月 19 日，欧洲通过了欧洲议会和理事会关于内部电力市场共同规则的第 96/92/EC 号指令，要求所有欧盟国家解除对其电力市场的监管。欧洲市场的自由化在很大程度上改变了整个电力市场。随着电力、天然气、二氧化碳和煤炭市场流动性的不断提升，现货交易和对冲策略在欧洲占据主导地位，长期合同已被逐步取代。大西洋地区仍有少数国家通过长期合同采购煤炭，但合同期限和数量都在减少。

相比之下，在太平洋地区，长期合同（通常为一年）仍然发挥着重要作用，特别是在澳大利亚与日本、韩国与中国台湾地区之间的贸易中，长期合同能够占到贸易总量的一半，但也较 10 年前 90% 的占比明显减少。与澳大利亚重视煤炭的质量和一致性类似的是，日本电力公司高度重视煤炭的供应安全。因此，尽管日本电力市场的自由化推动了日本电力公司实现供应多样化，并增加了现货采购，但日本电力公司更倾向于以固定价格锁定一定规模的数量。嘉能公司和日本东北电力公司签订的为期一年的合同（当年 4 月至次年 3 月）是日本电力市场最重要的合同，成为了行业的标杆。尽管中国与印度需求较大，但两国买家并不愿意签署长期进口合同。

3.2 焦煤

从 20 世纪 60 年代到 20 世纪末，焦煤的贸易非常稳定。需求方面，由于日本是全球最大的焦煤进口国，日本钢铁厂（JSMs）在与供应商谈判中占据主导地位，位于日本周边的韩国和中国台湾地区钢铁厂基本都采用了与 JSMs 类似的长期合同采购焦煤。日本企业是焦煤产区的开拓者，20 世纪 60 年代在澳大利亚昆士兰州和加拿大麋鹿谷、20 世纪 70 年代在不列颠哥伦比亚省均率先投资。长期合同和日本的对外投资保证了焦煤的供应，日本钢铁厂在谈判定价方面发挥了重要作用，为较低的合同价格以及生产商的合理利润提供了保障。20 世纪 90 年代，在经历了几年的低价之后，供应端面临着巨大的变化。随着一些公司退出市场，主要矿业公司进入市场，到 21 世纪初，必和必拓、泰克资源、斯特拉塔（现为嘉能可）、英美资源集团和力拓集团控制了一半以上的国际焦煤贸易市场，买方市场逐渐转变为卖方市场。与此同时，新进入市场的中国和印度企业更关注现货市场情况，旧的市场环境正在逐渐改变。2010 年第四季度，作为全球最主要焦煤出口地区（占全球焦煤出口的一半以上）的昆士兰州遭遇暴雨，煤矿、铁路和港口遭到破坏，导致 2011 年第一季度该地区煤炭出口受到严重影响，叠加中国持续增长的需求，2011 年焦煤价格飙升至 300 美元 / 吨以上。与此同时，必和必拓不顾日本钢铁厂的强烈抵制，将基准合约从年度改为季度，后又改为月度，并通过与指数挂钩的现货销售方式出售大部分产品。这一改变彻底颠覆了市场，自那以后，焦煤市场迅速发展。目前，估计超过半数的澳大利亚焦煤在现货市场出售，其余通过指数挂钩的定期合同出售，这意味着澳大利亚生产商和日本钢铁厂之间通过双边谈判设定的基准合约已经消失。由于焦煤指数推出时间较短（2010 年推出），焦煤市场的变化非常迅速，其中对市场影响最大的是焦煤的挥发性。供应方面，昆士兰州在焦煤供应市场占据主导地位，天气因素导致的减产进而引发焦煤价格大幅上涨。需求方面，虽然中国进口量仅占国内消费量的一小部分，但其国内焦煤消费占全球比重的一半以上，在焦煤需求市场占主导地位，因此，中国焦煤政策的变化会对国际市场产生重大影响。

4 衍生品和市场流动性

由于煤炭质量和性质差异较大，传统意义上的煤炭较其他商品更难商品化。然而欧洲电力市场的自由化和公用事业公司对对冲工具的需求，促进了票据市场的发展。最早的煤炭掉期交易出现于 1998 年，为满足欧洲公用事业的需求，推出了 API2 和 API4 作为标的资产。2002 年，阿巴拉契亚中部地区的第一批煤炭期货在纽约商品交易所交易。其他期货则根据 API5、API8 和 ICI4 进行交易。建立一个流动性衍生品市场需要几年的时间，但其交易量在 2006 年已超过 10 亿吨，基于 API2 的交易量在 2007 年也超过了 10 亿吨。2010 年之前，大部分贸易都是在场外交易市场中进行的，因此，很难准确估计交易量。大部分的票据都是以 API2 掉期和期货为标的进行交易的，占比约 80%，阿姆斯特丹—鹿特丹—安特卫普（ARA）枢纽的现货交易量所占份额很低。由于其较高的流动性，API2 衍生品已被用作其他煤炭的替代品。在过去超过 15 年的时间里，虽然受金融环境的影响，煤炭衍生品交易数量出现了一些起伏，但仍在不断增长。2016 年，煤炭衍生品交易量超过 4 亿吨。但 2016 年的市场波动使许多企业陷入亏损，一些大型贸易公司退出了煤炭贸易，此后煤炭的票据贸易量不断下滑。受欧洲煤炭需求大幅下降预期的影响，以 API2 为标的的衍生品，其流动性将如何演变是一个悬而未决的问题。

相比之下，中国的煤炭票据市场则在持续增长。第一批基于中国煤炭的掉期交易出现在 2011 年。2013 年 9 月，郑州商品交易所推出了中国首个基于动力煤的衍生品。2014 年 8 月，上海商品交易所推出了最新的动力煤掉期交易。此后交易量不断增加，现在中国的煤炭票据贸易量超过了世界其他地区的总和。

在焦煤市场，与指数挂钩的现货和合约交易越来越多，促进了对冲策略的发展。第一批焦煤衍生品于 2011 年推出，在经历了几年的低迷后，或受 2016 年的飓风黛比推动，交易量大幅增长。2013 年 3 月，大连商品交易所推出了第一批焦煤衍生品，此后市场持续增长，每年交易量达数十亿吨。

5　注释

本章所有数据和信息均来自 IEA 出版物，特别是《2011—2019 年煤炭市场中期报告》(2018 年更名为《煤炭报告》) 和 IEA 数据库。

本章中的数据通常指 2019 年数据。在 2019 年数据不可用的情况下，改用 2018 年数据。

第 22 章　电力交易

菲利普·瓦西洛普洛斯　埃利斯·拉赫马尔 ①

1　引言

1.1　电力行业及其价值链

电力是与电荷的存在及流动相对应的一系列物理现象。自 19 世纪发现电以来，电力即成为社会的必需品，对人类的经济发展发挥了巨大的作用，同时实现了广泛且低价的生产和运输，为我们的经济和日常生活提供动力。

因其非物质的特征，电力区别于其他能源。例如，薪柴、天然气或石油等其他能源属于材料，可以按体积或重量进行量化，并且可以大规模储存，而电力不能。此外，电力无法从自然界直接大规模获取，必须通过一次能源发电获得。电力可以通过以下方式大规模生产：

（1）热电厂：使用燃料（煤气、煤、油）的燃烧或核反应（核反应堆）来加热流体（通常是水），该能量以热能形式存在然后被转化为电能。在大多数设计中，水转化为蒸汽，带动涡轮机旋转，驱动发电机。

（2）水力发电厂：来自水库或河流的水流带动涡轮机旋转，驱动发电机。

（3）风力涡轮机：风流使涡轮机旋转，驱动发电机。

（4）太阳能光伏发电装置：利用光电效应，将光转换成电流，从而产生电能。

本章中，电力以功率（用兆瓦表示）来衡量，相当于瞬时“功”；或者以能量（用兆瓦时表示）来衡量，代表一段时间内的“功”。

电力生产出来会通过电网输送给终端用户，电网可分为两部分：

（1）输电网，主要通过高压架空电线进行长距离输电。

（2）配电网，代表电力入户前的最后一个环节。这是一个低压电网，由连接到用户的电缆和线路组成。

电力行业价值链可以归纳为图 22.1 中的四个要素。

---

① 菲利普·瓦西洛普洛斯（Philippe Vassilopoulos）和埃利斯·拉赫马尔（Elies Lahmar），欧洲电力现货交易所（EPEX SPOT）；电子邮箱：p.vassilopoulos@epexspot.com。

1.2　电力市场的出现

当电力部门在 19 世纪末 20 世纪初首次发展起来时，电力还没有通过市场进行交易或商业化。随着最初分散的电网连接程度越来越高，公有的纵向一体化电力公司逐步成形，负责管理跨区域电力系统的整个价值链，即发电、输电、配电和向终端消费者售电。电价由监管机构和政府机构监管和决定。这种架构在全球多国运作良好，并促进了电力系统、电网和发电能力的发展。20 世纪末，电力市场这一概念首次被提出并逐步建立起来。

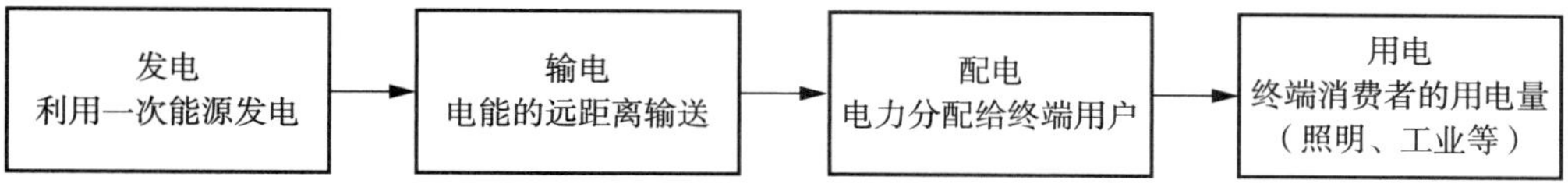

图 22.1　电力行业价值链

（1）1990 年，英国将电力供应行业私有化，随后英联邦若干国家放松管制，澳大利亚和新西兰的国家电力市场以及加拿大的阿尔伯塔电力市场应运而生。

（2）1991 年，挪威电力市场取消管制。

（3）加州市场于 1996 年取消管制，随后美国许多其他州也取消了管制。

（4）在欧洲，1996 年的一项欧洲联盟指令为欧洲电力市场的自由化建立了框架，推动了 21 世纪初整个欧洲电力市场的建立。

从本质上讲，电力市场的放松管制或自由化相当于通过建立电力批发市场引入销售电力产品的竞争，更多时候指的是通过建立零售市场引入向消费者销售电力的竞争。实际上，这意味着以前纵向一体化的垄断企业必须被拆分或瓦解：电力生产和零售活动在市场上相互竞争，而输电网运营环节和在许多国家自然垄断的配电环节，分别由独立的监管实体管理。因此，自由化见证了新型公司的出现（见图 22.2）。

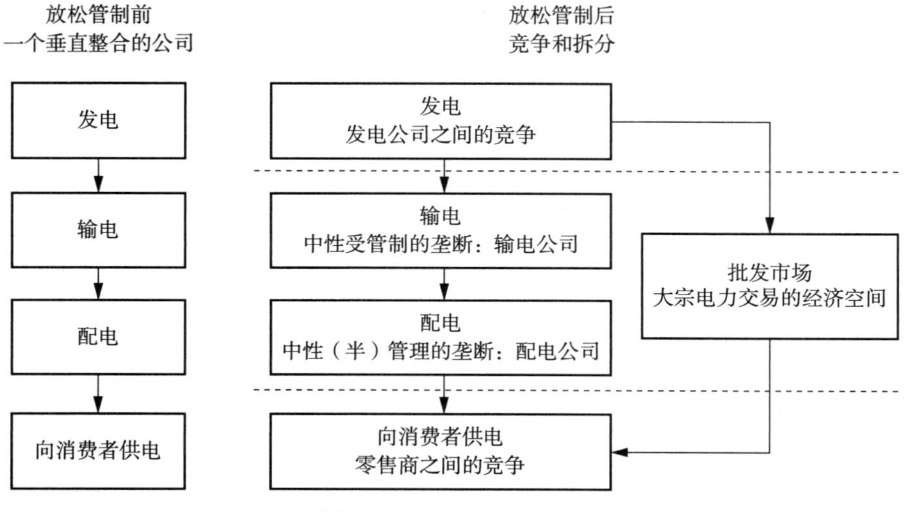

图 22.2　放松市场管制前后电力价值链的结构

（1）**发电公司**：拥有发电设备，竞相在批发市场上出售电力产品。发电公司作出投资决策，建设新的发电厂，希望通过在批发市场上销售电力产品获得回报。

（2）**输电公司**：运营高压输电网，负责电网稳定和供电安全。它们是受监管的垄断企业，向所有潜在的电网用户（发电商和消费者）提供中立的非歧视性电网接入。

（3）**配电公司**：运营配电网，并提供无歧视的配电网接入。它们是（半）受管制的垄断企业，一些国家的配电环节并没有从零售或发电环节中分离出来。在这种情况下，零售市场可能不存在竞争，因为给定区域内唯一可能的零售商是当地的配电公司。大多数欧洲国家和美国各州现在已经实行了零售竞争。

（4）**电力零售公司**：商业公司，在批发市场上大量购买电力（或自己生产电力），并在零售市场上出售给终端消费者。

2 电力批发市场的理论基础和设计

与受监管的垄断结构相比，引入电力市场旨在通过降低电价和改善供电安全性，提高电力价值链各个环节的社会福利，并使消费者获得长期利益。事实上，电力市场的竞争性架构有以下优点（Joskow，2003）：

（1）促进现有生产设备和新型生产设备的资本投资和运营成本的改善。

（2）鼓励发电技术创新。

（3）将技术选择、建设成本和运营“失误”的风险从消费者（通过公共垄断）转移给供应商（及其私人股东）。

（4）激励输电和配电垄断，从而降低消费者的相关成本，并提高批发市场和零售市场的有效性。

欧洲曾存在另一种主张建立电力市场的政治观点，该观点主张将电力市场整合成一个共同的欧洲市场，这将加强欧洲国家之间的合作和政治联系。

然而，在技术层面上，建立电力市场并非易事。电力系统依赖电网运行，当产生一个单位电能时，它被注入电网的某一位置，又称节点，并在消费者所在的节点流出（该节点可与注入节点相同，也可不同）。电力系统因受物理定律约束，使电力成为一种特殊的商品。主要特点如下：

（1）电网平衡：电力无法大规模储存。因此，电网必须在发电和用电之间始终保持平衡。

（2）输电约束：输电约束指电网中的每条线路或电缆在任何给定时间的最大电流量（传输容量）。一旦流量超过这个限制，就会造成阻塞，严重时会导致停电。

（3）电网损耗：因电流会加热线路，通过电网传输电力会导致能量损耗，这种能量以热量的形式消散到大气中。平均来说，电网损耗通常为3%～5%。

（4）电流：电流沿着电网中的几条路径流入流出，在流动路径和节点之间存在复杂的基尔霍夫定律相互作用，有时会产生非预期的回路电流，可能会导致某些路径上的堵塞。

2.1　电价的定义

2.1.1　边际定价

一直以来，甚至早在引入电力市场之前，电力系统经济学领域最基本的问题之一就是电价问题，即应该以什么价格出售电力才能实现经济效益最大化。

早在引入电力市场之前，法国工程师、经济学家马塞尔·布瓦特（Marcel Boiteux，1949）的基础性工作为探究这一问题奠定了基础。他的研究表明，电力应该按边际成本定价。

在电力系统采用多种发电技术的情况下，所有发电厂按照其短期边际成本的升序排序[①]，形成一条称为"最优顺序"的阶梯式曲线，在满足给定电力需求时，调度最便宜的发电厂来发电。最后，为所有消费方和发电方设定唯一的电价。该电价通常为发电厂的最高短期边际成本（SRMC）或当需求等于给定技术的发电能力时的需求边际收益[②]。总而言之，在任何情况下，该电价均为供求边际成本和收益均衡时的价格。由于供给和需求的数量和成本随时间变化，电价也相应变化，但永远是均衡价格，如图 22.3 所示。

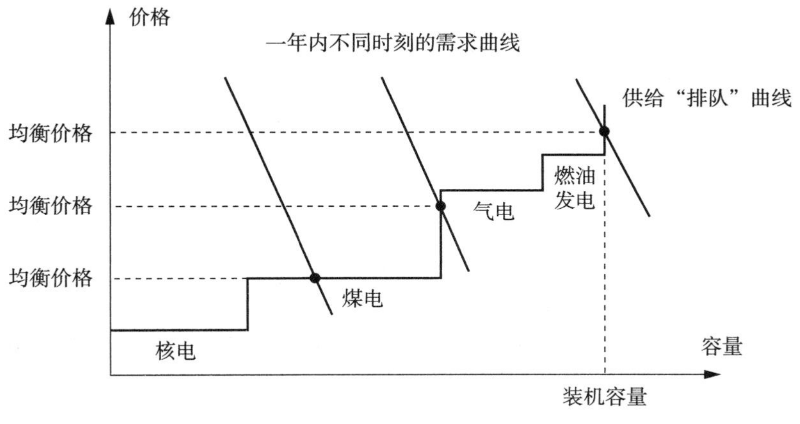

图 22.3　边际价格、最优顺序曲线和短期供需平衡

注：由于需求随时间变化，图中显示了几条需求曲线。

微观经济学理论表明，在给定供求的情况下，这一价格会产生最优经济效益。这个结果是直观的：如果任意设定其他价格，一些可创造价值的消费或生产就不会发生（或亏本发生）。

发电商赚取的能源租金是电价和其短期边际生产成本之间的差额。这种租金必须补偿沉没投资成本和固定维护成本，电厂投资才能盈利。当系统边际发电厂的年度能

① 电力生产的短期边际成本被定义为多生产 1 兆瓦时电力的成本，它包括发电厂燃料、运营成本（以及目前的二氧化碳排放成本），但不包括投资或固定维护成本，因为无论实际发电量如何，都必须支付这些成本。

② 也称为需求边际效用，它是消费者愿意为电力支付的最大金额。

源租金等于其年度固定成本（资本年金加维护费用）时，电力系统达到其长期投资均衡，如图 22.4 所示。

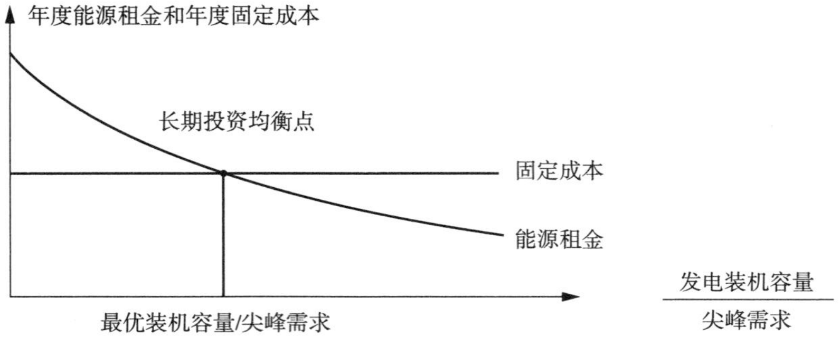

图 22.4 长期投资均衡

在图 22.4 中，发电厂的年度能源租金随着系统中装机容量与尖峰需求之比的增加而降低，因为电价随着相对于峰值需求的发电量的增加而降低。让我们通过回顾两个案例来说明投资均衡：

（1）如果现有发电商赚取的能源租金持续高于或预计未来将高于其年度固定成本（如由于批发价格上涨），这表明投资新发电装机具有经济可行性；

（2）相反，如果能源租金持续低于（或预计持续低于）固定成本，一些已建发电厂目前或未来无法从其电力销售中获得正投资回报，这是投资新发电厂不具备经济可行性的信号。

因此，当收入最低的发电厂的年度能源租金等于其年度固定成本时，就达到了长期投资均衡，并且它设定了系统中相对于给定峰值需求的最优发电容量。

在短期内，由于许多消费者不观察价格，也不能实时对价格作出反应（即需求是无弹性的），当系统负荷达到系统的最大容量时，额外容量无法即刻建成，导致价格大幅飙升。

2.1.2 电价的空间分布

正如本章理论部分所述，从一个电网节点传输到另一个电网节点的电量存在电网限制（传输约束）以及电力传输产生的相关成本（电网损耗），使得节点成为确定电价的重要因素。1988 年，美国工程师弗雷德·施韦佩（Fred Schweppe）和他的同事提出了电价的空间分布理论，后来霍根在 1992 年对这一理论进行补充，提出了节点边际定价的概念。基本思想是，在电网的每个节点确定一个最佳电价，即节点边际电价（LMP），反映该节点供需之间的价格平衡，也等于在该节点输送额外 1 兆瓦时电量的成本（考虑电网损耗、环路流量和阻塞成本）。两个节点之间的边际传输成本（传输环功率成本）是这两个节点的发电成本之差。在这样的价格下，当发电商的短期边际成本加上输电成本低于目的节点的发电成本时才会发电。如果所有电网节点之间的传输容量是无限的，并且没有电网损耗，那么所有节点的价格将是相等的。

图 22.5 为两个节点边际电价示例，分别为没有输电阻塞和有输电阻塞的情况，每个示例仅包含两个节点。

示例 1 为没有输电阻塞的情况，节点 A 处的发电量用于满足节点 A 和 B 处的所有用电需求，并且它们各自的节点边际电价等于输送额外 1 兆瓦时电量的成本。在节点 A，发电的短期边际成本等于 30 欧元 / 兆瓦时。在节点 B，发电的短期边际成本是节点 A 的短期边际成本加上 5% 的电网损耗成本，即 30 ×（1/0.95）≈31.6 欧元 / 兆瓦时。

示例 2 为有输电阻塞的情况，从节点 A 到节点 B 的传输容量被完全使用，并且位于节点 B 的节点边际电价更高的发电机被调度来供应节点 B 的 81 兆瓦的需求（由于电网损耗，只有 19 兆瓦从节点 A 输送至 B）。节点 A 和 B 的节点边际电价成本，也就是满足额外兆瓦时需求的成本，分别等于 30 欧元 / 兆瓦时和 40 欧元 / 兆瓦时。

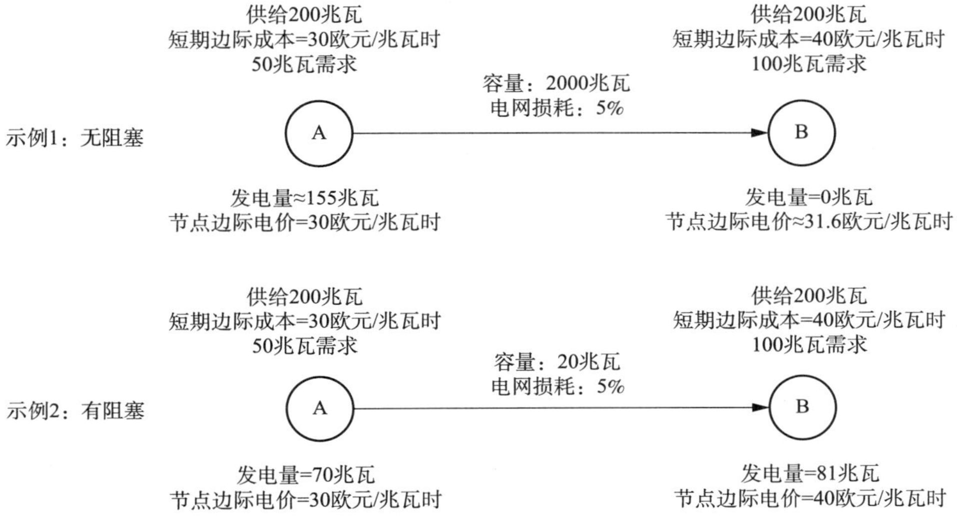

图 22.5　说明节点边际电价概念的简单双节点示例

2.2　不同批发电力市场设计的出现

上述电价结算原则是在实施电力市场之前形成的，旨在优化纵向一体化垄断体制下的电力系统。然而，这些原则成为了电价结算的基本经济原则，从而诱生电力市场。发电机组的短期边际成本和边际需求收益被发电公司和售电公司的市场报价所取代，垄断企业对发电装机规模的投资被私人投资所取代。

不管市场如何设计，电力批发市场总是可以按照时间跨度划分为几个类别：

（1）长期市场：允许交易与电力短期现货价格挂钩的衍生产品。市场参与者可以根据他们未来的需求或发电能力来管理长期价格风险。

（2）短期市场（现货市场）：从交割前一天开始到实时交易期间，现货市场均允许发电厂参与实际电量调度。因为许多大型发电厂有很长的启动和加速时间，调度首先在交货前一天进行。现货市场设定电力的现货价格，用于确定电厂的短期调度，并作为长期衍生产品的价格参考。

（3）实时市场：电力系统由调度员（operators）控制以确保供电的安全性，因为确保供电安全性必须遵守所有系统约束。

2.2.1 节点和区域市场设计

许多电力批发市场设计已被研究学习并在全球范围内实施。这些市场设计在电网约束、价格计算以及生产和消费能力信息的集中度方面有所不同，对现货价格的确定以及交易的形式和类型都有影响。目前，已经存在的两种通用市场设计是节点市场设计（目前在美国几个州实施）和区域市场设计（目前在欧盟实施）。

顾名思义，节点市场设计对应输电网每个节点的边际节点电价的确定（见 2.1 小节），而在区域市场设计中，区域市场结算价格（Market Clearing Prices，MCPs）是为大范围的地理区域设计的，称为投标区域，如图 22.6 所示。投标区由许多传输节点组成，在所谓的铜板假设下忽略节点之间的容量限制。对于价格结算，区域模型中的每个投标分区相当于节点模型中的一个节点，因为计算区域市场结算价格只考虑投标分区之间的传输容量。这产生了阻塞管理的不同模式。

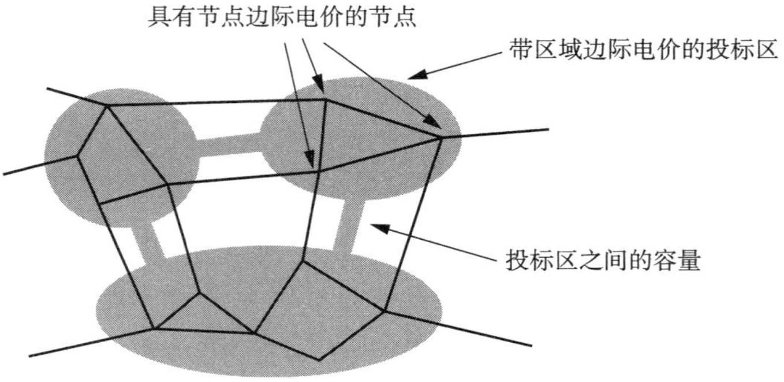

图 22.6 投标区、节点和投标区之间的容量

在节点模型中，所有潜在的阻塞都被“设计”考虑用于价格确定，导致阻塞情况下节点之间的节点边际电价差异。在区域模型中，区域边际电价计算仅考虑投标区域之间的约束。确定区域边际电价后，批发市场外的输电系统运营商（Transmission System Operators，TSO）通过以下几种方式缓解潜在的“区域内”阻塞：

（1）改变拓扑结构：改变电网拓扑结构，改变电流流向，缓解阻塞。

（2）采取重新调度措施：改变特定发电厂的时间表，以改变整个电网的电流，缓解阻塞。

这些阻塞管理的成本没有反映在不同区域的区域边际电价中，而是由投标区内的所有电网用户承担。在节点市场中，独立系统运营商（Independent System Operators，ISOs）也可以采取这种阻塞管理措施以防止由于发电厂或输电中断、预测错误等不可预见的事件引发的阻塞。

2.2.2　集中和分散的市场组织

市场的集中管理和分散管理，是市场设计的一个重要特征。无论市场设计如何，实时系统操作必须由系统操作员集中管理，而现货市场既可以是集中管理的（如美国的节点市场），也可以是分散管理的（如欧盟区域市场）。

在美国的节点市场中，短期现货市场算法使用电厂的技术约束和边际成本来设定电厂的调度情况，精确到机组级别。这些时间表对发电商具有约束力，只能在实时市场中更改。因此，市场竞价被称为“集中调度单元竞价”，每个单元都有单独的承诺和定制的合同（阿尔奎斯特等，2019）。在某种程度上，这种市场反映了放松管制前存在的国家垄断和区域权力组织的部分程序（威尔逊，2002）。新英格兰、PJM、中西部、纽约州和加利福尼亚州的节点市场都是中央调度的。在欧洲，英国的英格兰和威尔士电力联营与爱尔兰的单一电力市场（SEM）是集中市场的例子，其他大多数市场都是分散管理的。英国和爱尔兰分别于 2001 年和 2018 年向分散市场转变。

在欧盟的区域现货市场中，市场参与者有责任优化自己的资产。他们根据其资产的技术特征或消费需求提供汇总的投资组合报价。被接受的报价创建出了实物交割责任，这种责任可以在连续的当天市场运行中进行调整，直到进入实时市场为止。这种运作方式被称为“带投资组合竞价的自我调度”。市场参与者有平衡电力系统的隐含责任；平衡责任方（BRP）在财务上负责在给定的交付期（称为不平衡结算期）内保持其头寸（注入、提取和交易的总和）平衡；根据系统的状态，在每个不平衡结算期对不平衡的 BRP 征收不平衡费用。

2.2.3　辅助服务

在自由化（即解除管制）的电力市场中，供电安全和电网稳定的责任由系统运营公司承担——节点模型中的独立系统运营商（ISO）和区域模型中的输电系统运营商（TSO）。作为对电力批发市场的补充，同时为了保证整个互联电网的供电安全，这些系统运营公司还提供辅助服务或系统服务。辅助服务指超出发电、输电和用电活动商业运营范围的一系列业务。历史上，辅助服务是由系统运营商从大型发电厂采购的，但如今它们越来越多地向消费和存储容量以及小规模发电领域开放。辅助服务涵盖的主要内容如下：

（1）平衡和频率控制：指实时保持供需间物理平衡的电网平衡。电网频率是一个可以监控的值，反映了实时的供需平衡。系统运营商通常签订灵活的发电或存储合同，形成“储备”，能够对电网频率变化作出快速反应，将其保持在给定的范围内，欧洲约为 50 赫兹，美国约为 60 赫兹。

（2）电压控制：电网中的电压必须保持在给定的范围内，这是由系统运营商通过对一些发电设备进行有功和无功功率控制来实现的。

（3）黑启动：该系统服务保证电网具有在停电事件后恢复运行的能力。提供这种服务的发电厂必须能够在不依赖电网供电的情况下运营。

（4）阻塞管理：系统运营商有能力控制一些发电厂，改变它们的发电计划，以解决预期的电网阻塞。

尽管辅助服务满足相同的总体目标（因为物理定律在任何地方都是一样的），但在不同的市场中，辅助服务的组织方式是不同的，并且通常针对特定的系统运营商。在美国一些州实施的节点市场设计中，若干辅助服务（如用于平衡的运营储备）的采购在日前批发市场优化中共同优化，而在欧盟应用的区域市场设计中，辅助服务由输电系统运营商在批发市场框架之外的独立机制和市场中采购。

表 22.1 总结了节点和区域市场设计的主要特征。

表 22.1　节点和区域市场设计的主要特征汇总

	节点市场	区域市场
日前现货价格	节点边际电价	区域市场结算价格
市场投标	包含技术约束的集中调度单元投标	基于投资组合的自由投标，可自行调度
市场运营	独立系统运营商	电力交易所和输电系统运营商
实时平衡	在日前和实时时段中，通过实时市场进行虚拟竞价	独立于批发市场，由输电系统运营商组织平衡
阻塞管理	包括在所有输电线路的日前优化算法中	1. 对于地区间阻塞进行日前最优化管理 2. 通过区域内阻塞的市场外再调度解决

2.3　系统充足性问题：容量机制

电力系统的充足性或可靠性与系统在任何给定时间充分供应电力的能力有关，尤其是在需求高峰期。它与独立系统运营商或输电系统运营商制定的系统规划有关，具体来讲，与系统中电力需求水平相关的可用的发电容量有关。可靠性可以用负荷损失期望值（the Loss-Of-Load Expectation，LOLE）等标准来量化①。

在一个自由化的电力市场中，系统中存在的发电机组数量取决于电价和发电机组从批发市场和辅助服务中获得的收入。这种租金必须体现为建造一个发电厂所支付的沉没投资成本（资本成本年金）与固定运营和维护成本（固定运维成本），以使电厂投资有利可图。

在一个“单一能量市场”中②，高峰需求的装机发电能力，即系统的充足性，是由市场力量通过发电能力投资来设定的（参见第 2.1 节中描述的长期投资均衡）。

在一些批发电力市场设置中，发电商的纯能量报酬不足以保证电力系统的充足性。美国经济学家 S.Stoft（2002）是第一个提出该问题的人，他提出：“资金缺失的问题不是市场支付得太少，而是当我们拥有所需的可靠性水平时，市场支付得太少。”出现这

① 一年中的空载小时数。负载损失事件对应于需求超过供应、价格达到最高市场价格并且必须削减一些消费者的市场情况。

② 发电商的唯一收入来自其在批发市场上的电力销售（以及辅助服务的支付）。

种情况有不同的原因：

（1）市场设计和监管使得发电商的利润无法覆盖固定成本。例如，在供应短缺时，电价理论上会升高，最高可至损失负荷的价值水平[①]，但这种情况很少被监管允许。

（2）为电力系统任意设定可靠性标准[②]是保守的，且同时维持系统中的许多发电机，这会增加竞争并降低市场价格和发电租金。

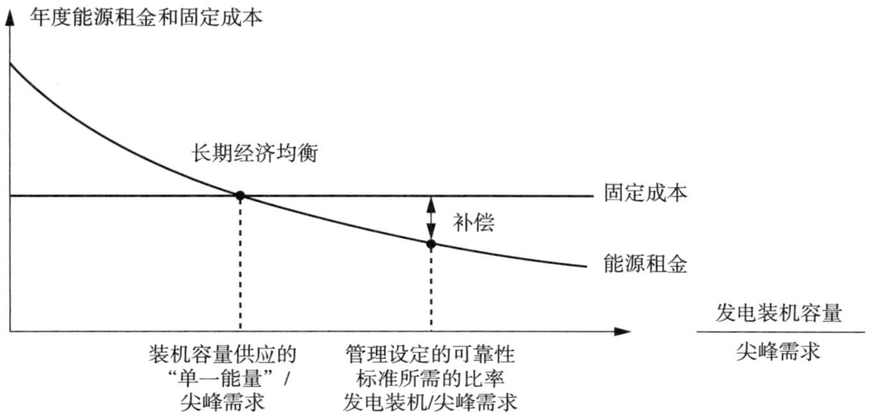

图 22.7　补偿问题

资料来源：作者在布拉特尔集团的启发下所做的解释。

"补偿问题"是发电商的年度固定成本与中长期批发市场售电和辅助服务的能源租金之间的差额（市场在短期内可能供应过剩）。

因此，单一能量市场需在容量机制或容量市场的补充下，为已安装的可用发电容量提供报酬，以补偿发电机组损失的资金，并确保系统达到一定水平的可靠性。在容量市场中，市场力量会调整容量价格以补偿损失的资金，并确保发电容量所需的投资符合规定的可靠性标准。图 22.7 通过与长期"单一能量市场"投资均衡的比较说明了资金损失的概念。

3　电力交易的实践

在介绍了电力市场的理论基础和一些主要的设计特征之后，本节将展示它们在实践中是如何运作的。我们首先描述批发电力市场的运作，重点是衍生品和现货市场，包括分析主要特征、交易产品、交易场所、规则、流程和未来的一些挑战。

---

① VoLL 代表消费者愿意为获取能源支付的最高价格，在这个价格下，消费者获取能源和不获取能源的意愿是没差别的（https://www.emissions-euets.com/internal-electricity-market-glossary/966-value-of-lost-load-voll），通常估计为每兆瓦时数万欧元或数万美元。

② 在美国，一个常见的可靠性标准是每 10 年损失一天负荷（每年 2.4 小时）。在法国（欧盟），政府将标准设定为每年 3 小时。

3.1 批发电力交易

自从自由化开始后，不是由纵向一体化的垄断企业来决定哪些是满足电力需求时启停成本最低的发电设备，也不是由垄断企业来决定何时、何地投资何物。在分散管理模式下，市场参与者根据长期或短期电价作出决策。

3.1.1 电力交易

本小节将详细介绍未来市场参与者是如何在电力通过电网输送到终端消费者（住宅、企业或工业）之前进行电力交易的。电力交易是指买方和卖方达成的合同协议，以在给定的交付周期内在给定的地点以给定的价格交换给定的电量（单位为兆瓦时）。

3.1.2 市场参与者

与其他商品市场一样，电力批发市场中活跃着两大类参与者——基本面市场参与者和投机市场参与者。

（1）基本面市场参与者积极评估和优化市场中的实物资产。基于他们特定的投资组合，无论是消费、发电还是两者兼而有之，他们在交割之前一直持有“买方”或“卖方”的头寸。

（2）投机市场参与者没有购买或出售电力的基本需求。他们参与市场，希望从低买高卖中获利。他们的活动对市场有零和博弈的影响，因为他们不持有头寸。

实际上，基本面市场参与者要么是交易和出售发电厂电力的发电商，要么是交易和采购电力并出售给终端消费者的电力零售商。对于拥有发电资产并直接销售给终端消费者的公司，注入电网的部分电力不直接在市场上交易，而是直接输送给终端消费者。一家电力公司生产的电能超过了客户的需求，它可以在批发市场上出售多余的电能（净卖方）。相对而言，若零售商生产的能源不足以满足顾客需求，它可以从批发市场购买（净买家）。在过去 10 年中，除了这些传统参与者之外，一种新型的基本参与者已经出现——需求侧管理（DSM）或小规模可再生能源的集合者。他们代表一群生产者和 / 或消费者，聚集他们可以在批发层面操纵和营销的发电资产。在欧洲，输电系统运营商也是批发市场的积极参与者，但他们的活动会受到监管。他们对现货市场进行干预，以补偿输电系统的电网损失[①]。在德国，输电系统运营商还负责销售根据上网电价管制计划（eed-in tariff regulatory scheme，一般中文文献里会直接说“FiT 定价机制”）获得补贴的绿色电力。

贸易公司、对冲基金和银行在电力市场自由化最开始便进入了电力批发市场。他们通常进行或为客户进行投机交易。这些金融参与者在长期衍生品市场或现货市场建立头寸，并向其他交易对手（即对冲基金）提供市场准入服务。

3.1.3 交易场所

电力可以在“有组织的市场”（由电力交易所管理）或“场外交易市场”（Over-

① 在美国，ISOs 不会补偿电网损失，交易者在进行交易时需要考虑电网损失。

The-Counter，OTC）进行双边交易或通过被称为经纪人的中介进行交易。电力交易所运行拍卖和持续双边市场。经纪人通常为客户提供电话和连续筛选交易覆盖范围服务。

场外交易是买方和卖方之间的双边、非匿名交易，即使有经纪人参与，交易对手风险[①]仍由双方承担。从他们的角度来看，电力交易所提供了进入匿名市场的途径，为所有交易所成员创造了一个公平的竞争环境。这是可能的，因为交易对手风险由清算所集中，清算所通过每日结算损益和保证金、共同担保系统措施保证交易参与者履行所有金融义务。场外交易可以在电力交易所进行结算记录，这是消除交易对手风险的一种方式。

在美国和欧盟，有专门的大型商品交易所经营电力衍生品交易，如欧洲能源交易所（EEX）、洲际交易所（ICE）、芝加哥商品交易所（CME）或纳斯达克。在欧洲，近年来出现了一种交换联盟的模式，由已建立的证券交易所收购多数股权（连同少数TSO 股东），并将电力现货和 / 或衍生品与其商品业务相结合。例如纳斯达克 OMX 商品交易所、ICE 和 Endex、EPEX SPOT 和 EEX、IDEX 和伦敦证券交易所、Nord Pool 和泛欧交易所。

3.1.4 资产流动性

流动性是竞争性市场的一个可取特征，定义为对价格影响很小的快速交易能力。流动性由高水平的交易活动和大量活跃的市场参与者构成，它可以通过拍卖和买卖价差的弹性以及连续市场的深度来衡量：

（1）作为对整体市场活动的衡量，流动比率是国内电力消费（被认为是基本交易需求的指标）与批发市场交易量之间的比率。在德国这个欧盟最大的现货和衍生品电力市场，交易量可达到总消费量的 12 倍（欧盟委员会，2017）。

（2）对于拍卖，价格弹性可以定义为市场出清价格对买方或卖方在给定交付时间内提交 500 兆瓦和 1000 兆瓦的独立投标的价格敏感度。

（3）对于连续市场，买卖价差是订单簿中最佳买价和最佳卖价的差值。买卖价差越低，买卖双方达成一致的价格反映商品公允价值的可能性就越大。

传统上，在参与者数量较多、集中度较低的市场中，流动性更大。

交易成员可以作为做市商或流动性提供者。做市商服务的目的是为持续的市场提供流动性。电力交易所中的做市商通过随时准备购买或出售给定数量的电力来为给定产品提供流动性，例如提供连续的买卖差价。做市商订单的具体价格范围是与电力交易所或经纪人提前通过合同设定的。做市商赚取买卖差价（当他们的买卖交易相互补偿时），当差价的大小和持续时间满足投标要求时，也可以赚取费用回扣。

3.1.5 交易顺序

电力市场覆盖几个时间框架，从提前几年交货到实时交货不等。市场参与者使用长期衍生品市场来对冲销量、购买并管理电价风险。如表 22.2 所示，短期现货市场允

① 一方不履行其合同义务的风险（例如不付款或不交货）。

许参与者接近实时地安排他们的资产，并管理交易量风险（即预测误差）。下面将更详细地解释衍生品和现货市场如何运作，它们如何相互作用，以及上市产品是什么。

表 22.2 从长期到实时的交易顺序

衍生产品	日前	日内（欧洲）	平衡（欧洲）/实时市场（美国）
长期和中期（年/月/周）	短期（交付前一天）	非常短期（交付前几个小时）	实时（分钟）
供应需求的预期覆盖，生产方式的优化	电力生产和消费的平衡	电力生产和消费的平衡	系统安全

3.2 电力衍生品

电力衍生品对应的是以低价（通常是短期现货价格）为指数的交易合约。最常见的基于交易所的衍生品是期货、期权，其与场外交易的远期、期权和掉期竞争。

3.2.1 套期保值、采购和套利

基本面市场参与者受到价格变化影响的方式不同：

（1）零售商通常向客户提供固定价格的合同，他们的利润会受到电价变化的影响；

（2）发电商的利润直接取决于他们出售电力的价格，容易受到市场价格变化的影响。

套期保值背后的基本思想是限制与电价变化相关的价格风险。套期保值允许消费者、零售商和发电商在当下接受一个已知的固定价格，而不是接受价格变化的风险。长期衍生品市场允许市场参与者通过衍生品合约（如期货、远期、期权、掉期）交易来分担这一风险。

在长期衍生品市场中，市场参与者以合同日商定的价格来交易长交割期的未来电力供应或需求（如几周、几个月、几个季度或几年）。为了使交易更容易并加强流动性，这些衍生合同适用于标准化产品，例如，供应1兆瓦的基本负荷电力（在交付期间的所有时间内恒定的电力）或高峰负荷电力（在交付期间周一至周五上午8点至下午8点）。金融期货合约根据现货价格进行现金结算，因此代表了较长时期内预期现货价格的平均值。它们通常被用作确定终端消费者支付价格的基础。当零售商与客户签订合同时，通常会购买所需的衍生产品，以满足其需供应的大部分电力需求。随着交付时间的接近，预测电力的剩余变化和更精细的粒度变化（每小时和每小时以下）将在欧洲的日前和日内的时间框架中/美国的日前和实时市场中处理。

因电力的可储存性非常有限，现货电价与长期电价之间缺乏明确的关系。根据储存理论（Kaldor，1939），交易商品的公司通过保持库存量以应对未预料到的需求变化。这使他们面临储存成本，但当商品更有价值时（便利收益率），他们有可能出售保留的存货。电力的不可储存性限制了电力期货价格的标准无套利方法建模。现货和期货电

价之间的关系“仅仅”反映了对未来电力供需特征的预期（决定现货价格）和风险规避（Shawky et al.，2003）。

允许参与者有机会对冲节点电价是电力市场的一个重要特征。长期输电权，如实物和金融输电权（PTR和FTR）使市场参与者能够覆盖合同签订和交付之间条件变化的风险，并对冲两个投标区（欧盟）或节点（美国）之间的短期差价。实物输电权授权持有者在特定时期内在两个区域之间以特定方向物理传输特定量的电力。金融输电权是市场参与者对冲网络两点间传输阻塞波动的一种机制。在美国，只有金融输电权用于节点市场。独立系统运营商为金融输电权组织了长期拍卖、年度拍卖、月度拍卖。在欧洲，根据边界的不同而使用物理传输权或金融传输权。

3.2.2　欧洲和美国的电力衍生品

在欧洲和美国，电力在交割前几年通过OTC（双边或通过交易商间经纪人）或交易所[①]进行“曲线”交易，“曲线”交易截止到“实物”市场交割的前一天。交易期货根据标的资产的参考价格（每日现货结算价）进行金融现金结算，但在欧洲，实物期货也可以交易，并产生交割权（即相关TSO的时间表）。在欧盟，期限长达10年的期货可以在流动性最强的中心找到，但它们的流动性较差。通常，大部分流动性都集中在未来三年的交割之前、未来三个月和未来三个季度。

在欧洲，北欧电力交易所Nord Pool是1993年斯堪的纳维亚国家的第一个现货和衍生品电力市场，随后是EEX和ICE、Nasdaq、CME等主要证券交易所。期货和期权有两种标准化产品——以0.01欧元/兆瓦时为最小报价单位、以1兆瓦为最小报价单位，合同的标称值以兆瓦时表示，期货价格以欧元/兆瓦时计价，合同根据平均每小时现货价格进行财务结算（基础和高峰负荷合同）。每日结算价格被用作清算所[②]的参考，以每日为基础对头寸进行估价，或在买方或卖方违约的情况下结清头寸。欧式电力期权在期货指数上进行金融结算，交割期为每月、每季度和每年。

在美国，交易所上市的期货（场外交易的远期和掉期）合约也被用来覆盖了特定的地理区域或中心（电力产品可以在北美的几十个中心和交割点进行交易）。在1996年推出COB（加州俄勒冈州边境）和PV（亚利桑那州帕洛维德）合约后，纽约商品交易所允许交易Cinergy合约（涵盖中西部地区）、Entergy合约（路易斯安那州地区）和PJM合约，其交割地点是宾夕法尼亚州、新泽西州和马里兰州的边境交汇处（Eydeland and Wolyniec，2003）。主要枢纽围绕区域输电运营商（RTO）市场发展：ISO新英格兰（ISO-NE）[③]、纽约州ISO（NYISO）、PJM互联（PJM）、中西部ISO（MISO）、得克萨斯州电力可靠性委员会（ERCOT）、加利福尼亚州ISO（CAISO）、路易斯安那州（into Entergy）、西南部（Palo Verde）和西北部（哥伦比亚中部）的两个地点

---

① 在欧洲，金融产品只能由MIFID意义上的受监管交易所提供。

② 为确保交易的金融和实物结算以及交易的“抵押”以消除交易对手/违约风险，交易所使用期货清算所和现货交易。

③ 在美国，大型ISO的地理范围已经扩大，并已更名为区域传输组织（RTO）。

（见表 22.3）。

表 22.3 美国和欧盟的合同示例

交易所	合同类型	粒度	交易到期日	实物与金融
欧洲能源交易所	期货	投标区（德国）	日、周、月、季、年	现金结算
欧洲能源交易所	期权	投标区（德国）	日、周、月、季、年	现金结算
纳斯达克	期货	投标区（北欧）	月、季、年	现金结算
洲际交易所：PJM 西部电力中心节点实时市场	期货	枢纽（PJM）	日、周、月、季、年	现金结算
现金结算非高峰期节点电力交易，CAISO SP15，日前	期货	传输节点 / 枢纽（CAISO）	日、周、月、季、年	现金结算

译者注：CAISO 为加州独立系统运营商。

随着越来越多竞争激烈的市场实施节点定价，电力市场规定，节点期货可以交易，以减少在节点交易所交易的期货合约的基础风险管理。节点期货在财务上使用由联邦能源监管委员会（FERC）监管的有组织电力市场发布的合同中规定位置的适当每小时位置边际价格（LMPs）的月平均值进行结算。

尽管欧盟和美国在衍生品方面有着相似的安排，但在现货市场方面却有很大的不同。

3.3 电力现货市场

两大洲市场结构的本质和利益相关者有所不同。在美国，日前交易市场由独立的系统运营商（如 PJM、MISO、ERCOT 等）运营，这些运营商是非营利性的联邦监管组织，而此类市场在欧盟（EU）由电力交易所管理，电力交易所是营利性公司，在欧洲立法中被设立为指定电力市场运营商（NEMO）①。在美国和欧盟，主要的实体市场指在日前为第二天的所有小时交付电量进行的拍卖。考虑到一些发电厂具有很长的爬坡率，交货前一天的这种“物理调度”市场是必要的。

3.3.1 日前现货市场

电力交换可以基于“电力池”或“交换”模式。大多数欧洲国家采用了双边合同和自愿电力交易的交换模式（自我调度模式）。电力池集中调度模式通常带有一些强制性特征。电力池往往是公共倡议的结果，即政府希望在批发层面实现竞争，参与是强制性的，不允许在资金池之外进行交易②。目前在欧洲，伊比利亚－奥米和意大

① 欧洲委员会发布的容量分配和阻塞管理（CACM）指南描述了这些NEMOs（例如EPEX Spot、OMIE、GME、Nord Pool 等的法律框架），特别是非垄断的 NEMOs 可以在整个欧洲竞争现货市场服务。

② 在新的电力交易安排（NETA）之前存在的英格兰和威尔士电力池是这种模式的典型例子。读者可以参考纽伯瑞（1997）。

利 –GME 已经采用了一种半强制性的解决方案，在这两个地区可以进行双边交易，但需要通过电力池进行注册。在美国，对于已经转为竞争性电力市场的州，现货市场运营活动由非营利性独立系统运营商通过运营中央调度的半联营型安排来执行。发电厂可能有义务在电力池中投标，或者所有交易都需要通过电力池进行注册。电力池最重要的特点是考虑了许多技术特征，如电厂的可用性和机组组合参数[①]。

在欧洲，日前市场是针对所有国家[②]和第二天所有交割的单一拍卖。拍卖每天在中午举行。拍卖是双边密封投标统一价格拍卖，其中所有买方和卖方作出对其他市场参与者不可见的报价，并且分别支付 / 接收相同的市场结算价格（MCP）。在市场结算算法中，所有跨境互联通过一个称为“市场耦合”的过程来考虑，该过程隐含地分配竞价区之间的互联容量以及能源，并优化其使用。如果有足够的传输容量可用，则确定共同的市场结算价格。如果输电容量饱和，则跨境确定单独的结算价格。市场参与者将他们的订单发送到他们各自的电力交易所。所有订单被收集并提交给市场耦合算法，该算法决定哪些订单将被执行、哪些订单将被拒绝，使得产生的社会福利[③]最大，并且功率不超过相关网络元件的容量。

在美国，独立系统运营商在考虑输电网完整拓扑结构的情况下，进行日前节点拍卖。第二次拍卖是针对实时市场进行的，具有相同的电网拓扑结构，但更新了报价。[④]在日前市场中，基于发电报价和节点级别的需求报价，计算下一个营业日的每小时清算价格。此外，还存在能量和储备的同时清除（共同优化）。市场参与者按单位对技术 / 成本数据进行投标，独立系统运营商根据市场参与者的投标和前一天市场中提交的双边交易时间表来解决共同优化问题。

在美国和欧盟，出于技术原因对能源市场价格设置了上限，同时也是为了避免滥用市场力量导致的极端价格。由于很难定义整个市场的负荷损失价值，并且消费者很难表达他们的真实支付意愿，因此今天的价格限制被任意设定在千欧元 / 兆瓦时或千美元 / 兆瓦时的水平。在整个欧洲，单日统一价格上限为（–500，+3000）欧元 / 兆瓦时（EPEX Spot，2020），当局规定有义务在每次达到价格上限时提高价格上限（ACER，2017）。图 22.8 显示了一个供给和需求汇总曲线的例子。

作为美国节点设计的一个例子，PJM 市场报价上限为 2000 美元 / 兆瓦时，同时需要证明成本的合理性，但在电力稀缺条件下，价格可升至 3700 美元 / 兆瓦时（PJM，2018）。通常，当当地市场结构不具竞争性时，会对单位设置报价上限。报价上限是应对当地市场势力的一种手段。市场规则要求能源市场中的报价具有竞争性，其中竞争性被定义为机组的短期边际成本。短期边际成本可以并且应该反映机会成本。

---

① 通常在电力池系统中也可以考虑容量成本。

② 综合多区域耦合包括德国、卢森堡、奥地利、法国、比利时、荷兰、英国、北欧和波罗的海、西班牙、葡萄牙、意大利和斯洛文尼亚。根据欧洲目标模式，这一地理范围将在未来几年扩大到更多国家。

③ 社会福利是消费者剩余、生产者剩余和阻塞租金的总和，相当于阻塞发生时的价格差异。

④ 这被称为双结算（多结算）系统设计。在多结算系统中，LMP 的两次连续运行被结算，第一次运行发生在营业日的前一天，被命名为日前电能市场。

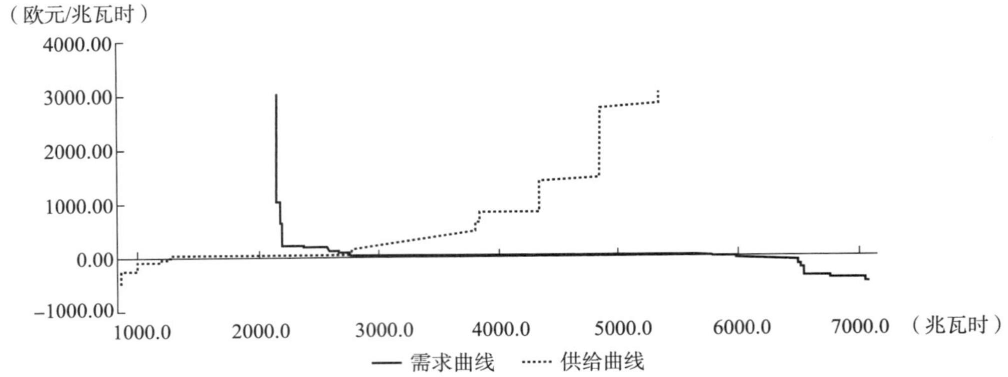

图 22.8　汇总曲线（奥地利 2020 年 2 月 6 日 19 时至 20 时）

资料来源：EPEX Spot 数据。

由于启动成本、最小升降时间、斜坡率等技术限制，发电机面临非凸成本函数（见图 22.9），在欧洲，市场耦合算法允许在多个连续小时内给定电量的“批量订单”，作为对更简单的每小时订单的补充。

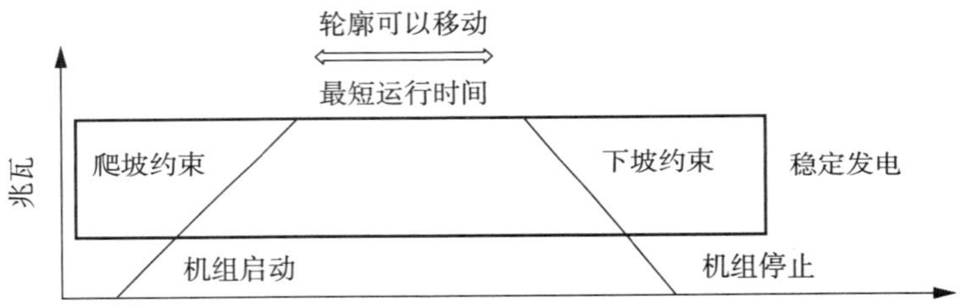

图 22.9　火力发电厂的技术限制

批量订单“链接”几个小时，并允许在日前拍卖中对电厂进行更好的建模和优化。统一价格拍卖规则意味着相同的价格适用于所有人，并且不存在与非统一定价规则相关联的附加支付（全额支付）。

在美国，生产商通常使用三部分投标，具体包括启动成本、空载成本和边际成本（Sioshansi et al，2009）。集中式市场具有非线性定价方案，通过补偿或支付额外费用来确保多发一个单位电力不会亏损。当市场收入不足或调度指令偏离调度计划时，向市场参与者支付额外费用以确保他们收回总报价成本。

现货电力市场是一个计算密集型市场，很难扩大规模，尤其是当它们包括复杂的网络拓扑或复杂的投标结构时（Ahlqvist et al.，2019）。这个问题存在于采用节点定价的美国，也存在于采用所有边界、国家要求［即意大利单一国家价格，Prezzo Unico Nazionale（PUN）］和市场耦合算法中的批量订单复杂性的欧洲。这是一个潜在的问题，因为全球趋势是增加电力市场的地理规模，引入更细粒度的产品并集成数百万资产，包括产生动态时间依赖性和高算法复杂性的存储。

3.3.2 日内和实时市场

由于日前拍卖是基于对第二天所需负荷或发电量的预测，所以在拍卖进行时，实际的电力需求或供应是未知的。日内市场是市场参与者实时调整报价和资产的最后机会。这些变化可能有多种原因，但传统上，日内和实时市场用于平衡交易量风险，原因如下：

（1）发电机组被迫停机。

（2）需求预测误差。温度下降或云量增加可能需要额外的发电资源来满足实时负荷。

（3）风能和太阳能等间歇性可再生能源的预测误差。

在美国，实时市场用于修正非常接近实时的偏差。在实时市场中，购买电力是为了立即交货。节点边际电价是在实时系统运行安全有保障的前提下，每 5 分钟计算一次经济调度。实时市场是一个平衡市场，在该市场中，日前承诺与实际需求和系统约束相平衡。发电报价不断更新并用于作出实时调度决策。由于调度是根据实时系统负载和断电进行调整的，因此实时市场中可能会出现更大的价格波动。当两个拍卖结算系统运行良好且日前预测准确时，实时价格将类似于日前结算价格。虚拟出价可以放在两个市场上（方向相反），以通过日前和实时市场之间的价格差异套利（Jha and Wolak，2016）。

在欧盟，上述预测误差可以全年、每周 7 天、每天 24 小时进行跨境连续日内再平衡。从交付前一天的下午 3 点到交付前 5 分钟，逐步开放 15 分钟、30 分钟和 60 分钟粒度的产品。2015 年，德国在下午 3 点的日内交易时段开始时引入了额外的 15 分钟时段统一价格拍卖，以帮助市场参与者推销他们的太阳能板（见图 22.10）。

图 22.10 "现货"交易过程

连续交易实现了按出价支付的连续匹配算法，这意味着市场参与者必须预测市场价格。图 22.11 显示了一个交易时段中买卖价差和市场深度的演变示例。

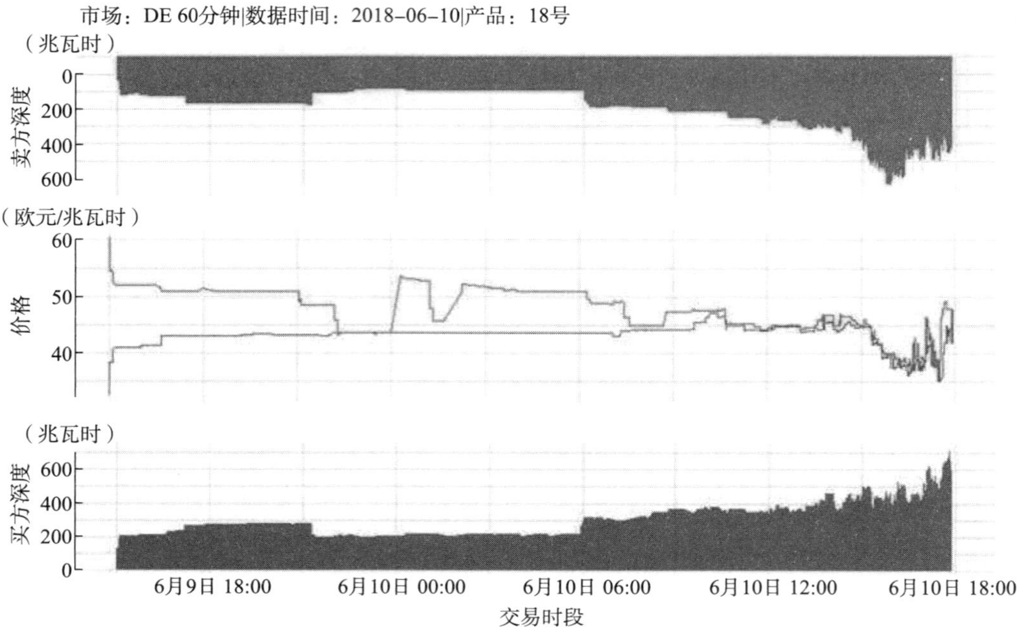

图 22.11 连续日内市场的买卖价差和市场深度

资料来源：EPEX Spot 数据。

自 2007 年推出以来，日内市场交易量增加了很多，反映出由于风能和太阳能的可再生容量不断增长，人们更需要在日前和实时之间重新平衡供需。图 22.12 显示 2010—2018 年德国日内交易量增长了 10 倍。

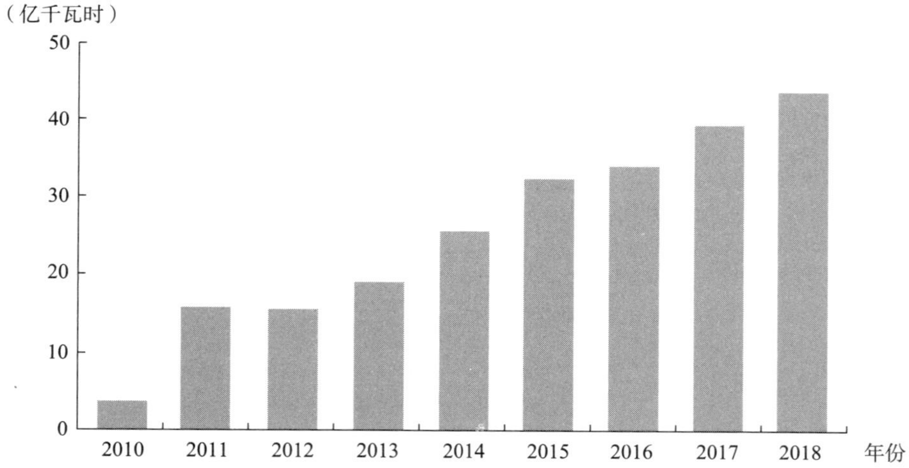

图 22.12 2010 年至 2018 年德国连续日内成交量

资料来源：EPEX Spot 数据。

在整合大量可再生能源后，电力市场新的趋势是交易更精细的产品和更接近实时调度：

（1）更精细粒度的产品允许市场参与者匹配每 15 分钟的发电和需求以满足电量平衡。它们大约占当天连续市场总交易量的 20%。

（2）在过去几年中，实时交易最后 30 分钟的交易活动有所增加，因为参与者在最后几分钟受益于交易机会。在德国日内市场，15% 的日内连续交易量是在实时交易的最后 30 分钟进行的（见图 22.13）。

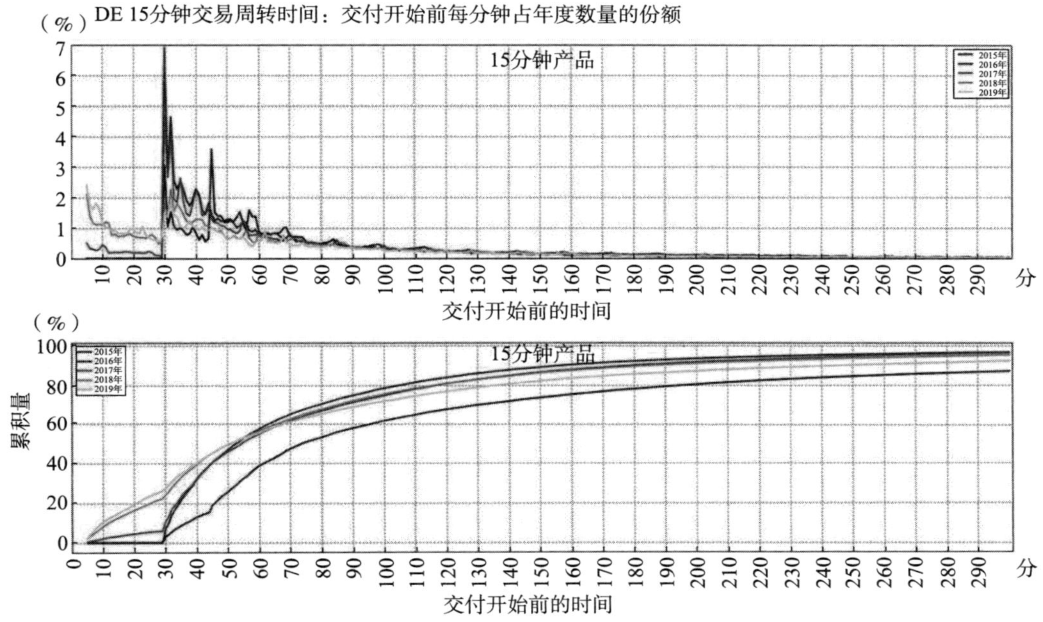

图 22.13　日内市场中以分钟为单位的交付周期（占年交易量的百分比）

资料来源：EPEX Spot 数据。

（3）自动交易应用程序由内部或独立软件供应商（ISV）开发，并基于算法实现电力交易自动化。应用程序通过 API（自动编程接口）全天候连接。这使得市场参与者能够对电力生产和需求的波动作出快速反应。

4　展望未来，电力市场面临新的挑战

近年来，世界各地的电力系统一直在经历新生且有利的变化，预计在未来几年将进一步发展。这些交织在一起的趋势有时被称为 3 Ds，即脱碳（Decarbonation）、去中心化（Decentralization）和数字化（Decentralization）。

围绕气候变化的全球宣言使得电力部门的脱碳成为遏制全球变暖的重要路径之一。随着新兴的碳定价倡议为二氧化碳排放创造了经济信号（通过“内部化”其负外部性），许多政府和决策者实施了可再生能源支持计划和补贴，以推广清洁能源。因此，太阳能和风能在世界范围内得到了大力发展。仅在该领域的先驱国家德国，2016 年就有 110 吉瓦以上的风能和太阳能发电装机容量，超过 36% 的国内用电量由可再生

能源覆盖（BMWi，2017），这一数据在2000年仅为6%。在加州，著名的“鸭子”曲线（Duck Curve）说明了太阳能光伏在市场上的逐渐渗透（加州ISO，2012）（见图22.14）。

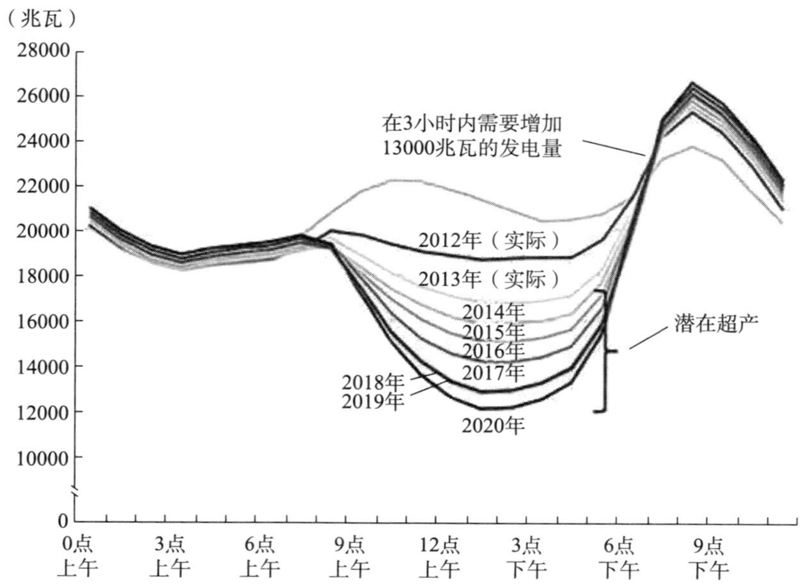

图22.14 加州ISO的净负荷“鸭子”曲线（3月31日）

资料来源：CAL ISO。

正如雄心勃勃的政策目标所表明的那样，这种可再生能源发展趋势预计将继续下去。欧盟的目标是到2050年实现气候中性（欧盟委员会，2019）。发电组合包含更多可再生能源（主要是间歇性发电）的转变将给电力系统的成本效益、资源充足性和供电安全性带来新的挑战：

（1）增加的资金损失：短期边际成本接近0欧元/兆瓦时的可再生能源（因为没有燃料和排放成本，几乎没有运行和维护的可变成本），对批发现货电价有负面影响①，并倾向于增加“资金损失”问题。事实上，它们不能完全取代可调度的发电系统，为应对无风无阳的高峰需求事件，对可调度的发电系统的需求仍然很高。

（2）灵活性需求：此外，随着可再生能源普及率的提高，资源充足性和系统可靠性不再仅仅取决于高峰需求，也越来越需要生产的灵活性，以补偿大的和短期的可再生能源引起的生产变化。容量机制有助于解决间歇性后备问题，尽管它们的主要目的不是增加灵活性。在市场设计和监管领域，仍需采取有效措施，以进一步增强市场中的灵活性激励。矛盾的是，进一步发展可再生能源仍需要主要来自化石能源的灵活性（如灵活的燃气发电厂），因为需求响应和电池仍未在大规模上得到充分利用或过于昂

① 但不一定取决于总电力成本，因为如果没有补贴，世界上大多数地区的可再生能源按市场价格在经济上是不可行的。

贵，但可能会因分散化和数字化趋势而出现。

去中心化与配电网中较小规模发电设备（可再生能源、存储、需求响应）的不断发展有关，它逐渐将电力部门的传统模式从大型发电厂的集中供电转变为更加分散的供电。在这种情况下，数字化成为智能计量、能源管理系统和新通信技术部署的催化剂，为发展更精确、数据密集型和配套的电力系统管理铺平了道路，并实现了更小规模灵活性的发展。只要正确的价格信号能够促进消费者、供应商和售电商的发展，他们就有机会调整自己的负荷或生产情况，即将市场中最大数量的参与者与更好的价格反应能力结合起来，以更低的成本管理电力系统。

展望未来，似乎必须确定电力系统的未来需求，并使其与全球政策目标保持一致，以适应和加强电力市场创造社会福利的方式。这是持续的且难度逐步增大的过程：市场架构和监管框架应如何改变，以满足艰巨的气候目标，同时保持有效的投资激励和供应安全？答案可能在于更精细的时间与空间市场划分，正确的价格信号和激励的出现，以及对于技术突破带来的新机会的适当整合。

参考文献

[1] ACER (2017) Decision of the Agency for the Cooperation of Energy Regulators No 04/2017 of 14 November 2017 on the Nominated Electricity Market Operators Proposal for Harmonized Maximum and Minimum Clearing Prices for Single DayAhead Coupling, http://www.acer.europa.eu/Offcial_documents/Public_consultations/PC_2017_E_02/PC_2017_E_02%20on%20maximum%20and%20minimum%20prices.pdf.

[2] Ahlqvist, Holmberg, Holmberg, P., and Tangerå, T. (2019) Central–versus SelfDispatch in Electricity Markets.

[3] BMWi (2017) Renewable Energy Sources in Figures, Germany Federal Ministry of Economic Affairs and Energy.

[4] Boiteux, M. (1949) La tarifcation des demandes en pointe: application de la théorie de la vente au cout marginal, Revue Générale de l'Electricité.

[5] California independent System Operator (2012) What the Duck Curve Tells Us About Managing a Green Grid. https://www.caiso.com/Documents/FlexibleResources HelpRenewables_FastFacts.pdf.

[6] EPEX Spot (2020) Rules and Regulations, https://www.epexspot.com/en/downloads#rules–fees–processes.

[7] European Commission (2017) Quarterly Report on European Electricity Markets, Market Observatory for Energy DG Energy Volume 10 (issue 4; fourth quarter of 2017).

[8] European Commission (2019) The European Green Deal.

[9] Eydeland, A., and Wolyniec, K. (2003) Energy and Power Risk Management, Wiley.

[10] Hogan, W.W. (1992), Contract Networks for Electric Power Transmission: Technical Reference.

[11] Jha, A., and Wolak, F.A. (2016) Testing for Market Effciency with Transactions Costs: An Application to Convergence Bidding in Wholesale Electricity Markets. 2013.

[12] Joskow, P.L. (2003) The Diffcult Transition to Competitive Electricity Markets in the U.S.

[13] Kaldor, N. (1939) Speculation and Economic Stability, The Review of Economic Studies, 7(1), 1–27.

[14] Newbery, D.M. (1997) Pool Reform and Competition in Electricity.

[15] PJM (2018) Day–Ahead–Energy–Market, https://www.pjm.com/–/media/training/nerc–certifications/markets–exam–materials/generation–itp/day–ahead–energymarket.ashx?la=en.

[16] Schweppe, F.C., et al. (1988) Spot Pricing of Electricity, Kluwer.

[17] Shawky, A.H., Marathe, A., and Barrett, C.L. (2003) A First Look at the Empirical Relation between Spot and Futures Electricity Prices in the Unites States. The Journal of Futures Markets, 23(10), 931–955.

[18] Sioshansi, R., et al. (2009) Three–Part Auctions Versus Self–Commitment in Day–Ahead Electricity Markets, Utilities Policy, Elsevier.

[19] Stoft, S. (2002) Power System Economics, Wiley

[20] Wilson, R. (2002) Architecture of Power Markets, Journal of the Econometric Society, 70(4), 1299–1340.

第 23 章　碳交易

安德雷·玛库　费代里科·拉赫马尔[①]

1　引言

碳市场建立的理论基础是市场外部性这一经济理论。该理论由 R.H. 科斯在 1960 年发表的《社会成本问题》中提出，强调市场外部性会造成低效率。此后，外部性理论分析了在一个经济主体既不承担成本也不获得收益的情况下，该经济主体的行为对另一个经济主体产生正面或负面影响的现象（桑爱斯，2007）。不利影响被称为“负外部性”，反之，则为“正外部性”。

负外部性的一个例子是碳排放，排放者可以将排放相关的成本转嫁给社会来“外部化”成本。这种负外部性是市场失灵，因为排放者不承担排放的真正成本。

以下两种方法可用于应对碳排放的市场失灵，这两种方法并不相互排斥：

（1）命令和控制措施；

（2）经济工具。

命令和控制法即以控制排放为目的，对生产者和消费者施加大量的规则和限制。因此，某些行为或生产方法可能会被取缔或完全禁止[②]。

通过经济手段控制碳排放意味着价格信号与温室气体排放相关联。这个信号可以是正面的，例如通过给予补贴激励某些活动或行为，也可以是负面的，例如增加排放成本。

污染者付费原则指污染者应根据其行为对社会造成的成本而为排放付费（LSEPS，2018a）。这一原则对碳污染施加成本，向排放者发出经济信号，排放者将自行决定是减少温室气体排放量还是继续排放温室气体并为此付费（世界银行，2019）。实质上，排放者将被迫将污染成本“内部化”，结束碳排放的“负外部性”。

各国在气候变化问题上既运用了命令和控制手段，也运用了经济手段。根据《巴黎协定》，在寻求将全球变暖限制在比工业化前水平高出 2℃以下的过程中，这两种方法应当互为补充。

---

① 安德雷·玛库（Andrei Marcu）和费代里科·拉赫马尔（Federico Cecchetti），欧洲气候变化和可持续转型圆桌会议（ERCST）；电子邮箱：acmarcu@ercst.org。

② 《蒙特利尔议定书》的情况就是如此，该议定书旨在消除导致地球臭氧层空洞的含氯氟烃（CFCs）的生产。详细内容请见 Heskett（2018）。

经济学家们普遍认为，从碳排放的潜在经济价值入手，引入碳价格有助于以对社会最灵活、最具成本效益的方式实现环境目标（LSEPS，2018b）。

本章将探讨碳定价的概念，尤其是通过排放权交易体系（ETSs）进行的碳交易。第 2 节将分析排放权交易体系与碳税的基本原理，着眼于这两种碳定价方法之间的主要差异。第 3 节将关注排放权交易体系的主要设计选项。第 4 节将重点介绍欧洲联盟（欧盟）排放权交易体系的经验，该系统是第一个国际排放权交易体系，至今仍是最大的（碳）排放权交易市场。本章将回顾欧盟排放权交易体系的历史，阐述该体系面临的主要挑战和机会，以及从实践中可以吸取什么教训。第 5 节把分析范围扩大到全球其他的碳排放权交易体系，同时也简要分析各国在碳交易领域潜在的跨国合作。以欧盟排放权交易体系为基准，简要描述其他主要的排放权交易体系，强调不同体系之间潜在的相互关联，并分析出现全球参考碳价格的前景。

2 碳定价：碳税与碳排放权交易体系

实施碳定价的国家 / 地区在全球范围内扩大。截至 2019 年，已有 57 个碳定价倡议实施或计划实施，46 个国家和 28 个次国家级管辖区通过碳排放交易和碳税相结合的方式为碳排放定价。这相当于全球排放量的大约 20%，高于 2016 年的 13%（ICEVE，2019）。

在此背景下，研究碳定价方式变得越来越重要。碳定价的两种主要的方法为：

（1）碳税；

（2）排放权交易体系。

从广义上讲，碳税意味着碳排放的价格是由监管机构确定的。排放权交易体系确定了该系统允许的排放总量（即上限），并让市场根据该上限确定所需的价格。

这两种方案的主要区别在于监管者选择限制哪个变量——碳价还是碳排放总量（史特内格朗，2018）。碳税方案中，政府设定的碳价格是确定的，而碳排放量是不可控的。只要实体为碳排放支付费用，则允许排放，碳税是一种抑制排放的经济手段。与之相反，排放权交易体系通过对排放量设定上限，为减排效果创造了确定性。[①]然而，价格是由市场根据排放“限额”（即排放许可）的供需平衡决定的，因此，原则上碳的价格不是固定的，而是根据市场情况波动的。

混合体系结合了两种方法，这两种方法以不同的形式存在，例如有价格下限和 / 或上限的排放权交易体系（国际碳行动伙伴组织，2016）。

这两种方法各有优势（考夫曼等，2016）。首先，碳税和排放权交易体系都是通过鼓励最低成本的减排来减少排放，而不规定减排应该在何时何地进行。其次，二者属于低碳投资的经济激励，因此有助于推动技术创新。最后，这两项政策的前提是排放

① 除非立法者为排放权交易体系选择了一个强度上限，这将保证强度目标的实现，但不能保证绝对减排目标的实现。加州的低碳燃料标准就是如此。详细内容请见：https://ww3.arb.ca.gov/fuels/lcfs/background/basics-notes.pdf。

权交易体系下的企业碳配额通过拍卖产生，而不是免费发放。

与此同时，任何非全球层面的排放权交易体系或碳税都有损害相关经济主体竞争力的风险。这通常被称为“碳泄漏”风险。处于没有排放约束或排放约束不那么严格的国家的公司，可能比处于更“严格”的排放权交易体系或“高”碳税体系下的公司更有优势，因为后者需要承担更高的碳成本。

这种竞争力的丧失可能导致在一个管辖区减少排放而在另一个管辖区增加排放的负面效应，使得全球排放总量增加。事实上，通过企业转移或被不承担类似相关气候成本的外国竞争对手淘汰，生产可能转移到排放限制较宽松的国家（欧盟委员会，2019a）。对“外向型贸易”产品来说，情况尤其如此（泰什等，2014）。

这两种方法的另一个共同挑战在于它们需要复杂的行政结构，因为监测（Monitoring）、报告（Reporting）和核查（Verifying）排放可能更具挑战性，特别是在行政能力有限的国家。

碳税和排放权交易体系有利有弊。如前所述，由于没有对排放进行限制，碳税有达不到环境目标的风险。设定碳税可能需要根据企业的需求弹性进行调整。

此外，碳税往往与纳税人的附加税这一负面的“污名”联系在一起，使得碳税通常难以获得公众的支持——除非碳税与退税或收入回收直接挂钩。从积极的方面来看，碳税通常比限额与交易系统更容易实现，而且它为投资者提供了一个稳定的价格信号。[①]

确保长期、明确的碳价格尤为重要，因为即使在实际减排成本或其他原因导致减排成本低于预期的时候，它也能够给低碳实践和技术投资一种长期信号，而不管实际减排效果，如经济衰退导致排放量暂时下降。

限额与交易制度的优势在于确保实现预定的排放目标，为未来的排放水平提供合理的预期。这种减排将逐步进行，因为排放权交易体系通常会通过降低上限来减少许可供应量。

就减排机会而言，与碳税相比，碳排放权交易体系的一大优势是提供了更强的灵活性，若行为人发现了更具成本效益的脱碳替代方案，碳排放权交易体系允许行为人向替代方案支付费用以减少自身排放，换句话说，减排成本较低的行为者有可能因首先减少他们的排放而获得其他人的奖励（伊甸等，2016）。

考虑到碳的价格取决于供需趋势，没有价格下限的碳排放权交易体系的一个主要缺点是它不能像碳税那样保证长期、明确的价格信号。

需要强调的是，抛开两种选择的利弊，只要设计得当，这两种选择都可以产生积极的环境效果。下一节更深入地分析了排放权交易体系的一些主要设计方案。

---

① 碳税的设计可能导致一个同样复杂的系统，这取决于征税的基准和门槛是如何设计的，但排放权交易体系通常被认为更加复杂，因为它还包括交易业务。

3 排放权交易体系的设计方案

排放权交易体系有许多设计方案可以考虑，包括模仿市场行为的规定，在供应和需求两方面都有灵活性。基于与排放权交易体系功能的相关性，本节将重点讨论以下七点[①]：

（1）上限设置；

（2）范围和覆盖面；

（3）向市场供应配额；

（4）灵活性条款；

（5）MRV[②] 制度、执法和市场监督；

（6）价格和数量管理机制；

（7）收入的使用。

3.1 上限设置

上限代表了排放权交易体系最重要的设计特征之一，因为它规定了系统允许的温室气体排放的上限。如果排放权交易体系的目标是在一段时间内达到减排一定比例（×%）的既定环境目标，立法者将设定一个排放上限（即排放预算），该上限等于该时期内相关实体可获得的配额总数（欧盟委员会，2015）。这一上限必须转化为金额（face value），用于交易和合规性的相关装置——通常称为排放限额或排放许可。

上限应反映可用的减排机会和满足所涵盖实体目标的经济和技术可行性，但主要反映辖区的总体减排目标。从这个意义上说，拥有历史数据和反事实预测的坚实基础是设定上限的关键前提。

在设定上限时，立法者应寻求平衡减排的原因和对被覆盖实体"更严格"的上限的经济影响。在其他条件相同的情况下，上限越高，发放的配额数量就越少，因此市场的稀缺性就越大，这将转化为更高的合规成本。

可以设置两种类型的上限：

（1）绝对上限，设定特定时期内的最大排放限额；

（2）强度上限，规定每单位产出或投入发放的许可数量（如每单位国内生产总值、千瓦时电力、吨原材料等的排放量）。

绝对上限的好处是为监管者和市场参与者提供前期确定性，因为它是一个独立变量，不会因其他因素而变化。相反，在强度方法下，上限允许的绝对排放量将作为所选投入或产出值的函数增加或减少。在这两种情况下，立法者都需要选择一个排放参考点。

---

① 第3节内容大体上基于：莱恩和梅赫林（2013）、纽厄尔等（2012）、普拉格等（2012）、纽霍夫（2008）、国际碳行动伙伴组织（2019a）。

② MRV 指碳排放的量化与数据质量保证的过程，包括监测（Monitoring）、报告（Reporting）、核查（Verfication）。

另一个区别是所设定上限的时间段，可以是每年一次或多年一次。这通常意味着选择开始日期和结束日期。

在实践中，减排期通常对应于一个承诺期或“ETS 阶段”，在此期间还规定了其他方案设计特征。关于排放权交易体系阶段持续时间的决定将影响利益相关方在减少排放方面的灵活性。

最终，在确定排放权交易体系上限的目标时，有两种方法可供选择：自上而下和自下而上。在前者的情况下，立法者将根据要达到的基本环境目标来设定上限，这在本质上反映了对所有受限制行业的减排潜力和成本的高质量评估。就后者而言，自下而上的方法将转化为对不同部门、分部门，甚至个人参与者的减排潜力的更详细评估，并将其汇总成一个总的上限。自下而上的方法能够反映作为排放权交易体系一部分的所有或大多数实体的具体情况。然而，这需要高质量的分类数据，并且仍然可能导致上限与管辖区更广泛的减排目标不一致。

3.2　范围和覆盖面

排放交易制度的范围和覆盖面是指排放交易制度所涵盖的地理区域、部门、排放源和气体。它定义了政策的边界，并将对受监管实体的管理工作和交易成本产生重要影响。从理论上讲，所涵盖的大量部门和气体将增加低成本减排的机会，降低减排的总体边际成本，同时增加监管市场的流动性。

对立法者和受监管实体来说，限制范围和覆盖面也降低了与（碳）排放权交易相关的行政成本。当然，这要与用其他气候法规覆盖（碳）排放权交易之外的部门 / 实体的成本相平衡。对于立法者来说，监测和管理大量行为者和排放源的能力和成本，在决定（碳）排放权交易体系的范围时不应被视为无关紧要的，特别是在可能还设想了其他政策的情况下。

立法者应设法限制所有被覆盖实体的履约成本。对那些无法承担高额行政费用的小实体来说尤其如此，当他们被要求承担与主要排放者类似的固定行政成本时，可能会在竞争中处于不利地位。由于上述原因，（碳）排放权交易体系通常以覆盖主要排放者为目标，设立一些门槛，较小的实体将被豁免。这些门槛可以反映经济和环境因素，如生产水平或每年的温室气体排放量。

类似的考虑也适用于决定哪些部门应该被纳入排放权交易体系。如果可以实施替代政策，涵盖占管辖区排放量很大份额的部门将被视为更有利于实现排放权交易体系环境目标，而覆盖污染较少的部门有时可能被认为不值得投入行政成本。

同样，覆盖由少数主要排放者主导的部门可以提供高收益并减少行政工作，而覆盖由许多小实体组成的部门可能涉及与收益不成比例的高成本。

关于排放权交易体系范围的每一项决定都可能对市场流动性和市场支配力以及不同行为者的竞争力产生影响。为实体或部门设立豁免总是有可能产生这些影响。

每一个关于排放权交易体系范围的决定都可能对市场流动性、市场力量以及不同行为者的竞争力产生影响。对于许多排放源，尤其是那些涉及化石能源使用的排放源，主要的“监管点”是：

（1）上游，即排放源首次商业化的地方，或工业活动产生非能源过程排放的地方；

（2）下游，即温室气体排放物实际释放到大气中的地方。[①]

考虑到通常参与碳密集型资源的开采和商业化的实体较少，而使用这些资源的行为者作为最终消费者的数量较多，因此在上游管制排放具有降低管理成本的优势。此外，上游监管的跨部门覆盖范围往往更大：与下游系统相比，上游监管排放量减少了对部门门槛的需求，而下游系统通常需要设置门槛来避免高昂的交易成本。

如果下游用户的安装数据已经存在，下游监管可能是首选，这样可以减少在实际排放点监管排放的行政成本（国际碳行动伙伴组织，2016）。许多现有的排放权交易体系，包括最大的欧盟排放权交易体系，都有一个下游监管点。

就所涵盖的气体而言，所有现有的排放权交易体系都至少包括二氧化碳，一些排放权交易体系包含甲烷、二氧化氮、全氟化碳等其他气体。如果排放权交易体系涵盖二氧化碳以外的温室气体，它们的排放量通常以二氧化碳当量表示，以便于计量和交易配额。

3.3 向市场供应配额

分配是将排放配额分配给排放权交易体系覆盖的所有实体的过程。鉴于这些配额有相关的价值，它们的分配方式应反映对整个社会的公平和成本分配的考虑。

配额可以通过拍卖出售，也可以根据预先设定的规则免费发放（又称免费分配）。对于拍卖的配额来说，出售配额为国家创造了收入流，出售配额的价格反映了它们在市场上的稀缺性，这可能与二级市场价格有关。

除了创收之外，通过拍卖出售配额还可以反映排放权交易体系的实际需求，有利于价格发现和市场流动。此外，拍卖明确反映了“污染者付费”的原则。

然而，拍卖也有不利之处，特别是不能防范碳泄漏和丧失竞争力的风险。为了避免这种风险——特别是碳泄漏——在过渡时期，免费分配配额常常被认为是必要的。

免费分配配额有两种主要方法：

（1）祖父制；

（2）标杆制。

祖父制中，受监管实体根据特定时期的历史排放量获得许可。这种方法减少了所涉部门的初始成本，但可能使历史排放较高者获得暴利，因为配额不与排放权交易期间的实际表现或生产相联系。除非有具体规定，新进入者也将处于不利地位。

当使用标杆制时，受监管实体根据某些绩效指标获得免费配额。这可以转化为部门基准或基于产出的配额，旨在奖励高（碳）效装置和积极参与减排战略的先行者。

基准的计算取决于可靠数据的收集和可用性。只有完全准确的数据才能确保和拍卖配额一样的经济效率。否则，任何形式的自由分配都会因存在分配过多或不足的风

① 这还包括工业活动产生的非能源过程排放。

险而比拍卖的经济效益低，这种风险也取决于生产水平。

3.4　灵活性条款

在对上限设定的分析中，提到了关于设定排放权交易体系阶段的时间段对利益相关者（减排）的时间灵活性的影响。从本质上讲，时间上的灵活性是指被监管实体需要在什么时候或以多快的速度实现减排量。

有些条款可以增加排放权交易体系的时间灵活性，包括：

（1）将当前履约期的配额存入银行，供未来使用（储存配额）；

（2）从未来履约期向本期借入配额（预支配额）。

如果被监管的实体认为早期的减排方案比未来的履约期成本要低，那么储存配额可为他们提供一个缓冲，以应对未来的高价。预支配额为实体确定其履约战略提供了更大的灵活性，特别是在那些减排需要更长时间才能见效的部门。

然而，预支配额和储存配额都可能对排放权交易体系的运行产生负面影响。例如，无限制地向银行存入配额可能会延续许可证供应过剩的影响，而允许非常宽松的预支可能激励企业无限期推迟减排（国际碳行动伙伴组织，2017）。

一套不同的灵活性规定包括使用减缓抵消和 / 或基线与信用体系的配额。此外，覆盖实体的另一个潜在的灵活性来源是实体与其他碳市场的联系。这些通常被称为“地域灵活性”（国际碳行动伙伴组织，2017）。

向国内和 / 或国际抵消开放排放权交易体系，或者将排放权交易体系和其他限额与交易系统联系起来主要是为了减少合规总成本和增加流动性。从理论上讲，通过扩大合规机会，受监管实体应该能够在更广泛的机会中寻求最具成本效益的减排方案。

国内抵消为不在排放权交易体系范围内但在同一行政管辖范围内的部门提供减排信用。国际补偿对发生在排放权交易体系管辖范围之外的减排行动给予信用，只要这些行动符合一些预先设定的环境完整性标准。①

通过两个或更多的排放权交易体系的“连接”，可以提供额外的灵活性。如果两个系统相互承认各自的配额用于国内履约（完全联系），则可以为参与者提供一个更大的可运作的碳市场。作为一种选择，单边直接联系意味着一个特定的排放交易系统甲明确承认排放交易系统乙的配额有资格用于履约，反之则没有（博尔盖西等，2016）。

如同国内和国际抵消的情况一样，联系应该增加排放权交易体系利益相关者的履约灵活性，扩大可用的减排选择范围，并可能降低两种排放权交易体系的平均配额成本。

与此同时，任何一种“地域灵活性”机制都可能给排放权交易体系带来问题，特别是在供需平衡和潜在的碳锁定方面。管辖区通常会限制可使用的补偿数量，以确保大部分减排工作在国内排放权交易体系内进行（博尔盖西等，2016）。

---

① 历史上，国际信用的例子是《京都议定书》下的联合执行项目和清洁发展机制项目活动产生的信用。

3.5 MRV 制度、执法和市场监督

要使排放权交易体系正常运行，控制和执行措施非常重要。这高度要求：温室气体排放可准确监测（Monitored）、可向监管机构报告（Regulators）且可核查（Verified）；市场监督得到保证；不遵守规定的行为受到有效制裁。

大多数排放权交易体系已经建立了合法的 MRV 框架以跟踪合规性，并保证“报告的 1 吨即为排放的 1 吨”的原则。[①] 因此，排放通过直接监测（实时排放）或者使用燃料或化学过程的排放系数进行测量。

测得的排放量将报告给相关机构，通常是政府检查员或第三方专家，他们将负责审核和验证受监管实体的合规性（沃特斯蒂和居尔布兰森，2017）。注册登记机构，即记录和监控系统内所有单位的创建、交易提交的数据库，也需要开发和验证（国际碳行动伙伴组织，2016）。

核查机制的公正性和公平性是保证系统可信度的关键。如存在不遵守规定的情况，执行条款必须确定惩罚措施，包括货币制裁以及刑事处罚。

最后，限额与交易系统应确保许可证的交易不容易被欺诈和操纵。因此，需要有市场监督条款，以保障交易活动的完整性。这些规定应力求通过提高透明度、控制风险、最大限度地提高流动性和确保公平竞争来促进价格发现（胜和弗雷克，2013）。市场监督应同样适用于一级和二级市场，以及衍生品合同。

3.6 价格和数量管理机制

排放权交易体系是受监管市场，和其他市场一样，会因为多种原因发生供求失衡。内生或外生冲击、监管不确定性以及市场设计缺陷的存在只是碳市场无法达到预期表现的几种情况。

在这种情况下，立法者可能希望干预市场，以避免过度的价格波动，确保成本控制，和/或提高资产对不同类型的冲击（如经济事件、政策重叠等）的恢复能力。可以设想的两种市场干预包括：

（1）价格管理机制；

（2）数量管理机制。

价格管理机制通常旨在限制过度的价格波动，同时确保市场价格信号的中长期稳定性。这方面的办法包括设立价格上限以避免价格过高，设立价格下限以保证价格不低于某一阈值，或者设立一个既有下限又有上限的价格区间。

数量管理机制的基本原理是类似的，即它们的实施是为了改善排放权交易体系的供需平衡。然而，基于数量的机制是针对配额数量的，避免了关于建立价格阈值的冗长的政治辩论。数量管理机制的方法包括建立一个数量触发的储备，根据一些预定的触发器来调整排放权交易体系的配额供应。然而，这些触发器也需要一个政治协议来

---

① 这一原则意味着，声称的减少 1 吨二氧化碳排放量要反映大气中等效减排量。

确定其运作，包括什么阈值会触发基于数量的机制。

应仔细设计价格和数量管理机制，牢记市场干预也可能导致市场扭曲。此外，任何立法干预都有可能增加监管的不确定性，从而降低对该系统的总体信心。

3.7　收入的使用

从将碳排放权交易收入增加到一般预算中，到将碳排放收入指定用于特定目的，政府可以以多种方式使用碳排放交易收入。在评估选项时，辖区应考虑几个关键原则，包括潜在的经济和环境收益、效率、支出与碳价格本身的相互作用（碳定价领导联盟，2016）。

一种可能的方法是将收入用于公共支出，作为辖区总预算的一部分。可以资助其他税收减免，削减公共债务和 / 或赤字，或者更广泛地说，将碳收入用于与碳排放权交易无关的支出。从经济角度来看，这是完全合理的，因为经济学家通常认为指定用途是低效的（碳定价领导联盟，2016）。

然而，经验证据表明，排放权交易体系的收入往往被用于进一步的气候行动或补偿弱势群体。这样做主要是为了增加对碳定价的政治和社会可接受性，并强化排放权交易的交付环境，从而管理减碳转型（桑蒂卡尔恩等，2019）。

补偿弱势群体需要解决排放权交易体系引起的公平和竞争力问题，例如通过向受排放权交易体系价格影响的低收入家庭提供补贴或支持有碳泄漏风险的行业。

指定排放权交易收入用于气候行动的例子包括支持对低碳技术和创新的投资，资助气候和能源计划和 / 或激励适应战略以限制气候变化影响（桑蒂卡尔恩等，2019）。

4　欧盟排放权交易体系的经验及其持续发展

4.1　早期欧盟排放权交易体系

自 2005 年以来，欧盟排放权交易体系一直是欧盟应对气候变化政策的核心，根据欧盟委员会的说法，它是“经济有效地减少温室气体排放的关键工具”（欧盟委员会，2019b）。

在十多年的运作中，该系统经历了不同的改革和变革，克服各种挑战。分析第一个主要排放权交易体系的历史，学习其改革过程，有利于从欧洲经验中推断出一些关键教训，可以帮助其他人建立各自的排放权交易体系。

首先，重要的是要认识到，欧盟排放权交易体系的出现是 20 世纪 90 年代欧洲未能就实施碳税达成政治协议的结果。在 1992 年《联合国气候变化框架公约》（UNFCCC）通过后，欧盟委员会（EC）开始了一场内部辩论，以推动在 EU 范围内征收碳税，解决欧洲的温室气体排放问题（安诺生和伊金斯，2009）。

然而，这一提议遭到了许多工业参与者和以英国为首的一批欧盟成员国的反对，他们认为二氧化碳/能源税在很大程度上不利于欧洲的国际竞争力（杜邦和莫勒，2019）。这种反对也源于政治考虑，一些成员国不愿意将税收相关的立法权交给欧盟委员会，认为征税是欧盟成员国的核心权限（气候政策信息中心，2019a）。

1997年《京都议定书》出台后，碳定价重新成为欧盟政策辩论的中心。《京都议定书》是欧盟排放权交易体系诞生的授权框架，其中第17条提到《京都议定书》缔约方可参与排放量交易以实现其减排目标，并补充说任何此类交易都应是“对国内行动的补充”（《联合国气候变化框架公约》，1998）。

《京都议定书》第17条在两个方面帮助了欧盟排放权交易体系的建立。第一，它创造了一种可以在国际上交易的新商品，形成了各国可以以分配数量单位（AAUs）的形式“交易碳”的想法，即用于定义《京都议定书》温室气体排放目标的单位。

第二，它推动了关于国际排放交易“互补性”的讨论。这场辩论打消了富裕国家不参与国内减排行动而直接收买排放额度的想法（阿尔伯特，2002）。面对欧盟必须以某种方式减少其国内排放的前景，欧洲商界对欧盟碳市场的怀疑开始消退（马恩帕，2016）。

此外，在欧洲实施排放权交易的想法具有政治优势，因为它不是一种税收。欧盟委员会设法将欧盟排放权交易体系作为一项环境措施提出，不需要欧洲理事会的一致投票。这有助于减少那些在20世纪90年代初反对碳税的会员国的反对意见（气候政策信息中心，2019b）。此外，当时在环境管制领域已经有一个限额与交易制度的例子：美国的二氧化硫排放交易市场。该市场由理查德·桑德尔设计，作为1990年《清洁空气法》修正案的一部分，解决了酸雨的威胁（钱等，2012）。实践表明，二氧化硫市场在及时、经济高效地减少排放方面非常成功，进一步论证了市场机制有助于实现环境目标（桑德尔，2016）。二氧化硫市场的设计和经验成为几十年来政策制定者和研究者对限额与交易制度的参考。

在此背景下，20世纪90年代末欧盟委员会开始制定一项欧盟排放权交易体系提案，以解决关键经济部门的排放问题，并将其作为实现《京都议定书》目标的一项关键措施。《京都议定书》赋予欧盟排放权交易体系的合法性，对于确保欧洲环保界的支持至关重要，欧洲环保界最初对该提案持怀疑态度，后来也希望《京都议定书》获得成功。欧盟环保界的支持进一步加强，因为欧盟排放权交易体系将包含一个有约束力的上限，而且这个上限会随着时间的推移而降低。

欧盟相关机构在2003年同意了欧盟排放权交易体系的前两个阶段。第一阶段是2005—2007年的试点阶段，其理念是受监管实体可以“边做边学”，但不会通过跨期灵活性机制（如借款、银行业务）与后续交易期产生任何连续性。

欧盟排放配额（EUAs）的分配是通过国家分配计划（NAPs）基于祖父制的免费分配方式进行的。[①]国家分配计划主要是为了确保成员国对该系统的支持，让它们自己设定上限，并根据欧盟委员会的审查决定受影响设施的配额分配。因此，欧盟范围内

① 在欧盟排放权交易体系第一和第二阶段，成员国被赋予分配配额的任务，这有助于确保对该系统的政治支持。

的上限实际上是成员国上限的总和（埃勒曼等，2015）。

调控的重点放在了下游。在第一阶段，欧盟排放权交易体系的范围涵盖电力部门和大型工业设施（泽特贝里等，2014），这意味着 2005 年有超过 20 亿吨二氧化碳的排放量，约占欧盟总排放量的 37.6%（欧洲环境署，2019）。

然而，欧盟配额的分配过于宽松，无法确保市场的供需平衡。通过基于历史生产水平的祖父制限额，分配并不反映所涵盖装置的实际排放量。此外，会员国不想冒损害其国家企业竞争力的风险，倾向于通过国家行动方案过度分配配额。

一旦第一阶段的供应明显超过需求，价格就开始下降，到第一阶段结束时价格为零，这反映了借贷 / 银行机制的缺失。

尽管如此，第一阶段在许多方面仍然是有益的：第一，它为 MRV 建立了一个框架；第二，它鼓励收集装置排放的数据，这些数据以后将被用作基线；第三，它首次让利益相关者进行碳交易从而为欧洲的碳交易定价。

在欧盟排放权交易体系运作的前三年，减少了约 2 亿吨二氧化碳排放，占核实排放总量的 3%（国际排放交易协会，2011）。

4.2 第二、三阶段：挑战与改革

欧盟排放权交易体系的第二阶段为《京都议定书》下的第一个承诺期（2008—2012 年），欧盟通过了排放权交易体系上限比 2005 年水平减排 6.5% 的目标。一些初始关键设计元素包括（得乐伯凯和维斯，2016）：

（1）对绝对温室气体排放量设定一个有约束力的、可执行的和递减的上限；

（2）首次拍卖配额的百分比（最高 10%）；

（3）继续实施国家分配计划，总和确定了该系统的总体上限（欧盟委员会，2019c，2019d）；

（4）引入预支和储存机制；

（5）接受来自《京都议定书》清洁发展机制（CDM）和联合执行（JI）项目的国际信用，这些信用额度可用于欧盟排放权交易体系上限之外的履约（最多 14 亿吨二氧化碳）；

（6）自 2012 年 1 月 1 日起，将欧盟内部航班引入该系统；

（7）与第一阶段相比，不遵守规定的罚款从 40 欧元 / 吨二氧化碳增加到 100 欧元 / 吨二氧化碳。

此外，从第二阶段开始，冰岛、挪威和列支敦士登也将其国内排放权交易体系与欧盟排放权交易体系挂钩（欧盟委员会，2007）。

第二阶段标志着欧洲碳市场的真正开启，但该系统运行不到一年就遭遇了第一次重大危机。事实上，2008 年经济危机一冲击欧洲经济，对配额的需求就下降了，导致欧盟配额的价格从 2008 年 6 月的 30 欧元 / 吨二氧化碳降至 2009 年 2 月的不到 9 欧元 / 吨二氧化碳（汀沙，2019）。这揭示了欧盟排放权交易体系设计的根本弱点，使该系统的可信度处于严重低谷（气候政策信息中心，2019a）。

不断减少的欧盟排放配额需求和基于生产水平不变的稳定供应相结合，导致配额大量过剩，公司收到的欧盟排放配额超过了达标所需的数量。欧盟排放交易限额之外的廉价国际信贷进一步加剧了配额过剩，导致碳价连续几年远低于 10 欧元 / 吨。

更糟糕的是，成员国有一种反常的动机，即通过国家行动计划尽可能宽松地将欧盟配额分配给它们的产业，因为不这样做将使邻国的行为者处于竞争优势，特别是在同时发生宏观经济衰退的情况下（史特内格朗，2018）。

系统设计在自由分配和拍卖方面都缺乏供应的灵活性。欧盟排放权交易体系不能对供应和 / 或需求的冲击作出反应。在供应方面，国际信贷的低成本导致了信贷的大量进口，增加了供应，因为分配和拍卖的欧盟碳配额数量是不可调整的。在需求方面，2008 年的金融危机导致经济活动（包括温室气体排放企业）放缓，从而大大减少了温室气体排放。碳价格最终下降，变得过低，无法推动减排投资。此外，欧盟范围内其他重叠的政策（例如，旨在促进能源效率和可再生能源的立法）的影响也进一步减少对欧盟协议的需求。

欧盟委员会在 2009 年推动了欧盟排放权交易体系的首次改革，其影响在欧盟排放权交易体系第三阶段（2013—2020 年）显现（欧洲议会和理事会，2009）。

与第二阶段相比，欧盟的排放上限在第三阶段中被集中设置，取代了国家分配计划。这一上限反映了欧盟到 2020 年将欧盟排放权交易体系的排放量削减 21% 的雄心。为了实现这一目标，该上限被设计为以 2008—2012 年每年发放的平均配额总量的 1.74% 的线性递减系数（LRF）逐年递减（欧盟委员会，2019e）。第三阶段的其他新的设计元素包括：

（1）长达 7 年的承诺期；

（2）拍卖部分取代了免费分配，部门标杆制用于没被取代的免费分配，而不是祖父制（欧盟委员会，2019 f）①；

（3）对国际信贷的进口实行更严格的质量和数量限制②；

（4）范围的扩大；

（5）要求成员国将至少 50% 的排放权交易体系收入用于支持特定气候和能源活动的实现；

（6）建立“NER300”基金，这是一个通过排放权交易体系收入资助的计划，支持创新的低碳能源示范项目。

在第三阶段改革中，电力部门完全转向拍卖来获得排放权（针对低收入会员国的一些团结条款除外），而被认为具有重大碳泄漏风险的工业装置继续通过标杆制获得免费分配（史特内格朗，2018）。这样做是为了限制暴利，因为电力部门可以将排放权交易体系的额外成本转嫁给消费者，它不受国际竞争的影响。

---

① 一般来说，欧盟排放权交易体系下的产品基准是基于欧盟生产该产品的 10% 表现最佳的装置的平均温室气体排放量。

② 要了解实施了哪些定性和定量限制，参见欧盟委员会（2015）。

然而，这些改革没有解决欧盟排放权交易体系的主要问题，即欧盟排放权交易体系最初几年积累的盈余将继续打破其供需平衡。

解决配额过剩的短期立法对策是在 2014 年至 2016 年减少 9 亿个可供拍卖的配额，并在 2019 年至 2020 年将其重新注入市场（得乐伯凯和维斯，2016）。这种“后装”措施是欧洲相关机构在 2011 年商定的权宜措施，至少在短期内有助于抑制欧盟碳配额的过度供应（欧盟委员会法规，2011）。

然而，改革并没有消除中长期的过剩，因为所有的“后装”配额预计将在 2019—2020 年回到市场。这将导致盈余反弹，尽管是在几年之后。

面对这种情况，欧盟相关机构的任务是通过两项单独的立法对该系统进行更全面的改革：

（1）2015 年通过的市场稳定储备机制（MSR）（欧洲议会和理事会，2015）；

（2）修订后的欧盟排放权交易体系指令第四阶段（2021—2030 年）于 2018 年 4 月生效（欧洲议会和理事会，2018）。

4.3　第四阶段：适用性改革

随着市场稳定储备机制和经修订的欧盟排放权交易体系第四阶段指令的通过，欧洲各机构试图解决一些问题。这两项改革旨在解决欧盟排放配额的历史过剩问题，并使欧盟排放权交易体系的供应对需求的变化更加敏感，能够应对未来的供应过剩。

此外，立法者试图在免费分配和实际生产水平之间建立更紧密的联系，并增加可用于创新和现代化的资金，通过市场稳定储备机制收入进行融资（马尔库等，2018）。

采取的一些较重要的措施有：

（1）从 2021 年开始，将线性递减系数从 1.74% 提高到 2.2%；

（2）2030 年温室气体排放较 2005 年至少减少 43%；

（3）建立市场稳定储备机制，解决市场上历史配额过剩问题，同时提高欧盟排放权交易体系对未来冲击的反应能力；

（4）在第四阶段结束时，逐步取消对那些被认为不存在高碳泄漏风险的部门的免费排放配额；

（5）建立创新和现代化基金，支持能源转型；

（6）更灵活的规则，使自由分配水平与实际生产水平更好地保持一致；

（7）免费分配的基准将在第四阶段更新两次，以避免暴利并更好地反映技术创新（欧盟委员会，2019g）。

引入市场稳定储备机制这样的数量管理机制值得特别关注。事实上，市场稳定储备机制通过调整拍卖配额的供应来影响欧盟排放权交易体系，根据反映流通中的配额总数预设阈值来增加或减少欧盟配额的供应。从 2023 年开始，如果配额超过上一年的拍卖量，市场稳定储备机制将在该时间点使储备中持有的配额无效。

这一工具旨在消除累积的盈余，同时提高欧盟排放权交易体系对市场未来失衡的整体弹性，防止市场上形成新的盈余，比如在欧盟排放权交易体系第二阶段和第三阶段期间发生的那样（国际碳行动伙伴组织，2019a）。

4.4 吸取的教训和前进的道路

总而言之，欧盟排放权交易体系框架最近的改革是在欧洲碳市场近 15 年的变化和调整之后进行的。欧盟各机构一再试图改善该系统的运作，以应对多年来出现的各种挑战。

展望未来，第四阶段的改革和市场稳定储备机制是否会取得预期的成果，以及欧盟排放权交易体系是否会继续成为欧盟 2030 年及以后环境战略的核心要素，都有待观察。

自 2005 年欧盟排放权交易体系启动以来，吸取了许多重要的经验教训，尤其是在配额分配和过度补偿风险方面。为了解决这些问题，不同的立法改革越来越强调拍卖，而不是免费分配，后者从祖父制转向使用标杆制，以便更准确地反映碳强度水平和覆盖装置的效率，同时也奖励早期行动、灵活性和生产水平。

另一项关键创新是最近引入了市场稳定储备机制，这是保护欧盟排放权交易体系免受新旧失衡来源影响的积极尝试。越来越重视为创新和现代化调动资金也是一个有趣的发展方向，可以进一步促进碳减排。

为了评估欧洲碳市场的经验，需要注意的是，欧盟排放权交易体系从来不是一项独立的政策：它在一个高度相互关联的环境中运行，并受到全球、欧盟和欧盟成员国层面的气候变化和其他政策的影响（马尔库等，2019），应该在这一背景下分析它的表现，而不是与理想世界相比较。在欧盟排放权交易体系启动之时，人们普遍认为其他国家和司法管辖区将会效仿，而且在《京都议定书》的框架下将会有国际合作的机会。欧盟排放权交易体系的设计目标是成为排放交易的参考模型，碳交易将作为应对气候变化的主要解决方案被广泛采用。

这些期望部分落空了。在国际上，直到 2015 年《巴黎协定》才通过新的全球气候协定，竞争力问题多年来一直是气候政策讨论的中心议题（史特内格朗，2018）。与此同时，在不同的管辖区域出现了其他的碳排放权交易体系，提出了新的碳排放交易模式和不同的碳排放交易方式。

在欧盟层面，欧盟排放权交易体系供需平衡的国内问题限制了其作为欧盟碳减排战略主要驱动力的功能。市场上的价格信号被削弱，导致欧盟排放交易计划没有像最初设想的那样在参与部门的碳减排中发挥核心作用。2018—2019 年的碳价格上涨似乎表明这一趋势的逆转，但仍不清楚这是反映了结构性变化还只是暂时的趋势。

随着应对气候变化的紧迫性日益明显，欧盟排放权交易体系在未来将面临新的挑战。政府间气候变化专门委员会（IPCC）在其 1.5℃报告中警示国际社会气候变化的影响，敦促各国到 2050 年将碳排放量削减至净零（政府间气候变化专门委员会，2018）。

欧盟响应这一号召，决定接受 2050 年碳中和目标。欧盟排放权交易体系对 2030 年目标进行了重大修订，确定总体目标为减少 55%。这意味着到 2030 年，排放权交易体系覆盖部门的排放上限为 61%，线性递减系数为 4.2%；设想将该系统的范围扩大到运输和建筑部门（冯德莱恩，2019）。

5 其他主要ETS市场和互联潜力

5.1 排放权交易体系：世界各地的例子

欧盟排放权交易体系并不是排放权交易体系的唯一例子。其他排放权交易体系已经存在了很多年，每个都有具体的设计特点和不同的成功和挫折的故事。本节将概述欧洲以外最重要的碳交易经验，为讨论不同排放权交易体系之间相互联系的可能性铺平道路，同时参考《巴黎协定》第6条。

国家或次国家级排放权交易体系已经在世界许多地方运行，本小节将重点关注美国、加拿大、韩国、中国的例子。

在编写本报告时，3/4的排放交易制度仅适用于次国家一级：

（1）加拿大的魁北克省和新斯科舍省；

（2）北京、重庆、福建、广东、湖北、上海、深圳和天津的中国城市和省级试点项目；

（3）美国的区域温室气体倡议（RGGI）[①] 和加利福尼亚州体系。[②]

不同的系统将使用排放权交易体系的主要设计选项作为一个度量标准进行分析，见本章第3节。

5.1.1 西部气候倡议（WCI）：加利福尼亚州和魁北克省

自2014年以来，加利福尼亚州和魁北克省的排放权交易体系在西部气候倡议的保护下联系在一起。因此，我们将一起分析它们。

与其他现有的排放权交易体系相比，西部气候倡议的覆盖面最大，约占这两个管辖区温室气体排放量的80%。[③] 加利福尼亚州的限额与交易计划在2012年启动，合规义务从2013年开始。该方案对超过某一阈值的排放有一个混合监管点，既适用于下游的发电厂和工业设施，也适用于上游的燃料分销商。燃料分销商的加入允许将更多的部门纳入系统，如运输和建筑能源使用（霍斯法瑟，2017）。

配额的分配通过拍卖和免费分配两种方式进行，份额大致相等（国际碳行动伙伴组织，2019c）。免费分配是基于标杆制的，旨在奖励高效设施，同时保护它们免受碳泄漏的风险。然而，接受免费分配的投资者拥有的公用事业公司必须使用配额值来使

---

① 涉及的州有康涅狄格州、特拉华州、缅因州、马里兰州、马萨诸塞州、新罕布什尔州、新泽西州、纽约州、罗得岛州和佛蒙特州。自2018年以来，马萨诸塞州还补充了RGGI，以帮助确保其实现强制性减排目标。

② 其他正在实施或计划实施ETS的地区：瑞士、新西兰、墨西哥、哥伦比亚、哈萨克斯坦、乌克兰、日本（东京和埼玉的城市级系统）。考虑实施ETS的司法管辖区：巴西、智利、俄罗斯、土耳其、越南、泰国、印度尼西亚和日本。具体参见：国际碳行动伙伴组织（2019c），《全球排放交易——2019年状况报告》。

③ 安大略省也是西部气候倡议的一部分，但是已经决定在2018年完成它的承诺。相反，新斯科舍省2019年初才进入西部气候倡议，排放权交易体系只建立了几个月，因此不在分析之列。

纳税人受益，并实现温室气体减排（气候和能源解决方案中心，2019a）。

为了达到温室气体减排目标，从 2021 年到 2030 年，每年的上限下降 4.1%。在灵活机制方面，在某些规则下允许使用银行业务，禁止借贷，美国境内的项目允许国内抵消，最多为设施履约义务的 8%（加州环境保护局，2015）。

所涉实体必须每年上报排放量，然后提交给独立的第三方评估。为了避免过度的价格波动，加州的排放权交易体系有价格下限和价格上限。这意味着津贴的价格不能低于预先确定的最低价格。如果碳价格达到上限，该州将出售无限量的排放许可（霍斯法瑟，2017）。

魁北克省的体系与加利福尼亚州的排放权交易体系有着非常相似的设计特点。两个体系涵盖相同的温室气体和部门，设置相同的排放阈值和监管点，并具有相似的环境目标（克罗夫特和德兰斯，2015）。在基准的使用以及自由分配和拍卖的结合方面，分配方法也是可比较的。然而，魁北克拍卖的配额高于加州，2017 年高达 70%（国际碳行动伙伴组织，2019c）。总的来说，西部气候倡议下的价格控制机制是相同的（珀登等，2014）。

5.1.2 区域温室气体倡议（RGGI）

区域温室气体倡议是美国第一个强制性的限额交易计划。该系统于 2005 年首次建立，并于 2008 年开始运行，旨在限制电力部门的碳排放，同时，要求 25 兆瓦及以上的燃料发电厂每年每排放 1 吨二氧化碳就放弃一个配额（气候和能源解决方案中心，2019b）。

与西部气候倡议相比，区域温室气体倡议仅涵盖二氧化碳，仅适用于电力部门，并设有下游监管点。也就是说，在这些管辖区域内，覆盖的温室气体总排放量不到 20%。

区域温室气体倡议通过完全拍卖来分配 100% 的配额，这在理论上是最经济有效的（纳拉辛汉等，2018）。然而，较低的边际减排成本也可能表明，该系统限制了存在减排机会且可行的部门的排放，而没有处理减排可能更具挑战性的其他部门。

2017 年该系统被审查。新规则规定，从 2021 年到 2030 年，上限将在 2020 年的基础上减少 30%（国际碳行动伙伴组织，2019c）。

与西部气候倡议类似，区域温室气体倡议也有价格管理机制，包括一个价格下限和一个成本控制准备金，当达到一定的价格触发点时，向市场释放补贴。

最后，区域温室气体倡议国家将拍卖收入投资于惠及消费者的项目：能源效率、可再生能源、直接能源法案援助和其他温室气体减排项目（国际碳行动伙伴组织，2019d）。这有助于提高该系统的社会认可度。

5.1.3 韩国排放权交易体系（KETS）

韩国排放权交易体系自 2015 年开始运营，是东亚首个全国性的强制性排放权交易体系。排放权交易覆盖了全国近 600 家最大的排放企业，约占全国温室气体排放量的 68%（国际碳行动伙伴组织，2019c）。其覆盖面和范围包括几种气体和部门，排放受到下游监管。

与其他排放交易计划相比，韩国排放权交易体系的一个显著特点是它不仅包括发电部门，还包括用电的间接排放。其原因是，韩国的电价是刚性的，由政府控制，所以不会自动进行碳成本转嫁。因此，需通过将电力消费纳入排放交易计划，鼓励有效使用电力，从而向消费者提供直接的价格信号（亚洲开发银行，2018a）。

为实现韩国排放权交易体系制定的目标，需要使用 3800 万国际信用额度履约。信用额度可以通过韩国排放权交易体系的碳排放权交易获取，也可以通过土地利用、林业替代等其他国际信用额度获取方式取得（即《巴黎协定》第 6 条下的信用额度）（国际碳行动伙伴组织，2019c）。这一上限是通过自下而上的方法设定的。考虑到对制造商报告数据的严重依赖，这招致了一些分析师的批评（国际碳行动伙伴组织，2019c）。

韩国对使用国际信贷的积极态度可以用一个原因来解释，就是从一开始就给韩国排放权交易体系带来麻烦的一个问题：市场普遍缺乏流动性。

事实上，就市场参与者而言，韩国市场相当有限，其参与者不愿意出售未使用的配额，因为他们更愿意为未来的合规期储存配额（李和余，2017）。通过连接或扩大对国际信贷的接受，将韩国排放权交易体系与其他交易所交易系统连接起来，被视为增加流动性和交易量的一种方式。

与区域温室气体倡议的例子相反，在韩国排放权交易体系下，97% 投放市场的配额是通过免费分配实现的。这有助于最初公众对该体系的支持，但由于二级市场流动性较低，不利于价格发现，也没有为政府带来收入。与区域温室气体倡议和西部气候倡议类似，韩国排放权交易体系有市场稳定条款，可以根据一些预先设定的价格阈值调整配额的供应。

5.1.4　中国

考虑到中国是世界上最大的温室气体排放国，中国引入全国范围的排放权交易体系的前景已经被讨论了很长时间，吸引了很多关注。2013 年，中国在七个地区启动了排放权交易试点，旨在未来创建一个全国性的系统。2016 年，第八个排放权交易试点在福建省启动（张等，2019）。

自 2017 年以来，中国排放权交易体系启动，首批交易业务于 2021 年 7 月开始。一开始，中国的碳排放权交易市场就成为全球最大的碳市场，几乎是欧盟碳排放权交易市场规模的两倍，尽管它最初只包括电力部门，但范围应该会逐步扩大到其他行业（国际碳行动伙伴组织，2019f）。

对试点项目的分析可以帮助我们进一步了解中国的排放权交易体系，以及该体系会有哪些设计特点。所有的试点项目都基于绝对值的上限进行设定（深圳除外，它同时采用了绝对值和强度上限），不同试点有不同程度的严格性和线性递减系数。试点项目合计约占中国 GDP 的 30%、碳排放的 17%（国际碳行动伙伴组织，2019c）。

大多数试点侧重于二氧化碳排放，包括电力设施和一些工业部门。绝大多数试点采用免费分配作为主要的分配方式，尽管一些试点也开始拍卖配额。就配额的免费分配方式而言，基于历史排放量确定配额似乎成为默认选项，只有深圳排放权交易所使用标杆制进行分配（国际碳行动伙伴组织，2019c）。

迄今为止，中国碳排放权交易市场碳价格相对较低，主要受宽松配额的影响。此外，由于市场透明度和数据获取有限，该系统的可信度也受到了质疑。试点项目也具有积极意义：使中国的碳交易概念合法化，培训了地方政府官员，使 MRV 标准成为主流。这为建立全国统一排放权交易体系铺平了道路（廷珀利，2018）。

5.2 交易与国际合作机制的潜力

第 3.4 节强调了排放权交易体系可以提高灵活性和经济效率，通过以下方式有效降低减排成本：

（1）接受国内补偿以符合要求；

（2）接受国际补偿以符合要求；

（3）连接不同的排放权交易体系，即一个系统的参与者可以使用另一个排放权交易体系发行的合规工具来实现国内合规。

自《京都议定书》通过以来，通过国际碳交易将不同系统连接起来的想法一直是国际气候变化辩论的核心。

《京都议定书》第 17 条规定：缔约方会议应确定有关的原则、方式、规则和指南，特别是排放量交易的核查、报告和问责。附件 B 所列缔约方可为履行其在第 3 条下的承诺而参与排放量贸易。此类贸易应作为国内行动的补充，以达到该条规定的量化的限制和减少排放的承诺。

第 17 条代表了建立国际碳市场的总体思路，包括国际碳抵消交易和不同碳排放权交易体系之间的连接。

在讨论联系的可能性时，有人提到，建立双边联系的主要好处是降低实现联系的排放权交易体系（2014 年市场准备伙伴关系）的综合排放目标的总成本。此外，连接可能对小管辖区特别有利，在那里建立一个独立的排放权交易体系可能会产生很高的技术和合规成本，并可能出现市场流动性问题。①

与此同时，连接也会引起问题，因为它改变了每个系统的成本分配。这导致价格趋同，买方受益于较高的预链接价格，卖方受益于较低的预链接价格（国际碳行动伙伴组织，2019c）。

为了防止这些问题发生，不同系统的连接应该仔细设计，两个司法管辖区需要遵守类似甚至是相同的标准。事实上，加州—魁北克省的连接经验表明，如果某些设计特征是一致的，那么连接更容易。欧盟排放权交易体系也是如此，在最初的几年里，即使是一个排放权交易体系，也是由欧盟成员国负责这些业务，现在配额的分配和管理已经逐渐集中起来。

---

① 这是欧盟和瑞士达成协议将各自的排放权交易体系联系起来的主要驱动力之一。具体参见国际碳行动伙伴组织（2019g）。

总的来说，不同的管辖区将对连接的可能性持开放态度，只要它们有合理的把握，它们所连接的系统有类似的设计和目标。除了技术上的考虑，连接还取决于与外国管辖区在气候变化政策上合作的政治意愿，因为这意味着部分地失去对排放权交易体系的控制。因此，国内对排放交易和连接的支持是决定连接不同排放权交易体系的一个重要前提（博伊尔曼等，2017）。

国际碳交易的另一种可能方式是国际碳抵消。联合国定义抵消是一种气候行动，是一种通过支持在其他地方减少排放的有价值的项目，使个人和组织能够补偿他们无法避免的排放（联合国，2019）。从历史上看，在《联合国气候变化框架公约》的背景下，《京都议定书》附件 1 中提到的工业化国家可以进行抵消，因为它们是唯一承诺根据《京都议定书》设定上限的国家。《京都议定书》创立了三大类抵消额度：由联合执行项目产生的减排量（ERU）；清洁发展机制项目活动产生的核证减排量（CER）；土地利用、土地利用的变化和林业活动产生的抵消变化（RMU）。

抵消信用也可以在《气候公约》之外产生。这些方案包括自愿抵消方案（如经核实的碳标准）、国家抵消方案（如澳大利亚的碳农业倡议）、双边抵消机制（如日本的联合信用机制）和区域抵消方案（如加利福尼亚州的总量管制和交易计划允许的气候行动储备抵消）（碳市场观察，2013）。

首先，国际补偿必须确保环境的完整性才能有效。为此，人们早就认识到抵消信用应该是“真实的、永久的、额外的和可验证的”。事实上，只要：

（1）减排已经实际发生，而不仅仅是人为现象或不完整 / 不准确的核算——“真实”；

（2）减排量从大气中永久移除，并且 / 或者如果它们重新排放到大气中，有替代机制支持——“永久”；

（3）如果没有产生信用的活动，支撑信用的减排就不会发生——“额外的”；

（4）减少量来自可以准确监测和核实的项目——“核证”（杰罗，2009）。

这些方面中的一个或多个方面的失败可能会损害抵消的可信度和有效性。需要注意的是，《京都议定书》下的信用有时受到活动家的批评，他们声称，《京都议定书》中的信用在环境完整性、会计和对可持续发展的贡献方面存在不足。

作为《巴黎协定》第 6 条规则手册谈判的一部分，一个新的国际碳贸易体系正在开发之中，该谈判已在格拉斯哥第 26 届联合国气候变化大会（马尔库，2021）上成功结束。

《巴黎协定》第 6 条为执行《巴黎协定》和国家自主决定贡献方案（NDCs）的一般合作提供了框架，包括为创建国际碳市场创造了一个框架性规定。

《巴黎协定》和《京都议定书》的关键区别是，《巴黎协定》规定，所有国家，无论是发展中国家还是发达国家，都必须提交国家数据报告，作为实现协定总体目标的共同努力的一部分。这意味着潜在的所有国家都可能对国际碳交易感兴趣，无论是买方还是卖方。

因此，在根据《巴黎协定》第 6 条参与国际碳交易之前，各国需要商定如何确保环境的完整性，如何将信用额度用于实现国家自主决定贡献方案，以及如何在相应调整的基础上避免重复计算（亚洲开发银行，2018b）。

更广泛地说，未来的公开问题是，碳市场是否会在应对气候变化方面发挥核心作用，以及是否有出现全球碳价格的空间。新的排放交易计划的发展和关于《巴黎协定》第 6 条的谈判结果将反映国际社会对使用基于市场的气候政策方法的态度。

全球碳价格的出现将带来无可争议的好处，即缓解碳泄漏问题。

像中国这样的高排放国家正在开发新的碳排放权交易体系，这可以被视为朝着正确方向迈出的一步，因为有更多的管辖区对碳进行有效定价，可以降低不公平竞争的可能性。然而，新出现的排放权交易体系是否会以高环境完整性为标准，推动其各自管辖范围内实施雄心勃勃的脱碳战略，仍有待观察。

至于《巴黎协定》第 6 条下的国际合作机制，可能代表着国际碳信用交易的复兴，有可能帮助碳定价的国际协调（亚洲社会政策研究所，2018）。

因此，就《巴黎协定》第 6 条的实施达成协议极为重要，前提是这种协议形成一种有利于环境的制度，并能帮助各国实现《巴黎协定》目标。总而言之，虽然市场确实适应许多情况，但只有当它们有明确的目标，有确保可预测性的治理，有流动性和透明度，并且保证参与者对其资产有明确的所有权时，它们才会有吸引力（马尔库，2019）。

参考文献

[1] Aki Kachi and Michel Frerk (2013), ‘Carbon Market Oversight Primer’, ICAP.

[2] Alexander Eden, Charlotte Unger, William Acworth, Kristian Wilkening and Constanze Haug (2016), ‘Benefts of Emissions Trading’, ICAP.

[3] Andrei Calin Marcu (2019), ‘Refections on Art 6 Post-Katowice’, ERCST. Retrieved from: https://ercst.org/wp-content/uploads/2019/03/20190318-Refectionspost-Katowice-vFW-1.pdf.

[4] Andrei Calin Marcu (2021), ‘Article 6 rule book: a post COP26 assessment’, ERCST. Retrieved from: https://ercst.org/wp-content/uploads/2021/11/20211122-COP26-Art6-fnal.pdf.

[5] Andrei Calin Marcu and Mandy Rambharos (2019), ‘Rulebook for Article 6 in the Paris Agreement: takeaway from the COP24 outcome’, ERCST. Retrieved from: https://ercst.org/wp-content/uploads/2019/02/Rulebook-for-Article-6-in-the-ParisAgreement-Takeaway-from-the-COP-24-outcome.pdf.

[6] Andrei Calin Marcu, Emilie Alberola, Jean-Yevs Caneill, Matteo Mazzoni, Stefan Schleicher, Wijnand Stoefs, Charlotte Vailles, Domien Vangenechten and Federico Cecchetti (2019), ‘2019 State of the EU ETS Report’, ERCST. Retrieved from: https://ercst.org/wp-content/uploads/2019/05/2019-State-of-the-EU-ETSReport-1.pdf.

[7] Andrei Calin Marcu, Emilie Alberola, Jean-Yevs Caneill, Matteo Mazzoni, Stefan P. Schleicher, Wijnand Stoefs, Charlotte Vailles, Domien Vangenechten (2018), ‘2018 State of the EU ETS Report’, ERCST. Retrieved from: https://ercst.org/wp-content/uploads/2019/03/20180416-2018-State-of-EU-ETS-Report-Finalall-logos-.pdf.

[8] Andrew Prag, Gregory Briner, and Christina Hood (2012), ‘Making Markets: Unpacking Design and Governance of Carbon Market Mechanisms’, OECD.

[9] Asia Society Policy Institute (2018), ‘Northeast Asia Carbon Markets and Trade Connections’. Retrieved from: https://ercst.org/wp-content/uploads/2018/12/1cs6m7r3o_298044.pdf.

[10] Asian Development Bank (2018a), ‘The Korea Emissions Trading Scheme Challenges and Emerging Opportunities’.

[11] Asian Development Bank (2018b), ‘Decoding Article 6 of the Paris Agreement’. Retrieved from: https://ercst.org/wp-content/uploads/2018/12/article6-parisagreement.pdf.

[12] California Air Resources Board (2019), ‘Low Carbon Fuel Standard in California’. Retrieved from: https://ww3.arb.ca.gov/fuels/lcfs/background/basics-notes.pdf.

[13] California Environmental Protection Agency (2015), ‘ARB Emissions Trading Program’, retrieved from: https://ww3.arb.ca.gov/cc/capandtrade/guidance/cap_trade_overview.pdf.

[14] Carbon Market Watch (2013), ‘Briefng Note for ICAO: Carbon Offsetting—Do’s and Don’ts’.

[15] Carbon Pricing Leadership Coalition (2016), ‘What Are the Options for Using Carbon Pricing Revenues?’, World Bank.

[16] Center for Climate and Energy Solutions (2019a), ‘California Cap and Trade’, retrieved from: https://www.c2es.org/content/california-cap-and-trade/.

[17] Center for Climate and Energy Solutions (2019b), ‘Regional Greenhouse Gas Initiative (RGGI)’, retrieved from: https://www.c2es.org/content/regional-greenhousegas-initiative-rggi/.

[18] Christiane Beuermann, Julia Bingler, Marissa Santikarn, Dennis Tänzler, Johannes Thema (2017), ‘Considering the Effects of Linking Emissions Trading Schemes’, Adelphi.

[19] Claire Dupont and Brendan Moore (2019), ‘Brexit and the EU in Global Climate Governance’, Politics and Governance (Volume 7, Issue 3), Cogitatio.

[20] Climate Policy Info Hub (2019a), ‘European Climate Policy—History and State of Play’, European Union.

[21] Climate Policy Info Hub (2019b), ‘The EU Emissions Trading System: an Introduction’, European Union.

[22] Crispin Mäenpää (2016), ‘Something Worth Fighting For: The Evolution of Lobbying Coalitions in the Emissions Trading System’, College of Europe.

[23] Denny Ellerman, Claudio Marcantonini, Aleksandar Zaklan (2015), ‘The European Union Emissions Trading System: Ten Years and Counting’, Review of Environmental Economics and Policy (Volume 10, Issue 1), Oxford.

[24] DW (2019), ‘Net-zero by 2050: What does it mean?’. Retrieved from: https://www.dw.com/en/net-zero-by-2050-what-does-it-mean/a-48958487.

[25] Easwaran Narassimhan, Kelly S. Gallagher, Stefan Koester, and Julio Rivera Alejo (2018), ‘Carbon pricing in practice: a review of existing emissions trading systems’, Climate Policy (volume 18 issue 8), 967–991.

[26] Emmanuel Saez (2007), ‘Externalities: Problems and Solutions’, in: Jonathan Gruber (2007), ‘Public Finance and Public Policy’, Worth Publishers.

[27] EU Commission Regulation (2011), No 1210/2011 of 23 November 2011, retrieved from: https://eur-lex.europa.eu/legal-content/EN/TXT/PDF/?uri=CELEX:32011R1210&from=EN.

[28] European Commission (2019a), Carbon Leakage, European Commission website. https://ec.europa.eu/clima/policies/ets/allowances/leakage_en.

[29] European Commission (2019b), EU Emissions Trading System (EU ETS), European Commission website, retrieved from: https://ec.europa.eu/clima/policies/ets_en.

[30] European Commission (2019c), National Allocation Plans, European Commission website, retrieved from: https://ec.europa.eu/clima/policies/ets/pre2013/nap_en.

[31] European Commission (2019d), Phase 1 and 2 (2005–2012), European Commission website, retrieved from: https://ec.europa.eu/clima/policies/ets/pre2013_en.

[32] European Commission (2019e), Emission Cap and Allowances, European Commission website, retrieved from: https://ec.europa.eu/clima/policies/ets/cap_en.

[33] European Commission (2019f), Allocation to industrial installations, European Commission website, retrieved from https://ec.europa.eu/clima/policies/ets/allowances/industrial_en.

[34] European Commission (2019g), Revision for Phase 4 (2021–2030), European Commission website, retrieved from: https://ec.europa.eu/clima/policies/ets/revision_en.

[35] European Commission (2015), 'EU ETS Handbook'. Retrieved from: https://ec.europa.eu/clima/sites/clima/fles/docs/ets_handbook_en.pdf.

[36] European Commission (2007), 'Emissions trading: Commission announces linkage EU ETS with Norway, Iceland and Liechtenstein', Press release.

[37] European Environment Agency website (2019), retrieved from: https://www.eea.europa.eu/data-and-maps/dashboards/emissions-trading-viewer-1.

[38] European Parliament and Council (2018) Directive (EU) 2018/410 of the European Parliament and of the Council of 14 March 2018, retrieved from: https://eur-lex.europa.eu/legal-content/EN/TXT/PDF/?uri=CELEX:32018L0410&from=EN.

[39] European Parliament and Council (2015), Decision (EU) 2015/1814 of the European Parliament and of the Council of 6 October 2015, retrieved from: https://eur-lex.europa.eu/legal-content/EN/TXT/PDF/?uri=CELEX:32015D1814&from=EN.

[40] European Parliament and Council (2009), Directive 2009/29/EC of the European Parliament and of the Council. Retrieved from: https://eur-lex.europa.eu/LexUriServ/LexUriServ.do?uri=OJ:L:2009:140:0063:0087:EN:PDF.

[41] Fitsum Tiche, Stefan Weishaar, and Oscar Couwenberg (2014), 'Carbon Leakage, Free Allocation and Linking Emissions Trading Schemes', Carbon & Climate Law Review 8, 97–105.

[42] Gabriel Chan, Robert Stavins, Robert Stowe, and Richard Sweeney (2012), 'The SO2 Allowance Trading System and the Clean Air Act Amendments of 1990', Resources for the Future.

[43] Gary Gero (2009), 'The Role of Carbon Offsets in Cap-and-Trade', Climate Action Reserve.

[44] Hanna Stenegren (2018), 'Fighting climate change with the market', Fores. Retrieved from: https://www.liberalforum.eu/wp-content/uploads/2018/11/Emissionstrading_online_fnal_version.pdf.

[45] ICAP (2019a), 'An Introduction to Emissions Trading Schemes', retrieved from: https://icapcarbonaction.com/en/partnership/about-emissions-trading/introduction.

[46] ICAP (2019b), 'EU Emissions Trading System (EU ETS)'.

[47] ICAP (2019c), 'Emissions Trading Worldwide—Status Report 2019'.

[48] ICAP (2019d), 'Canada—Québec Cap-and-Trade System'.

[49] ICAP (2019e), 'USA—Regional Greenhouse Gas Initiative (RGGI)'.

[50] ICAP (2019f), 'Korea Emissions Trading Scheme'.

[51] ICAP (2019g), 'China National ETS'.

[52] ICAP (2019h), ‘Swiss ETS’ .
[53] ICAP (2017), ‘Flexibility in Emissions Trading’ . Retrieved from: https://icapcarbonaction.com/en/?option=com_attach&task=download&id=494.
[54] ICAP (2016), ‘Emissions Trading in Practice: a handbook on design and implementation’ , World Bank.
[55] IETA (2011), ‘The EU’s Emissions Trading System’ Retrieved from: https://www.ieta.org/resources/Resources/3_Minute_Briefings/phase%203%20eu%20ets_fnal.pdf.
[56] Institute for Climate Economics and Vivid Economics (2019), ‘Using Carbon Revenues’ , Partnership for Market Readiness, World Bank.
[57] IPCC (2018), ‘Global Warming of 1.5°C. An IPCC Special Report on the impacts of global warming of 1.5°C above pre-industrial levels and related global greenhouse gas emission pathways, in the context of strengthening the global response to the threat of climate change, sustainable development, and efforts to eradicate poverty’ .
[58] Jaeseok Lee and Jongmin Yu (2017), ‘Market Analysis during the First Year of Korea Emission Trading Scheme’ , Energies.
[59] James Heskett (2018), ‘What’s the Best Administrative Approach to Climate Change?’ , Harvard Business School.
[60] Jason Kroft, Jonathan Drance (2015), ‘Examining California and Quebec’s cap-andtrade systems’ , Knowledge Hub.
[61] Jocelyn Timperley (2018), ‘How will China’s new carbon trading scheme work?’ , Carbon Brief.
[62] Johan Albrecht (2002), ‘Instruments for Climate Policy: Limited Versus Unlimited Flexibility’ , Edward Elgar Publishing.
[63] Jørgen Wettestad, Lars Gulbrandsen (2017), ‘The Evolution of Carbon Markets: Design and Diffusion’ , Routledge.
[64] Jos Delbeke and Peter Vis (2016), ‘EU Climate Policy Explained’ , European Union. Retrieved from: https://ec.europa.eu/clima/sites/clima/fles/eu_climate_policy_explained_en.pdf.
[65] Karsten Neuhoff (2008) ‘Tackling Carbon, How to Price Carbon for Climate Policy’ , Climate Strategies.
[66] Kyoto Protocol to the United Nations Framework Convention on Climate Change (1998), United Nations. Retrieved from: https://unfccc.int/resource/docs/convkp/kpeng.pdf.
[67] Lars Zetterberg, Dallas Burtraw, Daniel Engström Stensson, Charlotte Paulie, Susanna Roth (2014), ‘Europe’s choice—Facts and function of the EU emissions trading system’ , IVL Swedish Environmental Research Institute.
[68] London School of Economics and Political Science (2018a), ‘What is the polluter pays principle?’ . Retrieved from: http://www.lse.ac.uk/GranthamInstitute/faqs/what-is-the-polluter-pays-principle/.
[69] London School of Economics and Political Science (2018b), ‘What is a carbon price and why do we need one?’ . Retrieved from: http://www.lse.ac.uk/GranthamInstitute/faqs/what-is-a-carbon-price-and-why-do-we-need-one/.
[70] Lu Zhang, Yi Zeng, Dayuan Li (2019), ‘China’s Emissions Trading Scheme: First Evidence on Pilot Stage’ , Polish Journal of Environmental Studies, 28, 543–551.
[71] Marissa Santikarn, Christopher Kardish, Johannes Ackva, and Constanze Haug (2019), ‘The Use of Auction Revenue From Emissions Trading Systems’ , ICAP.

[72] Mark Purdon, David Houle, and Erick Lachapelle (2014), 'The Political Economy of California and Québec's Cap-and-Trade Systems', University of Ottawa.
[73] Mikael Skou Andersen and Paul Ekins (2009), 'Carbon-Energy Taxation: Lessons from Europe', Oxford.
[74] Noah Kaufman, Michael Obeiter, and Eleanor Krause (2016), 'Putting a price on carbon: reducing emissions', World Resources Institute.
[75] Partnership for Market Readiness (2014), 'Lessons Learned from Linking Emissions Trading Systems: General Principles and Applications'.
[76] Richard Newell, William Pizer, and Daniel Raimi (2012), 'Carbon Markets: Past, Present, and Future', Resources For the Future.
[77] Richard Sandor (2016), 'SO2 emissions allowances—anatomy of a mature market', in: R. L. Sandor (2016), 'How I Saw It: Analysis and Commentary on Environmental Finance (1999–2005)', World Scientifc Publishing Company.
[78] Ronald Coase (1960), 'The problem of social cost', Journal of Law and Economics (volume 3), University of Chicago.
[79] Sandbag (2019), 'Carbon Price Viewer', retrieved from: https://sandbag.org.uk/carbon-price-viewer/.
[80] Simone Borghesi, Massimiliano Montini, Alessandra Barreca (2016), 'The European Emission Trading System and Its Followers: Comparative Analysis and Linking Perspectives', Springer.
[81] Tim Laing and Michael Mehling (2013), 'International Experience with Emissions Trading', Climate Strategies.
[82] United Nations website (2019), Retrieved from: https://offset.climateneutralnow.org/aboutoffsetting.
[83] Ursula von der Leyen (2019), 'A Union that strives for more My agenda for Europe', Retrieved from: https://ec.europa.eu/commission/sites/beta-political/fles/political-guidelines-next-commission_en.pdf.
[84] World Bank (2019), 'What is Carbon Pricing'. Retrieved from: https://www.worldbank.org/en/programs/pricing-carbon.
[85] Zeke Hausfather (2017), 'Explainer: California's new 'cap-and-trade' scheme to cut emissions', Carbon Brief.

第 24 章　分拆、市场及监管

埃莉诺·莫里森[①]

1　引言

过去 30 年来，能源市场的重组和市场化产生了好坏参半的结果。批发市场的设计和竞争逐步扩大、成熟，而零售市场的竞争保持不变。工业化国家既看到了积极的结果，也看到了市场失灵，而发展中国家在重组能源系统方面的成功案例有限。各国发展起点不同，发展速度不同，同时政治动荡和金融危机导致国际形势不断变化，因此很难形成自由化发展的全球图景。能源政策往往是多维度的，这反过来又使分拆和市场化的基准和评估成为一项具有挑战性的工作。

能源政策被转化为监管框架，以支撑政策目标。这些目标包括但不限于：供给安全、通过开放透明的市场结构鼓励新的参与者来增加竞争，以及环境可持续性方案。为了分析自由化的结果，需要了解哪些阶段的自由化已经在能源领域实际实施，并且仍然存在。有效自由化的三个阶段包括分拆、建立批发市场和支持零售市场。

自由化从不同的框架演变而来。美国对价格采取了谨慎放宽监管，并密切观察参与者市场力量中固有的潜在问题。欧洲在跨越成员国边界的新竞争框架下建立了市场。大多数其他国家通过观察市场重组各个阶段的表现，逐步走向自由化。经济合作与发展组织（OCED）国家一直在重塑能源产品市场监管，改进和调整监管技术，以适应不断变化的市场和技术条件。这对于管理天然气和电力市场中存在的竞争性和非竞争性细分市场至关重要。

为提高效率，政府的能源政策逐步放松管制，而大型能源消费者，如工业和商业部门，则力争获得更便宜的价格。在自由化政策中，各州通过对垂直垄断模式进行结构性拆分，有效地将发电与输配电分开，鼓励降低成本所需的竞争。要将这些利益转嫁给消费者，需要有足够数量的竞争对手进入开放的批发市场。取消固定价格保证合同会鼓励私人投资根据市场信号参与到有效增加发电量的活动中来。然而，私人投融资不仅取决于预期的收入流，还取决于对这些收入的自信程度。过去 10 年，可再生能源发电的增加和价格形成模式的变化增加了投资决策的不确定性。

---

① 埃莉诺·莫里森（Eleanor J. Morrison），巴黎政治大学国际事务学院；电子邮箱：eleanor.morrison@sciencespo.fr。

在大多数国家，现有的批发市场结构是为适应化石能源工厂的技术、成本和运行特点而设计的。因此，大量零边际成本发电出现，其中很大一部分可能是间歇性的或不灵活的，或者具有与传统火电厂截然不同的其他特征，将需要对现有营销结构进行实质性调整，以确保系统稳定性并鼓励私人投资（Sioshansi，2013）。监管机构一直致力于将输电和配电效率的提高转化为较低的消费者价格（Newberry，2002）和一些最初提供较低零售价格的市场，但大多数零售消费成本都有所增加。这是由于能源输送过程中持续产生的基础设施成本。特别是对电力消费者而言，终端用户的电费账单还吸收了政府用来鼓励私人投资而承诺的可再生能源发电激励措施的成本。德国是在支持可再生能源发展方面监管取得成功的一个主要例子，但这些开发商激励措施的最终成本被纳入了零售基础设施账单。令人沮丧的是，与目标相反，平均批发价格下降，零售价格上升（Hannesson，2019）（见图 24.1）。

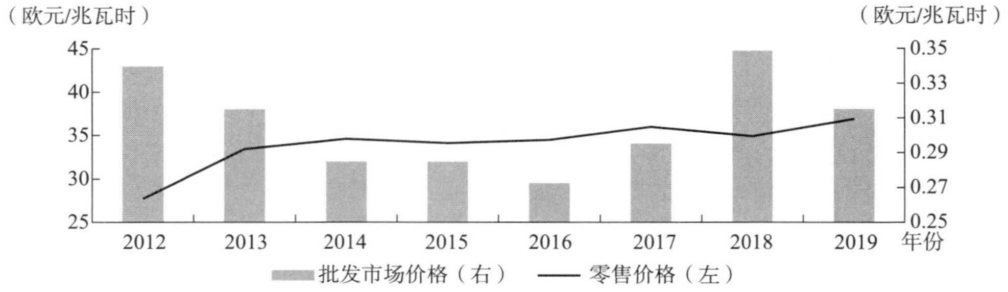

图 24.1　德国历史零售价格和批发市场价格

注：零售价格包括税收和费用。

资料来源：联邦统计局和欧洲能源交易所。

过去 20 年，发展中国家和发达国家电力短缺的频率都在增加。电力短缺很少由单一或相同的原因造成，但较为典型的一种模式是，由于投资不足或需求快速增长，使储备电量下降到可接受的可靠性水平以下，然后市场基本因素（如恶劣天气、燃料供应或工厂可用率）的异常，将造成危机（Heffner et al.，2010）。这些短缺在自由化的市场结构和传统的监管垄断制度下都有发生。虽然能源市场的自由化和由此产生的新监管结构没有达到经济政策制定者预期的结果，但市场效率和产品交付似乎并不比自由化之前差。

本章将重点全面回顾用于打破垂直垄断模式的替代重组方法，同时介绍发电放松管制对竞争、系统运行效率以及对批发和消费者价格的影响，重点突出政策自由化的重要历史节点。重点介绍电力行业，并简要介绍天然气的分拆经验以及天然气市场自由化对电力市场的重要性。讨论在实物市场和金融市场上分拆和套期保值所带来的价格风险。用加州能源危机强调该州首次尝试自由化和建立新监管框架过程中导致的市场失灵。讨论与政策和监管相关的能源行业的结构性经济因素。发达国家和发展中国家都在可再生能源投资政策方面取得了成功，而环境“限额与交易”计划取得的结果则喜忧参半。描述监管市场结构的预期未来挑战，包括日益频繁的供给间断、分散的发电和不断变化的消费者需求模式。

2　能源是一种网络产业

20 世纪 80 年代，在罗纳德·里根（Ronald Reagan）和玛格丽特·撒切尔（Margaret Thatcher）的领导下，网络产业私有化始于第一波新自由主义浪潮。20 世纪 80 年代末，欧盟委员会（EC）开始实施撒切尔夫人的私有化计划，引入强制性的放松管制和私有化，以消除国家的控制和公共产品的概念。美国的标准模式是将分拆的网络公用事业的私有制与法规监管相结合。除美国以外的经合组织国家已在不私有化的情况下实现能源事业的自由化（Ugur，2007）。欧共体与经合组织各国政府成功实现对电信和航空运输领域的自由化，这证明了完全自由化的环境将释放竞争力。技术进步为市场分拆和纵向分离提供了基础和能力。新的治理和监管技术以及国际竞争程度的提高，加速了自由化和私有化（Belloc and Nicita，2011）。

电力和天然气是网络产业，具有与电信和铁路运输等其他网络行业相似的特点。传统上，网络行业的特点是由受公有制控制演变而来的自然垄断。当规模经济显著时，自然垄断就存在了，因为产量一定的情况下，单个企业可以以较低的单位成本生产，从而比多个企业更有效。这种情况引起成本效率和竞争之间的潜在冲突。能源市场通常表现出允许现有公司行使市场支配权的结构特征，这限制了竞争，并可能导致价格升高且对于消费者的保护降低。因此，不能依靠竞争来提供社会最佳产出。在这些网络产业中，需要某种形式的政府干预，以保证服务质量和对消费者的价格保护（Gonenc et al.，2000）。

能源行业的分拆导致发电、输电和配电成为独立的环节。历史表明，发电是自由化和私有化的最佳选择。投资渠道的技术为开放、透明的竞争市场提供了更高效、规模更小的能源生产。如能源行业一般，能源传输和运输基础设施被视为自然垄断。从未有试图通过吸引私人投资来实现这一领域的自由化的尝试。这些网络工程的固定成本高，审批流程和施工时间长，签订长期合同的机会少，因此对私人投资者的吸引力很小。因此，输电资产要么是公有的，要么是私有的，并受监管部门监督，以确保系统可靠性和参与者的市场公平定价。

3　分拆垂直垄断和通过监管实施竞争

监管不仅受到规范性因素的推动，例如减少和控制寻租行为，还受到决定其监管系统的最佳组织的推动。这种积极的监管理论将监管的存在和形式视为对政治家和利益群体需求的回应。政府的意识形态极大地影响了能源监管（Chang and Berdiev，2011）。政府的分裂程度、政治实力和权威决定了它对能源行业实施监管的能力。如果监管设计的可持续性不明确，规则的变化可能影响私人投资者的投资决定，因此他们对在制度不完善的国家进行能源领域的投资持谨慎态度。

在经合组织国家，20 世纪 90 年代网络行业的自由化导致了国家和国家以下各级监管机构的出现，通过倡导分拆、开放准入，并创造市场驱动的信号来鼓励竞争。不同政府级别的竞争性监管机构以及发电、运输和配电系统的竞争性和垄断性设计框架给潜在投资者带来了困惑。尽管这些监管机构旨在协调和统一规则，但在竞争性监管策略方面效率低下。

对于成熟的网络领域，自由化政策首先是将价值链拆分为独立的组成部分，然后确定哪些部分具有潜在的竞争性或垄断性。通过减少国家角色和引入竞争框架提高经济效率，实现竞争活动的自由化。竞争提高了对消费者体验的关注，增加了消费者的选择，从而推动了产品和服务的创新。

分拆会产生价格风险。生产者和发电商需要以市场价格出售其商品。监管机构没有充分了解市场价格风险带来的后果和期货合约的套期保值的应用。随着能源交易市场的成熟，线性和非线性衍生品的数量和复杂性增加，使得市场监管具有挑战性。监管机构需要在交易策略中保持货币流通，找出进一步提高市场效率的机会，并监督和惩处市场操纵行为。

公众对环境恶化的反应推动了能源行业的政府干预和气候变化法规的出台。全球气候变化很可能是政府监管最困难的环境外部性（Bazilian et al.，2011）。唯一被证明能有效促进环境保护的手段是经济激励。引入基于数量的机制，如可交易许可证，创造了旨在实现政策目标的市场治理控制（Stavins，2010）。最大的可交易许可证市场是欧洲的碳排放交易系统（ETS），该系统涵盖了欧盟境内的所有大中型行业。

各国采用了几种监管方法，以确保能源行业的公平定价，包括直接指挥和控制、激励主导型（包括服务成本）、回报率和价格上限以及基于市场的控制（在市场中提供一种结构形式来影响竞争）。公有制在历史上用于服务成本监管，但因缺乏降低成本或解决运营效率低下的激励措施而受到消费者和政治家的批判。收益率调节监管则因缺乏激励措施来提高效率从而降低最终消费者的成本受到批判。价格上限机制得到了更多的支持，并提高了效率，因为能源生产商只会通过降低成本来提高财务业绩。

能源监管通过制定被认为是“公正合理”[①] 的价格或费率来保护消费者和投资者的利益。价格是根据消费者和政治压力制定的，并为私人和公共综合公用事业提供可接受的投资回报。美国联邦能源监管委员会（FERC）不依靠监管，而是依靠市场力量来支持竞争并实现公正合理的批发价格。尽管这避免了一系列失真和低效，但 FERC 的记录表明，由于市场失灵的可能性的存在无法确保消费者获得良好的结果。

通过对所观察到的监管制度的结果的比较，可以了解到哪些政策是具有优势的。能源行业有四个模型框架，其中三个体现了不同程度的自由化。这四种模型说明了政府在决定如何经营能源产业时所作出的选择（见表 24.1）。

---

① 关于“公正合理”这一术语在能源部门的历史应用，请参阅工作文件，Isser，S.N.，2015,《公正合理：能源监管的基石》。

表 24.1　能源行业模型和竞争

模型	竞争情况	私人投资	多个生产商	多个买方	电网准入
垄断	无	×	×	×	×
单一代理购买	仅存在于发电环节	√	√	×	×
批发市场	存在于发电环节、交易环节	√	√	√	√
批发＋零售市场	存在于发电环节、交易环节	√	√	√	√

第一种模型是特许经营垄断，这是一种传统的受监管的公用事业经营模式，在发电或输电层面不存在竞争。该模式允许一家公司（可以是公共或私人实体）发电并将其交付给最终消费者。特许经营垄断没有自由化。

第二种模型是单一买方结构。在该模式下，发电方为多个法律上独立的公司，以确保没有一家公司垄断市场，所以可能存在竞争。输电网没有放松管制，这意味着各公司没有开放准入，因为采购代理是电网唯一的潜在用户，它代表了所有的消费者。这些公司有长期合同，因此它们的收入具有确定性，从而可获得和支撑发电机的融资安排。这种仅对发电端放松管制的模式被认为是实现完全自由化的一个过渡步骤，因为政府放松了对发电的管制，并在发电市场结构发生变化时充当提供稳定性的代理人。

第三种模型是能源批发市场竞争的有效启动，该模式为管道和传输系统提供入口。与单一买方结构一样，该模式下存在多个相互竞争的独立的发电商，但在这种结构中，也存在多个互相竞争的买方。生产者市场或消费者市场不存在市场力量。输电与配电分开，为所有参与者提供一个开放的接入平台，能源市场结构为双边交易或集中交易。这种市场结构在美国、英国和欧洲很常见。

第四种模型是完全自由化，从批发市场和输电渠道扩展到零售竞争。该模式提供了一个有效的零售市场，使得零售市场框架得以实施，客户还可以选择他们的服务供应商。该模式的实施会导致批发市场和零售市场的最终消费者延迟获益，因为竞争需要时间来发展。这依赖于消费者的选择，增加了管理计量改进和各种各样的消费者合同结构所涉及的交易成本。

垂直垄断的分拆涉及能源生产和传输系统中不同部分的功能和结构的拆分（Sen et al.，2016）。一种简单的拆分方法侧重于功能性拆分，这需要创建一个进行独立会计核算的法律部门。结构性拆分更为复杂，需要将电网所有权与发电分离，并指定独立系统运营商（ISO）或独立输电运营商（ITO）。ISO 结构涉及将运行电网的系统运营商（SO）与输电运营商（TO）的所有权分离，而输电运营商拥有输电资产。在采用 ITO 结构的司法管辖区，监管机构为现有的公用事业公司留出了一定的灵活性，例如，输电资产仍在垂直整合的公用事业公司内（Nardi，2012）。

世界上任何一个国家的能源行业都没有实现完全自由化，尽管在大多数已经发生分拆的地区都能看到批发市场转向开放性竞争。天然气市场的监管，特别是在欧洲大陆，需要时间来找到一种可以接受的平衡，以解决进口安全和竞争问题。因此，电力为分拆的后果提供了最好的证据，也是对监管框架最大的考验。

4 天然气行业分拆和自由化

天然气行业的分拆使该行业沿横向和纵向分散，降低了进入壁垒，从而导致新的参与者进入市场。天然气自由化不仅利于天然气批发市场，也为买方打开了运输通道和储存渠道。监管机构不直接设定天然气价格。相反，他们通过使用两种市场交易模式来增加竞争，从而支撑公平的天然气定价，即在美国流行的双边交易和在英国存在的集中交易。这两种模式都为简化交易提供了平台，促进了有效的批发定价，并将交易成本降至最低。

由于政治力量和现有的市场结构的不同，天然气市场自由化的速度在全球各地有所不同。国家天然气能源政策通常有三个目标：促进竞争、供给安全和环境可持续性。天然气法规最初的设计并不是基于静态供需平衡的预期，而是基于对一个成熟的、不断增长的电力市场将越来越依赖天然气发电的认识。

各国对天然气公用事业的分拆采取了两种不同的方法。其中较为简单的方法需要一个独立的法律实体，而结构性方法则涉及所有权分离。英国和葡萄牙采用了所有权分拆，而法国和德国采用了较为简单的法律分拆规则（Growitsch and Stronzik，2014）。在美国，大多数州对天然气产业链中的分配进行了法律上的分拆，并且运输仍然与分配挂钩（Ascari，2011）。关于所有权分拆的标准论点表明，由于所有权分拆导致大量独立生产者，市场歧视不太可能发生，而较高的交易成本可能导致范围经济损失和效率降低。这可能会导致垄断投资，从而引发安全问题（Brandão et al.，2016）。近期对于欧洲内部能源市场的研究发现，天然气市场的自由化仅导致天然气批发和零售价格的微小下降，所有权的分拆对天然气终端用户价格没有影响（Growitsch and Stronzik，2014）。从历史上看，天然气供应商，特别是美国以外的天然气供应商持有长期进口合同，这些合同有时与石油定价机制挂钩，并附有照付不议条款，从而导致进入和市场分割的自由化政策，但对于消费者并无益处。为了促进天然气供应商之间的竞争，有必要在市场中心建立流动、透明的批发交易所，以便发展短期市场交易。

在生产环节自由化之后，天然气行业的监管侧重于管道运输和分销，这些环节具有垄断特征（Juris，1998）。尽管管道公司的市场力量影响着运输市场，但运输合同的转售在这个市场上引入了竞争，并促进了这些合同的有效分配。在运输受限的市场，即意大利和葡萄牙等天然气进口国，监管改革无助于促进竞争。由于财务原因，新的投资得到了补贴，也免于第三方准入监管，但重要的是，历史表明，缺乏所有权分拆可能会对投资激励产生负面影响（Cavaliere，2007）。

有证据表明，在电力行业放松管制期间，自由化的煤炭发电商因能够四处寻找更低的煤炭价格而受益于较低的成本。天然气发电则没有类似的成本节约可能。自由化的天然气市场交易已经有了流动、透明的价格信号，为所有批发买方（如天然气发电厂）提供了最优价格。煤炭市场在当时和今天都比较不透明。

5 电力市场自由化

电力市场设计旨在定义规则和激励措施，以形成一个有效运作的竞争市场。过去 10 年，由于批发价格接近边际成本，在经合组织国家中，市场已取得了成功。发电厂的燃料效率更高，系统运营商能够在更大的地理区域内优化调度发电厂以降低成本。经济学家和政策制定者利用这些因素和其他因素来评估电力市场分拆的成功和阻碍，即重组对批发竞争、系统运营、发电投资、零售竞争和环境的影响。

电力批发市场的竞争在一定程度上可相当于成熟的交易系统和价格结算系统的竞争。除明显的市场竞争失败之外，英国、澳大利亚、挪威（Nordpool）和美国电力市场（如得克萨斯州电力可靠性委员会（ERCOT）与宾夕法尼亚州、新泽西州和马里兰州（PJM）区域输电运营商（RTO））的批发价格，在短期内仍具有合理的竞争力（Newberry，2002）。导致这种竞争情况的一个主要驱动因素是发电公司和零售供应商之间通过合同和垂直整合作出的远期承诺的范围和规模。

加州的市场自由化经验（2000—2001 年）无疑是失败的，大多数最初的举措最终都被推翻了（Carmona et al.，2012）。这场失败表明，在发电能力紧张的情况下，特别是在能源短缺出乎意料的情况下，糟糕的市场设计、循环的监管和政治干预会产生令人不满意的结果。加州的法律框架不完善，且生产能力不足。为了说明远期承诺的重要性，公用事业公司被阻止制定适当的风险管理方案，以实现所谓的“激励参与短期市场”。本应保护能源购买者免受恶劣行为影响的价格上限，实际上导致了当州内电力严重短缺时，州外电力也无法输送至加州的结果。

加利福尼亚电力危机（2000—2001 年）

1998 年 3 月，随着电力批发市场的推出以及消费者的选择，加州开始了第一次自由化的尝试。从 2000 年开始，电力交易所经历了高批发电力结算价格和间歇性电力短缺。三家投资者拥有的公用事业公司（PG&E、Socal Edison、SDG&E）开始出现严重的财务问题。到 2001 年 2 月，在一系列连续停电之后，州政府介入，代表 PG&E 和 Socal Edison 购买电力，有效地结束了宽松市场管制。

为了支持市场增长并从预期较低的批发价格中获益，公用事业公司不得签署长期合同，而是必须通过短期电力市场交易为终端用户购买电力。这导致未对冲的客户销售面临更高的短期价格波动。发电方面的长期投资不足意味着在自由化之前的几年里，供应没有跟上强劲的、没有价格弹性的需求模式。2000 年和 2001 年，由于该地区非常干旱的水力条件，从州外进口受到限制。更为复杂的是，电力被出口到加州以外，以获取比州内价格上限更高的价格。州内电力短缺的紧急情况在 2000 年不断升级，在 2001 年的前三个月 38 次进入第三阶段电力紧急状态，这表明可用的储备电量不足 1.5%，并导致 2001 年冬季多次连续停电。

批发价格长期上涨至价格上限水平，导致2000年12月的平均日价格接近400美元/兆瓦时，而1999年12月平均日价格仅约为30美元/兆瓦时。独立的和州外的发电商由于担心得不到付款而停止向三家电力公司出售电力。为了稳定市场，零售价格被无奈地上调，这影响了最终消费者。PG&E最终于2001年4月申请破产。

（资料来源：美国能源信息管理局网站，加州能源危机后续事件报告）

在电力系统运行中，输电市场和能源市场本质上是相互关联的。RTO不应与ISO或电力分离（Hogan，1995）。ISO负责通过阻塞管理、平衡、辅助服务和传输使用来实现电网稳定性。将这些功能与批发输电相结合，可获得市场成功。市场并未促进输电投资（De La Torre et al.，2008）。这在一定程度上是因为前瞻性的阻塞租金不足以收回不稳定的输电投资成本。高效的新输电线路通常会消除阻塞租金，否则就会激发投资的动力。监管机构建立可评估输电价值的市场机制的一种方式是提供财务输电权（FTR）合同。由于在核算发电资源和输电系统随时间的变化方面存在挑战，很难预测FTR的长期未来价值。

对系统可靠性的关注并不一定与日益激烈的竞争和它给电力批发市场带来的经济效率的提高相矛盾。如果监管机构、政策制定者和行业领导者共同努力，加强和维护这些标的机构和规则，那么可靠性和经济效率可以兼容。近年来，电网层面的工作主要集中在处理可再生能源间歇性、阻塞、负荷转移和配电网双向流动等问题上。未来，电网边缘的技术创新将促进分布式资源、以服务为导向的商业模式和主动配电网管理市场的发展（IRENA，2019）。监管机构应强调投资激励和创新，而不是短期运营效率。

在存在补贴机制的情况下，私人对可再生能源的发电投资一直很强劲。由于远期能源市场无法提供有利可图的价格信号来吸引投资和建设，热力发电调度的增长有限。长期来看，容量市场仍存在不确定性，因为短期能源和辅助服务市场的收入在大多数情况下都不足以收回发电厂建设和运营的全部平均成本。由于生产和输电阻塞的动态变化，日前市场和当日市场，以及偶尔远期市场都会出现负价格。虽然负价格会迅速加速系统运行，以重新调整发电堆栈中的供需平衡，但从长远来看，负价格无助于发电投资分析。

虽然批发市场显然受益于分拆，但由于支持可再生能源发展和整合的成本较高，零售电价仍保持不变，甚至在许多情况下有所上升。在已经对垄断发电结构进行重组的地区，零售电价与天然气批发价格之间的联系更为紧密。居民用户表现出摩擦选择，大多数居民用户只能从最后的配电供应商处购买能源。

排放限额和交易计划与竞争性电力市场相结合时最为有效。在污染法规仅适用于市场中一部分发电机的情况下，联系紧密的批发市场有可能加剧污染泄漏的可能性。受监管的公用事业和独立发电商（IPP）对污染限额与交易计划的应对措施不同；受监管的公司投资于资本密集型减排技术，而独立发电商则追求成本更低的减排方案。2005 年 1 月启动的欧盟排放交易计划于 2021 年 1 月进入第四阶段，这意味着工业排放水平进一步降低。该计划经历了许多的挫折，包括市场盗窃、逃税和成员国之间缺乏协调等问题（Stern，2009）。另一个使用可交易许可证的环境监管限额与交易计划的例子是 20 世纪 90 年代洛杉矶盆地燃煤发电厂成功降低了硫氧化合物和氮氧化合物水平。

电力市场操纵执法行动已从对日前市场和实时实体市场中发电机市场电力滥用的传统分析转向对远期金融市场中持续交叉产品价格操纵的指控。电力远期和相关衍生产品的定价具有复杂的嵌入期权性，有时市场透明度有限，且期限结构的预期隐含波动率高，这使得定价具有挑战性。因此，很难通过开发应用远期市场分析框架和模型来与动态市场价格进行比较。各州已开始使用现金结算金融市场的交叉产品操纵模型的改编版本，这在不确定性和信息不对称的情况下提供了真实的证明（Prete et al.，2019）。

6　发展中国家的市场分拆

发展中国家政府在公用事业改革中的首要目标与发达国家政府不同。后者侧重于提高现有的能源结构效率，而发展中国家没有足够的公共资金来解决高增长需求和基础设施薄弱的问题，长期供应短缺，能源基础设施融资可以从根本上被视为一个宏观经济问题。因此，改革优先考虑吸引投资以扩大发电能力。这种做法的一个财务影响是，通过外部资本渠道以贷款或债务的方式提供资金，增加了该国的外债，使其债务管理更加复杂。因此，在发展中国家，私有化的动机是扩大中央系统，为偏远人口提供分布式解决方案，并选择避免化石能源陷阱的能源增长轨迹。在项目融资中，公私伙伴关系（PPP）并不罕见，包括开发银行和机构投资者在内。此类安排将地方性和区域性开发银行置于参与性伙伴关系的基础上，作为发起者和协调者的积极机构角色（Arezki et al.，2017）。

选择和应用最合适的监管体制框架是发展中经济体和转型经济体面临的重大挑战。发展中国家倾向于采取逐步分拆的方法，以便确定外国投资者在每个变化阶段的投资兴趣。由于缺乏资金支持或预期的私人投资，越南、泰国和马来西亚等国一直不愿开启全面自由化的进程，而是维持有 IPP 参与的非分拆式发电模式（Hall and Nguyen，2017）。巴西和菲律宾是仅有的两个遵循自由化进程的发展中国家，从分拆发电到建立一个具有强大且可持续的政府监管方向的零售市场（圣地亚哥和罗克萨斯，2010）。

监管能力有限的国家依赖多部门机构来整合稀缺的监管资源（Estache，1997）。不理想的能源网络服务可能会阻碍增长。这就引发了一个问题，即一个不受监管的私人垄断企业是否会进行必要的投资，以提供符合一个国家长期变化需求的服务质量。监管改革的实施必须在私有化之前进行，并应尽可能地明确，以确保最佳的透明度。历史表明，在政府担保下，投资者的反应更为强烈。建立强有力的法律保障规则，可以为信誉度低、跟踪记录不足的政府打开外国投资渠道，这在亚撒哈拉地区国家很常见。

这可以为外国投资者提供稳定性，尽管这会降低对市场支持机制进行微调的监管灵活性。

发展中国家正在努力为监管机构提供国内外投资者寻求的独立性。大多数国家都在与薄弱的监管机构和不断变化的政府意识形态斗争。在实际操作中，它们几乎没有能力确保能源监管机构的独立性。匈牙利的经验突出表明，当监管机构改变规则或违背私有化前关于保证外国人固定实际投资回报的承诺时，就会产生问题（Slay and Capelik，1998）。

拉丁美洲确实提供了自由化和私有化的成功案例。智利是第一个重组电力市场的国家，在 20 世纪 80 年代初开始放松管制并将国家电力系统私有化。它首先把重点放在电力供应链的纵向分拆上。交叉所有权和利益冲突最初阻碍了更具竞争力的发电市场的发展。然而，其精心设计的监管结构均取得了成功，包括基于成本公式支付的发电费用、基于边际成本的单位调度订单、发电商之间用于管理客户合同的电力交易系统、允许大客户在批发市场自由交易的大客户拆分机制。

输电和配电系统作为垄断实体被保留下来，并设有受管制的价格上限机制。政府监管机构在适当的时候采取了实际行动，支持在以热能发电为主的北部地区和以可再生能源发电为主的南部地区之间建设关键的互联网络，以支持能源转型（Pollitt，2008）。智利在很长一段时间内也避免了政府政策的重大变化，这使得市场趋于稳定和成熟（Pollitt，2004）。在智利之后，阿根廷和哥伦比亚开启了它们的市场自由化进程，通过将发电量分拨给多家公司和允许国际资本的剥离和流入，减轻政府对未偿债务的融资压力（Joskow，1998；Lalor and García，1996）。

巴西、菲律宾和南非的情况不尽如人意。由于未预料到的需求增长，这些国家的能源危机导致了频繁断电或停电，同时，未能满足这一需求表明缺乏有效的监管监督和预测规划，以及缺乏对公共部门或私人部门扩大产能的激励措施。在南非，监管框架未能激励私人部门的参与（Castellano et al.，2015）。正如在加利福尼亚州一样，在南非，对垂直整合系统市场的放松管制导致了市场失灵和能源危机，这种情况发生在 2008 年。监管机构采取了逐步放松监管的方法，导致了对市场结构和规模的误判。

印度见证了国家级和州级天然气和电力部门之间市场协调发展的失败。随着全球热力系统从煤炭向天然气转变，印度天然气发电量强劲增长，对天然气商品的需求也随之增长。天然气市场结构没有以与预期发电需求同步的速度发展，导致发电用天然气短缺。随着之后几年天然气管道目标容量的增加，许多投资者将发电厂重新分类为闲置资产。监管机构不了解，由于交付成本结构，在全球市场交易的液化天然气不适用于该国的发电机（Worrall et al.，2018）。这一案例凸显了天然气和电力市场相互交织的政策和法规之间协调互动的重要性。

非洲作为一个大陆才刚刚开启自由化进程。一些国家正在寻求创造与地方电网而非中央电网相连的可再生能源技术，以获得高电气化率（Clark et al.，2017）。分散供应融资的按次付费方法取决于当地代理商、中央当局授予的特许经营权、提供安装和维修，以及从补贴和按次付费客户付款中收回成本的商业模式。由于这种模式的长期财务可持续性尚不明确，因此说它能够成功且对电气化率产生重大积极影响还为时过早。博茨瓦纳近期向私人发电投资开放了市场，而现有的公用事业仍然保持垂直整合垄断。它和非洲其他国家可能会直接转向发展灵活的能源系统。

作为一个整体，很少有发展中经济体拥有有效的能源市场。这些国家既有政府能力，又有政策信念，以私有化为目的的国有企业拆分，使系统性能得到改善，但仍然缺乏对竞争市场的规划（Sen et al.，2016）。事实上，在过去 15 年中，发展中经济体的能源领域自由化和市场设计基本上都失败了。发展中国家的大多数农村人口仍然没有实现电气化（Marandu et al.，2010）。尽管推动能源领域的自由化仍继续处于政策讨论中，但许多国家并没有像发达国家那样推进分拆和自由化，因为它们看到了发达国家的挣扎和微不足道的成功。

7　能源市场的转型与创新

全球化进程将世界经济体整合为一个单一的体系，为能源行业的环境和气候变化监管提供了支撑。联合国可持续发展目标中有两项直接涉及能源：让所有人口获得清洁能源，以及能源部门进一步推动低碳发展投资。2015 年在巴黎举行的联合国气候变化大会是各国就减少碳强度目标达成一致以支持气候变化指令的转折点。政府通过研究投资和激励计划（如可再生能源技术开发的补贴或税收优惠）提供的支持已经初见成效，我们现在正处于能源加速转型的过程中。鼓励开发和采用可再生能源技术的公共政策至关重要，因为对于大多数消费者来说，低碳性能并不明显，而且碳在更广泛的全球市场上没有定价。多种因素推动了可再生能源的发展，包括化石能源成本波动、可再生能源成本下降、能源安全、减缓气候变化以及避免化石能源带来的外部性。与其他政府资助的项目相比，政府在可再生能源研究方面的投入相对较少，但这些政府激励措施对于市场的持续增长至关重要。

可再生能源增长是一个政策和监管的成功案例，它不一定需要对现有的公用事业进行分拆，也不一定需要零售或批发市场结构的存在。侧重于可再生能源的政策导致了 IPP 投资的增加。这一增长与政府补贴的可用性直接相关，例如上网电价或有保障的长期购电协议（PPA），而不是通过竞争市场发出价格信号以鼓励新的可再生能源发电投资。如果一个国家或地区无法实现市场自由化，它可以采用竞争性招标的方式，在拍卖会上根据 PPA 供应可再生发电资源。这为网络增加了重要的可再生资源，但在之后的批发市场上几乎不存在价格竞争。随着风能和太阳能技术的平准化成本降低，这种模式正在发生变化。政策制定者和监管机构正在鼓励私人投资者承担批发市场价格风险，这可能会加大融资难度，因为没有固定价格收入来源的保证。机构投资者参与低碳能源项目可能会增加其对潜在储蓄者的吸引力，这些储蓄者看重环境效益，并充当应对气候变化风险的对冲工具，如投资组合中其他投资可能面临搁浅的化石能源资产（Shihlov et al.，2016）。

如今的监管结构旨在启动市场分拆和自由化，这是一个以集中资源、单向电力流和无弹性价格需求为特征的时代。随着可再生资源在发电能源中的占比越来越高，加上最近出现的分布式能源（DER），当今监管市场结构面临挑战。从长远来看，为鼓励低碳投资而出台的措施必须足够灵活，以适应未来的市场变化和新技术，这一点很重要。鉴于电力行业的分散化，监管机构和政策制定者必须对技术持不可知态度，并仔细重新考虑配电层面的行业结构如何影响系统规划、协调和运营、竞争、市场发展和成本效率。

随着长期历史数据集逐渐出现，能源技术创新的速度才显现出来。事实证明，在过去 20 年里通过监管激励措施支持可再生能源在降低能源组合的碳强度方面取得了成功。根据国际能源署（International Energy Agency）的数据，包括风能、太阳能、地热和现代生物燃料技术在内的现代可再生能源的增长使全球可再生能源电力供应从 2000 年的 18% 增加到 2018 年的 26%。由于可再生能源增长的利好消息，可变发电的独特性为系统带来了新的好处，同时带来了新的挑战。人们担心，间歇性的能源供应会加剧市场清算价格的波动，从而给有效的市场运作带来阻碍。大多数现代风力和太阳能光伏发电厂都具有快速和精确的控制能力，通常超过大多数火力发电厂（Milligan and Kirby，2010）。在现有的市场规则下，可能无法获得可变发电的这些额外好处，但对市场设计的适当调整可能使发电厂和系统运营商能够利用这些好处。

由于供应结构的变化，特别是风力发电运营成本的降低，电力批发价格通常较低。这些较低的批发价格并没有转化为零售终端消费者的低价。补贴是零售电价上涨的最可能的原因，因为风能和太阳能发电的比例增加了。造成这种零售价格的动向的原因有两个：一是上网电价与市场清算价格之间通常存在差距，因此可再生能源发电商的价格高于市场清算水平。二是电力分销商通过强制性投资组合标准方案下的直接长期合同以高价购买可再生电力。可再生能源投资组合标准（RPS）计划是美国最大的，也许也是最受欢迎的气候政策。2009 年至 2019 年，可再生能源在 RPS 计划中的份额增加了 4.2%，因此分拆零售定价中的能源部分增加了 17%（Greenstone et al.，2019）。这些成本估算大大超过了可再生能源的边际运营成本，并可能反映发电系统中可再生能源的成本，包括与间歇性相关的成本、高输电成本以及分配给纳税人的任何滞留资产成本。

有趣的是，在可再生能源的低产期，煤炭和天然气发电的价格甚至有所上升。这种情况在美国和欧洲都出现过，近期在英国也出现过，这是因为化石能源发电商看到了收入机会的减少。为了适应工厂运营动态的变化，出现了覆盖可变成本的投标价格和覆盖部分固定成本的尝试（Greenstone et al.，2019）。在一些国家，特别是德国，支持可再生能源的税收和零售成本大幅增加（Morey and Kirsch，2014）。

将电网改造为更清洁、更智能、更灵活的系统意味着从网络的配电边缘获取资源的价值。DER 直接连接到低压或中压配电系统，包括分布式发电装置（如燃料电池、微型涡轮机和小型光伏）和存储装置（如电池和电动汽车）（Akorede et al.，2010）。建立监管模式以适应更高水平的可再生能源，意味着 DER 必须能够与公用事业规模的资源和批发市场无缝整合。政策制定者和监管机构面临着一个复杂的挑战，即对 DER 定价（目前的方法是净计量），并将其纳入多方市场交易。在市场竞争模型中，DER 所有权和聚合的影响非常复杂。协调纵向和横向细分参与者的市场机制需要更新和改进配电层面的价格信号。电价结构需要不断演变，以获取 DER 参与者相对于终端消费者的边际成本和利益。

能源监管机构必须考虑到快速变化的不同形式能源的组合，这些能源越来越多地来自低碳来源、不同规模和不同的商业模式。需要通过有效的监管框架进行适当的激励，以衡量实现低碳目标的进展情况，以便分析人员和政策制定者能够确定表现最佳的技术和政策。通过这种方式，可以将技术的碳强度与绩效目标进行比较，具体取决于全球或特定的区域内的情况，如排放。随着智能电网等需求管理计划的推广，能源监管正进入未知领域，对数据隐私和安全提出了新的要求。

8　总结

纵观历史，技术失败、短期的市场参与者、不完善的政策以及监管工具的错位，都使能源转型变得复杂。但在能源公用事业垄断方面的分拆仍取得了成功，这包括投资者的积极参与、批发市场趋于成熟、价格趋于下降以及可再生能源的高水平增长。

研究和改进仍面临诸多挑战。到目前为止，对零售消费者的益处还不清晰，大型能源消费者可以通过参与批发市场而获得较低的价格，但零售消费者的能源账单仍在攀升。虽然可再生能源接入电网受到称赞，但系统运行发现，由于间歇性能源供应的大幅波动，管理电网的稳定性面临挑战。行业在过去 20 年中采用的批发价格构成方法和短期系统优化方法在未来 10 年内似乎不可持续。新兴市场国家在实现市场自由化过程中所需的私人资本方面和提高消费者获得能源服务的能力方面仍然举步维艰。

监管需要稳健性，以应对市场结构变化带来的复杂情况，如作为传统供应商模式的公用事业的潜在转变。挑战在于建立一个稳定的、政治上可持续的监管工具箱，将竞争的有效利益结合起来，同时考虑到风险管理和必要的可持续投资。监管机构必须通过监控进展积极参与市场的各个方面，以确保市场结构与监管设计保持相关性，在风险监控中发挥更大作用，并采取有效行动来规避市场操纵。

各国政府需要认识到低碳能源技术的爆炸性发展，并通过有针对性的计划支持各项举措。如果目前可再生能源的发展势头继续保持下去，或足以在联合国可持续发展目标的期限内，在全球能源供应脱碳的道路上取得重大进展。

参考文献

[1] Akorede M F, Hizam H and Pouresmaeil E(2010), Distributed energy resources and benefits to the environment.Renewable and Sustainable Energy Reviews, 14: 724–734.

[2] Arezki R, Bolton P, Peters S, Samama F and Stiglitz J(2017), From global savings glut to financing infrastructure.Economic Policy, 32: 221–261.

[3] Ascari S(2011), An American model for the EU gas market? Working Paper, EUI RSCAS, 2011/39, Florence School of Regulation.

[4] Bazilian M, Hobbs B F, Blyth W, MacGill I and Howells M(2011), Interactions between energy security and climate change: A focus on developing countries.Energy Policy, 39: 3750–3756.

[5] Belloc F and Nicita A(2011), Liberalization–privatization paths: Policies and politics.Report, Università di Siena.

[6] Brandão A, Pinho J, Resende J, Sarmento P and Soares I(2016), Welfare effects of unbundling under different regulatory regimes in natural gas markets.Portuguese Economic Journal, 15: 99–127.

[7] Carmona R, Coulon M and Schwarz D(2012), The valuation of clean spread options: Linking electricity, emissions and fuels.Quantitative Finance, 12: 1951–1965.

[8] Castellano A, Kendall A, Nikomarov M and Swemmer T(2015), Brighter Africa: The growth potential of the sub–Saharan electricity sector.Report, Infrastructure Consortium for Africa.

[9] Cavaliere A(2007), The liberalization of natural gas markets: Regulatory reform and competition failures in Italy.Report, Oxford Institute for Energy Studies.

[10] Chang C P and Berdiev A N(2011), The political economy of energy regulation in OECD countries.Energy Economics, 33: 816–825.

[11] Clark W W Ⅱ, Zipkin T, Bobo S and Rong M(2017), Global changes in energy systems: Central power and on–site distributed.Agile Energy Systems: Global Distributed On–Site and Central Grid Power 61.

[12] De La Torre S, Conejo A J and Contreras J(2008), Transmission expansion planning in electricity markets.IEEE Transactions on Power Systems, 23: 238–248.

[13] Estache A(1997), Designing regulatory institutions for infrastructure: Lessons from argentina. Washington, DC: World Bank.

[14] Gonenc R, Maher M and Nicoletti G(2000), The implementation and the effects of regulatory reform: Past experience and current issues.SSRN Electronic Journal, 1: 3–3.

[15] Greenstone M, McDowell R and Nath I(2019), Do renewable portfolio standards deliver? University of Chicago, Becker Friedman Institute for Economics Working Paper.

[16] Growitsch C and Stronzik M(2014), Ownership unbundling of natural gas transmission networks: Empirical evidence.Journal of Regulatory Economics, 46: 207–225.

[17] Hall D and Nguyen T A(2017), Electricity liberalisation in developing countries.Progress in Development Studies, 17: 99–115.

[18] Hannesson R(2019), How much do European households pay for green energy? Energy Policy, 131: 235–239.

[19] Heffner G, Maurer L, Sarkar A and Wang X(2010), Minding the gap: World Bank's assistance to power shortage mitigation in the developing world.Energy, 35: 1584–1591.

[20] Hogan W W(1995), Electricity transmission and emerging competition.Public Utilities Fortnightly 133: 32–36.

[21] IRENA(2019), Innovation landscape for a renewable–powered future: Solutions to integrate variable renewables.International Renewable Energy Agency, Abu Dhabi.

[22] Joskow P(1998), Regulatory priorities for infrastructure sector reform in developing countries. Presented at the Annual World Bank Conference on Development Economics.Washington, DC.20–21 April.

[23] Juris A(1998), The emergence of markets in the Natural Gas Industry.Washington, DC: World Bank.

[24] Lalor R P and García H(1996), Reshaping power markets–lessons from Chile and Argentina. Public Policy for the Private Sector.Note No.85.Washington, DC: World Bank.

[25] Marandu E E, Moeti N and Joseph H(2010), Predicting residential water conservation using the Theory of Reasoned Action.Journal of Communication, 1: 87–100.

[26] Milligan M and Kirby B(2010), Market characteristics for efficient integration of variable generation in the Western Interconnection.Golden, CO: National Renewable Energy Lab.

[27] Morey M and Kirsch L(2014), Germany's renewable energy experiment: A made–toorder catastrophe.The Electricity Journal, 27(5): 6–20.

[28] Nardi P(2012), Transmission network unbundling and grid investments: Evidence from the UCTE countries.Utilities Policy, 23: 50–58.

[29] Newberry D M(2002), Privatization, restructuring, and regulation of network utilities. Cambridge, MA: MIT Press.

[30] Pollitt M(2004), Electricity reform in Chile: Lessons for developing countries.Journal of Network Industries, 5: 221–262.

[31] Pollitt M(2008), Electricity reform in Argentina: Lessons for developing countries.Energy Economics, 30: 1536–1567.

[32] Prete C L, Hogan WW, Liu B and Wang J(2019), Cross–product manipulation in electricity markets, microstructure models and asymmetric information.Energy Journal, 40: 221–246.

[33] Santiago A and Roxas F(2010), Understanding electricity market reforms and the case of Philippine deregulation.Electricity Journal, 23: 48–57.

[34] Sen A, Nepal R and Jamasb T(2016), Reforming electricity reforms? Empirical evidence from asian economies.Oxford: Oxford Institute for Energy Studies.

[35] Shishlov I, Morel R and Cochran I(2016), Beyond transparency: Unlocking the full potential of green bonds.Institute for Climate Economics Working Paper.

[36] Sioshansi FP(2013), Evolution of global electricity markets: New paradigms, new challenges, new approaches.Cambridge, MA: Academic Press.

[37] Slay B and Capelik V(1998), Natural monopoly regulation and competition policy in Russia. Antitrust Bulletin, 43: 229–260.

[38] Stavins R N(2010), Market–based environmental policies.In: Portney P R and Stavins RN(eds), Public Policies for Environmental Protection.Abingdon–on–Thames: Routledge: 41–86.

[39] Stern N(2009), Deciding our future in Copenhagen: Will the world rise to the challenge of climate change? Policy brief.Available at: http://www.lse.ac.uk/GranthamInstitute/wp–content/uploads/2014/02/PBStern_copenhagen_Dec09.pdf.

[40] Ugur M(2007), Liberalisation of network industries in the European Union: Evidence on market integration and performance.Available at: http: //aei.pitt.edu/8053/.

[41] Worrall L, Whitley S, Garg V, Krishnaswamy S and Beato C(2018), India's stranded assets: How government interventions are propping up coal power.Working Paper 538.London: Overseas Development Institute.Available at: https: //www.odi.org/publications/11185–india–s–stranded–assets–how–government–interventions–arepropping–coal–power.

第3篇

全球能源趋势

第 25 章　能源转型宏观经济学

贾科莫·卢西亚尼 ①

1　引言

关于能源转型对经济的影响，有两种相互矛盾的说法。第一种观点认为，能源转型是重振经济和增加就业的大好机会。第二种观点则认为，欧盟承诺的到 2050 年实现碳中和等目标“过于昂贵”。哪种观点正确？

本章试图理解经济状况和能源转型之间的多重相互作用关系。毋庸置疑，分析这种相互作用平衡所产生的净效应是极其困难的，甚至是难以预测的。这在很大程度上取决于面临脱碳需求的经济体的具体特征，尤其是当前的能源系统、能源需求的增长率、可用的能源资源和脱碳的机会。每个国家的这些特征都不一样。此外，还在很大程度上取决于所追求的具体转型路径，尤其是转型的预期速度。

2　转型中的能源

能源的定性特征和相对成本与经济密切相关：

（1）能源供应是经济增长（数量扩张）和发展（质量演变）的条件。

（2）技术进步提供了利用能源的新来源或机会，新形式的能源利用为进一步的新技术开发和应用提供了条件。

（3）经济增长和发展反过来又是能源需求数量和质量的主要决定因素。

早在 19 世纪初，能源行业就与工业革命一同进入了不断发展和转型的阶段；从那时起，我们见证了一场“永恒的能源革命”。

迄今为止，这场永恒的革命主要是由市场力量推动的。新能源越来越重要，这是因为新能源更便宜或更方便，或者两者兼而有之。然而，尽管传统能源在快速增长的一次能源需求中所占的份额逐渐减少，但并没有被放弃使用。事实上，传统能源的绝对数量几乎没有下降。

相对价格和 / 或最终需求结构发生的重大变化确实影响了能源的总需求以及特定

---

① 贾科莫·卢西亚尼（Giacomo Luciani），巴黎政治大学国际事务学院，瑞士日内瓦高等国际关系与发展研究院；电子邮箱：giacomo.luciani@sciencespo.fr。

能源的需求（例如，汽车带动了石油需求，电器和电子产品带动了电力需求）。20 世纪 70 年代石油价格的上涨确实中断了石油需求的连续上涨趋势，此后石油需求涨势明显放缓（例如，几乎完全失去了发电市场）。

在国民生产总值（Gross National Product，GNP）的构成中，对无形服务的需求已逐渐超过对农业或工业有形产品的需求。人们通常认为，服务的能源密集度低于有形产品，但事实未必如此（例如，金融或信息服务和 / 或国际旅行和旅游业能源密度可能很高）。此外，技术进步在某种程度上也使生产有形产品更加节能。因此，能源需求相对于 GDP 增速的弹性一直在下降，并低于 1（这意味着相对于 GDP 的百分比增速，能源需求的增速更小）。然而，在一些极其重要的能源密集型行业（化工、金属、玻璃、造纸、水泥等），能源效率并没有很多提高。在某些生产或服务行业，能源强度甚至有上升的趋势，例如农业和食品零售贸易（冷却、包装等）。因此，不能笃定地下结论认为能源需求相对于 GDP 的弹性必然会进一步下降，弹性将取决于未来技术的性质和未来需求的构成。

在讨论能源转型的经济影响时，我们需要想到另一面，即经济“转型”对能源的影响。人口、健康、金融、政治和安全的发展可以直接或间接地通过经济增长（或经济缺乏增长）对能源需求产生巨大影响。新冠肺炎疫情清晰地阐明了外生冲击（在这种情况下与健康相关）如何对经济和能源行业产生深刻的影响。

反之亦然，自从蒸汽机发明以来，重大的经济危机从来不是由能源发展导致的。更确切地说，从历史上看，廉价能源的丰富可用性极大地促进了第二次世界大战后经济的长期快速增长，而这可能结束于 21 世纪的前十年。其他因素对经济增长的影响要比能源重要得多，并反过来影响了能源格局的演变。如果我们把经济增长看作有边界的优化训练，那么能源很少会是限制增长的活跃边界。能源只是偶尔会限制经济增长，而且往往影响时间很短。

能源在持续演化的过程中，需要进入一个全新的、不同的阶段，这与化石能源的使用对大气中温室气体浓度的影响，以及由此造成的全球气候变暖直接相关。能源必须转型的论断，本质上不过是对现有趋势的推断，因为能源在过去的 200 年里一直处于转型之中。新的观点认为，我们面临市场失灵的问题：市场没有考虑到全球变暖的代价，因此，纯粹基于自发的市场力量的持续能源转型将朝着错误的方向发展。我们必须以某种方式干预市场力量，改变这一进程，以快速降低碳排放。转型的步伐很重要，因为能源结构具有相当大的惯性：大多数能源设施的经济寿命有几十年，而且设备周转十分缓慢。

我们正处于能源转型之中，这一事实并不新鲜。新的观点认为，现在必须通过旨在纠正市场失灵的政策来引导转型。

3 给碳定价

全球变暖是一种市场失灵，因为向大气中排放二氧化碳和其他温室气体（GHG）

的成本并不由排放方承担（Nordhaus，2013）。没有人需要为使用大气而付费，而防止企业和个人排放污染物的法规主要与当地或最多与国家的大气条件有关。直到近期，温室气体的排放还没增加排放方的成本，因此产生了负的外部性。

在没有排放成本的情况下，碳排放密集型技术将比清洁替代方案更具吸引力。越来越多的人认为，一些清洁的替代能源——尤其是不可调度的可再生能源——正变得越来越便宜，即使不征收碳排放成本，这些能源也已经或很快能与碳密集型技术相竞争，甚至优于碳密集型技术。这些预期大多没有考虑到，随着不可调度可再生能源的渗透率不断增加，超过一定阈值（大多估计为 35%~50%）将会产生一些系统性成本。但即使忽略系统性成本的问题，如果事实证明清洁能源比化石能源更便宜，市场就会被证明是有效的，也就不需要政策来推广清洁技术了，因为后者会因为自身更大的竞争力而占上风。能源转型最多也只是可能加快（有代价的）一个无论如何都在发生的过程。

将排放成本内部化需要对其定价，让排放者缴纳碳税或履行从碳排放交易系统（ETS）购买排放额度的义务。与商品生产相关的新成本会减少其附加价值。在其他条件相同的情况下，新的成本增加了生产总成本。由于能源关系到所有商品的生产，这意味着所有生产活动都将面临生产成本的增加，能源密集型生产活动更是如此。

接下来，就取决于生产商的市场影响力：如果具备市场影响力，能够将增加的成本转嫁出去，从而保证自己创造的价值不受影响。在工资水平不变的情况下，将增加的成本转嫁到销售价格上，可以保护资本的收入。但是，一般价格水平的提高（通货膨胀）降低了工资的购买力，从不变价的角度看，工资将会减少。因此，即使生产者拥有市场影响力，也难以避免增加值的减少。

如果生产者没有市场影响力，不能将增加的成本转嫁到销售价格上，用来进行资本积累的收入就会减少。因此，不能确定实际工资的降低还是企业收入的降低导致增加值的下降，但在任何一种情况下，增加值都是下降的。由于 GDP 的定义是一个经济体中所有活动产生的增加值的总和，给碳定价会降低 GDP。

此外，碳定价会对不同行业产生不同的影响，这取决于各行业的碳强度。其结果将是相对价格的重新调整，碳密集型产品将变得相对更贵，碳密集型产业的增加值将大幅下降。如果这些企业缺乏市场影响力（如果面临国际竞争，很可能就是这种情况），那么企业收入将会受到严重影响，行业能否生存下去可能会面临挑战。如果受影响的生产活动被关停，GDP 将进一步受到负面影响。与此同时，其他专门减少碳排放的生产活动可能会增加收入，随着产品需求日益增长而鼓励其扩张，但这是一个连续的发展过程，需要额外的投资。

结论是，对碳排放定价的第一个静态效应是 GDP 的下降。

有人可能会说，当碳排放成本被公开时，GDP 降低是由于工业时代开始的前期没有承认碳排放成本。过去估计的不包括外部性的 GDP 规模被夸大了，引入碳排放的显性成本只是对过去失误的一种补救。按照这一思路，世界银行提出了调整后国民收入的概念，对与增加值有关但不包含在生产成本之内的环境损耗进行评估，并相应地修正了国民收入（Lange，2018）。这种方法的缺点是难以估计环境损耗的负向价值，且目前仅仅局限于专家的计算。

损害环境和出现经济代价之间的时间差使问题更加复杂。我们今天承受着过去几代人超过一个世纪的碳排放；我们的后代将会因为我们的排放而受苦。今天排放 1 吨二氧化碳所带来的经济损失只有在未来才能看到，而且还要加上过去的二氧化碳排放量。因此，事实上我们不能把每增加一单位碳排放所造成的未来经济损害的现值计算为成本，从而将外部性内部化，因为无法确切地知道这种成本是多少。与之相反，给碳排放定价，是为了引起市场的反应，从而实现排放减少或消除排放。这个价格代表了潜在排放者多排放一个单位温室气体（每吨二氧化碳或其他）的机会价值：只有当价格高于或等于能从多排放一个单位温室气体中获得的利益时，排放才会停止。

另一种看待碳价格的方法是考虑减少或消除一定量碳排放的成本。换句话说，二氧化碳排放仍然可能发生，但会被捕集和隔离，或通过有偿的二氧化碳吸收活动来消除负面影响。因此，碳排放的目标价格应该能够激励足够多的二氧化碳吸收活动，从而使总体净排放量为零。

之前的碳排放隐藏成本将会明显增加，导致大多数政府不愿意引入碳定价，无论是以碳税的形式，还是由碳排放交易系统产生的价格。政府往往倾向于采取管制和行政措施，而这些措施的成本不透明，而且承担这些成本的人也不能立即预测到这些成本。但是，无论如何都会产生一些额外的成本：可能表现为从首选的技术转向商业吸引力较低的技术，或者现有资本存量的加速淘汰，并将导致增加值下降，从而导致 GDP 下降。

4 碳价是一种税

但是如何给碳定价呢？政府会引入排放交易体系或碳税（或两者结合）。以这样或那样的方式为碳排放定价，会转化为政府的收入，即更高的税收。

与所有税一样，碳价也会对经济衰退产生直接影响。由于这个原因，碳价一般会结合某种形式的补偿措施，可以是同时减少其他税，也可以是同时增加支出。历史上，许多司法管辖区都对能源产品征税，其相对水平大多不反映碳含量，而是反映各种社会性或政策性考虑。例如，汽油可能比柴油赋税更重，而后者在用于道路交通工具时可能比用于农业、渔业或家庭取暖时赋税更重。相比之下，在许多国家，能源产品的补贴较为随意，对各国的财政平衡产生了负面影响。尝试取消此类补贴经常会导致抗议和政治不稳定，这表明在政治上给碳定价非常困难。

如果在提高碳排放价格的同时增加支出，经济衰退的影响就能得以弥补。在这种情况下，应该注意到，并非所有的支出都是一样的：投资支出比消费支出具有更高的乘数效应；对低收入家庭的支持更有可能转化为消费，而不是储蓄，因此乘数效应高于其他形式的再分配。因此，如果碳价的实施被投资支出增加完全补偿，那么最终结果可能是扩张性的，特别是如果初始投资额超过了政府支出本身。如果碳价带来的收入被用于支持较贫困人群，那么最终效果也可能是扩张性的，因为低收入家庭不太倾向于储蓄。相比之下，如果碳价收入没有全部花掉，那么一些衰退效应难以避免。

碳定价的影响应该放在国家整体财政平衡的背景下讨论。把特定的开支与特定的收入来源联系起来可能不妥，但在政治辩论中经常这样做。归根结底，政府的总财政状况最重要，它可能是扩张性的，也可能是收缩性的，这取决于环境因素，而与明确的碳价目标完全无关。

因此，讨论对碳排放定价的最终影响并不是非常明智的方法，因为无论这种狭隘定义的最终影响是什么，都会被国家财政政策的整体背景所减弱或加剧。

5 对收入去向的影响

脱碳政策也将影响收入在投资和消费之间的分配。从这个角度来看，我们希望的结果是消费下降而投资增加。

所有商品和服务的消费都会产生一定的能源需求。节能被一致认为是脱碳过程的关键组成部分：我们需要少开车、少坐飞机、少用暖气或空调，等等。我们可能会转向使用更高效的机器（需要额外的投资），以保持相同的最终服务水平，同时减少能源消耗（提高能源效率），但很可能会减少最终服务。

与此同时，脱碳方面取得任何进展都需要某种形式的投资。诚然，能源行业一直是资本相对密集的行业，这意味着无论如何，即使我们继续向大气中排放温室气体，为了满足不断增长的需求或提高效率，投资都是必要的，而脱碳议程需要更高的投资。

如果一个经济体没有充分利用其劳动力和 / 或资本资源，那么旨在支持投资的措施，以及一般性或专门针对清洁能源和减排的措施，可能会改善经济状况。任何支出的增加，无论是消费还是投资，都会产生高于初始支出的收入增长（凯恩斯乘数），但投资支出的乘数将高于消费，因为有助于弥合储蓄倾向和投资倾向之间的差距。低于充分就业的均衡是由储蓄超过投资导致的，增加投资往往会消除这种过剩，并完全吸收现有储蓄。能源转型需要大量增加投资，因此通常被认为有利于经济扩张。

然而，这一初步结论必会受到经济的平均资本产出率和资本淘汰率的影响。总的来说，能源是一个以高资本密集度和资本产出比为特征的行业，但清洁能源往往资本密集度更高。在所有形式的清洁能源中——水力、太阳能、风能，甚至核能——大部分生产成本都在初始投资上，直接成本很小，边际成本接近于零。因此，如果对能源的投资，特别是对清洁能源的投资，在总投资中所占的比例提高，那么经济的整体资本产出率可能会增加。与资本产出率成反比的资本生产率将会下降。

资本产出率决定着一个经济体的经济增长速度。考虑到储蓄和投资的倾向，更高的资本产出率意味着经济只能增长得更慢。这是因为总投资在连续时期产生的收入增长较小，因此未来投资的增长也变小。当然，可以假设储蓄和投资的倾向都将增加，也就是说，消费将减少，更多的资源将用于投资。这一假设下，在消费水平难以压缩的贫穷国家，能源转型比富裕国家问题更大——这一点将被进一步探讨。

与此同时，减少温室气体排放的目标也将加速资本的淘汰。大多数与能源有关的资本设施的特点是经济年限长。发电厂、炼油厂、管道、输电网络，这些都是预计将持续使用几十年的设施。如果能源转型以不迫使现有生产能力提前废弃的速度进行，就没有加速淘汰的问题。但事实并非如此：如果允许现有设施继续生产而不采取任何补救措施，实现《巴黎协定》的目标（IEA，2020）将耗尽剩余的碳预算。因此，我们需要加快这一进程，在经济年限之前淘汰一些生产能力，或者开展进一步投资以减少产生的碳排放。

在第一种情况下，“搁置”的资产提前淘汰，新投资将在很大程度上简单地替代淘汰的产能，最终效果可能很少或根本没有增加产能。在这种情况下，边际资本生产率将为零。另外，可以参考固定资本形成总额和固定资本形成净额之间的区别，其中只有后者是适当的净投资。加速淘汰扩大了这两个指标之间的差距，降低了净投资相对于总投资的重要性。

低碳产业是资本密集型产业还是劳动密集型产业？

一些资料称，低碳部门比高碳部门资本少，劳动密集程度更高。例如，IMF（2020）写道：

高碳行业（化石能源和重工业）通常是资本密集型行业，而低碳行业（可再生能源和许多服务业）则是劳动密集型行业。

不断扩张的低碳部门（可再生能源、服务业）的资本密集程度也低于收缩部门（化石能源、制造业），这进一步降低了资本投资需求。

一个图表显示了工作机会将多倍增长，特别是太阳能光伏发电领域，并且注释解释说“每个柱状图显示了每吉瓦时容量产生的工作年限总数。这包括直接和间接的工作”。这很令人费解，因为产能是以吉瓦而不是吉瓦时（吉瓦时用来衡量产生的能量）来衡量的。通过创造产能（投资过程）创造的就业岗位似乎与生产环节（利用现有产能发电的过程）的就业岗位混为一谈了。后者数量很少，可再生能源通常以零边际生产成本为特征，根本不涉及额外的劳动力。

本章断言可再生能源是高度资本密集型和低资本产出率时，指的是生产阶段。换句话说，大部分成本都在投资阶段（产能的创造），直接成本是最小的。投资阶段可能是劳动密集型的，这是另一回事，除非我们想消除资本创造（即产能）和资本产出（发电）之间的区别，这将是一个相当不寻常的方法。

与其他部门相比，所有能源生产都是高度资本密集的，但在能源部门内，可再生能源发电的资本密集程度相对高于其他来源的电力生产，也高于化石能源等其他形式的能源生产。

在第二种情况下，投资是为了减少现有发电厂的碳排放，我们甚至会遇到减少净产量而不是增加净产量的投资项目案例。例如，对现有的燃煤电厂进行碳捕集和封存改造，可能会使电厂的净发电量减少30%~35%。如果对碳排放征收足够高的价格，这类项目可能会为发电厂的所有者带来正的净收益，但实质上，这仍然是一个破坏性的项目，因为发电厂本身的主要目标是提供电力。

或者考虑一下交通行业从内燃机到电动发动机（无论是电池还是燃料电池）或使用清洁氢等替代燃料的预期转型：这需要汽车制造商为推出新车型进行巨大投资；经销商或政府设置充电站；对于购买新车的最终消费者来说，最终的结果是移动服务在某种程度上受到了限制（因为行驶里程或充电时间的限制），最多也只是相当于以前享受的服务。因此，由于相对价格、税收和补贴的变化以及监管推动实现这一转变的经济激励，统计的GDP会增加，但最终消费者的效用并没有提高。

得出的结论是，如果一个经济体发现自己处于不充分利用现有资源的均衡状态，那么由脱碳目标驱动的投资增加可能具有扩张性效应，但如果投向资本产出率较低的部门，或者旨在增加产能，而不仅仅是取代加速淘汰的现有产能，那么这可能没有那么重要。

回想一下富国和穷国之间的差异。在穷国，投资往往受到缺乏可投资盈余的限制，也就是说，储蓄是供不应求的。事实上，这些国家通常依赖外国资金来支持其投资需求。这些国家也往往是能源供不应求的国家：缺乏现代能源，尤其是电力，是这些国家经济增长的重要障碍；这意味着额外的能源供应可能会对生产率和增长产生更大的影响，远远超出能源产量本身的增加。此外，对能源的需求通常是快速增长的，因此能源投资更有可能是为了增加产能，而不仅仅是为了替代要淘汰的现有产能。

我们可以得出以下结论，与发达工业国家相比，清洁能源投资更有可能对新兴国家的经济增长产生积极影响，因为新兴国家经济增长的主要障碍是缺乏可投资的盈余资金（和现代能源供应）。此外，在清洁能源项目资金不足的背景下，新兴国家可能会选择碳密集型但更便宜或更容易融资的解决方案。因此，我们清楚地看到，将脱碳转变为促进经济增长工具的想法，最好是在新兴国家推动清洁能源项目，而不是在发达工业国家，后者的净效益可能比计划的要更加有限。

6 如何鼓励投资?

收入来源从消费向投资的必要转变不太可能轻易实现。在资本主义经济中，对利润的预期是投资的理由，而利润最终是由消费需求支撑的。至少在过去半个世纪里，经济增长一直是由消费支出和国际贸易推动的。后者增加了竞争强度，降低了消费品价格，并向生产者开放了更大的市场，从而促进了新产品的引进和成功推广。展望未来，全球化很可能至少会部分逆转，消费者支出必须压缩，以增加投资。在脱碳的背景下，不仅是企业，家庭也被要求加大投资：提高家庭和电器的能源效率，或者购买新的出行工具（可能只是电动自行车，而不是一辆新的电动汽车）。这将减少用于其他消费形式的资金，而消费者可能不愿意接受这种转变。在大多数情况下，家庭收回最初投资所需的时间达到几年甚至几十年，这意味着所需消费的减少可能是长期的。

在消费增长放缓甚至下降的经济体中，支持投资是一项重大的政策挑战。需要摆脱消费主义的影响，而消费主义一直是现代资本主义的引擎。相对价格的变化，比如对碳排放征收高昂的价格，可能会使清洁能源项目的投资有潜在的利润，但这并不足以保证私营企业会参与其中。投资清洁能源解决方案的盈利性必须很明确，并始终支持投资者开展风险投资。

政府可以通过控制企业的风险来鼓励投资。可以通过提供低利率的债权融资、参与股权投资、进行价格 / 需求担保（如长期购买协议或差价合同）来实现。这些都是广泛使用的投资支持工具，尤其是在电力脱碳方面。此外，还有对购买特定产品（如电动汽车）的补贴，或对从事脱碳相关投资的企业和家庭提供退税。换句话说，国家必须介入，并以或多或少有效的方式投入资源，这无论如何都背离了自由主义的主流。

我们的目标是在提高储蓄倾向（减少消费）的同时，进一步提高投资倾向，从而朝着更充分利用资源的方向前进。目前尚不清楚金融中介是否能够实现这一重大经济转向。政府的积极参与是必要的，但会受到财政约束的限制。国家可能需要减少其他支出或增加税收，以应对增加的支出负担；只有比较少的政府有能力增加债务，但这样做可能会推高利率，对资本密集型项目产生负面影响。

如果从国家层面转向全球层面，这些考量就更有说服力了。在全球范围内，清洁能源领域的许多投资机会都在治理环境不可靠或不稳定的国家，这些国家存在风险，很少有投资者愿意承担这些风险。理想情况下，全球脱碳需要大量的金融资源从工业国家转移到新兴国家，因为新兴国家对能源的需求增长更快，因此在多数情况下可再生能源的部署更容易。

7 收入分配

普遍认为，能源成本的增加对收入分配有递减影响，因为能源支出在较贫困家庭的预算中所占的比例更大。此外，预计家庭将进行投资以尽量减少增加的成本，例如为房屋隔热或购买新的电动汽车，但绝大多数家庭没有净储蓄，也没有借款能力。因此，较富裕的家庭可以通过投资来控制增加的成本，但较贫穷的公民不得不首当其冲地承担脱碳成本。

为了减轻对碳定价所带来的更高能源成本的负面影响，有人建议将碳定价的收入等额分期地返还给所有公民（CLC，2019；EC，2019）。这样，穷人得到的将超过能源支出的增加，也就是说，他们将成为净受益者；而富人则是净贡献者。这肯定会促进公众对碳定价的接受，尽管在接受民调时，类似的引入某种形式的全民基本收入的提议没有得到大多数人的支持。

但是，预期收入分配恶化还有一个更系统性的原因，那就是能源转型需要资本 / 产出比的提高，这反过来会导致收入中资本占比的增加，除非投资者愿意接受工业投资回报率的下降或借款利率的降低。目前的利率已处于历史低位，这正在造成多重混乱，从长期来看，这是不正常的。此外，没有证据表明企业愿意接受较低的收益，这是因为对风险的认识普遍增强了，而在能源行业，脱碳的前景进一步增加了风险。因此，与能源转型相关的资本 / 产出比的提高可能也会决定（或要求）收入从劳动向资本的转移——也就是说，收入和财富分配不平等将继续扩大。

在这方面，能源转型只是加强了自第二次世界大战结束以来的一种趋势（Piketty，2013）。因此，虽然我们不能把不平等加剧全部归咎于能源转型，但其也确实加剧了一些令人反感的趋势，这一事实使事情更加复杂。然而，把提高碳排放价格带来的收入用于创造某种形式的公民收入，这种简单的想法不太可能是最优选择。为什么引入公民收入的资金要来源于碳税？这两项措施在逻辑上是分开的，把二者结合起来的唯一原因是为了方便吞下这颗苦药丸（碳税），给药丸加上糖衣（公民收入）。此外，将碳税收入用于再分配而非专门用于支持转型投资，会降低政策在实现环境目标方面的有效性。

从长远来看，实施碳税的目标是在脱碳成功时最终并不会产生任何收入；换句话说，当碳税成功实现目标时，产生的收入将逐渐减少，公民收入将需要从其他来源获得；因此，对于那些脱碳成功后仍将长期存在的问题（不平等），碳税并不是合适的财政工具。

所以，我们需要接受产业和金融投资的较低回报率，也就是说，如前所述的增加储蓄和投资的倾向。但是，从消费驱动和鼓励消费贷转向鼓励节俭和投资并非易事。

8　就业

另一个通常与加速脱碳有关的影响是就业机会，其预期规模通常与可再生能源系统制造和部署中的潜在就业人数的估算规模相符。不难看出，这种方法是高度简单化的，没有考虑到对于受到脱碳进程不利影响的行业，就业形势可能会恶化。我们很难抽象地讨论脱碳的最终就业效应是积极的还是消极的，因为结论取决于许多背景和假设。然而，我们有必要探讨积极效应的含义和意义，即最终影响实际上是积极的、创造的就业机会多于减少的就业机会。

关键在于，尽管政府一直关注创造就业，但劳动力是一种成本，企业会努力将劳动力成本降至最低。提高劳动生产率和充分就业之间始终存在矛盾：劳动生产率需要最大化，同时最好不影响充分就业，这只有在总产量增长与生产率增长同步的情况下才有可能。能源转型预计将导致资本 / 产出比上升，即资本生产率下降（单位资本产出与资本 / 产出成反比）。假设在其他条件相同的情况下，对于给定的产出，就业也会增长，这就等于说劳动生产率（即产出与就业的比率，或每个工人的产出）也会下降。换句话说，我们正在设想一个资本和劳动生产率都在下降，也就是更贫穷的世界。

这种看似矛盾的现象可以被部分地解释：脱碳能源的生产是资本密集型的，但所需的固定资本制造和安装可能是劳动密集型的。事实上，大多数预期的就业创造与清洁能源产能利用无关，而是与清洁能源产能创造有关。在提高能源效率方面，建筑物需要做的大部分工作将转化为建筑岗位的需求。这可能意味着创造就业的效果纯粹是暂时性的；如果由于需要频繁更换人员或扩大产能，创造就业的效果不是暂时性的，那么前面的结论仍然有效，将出现资本和劳动生产率双双下降的情况。

9 结论

虽然能源转型对经济的影响在很大程度上取决于每个经济体的具体情况，但可以作一些概括。

第一，为了解决造成气候变化威胁的市场失灵而将排放成本内部化，会增加大多数生产活动的成本，这将不可避免地导致 GDP 减少。

第二，由于碳价类似于税收，可能会产生收缩或扩张效应，这取决于有关国家财政的均衡状态。如果导致赤字支出减少，就会引发衰退。在这方面，碳价与其他间接税没有区别。

第三，清洁能源解决方案的资本密集程度几乎总是高于没有碳价的情况下市场所能支持的程度。因此，减缓气候变化需要提高经济体的平均资本产出率，但这反过来往往会减缓经济增长。为了避免这种影响，需要在现有储蓄的情况下增强投资倾向；如果不存在储蓄过剩的问题，也要增强储蓄倾向，并相应地压缩消费。

因此，清洁能源议程与克服流行了半个多世纪的消费主义增长模式之间有着内在的联系。尚不清楚如何从这种模式转向基于节俭和更多投资的替代模式。这是一个涉及国家、市场和金融中介机构各自角色的问题，需要重大的制度和政策调整。

可以预期的是，不断增加的资本产出率将会使收入从劳动转移到资本，并扩大不平等。只有当预期资本回报率永久降低时（这是可能的），这种情况才能避免，但会对重要金融机构的稳定性产生级联效应，正如近年来负利率所引发的影响。

第四，虽然可能对就业产生积极影响，但劳动生产率将下降，同时资本生产率也将下降。

综上所述，效果的重要性与预期的转换速度密切相关。如果过渡期能够延长，并适应能源系统较高的惯性，难度将大大降低。但我们越来越确信时间不够了，需要在最后期限之前作出改变。

除了高昂的成本（或许还可以承受），能源转型的挑战还在于必须改变增长模式。能源转型并不是唯一需要改变增长模式的原因，我们社会的老龄化和大多数行业资本产出率几乎普遍上升都指向了同一个方向。不仅仅是对能源行业，能源转型经济学的发展方式将产生更广泛的影响。

参考文献

[1] CLC（2019），Economists' Statement on Carbon Dividends Wall Street，Journal January 17.
[2] EC（2019），Commission Decision of 3.7.2019 on the proposed citizens' initiative entitled "A

price for carbon to fight climate change" Brussels C(2019)4973 final.
[3] IEA（2020），World Energy Outlook，Paris.
[4] IMF（2020），World Economic Outlook: A Long and Difficult Ascent Washington October.
[5] Lange（2018），Glenn–Marie, Quentin Wodon and Kevin Carey eds.The Changing Wealth of Nations，World Bank Group, Washington DC.
[6] Luciani（2020），Giacomo "The Impact of the Energy Transition on Economic Growth and Income Distribution" in Manfred Hafner and Simone Tagliapietra eds.The Geopolitics of the Global Energy Transition, Springer, Cham(Switzerland).
[7] Nordhaus（2013），William The Climate Casino Yale University Press New York and London.
[8] Piketty（2013），Thomas Le capital au XXI siècle Seuil Paris.

第 26 章　能源需求驱动因素

贝特朗·沙托 [①]

1　简介

能源需求通常与经济发展（人均 GDP）和能源价格有关。而气候、自然资源禀赋、地理位置解释了具有相似的人均 GDP 和能源价格的国家之间人均能源的差异，也解释了能源需求与 GDP 之间关系的差异。为了更好地理解能源需求的驱动因素及其与 GDP 和能源价格之间的关系，本章首先概述了这个问题，然后更深入地讨论了 3 个宏观消费部门能源需求的关键领域：工业、交通、建筑。最后，讨论了提高电气化水平的决定因素。[②]

2　评估能源需求驱动因素概述

2.1　能源需求的背后是什么？[③]

能源“需求”是指人们愿意购买（或免费获取）的能源数量。在供给可得性受限的国家，潜在需求可能会高于实际消费。在这种情况下，能源消耗增加的唯一原因是更多的能源变得可得（例如通过电气化）。能源需求源于在特定能源价格背景下对能源需要的满足。但人们“需要”的不是能源本身，而是能源所提供的服务。同样的服务可以由不同的能源数量来提供，这取决于所使用的设备：用自行车或汽车移动 1 公里需要的能源数量是不同的。因此，仅仅是技术的变化，就导致了对能源服务的“需要”与能源“需求”这两者动态变化之间的差异。总而言之，能源需求的驱动因素，首先是对能源服务需要的社会经济驱动因素[④]，其次是将这些需要转化为能源需求的技术驱动因素。

---

① 贝特朗·沙托（Bertrand Château），法国能源统计所（Enerdata）；电子邮箱：bcarcadia@wanadoo.fr。

② 本章中使用的所有数据均来自 Enerdata 数据库（www.enerdata.net）。Enerdata 数据库由许多国际资料构成，其中对本章最重要的是 International Energy Agency（IEA）、ODYSSEE project（欧盟）和国家资源。本章的研究方法和科学背景均来源于本研究作者自 1975 年以来在这一领域所做的工作。这些都列在本章末尾的参考书目中。

③ 方法论和更多的细节参见 B.Château 和 B.Lapillonne（1977）。

④ 更多关于“需要”的展开参见 B.Château（2015）。

这适用于最终能源消费者、工业、建筑、运输方式、农业，以及由能源部门（炼油厂、发电厂等）加工和分销的标准化能源产品。从统计的角度来看，能源需求由“最终能源消费”[①]这一指标体现。为了生产和分配这些能源产品，能源部门本身消耗各种一次能源资源（原油、天然气、铀、风能、太阳能、水能等）、进出口各类标准化能源产品，并在转换或分配过程中使用或损失一部分产品（例如电力运输或分配损失）。从统计上看，“一次能源消费”指标测量了这一数据——初级资源消耗加上进口再减去出口。能源转换与分配环节的损失越大，一次能源消耗与最终能源消耗之间的差距就越大。一次能源消耗和最终能源消耗之间差异的主要决定因素之一，是电力在最终能源需求中的份额，以及这些电力是如何产生的：燃烧化石能源或铀的火电厂经历了很高的转换损失，这些损失占一次能源输入的 50%~70% 不等。因此，一次能源需求的驱动因素包括发电结构的构成。在本章中，我们主要关注最终能源需求的驱动因素，并简要概述电力部门对一次能源需求的贡献。

2.2 时间问题

各种能源需求驱动因素的变化速度随时间变化而不同。无论从短期（最多 2 年）、中期（2~5 年）、长期（最多 30 年），还是超过 30 年的更长期来看，这些驱动因素对能源需求变化的相对作用都是非常不同的。

在短期内，所有与社会、经济结构、技术变化相关的驱动因素几乎是恒定的，而且这些驱动因素对能源需求变化的作用可以忽略不计。相反，周期性条件、能源价格、GDP 可能发生显著的变化，并引起能源需求的显著变化。

从中期来看，社会变化几乎可以忽略不计，平均气候条件也可以忽略不计，经济结构、技术传承可能会发生一点变化，但对能源需求的影响较小，不如经济增长（总需求）、物价对能源需求的影响大。

然而从长期来看，一切都可能改变。与其他能源需求驱动因素相比，平均气候条件的变化几乎可以忽略不计；社会变化可能会显著，尤其是在新兴国家。随着时间的推移，无论在哪个国家，经济结构、技术背景的变化会越来越剧烈，对能源需求的影响也会越来越大；而 15~20 年后，这些影响可能会比经济增长或相对价格所直接推动的影响更重大。

从更长远来看，平均气候条件的变化可能不容忽视，尤其是全球变暖可能会继续恶化。社会变化会逐渐成为能源需求的第一驱动力：社会变化可以直接影响需要，也可以对整体经济产生影响。技术变化仍然是一个关键的驱动力，但会越来越难以预测，因为技术变化至少有一部分来源于未来的科学发现；现在的技术传承部分（建筑、交通基础设施、机械等）在遥远的未来仍将存在，由现有科学知识发展出的新技术也能在未来存在（Château & Alii，2002）。

---

① 所有本章用到的在能源统计中使用的定义和单位，参见 IEA（2011）。

2.3 主角的作用

除了与物理环境和宏观经济环境有关的因素之外，能源需求的所有驱动因素都随着最终消费者的预算分配或投资选择的决定而变化。这些决定显然取决于整体的物理和宏观经济背景，但也取决于激励、法规、设备 / 技术供应，这些因素构成了选择的可能性。

激励有两种性质：心理上的和经济上的。心理激励与文化环境高度相关，主要受模仿和公民身份两种力量的驱动。模仿是消费主义最强大的驱动之一，解释了新的消费商品和服务的传播。公民身份表达了一种认可，即在任何人的决定中，对各种参与者（公共机构、非政府组织等）提出的共同全球目标（例如减少二氧化碳排放）的认可。经济激励包括税收、补助、减税，有助于改变设备商品和能源载体的相对价格，以引导最终消费者的投资决策。

规范和法规规定了一个国家的技术背景和每个特定设备的技术特点（特别是其能源产量）。因此，最终消费者作出的投资决定受到规范和法规的制约。规范和法规主要是国家层面上的，但也越来越多地扩展到国际层面上，比如欧盟（EU）、OECD、联合国（UN）。

技术 / 设备供应掌握在工业生产商手中。由于国际贸易、生产的规模经济、全球化，在世界范围内出现了供应趋于统一的趋势，同时供应集中在少数非常大的工业生产者手中。这意味着技术 / 设备供应可能会越来越不依赖于每个国家的具体经济和工业条件。技术 / 设备供应的变化首先是由研发驱动的，它集中在全球有限的几个国家或地区（美国、中国、欧盟等），并由它们的政治、社会经济、工业背景和优先级主导。

2.4 社会力量和行为

个人的需要直接推动家庭和建筑、办公室、工厂工人的能源需求，但也间接地影响了其他能源需求，包括生产、运输、配送相应的商品和服务来满足这些个人需要。

社会力量推动国家内部人口结构的变化。除了总体人口增长（或下降），在新兴国家，从传统农村地区向城市地区的迁移也对能源需求产生了影响。

收入分配和行为是需要强度变化的主要驱动力。由于文化习惯或物理环境的全球变化，或者进而由于对环境或社会问题（公民身份）的敏感性，所有的行为驱动因素都可能随着时间的推移而改变。

3 工业能源需求的驱动因素

工业指的是制成品的生产。从最终能源需求的观点来看，工业能源需求不包括能源转化部门（从一次到最终），也不包括小规模生产者，后者属于商业部门；工业能源需求仅限于生产设施，不包括运输产品或工厂以外的办公楼使用的能源。

3.1　工业能源需求展望

在世界范围内，工业消耗约31亿吨油当量[①]（2018年），占最终能源消费总量的31%。工业能源需求在过去50年里大约翻了一番，自2000年以来增长了50%（见图26.1）。

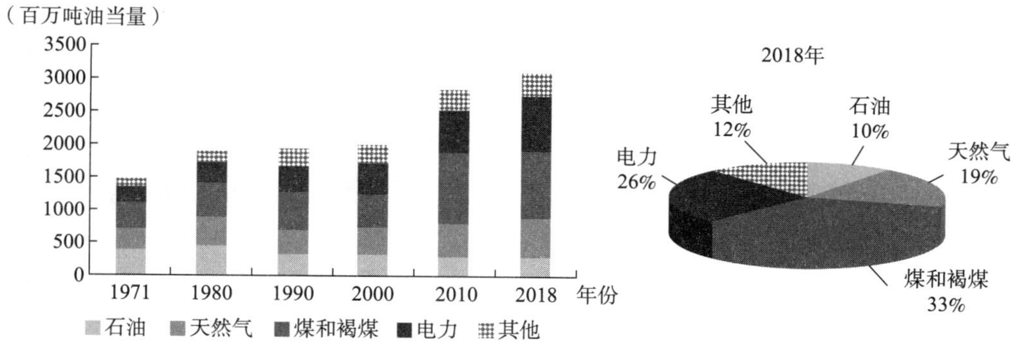

图 26.1　世界工业能源消耗（按能源载体分类）

资料来源：根据 www.enerdata.net 整理。

煤和褐煤仍然是工业中使用的主要能源。从1971年到2000年，煤和褐煤的比例缓慢下降（从28%下降到26%），此后急剧上升（2018年达到33%）。而在另一个极端，石油的份额持续下降，从1971年的27%下降到2000年的16%，再到2018年的10%。天然气的占比一直在缓慢增长，从1971年的19%增长到2000年的21%，再到2020年的22%。在工业能源结构的演变中，电力显然是赢家：1971年电力占总消费量的14%，2000年占23%，2018年占26%。工业能源消耗的这种电气化主要是其结构向高附加值活动演变的结果。

总的来说，钢铁和非金属矿产行业是煤炭消耗大业，占世界工业能源消费总量的35%（2017年），该比例自1990年以来一直在增长（1990年为28%，2000年为30%）。这解释了煤炭在工业部门能源结构中的高份额和不断增加的比例。加上化学工业（其份额稳定在16%左右），2017年这些高耗能产业（能源密集型产业）占世界能源消费总量的一半以上（51%），在剩下的49%中，采矿业和建筑业只占4%。

3.2　工业能源需求驱动因素概述

GDP的能源强度（Energy Intensity，EI）（即每单位增加值的能源消耗）通常被用来反映能源需求的技术驱动因素。从纯技术的角度来看，驱动能源需求的是产出每单位实体的最终能源消费。对于热量最终用途，这意味着单位实体产出的特定有用能量消耗和能源产品的平均性能。特定消耗的变化确实有助于EI的变化。但是，由于EI是根据产品价值而不是其实物数量来衡量的，EI的变化也可能来自相对价格的变化，而与技术无关。因此，通过EI评估技术驱动因素有时会产生误导。

另一个技术驱动因素是能源产品的整体性能，由有用能源和最终能源之间的比率

① 吨油当量是能量平衡和统计中使用的能量单位，1吨油当量相当于41.8吉焦，具体参见IEA（2011）。

来衡量。这取决于各种能源产品对有用能源（能源结构）的贡献及其相对产量。

建议将对高耗能产业的讨论从一般制造业中分离出来，因为高耗能产业的驱动因素可能与实物产出直接相关。

3.3 高耗能产业

高耗能产业（Energy-Intensive Industries，EII）多为初级转型行业，其产出多为中间产品。它们的特点是对加工能源的需求很大，每吨产出的附加价值往往很低，且生产高度集中在相对较少的大型工厂。在世界范围内，EII 占工业消耗的煤和褐煤、石油焦的大部分（煤和褐煤的 77%，石油焦的 100%）。最主要的高耗能行业是粗钢、水泥和石灰、原铝和其他有色金属、造纸和纸浆、玻璃、石油化工、氯和氮的生产。高耗能产业在全球能源需求总量中的情况见图 26.2。

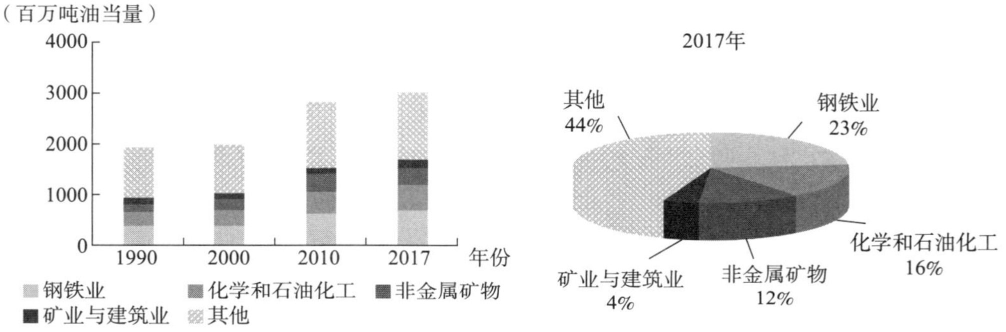

图 26.2 世界最终能源需求中的高耗能产业

资料来源：根据 www.enerdata.net 整理。

在每个工厂的层面上，实物产出直接决定一部分的能源需求，而生产能力驱动另一部分的能源需求，这与工厂的管理有关。例如，无论实际生产的玻璃数量是多少，玻璃厂必须始终使熔炉保持适当的温度。工厂的产能利用率越低，每吨产出的能源需求就越高。

中间产品是相对均匀的，因为它们必须符合已经完善了的参数。因此，有可能以一种相当有意义的方式，将实物产出和负载因素作为能源需求驱动因素结合起来。每个国家的高耗能产品的生产和价格可能受到全球竞争的影响，在一定程度上使增值与实物产出脱节，使国民生产与国家总需求脱节，因此考虑实物产出是必要的。

对于 EII 的许多产品，可用和使用的生产工艺数量有限。在某些情况下，也由于其化学成分，生产过程需要某种特定的能源产品，例如高炉中的焦炭、蒸汽裂解中的石脑油，或熟料炉中的石油焦。

单位能耗（Unit Energy Consumption，UEC）可以随着时间的推移而变化，因为过程能源性能会变化或 EII 结构会变化。随着时间的推移，效率较低的工厂被效率较高的工厂所取代，[①] 导致整个 EII 的平均 UEC 发生变化。这种结构性变动主要是由现有工厂

① 详见 Château 和 Lapillonne（1982）、Enerdata（2019a）。

的淘汰和产量增长的速度推动的。淘汰程度是一个国家工业发展结果的反映。增长速度作为 UEC 的驱动力，体现了经济和技术驱动力之间的相互依赖：竞争力是产量增加的条件，由能源性能驱动（随着 UEC 的增长而下降），而产量增加则驱动 UEC 的变化。钢铁行业（按时间和工艺划分）的具体能耗如图 26.3 所示。①

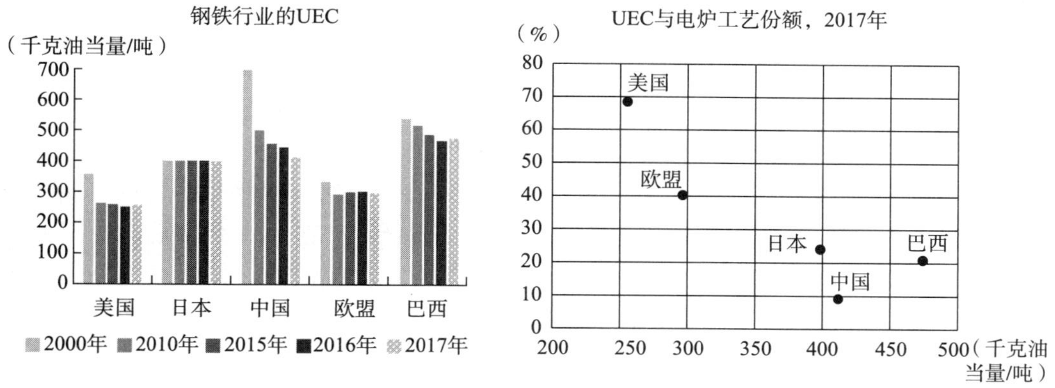

图 26.3 钢铁行业（按时间和工艺划分）的具体能耗

资料来源：根据 www.enerdata.net 整理。

3.4 其他细分行业

实物产出可以汇总到重点突出的同质的子部门（汽车、糖等），但在大多数情况下，其余的子部门则相当不同，它们生产各种不同的产品，且每种产品的能源需求非常不同。此时，实物产出不能再汇总，能源需求必须通过附加价值的增加和 EI 来评估。由于它们汇总了许多不同的产品，EI 差异很大，所以子部门的整体 EI 只会因为各个产品的相对权重变化而变化，与技术没有任何关系。

在这些子部门中，能源在生产成本中的份额通常相当小，这就解释了为什么能源价格的变化对能源需求的直接影响是有限的。

3.5 一些关键问题

全球化影响着所有国家的工业生产水平，因为它将工业生产与内部需求分离开来，这也得益于长途海运成本的大幅降低。劳动密集型产业倾向于选址在劳动力廉价的地方，高耗能产业倾向于选址在能源廉价的地方，高附加值产业倾向于选址在有高技能劳动力的地方。

现有工业基础设施传承物，特别是高耗能产业，严重影响了工业能源需求。当产能发展或产能更新的投资成本非常大，即需要很长一段时间来获得回报时，尽可能多地使用已有的工厂是方便的，特别是当工厂已经完成摊销的时候。这大大削弱了能源价格对使用新技术的影响。

① 其他例子可参考 Enerdata（2019b）。

与此同时，全球化加剧了世界范围内的竞争，加速了工厂运营中已有流程的淘汰，特别是在生产成本较高的国家。

能源效率和环境政策建立了管理框架、奖励措施、经济手段，来指导工业公司的决定，工业公司要么承诺遵守所要求的标准和条例，要么提高其竞争力。总的来说，这将降低所有行业的能源强度。

3.6 工业 / 区域问题中国家与全球能源需求的远景

3.6.1 世界各地区工业能耗分布情况如何?

整体来看，欧洲、北美、独联体的工业化国家在 20 世纪 70 年代初占世界能源消耗的大部分（1971 年占 72%），现在只占 28%（2018 年）。在另一个极端，中国的比例从 1971 年到 2000 年翻了一番多（从 8% 到 17%），从 2000 年到 2018 年又翻了一番多（升至 36%）。目前，亚洲大陆的工业能源消耗占全球的 56%。这种演变首先是由于新兴国家（即金砖四国），尤其是中国。自 20 世纪 80 年代初以来的快速经济增长；其次是由于许多产业从西方世界向这些新兴国家转移，世界工业能源消耗（按地区划分）见图 26.4。

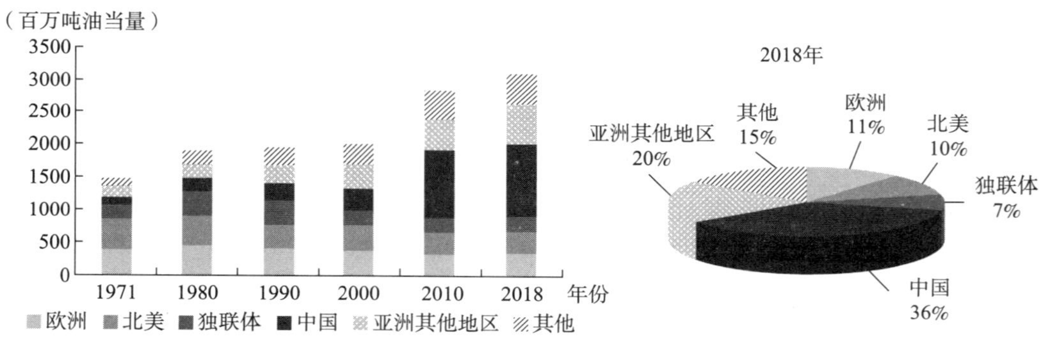

图 26.4 世界工业能源消耗地区分布

资料来源：根据 www.enerdata.net 整理。

3.6.2 能源与工业 GDP 及高耗能产业的份额

当比较不同地区 / 国家和时间的工业能源强度时，第一个观察到的是，全球工业的能源强度与人均 GDP 成反比，即人均 GDP 越高，工业的能源强度就越低，除了中东，几乎所有地方都是如此：中东的石化工业（高度耗能）在过去 20 年里发展迅速。这种反比关系是由于在高人均 GDP 的国家，高附加值产业的专业化程度越来越高。另一个原因是，在大多数情况下，随着价值链向高附加值和低能耗产品延伸，行业附加值也在增长。最后一个原因是，智能和信息控制与处理的不断进步有助于能源需求的电气化和工业技术中更好的能源性能。

然而，人均 GDP 水平同样低的情况下，高耗能产业在能源消耗中的权重，各国之间也存在巨大差异：2018 年中国为 68%，独联体为 60%，亚洲其他地区为 47%。工业能源强度与人均 GDP（2000—2018 年）见图 26.5。

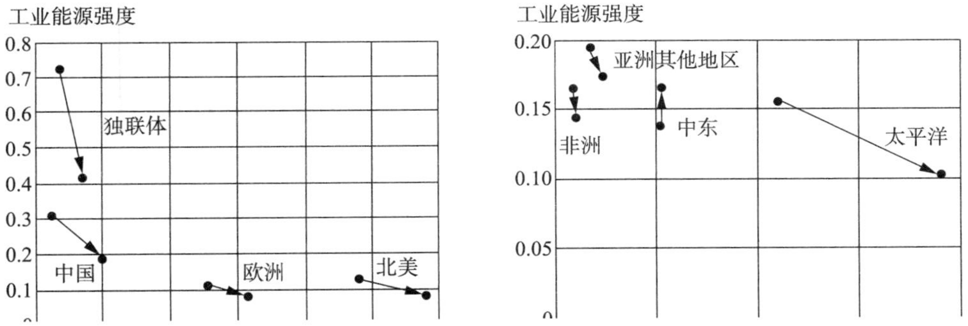

图 26.5　工业能源强度与人均 GDP（2000—2018 年）

资料来源：根据 www.enerdata.net 整理。

在评估工业能源需求驱动因素时，各国之间的主要区别是自然资源的禀赋和高耗能产业的现状，特别是初级金属、初级化学品、化肥或纸张和纸浆产业。

4　交通

从能源的观点来看，运输部门包括所有的客运和货运运输，不论其所有者和目的。这与运输部门的经济定义不同，尤其是在国民经济核算中，运输部门的经济定义只包括运输企业的增加值。在能源平衡中，国内[①]运输的最终能源需求和国际空运与海运的最终能源需求有所区别。不讨论世界范围时，传承物运输部门的最终能源需求仅对应于国内运输。对世界范围而言，这两者都有。

现有地理、交通基础设施、人均 GDP 是区分各国交通能源消耗的关键因素。一个国家的面积越大，就越需要高铁和航空运输来满足提速的需求。国家的面积越小，人口密度越高，使用通过公路或铁路运送乘客的公共交通工具就越划算，而私家车的吸引力就越低。

几个世纪以来，天然水道在世界各地都得到了使用和配置。铁路运输出现于 19 世纪下半叶，远早于公路运输，而且在许多国家，铁路基础设施在公路开始铺设之前就已大规模发展起来。20 世纪道路基础设施的发展导致部分已有的铁路和水路基础设施过时。但剩下的部分，经过维护和现代化，构成基础设施现状，强烈地影响着乘客和货物的移动模式结构。在没有从现有基础设施中受益的国家，现代铁路和水路的发展往往受到高昂投资的阻碍。

在中短期内，能源价格对交通能源需求的影响相对较低，原因是强制性或高度受限的客运和货运所占比例较高，以及客运和货运模式切换的刚性。从长远来看，能源价格会影响技术和竞争模式的变化。

---

① “国内”的意思是“在国家的边境内”。它包括在国家范围内购买的所有能源，不论运输的来源地和目的地。

4.1 交通能源需求展望：历史演变与结构

在全球层面，交通运输能源消耗约28亿吨油当量（2018年），占最终能源消耗总量的28%。这一消耗在过去50年里翻了3倍，自2000年以来进一步增长了47%。仅国内运输就消耗24亿吨油当量（2018年），并经历了类似的演变。公路占交通能源消耗的大部分（2018年为76%），其次是航空与水路和海运（分别为12%和10%），铁路只有2%，几乎是微不足道的，见图26.6。

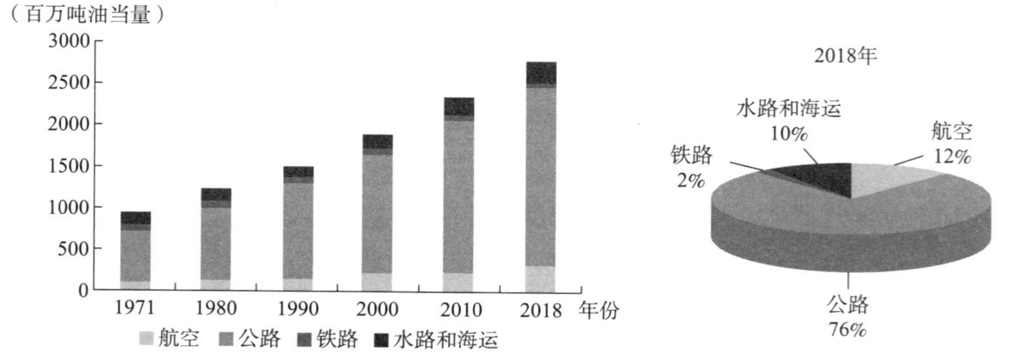

图26.6 世界运输能源消耗（按模式划分）

资料来源：根据 www.enerdata.net 整理。

交通运输几乎完全依赖石油：2000年为98%，2018年为94%。公路运输占运输总油耗的80%（占最终油耗的94%），而航空运输（喷气燃料）和海上运输（重燃料油或船用燃料）占18%（2018年）。几乎所有剩余的石油（主要是柴油）都被铁路和国内水路消耗。公路运输几乎完全依赖汽油和柴油及少量液化石油气（丁烷和丙烷），只是最近，公路运输依赖的天然气和生物添加剂（乙醇和生物柴油）数量增多。

在过去50年里，海上船用燃料消耗（Sea bunkers）翻了一番（2018年为2.2亿吨油当量），国际航空运输的航空燃料翻了3.5倍（2018年为1.94亿吨油当量）。总的来说，在过去50年里，国际交通运输的能源消耗增长速度略慢于国内交通运输（2.5倍），但自2000年以来增长较快（53%）。世界运输石油消耗（按产品划分）见图26.7。

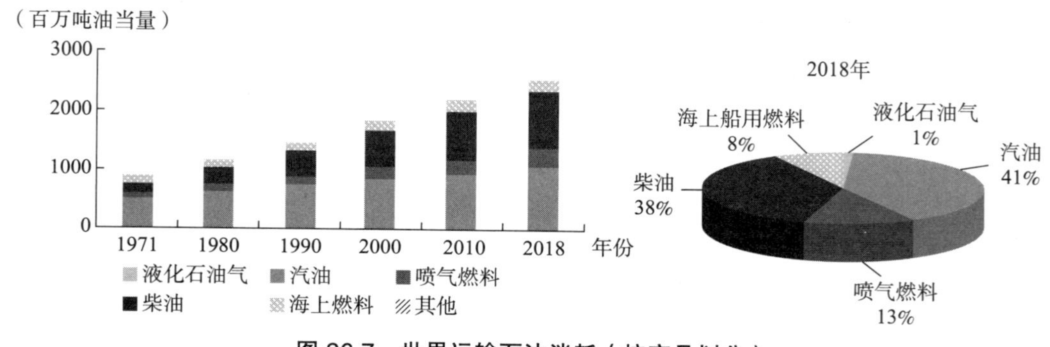

图26.7 世界运输石油消耗（按产品划分）

资料来源：根据 www.enerdata.net 整理。

在工业化国家和金砖四国，私家车（汽车和摩托车）占道路运输石油消耗的40%~70%，货运汽车占 30%~50%（2018 年）（见图 26.8）。

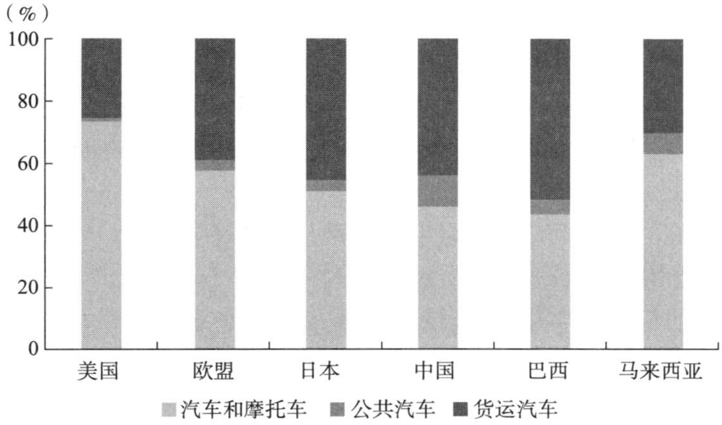

图 26.8　选定国家的道路运输（按车辆类型分类，2018 年）

资料来源：根据 www.enerdata.net 整理。

4.2　与移动和贸易相关的驱动因素

要考虑交通运输中能源需求消耗的决定因素，客运和货运必须分开讨论。

对于客运来说，能源被用来满足可达性的需要——进入工作场所、商店、社区空间等——这是由收入的形成或使用（即 GDP）来决定的。家庭、工作场所或学校之间的移动以及以商业服务为目的的移动是强制性的；购物至少在一定程度上受到限制，而休闲则没有。

从实证经验来说，可以观察到，在世界各地，至少在过去的两个世纪里，个人用于移动的平均时间大致相同，每天约 1 小时（Zahavi，1974）。这意味着，每个人平均走的距离取决于移动的速度，而移动的速度已被证明与 GDP 高度相关。①

从技术上来说，速度和可到达的距离取决于运输方式。步行、骑马和骑自行车速度慢，可到达的距离短，但不需要商业能源。使用机动车辆大大提高了速度，并可以到达更远的距离，这创造了新的交通机会，但需要商业能源。机动车辆的速度因交通方式，即铁路、公路、水路、航空和基础设施的差异而不同。在一定程度上，平均速度的提高只能通过切换到更快的模式来实现。因此，由于不同运输方式的单位距离 / 速度对能源需求的差异，平均速度的变化驱动了客运能源需求。②

私家车（摩托车、汽车）可以满足几乎所有类型的可达性需要，而公共机动交通方式（公共汽车、火车、飞机、船只）只能满足其中的一部分，即位于其专用路线上

① 这是因为时间价值随着平均小时劳动收入的增加而增加，而用于交通的时间预算基本保持不变（Bagard，2005）。

② 要进一步了解这一问题及其对遥远未来的影响，参见 Château 和 Alii（2012）。

的交通需求。因此，拥有私家车的人年平均移动性（每年行驶的公里）通常比没有私家车的人要高得多。所以，要正确评估客运能源需求的驱动因素，必须单独考虑私家车。

4.2.1 客运中的私家车

对于那些使用私家车的人来说，移动性首先是设备的问题。这些车辆所能满足的移动性需要是由所用车辆的数量、车辆行驶的平均距离和乘坐同一车辆的平均人数（即载客率）决定的。

收入和车辆价格是车辆使用数量变化的两个主要驱动因素。然而，如果超过一定水平，市场可能会饱和，流通车辆数量的增长将放缓。

私家车每年的行驶距离是由旅行目的和在时间预算限制内的使用情况，以及道路基础设施的质量决定的。在旅行目的中，汽车和摩托车的使用分布变化非常缓慢。道路运输基础设施也是如此。从中长期来看，所有权似乎是私家车年平均行驶距离的主要驱动因素。[①]因此，一般来说，收入的增长伴随着中长期平均旅行距离的减少，这减缓了能源需求的增长。

能源价格影响私家车的行驶距离，部分是通过公共交通的方式替代，部分是通过对自由出行的财务限制。但短期内私家车能源需求的价格弹性非常低（Labandeira et al.，2017）。

私家车的载客量（即每辆车平均载客量）因旅行目的而不同，并与家庭规模和所有权密切相关：所有权越高，载客量越低。因此，在经历人口转型的国家，收入通过家庭规模和所有权间接地影响了平均载客率。载客率越低，每乘客公里的能源需求越高。

4.2.2 客运中的公共交通

对于公共交通方式，就像私家车一样，总行程决定能源消耗。载客率在高峰时段非常高，其他时段则相当低，但能耗变化不大。

从中长期来看，提供公共交通可能会改变私家车的存量和年行驶距离。当人们可以选择不同的模式来满足他们的可达性需要时，相对价格、舒适度、相对速度决定了他们的选择。速度越快的模式越吸引人。[②]在汽车交通非常缓慢的拥挤城市地区，提供快速的公共交通（有轨电车、城市火车、地铁、专用车道的公共汽车）使人们远离私人车辆，减少了他们每年开车的距离。长途旅行也是如此，即提供快速列车或国内航空运输。对于生活在大城市地区的人来说，这可能会大大降低拥有多辆汽车的愿望，在某些情况下（非常大的城市）甚至会降低拥有一辆汽车的愿望，因此降低汽车存量

---

① 在世界上大多数国家，在过去50年里，人们观察到，当汽车数量增加时，年平均行驶距离却在减少。背后的原因很简单：那些对交通便利和移动性有很大需求的人会先购买私人车辆，然后越来越多的需求较低的人会购买私人车辆。多重所有权遵循同样的规则。

② 背后的原因很简单：交通时间预算有限（平均每人每天1小时左右，见上文），速度越快，可以满足的可达性需要越多，活动范围就越广。

的大小。

总之，公共交通服务的结构和私家车的拥有驱动了各替代模式平均载客率的变化，即每乘客公里能源需求的变化。

4.2.3　货物运输

运输部门的最终能源需求仅包括陆地（包括从边境到边境）的移动，而国际燃料则涵盖了国际海上和空中贸易。

货运的能源需求是由货物运输方式（车辆，千米）所对应的货物运输需求所决定的，即需要在一定距离上运输的吨数（吨·千米）。

国内货运需求与 GDP 高度相关。GDP 增长也带来了国内和国际贸易结构的变化。这影响了运输产品的组合，通常倾向于高价值 / 低密度的产品，这有利于公路运输。由于与铁路和水路运输相比，公路运输每吨·千米的能源需求要高得多，随着 GDP 的增长，这种演变使得货运变得越来越耗能。因此，如今公路运输占世界各地货运能源需求的大部分（85% 以上）：在加拿大，公路运输只占货运交通的 39%，而在欧盟，这一比例高达 93%，占货运交通的 77%（Enerdata，2019c）。

历史上，国际海上运输是由初级商品（石油、煤炭、矿石、初级金属）驱动的。直到 20 世纪 80 年代末，这些船只仍占海上运输的大部分。此后，全球化带动了海上运输成本的大幅下降，促进了各类产品的国际长途贸易，成为国际海上运输的主要动力。因此，世界船用燃料需求在 1970 年至 1990 年缓慢下降 10%，在 1990 年至 2010 年几乎翻了一番，并从那时起基本稳定下来（见图 26.9）。

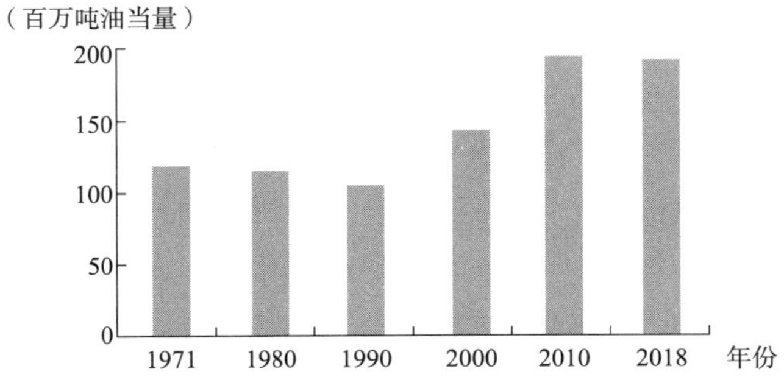

图 26.9　世界船用燃料需求情况

4.3　与技术相关的驱动因素

与技术相关的驱动因素必须从两个层面评价：不同运输方式的基础设施和每种运输方式中的车辆。

4.3.1　运输基础设施

客运和货运交通分布在基础设施中，这些基础设施在承载能力（乘客和货物）和速度方面具有特定的特征，因此每交通单位的能源需求也具有特定的特征。一般来说，载重能力越高，所需能量越低；速度越高，所需的能量就越高。因此，运输模式的分离驱动了客运和货运运输的能源需求。

图 26.10 比较了实际交通状况下各种模式 / 车辆的平均单位能耗，即每人 · 千米或吨 · 千米能耗的统计记录。

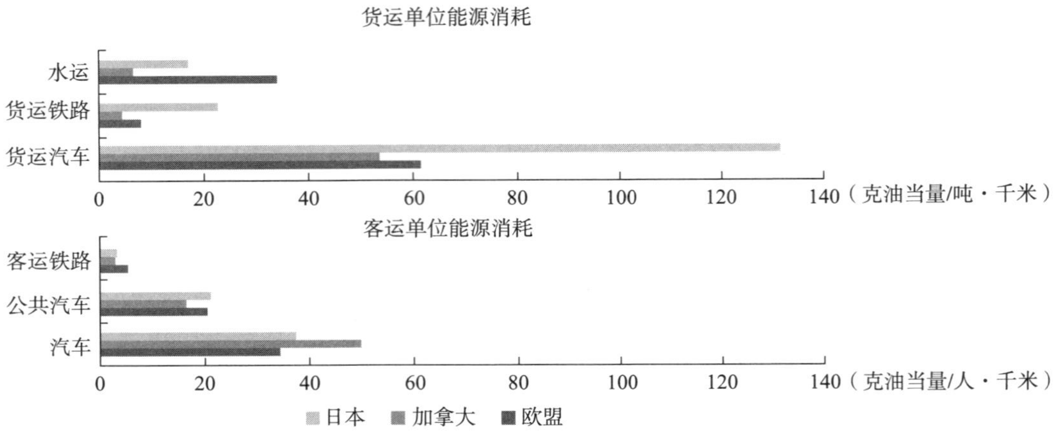

图 26.10 单位能源消耗（按模式划分，2018 年）

资料来源：根据 www.enerdata.net，ODYSSEE 整理。

交通基础设施的变化相当缓慢。修建一条新的高速公路、铁路或运河需要 5~10 年，有时甚至更久。因此，在中短期内，基础设施对每人 · 千米或吨 · 千米平均能耗的影响很小，但随着时间的推移而增加，并在长期内变得至关重要。基础设施的变化主要由两种力量驱动：成本效益和对更高速度的需求。随着时间的推移，低速的基础设施往往会消失，新的高速基础设施将会增加。这通常会使大多数交通服务的整体平均单位能源消耗上升，但在拥挤的城市地区除外。

4.3.2 车辆技术

UEC 的另一个主要驱动力是流通车辆的每辆 · 千米特定能耗（Specific Energy Consumption，SEC）。现有车辆的 SEC 几乎不随时间变化，但新车辆的 SEC 往往低于现有车辆的 SEC。这意味着，对于每一类车辆，它们的平均存量和车辆寿命影响平均 SEC：存量增加得越快，新车占比越高，平均 SEC 变化得越快；寿命越短，新车更换速度越快，平均 SEC 变化越快。

车辆的使用寿命取决于服务模式和类型：公路拖车和公共汽车的使用寿命很短（7~10 年），私家车和飞机的使用寿命较长（15~25 年），铁路和水路交通工具的使用寿命更长（30~40 年）。寿命几乎不会随着时间的推移而改变，或者变化非常缓慢。

新车辆的 SEC 由两种力量驱动：能源价格，能源效率与环境政策。由于能源通常占汽车运营成本的很大一部分，无论哪种模式，能源价格都会推动汽车制造商之间的竞争，以降低 SEC，在公路、航空和水路运输方面尤其如此，在铁路方面影响则较小。能源价格预期越高，每一类汽车的 SEC 就越低。能源效率与环境政策在两个方面影响

SEC 的演变。经济激励 / 惩罚（税收、奖惩、补贴）会影响消费者在购买新车时的选择，然后向制造商发出有关 SEC 的适当信号。关于尾气排放的法规和规范可以通过两种不同的方式来产生影响：调整机动化[①]以减少每辆・千米的氮氧化物、颗粒等，或限制每辆・千米的二氧化碳排放。这两种方式都会影响新车的 SEC：第一种情况通常会上升，而第二种情况则会下降。法国汽车的能耗表现见图 26.11。

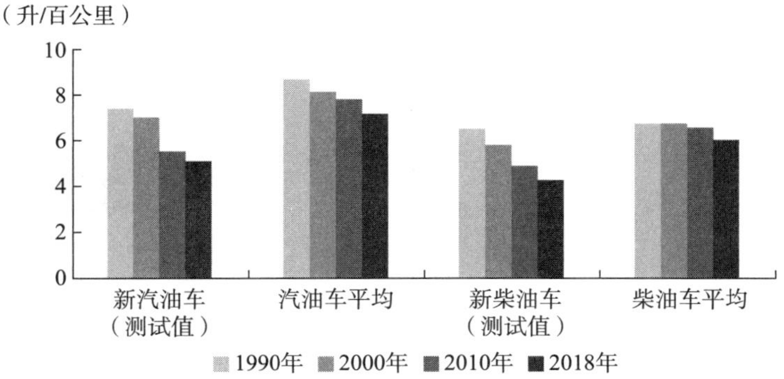

图 26.11 法国汽车的能耗表现

资料来源：根据 www.enerdata.net，ODYSSEE 整理。

旧车辆的更换速度受到能源价格（包括税收）和购买新车的激励措施（例如，许多国家的电动汽车推广）的影响。

4.3.3 主要问题

在评估交通能源需求的技术驱动因素时，必须牢记 3 个主要问题：现有交通基础设施、汽车行业的全球竞争，以及能源效率和环境政策。

交通基础设施的寿命很长，一般超过 50 年，而且随着时间的推移变化非常缓慢。由于部分能源需求驱动因素与交通基础设施的可用性和性能直接相关，因此现有交通基础设施将影响未来交通能源需求变化的速度。

汽车制造业高度集中，只有少数几家非常大的公司，分布在全球有限的几个国家。但不管世界各国的具体经济或地理条件如何，它们的技术创新都在世界各国迅速传播。

能源效率与环境政策建立了管理框架、奖励措施和经济手段。这些标准决定了汽车购买者和制造商的决策，要么承诺遵守规定的标准和法规，要么降低成本并提高竞争力。总的来说，这会降低各种运输服务的 UEC。

4.4 国家与全球的运输能源需求愿景

4.4.1 运输能源消耗在世界范围内如何分配？

近 50 年来，国内交通能源消费在世界范围内的分布发生了很大变化。20 世纪 70

① 译者注：机动化即机动车拥有量和使用量的增长过程。

年代初，欧洲、北美、独联体中工业化国家的比例高达 80%，2000 年降至 64%，2018 年降至 49%，下降速度更快。另一个极端是，中国的份额从 1971 年的 2% 飙升至 2000 年的 5% 和 2018 年的 14%，同期整个亚洲的份额从 11% 分别上升至 2000 年的 20% 和 2018 年的 31%，见图 26.12。

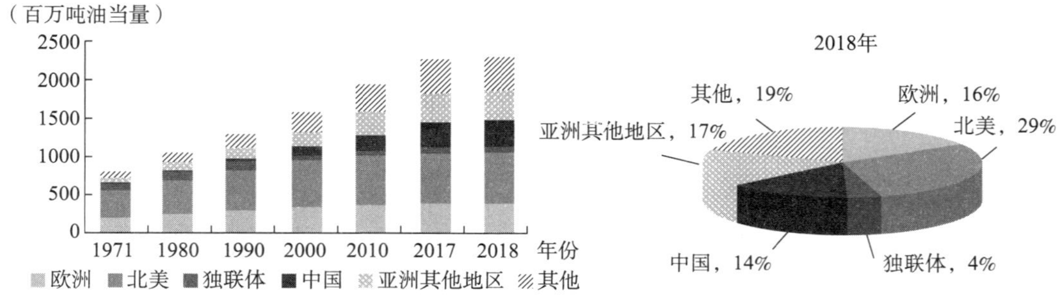

图 26.12 国内交通能源消耗（按地区划分）

资料来源：根据 www.enerdata.net，GlobalStat 整理。

4.4.2 按世界地区划分的交通能源消耗和 GDP，以及汽车燃料价格

在世界各地，运输的能源需求几乎都与 GDP 相关。实际上，GDP 决定着能源需求的几乎所有直接决定因素：平均速度、私家车拥有量、基础设施发展、公共交通供应、货运需求。但人均 GDP 与人均运输能源需求之间的关系在不同国家有所不同。这显然是由于国家大小的差异，同时也由于交通基础设施（例如欧洲的铁路基础设施）、城市化、能源价格（例如中东和北美的非常低）的差异，见图 26.13。

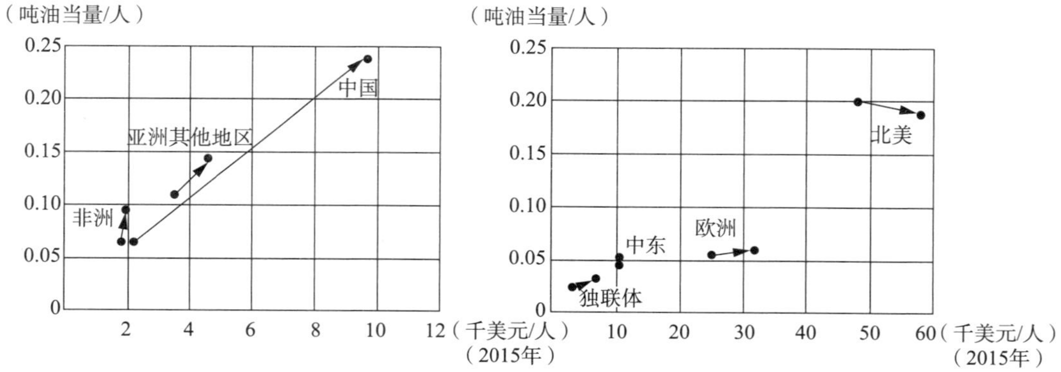

图 26.13 交通能源消耗与 GDP（2000—2018 年）

资料来源：根据 www.enerdata.net，GlobalStat 整理。

5 建筑

从能源的角度来看，建筑部门包括住宅和能源平衡统计中的第三部门。第三部门

包括国民核算中确定的第三部门能源需求减去运输业（运输公司），再加上其他未计入的一切（即手工业和非常小的工业或非正式部门）。住宅部门与国民经济核算中的家庭类别有很大不同，因为它只与居民有关。

5.1　建筑物能源需求展望：历史演变与结构

建筑物占全球最终能源消耗的 30%，即 30 亿吨油当量（2018 年）。与世界人口一样，这一消耗量在过去 50 年翻了一番。化石能源消耗的增长远远慢于能源消耗总量：1971 年化石能源占总消耗的一半多一点，但 2018 年仅占 37%。生物质消耗的增长速度快于化石能源，但冠军还是电力：在过去 50 年里，电力消耗量几乎增长了 7 倍，目前占总消耗量的 1/3，在能源结构中所占份额最高，见图 26.14。

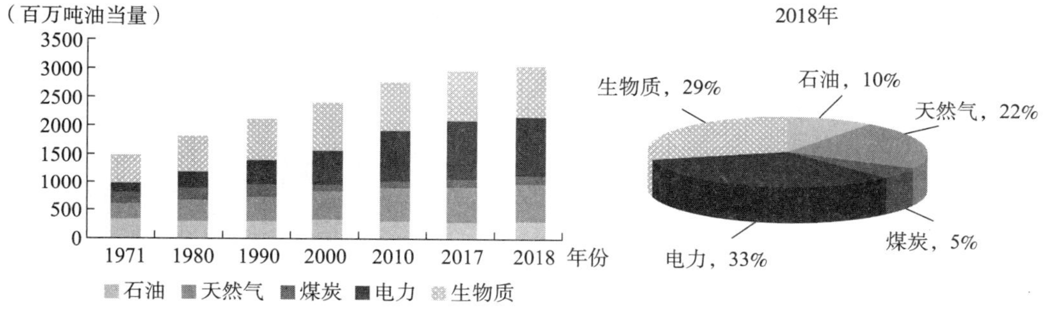

图 26.14　建筑物的能源消耗（世界范围）

资料来源：根据 www.enerdata.net，GlobalStat 整理。

5.2　建筑物的需求和能源最终用途概述

建筑物的能源用于满足家庭和工作人员的 3 个主要需求：舒适、食物、社交生活。能源也用于服务建筑的一些生产活动。

5.2.1　住宅建筑

舒适意味着空间供暖、空间制冷、水加热、照明。除照明外，这些最终用途所涉及的能源与气候和建筑物的空间面积密切相关，或者直接（空间供暖和制冷），或者通过建筑物中容纳的人数（热水）相关。对于照明来说，能源主要与人数有关。

食物是指食物的准备、保存、烹饪。只有在有电力和专用电器（如电冰箱）的地方，即通电地区，才需要能源来准备和保存食物。而烹饪使用能源是普遍的，但根据社会文化背景的不同，能源需要的表现形式有很大的不同。在许多发展中国家的偏远农村地区，烹饪意味着通常每天保持几个小时的明火，这取决于生物质的可用性，不管实际有多少人吃饭。事实证明，这些地区每户家庭每年平均生物质消耗量是现代厨房燃气消耗量的 3~4 倍。

社会生活与电相关的能源最终用途包括收音机、电视、电话、电脑等。这些只涉及通电地区，而无论社会文化背景如何，各地能源需要的表现形式都是相似的。

图 26.15 显示了选定国家的每类最终用途和人均家庭能源消耗情况。

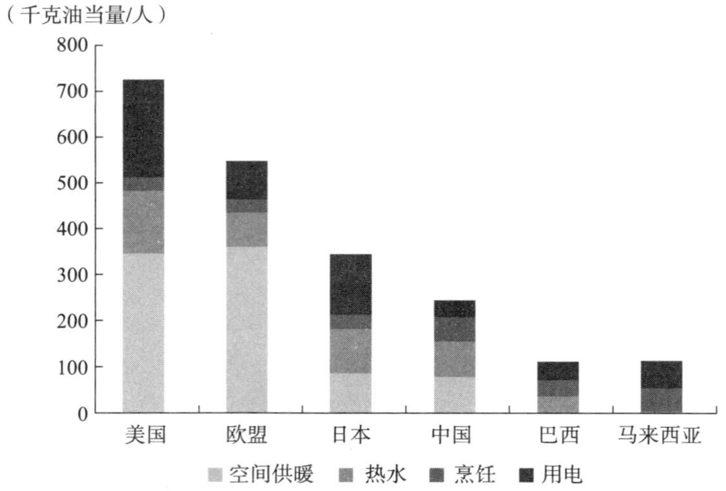

图 26.15　2018 年选定国家的家庭能源消耗（最终用途和人均）

资料来源：根据 www.enerdata.net，EnerDemand 整理。

5.2.2　服务建筑

根据其功能的不同，专用于服务的建筑物需要特定能源最终用途的组合，以及每个工作人员的特定空间面积（平方米）。

办公大楼，无论是私人的还是公共的，都涉及与现代城市多层住宅建筑类似的最终用途，具有相似的人均面积。

商业建筑（杂货店、商店、存储设施等）容纳了来自外部的客户，所以每个工作人员所需的空间面积比办公楼大得多。部分能源的最终用途类似于办公楼，但部分是特定于商业类型的，如面包店的烤箱、储存的冷冻气、车库的机械等。

教育、交通、卫生建筑也容纳来自外部的人，所以每个工作人员需要更大的空间面积。教育建筑的最终用途与办公楼类似。卫生建筑也是，但其能源强度更高。医疗建筑也涉及特定的最终用途，主要与电力有关，用于护理，如放射学、血液循环等。运输建筑（机场、火车站、海运码头）的最终用途与办公室的最终用途类似，还包括一些其他特定用途，例如运送行李等。

图 26.16 显示了选定国家的每类最终用途的人均服务能源消耗情况。

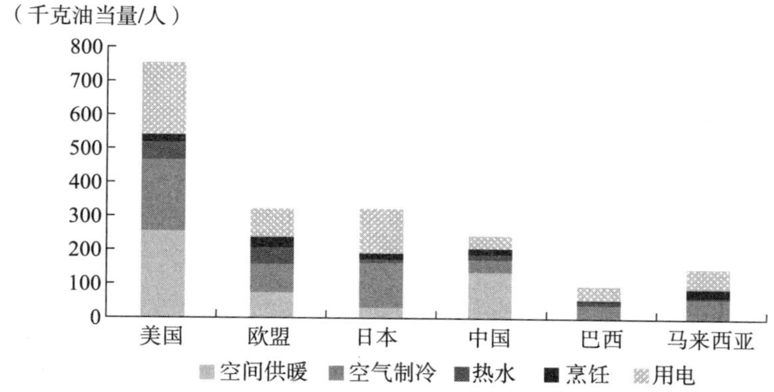

图 26.16　2018 年选定国家的服务建筑能源消耗（最终用途和人均）

资料来源：根据 www.enerdata.net，EnerDemand 整理。

5.3　社会经济相关驱动因素

5.3.1　住宅建筑

居住人口数量[①]是能源需求的首要驱动力。这是一个人口总量和家庭平均规模的问题。后者首先是由低收入国家的经济发展推动的，[②]其次是由每个国家特有的社会文化力量推动的。住房建设和可用性（主要由 GDP 驱动）在许多国家发挥着至关重要的作用：即使年轻人和老年人愿意，他们也只能在有足够住房的情况下住在自己的住宅里。

收入、收入分配、能源价格是第二组主要经济驱动力。事实上，除了那些在自然界中获取免费能源的家庭，这几个经济驱动力决定了每一类家庭购买设备和能源的能力。

社会标准（社会认为舒适的室内温度、卫生习惯等）和行为（例如环境问题）是最后的主要驱动因素。传统农村地区与现代城市化地区之间存在很大的差异。在城市中，技术发展、向先进国家的模仿、市场营销主要推动了社会标准的变化。

5.3.2　服务建筑

在服务建筑中，3 个主要的经济驱动力是建筑面积、就业、生产。

被占用的楼面面积推动了空间供暖和通风、照明的能源需求。就业带动了热水供应、烹饪、信息处理等领域的能源需求。生产推动了与生产性质直接相关的特定最终用途（面包店、数据中心、仓储等）的能源需求。

就业和生产与第三部门的增值高度相关，即与商业 GDP 和公共服务高度相关。

实际使用的建筑面积（平方米）确实与就业密切相关，但根据子行业的不同和建

---

① 根据定义，通常一个住所只能容纳一个家庭。

② 这种被称为“人口转型”的现象在世界各地都被观察到，自20世纪30年代初以来，人口学家就提出了理论（Adolphe Landry，“La Révolution démographique”，1934）。

筑稀缺性的差异，相关程度可能不同。由于建筑存量的强大惯性，在大多数国家，新建成的面积是实际使用建筑面积的真正驱动力。这是由第三部门的增值、公共服务政策和私人服务盈利能力驱动的。

5.4 与技术相关的驱动因素

与技术相关的驱动因素在两个层面上发挥作用：建筑和能源设备。

5.4.1 建筑

建筑的大小、建筑所用的材料、建筑结构，决定了在给定的空间供暖或通风需要下，每平方米或每个住宅的特定有用能源消耗（SEC）。例如，在冬季，建筑物的所有房间都要达到21℃。建筑SEC的大小取决于建筑面积和高度（层数）：同等条件下，建筑越高，每平方米的SEC越低。建筑的形状、朝向都决定了室外自然能源（太阳能、风能）与室内之间的流通。现代气候建筑旨在利用自然能源来提高室内舒适度，同时降低SEC。建筑材料通过其传热特性，可能对SEC产生重大影响：在冬季寒冷的国家，使用保温材料可将每平方米空间供暖的SEC降低到1/2甚至到1/4。

现有建筑可以进一步隔热，通过改造操作，包括适当的墙壁、地板、天花板、屋顶、窗户材料，以降低SEC和每平方米或每个住宅的能源成本。对于新的建筑结构，在大多数工业化国家和新兴国家，绝缘标准由国家法规强制实施（Château and Alii，2010）。隔热水平，以及每平方米的SEC，是建筑概念的一部分。对于现有建筑，就像新建建筑一样，能源价格和能源效率政策是保温水平变化的主要驱动力，不管是作为改造的激励（降低投资成本和增加能源成本）还是作为改变法规的激励。

图26.17显示了自1990年以来，法国和欧盟住房的能耗情况。

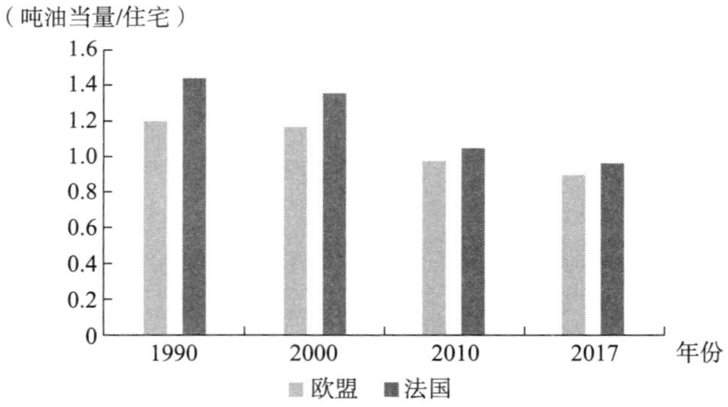

图26.17 每单位住宅供暖能耗

资料来源：根据www.enerdata.net，ODYSSEE整理。

5.4.2 能源设备

满足需要涉及两种设备：直接提供所需服务的设备（制冷、信息、照明），这几乎完全由电力驱动；那些从各种替代的能源产品（主要是加热或制冷设备）中提供有用能源的设备。在第一种情况下，每个住宅或每个人 / 员工的 SEC 由设备的大小 / 功率和能源性能决定，例如，照明的单位住宅 SEC 由灯泡的数量和灯泡技术（点火与 LED）决定。在第二种情况下，所使用的能源产品和设备性能决定了每单位有用能源的最终需求。

创新、电价、规范和法规推动了每个人或每个住宅对建筑物内特定电力设备 SEC 要求的变化。对于每个设备类别，规范和规章规定了市场上销售的新电器的最低强制性性能，并向客户清楚地说明了所有性能。它们通过新设备替换现有设备，以及通过设备存量的增长来推动该设备的平均 SEC 降低。这类设备的使用寿命通常很短（5~15 年），使得更换的节奏相当快。

电价取决于费用结构和税收，这两个因素都可能受到能源效率和环境政策的影响。虽然电价应该决定最具成本效益的电器，但（对家庭而言）营销和行为也会推动客户在所有竞争电器之间的实际选择。例如，人们可以选择 A+++ 冰箱，即使它不是更划算的，而只是因为它更花哨，或者出于环保的考虑。

同样的情况也适用于空间供暖、通风、热水或烹饪设备的效能。对于每一种能源产品，不同国家的新设备产量差异很小。因此，每台设备的平均效能会因为存量的变化和能源产品组合的变化而变化。

供暖、热水和制冷分配系统在现有建筑中具有很大的惯性，因为它们通常集成在建筑结构中。它们的性能是可以提高的，但比例很小。在新建筑中，这些系统的能源性能通常（与现有建筑中的）不同，而且要好得多。所以，同样，供暖、热水和制冷分配系统的总体平均性能在整个存量建筑上的变化主要是因为新建筑和对现有建筑的更换。

5.5 主要问题

5.5.1 现有建筑

在供热或制冷需求较高的国家，对化石能源和生物质能的需求，以及较小程度上对电力的需求，取决于建筑存量的增长和现有建筑的替换，这通过每平方米或住宅的特定能源需求，以及供热、供水和制冷分配系统的整体性能体现。大多数现有建筑物的长寿命意味着非常低的替换率，这对能源需求的演变有很高的限制。在工业化国家尤其如此，因为这些国家人口增长乏力，且国内人口迁移有限。

5.5.2 预算系数

在世界各地的许多国家都可以观察到，由于短期能源价格效应，家庭建筑能源支出在其私人消费中的份额（预算系数）随着时间的推移相当稳定，即波动有限（+/–25%），见图 26.18。这意味着，在任何时候，家庭都要根据其收入和能源产品的价格，在需要强度和可负担得起的技术可能性之间进行权衡。在相同的预算系数下，更高效的技术使家庭能够在能源价格上涨的情况下保持其需要强度，而收入增加则可以增加需要强度，或可以满足与创新提供的新设备相对应的新的现代需要。

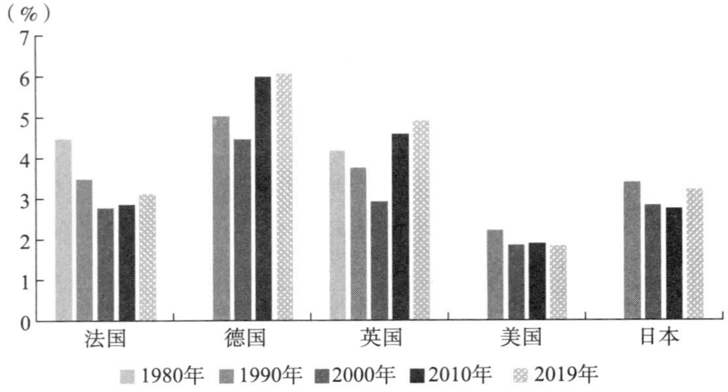

图 26.18 住宅预算系数

资料来源：根据 www.enerdata.net，GlobalStat 整理。

5.5.3 信息传播与模仿

模仿在生活方式和喜好的传播中起着关键作用。在任何一个国家，人们都倾向于采用社会经济上层的生活方式和装备（正如媒体和社交网络所展示的那样），并受到营销的强烈鼓励。这是家庭最终消费增长的主要引擎之一。全球化扩大并加速了这种世界范围内的模仿现象，首先是因为信息流的巨大增长，其次是因为消费机会无处不在。例如，中国中高阶层的生活方式和消费模式更接近西方国家，而不是传统的中国。

5.5.4 能源效率和环境目标

能源效率和环境政策从 3 个方面影响建筑的能源需求：建筑的隔热、新设备的能源性能和个人行为。建筑隔热主要取决于新建筑的规范和规定。总的来说，可以看到在世界范围内，以下几个领域朝着提高效率的方向快速发展：照明、制冷—冷冻设备、洗衣机、电视等。行为在很大程度上受信息、教育和公民身份的影响。在世界范围内，只能观察到有限的政策影响和成功。但随着气候变化带来更严重的影响，这种情况在未来可能会迅速改变。

5.6 国家与全球建筑能源需求愿景对比

5.6.1 全球建筑能源消耗分布情况

建筑能耗占世界能源消耗的 30%（2018 年）。自 20 世纪 70 年代初以来，这一比例一直在下降（1971 年为 35%），主要原因是运输业所占比例的增加。在欧洲、北美和独联体都是冬季寒冷的国家，虽然只占世界人口的 17%，但其建筑能耗量占 42%（2018 年）。亚洲占全球建筑能耗的 37%（2018 年），人口占 54，见图 26.19。

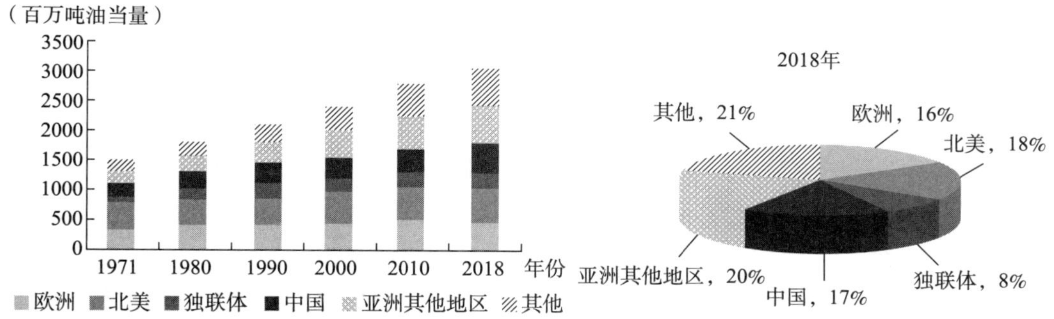

图 26.19　世界各地区建筑物能源消耗

资料来源：根据 www.enerdata.net 整理。

5.6.2　按世界地区划分的建筑能源消耗和 GDP，以及能源价格

建筑物的能源需求高度依赖于气候。在冬季寒冷的国家，高达 80% 的建筑能源需求可能用于空间供暖和热水，例如加拿大、俄罗斯（Enerdata，2019c）。如图 26.20 所示，这些国家的人均消费与 GDP 或价格的关系较小，而与其他指标（如建筑存量）的关系更大。在热带国家，空气冷却可能占建筑物能源需求的 60% 例如沙特阿拉伯（Enerdata，2019c）。

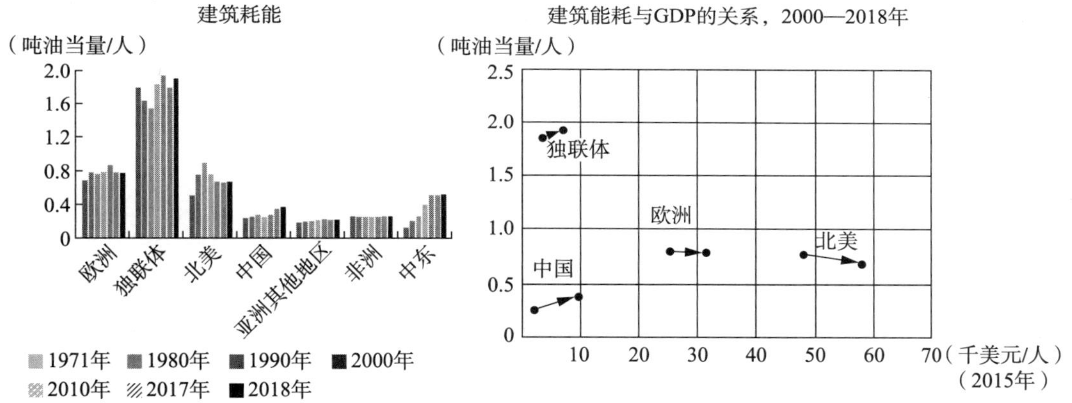

图 26.20　全球建筑的人均能耗

资料来源：根据 www.enerdata.net 整理。

如图 26.21 所示，建筑人均电力需求与 GDP 的关系要比整体能源与 GDP 的关系密切得多。但是，中东和北美的情况表明，对于人均 GDP 较高的地区，建筑人均用电量与 GDP 的关系还取决于其他因素，特别是空间制冷需求。

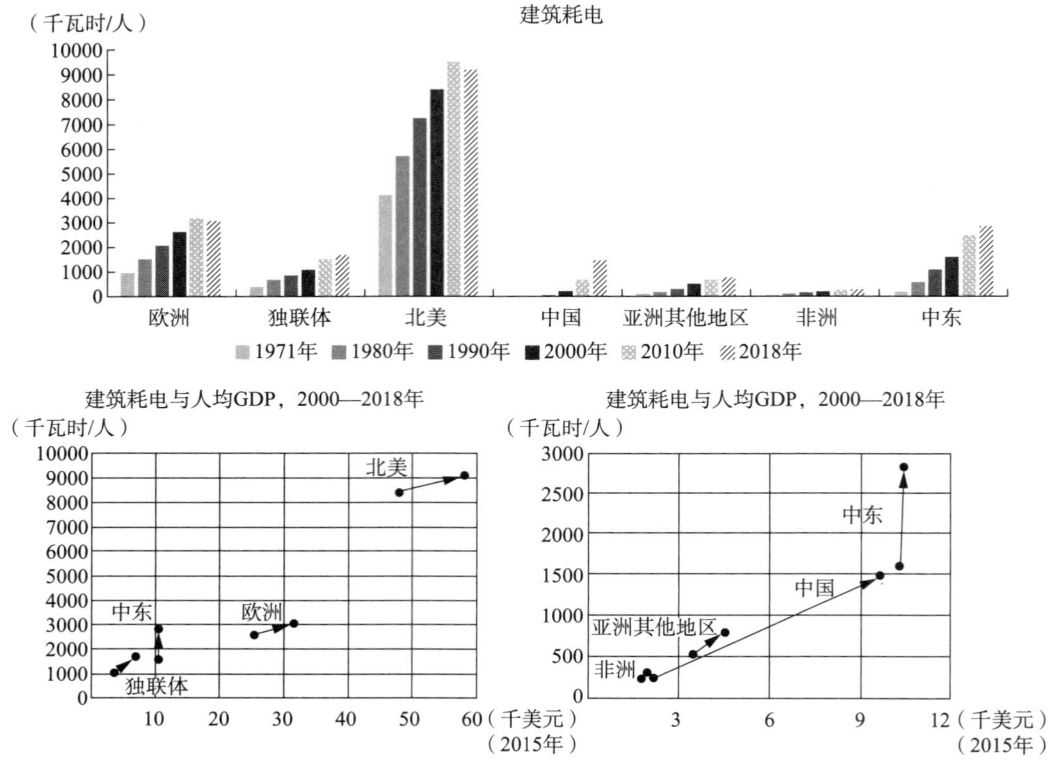

图 26.21 全球建筑人均用电量

资料来源：根据 www.enerdata.net 整理。

6 电力

电力既是一种能源产品，在许多最终能源用途上与化石能源和可再生能源竞争，也是其他最终用途的专属能源产品。在这两种情况下，电力需求的驱动因素及其在最终能源需求中的份额必须单独评估。

6.1 概述

在过去 50 年里，电力在世界能源需求中所占的份额大约翻了一番，且一直以相当稳定的速度增长。电力在最终能源消耗中的渗透在世界各地都可以观察到，但不同地区之间存在一些差异：欧洲、北美和亚洲其他地区的增长情况类似，中国的增长则快得多，而独联体和非洲的增长慢得多，见图 26.22。

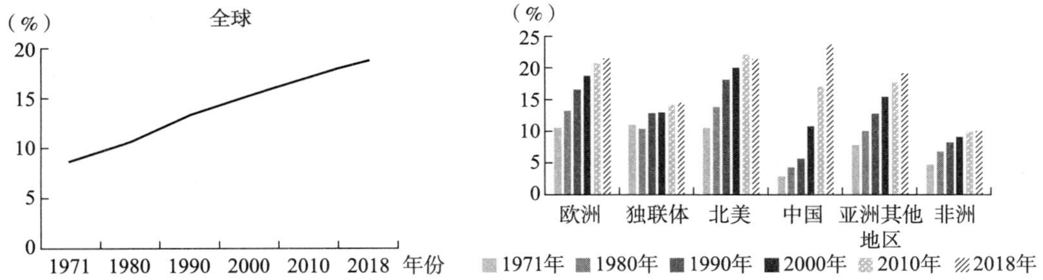

图 26.22　电力占最终能源消耗的百分比

资料来源：根据 www.enerdata.net 整理。

6.2　电力替代化石能源

6.2.1　驱动因素和限制

从技术角度来看，在大多数的热能最终用途中，电力可以替代任何其他能源产品，除了那些能源产品的化学成分造成差异的产品（高炉、熟料、石油化工产品等）。这种替代通常涉及整个热系统的变化，而不仅仅是在热发生器。从经济角度来看，推动替代的是相对成本，即相关能源和设备价格。

当火力发电厂用化石能源发电时，由于发电厂的效率有限（在 30%～45% 的范围内），每焦耳的电力成本至少比燃料供给的价格高 2.5～3 倍。

对于依赖与发电厂相同燃料和相同价格的工业来说，电力和化石能源之间的价格差异保持不变。如果设备的价格相似，电力只在一种情况才具有竞争力，就是在与化石能源的产量差异大致相似的最终用途中，即非常高温的熔炉。在某些情况下，电力变得有竞争力还因为它涉及一个不同的更具竞争力的过程，例如，海水淡化的反渗透。

对于建筑物来说，每焦耳化石能源的价格要高于支付给发电厂的电价，因为质量、分销成本和税收都更高。出于类似的原因，电力价格也高于生产成本。因此，尽管电力设备的价格与使用化石能源的价格相似或更低，但从化石能源中产生的电力与化石能源相比并没有竞争力。有两个例外：热水生产和烹饪，但原因往往是缺乏替代能源（比如没有天然气管网），而不是更有竞争力。

对于运输来说，汽车燃料的价格通常比发电厂使用的燃料要高得多（也是因为税收普遍较高），但发动机的性能也比电动发动机高得多，而且远远弥补了价格上的差异。因此，关键问题是设备价格的差异。从这个角度来看，汽车燃料比电力有很大的优势，因为它们可以以非常低的成本储存在车辆中。电力也可以储存在车辆中，但成本非常高。否则，电力必须依托特定的电力线路（电动火车、有轨电车），这些线路也很昂贵，除非利用率足够高，才具有成本效益。

当电力来自可再生能源（水电、风能、太阳能）或核能而不是化石能源时，生产成本与化石能源的价格无关。在这种情况下，化石能源价格越高，电力在热能最终用途方面的竞争力就越强。例如，在法国、挪威或魁北克，这推动了电力空间供暖的强劲发展，相比之下，在大部分电力来自化石能源的国家几乎不存在这种情况。

6.2.2 信息互补

通过提高化石能源设备的性能，电力可以替代化石能源还有另一种形式，这种增加通常发生在设备管理改善时，这需要收集和计算与化石能源消耗有关的信息（计量、监管等），同样的服务对化石能源的需求减少了，而对电力的需求增加了。

6.2.3 对一次能源需求的影响

当电力由化石能源或核能产生时，产生电力所需的一次能源的数量超过了替代化石能源所包含的数量，非常高温的熔炉或运输车辆除外。此外，电力包含了高达15%的运输 / 分配损失，而化石能源则没有这种情况。在这种情况下，当电力取代化石能源时，最终的能源需求会减少（因为电力效率更高），但一次能源输入会增加，从而拉大两者之间的差距。也就是说，当低效率的初级燃料（煤、核能）通过电力取代效率更高的最终化石能源（如天然气）时，一次能源和最终能源使用之间的差距会进一步扩大。

当水能、太阳能或风能用于直接发电时，电力对化石能源的替代会以同样的速度推动最终和一次能源需求的下降。

6.3 电力特定 / 专属的最终用途

6.3.1 信息掌握与电力拓展

几乎所有的新技术设备都依赖于电力，主要原因是它们大量依赖信息技术：数据收集和存储、处理和传输等。这些是当前全球 GDP 增长的主要引擎之一。因此，世界上几乎每一个地方，电力需求的增长速度都高于化石能源需求的增长速度。

6.3.2 对一次能源需求的影响

对一次需求的影响取决于发电结构。当由化石能源或核能发电时，向最终消费者提供 1 千瓦时电力所需的一次能源比最终能量高出 2.5~4 倍。电力需求增长越快，最终能源需求与一次能源需求之间的差距就越大。

当由水力、风能或太阳能发电时，一次能源和最终能源之间的唯一区别是由电力运输 / 分配损失造成的。发电越靠近最终消费者（太阳能电池板），损失就越小。

6.4 主要问题

除电气化尚未完成的国家和地区外，目前所有最终消费者的所有能源最终使用都涉及电力：要么是因为最终用途需要电力，要么是因为电力被用于监测和控制最终用途的设备。与 GDP 增长密切相关的情报和信息控制方面的进步，通过创新和新服务的提供促进了专属的最终用途。它还通过提高能源效率，促进电力替代化石能源。总而言之，这将推动电力在最终能源需求中所占份额持续地、结构性地增长。它还推动

GDP 的总体最终能源强度持续地、结构性地下降，这转化为最终能源需求与 GDP 的日益脱节（Chen，1992）。根据发电方式的不同，GDP 的一次能源强度可能会遵循同样的下降趋势，但下降的速度会慢一些，甚至在某些情况下还会增加。

电力产生的方式影响最终需求电气化的速度。当电力来自化石能源时，直接用电力替代化石能源几乎不划算，对电力需求增长的作用也很小。

当使用核能发电时，由于涉及巨大的投资成本，每千瓦时的发电成本会随着发电量的增加而下降，比化石能源发电厂下降的快得多。所以，在发电中有一个门槛，使核能发电变得有竞争力；过了这个门槛，发电量越高，成本就越低，竞争力就越强，最终消费者得到的价格就越低。这显然促进了电力替代化石能源，但也减缓了电器效率的进步；而且，对于家庭来说，它可以减少电力消耗的限制。总而言之，与化石能源发电相比，这导致了更快的能源需求电气化。

直接可再生能源（太阳能、风能、水力）每千瓦的投资成本也很高（但正在迅速下降），其效果与核能类似。主要的区别在于，部分可再生电力生产（风能、太阳能），由于其间歇性和低空间密度面临物理限制，而核能不存在此问题。与化石能源产生的热电相比，满足电力输送的适当稳定性和安全性条件（水电除外）往往会导致更高的成本。这阻碍了电力直接替代化石能源，并增加了对更高效电器的追求。对于家庭来说，由于预算限制，用电量更加有限。总的来说，在大多数国家，直接可再生能源在发电中所占的比例越高，最终能源需求的电气化率就越低，最终能源需求的增长就越低。然而，在水力资源丰富的国家或地区（魁北克、挪威、巴西），情况就不同了，在这些地方物理限制不发挥作用，情况可类比拥有大量核能的国家。

参考文献

[1] Agence Internationale de l’Energie(AIE)(2011), Manuel sur les statistiques de l’énergie.AIE, Paris.

[2] Bagard V.(2005), Optimisation spatio-temporelle des pratiques de loisirs, PhD Thesis, Lyon University.

[3] Château B.and Alii(2010), PACT Pathways for Carbon transition EC/DG, Research Contract Project 225 503 Final report, http: //pact-carbon-transition.org.

[4] Château B.and Alii(2012), Enjeux spatiaux, économiques et politiques des scénarios de mobilité durable à l’horizon 2050, Research contract ADEME/PREDIT N° 0966C0216.

[5] Château B.and Alii(2002), Modelling the dynamics of the needs of energy services in VLEEM, EC/DG Research Contract ENG2-CT—2000-00441 Final report August 2002.

[6] Château B.and Lapillonne B. (1982), Energy Demand: Facts and Trends.A comparative analysis of industrialized countries.Springer Verlag, Wien, New York.

[7] Château B.and Lapillonne B. (1977), la prévision à long terme de la demande d’énergie: propositions méthodologiques.CNRS, Energie et Société, Paris.

[8] Château B.(2015), Les besoins d’énergie, Encyclopédie de l’énergie, http://www.

encyclopedieenergie.org/les–besoins–denergie/.

[9] Chen X. (1992), Information et Energie.Rôle de la maîtrise de l'information dans le rapport entre la croissance économique et la consommation d'énergie.PhD Thesis, Grenoble University.

[10] Enerdata(2019a), MedPro model data bases, http://www.enerdata.net.

[11] Enerdata(2019b), ODYSSEE data base, http://www.enerdata.net.

[12] Enerdata(2019c), EnerDemand, http://www.enerdata.net.

[13] X.Labandeira, J.M.Labeaga and X.Lopez–Otero(2017), A meta–analysis on the price elasticity of energy demand.Energy Policy, March 2017, pp, 549–558.

[14] Zahavi(1974), Travel time budgets and mobility in urban area, Report for the Ministries of Transport of the USA and Germany.

第 27 章　能源补贴

汤姆·莫伦豪特[①]

1　简介

能源补贴在 OECD 和非 OECD 国家普遍存在，且适用于所有能源品种。政府经常为出台并持续应用各种能源补贴政策提供合法的理由，包括保护家庭福利、能源可及性、环境可持续性、发展新技术以及扩大能够创造就业机会并参与国际市场竞争的产业基础。

但能源补贴政策的实际情况几乎总是比其陈述的逻辑要复杂得多，广泛的利益相关者促使政府同时满足各种政策目标，这导致各国政府试图通过同时实施多项能源补贴以平衡能源不可能三角（energy trilemma）。即使某些政策的重点发生明显变化，只要强大的既得利益集团对政府决策施加影响，逐步取消现有补贴就可能面临政治上更大的挑战性。

能源不可能三角和补贴政策背后复杂的政治经济学导致能源补贴普遍存在。一旦施行，似乎这些补贴政策就很难取消。一国能源政策的净影响往往是不明确的，而且可能不是最理想的。

本章旨在强调能源补贴的普遍性。首先介绍补贴的一般概念，并讨论能源补贴在能源不可能三角背景下如此重要的原因；然后讨论化石能源消费补贴、化石能源生产补贴和可再生电力补贴的目标、类型、估算和政策。

2　补贴和能源补贴

2.1　补贴的类型

补贴有多种定义，根据不同定义，一项措施既可以构成补贴，也可以不构成补贴。最为普遍接受的补贴定义之一出自 WTO 的《补贴与反补贴措施协定》（*Agreement on Subsidies and Countervailing Measures*，ASCM）。在撰写本章时，WTO 共有 164 个成员，

① 汤姆·莫伦豪特（Tom Moerenhout），哥伦比亚大学国际与公共事务学院全球能源政策中心；电子邮箱：tm2794@columbia.edu。

涵盖能源进口和出口国家和地区。

《补贴与反补贴措施协定》规定，如果一项政策措施授予一项利益，并构成财政资助，或者提供了价格或收入支持，就视为存在补贴。《补贴与反补贴措施协定》并未列出补贴类型的详尽清单，但提供了一般的补贴类型供参考，例如：①资金和负债的直接和间接转移（包括直接支出和信贷支持）；②放弃的政府收入（包括税收优惠和消费税）；③以低于市场价格的价格提供商品或者服务；④收入或价格支持。

除了这些被广泛接受的补贴类型，其他类型的补贴往往被认为是隐性补贴，例如消除社会和环境外部性，或关税政策等各种形式的市场价格支持。定义补贴复杂性的一个简单直观的表现形式是俄罗斯套娃。在图 27.1 中，内层通常被认为是补贴，而外部两层则更具争议，特别是外部性定价过低通常不被视为补贴。

补贴定义要素
4.社会和环境外部性定价过低（二氧化碳排放、空气污染等成本）
3.提供低于市场价格的服务（土地、水、基础设施、许可等）
2.市场价格支持和市场转移（购买义务、关税和授权）
1.预算直接转移和放弃政府收入（免缴税款）

图 27.1 补贴的“俄罗斯套娃”式分类

资料来源：作者基于 Gerasimchuk 等（2012）观点的重新阐述。

2.2 能源补贴的类型

由于定义确切的补贴类型非常困难，能源补贴通常首先按能源品种分类，大的类别如化石能源补贴和可再生能源补贴。理论上，化石能源补贴应包括对石油、天然气、煤炭和核能消费和生产的补贴。然而实际上，化石能源补贴不仅用作影响石油、天然气和煤炭的消费和生产的政策措施，还包括电力补贴，因为电力消费依赖于在电力生产中使用上述资源。同样地，可再生能源补贴理论上应该包括生物燃料补贴，但实际上主要是指可再生电力补贴，例如对风能、太阳能和生物质能发电的补贴（见表 27.1）。

只有进一步分类时，才能评估财政资助和利益的明确类型。与一般的补贴定义一样，能源补贴的构成涉及不同概念。通常来说，对于“俄罗斯套娃”式分类的内核没有异议，且一致认为补贴存在于价值链的所有环节，例如研发、开采、运输、储存、生产、炼制、分销、消费和弃置。除此之外，各个国际组织的分类方式大相径庭。

IEA 将能源补贴广泛地定义为“任何降低能源生产成本、提高能源生产商收到的价格或降低消费者支付价格的政府行动”（IEA，2006）。另外，国际货币基金组织（IMF）采用了更宽泛的分类方式，在其补贴定义和计算中包括了社会和环境外部性定价过低。而 OECD 在讨论为能源生产商或消费者提供利益的政策措施时则更为谨慎，明确地提到是“支持”而不是“补贴”。

表 27.1　能源补贴类型

	二氧化碳排放强度	类型	补贴和支持类型示例
不可再生资源	高	化石能源补贴（石油、天然气、煤炭）	零售价格支持；消费税减免（增值税、营业税、消费税）；生产商减税；政府以低于市场价格的价格提供商品和服务；国有企业投资
	低	核能补贴	资本成本补贴；生产和投资税收抵免；上网电价补贴；合并遗留补贴
可再生资源	多样的	生物燃料补贴	消费税减免；混合授权；关税政策；原料生产的农业补贴
	低	可再生电力补贴（风能、太阳能、生物质能发电）	上网电价补贴；可再生投资组合标准；招标；生产税收抵免；投资税收抵免；净电量结算和计费

3　化石能源消费补贴

3.1　化石能源消费补贴的目的

化石能源消费补贴是全球范围内最大规模的能源补贴类型，主要目的是降低终端用户的能源消费价格，这类定价政策的官方目的因消费者的不同而有所差异。

对家庭而言，消费补贴是合法的，因为能源难以替代又是人类生活的必需品，特别是在发展中国家，政府为了维持较低的能源产品价格，经常提供补贴。低能源价格旨在通过保护商品价格，抑制支出通货膨胀，保护消费者免受国际商品价格波动的影响以减缓贫困。简而言之，化石能源消费补贴是一种维持福利的方法，或者至少提供某种形式的社会安全保障。

对企业而言，化石能源消费补贴已被用于促进经济发展，即支持一般生产要素，尤其是国际贸易竞争力。因此，低价成为以支持出口竞争力为明确目标的产业政策的一部分。特别是资源丰富的国家利用其国内禀赋以激励能源密集型产业，尽管这种情况下的低价并不总是构成经济学意义上的补贴。

除了这些公开的目的外，许多化石能源消费补贴还服务于隐藏的利益。化石能源消费补贴通常被认为是一种继续掌权并控制政治利益相关者的工具。各国政府利用补贴政策引导（经济）利益流向主要的政治利益相关者。商人通常有政治人脉，能够直接影响决策者。使事情变得更加复杂的是，能源定价过低导致黑市和走私活动出现，这通常有政治利益相关者的参与。

3.2 化石能源消费补贴的类型

大多数化石能源消费补贴是通过定价机制实现的，即向消费者收取低于反映成本水平的价格。关于化石能源消费补贴的构成，专家和从业者之间存在两个关键争论：一是关于是否将环境外部性纳入补贴计算；二是关于化石能源生产国的消费补贴构成。这两个问题与补贴的类型和定义有着内在的联系。

通常认为产品的最优价格等于边际成本，即市场中增加一单位产能的成本（包括生产、作业和维护成本）。由于化石能源是不可再生资源，人们通常预计长期边际成本将上升，因此当前产量下的最高单位成本即作为价格。然而，许多人也认为能源的边际价值不应该简单地由供给决定，还应该由能源的社会价值决定，其中包括与环境和健康因素有关的定价外部性。

抛开外部性不谈，经济学上通常认为，一方面，当能源生产国的零售价格水平低于单位能源的生产成本时，该国就存在消费补贴。另一方面，当能源进口国的零售价格低于根据运输费用调整的化石能源进口成本时，该国也存在消费补贴。就石油产品而言，这通常是一个国际价格，就天然气而言，价格的地区差异更大。

然而，许多分析人士也使用国际（和地区）石油（和天然气）市场价格作为评估生产国是否存在化石能源消费补贴的基准，但显然各生产国的生产成本和国际市场价格往往并不相同。因此，从经济学角度来看，在处于某些价格水平时，生产国不存在补贴，但进口国存在补贴。这些终端用户的价格水平确实构成了生产国的机会成本：由于国际价格高于国内终端用户市场价格，生产国可以通过在国际市场上销售其生产的化石能源赚取更多收入，这就是有些时候这一特定类别被描述为“机会成本补贴”的原因（见图 27.2）。

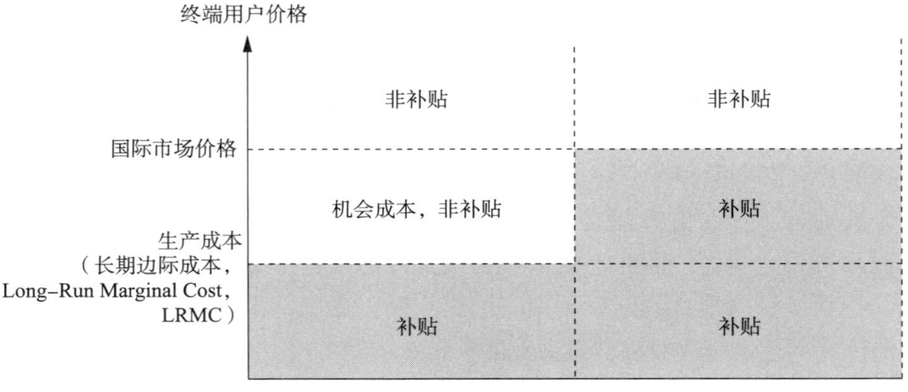

图 27.2 生产国与进口国的能源消费补贴

3.3 化石能源消费补贴的估算

估算化石能源消费补贴大多采用价差法（a price gap approach），即一个国家的补贴规模被认为是其终端用户价格与基准价格（或参考价格，benchmark price）之间的差额乘以能源消费量。

我们不应该完全相信这一估算，因为 IEA 和 IMF 使用的基准价格是国际市场价格，这意味着该估算包括了以高于生产成本但低于国际市场价格销售化石能源的生产国。如前所述，从经济学角度讲，这不是补贴，而是机会成本。例如，2018 年化石能源消费补贴最多的国家包括伊朗、沙特阿拉伯、俄罗斯、委内瑞拉和阿尔及利亚等油气生产国，然而，这其中大部分国家能源产品的零售价格高于国内生产成本，比如俄罗斯天然气生产成本极低、沙特阿拉伯石油生产成本较低，等等。所有这些都代表着机会成本，并不总是经济补贴。

在逻辑上，化石能源消费补贴的绝对金额一直遵循原油价格走势。2010—2020 年，化石能源消费补贴年度金额在 2000 亿 ~5000 亿美元，这取决于当年油价水平。该补贴是石油、天然气、煤炭和电力补贴的总和。2009—2016 年，石油补贴约占化石能源消费补贴总额的一半。随着时间的推移，能源供应的电气化意味着电力补贴规模变得相对较大。在 2015 年和 2016 年国际油价暴跌时，电力补贴很快成为最大的消费补贴类别，但当国际油价上涨时，这种情况再次发生变化（见图 27.3 和图 27.4）。

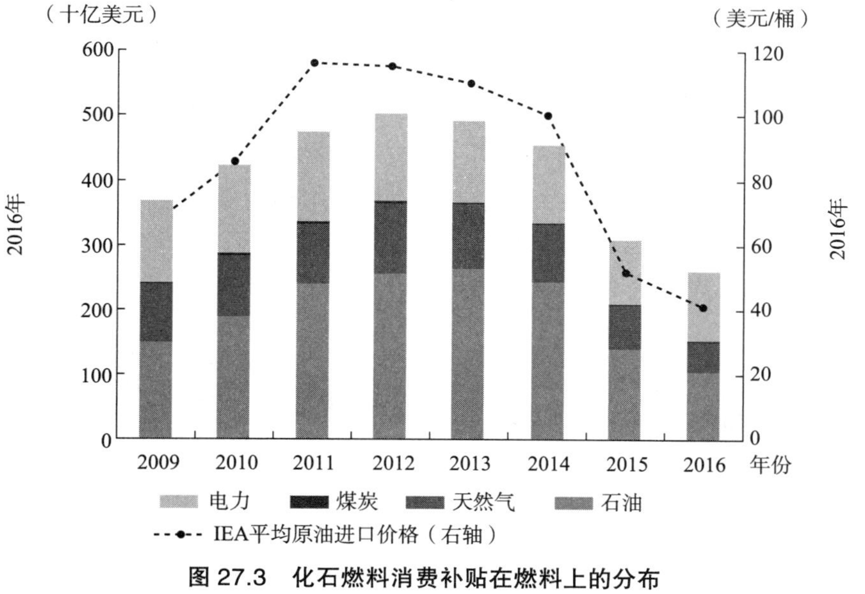

图 27.3 化石燃料消费补贴在燃料上的分布

资料来源：IEA（2017）：84。

当包含外部性时，化石能源补贴的绝对金额就会发生较大变化。IMF 首先提出“税前补贴”，这依赖于传统的价差法，即衡量终端用户价格和国际市场价格之间的差异（其中还包括 OECD 生产国支持部分的估算）。另一个更广泛的衡量标准是“税后补贴”，反映了终端用户价格与其应该支付的理论价格之间的差异，该理论价格应反映供

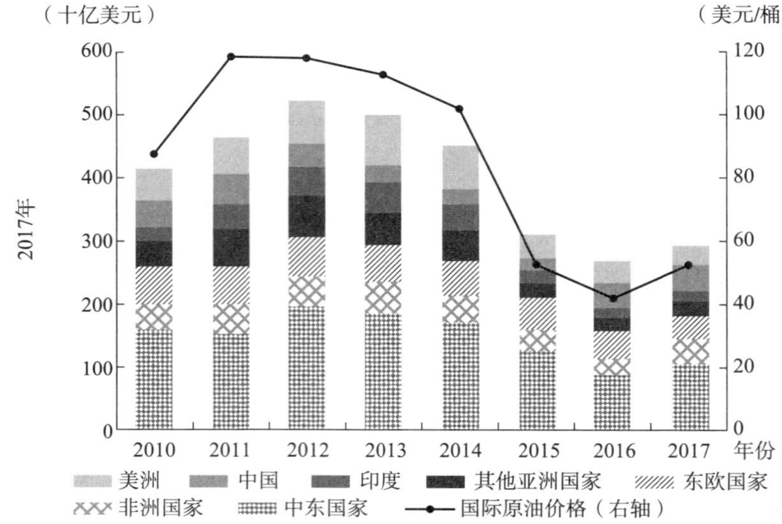

图 27.4　化石燃料消费补贴的地理分布

资料来源：IEA（2018）：112。

应成本、环境成本以及收入要求。这种价格调整将通过税收实现，因此创造了更广泛的补贴定义即“税后补贴”。

虽然税前补贴数以亿计，且通常占全球 GDP 的 0.3%～0.7%，具体取决于油价，但税后补贴规模更是约达 5 万亿美元，接近全球 GDP 的 6%。这种巨大的差异主要在于是否考虑与二氧化碳和其他污染物排放相关的负外部性。外部性的最大单一形式与影响人类健康的当地空气污染有关，第二大形式是排放对全球变暖的影响。正因为这两点，煤炭补贴成为税后补贴的最大类别，而在考虑税前补贴时，其绝对规模几乎可以忽略不计。将外部性纳入估算得到的主要启示在于确切衡量了煤炭补贴的污染程度以及天然气的相对清洁程度（见图 27.5 和图 27.6）。

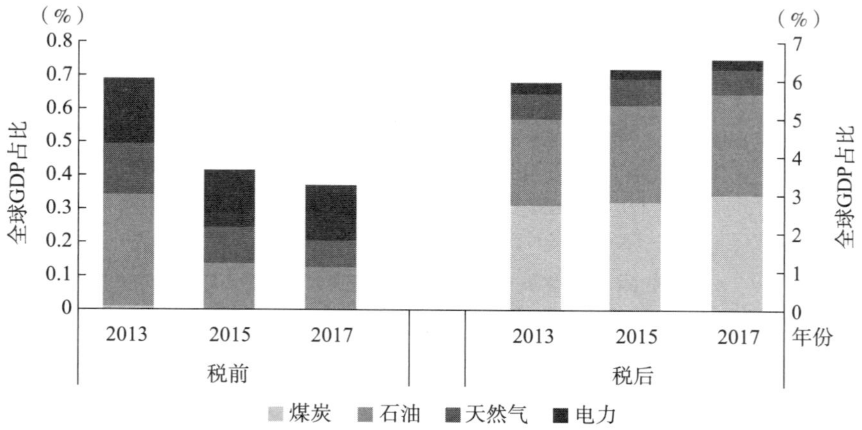

图 27.5　按产品分类的能源补贴

资料来源：IMF（2019）：21。

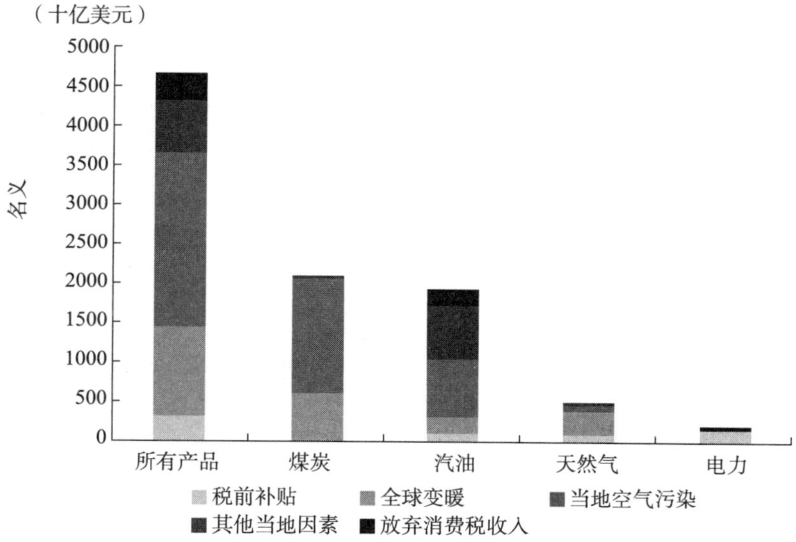

图 27.6　按产品和构成划分的能源补贴

资料来源：IMF（2019）：21。

3.4　化石能源消费补贴的政治学

3.4.1　化石能源消费补贴改革的动因

化石能源消费补贴存在问题，原因有很多，包括政府预算和治理、经济中资源的不合理分配、能源部门的运行、过度消费以及环境（见表 27.2）。

表 27.2　化石能源消费补贴的影响

影响维度	具体影响
政府	财政成本和机会成本 腐败
资源的不合理配置	激励资源效率低下的部门 GDP 资源强度的相对或绝对上升 资源过度开发
能源部门	损害替代能源的竞争力 公用事业和其他服务提供商的成本回收问题 对基础设施、质量和供应的威胁 燃料走私和掺假
过度消费	对贸易平衡产生负面影响 利益分配不公平
环境	碳排放量 空气污染

直觉上，能源补贴似乎不是一个好主意，它导致与空气污染和碳排放相关的过度消费，造成腐败和财政收入损失，使得经济和能源部门效率低下。而且，从绝对金额来看，这些政策主要惠及富人。虽然福利的分配因国家和能源品种而有所不同，但在许多发展中国家，最贫穷的40%人口获得的福利份额仅占消费补贴总额的15%~25%（Coady et al.，2006；Diop，2014），而前1/5最富有的人口往往获得超过40%的福利份额（del Granado et al.，2010；IMF，2013）。这在逻辑上是清楚的，即富人消费更多的能源，所以普遍的价格补贴使他们受益最大，至少在绝对金额上是这样。

由于化石能源补贴存在各种负面影响，许多国际组织开始全力支持能源定价改革。二十国集团（G20）和亚太经合组织（APEC）均在2009年承诺进行能源补贴改革。2015年，各国在联合国发展筹资问题会议的成果文件《亚的斯亚贝巴行动议程》（*Addis Ababa Action Agenda*）中再次强调了对化石能源补贴改革的承诺。最终，"通过消除市场扭曲以对鼓励浪费性消费的低效化石能源补贴进行合理化调整"被列入可持续发展目标（SDG）12.c项下。

也许比建立国际规范更重要的是，在IMF和世界银行的贷款条件中纳入定价改革。虽然这并不是什么新鲜事，事实上，几十年来，这些机构一直以这种财政改革为条件发放贷款，但随着国际油价上涨导致许多进口国政府出现财政危机，该情况在20世纪和21世纪前十年变得更加突出。等到向IMF和世界银行等金融机构寻求援助时，通常没有多少选择，只能通过消费补贴改革来改善该国财政状况。然而，各国政府仍对快速实施改革持谨慎态度，原因在于对能源补贴改革后出现极端政治不稳定的一些知名国家案例感到恐惧，例如也门、印度尼西亚、玻利维亚和埃及等。

3.4.2 化石能源消费补贴的驱动因素

尽管有理性论据支持能源消费补贴改革，也有国际压力要求改革，但这类补贴仍然普遍存在，主要有以下三个原因：

第一，维持补贴有其社会原因，即许多政府依靠价格补贴来保护公民的社会福利。与先进的社会保障机制相反，能源消费补贴易于管理，不需要先进的社会数据收集和补贴目标选择方法。在一些国家，公民也已经习惯了低价，并认为这是他们的权利。能源价格上涨不仅会直接体现在价格上，伴随价格上涨的通货膨胀冲击也会间接影响到家庭。在所谓的分配型国家，低能源价格通常被认为是一种隐性社会契约的一部分，即公民认可统治精英，以此换取福利分配，其中包括提供低价能源。每当政府决定在不采取缓解措施（如现金转移）的情况下提高价格时，公民通常就会投票将其赶下台，或者在专制政权下，公民走上街头抗议。

第二，维持消费补贴有其经济原因。许多国家利用低能源价格支持一般的生产要素，特别是提高国际贸易的竞争力，以促进经济发展。因此，低价格已成为产业政策的一部分，用于支持有明确目标要提高出口竞争力的产业。价格上调过快可能导致这些产业的关停或搬迁，因为这将导致能源投入增加而对企业产生直接影响，并导致中间产品或服务价格上涨而对企业产生间接影响。从逻辑上讲，受影响最严重的是能源密集型产业，如重工业、运输、石化、水泥、铝和钢铁产业。

第三，同样重要的是，维持消费补贴也有其政治原因。考虑到价格改革的潜在社会和经济影响，提高价格在政治上代价高昂甚至可能威胁政治稳定，这并不令人惊讶。现在普遍认识到，政治经济因素是能源价格改革的主要障碍。低能源价格和补贴也经常被用作维护权力和控制政治利益相关者的工具。政府利用这些政策向关键的政治利益相关者输送（经济）利益，从而巩固权力，这导致利益集团的产生，这些利益集团随后会进行游说，以长期维持低价格。游说团体推动不对称的决策，以有利于自身利益，而非国家的发展规划。这些游说团体在巩固能源补贴政策方面产生了重要影响。

4　化石能源生产补贴

4.1　化石能源生产补贴的目的

各国政府出于各种原因出台化石能源生产补贴政策，其中主要原因因一国的经济和政治环境而异，也因该国是否已经成为强大的化石能源生产国而异。类似的经济目标涉及努力制定并保护以能源为基础的产业政策。化石能源是全球贸易量最大的大宗商品之一，拥有化石能源可以给政府带来诸多好处。石油、天然气和煤炭的开发和生产可以成为财政收入的重要来源，也有利于促进国民经济或国家能源体系多样化。例如，从煤炭转向天然气涉及巨额投资，如果没有政府的支持，这可能不会发生。

对许多国内资源条件较弱的国家而言，最重要的理由可能是寻求更多的能源安全保障，化石能源贸易逆差意味着对外依存度相对加大，这削弱了一国的地缘政治地位。进口量较大的国家也更容易受到大宗商品价格波动的影响，特别是石油进口国。然而，当一个国家是生产国时，可以有一些保护措施以应对油价波动带来的通胀影响，这些生产国可能还希望补贴化石能源，以增强本国的地缘政治实力。

然而，化石能源生产国的补贴政策目的往往要强硬得多，也没那么明显。一方面，补贴政策可以帮助政府在广大公众面前建立正当性，化石能源开发和生产行业可以提供很多工作岗位，而工作岗位意味着选票，或者至少是政治支持。另一方面，能源补贴可能会因政治赞助而被发放。通常情况下，化石能源生产商可以通过裙带关系和 / 或竞选融资策略直接接触政客，以换取税后利润的增加。

4.2　化石能源生产补贴的类型

“化石能源生产补贴”是一个总称，指对石油、天然气和煤炭资源的勘探、开采、运输、加工、分销以及相应基础设施弃置的各种支持措施。

按照 WTO 的定义，能源生产补贴可分为两大类：

第一类是国家和地方财政支持，这类补贴包括直接预算转移，例如研发拨款、关税政策和税收优惠。按照目前报告的估算，税收优惠约占化石能源生产补贴的 2/3。这些税收措施包括对化石能源生产商的免税或减税，例如针对其支付的企业所得或矿区使用费进行减免。

第二类是潜在的支持措施，包括公共财政，政府通过国有金融机构向化石能源生产商提供金融服务，政府持有该金融机构至少 50% 的股权。这种融资支持可以体现为贷款、股权、保险和担保等形式，但更加难以衡量，因其涉及通过量化信贷援助的特定补贴部分来估计风险转移和放弃的收入。这种信贷援助可以来自多边金融机构、出口信贷机构或国有企业。

4.3 化石能源生产补贴的估算

化石能源生产商的补贴估算不能通过价差法这样的简单公式来实现，必须通过盘点法（Inventory Approach）自下而上地测算。这使得生产商补贴测算更加耗时，因此更不全面。这也意味着透明度高的国家测算出来的补贴规模可能比那些用更复杂或地方税法隐藏支持措施国家的补贴规模更大。此外，国家间的比较更加困难，特别是在税收优惠方面。估算税收优惠形式的补贴规模依赖于一个国家的基准税制，但各国之间甚至各国内部的税制差异很大。

OECD 测算了直接预算转移和税收优惠规模，目前正在探索用一种新方法来量化政府信贷援助的支持规模，对 36 个 OECD 经济体和 8 个伙伴国家（阿根廷、巴西、中国、哥伦比亚、印度、印度尼西亚、俄罗斯和南非）都是如此。2009—2013 年，对化石能源生产商的直接预算支持和税收优惠总额在 200 亿 ~560 亿美元。近年来，这一支持规模由 2013 年的 560 亿美元下降至 2017 年的 240 亿美元，主要原因在于西欧淘汰无烟煤以及印度尼西亚和阿根廷的财政紧缩（IEA and OECD，2019）。与此同时，促进非常规油气资源生产的新措施出台。有记录的最大“补贴国”是俄罗斯和美国，其次是英国、澳大利亚、巴西和中国（OECD，2019）。

除了预算转移和税收优惠外，海外开发研究所将注意力集中在国有企业和公共融资上。然而，由于缺乏信息，海外开发研究所只能估计国有企业化石能源生产总投资，而不是其中特定的、可以被认定为补贴的组成部分。通过这个粗略的指标，中国国有企业化石能源投资最大，2013 年和 2014 年约为 770 亿美元，其次是俄罗斯和巴西，2013 年和 2014 年分别为 500 亿美元和 420 亿美元，排名之后的是印度尼西亚和沙特阿拉伯。海外开发研究所对公共融资进行了类似的尝试，同样没能识别公共财政中的补贴组成部分。

日本和中国拥有最大的化石能源公共融资规模，2013 年和 2014 年分别为 190 亿美元和 170 亿美元，其次是韩国，约为 100 亿美元。G20 中的大多数新兴经济体依赖国内公共融资，而来自二十国集团中其他国家的大多数公共财政的目标是在境外生产化石能源（Bast et al.，2015）。

总的来说，对化石能源生产补贴的估算极度不全面，而且比消费补贴估算更难实现。因此，诸如全球补贴倡议组织（Global Subsidies Initiative）等专门的非政府组织补充了 OECD 数据，即使用盘点法研究不同国家和国家各地区的化石能源生产补贴。在 G20 和 APEC 承诺逐步取消低效的化石能源补贴的背景下，各国已开始自愿同行审查。OECD 为 G20 主持此类审查。自 2016 年开始，美国和中国开始进行同行审查，2019 年德国、印度尼西亚、意大利和墨西哥完成同行审查，阿根廷和加拿大正在进行同行审查。

4.4　化石能源生产补贴的政治学

化石能源生产补贴政策仍然难以改革，因为其最显著的受益者是大型、有影响力且有政治关系的公司。例如在美国，奥巴马政府每年都递交提案，希望从预算中剔除一些最令人讨厌的油气生产补贴，国会拒绝考虑这一措施，原因是大多数国会议员的竞选资金来自化石能源行业。在其他大型石油生产国，如俄罗斯、沙特阿拉伯和尼日利亚等，许多油气公司也通常与统治精英有直接联系，如上所述，补贴被用作一种租金以控制客户。

除了受益者因素外，各种生产补贴政策缺乏透明度，公众对这些补贴也缺乏了解。理解政府直接为油气消费提供价差补贴，比导致放弃收入的减税政策更为直观。当这种补贴与明确且合法的政策理由联系在一起时，例如通过减少一国对外国进口的依赖以加强贸易平衡，那么维持这种补贴就似乎是合理的了，即使其中一些补贴政策只是给生产者带来暴利。在民主国家和专制国家，某些大型媒体公司通常在限制公众了解补贴方面发挥关键作用，这进一步减轻了要求改革的潜在公众压力。

在国际上，推动生产补贴改革充其量仍是模棱两可的。2009 年，G20 和 APEC 国家承诺进行化石能源补贴改革，有关其进展的国别报告很少，有一些国家像沙特阿拉伯最初甚至争辩说本国没有“低效的化石能源补贴”。由于对定义的讨论和缺乏透明度，G20 建立了国家间的化石能源补贴同行审查。虽然体系的建立需要一些时间，但这些同行审查比各国关于 G20 和 APEC 国家承诺的进展报告更全面、更详细地概述了生产商补贴情况（IEA and OECD，2019）。除了这些国际承诺外，理论上 WTO 也可以在指导化石能源补贴改革方面发挥作用。许多石油和天然气补贴包括当地含量要求，这是一项被 WTO 规则禁止的补贴，但没有一个油气生产国会投诉另一个油气生产国的化石能源生产补贴。

核能补贴

核能补贴存在于核燃料循环的所有环节。由于核能的最大成本构成是与反应堆建设相关的资本支出，因此许多补贴试图降低这些投资。此外，核能项目开发商也通常受益于将长期风险的经济价值转移给政府，如废物管理、事故风险保险、安全管理和弃置成本。如果没有这种负担分担，核工业将面临潜在的高昂成本。例如，虽然发生事故的可能性很小，但随之而来的成本将是巨大的，如果这必须由私人保险承保，核能的平准化度电成本将大幅增加。最近核补贴的一个知名案例是英国欣克利角C（Hinkley Point C）核电站项目。在该项目中，政府承诺92.5英镑/兆瓦时的上网电价补贴，保证期限为35年。对于一项据称成熟的技术来说，该金额可说是“天方夜谭”，与之相比，2018年全球光伏发电平准化度电成本约72英镑/兆瓦时。即使与21世纪10年代的风能和光伏等新兴技术相比，核能补贴金额也是巨大的。除了上网电价补贴，政府还通过贷款担保来转移项目风险，包括成本超支和延迟的风险（这对于新反应堆建设项目很常见）。第三项补贴与核废物处理有关，政府向开发商承诺任何超过50亿英镑的费用都将由政府全额承担。

5 可再生电力补贴

5.1 可再生电力补贴的目的

可再生电力补贴主要集中在可再生电力的部署方面，主要有3个目标，涵盖了能源三元悖论的各个方面。首先但并不总是最重要的是两个环境目标：一是政府为可再生能源提供补贴，以使电力部门脱碳，减少导致气候变化的碳排放；二是各国政府也在寻求加快部署以减少空气污染，这正成为快速发展、拥有大都市的亚洲国家补贴可再生能源的一个关键原因。其次，政府利用可再生能源补贴实现社会和经济目标。政府经常试图将补贴政策与创造长期和短期建设工作岗位联系起来，还经常将这类补贴用作产业政策工具，试图在新兴技术方面取得比较优势，使其生产商能够参与国内外竞争。可再生能源电力补贴与当地含量要求挂钩的情况并不少见，这一战略具有创造就业机会和培育其他支持性产业的双重目的，例如风机塔架涉及的钢铁行业或光伏涉及的模块制造业。最后，可再生能源补贴被用于保障能源安全和能源可及。一方面，更多的可再生能源意味着对外国资源的依赖程度相对较低；另一方面，可再生能源可以部署在偏远地区，以保障当地的电力供应。

5.2 可再生电力补贴的类型

针对不同类型的利益相关者和具体项目，可再生能源补贴主要分为5类：①配额和证书；②上网电价补贴和溢价补贴；③拍卖；④净电量结算和计费；⑤投资和生产税收抵免，见图27.7。

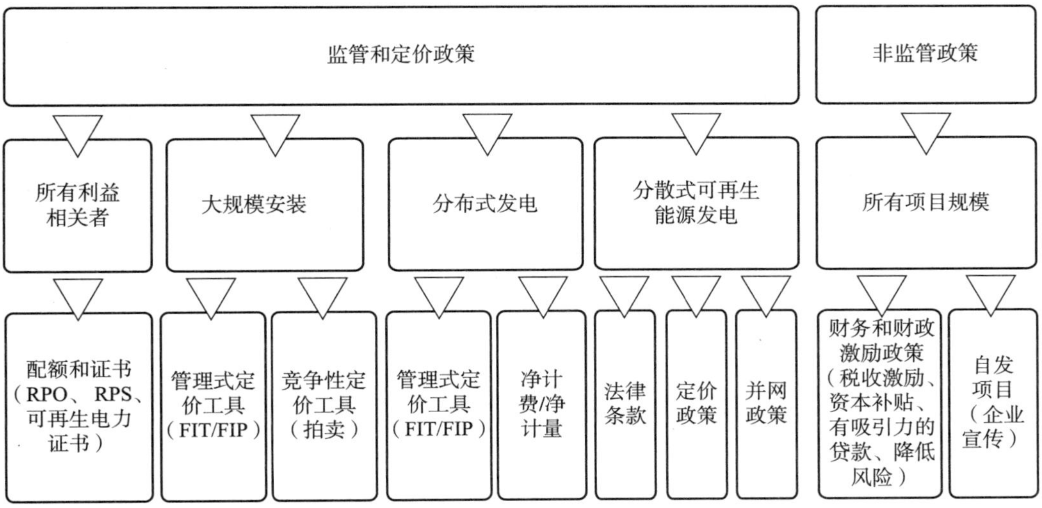

图 27.7　电力行业政策分类

第一，配额和证书，通常也称为可再生能源配额制（Renewable Energy Portfolio Standard，RPS）或可再生能源购买义务，要求公用事业公司必须利用可再生能源获取一定比例的分布式电力。2016 年，约有 100 个司法管辖区出台该类型补贴。政府经常随着时间的推移提高该比例，以鼓励逐步增加可再生电力。该类型的优点是理论上可以保证使用一定规模的可再生电力，并且以最低的成本生产这些电力。为了促进合规，该体系通常与可再生电力证书交易系统相关联，在该系统中，每兆瓦时的可再生电力都会获得一个证书，然后可以将其从有盈余的电力公司交易给未达到配额的公用事业公司。

第二，上网电价补贴（FIT）或溢价补贴（FIP）以行政管理的方式设定电价补贴，即公用事业公司有义务向开发商以某一固定价格（FIT）或市场价格加上溢价（FIP）购买。2017 年，约有 80 个国家 / 地区使用 FIT 和 FIP。FIT 和 FIP 的成本主要发生在公用事业公司，然后大多将成本转嫁给消费者（在自由市场的情况下）或政府（在公共事业公司由政府所有的情况下）。上网电价补贴或溢价补贴政策还可以包括一个“递减”率，即每年降低 FIT 和 FIP，以促进创新和减少技术成本。该体系被誉为最成功的可再生能源补贴制度。除了易于区分各种技术之外，FIT 和 FIP 也最受投资者青睐，因为保证了一定的价格或长期溢价。该类补贴还可以通过降低贷款利率以降低资金成本。

第三，拍卖（通常也称为招标或投标）是一种体系，政府举行拍卖并邀请公司就一定数量的可再生电力装机容量及供应电力的长期合同投标。政府可以根据自己的需求制定拍卖规则或技术目标，随后的竞标体现了供电的最低成本。中标者最终收到的补贴等于电力市场价格与中标价格之间的差异。截至 2016 年，拍卖已被全球 70 个国家使用，仅 2016 年就举行了 34 次拍卖。近年来，拍卖变得越来越流行，因为各种可再生能源技术例如陆上风电和太阳能发电等已变得更具成本竞争力，这也就避免了需要监管机构自行设定价格的情况（就像 FIT 和 FIP 的情况）。

第四，净电量结算和计费用于补偿分布式发电所有者（即较小规模的装置）发电量过剩时输出到电网的电力，可以通过输出电力时反向运行的双向电表获得信用（credit），或者通过净输出电表获得信用，然后通过配电公司在计费周期中进行调整。

第五，投资和生产税收抵免给予可再生能源的所有者或投资者税收优惠，一般可以是部分税费的减免，或与上年该公司特定数量发电量挂钩的税费减免。因此，这种补贴包括放弃的收入，而不是政府或消费者的直接负担。

5.3 可再生电力补贴的估算

总的来说，2018 年可再生能源和电动汽车的补贴规模估计约 1500 亿美元，高于 2010 年的约 500 亿美元。虽然在绝对值金额上有所增长，但自从两个最大的技术即陆上风电和光伏发电的成本大幅降低，补贴的相对重要性也在减弱。基于上述情况和越来越多地使用拍卖，市场价格与中标价格之间的价格差异预计会进一步下降。

尽管估算两种最常用的可再生能源补贴的方法并没有那么复杂，但在 2019 年尚未有关于不同类型可再生电力补贴价值的系统的概述。FIT、FIP 以及拍卖是定价政策，所以估计其净补贴价值需要假设市场电力价格的演变超过电网运营商被授权购买可再生电力的期限。市场价与上网电价或中标电价之差就是单位补贴，然后乘以给定年份的发电总量就是总价值，提前估算时预计的发电量可以包含增长假设。对于其他补贴，当存在可再生能源证书市场时，可以更容易地估计可再生电力购买义务。补贴估算方法为获取此类证书的净值乘以发电量。税收抵免需要一个基准税率以计算补贴价值。估算净计费和净计量的补贴价值，就必须知道输出电力的单位经济价值或电表的反向运行率。

到 21 世纪 10 年代末，由于技术上几乎具备成本竞争力，全球一些国家的太阳能和风能发电补贴正在逐步被取消。最初，西班牙在没有补贴的太阳能发电部署方面处于领先地位，但随后，全世界都在采取行动接受更短期的购电协议（PPA），从最初 20~25 年，到现在许多开发商接受 15 年或更短的 PPA（Chediak and Eckhouse，2019）。

5.4 可再生能源电力补贴的政治学

由于可再生电力补贴相对较新，政策也相对较新，国内国际激烈的讨论使得补贴设计和实施更加复杂。

在国内，每类补贴都有一定的缺点，并受到批评，讨论最多的是 FIT 和 FIP 的缺点。对于 FIT 和 FIP，监管部门和可再生电力行业之间的信息不对称可能带来不好的后果，或者是过高价格为开发商创造暴利但极大地损害了消费者和政府预算，抑或是过低价格完全不利于投资。在一些情况下，这种不对称导致 FIT 的追溯调整，降低投资者的信心并经常导致投资仲裁。例如，西班牙太阳能 FIT 规模极大且没有退坡机制，使得太阳能装机规模由 2006 年的 103 兆瓦激增到 2008 年的 2708 兆瓦。政府因此调整了 2008 年的 FIT 政策，并最终在 2012 年取消了该 FIT 政策。2013 年，西班牙宣布更早期装机时有法律保障的 FIT 将受追溯调整影响而减少，震惊了整个行业，并引发多起针对政府的诉讼。

除了 FIT 和 FIP，其他类型的补贴也有相当大的缺点。配额和证书的缺点是难以决定罚款的确切金额。可交易的证书还可能锁定现有可再生能源产能地区和没有产能的地区之间的不对称。即使是有潜力的地区也可能难以挖掘潜力并同时满足配额要求。拍卖的缺点是投标并不总是能实现的，因为设定的投标价格可能不切实际，仅仅是为了赢得项目。在一些国家，投标条件也被量身定制以有利于特定公司，加剧了对腐败的担忧。最后，拍卖为投资者带来的确定性低于 FIT 和 FIP，特别是当不确定下一次拍卖何时举行的时候。重要的是，对大型生产商和分布式发电项目的一些可再生能源补贴遭到利益相关者的质疑，担心短期大规模应用时系统的灵活性，以及突然面对 PPA 和分布式发电对配电公司运营的影响，这可能与现有合同和商业模式发生冲突。

在国际层面，可再生能源补贴应用之后出现各种诉讼，破坏了投资者对可再生能源的信心。一方面，各种 WTO 案例都集中在附加于可再生电力补贴的本地含量要求上。例如，安大略省、印度和美国各州出现的针对其可再生能源补贴的诉讼。另一方面，每当认为立法变化违背了合法期望时，不同公司也通过投资者与东道国争端解决机制起诉国家。典型的案例是西班牙，在 FIT 被追溯调整后有不止一个投资者起诉了政府。

生物燃料补贴

世界上主要有三种类型的生物燃料补贴。第一类包括混合物，将目标设定为燃料组合中有一部分的乙醇和生物柴油。这些都是一种市场价格支持形式，因为保证了生物燃料的市场并增强投资者对市场的预见性。第二类包括对与传统汽油消费税类似的生物燃料消费税豁免或减税。第三类包括进口关税或反倾销措施等贸易政策，旨在保护国内市场免受乙醇、生物柴油或生产所需的原料的外国竞争。

生物燃料补贴一直存在政治争议。一方面，综合间接土地利用变化（Indirect Land Use Change，ILUC）效应，第一代生物柴油并不能减少碳排放。在某些情况下，根据原料的不同，其排放量甚至高于传统柴油。ILUC 考虑了作为生物柴油原料的植物油的更高需求对国内外农业扩张和自然土地转换的影响。一个具体的案例是欧盟进口产自印度尼西亚和马来西亚高碳存量土地的棕榈油，或者来自南美热带草原和雨林的大豆。另一方面，第一代乙醇虽然与传统汽油相比具有积极的碳减排效果，但却影响当地和全球粮食价格。

事实上，在过去和现在生物燃料补贴都普遍存在，即使负面影响变得越来越明显，过去和现在的补贴仍然与其主要政策目标相关联。生物燃料支持政策不是支持运输燃料中的“可再生”能源，而是被用作间接农业补贴。通过增加农业产品需求，政府利用生物燃料支持以提高农产品价格，从而支持国内农民。在欧盟，农业补贴改革期间的混合物要求是由农业部门推动的，而气候部门和联合研究中心（欧盟委员会的科学咨询机构）对第一代生物燃料表示谨慎甚至担忧。在美国，乙醇补贴被用来支持在政治上重要的州的农民。例如，前副总统戈尔在2010年承认，“我认为第一代乙醇是一个错误……犯错的原因之一是我特别关注我家乡田纳西州的农民，我对爱荷华州的农民有一定的喜爱，因为我即将竞选总统”。欧盟和美国都试图改革补贴，但还没有取消补贴的打算。

6 结论：能源补贴和政治改革

能源补贴普遍存在，有两方面原因：

一方面，没有一个能源补贴可以解决能源不可能三角。政府不能同时支持能源可负担性、能源安全和环境可持续性。相反，政府需要对不同能源实施各种类型的补贴，以试图达到3个政策目标难以实现的平衡。哪些目标在决策制定中更重要取决于一个国家的发展环境、政治和当前能源基础设施情况。然而，可以肯定地说，这3个目标之间的矛盾在许多国家都变得越来越明显。这是各种驱动因素同时产生影响的直接结果，例如人口和相关能源需求的增长、加深的社会经济不平等、加剧的空气污染和全球气候变化，以及寻求经济竞争力以应对动荡的经济全球化。

另一方面，能源补贴也因受益者而普遍存在。一旦上台，补贴受益者就会形成国内的利益集团，并使其改革付出高昂的政治代价。这些受益者不仅是能源公司，还包括直接从维持补贴中收取租金的家庭、农民和政治家等。这些既得利益者将政治经济学补贴和补贴改革置于能源领域财政政策辩论的前沿。同样地，他们也将决定针对可持续发展目标能够取得什么样的进展，这些目标包括可负担且清洁的能源、逐步取消化石能源补贴以及应对全球气候变化。

参考文献

[1] Agreement on Subsidies and Countervailing Measures, Adopted 15 April 1994, Marrakesh Agreement Establishing the World Trade Organization, Annex 1A, 1869 U.N.T.S.186.

[2] Bast, Elizabeth, Alex Doukas, Sam Pickard, Laurie van der Burg, and Shelagh Whitley. “Empty Promises: G20 Subsidies to Oil, Gas and Coal Production.” ODI & OCI, 2015.https: //www.odi.org/sites/odi.org.uk/files/odi-assets/publications-opinionfiles/9957.pdf.

[3] Chediak, Mark, and Brian Eckhouse. “Solar and Wind Power So Cheap They’re Outgrowing Subsidies.” Bloomberg.Com, September 19, 2019.https: //www. bloomberg.com/news/features/2019-09-19/solar-and-wind-power-so-cheapthey-re-outgrowing-subsidies.

[4] Coady, David, Moataz El-Said, Robert Gillingham, Kangni Kpodar, Paulo Medas, and David

Newhouse. “The Magnitude and Distribution of Fuel Subsidies: Evidence from Bolivia, Ghana, Jordan, Mali, and Sri Lanka.” IMF, 2006.https: //www.imf. org/external/pubs/ft/wp/2006/wp06247.pdf.

[5] Diop, Ndiame. “Why is Reducing Energy Subsidies a Prudent, Fair, and Transformative Policy for Indonesia? ” Economic Premise Number 136.The World Bank, 2014.

[6] Gerasimchuk, Ivetta, Richard Bridle, Christopher Beaton, and Chris Charles. “State of Play on Biofuel Subsidies: Are Policies Ready to Shift? ” International Institute for Sustainable Development, 2012.https: //www.iisd.org/gsi/sites/default/files/bf_stateplay_2012.pdf. del Granado, Javier Arze, David Coady, and Robert Gillingham. “The Unequal Benefits of Fuel Subsidies: A Review of Evidence for Developing Countries.” IMF, 2010. http: //www.imf.org/external/pubs/ft/wp/2010/wp10202.pdf.

[7] IEA. “Carrots and Sticks: Taxing and Subsidising Energy.” Paris: International Energy Agency, 2006.https: //www.iea.org/publications/freepublications/publication/oil_subsidies.pdf.

[8] IEA & OECD. “Update on Recent Progress in Reform of Inefficient Fossil–Fuel Subsidies That Encourage Wasteful Consumption.” In Contribution by the International Energy Agency(IEA) and the Organisation for Economic Co–Operation and Development(OECD)to the G20 Energy Transitions Working Group in Consultation with: International Energy Forum(IEF), Organization of Petroleum.

[9] Exporting Countries(OPEC)and the World Bank, 44.Toyama, 2019.http: //www. oecd.org/fossil–fuels/publication/OECD–IEA–G20–Fossil–Fuel–Subsidies–ReformUpdate—2019.pdf.

[10] IMF. “Energy Subsidy Reform: Lessons and Implications.” IMF, 2013.http: //www. imf.org/external/np/pp/eng/2013/012813.pdf.

[11] IMF. “Global Fossil Fuel Subsidies Remain Large: An Update Based on CountryLevel Estimates.” IMF, 2019.https: //www.imf.org/en/Publications/WP/Issues/2019/05/02/Global–Fossil–Fuel–Subsidies–Remain–Large–An–UpdateBased–on–Country–Level–Estimates–46509.International Energy Agency.World Energy Outlook 2017.OECD/IEA, 2017.

[12] IMF. World Energy Outlook 2018.OECD/IEA, 2018.

[13] OECD. “OECD Analysis of Budgetary Support and Tax Expenditures. ” 2019.http: //www.oecd.org/fossil–fuels/data/.

第 28 章　能源可及经济学

贾科莫·法尔切塔[①]　西蒙·塔利亚皮埃特拉[②]

1　能源可及性：一个基础性的经济学问题

能源是人类活动一种关键的助推器。能源服务支撑经济社会发展，保障经济持续繁荣（Fouquet，2016）。能源不仅仅应用于工业活动，也是供水、环卫、健康以及高效的照明、制冷、烹饪、机械动力、交通运输、通信服务等各项活动不可或缺的供给要素（McCollum et al.，2018；Nerini et al.，2018）。是否能够接入现代高效的能源服务系统已成为消除贫困和不平等的重要议题。因此，联合国（2015）将提供可靠的、可持续的现代能源服务系统（即能源可及性）纳入其 2030 年可持续发展议程中的关键性目标。

能源可及性这一概念目前并没有一个独有的且得到广泛认同的定义（IEA，2017）。通常我们以其指代现代家庭用能中供电和清洁烹饪的最小能源需求量。然而，最近关于这一最小需求量的水平及计量方式引发的热议不断持续（Bhatia and Angelou，2015；Nussbaumer et al.，2012；Pachauri，2011），目前得到广泛认同的计量方式一般为能够受益于供电和清洁烹饪系统的人口在一国中所占的比重。但针对这一方式的批评也纷至沓来，主要由于这种方式受限于其固有的底层逻辑过于笼统并维度单一，忽略了比表面上的能源可及更关键的因素，诸如供电可靠性、能效等（Falchetta et al.，2020）。这些批评的声音也促使一些计量计划的建立，例如世界银行建立了多层次能源可及性计量框架，以提供多元维度的能源可及性计量指示（Bhatia and Angelou，2015）。由这些计量框架分析得出的关键论点之一是，能源可及与能源贫困并非互斥，同时，能源可及不能视作一个静态的概念，而是一个类似“阶梯”的动态进程（Bensch et al.，2017；Chattopadhyay et al.，2015；Grimm et al.，2016；Monye et al.，2018）。在这一进程中，各类技术方案逐步迭代更新，提供更大的动力，支持更多设备与用途。尽管如此，由于能源可及人口占全国人口比重这一全国维度的指标仍被大量使用，本章广泛引用了以此指标计量的可及性水平，但同时也意识到这一指标的内在局限性，如何以更好的概念和指标来刻画能源可及的多维度性是本章讨论的核心。

全世界仍有 8.4 亿人无法获得电力、29 亿人无法获得清洁的烹饪设施。过去 10 年

---

① 贾科莫·法尔切塔（Giacomo Falchetta），国际应用系统分析研究所（IIASA），埃尼·恩里科·马泰基金会（Fondazione Eni Enrico Mattei，FEEM）；电子邮件：falchetta@iiasa.ac.at。

② 西蒙娜–塔利亚皮埃特拉（Simone Tagliapietra），比利时布鲁塞尔布鲁盖尔（Bruegel），意大利米兰天主教圣心大学。

来，各方在这一领域作出了巨大努力，全球电气化水平从 2010 年的 83% 增长到 2017 年的 89%。正如 IEA、IRENA 和联合国统计司（2019）所强调的，提高电气化的努力在中亚和南亚地区成就显著，2017 年其电气化率达到 91%。拉丁美洲和加勒比地区以及东亚和东南亚的接入水平攀升至 98%。在缺电人口最多的 20 个国家中，印度、孟加拉国、肯尼亚和缅甸的进步最为明显。撒哈拉以南非洲仍旧是电气化率最低的地区，这里超过 1/2 的人口（约 5.7 亿人）无法获得电力。在电气化水平最低的 20 个国家中，有 15 个在非洲大陆。

到目前为止，普及清洁烹饪的进展慢于电气化的推进。全球能够获得清洁烹饪燃料和技术的人口比例从 2010 年的 57% 增加到 2017 年的 61%。大多数无法获得清洁烹饪的人口分布在撒哈拉以南非洲、中亚和南亚以及东亚和东南亚地区。在撒哈拉以南非洲，由于飞快的人口增长速度超过了清洁烹饪的推广进度，无法获得清洁烹饪的人口数量一直在上升。在整个非洲大陆，该人口数量从 2010 年的不到 7.5 亿增加到 2017 年的约 9 亿（IEA，2019）。而亚洲在同一时期，虽然人口同样增长，其清洁烹饪的推广则显示出实质性的进展。这一结果是亚洲各国根据自身国情落实各种战略实现的，例如在印度推广液化石油气（LPG）或在中国建设天然气管道。在全球范围内，这一挑战的特点是城乡间巨大的差别：城市地区获得清洁烹饪燃料和技术的水平为 83%，而农村地区则仍在 34% 的低水平。

普及电力和清洁烹饪将极大地提高目前缺乏能源的人们的生活水平和经济前景。电气化的例子证明了能源供应不足是社会经济发展的主要绊脚石。所有发达国家都把确保获得电力以促进经济发展作为关键的优先事项。电力供应是改善健康状况、提高生产力、增强整体经济竞争力，并最终促进经济增长和减缓贫困的关键。实证研究表明，扩大电力供应确实增加了用于创收活动的时间（Bernard，2010；Bos et al.，2018；Rathi and Vermaak，2017；Van de Walle et al.，2013），这种情况在第二、第三产业中更为明显。电气化也增加了制造业公司的数量、生产力和收入（Bonan et al.，2017）。此外，电力供应对包括空调和灌溉等在内的环境适应性提升的作用正在增强，缺乏电力供应的地区恰巧也是那些预计在未来几十年内因人为气候变化而经历最大温度上升的地区（Byers et al.，2018）。

清洁烹饪的案例说明了能源可及性挑战的社会性质。在发展中国家，妇女和儿童往往负责拾柴。据估计，这项活动平均每天需要一个半小时（IEA，2017）。这些时间本可用于教育或生产活动，以及支持妇女赋权。此外，全球每年约有 380 万人因这些烹饪方法产生的室内空气污染而过早死亡（Amegah and Jaakkola，2016）。由于妇女和儿童花更多的时间在室内，他们是这种现象的首要受害者（Rumchev et al.，2007）。实证研究清楚地表明，扩大清洁烹饪的使用范围将降低过早死亡的人数，提高最弱势群体的生活条件，并带来巨大的经济共同利益（Rosenthal et al.，2018）。

本章讨论了阻碍全球 10 亿人口获得现代商业能源的关键障碍，其本质是一个经济学问题。另外，也从根源上探讨了能源可及性与技术、治理和融资等方面的联系。本章分别讨论了造成电力缺乏和清洁烹饪不足问题的几个共同原因，并着重分析了每个原因背后的具体技术经济问题，这些内容将有利于对实现现代能源普及所需的关键经济政策工具和融资方法进行有针对性的讨论。

2 能源可及性：经济问题与政策工具

2.1 发电、输电与配电基础设施的扩张

许多电力供应短缺的国家通常面临发电装机不足的问题，运行中的发电厂还面临着经常性维护和燃料供应安全问题。因此，电力供应仅能满足部分需求，配电公司被迫采取减负荷措施。这些动态因素决定了并网用户经常面临供电可靠性问题。据世界银行报告，2018 年撒哈拉以南非洲企业平均每月停电 9 次。这意味着即使是已经获得电力供应的家庭和企业也没有得到安全的能源保障。要点就是，从电力规划角度看，在不增加电源的情况下扩大电力供应覆盖范围面临着重大限制。

同时，国家输电和配电网络的范围和覆盖也存在不足。现有的电网一般将发电厂与主要城市地区连接起来。但是，集中了大部分人口的大量农村地区，则缺乏电网覆盖。基础设施建设的不平等决定了城市和农村地区的用电水平差异巨大（IEA et al.，2019）。这说明国家电气化水平差异的背后隐藏着巨大的基础设施差距，尤其是考虑到大多数发展中国家的人口生活在农村地区（世界银行，2018）。需要强调的是，能源可及性的差距正在拉大，在各国内部存在城乡和省间的不平等（Falchetta et al.，2020），这样的差距主要是由于针对特定的地区进行投资和基础设施建设的政策决策造成的，而这些决策并不是完全基于效率标准而作出的。大量文献（Onyeji et al.，2012；Trotter，2016）强调了政治因素和地方部门在决定电力发展路径时的影响，特别是同一国家区域间的不平等。此外，由于持续的快速城市化趋势，在城市周边的城郊地区出现了大量无法获得电力供应的边缘人口。在这些地区，由于缺乏当地的配电网络或者居民无力支付使用电网服务的费用，尽管地理上靠近现有的变电站，电力服务仍然无法覆盖。

发电装机容量不足或维护不善以及电网覆盖范围有限背后的主要经济根源包括：

（1）发电设施前期投资规模大。根据 Enerdata（2016）研究，非洲新建电厂的投资如下：①水电项目 2000 美元 / 千瓦；②开放式和联合循环燃气电厂分别为 1112 美元 / 千瓦和 1290 美元 / 千瓦；③燃煤电厂 2153 美元 / 千瓦；④公用事业规模的太阳能光伏电站 2011 美元 / 千瓦；⑤太阳能光热电站 11300 美元 / 千瓦；⑥ 100 兆瓦以下风电站 2450 美元 / 千瓦。经济发展（如 2018 年非洲和南亚地区平均 2.4% 和 6.8%）和人口增长（2018 年非洲和南亚地区平均 2.7% 和 1.2%）导致电力需求急剧增长，这意味着需要大量增加发电装机和额外投资。而在过去几十年里，这些投资需求没有得到充分满足，本章将进一步讨论其原因。

（2）发电设施运行成本压力大。电厂缺乏维护和老化导致撒哈拉以南非洲地区 25% 的装机容量无法使用（Findt et al.，2014）。另一个问题是现有电厂发电所需燃料的供应安全。例如，尼日利亚的装机容量（超过 10 吉瓦）（美国国际开发署，2019）在技术上足以满足目前的需求，但管道损坏、地缘政治问题或价格波动造成利用率不足，导致已并网的电力用户无法获得安全可靠的电力供应（Occhiali and Falchetta，2018）。水电站是许多电力供应不足国家的主要电力供应来源。由于越来越频繁和漫长的干旱期的限制，电力公司不得不暂停发电或限制发电量（Falchetta et al.，2019）。严重依赖

煤炭的国家，如南非、印度和中国，正面临着巨大的社会经济压力。例如，南非缺水，面临经常性的干旱，加之燃煤电厂对冷却水的需求非常大（van Vliet et al.，2016），这导致政府限制居民用水。在亚洲，燃煤被认为对公众健康产生负面影响，燃煤电站因此承受更大的社会压力与成本。

（3）电网设施建设资金需求高。输配电网造价从每千米 3000 美元（低压配电线路）到每千米 30000 美元（高压输电线路）不等，这意味着每一个新接入大电网家庭的平均成本为 1500 美元（Rosnes and Vennemo，2009）。考虑到投资者需要在高贴现率下决策（撒哈拉以南非洲地区中期政府债券的平均收益率为 15%），即资本成本很高，这使得其更加难以承受项目总成本，阻碍了长期的基础设施投资。

（4）用户人口分散。在广大的农村地区，人口密度低（例如，撒哈拉以南非洲的平均水平是 51 人 / 平方千米，而印度是 455 人 / 平方千米，那里的大部分电力接入是通过直接连接到大电网实现的）。人口密度低往往使投资在经济上无利可图。

（5）新用户的低支付能力和低短期消费（Blimpo and Cosgrove–Davies，2019；Jacome et al.，2019；Taneja，2018），这些因素加在一起，国家公用事业公司很难收回将新用户接入电网所需的大量前期投资。

近年来，已经出现了一些决策支持工具，通过优化电力接入规划和量化评估投资决策，给出最佳的技术解决方案，保障规划内的区域都能获得电力。这些工具利用了人口居住区的地理空间数据、现有的能源基础设施以及电力供应方案的潜力和成本。一般来说，基于成本最低的电气化工具对每个居住区域进行优化时，是根据当地的人口、基础设施、地理、电力需求类型和发电潜力等因素，寻找具有最低供电成本的技术。而电气化建模工具具有特别的洞察力，它能够可视化地展示划分的技术经济区域边界，给出更高效的接入电网方案或分布式解决方案，实现决策者确定的电力可及目标。结果显示，在大多数远离电网的地区，基于太阳能光伏的解决方案是成本最低的电气化选择，不同地区通过发展微电网或安装家庭级基础设施，可以更有效地实现电气化。因此，当获得居民和工业生产潜在需求的可靠数据时，电气化工具可以为决策者提供技术经济方面的信息，帮助制订电气化设计方案和实施计划。

2.2　国家公用事业预算赤字和补贴改革

在众多促进电气化进程而采取的经济政策措施中，有两类措施至关重要：定价（Kojima and Trimble，2016）和补贴（IMF，2013；Vagliasindi，2012）。

定价方案决定了家庭层面的可支配收入、电费支付能力，以及公用事业收回成本并实现正预算平衡能力之间的关系。从历史上看，电价分为前期并网费用、年度服务费和每单位电力消费的边际成本。显然，前两者是提高当地家庭电力并网水平的最大前期障碍。低收入家庭需要更多的选项，例如可以分期支付初装费用或者通过适当的补贴免除这些费用。

传统上，电力系统是通过国家公用事业公司的投资来开发的，公司可以通过出售众多发电厂生产的电力来实现稳健的经营。收益是电网基础设施扩容、扩建和改造的主要资金来源，并且在许多市场中，它们允许公用事业公司向独立发电商（Independant Power Producers，IPP）购买电力。

至关重要的是，随着时间的推移，电力的边际成本成为影响终端用户用电行为的主要运行成本。出于这个原因，公用事业公司的目标是将电价保持在尽可能低的水平，但这会导致入不敷出。图 28.1 显示了电力供应成本（CAPEX 和 OPEX）与撒哈拉以南非洲国家电力公司收取的电费的比较。该图表明，大多数公用事业公司需要政府每年提供财政支持，这造成国家债务不断增加和财政赤字负担加重。

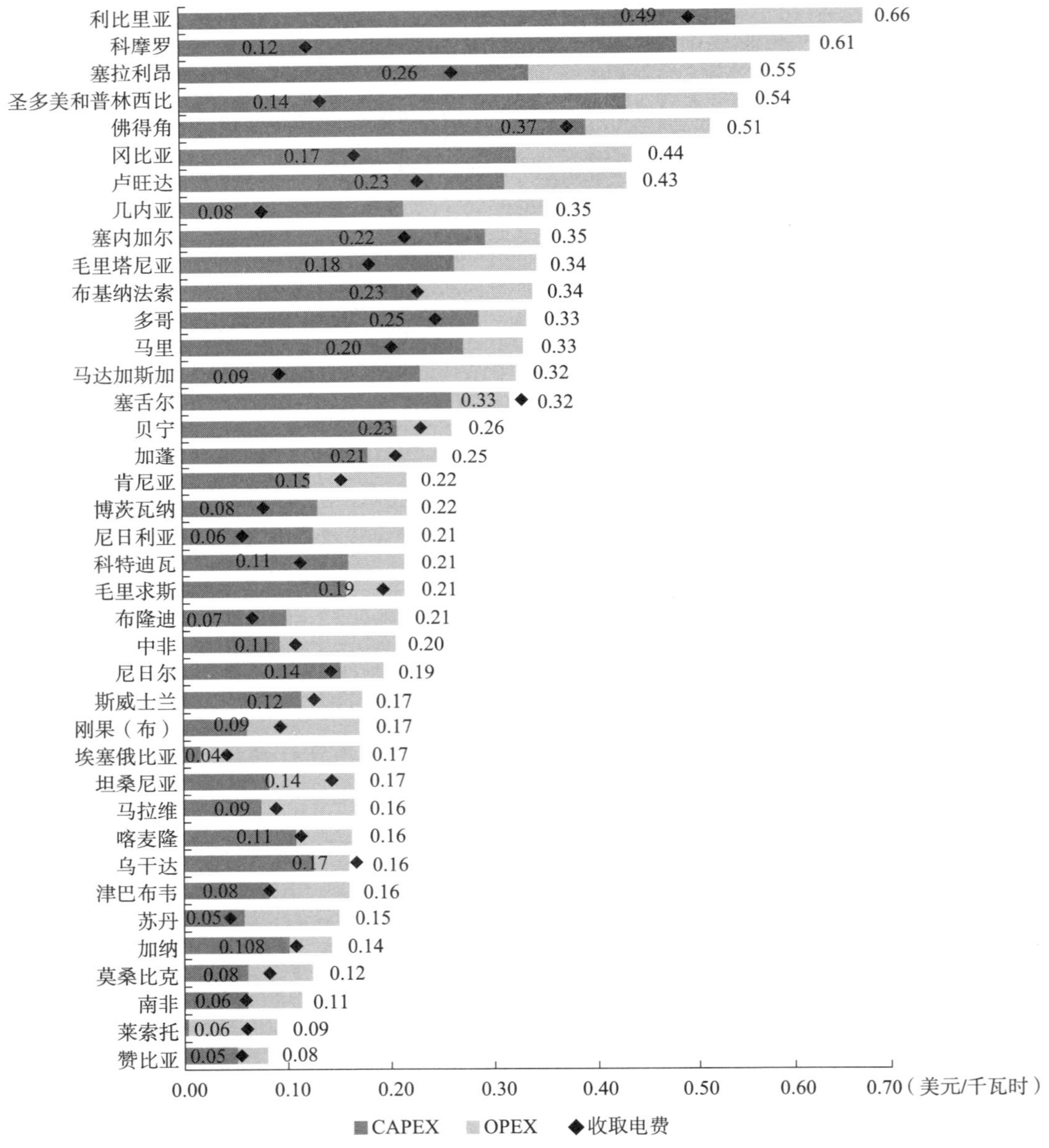

图 28.1 撒哈拉以南非洲的国家公用事业公司 2014 年供电成本与收取电费的比较

资料来源：Kojima 和 Trimble（2016）。

赤字背后的主要原因包括输电、配电线损和电费收缴不善造成的损失以及人员冗余。除此之外，滥用用户补贴造成电价过低也是导致问题的重要原因。普遍的价格补贴意味着需要大量公共支出来维持所有并网家庭的消费，即使是那些收入水平较高的家庭。几十年来一直在发展中国家盛行的全民电力补贴是不公平的，因为它们主要惠及消费最多的高收入群体（Vagliasindi，2012）。由于高收入群体使用了更多电力，这类补贴往往适得其反。此外，全民电力补贴对电力系统的发展极为不利，它们不利于电力部门的维护和投资，使得电力短缺和并网水平低下问题长期存在。只有当补贴的目标是降低接入费用并鼓励新用户接入电网而不是降低客户用电的边际价格时，补贴才能有效地发挥作用。反之，巨额预算赤字会产生不利影响，削弱公用事业公司投资新基础设施和并网工程以改善电力供应的能力。与预算赤字相关的因素限制了电网扩张并因此导致电力供应不足。

如今，新的“更智能”的定价和政策模式正在成为传统补贴模式的成功替代方案。数字技术可以自动且近乎实时地监控每个客户的消费水平，有助于根据家庭及其消费水平制定相应的价格结构。这些方法既可以通过大幅提升针对高收入、高消费家庭的价格来实现有效的交叉补贴，也可以平衡公用事业的赤字。

2.3 投资吸引力和私人资本

从历史上看，装机容量和输配电网等电力供应基础设施不足的根本原因是发展中国家电力部门的私人投资不足。由于宏观经济、政治和货币不稳定，本地融资的成本极高。2020 年数据显示，部分国家中期政府债券的收益率通常超过 15%，而美国为 1.8%，德国甚至为 0.3%。

独立发电商（IPP）是发展新兴国家电力部门的关键参与者，因为它们有助于电力市场的平衡并通过市场竞争逐渐取代国家公用事业公司。因为电气化投资的不平衡性，需要大量的前期资本，发展中国家的公共资金无法负担，在预算紧张的情况下政府有大量其他的优先事项需要满足。大量文献强调，国家通过政策制度手段改善总体投资环境，吸引独立发电商进入，可以明显提升电力并网水平（Eberhard et al.，2017b，2018；Eberhard and Gratwick，2011）。肯尼亚和南非是过去 10 年中最突出的例子。

被投资者归类为不安全且缺乏私人电力和基础设施供应商监管的国家[①]则受困于提升电力供给能力和电力可及性。最近，国际捐助者、金融银行以及中国国有企业向这些国家提供了大量投资，尽管投资规模低于具有更合适监管框架的国家。如图 28.2 所示，中国发挥着重要作用。在过去 10 年中，中国已成为撒哈拉以南非洲地区发电基础设施投资的第一来源（Eberhard et al.，2017a）。

① 可持续能源监管指标数据库（Regulatory Indicators for Sustainable Energy，RISE）可提供参考。

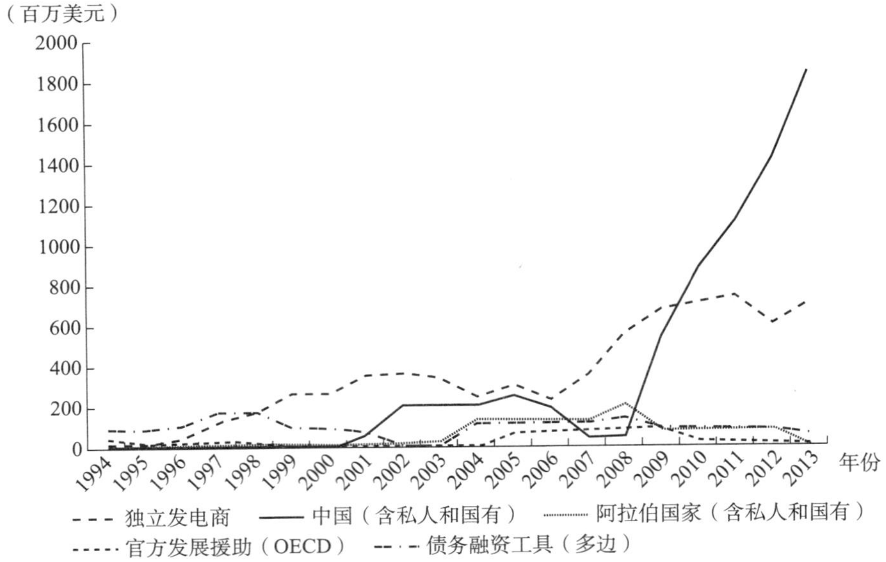

图 28.2 撒哈拉以南非洲地区发电基础设施投资

资料来源：Eberhard 等（2017a）。

根据 IEA（2016）的数据，2010 年至 2015 年，中国公司（90% 为国有企业）在撒哈拉以南非洲地区的新增发电能力总投资约为 130 亿美元，约占该地区合计新增装机容量的 30%。2010 年至 2020 年，中国承包商在撒哈拉以南非洲地区建成和在建发电容量约 17 吉瓦，相当于现有装机容量的 10%。迄今为止，这些项目至少覆盖了该地区 54 个国家中的 37 个。

2.4 家庭支付能力、接入电网费用和新的支付方案

电力供应的障碍不仅来自供应方，还与收入较低家庭的支付能力有关。这个问题涉及多个方面，都可以通过适当的政策设计来解决。

第一个方面涉及国家公用事业公司对新用户接入电网征收的费用，传统上一次性征收的费用高于大多数家庭的月收入（见表 28.1）。

表 28.1 接入电网费用和电力可及性水平

国家	每户接入电网费用（美元）	电力可及性水平（%）
肯尼亚	145	73
卢旺达	350	43
坦桑尼亚	300	33
赞比亚	200	33
加纳	35	84
埃塞俄比亚	75	45

续表

国家	每户接入电网费用（美元）	电力可及性水平（%）
乌干达	125	20
印度	25	88
孟加拉国	25	80
老挝	100	94

资料来源：Golumbeanu 和 Barnes（2013），IEA（2018）。

第二个方面涉及运行成本，即电价，以及国家公用事业公司收缴电费的能力。

第三个方面与电网供电的可靠性有关。供电不可靠、频繁停电，可能会促使家庭，尤其是小型企业、医院和学校购买备用发电机，这造成消费者为电力服务承担了双重成本，部分家庭甚至因此决定不接入电网。例如，在撒哈拉以南非洲地区和世界其他地区，用电人口之间存在巨大的用电水平差异。在尼日利亚，人均每年消耗 140 千瓦时的电量。相比之下，中国普通人每年消耗 4300 千瓦时，欧洲普通人每年消耗 6000 千瓦时，美国普通人每年消耗 13000 千瓦时。更明确地说，在许多撒哈拉以南非洲国家，平均每人每年消耗的电量仅为美国典型厨房冰箱用电量的 1/10。

与联网电力系统相比，扩大离网电气化可能会带来更高的融资挑战。能源公司和投资者更愿意投资联网、公用事业规模的项目，因为高密度的电力需求保证了更稳定的收入来源。如果电力公用事业和能源补贴的改革能够顺利实施，未来确保联网电力基础设施扩建的可融资性应该不会出现太大的问题。更大的问题是如何实施满足农村地区人口用电需求的小型电网和离网解决方案，由于地理限制或缺乏此类电网投资的商业案例，大电网无法覆盖这些地区。

最近在独立发电解决方案方面，特别是在以即用即付商业模式运行的家用光伏模块（Mazzoni，2019）的发展方面出现了新的趋势。最初，几家公司在西非和东非将商业模式转变为移动支付，这特别适合那些无法承担现金支付系统或接入电网费用的潜在客户（Bensch et al.，2018；Muchunku et al.，2018）。通过支付部分首付款，客户可以安装使用供电设备并定期支付小额费用以保持其正常运行，最终在一定时间后拥有该设备（见表 28.2）。太阳能家庭系统包括一个太阳能电池板、一个内置电池的充电控制器、一个移动充电器、几个用于其他电器的直流端口和几个电灯。这些系统升级后将可以供应更大的直流电器，例如冰箱、风扇、电视、笔记本电脑、小企业用机器和农业加工机器，甚至太阳能水泵（IEA，2017）。图 28.3 展示的是借助新兴数字技术实现技术和服务突破，以提升电力可及性的路线图，按接入方案类型分为大电网、微电网和独立太阳能家庭系统 3 个维度，分别给出了发展时间表。

表 28.2　撒哈拉以南非洲即用即付家庭太阳能系统主要运营公司的收费

公司	系统提供功率	首付款	每日分期付款
M-KOPA	8~20W	30~60 美元	0.5~1 美元
Mobisol	80~200W	63~126 美元	1~2 美元
Fenix Intl.	10~34W	5~37 美元	0.2~0.75 美元

资料来源：2019 年 9 月查询各公司网站。

图 28.3　若干可促使电力行业实现“跨越式”数字转型的新进展

资料来源：Mazzoni（2019）。

3　获得清洁烹饪：经济问题与政策工具

3.1　现代烹饪燃料：缺乏基础设施和经济激励措施

清洁烹饪挑战与电力接入之间的一个关键区别在于，人们可以不用电但是不能不吃饭。因此，无法获得现代能源服务的人群会回归到传统的烹饪方式。世界上有 30 个国家约 90% 的人口依靠固体生物质进行日常烹饪活动，其中 23 个位于撒哈拉以南非洲（IEA，2017）。在全球范围内，至少有 28 亿人（Bonjour et al.，2013），即几乎 40% 的人生活在这样的条件下。

固体生物质由木柴（有时转化为木炭）和农业残留物组成。大多数人每天都在没有清洁烹饪解决方案的情况下收集、购买和燃烧这些燃料。与固体生物质相关的主要经济问题是，他们在家庭或社区层面收集燃料，因此具有非常高的非市场的影子成本。其中包括收集木柴所花费时间的机会成本、为获取燃料而砍伐树木的环境和资源价值，以及对健康的不利影响（Karekezi et al.，2006）。虽然存在固体生物质的影子价格，但通常没有明确的说明或在市场上定价，这使得个人很难将其与清洁烹饪解决方案的市场价格进行比较。从这个意义上说，当地木炭和木柴市场的建立和监管有助于提供固体生物质真实成本的信号。然而，这只有在批发商的生产活动受到监管以减少环境危害（例如森林砍伐和土地利用退化）的情况下才有可能。此外，为了让固体生物质的真实成本变得可见，必须禁止在家庭层面剥削无薪童工和女性劳动力，否则，即使存在正式市场，也可能会刺激家庭获取自己的生物质。

向现代烹饪燃料过渡是比电气化更大的经济挑战，因为无论燃料或载体如何，现代烹饪燃料的边际运输成本都大大高于提供基本家庭用电的成本。例如，欧洲和北美大部分地区最受欢迎的发展天然气管网的解决方案，其成本估计（能源监管机构合作署，2015）约35万～100万美元/千米，具体取决于管道直径。再如，从莫桑比克向南非输送天然气的210公里LL2管道成本为165万美元/千米（SASOL，2015），而高压输电网的成本为30000美元/千米（Rosnes and Vennemo，2009）。

无法获得清洁烹饪的全球大部分人口集中在气候温暖的地区，那里不需要住宅供暖，而在非赤道国家，天然气是家庭烹饪的主要手段，也是能源公司的主要收入来源。与此同时，使用固体生物质做饭的家庭属于人口中收入最紧张的部分。即使在城市和城市周边地区，大多数城市群的横向扩张和非正式扩张也使得天然气输送管道的开发成本高昂且风险大。因此，在未来一段时间，大规模固定基础设施投资缺乏经济激励，必须考虑管道天然气的替代范式。最常考虑并且至少在某些国家/地区正在实施的选项是发展液化石油气（LPG），方式是用卡车将储罐运送到提取点，居民可以在那里购买零售规模燃料。需要注意的是，液化石油气是为数不多的能够满足世界卫生组织制定的室内污染标准的烹饪燃料之一，多项研究表明它适合发展中国家的烹饪需求。国际能源署估计，到2030年将有90%的固体生物质燃料用户转向使用液化石油气。

然而，对于农村用户而言，由于道路基础设施差以及位置偏远、人口密度低等，配送困难可能仍然是全面推广液化石油气的主要障碍（Van Leeuwen et al.，2017）。将液化石油气从生产场所或进口站分配给个人用户需要小心处理、储存和运输加压气体。显然，出于安全原因，这种类型的供应链不能随意使用，例如由未经培训的人员处理加压钢瓶。

尽管液化石油气的单位成本低于传统烹饪燃料，但钢瓶的押金和液化石油气炉的前期成本也是相当高的门槛。愿意放弃固体生物质或煤油的消费者往往缺乏足够的可支配现金。运输则是另一个难题，搬运沉重的钢瓶对于远离分发地点的农村家庭来说是一项挑战，因为偏远地区甚至一些城市中心的配电网络不佳。另一个障碍是缺乏政府补贴，以及适当的供应链。以上这些因素阻碍了液化石油气的使用。从经济角度来看，政策设计对于向更清洁的烹饪燃料过渡也至关重要。塞内加尔在液化石油气方面的经验很具有代表性，由于最初的高补贴策略，液化石油气达到了约70%的城市用户份额。然而，一旦政府决定取消补贴，消费就会大幅下降。后文将详细阐述这种逆转背后的一些经济原因。在印度观察到一个类似的趋势，超过7000万贫困妇女根据政府计划获得了免费的液化石油气炉灶。然而，后续并没有带来液化石油气销量的增长，这表明液化石油气的使用并没有促使人们完全摆脱使用有污染的固体燃料，因为伴随该计划部署的激励措施不足（Kar et al.，2019）。

3.2 长短期互补的烹饪解决方案

如果希望农村用户转向液化石油气烹饪，最关键的因素一方面是影响深远的液化石油气价值链的存在，另一方面是有针对性的扶贫交叉补贴的有效性。更智能的支付方式也有可能有助于加快液化石油气的分配（就像太阳能灯一样）——作为纯粹市场驱动的解决方案或与补贴相结合。然而，到目前为止，该解决方案积累的经验仍然有限（IEA，2017）。

尽管存在这些问题，但有大量证据表明，一旦可用且价格合理，液化石油气就能满足客户的需求。例如，南非的经验表明，有补贴的液化石油气烹饪即使在电烹饪可用且价格低廉的地方也能扎根（Kimemia and Annegarn，2016）。与此同时，在固体生物质的使用也很普遍的印度，经过数十年推广改进的生物质炉灶，液化石油气在初期似乎有替代固体生物质燃料的迹象，但最终却收效甚微（IEA，2017）。

尽管液化石油气市场出现，但据 IEA（2017）估计，固体生物质烹饪将在未来几十年内继续作为主要的烹饪燃料。这既是由于到达偏远社区所必需的运输基础设施和市场开发不足，也与当地传统和食谱相关的行为因素有关。因此，在短期和中期，人们仍然需要能够提高烹饪效率并最大程度减少危害的解决方案。最可行和普遍支持的解决方案是改进生物质炉灶，它可以显著提高燃料效率（Mehetre et al.，2017）。人们采用了许多方法来提高炉灶的效率，特别是采用了火用分析法（Colpan，2012）。

改进炉灶的措施在很大程度上受到家庭收入的影响，但也受到供应链的稳健性和当地市场可用设备类型的影响（Pattanayak et al.，2019）。经验证据表明，由于缺乏具体政策化解社会文化方面的排斥力量，该技术接纳度较低（Okuthe and Akotsi，2014）。从经济角度来看，改进后的炉灶带来了显著的经济效益（烹饪相同数量的食物所需的生物质更少）和非市场经济收益。这些包括由于减少室内空气污染而带来的健康益处、收集或购买生物质的时间减少、森林砍伐减少以及温室气体排放减少。经验证据表明，更换传统炉灶可以有低至 5 个月的（按 12% 的折现率计算）投资回收期（Rubab and Kandpal，1996；Suvarnakuta and Suwannakuta，2006），此后可节省大量燃料成本。因此，最大的经济障碍是必须通过临时商业模式和补贴策略来减少前期部分成本。同时，要确保在最初采用后持续使用，这需要解决社会和社区层面的障碍（Ruiz Mercado et al.，2011）。

另一个清洁烹饪的选择是电力。例如，在南非的城市地区，电力已经广泛用于烹饪。假设有足够的负担能力，它可能成为其他发展中国家未来烹饪组合的关键载体。当然，与其他家庭基本用电相比，做饭需要更多的电力（Bhatia and Angelou，2015）和可靠的供电。随着近年来太阳能光伏组件和电池储能成本的下降，目前使用固体生物质做饭的大部分人口将太阳能电烹饪作为成本最低的替代选择，这一可能性大大提高（Batchelor et al.，2018）。

事实上，与近年来观察到的家用太阳能系统类似，清洁烹饪市场也慢慢朝着更具创新性和私营化的商业模式发展。提供即用即付式智能液化石油气阀门的公司已经在一些国家 / 地区运营（例如肯尼亚和坦桑尼亚）。公司在气瓶顶部安装机—机互联的智能仪表（M2M），这不仅为烹饪提供经济实惠的液化石油气供应，也通过监控实现了液化天然气的消费。由于设备采用租赁或分期付款模式，可以降低进入门槛。

图 28.4 显示了智能清洁解决方案预计市场突破的时间表，电烹饪仍然落后，但在未来几十年必将出现，这要归功于其与电力接入解决方案发展的强大互补性，无论是独立的还是通过连接到微电网，甚至是主干电网。

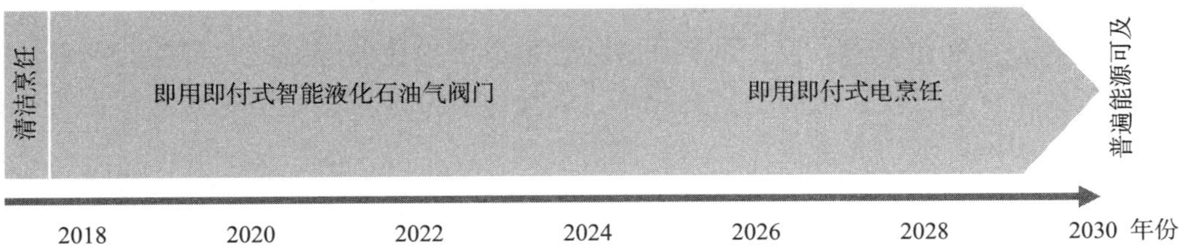

图 28.4　若干可促使清洁烹饪实现“跨越式”数字转型的新进展

资料来源：Mazzoni（2019）。

3.3　燃料选择和行为障碍

最后，在研究关于烹饪燃料的家庭决策时（Poblete Cazenave and Pachauri，2018），政策制定者必须考虑到这不一定是一个明确的、无摩擦的、成本最小化的决策，因为行为因素在起作用（Lewis Jessica J and Pattanayak Subhrendu K，2012；Sunil Malla Govinda and R Timilsina，2014）。这些与传统的烹饪习惯和食谱以及所涉及的社会文化动态有关，并且从经济学的角度来看，它们表明解决问题的最合适方法是不完全理性的选择（Vigolo et al.，2018；Akintan et al.，2018）。

因此，设计旨在扩大现代烹饪燃料的普及范围的能源政策时，必须假定价格信号可能不足以触发从固体生物质向替代烹饪燃料的转变。针对整个社区的支持措施（Vulturius and Wanjiru，2017），尤其是与教育相关的支持措施就是一个重要的例子。

无论考虑何种技术，都会发现类似的障碍，即缺乏基础设施和适当的政策来促进其发展。迄今为止，旨在实现清洁烹饪现代化的政策已被证明在很大程度上是不够的，普遍获得清洁烹饪的挑战仍然不如电气化受到关注。造成这种情况的原因之一，是创新的独立技术（例如太阳能或沼气灶）尚未真正实现市场突破。今天传统烹饪最重要的替代品仍是石油燃料和电力，几乎和几十年前一样。换句话说，清洁烹饪的主要挑战仍然是改善物流，提高对简陋炉灶替代解决方案的负担能力和文化接受度。

4 结论：实现能源可及

4.1 能源可及的经济问题

为了实现可持续发展目标 7（SDG7），即到 2030 年确保人人普遍获得现代能源，需要在不同领域更加努力。特别是解决缺乏能源可及的经济根源问题，是释放发展中国家社会和经济发展潜力的基本要求。本章强调，全球有 10 亿人仍然无法通电，主要障碍与基础设施和政策有关。

第一，全国输配电网范围和覆盖面有限，决定了城乡用电水平极不平衡的局面。再加上发电容量不足，在这种情况下期望通过新建电网来扩大消费者范围，并保证已通电家庭和企业的供电可靠性，是极具挑战性的。产生这种情况的原因是，新建电厂和电网的成本巨大，投资者面临高折现率，以及撒哈拉以南非洲等地区受电力供应不足影响的主要地区人口高度分散，这些使得投资在经济上无法盈利。最后，新客户的支付能力低和短期消费低，使得国家公用事业公司无法收回为新用户接入电网而支付的大量前期投资。

第二，大多数发展中国家面临预算不足、能源公用事业运营困难的问题。预算赤字背后的主要原因包括输电、配电和电费收取方面的重大损失、人员冗余，以及最关键的是，设计不当的客户补贴（例如全民电力补贴）导致电价过低。

第三，难以吸引投资，尤其是私人和外国投资。私人和外国投资可以极大地促进发电、输电和配电能力的提高，从而扩大电力供应并增加用电。缺乏吸引力是宏观经济、政治和货币不稳定的结果，这意味着当地资本成本极高。

第四，与潜在客户支付能力和相关前期障碍有关。例如并网费，传统上一次性征收的金额高于大多数家庭的月收入。其他障碍包括运行成本（即电价）、国家公用事业公司定期收取电费的能力，以及大电网供电可靠性。如果法律强制小型企业、医院和学校购买备用发电机，它们就没有动力接入电网。

第五，政治经济维度相关问题，即政治因素和地方机构在确定电气化路径中发挥何种作用。

关于保证普遍获得清洁烹饪解决方案遇到的挑战，由于在偏远社区中替代固体生物质存在结构性困难，以及涉及行为障碍，这一挑战甚至更大。

首先，缺乏可以促进清洁烹饪解决方案推广的基础设施，如果参考欧洲和北美模式，其根本原因是缺乏经济激励。天然气配送网络建设是资本密集型产业，如果烹饪是唯一的需求来源，没有供暖需求且工业消耗很少，那么根本就没有利润。

其次，固体生物质的影子成本和机会成本仍然是隐性的。家庭往往忽视收集木柴花费时间的机会成本、为获取燃料而砍伐树木的环境和资源价值，以及对健康的不利影响。

最后，与传统烹饪习惯和食谱相关的行为障碍，以及所涉及的社会文化问题，这些使得燃料选择问题成为一种不完全理性的选择，妨碍采用经济上最优的解决方案。

4.2　政策联动实现能源可及

总体而言，需要一套协调一致的政策来推动电力和清洁烹饪普及的协同行动（Hafner et al.，2018）。旨在到2030年实现普遍能源可及的综合政策行动尤其需要包含：技术解决方案的组合；定价和补贴改革；数字化和智能支付方案；国际组织在引导国际投资方面的强大作用；重视能源可及与其他可持续发展目标的协同作用。具体分析如下：

（1）到2030年实现普遍能源接入需要多种技术解决方案。电力规划围绕的决策是，发展大电网、微电网还是建立独立离网。与之类似，烹饪问题围绕的决策是，发展管道天然气（主要在需求密度高的城市地区，例如需求来自工业部门时）、罐装液化石油气、eCook（与电力接入协同作用），还是改进的生物质炉灶——如果其他解决方案在中期内都不可行。在这两种情况下，用于评估每个定居点最佳技术组合的建模工具对于决策者和私人团体的决策至关重要。

（2）定价和补贴改革是实现电力和清洁烹饪可及解决方案的关键有利条件。对于克服能源可及障碍，补贴这项政策工具非常有效。然而，政策制定者必须充分利用当今的数据收集和分析能力，尽可能准确地专门补贴那些真正需要的家庭。没有补贴，这些家庭将无法承担能源可及费用。每给不是真正需要的家庭补贴 1 美元，能源可及投资就减少 1 美元。与之相似，定价时必须认识到全国用户的差异性，方案设计要实现不同收入群体的支付能力和其支付意愿相匹配。如果定价改革得到有效实施，能源公用事业公司就能够以低于成本的价格向特定客户群提供电力和清洁烹饪可及解决方案，同时保持良好的资产负债表。

（3）数字化和智能支付方案作为新商业模式的推动者开始发挥更大的作用。这些方案通过降低前期成本障碍为客户提供支持，同时确保提供服务企业的偿付能力，并可消除交易成本。数据收集和分析可以覆盖得更广泛，例如覆盖能源使用习惯和支付模式数据，这样可以改进商业规划。这么做必须满足的一个条件是，信息要在政府和私人各方之间共享。

（4）国际组织在为发展中国家的能源部门吸引国际资本方面发挥着关键作用。如果一个国家的金融部门在私人投资者眼里不够稳定，无法在市场条件下吸引所需投资，那么开发和援助银行可以发挥作用，为私人投资者提供充分的保障。在公共基础设施融资中，通过与政府谈判和设置附加条件，可以实现这一目标。

（5）能源可及项目的成本效益分析在所有情况下都可能被低估，因为能源可及投资与其他发展目标的实现具有很强的相互联系（Bos et al.，2018；McCollum et al.，2018；Nerini et al.，2018）。其中最关键的一个方面是能源可及与减缓和适应气候变化目标之间的协同作用（Dagnachew et al.，2018）。特别是，事实证明，提供普遍的电力供应对全球二氧化碳排放量几乎没有影响（Calvin et al.，2016），而转向普遍清洁烹饪会因为能源效率的提高而减少排放和能源需求（Rosenthal et al.，2018；Singh et al.，2017）。同时，提供电力接入让人们能够使用空调、电扇和电话、网络等，大幅提高宜居水平。最后，同样从气候治理和项目融资的角度来看，针对适应气候变化和实现能源可及的协同举措可以带来共同利益（Chirambo，2018）。

但是如何在能源可及领域中通过政策干预实践？在操作上，区分两个级别的干预：宏观规模的改革以释放投资和微观规模的干预以实现接入解决方案。

在宏观层面，吸引大规模投资是参与电气化进程国家和国际决策者的主要责任。为此，必须协调采取几项措施，包括：

（1）确保宏观经济、汇率和政治稳定。如果一个国家想被私人资本（包括外国资本）认为环境利于长期基础设施项目投资，那么这些是首要必备条件（Sweerts et al.，2019）。

（2）通过竞争性流程引导基础设施投资，而不是直接谈判（Ackah et al.，2017）。事实证明，拍卖和招标程序在吸引 IPP 方面特别有效，它们可以成为大幅增加发电容量的真正驱动力（Ackah et al.，2017；Kruger and Eberhard，2018），让公用事业公司专注于管理自然垄断的输配电网，而政府则专注于行业治理。

（3）在设计补贴时，确保这些补贴既不是普遍的（即针对的人群过于广泛），也不是倒挂的（即对富人的支持多于穷人，因为富人更有可能接入电网并消耗更多电量），并且不要忽视清晰的长期融资战略，这一点尤其要重视，例如塞内加尔液化石油气补贴计划的初期，用于清洁烹饪的液化石油气用量飙升，补贴结束后，燃烧固体生物质的现象又大量回归。

（4）确保充分利用社会经济目标之间的协同作用。关于能源接入规划，协同融资和补贴具有 eCook 功能的电力接入就是这样的例子（Pachauri et al.，2013）。

（5）鉴于挑战巨大，只有感兴趣的国家和国际公私伙伴关系（PPP）的共同努力才能提供全面的解决方案。发展中国家目前正在开展的多项举措已经证明了这一点（Sovacool，2013）。PPP 还包括参与能源可及部门的公私方之间的数据交换，即安装微电网的公司与农村电气化机构之间的数据交换，以便实现最佳的协同规划。国际组织可以发挥重要作用，以确保开展融资和能力建设的前提是公私伙伴关系已经得到充分利用。

在微观层面（或地方层面），政策应该足够灵活，以适应不同的需求，清除不同的障碍。正如本章所强调的，一些最重要的问题包括：

（1）需要降低供需双方的进入门槛，即降低家庭接入费用的同时，也确保私营公司推广的能源接入解决方案在其采用的商业模式和实施策略上具有很大灵活性。

（2）充分利用数字技术的潜力，包括即用即付业务计划（主要通过移动电子银行发挥作用，因此其与能源可及具有强大的协同作用）。

（3）如果经济上可行且有利健康，应采取行动鼓励放弃使用固体生物质燃料。应针对女性等特定群体推进。同时，这些行动应该关注到传统的作用（食谱和口味），否则可能会适得其反。

（4）固体生物质烹饪问题没有一蹴而就的解决方案。虽然建模情景认可这个事实，即到 2030 年无法实现普遍转向液化石油气或 eCook（IEA，2017），但改进的生物质炉灶、液化石油气和 eCook 的有效组合在中期内可能非常有效，可以大幅减少室内空气污染、减少森林砍伐和防止家庭自主收集薪柴。

（5）在当地收集和分析数据对于正确衡量能源接入解决方案是必要的。考虑来自农业和创业企业等生产部门的能源需求组成部分很重要，如果提供充足的能源供应，它们可以促进当地社会经济发展和就业。忽视这些能源需求来源可能只能部分解决能源可及问题，并导致持续的能源匮乏。

参考文献

[1] Ackah, I., Opoku, F. A., & Suleman, S. (2017). To Toss a Coin or Shake a Hand: An Overview of Renewable Energy Interventions and Procurement in selected African Countries. MPRA Paper 77489.

[2] Agency for the Cooperation of Energy Regulators. (2015). Report on unit investment cost indicators and corresponding reference values for electricity and gas infrastructure: Electricity infrastructure. http://www.acer.europa.eu/Official_documents/Acts_ of_the_Agency/Publication/UICReport–Electricityinfrastructure.pdf.

[3] Akintan, O., Jewitt, S., & Clifford, M. (2018). Culture, tradition, and taboo: Understanding the social shaping of fuel choices and cooking practices in Nigeria. Energy Research & Social Science, 40, 14–22.

[4] Amegah, A. K., & Jaakkola, J. J. (2016). Household air pollution and the sustainable development goals. Bulletin of the World Health Organization, 94(3), 215.

[5] Batchelor, S., Brown, E., Leary, J., Scott, N., Alsop, A., & Leach, M. (2018). Solar electric cooking in Africa: Where will the transition happen first? Energy Research & Social Science, 40, 257–272. https://doi.org/10.1016/j.erss.2018.01.019.

[6] Bensch, G., Grimm, M., Huppertz, M., Langbein, J., & Peters, J. (2018). Are promo–tion programs needed to establish off–grid solar energy markets? Evidence from rural Burkina Faso. Renewable and Sustainable Energy Reviews, 90, 1060–1068.

[7] Bensch, G., Peters, J., & Sievert, M. (2017). The lighting transition in rural Africa— From kerosene to battery–powered LED and the emerging disposal problem. Energy for Sustainable Development, 39, 13–20.

[8] Bernard, T. (2010). Impact analysis of rural electrification projects in Sub–Saharan Africa. The World Bank Research Observer, 27(1 (February 2012)), 33–51.

[9] Bhatia, M., & Angelou, N. (2015). Beyond connections: Energy access redefined.World Bank.

[10] Blimpo, M. P., & Cosgrove–Davies, M. (2019). Electricity Access in Sub–Saharan Africa: Uptake, Reliability, and Complementary Factors for Economic Impact. World Bank Publications.

[11] Bonan, J., Pareglio, S., & Tavoni, M. (2017). Access to modern energy: A review of barriers, drivers and impacts. Environment and Development Economics, 22(5), 491–516.

[12] Bonjour, S., Adair–Rohani, H., Wolf, J., Bruce, N. G., Mehta, S., Prüss–Ustün, A., Lahiff, M., Rehfuess, E. A., Mishra, V., & Smith, K. R. (2013). Solid fuel use for household cooking: Country and regional estimates for 1980–2010. Environmental Health Perspectives, 121(7), 784–790.

[13] Bos, K., Chaplin, D., & Mamun, A. (2018). Benefits and challenges of expanding grid electricity in Africa: A review of rigorous evidence on household impacts in develop-ing countries. Energy for Sustainable Development, 44, 64–77.

[14] Byers, E., Gidden, M., Leclère, D., Balkovic, J., Burek, P., Ebi, K., Greve, P., Grey, D., Havlik, P., Hillers, A., & others. (2018). Global exposure and vulnerability to multi-sector development and climate change hotspots. Environmental Research Letters, 13(5), 055012.

[15] Calvin, K., Pachauri, S., De Cian, E., & Mouratiadou, I. (2016). The effect of African growth on future global energy, emissions, and regional development. Climatic Change, 136(1), 109–125. https://doi.org/10.1007/s10584-013-0964-4.

[16] Chattopadhyay, D., Bazilian, M., & Lilienthal, P. (2015). More power, less cost: Transitioning up the solar energy ladder from home systems to mini-grids. The Electricity Journal, 28(3), 41–50.

[17] Chirambo, D. (2018). Towards the achievement of SDG 7 in sub-Saharan Africa: Creating synergies between Power Africa, Sustainable Energy for All and climate finance in-order to achieve universal energy access before 2030. Renewable and Sustainable Energy Reviews, 94, 600–608.

[18] Colpan, C. O. (2012). Exergy analysis of an integrated two-stage biomass gasifier and Solid Oxide Fuel Cell system. International Journal of Exergy, 10(1), 61–76.

[19] Dagnachew, A. G., Lucas, P. L., Hof, A. F., & van Vuuren, D. P. (2018). Trade-offs and synergies between universal electricity access and climate change mitigation in Sub-Saharan Africa. Energy Policy, 114, 355–366. https://doi.org/10.1016/j. enpol.2017.12.023.

[20] Eberhard, A., Gratwick, K., & Kariuki, L. (2018). Kenya's lessons from two decades of experience with independent power producers. Utilities Policy, 52, 37–49.

[21] Eberhard, A., Gratwick, K., Morella, E., & Antmann, P. (2017a). Accelerating invest-ments in power in sub-Saharan Africa. Nature Energy, 2, 17005.

[22] Eberhard, A., Gratwick, K., Morella, E., & Antmann, P. (2017b). Independent Power Projects in Sub-Saharan Africa: Investment trends and policy lessons. Energy Policy, 108, 390–424.

[23] Eberhard, A., & Gratwick, K. N. (2011). IPPs in Sub-Saharan Africa: Determinants of success. Energy Policy, 39(9), 5541–5549.

[24] Enerdata. (2016). Study of the Cost of Electricity Projects in Africa For the African Development Bank.

[25] Falchetta, G., Gernaat, D. E. H. J., Hunt, J., & Sterl, S. (2019). Hydropower depen-dency and climate change in sub-Saharan Africa: A nexus framework and evidence-based review. Journal of Cleaner Production, 231, 1399–1417. https://doi. org/10.1016/j.jclepro.2019.05.263.

[26] Falchetta, G., Pachauri, S., Byers, Edward, Danylo, Olha, & Parkinson, Simon. (2020). Satellite observations reveal inequalities in the progress and effectiveness of recent electrification in sub-Saharan Africa. One Earth.

[27] Findt, K., Scott, D. B., & Lindfeld, C. (2014). Sub-Saharan Africa Power Outlook 2014.KPMG Africa.

[28] Fouquet, R. (2016). Path dependence in energy systems and economic development.Nature Energy, 1, 16098.

[29] Golumbeanu, R., & Barnes, D. (2013). Connection charges and electricity access in sub-Saharan Africa. The World Bank.

[30] Grimm, M., Munyehirwe, A., Peters, J., & Sievert, M. (2016). A first step up the energy ladder?

Low cost solar kits and household's welfare in rural Rwanda. The World Bank.
[31] Hafner, M., Tagliapietra, S., & de Strasser, L. (2018). Energy Investments for Africa's Energy Transition. In Energy in Africa (pp. 77–96). Springer.
[32] IEA. (2017). WEO 2017 Special Report: Energy Access Outlook. International Energy Agency. https://www.iea.org/publications/freepublications/publication/weo–2017–special–report–energy–access–outlook.html.
[33] IEA. (2018). World Energy Outlook 2018. https://www.iea.org/weo2018/.
[34] IEA, IRENA, & United Nations Statistics Division. (2019). Tracking SDG7: The Energy Progress Report 2019.
[35] IMF. (2013, May 13). Reforming Energy Subsidies is Critical for Realizing Africa's Growth Potential. ID4D. https://ideas4development.org/en/reforming–energy–subsidies–is–critical–for–realizing–africas–growth–potential/.
[36] International Energy Agency. (2016). Boosting the Power Sector in Sub–Saharan Africa. https://www.oecd–ilibrary.org/content/publication/9789264262706–en.
[37] International Energy Agency. (2017). Energy Access Outlook (World Energy Outlook Special Report). https://www.iea.org/publications/freepublications/publication/weo–2017–special–report–energy–access–outlook.html.
[38] Jacome, V., Klugman, N., Wolfram, C., Grunfeld, B., Callaway, D., & Ray, I. (2019). Power quality and modern energy for all. Proceedings of the National Academy of Sciences, 116(33), 16308–16313.
[39] Kar, A., Pachauri, S., Bailis, R., & Zerriffi, H. (2019). Using sales data to assess cooking gas adoption and the impact of India's Ujjwala programme in rural Karnataka. Nature Energy, 4(9), 806–814.
[40] Karekezi, S., Lata, K., & Coelho, S. T. (2006). Traditional biomass energy: Improving its use and moving to modern energy use. Renewable Energy—A Global Review of Technologies, Policies and Markets, 1, 231–261.
[41] Kimemia, D., & Annegarn, H. (2016). Domestic LPG interventions in South Africa: Challenges and lessons. Energy Policy, 93, 150–156.
[42] Kojima, M., & Trimble, C. (2016). Making power affordable for Africa and viable for its utilities. World Bank, Washington, DC. https://openknowledge.worldbank. org/handle/10986/25091.
[43] Kruger, W., & Eberhard, A. (2018). Renewable energy auctions in sub–Saharan Africa: Comparing the South African, Ugandan, and Zambian Programs. Wiley Interdisciplinary Reviews: Energy and Environment, 7(4), e295.
[44] Lewis Jessica J., & Pattanayak Subhrendu K. (2012). Who Adopts Improved Fuels and Cookstoves? A Systematic Review. Environmental Health Perspectives, 120(5), 637–645. https://doi.org/10.1289/ehp.1104194.
[45] Mazzoni, D. (2019). Digitalization for Energy Access in Sub–Saharan Africa: Challenges, Opportunities and Potential Business Models. 2198–2019–1357, 61.
[46] McCollum, D. L., Echeverri, L. G., Busch, S., Pachauri, S., Parkinson, S., Rogelj, J., Krey, V., Minx, J. C., Nilsson, M. and, Stevance, A.–S., & others. (2018). Connecting the sustainable development goals by their energy inter–linkages. Environmental Research Letters, 13(3), 033006.
[47] Mehetre, S. A., Panwar, N. L., Sharma, D., & Kumar, H. (2017). Improved biomass cookstoves

for sustainable development: A review. Renewable and Sustainable Energy Reviews, 73, 672–687. https://doi.org/10.1016/j.rser.2017.01.150.

[48] Mentis, D., Howells, M., Rogner, H., Korkovelos, A., Arderne, C., Zepeda, E., Siyal, S., Taliotis, C., Bazilian, M., & de Roo, A. (2017). Lighting the World: The first application of an open source, spatial electrification tool (OnSSET) on Sub–Saharan Africa. Environmental Research Letters, 12(8), 085003.

[49] Monyei, C. G., Jenkins, K., Serestina, V., & Adewumi, A. O. (2018). Examining energy sufficiency and energy mobility in the global south through the energy justice frame–work. Energy Policy, 119, 68–76.

[50] Muchunku, C., Ulsrud, K., Palit, D., & Jonker–Klunne, W. (2018). Diffusion of solar PV in East Africa: What can be learned from private sector delivery models? Wiley Interdisciplinary Reviews: Energy and Environment, 7(3), e282. https://doi. org/10.1002/wene.282.

[51] Nerini, F. F., Tomei, J., To, L. S., Bisaga, I., Parikh, P., Black, M., Borrion, A., Spataru, C., Broto, V. C., & Anandarajah, G. (2018). Mapping synergies and trade–offs between energy and the Sustainable Development Goals. Nature Energy, 3(1), 10.

[52] Nussbaumer, P., Bazilian, M., & Modi, V. (2012). Measuring energy poverty: Focusing on what matters. Renewable and Sustainable Energy Reviews, 16(1), 231–243.

[53] Occhiali, G., & Falchetta, G. (2018). The Changing Role of Natural Gas in Nigeria.FEEM Working Paper.

[54] Okuthe, I. K., & Akotsi, E. N. (2014). Adoptions of improved biomass cook stoves by households: An example from Homabay County. International Journal of Humanities and Social Science, 4(9 (1)), 191–206.

[55] Onyeji, I., Bazilian, M., & Nussbaumer, P. (2012). Contextualizing electricity access in sub–Saharan Africa. Energy for Sustainable Development, 16(4), 520–527.

[56] Pachauri, S. (2011). Reaching an international consensus on defining modern energy access. Current Opinion in Environmental Sustainability, 3(4), 235–240.

[57] Pachauri, S., van Ruijven, B. J., Nagai, Y., Riahi, K., van Vuuren, D. P., Brew–Hammond, A., & Nakicenovic, N. (2013). Pathways to achieve universal household access to modern energy by 2030. Environmental Research Letters, 8(2), 024015.

[58] Pattanayak, S. K., Jeuland, M., Lewis, J. J., Usmani, F., Brooks, N., Bhojvaid, V., Kar, A., Lipinski, L., Morrison, L., Patange, O., Ramanathan, N., Rehman, I. H., Thadani, R., Vora, M., & Ramanathan, V. (2019). Experimental evidence on promotion of electric and improved biomass cookstoves. Proceedings of the National Academy of Sciences, 116(27), 13282–13287. https://doi.org/10.1073/pnas.1808827116.

[59] Poblete–Cazenave, M., & Pachauri, S. (2018). A structural model of cooking fuel choices in developing countries. Energy Economics, 75, 449–463. https://doi. org/10.1016/j.eneco.2018.09.003.

[60] Rathi, S. S., & Vermaak, C. (2017). The impacts of rural electrification on labour mar–ket outcomes in developing countries: Evidence from India and South Africa. Paper Presented at the ESSA 2017 BIENNIAL CONFERENCE, RHODES UNIVERSITY, GRAHAMSTOWN. https://2017.essa.org.za/fullpaper/essa_3565.pdf.

[61] RISE. (2017). RISE Renewable Indicators for Sustainable Energy. http://rise. esmap.org/.

[62] Rosenthal, J., Quinn, A., Grieshop, A. P., Pillarisetti, A., & Glass, R. I. (2018). Clean cooking

and the SDGs: Integrated analytical approaches to guide energy interven–tions for health and environment goals. Energy for Sustainable Development, 42, 152–159. https://doi.org/10.1016/j.esd.2017.11.003.

[63] Rosnes, O., & Vennemo, H. (2009). Powering up: Costing power infrastructure spend–ing needs in Sub–Saharan Africa. World Bank.

[64] Rubab, S., & Kandpal, T. C. (1996). Biofuel mix for cooking in rural areas: Implications for financial viability of improved cookstoves. Bioresource Technology, 56(2–3), 169–178.

[65] Ruiz–Mercado, I., Masera, O., Zamora, H., & Smith, K. R. (2011). Adoption and sus–tained use of improved cookstoves. Energy Policy, 39(12), 7557–7566.

[66] Rumchev, K., Spickett, J. T., Brown, H. L., & Mkhweli, B. (2007). Indoor air pollution from biomass combustion and respiratory symptoms of women and children in a Zimbabwean village. Indoor Air, 17(6), 468–474.

[67] SASOL. (2015). Mozambique Gas Pipeline In US$210 Million Expansion. https://www.sasol.com/media–centre/media–releases/mozambique–gas–pipeline–us210–million–expansion.

[68] Singh, D., Pachauri, S., & Zerriffi, H. (2017). Environmental payoffs of LPG cooking in India. Environmental Research Letters, 12(11), 115003.

[69] Sovacool, B. K. (2013). Expanding renewable energy access with pro–poor public pri–vate partnerships in the developing world. Energy Strategy Reviews, 1(3), 181–192. Sunil Malla Govinda R Timilsina. (2014). Household Cooking Fuel Choice and Adoption of Improved Cookstoves in Developing Countries: A Review. The World Bank. https://doi.org/10.1596/1813–9450–6903.

[70] Suvarnakuta, P., & Suwannakuta, P. (2006). Biomass cooking stove for sustainable energy and environment. The 2nd Joint International Conference on "Sustainable Energy and Environment (SEE 2006) ", Bangkok, Thailand.

[71] Sweerts, B., Dalla Longa, F., & van der Zwaan, B. (2019). Financial de–risking to unlock Africa's renewable energy potential. Renewable and Sustainable Energy Reviews, 102, 75–82.

[72] Taneja, J. (2018). If You Build It, Will They Consume? Key Challenges for Universal, Reliable, and Low–Cost Electricity Delivery in Kenya. Center for Global Development Working Paper, 491.

[73] Trotter, P. A. (2016). Rural electrification, electrification inequality and democratic institutions in sub–Saharan Africa. Energy for Sustainable Development, 34, 111–129. The General Assembly (2015). Resolution adopted by the General Assembly on 25 September 2015: Transforming our world: The 2030 Agenda for Sustainable Development.

[74] United Nations. (2015). Resolution adopted by the General Assembly on 25 September 2015. https://www.un.org/en/development/desa/population/migration/gener–alassembly/docs/globalcompact/A_RES_70_1_E.pdf.

[75] USAID. (2019). Nigeria Power Africa Fact Sheet. https://www.usaid.gov/power–africa/nigeria#Energy%20Sector.

[76] Vagliasindi, M. (2012). Implementing energy subsidy reforms: An overview of the key issues. The World Bank.

[77] Van de Walle, D. P., Ravallion, M., Mendiratta, V., & Koolwal, G. B. (2013). Long–term impacts of household electrification in rural India. No 6527, Policy Research Working Paper Series.

[78] Van Leeuwen, R., Evans, A., & Hyseni, B. (2017). Increasing the use of liquefied petro–

leum gas in cooking in developing countries. World Bank. https://openknowledge. worldbank. org/bitstream/handle/10986/26569/114846–BRI–PUBLIC–add–series–VC–LWLJfinOKR. pdf?sequence=5&isAllowed=y.

[79] van Vliet, M. T. H., van Beek, L. P. H., Eisner, S., Flörke, M., Wada, Y., & Bierkens, M.F. P. (2016). Multi–model assessment of global hydropower and cooling water discharge potential under climate change. Global Environmental Change, 40, 156–170. https://doi.org/10.1016/j.gloenvcha.2016.07.007.

[80] Vigolo, V., Sallaku, R., & Testa, F. (2018). Drivers and barriers to clean cooking: A systematic literature review from a consumer behavior perspective. Sustainability, 10(11), 4322.

[81] Vulturius, G., & Wanjiru, H. (2017). Role of social relations in the adoption of improved cookstoves. Stockholm Environment Institute.

[82] World Bank. (2018). World Bank Data. https://data.worldbank.org/.

第 29 章　颠覆性技术

法比奥·热那亚语①

1　引言

颠覆指的是彻底改变一个行业传统运作方式的行为，例如引入一项新技术或新标准，过渡时间越短，该技术（标准）则被认为越具有颠覆性。

一个著名的例子是电信行业：几十年来，该行业主要提供基于铜线网络的固定电话业务，并取得了巨大成功。在 20 世纪 60 年代，6% 的欧盟人使用固定电话（World Bank，2019）。到 21 世纪初，这一数字已增长到将近 50%，达到了历史峰值。而仅 8 年后的 2018 年，固定电话用户的比例就下降到了 40%，这主要是由于手机的引入和巨大成功——这就是一种技术颠覆。与此同时，电信行业开始提供移动信息和媒体服务，迅速且大幅度地调整了他们的商业模式。虽然固定电话仍可能有未来，但它肯定不会是基于铜线的，而是使用光纤电缆，因为光纤电缆能够以更高的速度传输大量的数据。

当然，能源不是电信——尽管它们有一些相似之处，且最明显的相似之处是这两个行业都是网络产业。然而，在许多方面，能源被认为要复杂得多。例如，各种能源载体几十年的共存，其中石油、天然气、煤炭、电力是受到最广泛认可的。此外，能源处于对抗气候变化的前沿，因为与能源相关的排放占全球温室气体（Green House Gas，GHG）排放的最大份额。人们普遍认为，避免与能源相关的 GHG 排放比避免与土地使用相关的 GHG 排放要容易得多，比如在农业领域（Umweltbundesamt，2018）。出于这个原因，各国已经出台了一系列政策措施，其中最重要的是推动可再生能源电力行业的发展，这是全球许多国家都采取的措施。尽管有技术的进步和政策的努力，但至少到目前为止，能源消费的历史模式仍惊人地稳定。

本章旨在确定可能具有颠覆性的能源技术和能源用途。首先，定义合适的指标来跟踪能源系统的重大变化，并试图了解现有的模式，分析其中一些模式长期稳定的原因。其次，将更多地了解过去的重大变化事件，以及这些事件是否可以被归类为“颠覆性”的。再次，将筛选可能在未来几十年具有颠覆性的一些技术。最后，本章提出了结论和展望。

① 法比奥·热那亚语（Fabio Genoese），巴黎政治大学国际事务学院；电子邮件：fabio@genoese.eu。

2 监测能源变化

为了评估颠覆性，定义一个可用于跟踪和评估能源行业重大变化的指标是有帮助的。为此，本章定义了衡量能源领域结构性变化的3个主要指标：

（1）能源需求的减少；

（2）最终能源载体消费结构的变化；

（3）最终能源载体生产结构的变化。

第一个指标，即能源需求的减少，被广泛认为是实现长期气候目标的关键措施。一般来说，可以通过提高现有工艺的效率（例如，对发电厂来说，可以安装一个转换效率更高的新涡轮机）或通过减少基本需求（例如，对房屋来说可增加隔热）来实现。通常情况下，这些过程不会在整个行业立即发生，因为在能源行业，设备的寿命可以达到几十年。这使得新设备的普及成为了一个漫长的过程。此外，考虑到经济活动与能源消耗之间的强相关性，至少到目前为止，经济增长总是伴随着能源需求的增加。因此，为了能够衡量效率的影响，将能源需求的演变与没有任何效率改进的反事实情景（这种反事实情景通常被称为"照常发展""Business-as-Usual"）进行比较是有帮助的。这需要深入研究技术和能源载体。

出于这个原因，第二个指标关注的是能源统计学家所说的最终能源消费，即家庭、工业、服务业消耗的能源。欧盟统计局（Eurostat）将其定义为"到达最终消费者家门口的能源，不包括能源部门本身使用的能源"。还有人补充，它不包括能源部门本身用于转换的能源，例如将原油转化为汽油等石油产品时使用的能源。此外，按能源载体（石油、天然气、煤炭、电力）和使用能源的部门（运输、家庭、工业、服务业）来分解最终能源消费总量是有帮助的。换句话说，我们同时对不同竞争对手（能源载体）和不同产品类别（能源部门）的市场份额感兴趣。这对消费物品（如乘用车、锅炉）尤其有意义，首先是因为相比于房屋外墙，这些消费品更新更频繁，其次是因为它们的购买决策不只是受经济原则的指导。

图29.1展示了德国的结果（2018年数据）。尽管不能代表所有国家，但德国的案例让我们深入了解了在大多数经合组织（OECD）国家都可以观察到的模式。通过对最终能源消费总量（Total Final Energy Consumption，TFC）的分解，可以注意到有3种主要的能源载体：石油、天然气、电力。2018年，36%的TFC是石油和石油产品，其次是天然气（25%）和电力（21%）。电力在最终能源消费中的份额也被称为电气化程度。电力是一种非常有价值的能源形式，因为它可以以非常高的转换效率转化为所谓的有用功（例如牵引力）。相比之下，热能在燃烧过程中的转换效率明显较低，因为热能在转化为功时面临着热力学限制。因此，将最终用途转换为电力（即"电气化"）还可以减少一次能源需求，并有助于提高能源效率。

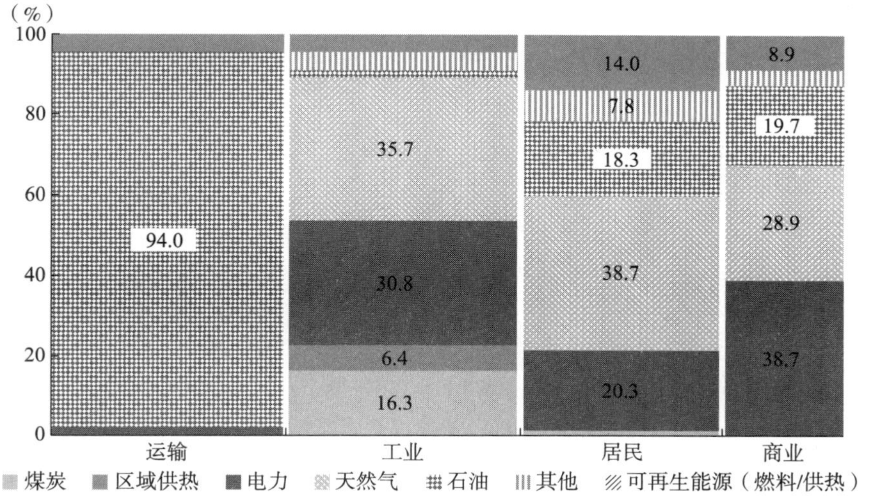

图 29.1　德国的最终能源需求（按能源载体和部门划分，2018 年）

资料来源：整理自 2020 年德国联邦能源部数据。

图 29.1 也显示出各部门存在着显著的差异。在工业部门，煤炭在最终能源消耗中仍占有一定的份额，①例如用矿石进行一次炼钢。在所谓的高炉路线（blast furnace route）中，需要焦煤来还原铁矿石，从而产生熔铁，然后提炼成粗钢。在这个过程中，二氧化碳被排放出来。另一种选择是电弧炉路线（electric arc furnace route），但这种路线在德国和其他大多数炼钢国家不太普遍。它的主要优点是废金属可以作为原料，通过电弧加热到 1800℃来生产钢。该工艺不会直接产生任何二氧化碳的排放，而且通常比高炉工艺能耗更低，因为它“回收”了由钢铁制成的报废产品，但这是一种二次炼钢路线，不能完全取代一次炼钢。

当具体观察运输部门时，石油和石油产品在 2018 年占运输需求的 94%，但很明显大家对石油和石油产品避而不谈。此外，考虑到石油产品和生物燃料的综合贡献（2018 年占 4%），这一份额在过去 30 年几乎没有变化（见图 29.2）。到目前为止，运输部门已被证明能够抵御颠覆，因为还没有找到运输中（化石）液体燃料的合适（且方便）替代品。生物燃料的引入主要是由政策驱动的，它的影响有限，因为生产额外生物燃料的潜力既不在经济上有吸引力（因此需要持续的政策支持），而且当粮食作物②（例如玉米或可食用植物油）被用作生物燃料的原料时，生产额外生物燃料的潜力也不被认为是特别可持续的（FAO，2013）。尽管如此，未来一个关键的开放性问题是：有可能打破石油在交通运输中的主导地位吗？

① 煤炭也可用来发电。然而，在这种情况下，煤炭不被认为是最终的能源载体（见第三个指标，即能源载体的生产结构）。

② 为了避免这种类型的竞争（粮食与燃料），有人建议只使用非粮食作物，如纸浆厂的森林残留物作为生物燃料的原料。然而，这在经济上可行的潜力有限。

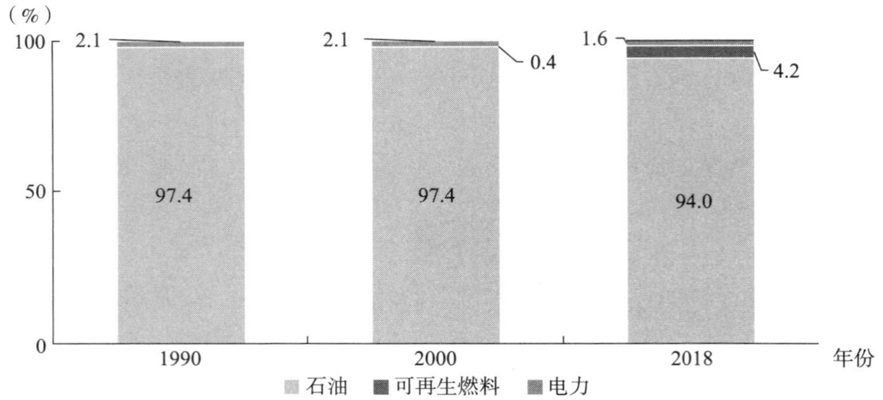

图 29.2 德国交通部门的最终能源需求（按能源载体划分，1990—2018 年）

资料来源：整理自 2020 年德国联邦能源部数据。

在另外两个部门中，三大能源载体之间的组合更为均衡。例如，许多家庭使用天然气供热（空间供暖或是热水），而另一些家庭则更多地依赖电力。正如前面提到的，在大多数经合组织（OECD）国家也可以发现类似的模式，但也能反映各国的特殊性。事实上，法国的数据会显示住宅能源消耗中电力的份额更高，因为德国更广泛地使用直接电加热器。

第三个指标是指能源载体的生产结构。这个概念在电力方面是众所周知的，因为电力不是自然界中存在的能量载体，这与从地下储层中开采的石油和天然气不同。电力必须首先从其他（一次）能源载体中产生，这些能源载体可以是传统能源（如固体、气体、液体燃料，也可以是核能和水能），也可以是现代能源（如风能和太阳能）。从碳密集型化石能源转向可再生能源，被广泛认为是能够向气候中性能源系统过渡的关键措施。事实上，2018 年德国消耗的 38% 的电力产自可再生能源，高于 2004 年的 9%，比当年欧盟的平均水平高出 6 个百分点。

当聚合具有相似特征的能源载体时，这种分析生产结构的概念可以应用于所有能源载体，例如，把石油和液体生物燃料看作一个体量更大的能源载体，即“液体燃料”的家族成员，并计算可再生能源在这个能源载体家族中的总体份额。在德国，可再生能源在液体燃料中的份额为 3%，明显低于可再生能源在电力部门的份额（见图 29.3）。这是由于到目前为止能源转型主要集中在电力部门，因此可再生能源在电力中的份额高于在液体或气体[①]燃料中的份额也就不足为奇了。

毫无疑问，对于液体和气体燃料来说，由政策驱动而颠覆的风险比以往任何时候都要高。如果液体和气体燃料继续跟不上电力的发展步伐，并且不能随着时间的推移变得更加环保，政策制定者可以进行干预。如今，人们已经普遍承认，用电力取代液体和气体燃料是实现气候中和的关键措施。为了理解这种从一种能源载体到另一种能源载体的大规模转换的可行性——这确实代表着一种颠覆——回顾一下能源行业已发

① 对于气体燃料，生物甲烷被认为是可再生能源载体。然而，生物甲烷在2018年德国天然气结构中的份额无关紧要。

生的颠覆性事件是有帮助的。

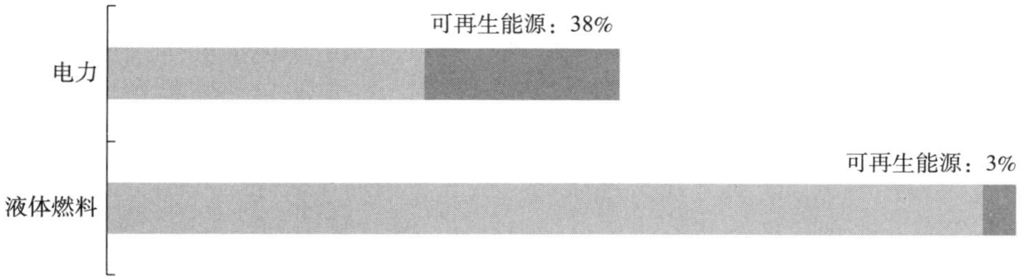

图 29.3　可再生能源在电力和液体燃料中的份额（德国，2018 年）

资料来源：整理自 2020 年德国联邦能源部数据。

3　能源行业已发生的颠覆性事件

上一节介绍了可用于揭示颠覆的三个指标：能源需求的减少、最终能源载体消费结构的变化，以及最终能源载体生产结构的变化。下文将后两个指标应用于能源行业过去的转型，并评估其颠覆程度。

3.1　德国住宅供暖：20 世纪 90 年代煤炭时代的终结

交通部门最终能源载体组合在过去 30 年几乎保持不变，与之相比，住宅部门在过去 20 年发生了显著变化。继续以德国为例，一个具体的例子是 1990 年至 2000 年，短短 10 年间家庭供暖方式的变化（见图 29.4）。2000 年，煤炭仅占居民 TFC 的 1.9%，低于 1990 年的 16.3%。1990 年，燃烧褐煤的固体燃料炉仍很普遍（特别是在东德），但在 20 世纪 90 年代迅速被取代。大赢家是天然气，其份额增长占煤炭市场份额损失的 2/3 以上，其他赢家还有生物质能和电力。

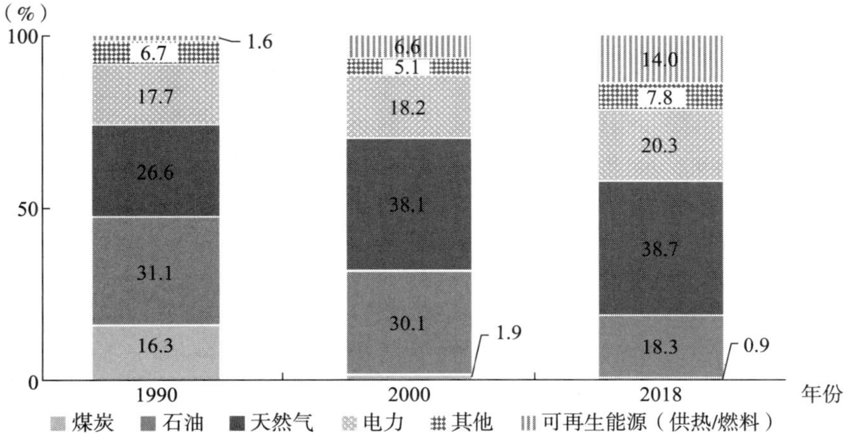

图 29.4　德国按能源载体划分的家庭最终能源需求（1990—2018 年）

资料来源：整理自 2020 年德国联邦能源部数据。

用生物质能代替煤炭可以被认为是一个简单的“燃料转换”过程，这意味着炉子被保留，只是炉子里燃烧了不同的固体燃料。选择天然气和电力需要客户安装新的加热设备，如燃气锅炉，这就是一种技术颠覆。数据表明，燃油加热设备也面临着类似的命运，从1990年到2018年，德国住宅TFC中的石油份额几乎减半至18.3%。然而，燃油集中加热锅炉仍然相当普遍。它们的功能类似于燃气冷凝锅炉，但依赖石油而不是天然气作为燃料供应，这对没有连接到天然气管网的家庭来说特别有意义。而这种情况并不罕见：在现代经济体中，几乎每个家庭都能接入电网，但天然气却并非如此，即使在意大利或德国等天然气消耗量相当大的OECD国家也是如此。一个重要的例子是撒丁岛：尽管撒丁岛是地中海的第二大岛屿，但它并没有接入意大利的天然气管网。液化石油气（LPG）作为替代燃料得到使用，这是一种在8巴压力和环境温度下变成液体的石油产品，其物理特性允许使用相对安全的外部储罐现场储存。展望未来，很多燃油锅炉在未来10年必然会达到使用寿命的终点。因此，未来一个关键的开放性问题是：哪种能源载体能够在住宅供暖中夺取石油的市场份额？

3.2 美国发电：天然气取代煤炭

另一个众所周知且被充分研究过的技术颠覆案例，是美国的页岩气革命（Bellelli, 2013）。页岩气（更普通的说法是非常规天然气）是通过开发获得的化石天然气，这种开发方式被认为是新的且不同以往的，因为涉及水力压裂和水平钻井。页岩气的开发被认为是一场革命，因为它使美国能够大规模增加天然气产量。大量的低成本天然气对美国天然气价格产生了下行的影响，并使得许多市场重新洗牌，其中包括美国电力市场。长期以来，美国的发电行业一直由燃煤电厂主导。2008年，煤炭发电量占发电总量的48%，天然气占21%（见图29.5）。页岩气革命导致天然气发电量在2016年超过了燃煤发电量，这距离页岩气革命的开始仅有5年的时间。

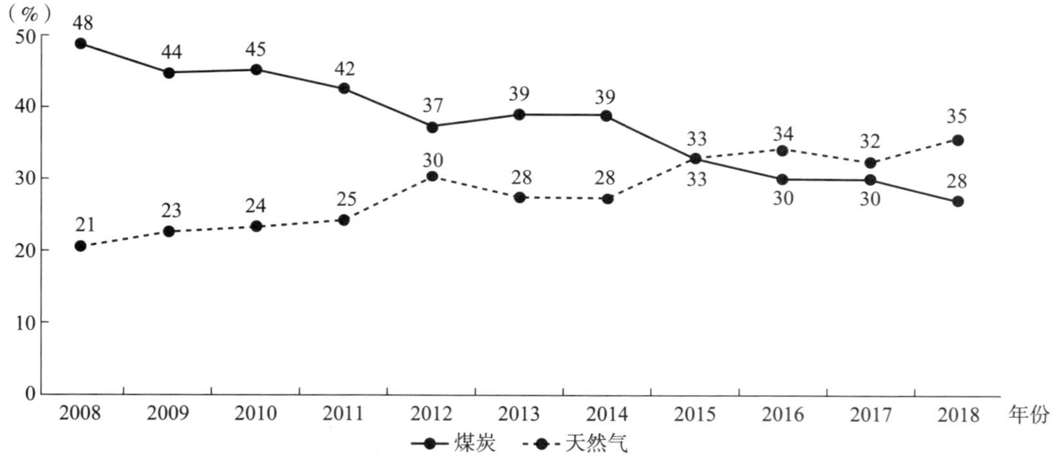

图29.5 煤炭和天然气在美国发电结构中的份额（2008—2018年）

资料来源：整理自2020年EIA数据。

美国的案例提供了两点启示：首先，即使是在能源行业，技术颠覆也可以快速实现。在价格信号的推动下，这仅仅是对现有资产的利用被改变，而不需要部署新的发电厂。因此，颠覆过程迅速放缓——天然气的市场份额仍未达到煤炭在2008年的水平。其次，除非能够建立替代产能，否则一些煤炭发电设备将继续运行，尽管天然气更便宜（就可变生产成本而言）。然而，只有当投资者有信心收回总固定成本（投资、资本、固定维护成本）时，才会建立新的产能。对于现有资产，主要的固定成本组成部分是年度维护成本。因此，只有当年度电力销售的毛利润低于这些固定成本时，燃煤电厂才会关闭。如果新建项目很少，这种淘汰过程可能会很缓慢——这种情况很常见，考虑到投资者不愿承担风险，会推迟建设新的大型电厂的决定（新建大型电厂每吉瓦的产能成本通常超过 10 亿欧元）。

毫无疑问，这种纯粹的财务考虑并不适用于消费品，因为对这些商品的购买决策不仅是受经济原则的指导，特别是当其价格低于某一阈值时。因此，未来一个关键的开放性问题是：发电资产能否成为大众负担得起的资产，并遵循消费品购买规则。

3.3　经合组织（OECD）国家电气化：电力的兴起

能源行业另一个有趣但无声的颠覆是现代经济体（OECD 国家）的大规模电气化进程。它可以被认为是无声的，因为没有输家：最终用电量在过去几十年里一直在增加，即从 1973 年的 3.2 亿吨油当量增加到 2018 年的 8.2 亿吨油当量；电力没有取代其他能源载体，而主要是通过创造新的能源需求来增加最终用电量，例如冰箱、电视、洗衣机、洗碗机、空调等家用电器日益普及（见图 29.6）。数据还显示，交通部门的电气化率从未显著提高，而铁路运输是唯一显著的例外。

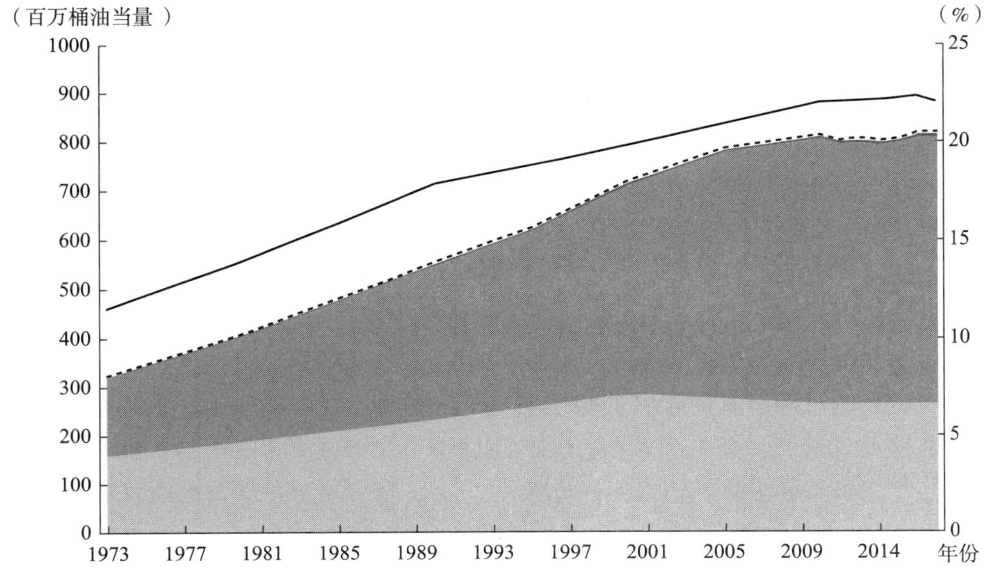

图 29.6　TFC 中按部门和份额划分的最终用电量（1973—2017 年 OECD 国家）

资料来源：整理自 2019 年 IEA 数据。

住宅和商业部门的大规模电气化是技术进步的结果，这使得家用电器的生产成本降低，且使得生产、输送、分配电力的成本不断降低。与此同时，OECD 国家的家庭收入和家庭支出以惊人的速度增长，例如，德国在 1970 年至 1990 年的复合年增长率为 8.3%，美国为近 9%（OECD，2020）。结果就是大多数消费者都买得起家用电器，一个大众市场就诞生了。IEA 的最新数据显示，在 OECD 国家，电力占最终能源消耗总量的22%，比1973年的12%有所上升，与上一节中德国的数据一致。需要注意的是，这一比例在过去 10 年中基本保持稳定。这可能有两方面原因：首先，OECD 国家的许多家庭已经拥有冰箱、电视、洗衣机、洗碗机和空调，市场似乎已经饱和，只受到更换购买的驱动，例如更换旧的或有故障的电器。其次，新电器的效率似乎在提高，因为住宅的能源需求并没有增加，尽管仍有一些积极乐观的能源需求驱动因素，比如现代经济体中单人家庭数量的增加（在其他条件保持一致的情况下）增加了家用电器的需求数量。

未来一个关键的开放性问题是：如果推出了大众能负担得起的新电器，第二波电气化浪潮是否会随之而来？

4 能源行业未来潜在的颠覆性事件

前一节提出了未来的三个关键问题，指出了未来可能出现的颠覆。本节将把这些问题放在一个更广泛的背景下，主要关注技术干扰和（较小程度上）由政策驱动的干扰。

4.1 迈向发电的大众市场

电力被普遍认为是能源转型的关键能源载体，因为它具有内在的效率优势，而且与液体和气体燃料相比，电力已经拥有了更高的可再生能源份额（见图 29.3）。在过去 10 年里，太阳能和风能发电这两种主要绿色电力技术的成本已显著下降，这使太阳能和风能，在气象条件（即太阳辐照度、风速）有利的地理区域内和（或）碳定价的地理区域内，与煤炭和天然气等常规发电资源相比具有竞争力。

毫无疑问，政策工具仍将是推动这些替代能源增长的关键。这些政策工具包括定价，也包括长期合同，是由政府机构等所组织的竞争性招标程序来授予的。

这些发展可以概括为监管或政策驱动的颠覆：产生污染的电力生产设施最终将被淘汰，因为它们与拥有长期合同的绿色电力资源相比，没有竞争力。受监管的长期合同将越来越多地被长期企业 PPA 所补充。这使得企业可以直接从可再生能源发电商那里购买电力，而无须地处同一地点。2018 年，“121 家公司直接从发电商购买了 13.4 吉瓦的清洁电力”，高于 2017 年的 6.1 吉瓦（Bird and Bird，2019）。然而，这些新项目大多是大规模的，装机容量从几十兆瓦到几百兆瓦不等，这意味着一个典型的风能或太阳能发电场不仅需要花费 1000 万 ~1 亿欧元，而且还需要场地开发和许可程序。因此，发展速度基本上是可预测的和可控的。

让我们再考虑一种更具颠覆性的情景，也是一种互补的发展情景，在这种情景中，屋顶太阳能电池板等小规模发电装置将被广泛安装。2018 年，欧洲近一半的累计太阳能光伏容量安装在住宅屋顶或商业屋顶（Solar Power Europe，2019），这是 2008 年至 2012 年德国和意大利优厚的上网电价补贴（feed–in tariff）的结果。尽管这一变化是由政策驱动的，但仍显示了消费者驱动选择的潜在规律，仅在几年内就部署了数百万块平均尺寸为 3~5 千瓦的太阳能电池板。

一次新的颠覆性浪潮——这一次是由技术驱动的——或将使得太阳能电池板变得更便宜、更容易安装，并能与其他数字设备完全连接。我们离这次浪潮很近了。如今，用于住宅屋顶的太阳能电池板的成本低于 1 万欧元，比一辆乘用车的价格还低。连接已经成为大多数现代家用电器的标准功能，且智能手机极大地强化了这一功能；因为智能手机可以用来配置电器，并且当智能手机在电器旁边时，智能手机也可决定电器如何通过专用应用程序连接到家用 WiFi。目前这次颠覆性浪潮仅存的障碍似乎是物理安装本身，物理安装仍然是劳动密集型的重要工作，因为需要受过训练的工人安装面板、接线并将它们连接到电源逆变器。因此，颠覆性的技术突破不是由太阳能电池板本身的成本降低引发的，而是由 DIY（Do–It–Yourself）太阳能组件的开发引发的。

另一个可能加快太阳能颠覆速度的因素与电池板的效率有关，因为相同的屋顶面积可以产生更多的电力。从技术上讲，这可以通过所谓的多结电池（multi–junction cells）来实现。单结电池的效率极限在 33% 左右，很大程度上是由光谱损失决定的，即太阳粒子（光子）所携带的太阳能并不是全部都能被电池吸收。任何半导体材料都具有一定的能带隙，即打破束缚态的自由电子并触发电流所需的最小能量。当光子没有携带足够的能量穿过带隙时，它就会穿过材料，它的能量就不会被利用。即使光子携带了足够的能量穿过带隙，也会发生效率损失，因为提取的能量额将等于带隙。所有额外的能量都损失掉了。当选择单个带隙时（就像单结电池的情况一样），从更少的光子中提取更多的能量和从更多的光子中提取更少的能量，这两者之间需要权衡。最新的技术进展表明，多结电池的效率可以达到近 50%。但到目前为止，由于技术原因（例如生产过程的复杂性、寿命）和经济竞争力（材料成本较高），这项技术的推广仍然有限。

相反，似乎不太可能出现的情况是通常所说的离网革命（off–grid revolution），即消费者将大规模地完全断开与电网的连接。一方面，太阳能电池板的成本降低确实是显著的，因为直接消耗自产电力，而不是从电网中提取电力，已经为许多消费者节省了支付费用，尽管经济回报较低（回收期较长）。另一方面，有限的屋顶表面和有限的电池能量密度使得它几乎不可能达到 100% 的自给自足。因此，人们不会想要切断与电网的连接，除非他们准备在连续两天多云的冬日后没有照明。少数消费者可能会通过安装多个电池和超大的太阳能阵列来实现 100% 的自给自足，但这需要每个家庭投资超过 10 万欧元，因此不太可能吸引大众市场（Genoese，2015）。

4.2 氢和绿色气体，一种让天然气继续存在的方法

到目前为止，气态和液态燃料主要还是化石能源，因此会排放二氧化碳，这与气候中性的能源系统是不相容的。因此，在未来的能源情景下，绿色气体和合成燃料在实现气候中和方面的重要性日益上升。绿色气体和合成燃料都有一个共同的成分：氢。这种分子用途广泛，可以作为制造各种合成碳氢化合物的基础，包括航空燃料。

和电一样，氢不是自然界中存在的能量载体，必须首先从其他（一次）能源载体中产生。制氢的方法有几种，与未来最相关的是电解水和蒸汽甲烷重整。前者利用电能将水（H_2O）分解成水的组成元素：氢（H_2）和氧（O_2）。该方法的转换效率目前在60%~70%，使得水电解是一个高度电密集的过程。第二种生产技术（蒸汽重整）使用甲烷（CH_4）作为原料生产氢气，排放二氧化碳作为副产品。因此，蒸汽重整需要碳捕集和封存技术来实现气候中性（即“蓝氢”）。如果使用可再生电力作为原料，电解水制氢则被认为是绿色的。正如各种气候中性的未来能源情景所表明的那样，蓝氢和绿氢在未来可能高度相关（European Commission，2018）。

需要指出的是，现在已经有对氢作为原料的需求，例如在石油工业（加氢裂化）或氨工业。然而，如今氢并不是能源最终用途（例如加热、运输）的相关载体：没有用于空间供暖或热水的氢锅炉，而且，虽然氢燃料乘用车（被称为燃料电池电动汽车）存在，但它们不像内燃机汽车那么便宜，也不像纯电动汽车那么成熟。总的来说，如今氢并不是一种具有成本竞争力的能源载体。这并不奇怪，因为制氢需要额外的成本，需要昂贵的硬件和原料：

（1）用蒸汽重整法制氢意味着氢气的成本高于天然气。

（2）用水电解法制氢意味着氢气的成本高于电力。

在电价非常低和电动汽车投资成本降低的情况下，绿氢可能在某个时刻变得比天然气更便宜。换句话说，人们首先需要在可再生发电（太阳能电池板、风力涡轮机）中进一步降低成本并提高效率，然后是显著降低水电解器的成本并且提高水电解器的效率。这两项技术进步的速度都不太可能快到足以带来颠覆性的程度。

同时，氢的使用将在很大程度上取决于政策选择。激进的碳定价和（或）监管决策要求在现有天然气结构中加入一定比例的绿色天然气，这将促使氢生产设施的部署。因此，发展速度基本上是可预测的和可控的。

然而，氢是能源转型的战略能源载体。如今，绿氢或蓝氢已经可以用作生产气候中性的氨和化肥的原料。另一个关键行业是炼钢。炼钢目前以焦煤为主（高炉路线），未来氢可用于直接还原铁矿石，生产海绵铁，海绵铁则可精炼成粗钢。全球主要钢铁生产商已宣布有意建造示范工厂。

在我们逐步实现能源系统脱碳的同时，石油、天然气、煤炭等化石能源的使用必然会减少，这将使蓝氢和绿氢有机会转换角色：从作为气候中性原料转变为最终用途的气候中性能源载体。在航空、海运、长途公路运输等需要高能源密度燃料的部门，

作用尤其重要。对于其他终端用途，如乘用车以及建筑物的加热和冷却，存在替代的脱碳措施，这些措施属于电气化的广泛范畴，是下一节（即最后一节）关于氢能行业未来潜在颠覆性的重点。

4.3　电气化第二阶段：运输和供暖

在过去 10 年里，OECD 国家的电气化率一直相对稳定，在最终能源消耗总量的 22% 左右徘徊，这表明在过去 10 年里没有主要能源的最终用途实现电气化。下一阶段的电气化包括在运输和供暖部门获得更高的“市场”份额；考虑到技术成熟度的提高和纯电动汽车（Battery Electric Vehicles，BEVs）与电动热泵可购性的提高，这两个部门是有发展前景的。此外，有一个显著的三倍效率优势，如图 29.7 乘用车的情况所示。利用可再生能源发电厂产生的 1 千瓦时电力，一辆纯电动汽车可以行驶 7 公里，而氢动力汽车只能保证 2.6 公里的行驶距离。这种基础的效率优势也得到了大众汽车（Volkswagen）和戴姆勒（Daimler）等大型汽车公司的认可，它们决定在 2020 年放弃乘用车的氢动力路线。

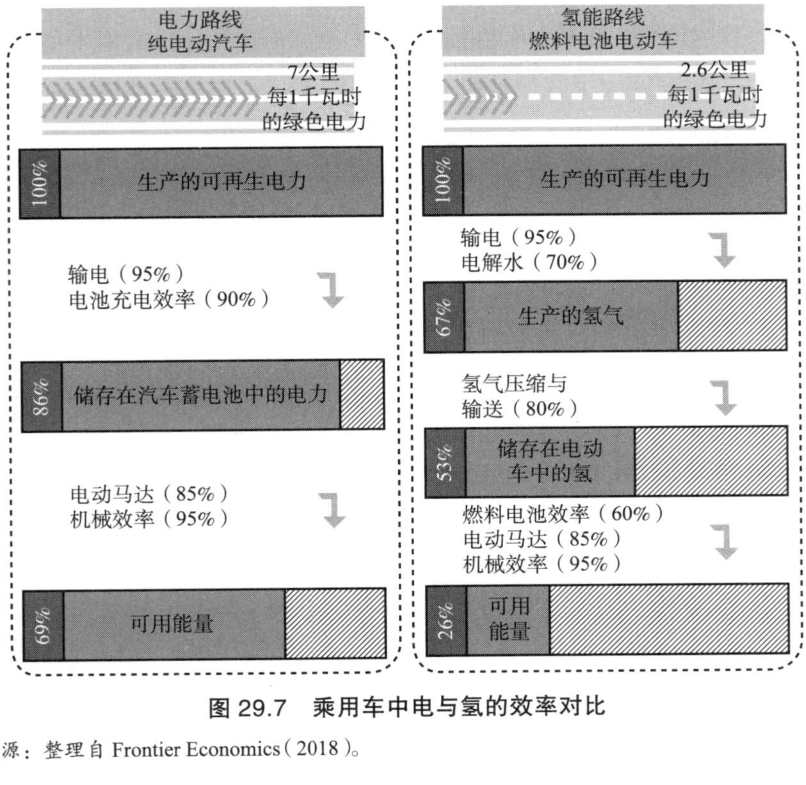

图 29.7　乘用车中电与氢的效率对比

资料来源：整理自 Frontier Economics（2018）。

在加热的情况下，效率优势甚至更高，因为热泵是一种用环境能源和电力来产生热量的设备。事实上，热泵每消耗 1 千瓦时的电力，就会产生 3~5 千瓦时的热能。现代燃气冷凝锅炉可达到 95% 的转换效率，即 1 千瓦时的天然气可转换为 0.95 千瓦时的热能。因此，热泵的效率是燃气锅炉的3~5倍，甚至不考虑生产气候中性气体涉及的额外转换损失时也是这样。

由于这些技术原因，以及鉴于欧盟对新车和新建或大规模翻修的建筑物的严格排放标准，对电动汽车和电动热泵的需求应被视为欧洲的基准情景。根据国家的不同，汽车更换率在5%~10%（ACEA，2020），而欧洲每年只有不到1%的建筑被翻新。因此，客运的应用速度（以及潜在的颠覆）将远远高于住宅供暖的应用速度，除非政府决定鼓励房屋翻新。不过，鉴于已淘汰的燃油锅炉正在被更换，供热方面的进一步电气化应得到重视。由于更为严格的建筑隔热要求，目前没有天然气分销网络的农村地区未来不太可能得到天然气的服务，这对天然气需求产生了不利影响。如果没有天然气网络，一旦燃油锅炉必须更换，技术替代方案就会受限，从而促进电动热泵的推广。

从中期来看，货运、海运或航空业进一步电气化的可能性较小。虽然电力可以在这些运输领域提供切实的效率优势，但电力确实也很难储存。目前电化学电池的能量密度比液体燃料低，不足以为飞机、轮船或卡车提供动力。固态电池技术可以使能量密度增加两倍，使电化学电池至少对长途公路运输（卡车）更有吸引力，但对飞机和船舶仍然不够。该技术使用固体电解质，而不是传统锂聚合物电池中的液体电解质。目前该技术的代价是降低耐用性和寿命，因此，固态技术仍未大规模部署。

5 结论与展望

历史表明，由于新技术的扩散过程相对缓慢，能源行业的突然颠覆非常罕见。技术变革一直在持续，但到目前为止，鉴于能源行业资产的技术寿命很长，技术变革仍然是可控的和可预测的。

然而，在一些能源行业，颠覆可能即将到来，这主要是由消费者推动的，因为他们的购买决策不只受到经济原则的指导。2008年至2012年，屋顶太阳能已经展示了其颠覆性的潜力，这主要是由当时优厚的政府激励措施引发的。在即将到来的10年里，易于安装的太阳能组件和价格实惠的多结电池可能会引发一场新的颠覆性浪潮，这些电池可以增加每平方米电池板收集的太阳能量。这将加速已经在进行中的负荷偏离趋势，也就是说，消费者将从集中式电网中获取更少的能量。然而，人们不会想要完全切断电网，因为完全切断电网意味着在连续两天多云的冬日后没有照明。

交通运输是另一个很可能被颠覆的行业：考虑到更严格的排放限制和电动汽车的效率优势，人们普遍预计，电动汽车将在新乘用车注册中占据越来越大的份额，尤其是在欧盟内燃机汽车不再符合新的排放标准的情况下。然而，重要的是，交通运输部门的范围远不止乘用车。事实上，乘用车部门约占全球石油需求的1/4（IEA，2019b），而货运、海运以及航空加起来约占全球石油需求的30%。目前，这些交通工具还没有可行的电力替代品。因此，开发气候中性的液体和气体燃料也将是应对气候变化的必要手段。在这种背景下，氢能（绿氢或蓝氢）可能会成为一种战略能源载体，成为钢铁和氨工业（以及航空和海运）脱碳的关键措施。如果固态电池等新的电化学电池技术成熟，它们可以在长途运输中与氢竞争，但仍没有足够高的能量密度来驱动飞机或船舶。

在经历了 10 年的停滞之后，目前的技术趋势表明，第二波电气化浪潮即将到来。这本身就会对能源行业造成颠覆。氢是否也会造成颠覆，主要取决于能源政策以及对抗全球变暖的严峻程度。

最后，对乔娅拉·阿尔瓦罗、吉奥范尼·吉安西拉库萨、努齐亚·里乔、贾科莫·卢西亚尼的意见和建议表示衷心感谢。

参考文献

[1] ACEA 2020：New registrations in European Union and EFTA.Statistics Report.

[2] Bellelli 2013: The Shale gas “revolution” in the United States: Global implications, options for the EU.Report.

[3] Bird & Bird 2019: International Corporate PPA Report.

[4] EIA 2020: Electric Power Annual.Statistics Report.

[5] European Commission 2018: A European strategic long-term vision for a prosperous, modern, competitive and climate neutral economy.

[6] Report.Frontier Economics 2018: The Future Cost of Electricity-Based Synthetic Fuels.Report.

[7] Genoese 2015: Low-cost batteries will not disrupt(all)energy utilities.CEPS Commentary.

[8] German Federal Energy Ministry 2020: Energiedaten—Gesamtausgabe.Report.

[9] FAO 2013: Biofuels and the sustainability challenge.A global assessment of sustainability issues, trends and policies for biofuels and related feedstocks.Report.

[10] IEA 2019: World Energy Balances 2019.Report.

[11] IEA 2019b: World Energy Outlook 2020.Report.

[12] OECD 2020: Household spending(indicator).https: //doi.org/10.1787/b5f46047-en.

[13] SolarPower Europe 2019: Global Market Outlook for Solar Power 2019-2023.Report.

[14] World Bank 2019: Fixed telephone subscriptions per capita in Europe.World Bank Open Data.

[15] Umweltbundesamt 2018: Strategy for long-term EU greenhouse gas emissions reductions. Report.

第 30 章　数字化的影响

斯蒂芬·伍德豪斯　莫斯廷·布朗[①]

1　引言

能源行业往往会经历缓慢而稳定的效率提高时期，在新技术取得突破时，生产率会出现巨变，比如从 20 世纪 90 年代开始、从煤炭发电转向天然气发电。数字化就可以在不引入新的能源的情况下促进这种阶段性变化，让电力生产商、终端消费者、环境都受益。

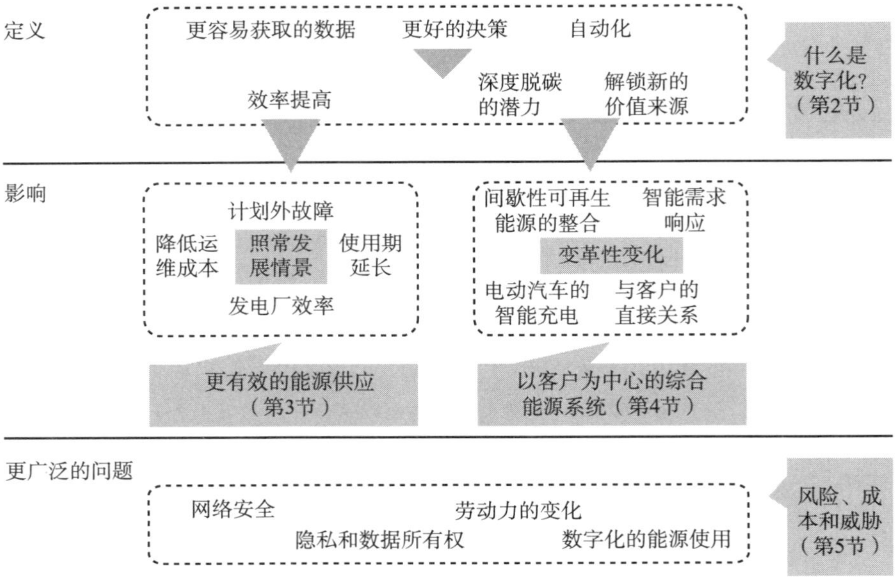

图 30.1　本章结构（着眼于数字化对能源的影响）

资料来源：AFRY 管理咨询公司。

本章探讨了数字化的概念以及它将如何影响能源行业。如图 30.1 所示，其结构如下：

第 2 节定义了本章所使用的术语“数字化”的含义。

① 斯蒂芬·伍德豪斯（Stephen Woodhouse）和莫斯廷·布朗（Mostyn Brown），英国AFRY管理咨询公司；电子邮件：stephen.woodhouse@afry.com。

第 3 节介绍了数字化将如何导致“照常发展”情景的效率提高，如何影响向客户提供能源。

第 4 节解释了数字化如何创建一个真正具有变革性且以客户为中心的综合电力系统。

第 5 节探讨了有关数字化风险、成本和威胁的更广泛的问题。

第 6 节是本章的结论。

2　能源领域的数字化

数字化正在改变许多领域的业务，从银行到电信、从娱乐到出版。但是数字化并不是从模拟到数字的简单过程，也不是从印刷到电子或无线传递的简单过程，甚至不是使用改进的工具来实现效率提高。只有当数字工具被允许改变基础商业模式和供应链中的端到端流程时，数字化才能实现其全部潜力。

以出版业为例：传统的商业模式正在被新的模式所侵蚀——电子出版物是在线销售的，也可通过订阅租赁或免费提供给读者以投放广告。这响应了数字化所催化的两个相关进化，即数字交付内容的边际成本接近于零，以及作者（供给）和读者（需求）有了大量的新方式来相互关联。

能源行业也开始出现类似的进步。在电力部门，家庭和企业越来越多地由分布式发电厂提供的可再生能源（其边际成本基本为零）供电；这是由数百万计的小型发电机组成的供电网络，而不是少数几家主要发电厂。在交通运输部门，电气化正使得驾驶的可变成本变得越来越小（与传统的汽油作为燃料的汽车相比，并考虑到税收的过渡性差异），拼车应用程序正开始模糊私人和公共交通及所有权之间的界限。自动驾驶汽车的发展将进一步推动这一趋势，它可以优化旅程，从根本上提高人员和货物运输的效率。在供暖部门（目前占欧盟最终能源消耗的 50% 左右），更智能的温度控制解决方案正在出现，其中一些是具有声控功能的家庭助手（如亚马逊的 Echo 或 Google Home），它们正在竞争成为家庭能源系统的单一接口。

数字化并不是什么新鲜事，它甚至在我们大多数人出生之前就已出现了，并被用于价值链中，逐步提高效率，例如从手动打字机到电动打字机再到文字处理器，从纸张到计算器再到电子表格。这一过程将继续提高能源供应的效率。但时不时地，一些更具变革性的东西会让价值链发生转移。数字化对能源的变革性影响有可能创造一个以零碳源为中心的综合电力系统。

什么是“数字化”？

数字化项目至少包含以下三个特征中的两个：

（1）**更容易获取的数据**。通信技术、数据存储、互联网、卫星（包括地理定位）、固态电子设备等成本大幅下降，且它们的容量和可用性呈指数级增长。

（2）基于更好的数据作出**更好的决策**或优化决策。这是第一级效率优势的来源，尽管间接的优势可能来自其他部门，例如根据电表读数为家电销售做广告。

（3）决策结果的**自动化**。类似于自动驾驶汽车，这可能涉及加热或电池充电的自动化，以平衡可再生能源的生产或处理网络故障，减少对人工干预的需求（比如从系统操作员至发电厂操作员的调度指令）。

并非在所有情况下都需要自动化——数字化对于一些人工决策也有好处，例如更好地预测可以支撑投资决策；但随着消费者拥有的灵活性来源变得普遍，系统控制的自动化变得不可避免。

各种能源数字化技术的例子如图 30.2 所示。

图 30.2　能源行业中的数字技术

资料来源：AFRY 管理咨询公司。

未来的数字化系统，基于广泛的控制外数据源，将使得决策和执行可以自动进行。网络安全协议必须适应这种新的去中心化且自动的现实。数字化还使得公司通过社交媒体直接与人们互动，评估人们的真实需要和偏好——这反而可能会影响人们的偏好，继而引起隐私问题。

总的来说，能源部门的数字化，通过客户参与的新模式，带来了效率和价值的提高，并提供了深度脱碳的潜力；这种新模式释放了灵活性，并使可再生能源发电技术为经济注入活力。

3　数字化对能源供应的影响

本节将讨论数字化如何带来“照常发展”情景的效率提高，从而降低能源开采和电力供应的成本。

3.1　数字化对化石能源开采的影响

尽管许多观察者将数字化与清洁技术和智能能源使用联系在一起，但数字化多年来一直被用于提高化石能源的采收率、降低成本、提高安全性。例如，油气上游部门已经建立了同一规则来处理地震采集的大型数据集，以帮助优化钻井策略。其他例子包括远程操作中心的实时动态操控钻头，或者使用高度复杂的传感器来优化井筒位置。未来的开发将建立在这些应用的基础上，例如自动化钻井平台、使用机器人检查并修复海底基础设施。

在煤炭部门，由于实时 GPS 跟踪器和港口或铁路线瓶颈路段的即时更新，过去几十年中，燃料运输（船舶 / 火车 / 公路）各方面的效率都有了显著提高。数字化还改善了地质数据集的建模，以优化矿山设计、自动化和预测性维护。这样做的主要好处之一是提升工人的健康和安全水平，由于煤炭部门的死亡率比石油、天然气、水电行业高得多，这一问题迫切需要解决。随着社会对传统化石能源部门的态度变得越来越强硬，煤炭部门吸引投资或数字人才的能力成为一个开放的问题。

3.2　数字化对电力供应的影响

迄今为止，电力部门数字化的进展主要集中在更高效、更安全、更可持续的电力系统上。由此产生的优势有助于降低运营和维护成本、提高效率、提高可靠性，并延长重要资产的运行寿命。

潜在的数字化机会分布在整个价值链中，如图 30.3 所示。

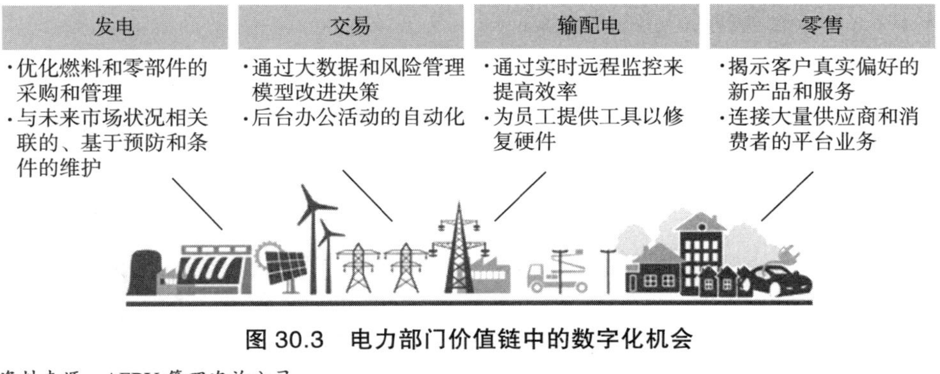

图 30.3　电力部门价值链中的数字化机会

资料来源：AFRY 管理咨询公司。

数字化对电力价值链各个部分最重要的影响如下：

（1）发电资产的管理主要集中在优化工厂调度、维护、燃料和零部件。所使用的技术可能包括遥感和数字监视、具有自动预测和远程维护 / 控制的新控制系统（可能与预计的市场状况相关联以计划维护周期）、用于决策的增强智能，以及用于更好地进行平衡和交易的短期预测的机器学习。

（2）数字化可以改善发电交易和调度中的决策，方法是利用基于大数据的策略、基于更快速的决策和算法交易（包括优化短期发电运营）的新风险管理模型和新风险管理交易。

（3）电力网络（输配电）中，使劳动力成本降低、电力损失减少且维护可预测，方法是实时远程监控、实时传感器数据辅助预测、在数据中心编译智能电表数据，并增强网络管理的智能。此外，低压网络的数字化和智能开关可以促进延迟 / 避免网络投资，也可以促进向主动配电网管理的过渡。基于共享数据的新型监管方法可能会出现，这可能会缩小公司和监管机构之间的信息不对称。

（4）零售业的数字化实现了数字化真正的变革。与客户（甚至客户的设备）建立直接关系将带来新产品和服务的提供、更低的价格、更多的客户差异化（通过数字营销）、电子账单 / 结算、电网接入的收费、其他服务与能源和 / 或其交付的捆绑、点对点交易等。用具有天气依赖性的可再生能源为电网供电具有挑战性，但通过释放灵活性（可能是单个设备的灵活性），可以应对这些挑战。

除了如上所述对线性价值链的影响外，数字化还将促进向更加综合、高度灵活、以客户为中心的能源系统转变。

4 迈向以客户为中心的综合能源系统

本节讨论了数字化如何改变能源系统。首先是打破能源部门之间的障碍，创建一个相互联通的能源系统。其次是与消费者建立直接关系，从而提供新的服务、获得新的收入来源，这将使间歇性可再生生产资源满足能源需要。

4.1 互联和响应式能源系统

目前的能源系统正从“非常愚蠢”演变为“有点愚蠢”。传统的电力、供热和运输部门基本上彼此独立运作，且能源只能单向流动，即从化石能源分销商流向最终客户。我们的指导理念是对所有客户的需要和偏好集中地进行预测和提供。许多欧洲市场现在已经发展到一个阶段，即新技术使得电力的生产和储存能够接近需求。与此同时，智能电表技术使家用客户可以获得分时电价（time-of use pricing）。在目前的电力系统中，尽管能源的确是双向流动的，但事实证明，将分布式发电完全整合到一个由（自上而下的）集中式系统操作员来协调的系统，是很困难的。

数字化使第三发展阶段成为可能，在这个阶段，这些需求、发电和存储的分布式来源可以使整个系统受益（而不是完全自主运行）。在这个综合系统中，信息和能源将在不同能源部门间双向流动，并由多个运营商控制。例如，电动汽车（Electric Vehicle，EV）电池在可再生能源产量高时可协调充电，或建立平台来优化数千个内部电池系统以避免网络阻塞。

设想未来这些趋势会加速发展，将创造一个以可再生能源发电为核心的综合能源系统（见图 30.4）。这种转变也将包括电力需求响应供给，而非供给响应需求。IEA 描述了数字化可以实现的 3 个相互关联的要素，即智能需求响应、间歇性可再生能源的整合、电动汽车的智能充电。这些重要的进步在本书的其他章节有描述。

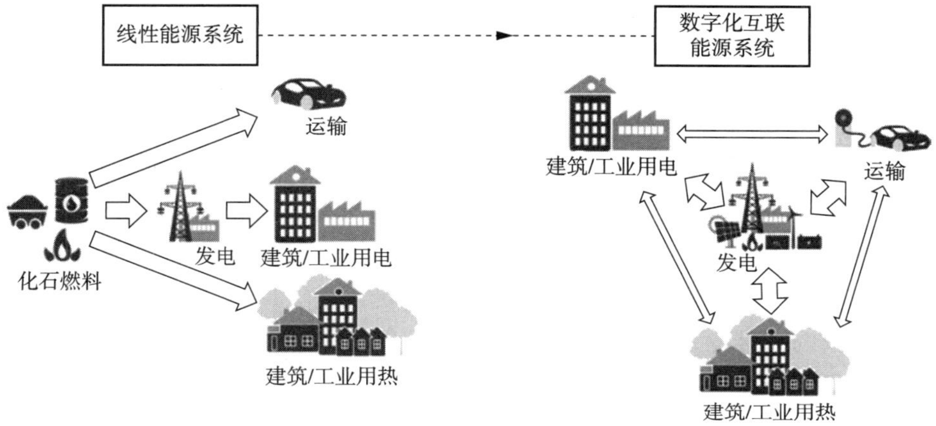

图 30.4　数字化将促进从线性能源系统向互联能源系统的转型

资料来源：AFRY 管理咨询公司。

如今，人们期望零碳发电主要来自有天气依赖性的可再生能源。只有在新的电气化需求中嵌入灵活性，电气化才能通过部门整合与脱碳兼容。现有的需求不那么重要，因为现有的大部分负载是相对不灵活的，真正的灵活性需要在设计阶段就被考虑进去。除了车辆充电，空间供暖、制冷和水加热提供了最大且可完成的潜在需求响应的机会，而不会影响商业和家用部门的客户需要。

4.2　以客户为中心的电力部门

设法与客户建立直接数字关系的组织可以实现数字化的变革性收益，从而获得新的服务产品和收入，同时捕捉客户能源需要的内在灵活性（Brown et al.，2019）。大多数电力零售商目前对客户更深层的偏好一无所知，但现在数字化使提供更多定制服务和建立直接关系成为可能。客户习惯于“按需”被提供他们所有的能源需要而不妥协。解锁可再生电力系统意味着分离持续供应的不同需要。例如，如果能够实施正确的监督和控制，大多数加热和冷却负荷本质上是灵活的。又如，随着时间的推移，通过与客户的互动，能源公司可以了解客户使用最多的房间和电器，并检测客户何时不在家或在度假。

新关系可能会显示出不同程度的“支付意愿”，以获得所谓的高价值服务或服务组合。定制可以使零售商提供差异化更大的质量和品牌。例如，客户可以选择服务可靠性的程度（针对不同类型的电器）、参与点对点交易、管理他们“虚拟电池”的运行，或许也可选择其他非能源产品来与他们的能源供应捆绑在一起。这就要求客户改变他们对如何购买能源以及如何与能源供应商互动的看法和态度。

有证据表明，生产性消费者（prosumer）市场存在产品差异化，这导致了落后设备的激增。随着太阳能光伏和分布式电池成本的持续下降（Green，2019），更多的消费者可以独立于电力零售商来生产和管理自己的能源供应。消费者“离网”的潜在动机很大程度上是出于想要独立的愿望，“离网”解决方案的相对可承受性正在提高。这些客户可能愿意投资回报率较低甚至为负的资产，原因则很难从经济上证明[①]。

如果品牌电力能与竞争对手适当地区别开来的话，这一推理思路同样适用于品牌电力。例如，AFRY 在 2017 年进行的市场利益相关者研究显示，约 40% 的参与者表示，他们愿意为来自当地和 / 或可再生能源的电力支付少量（10%）的溢价。

那些怀疑企业是否有能力围绕电力这样同质化、无差别的商品创造品牌的人，应该了解一下瓶装水品牌的成功：瓶装水的销量现在已经超过碳酸软饮料，成为美国销量最大的饮料。消费者显然愿意为他们认为更好的东西支付更多的钱，而不是信赖管道或电线输送的标准商品。数字化已经提供了手段，在比以前更精细的水平上跟踪可再生能源或本地发电，从而实现真正的产品差异化。例如，瑞典的瀑布能源公司（Vattenfall）和微软正在试验一项全天候的可再生能源匹配服务，使得数据来源可以从基于年度变为基于小时。此外，通过点对点交易，数字化将使生产性消费者的社区能够管理自己的电力供应和需求。一些公司现在根据“位置边际排放”（即计算了在某个时间和地点的需求的确切排放影响）来进行它们的消费决策。

传统上，能源公用事业公司主要（如果不是唯一）通过投资资产来赚钱，这些资产反过来又能从监管机构或市场获得合理的回报率。如果生产性消费者和生产性消费管理者（prosumager）[②]的兴起导致了能源销售持平或下降，并且公用事业公司不再拥有许多（或任何）发电或网络资产，那么它们将如何生存，或者它们将演变成什么样的新形式和组织？“以客户为中心”将多快转化为客户支付意愿的增加？它们是否愿意向传统能源公司（与那些将能源服务和更有吸引力的产品捆绑在一起的其他公司相反的传统能源公司）支付更多的钱？这些都是公司极度想要解决的开放性问题。

5 关于数字化的风险、成本和威胁的更广泛的问题

本章的大部分内容讨论了能源部门数字化的潜在积极影响。而相比之下，本节将探讨数字化带来的威胁，包括网络安全、隐私和数据所有权、数字化带来的直接能源使用，以及对劳动力的潜在影响等问题。这些数字化问题超越了能源的范畴，并影响了整个社会。

---

① 必须注意确保能力较弱的客户不会承担集中电网成本的剩余负担。

② 生产性消费管理者是对分布式储存（通常以电池的形式）进行额外投资的生产性消费者。

5.1　网络安全

迄今为止，与其他干扰源（比如机械设备故障或地缘政治对石油和天然气供应的干扰等）相比，网络攻击对能源基础设施的影响较小；但电力部门中网络事件的频率和严重程度正在增加（World Energy Council，2019），人们担心电力行业可能没有准备好应对新的威胁。随着整个系统越来越依赖数字控制，网络风险也变得越来越重要。

作为一个概念，网络安全风险并非能源独有。然而，以下几个因素加剧了这一挑战：

（1）信息与通信技术（Information and Communication Technology，ICT）在电力系统内融合度的强劲增长；

（2）系统关键任务对数字系统的高度依赖；

（3）公共网络和基于互联网的技术使用的增加；

（4）不同类型的物联网（Internet of Things，IoT）设备的连接（依赖于更广泛的数据源）；

（5）连接到数字电网各方（即消费者、市场代理）数量的增加；

（6）对系统设计透明度更高的要求等，以实现协作。

这种连接性的增加导致了“网络攻击面”的扩大，增加了潜在攻击的风险，并增加了攻击的严重程度。在互联电网的背景下，该电网被设计为整体运行，所有用户共享一个共用系统频率。

为了最大限度地减少网络攻击的风险和影响，对公司和国家采用安全措施的鼓励围绕以下 3 个概念：弹性、基本网络清洁（坚持良好实践等），以及将安全目标和标准作为研究和设计过程的核心部分。归根结底，网络风险是一场战争，不是通过遵守标准就能解决的问题，并且在安全性、成本和包容性之间会有权衡。分布式和数字化能源系统提供了微电网（可以独立运行）的前景，增加了弹性并减少网络威胁的影响，但目前共用系统频率和单一系统的电网设计仍然普遍存在。

5.2　隐私和数据所有权

4.1 节描述的互联能源系统依赖于与第三方共享客户数据的意愿和能力。这给政策制定者带来了矛盾：一方面是消费者的隐私问题，另一方面是创新和运营效率的承诺。对于不同的监管机构来说，这种平衡将是不同的，它们需要继续完善互通标准、完善协议以保护（可能是匿名化）客户信息，以及完善消费者（在发布消费者任何使用数据之前）知情同意的条款。这对所有相关的人来说都是新的领域，并提出了新的问题。例如，如果能源成为了家电制造商或科技公司提供的捆绑服务，那么该行业的监管依据是什么？

5.3　数字化的能源使用

截至 2019 年，比特币每年消耗 66.7 太瓦时电能、相当于捷克共和国 1060 万人口能源消耗总量。显然，推动数字化发展的新兴技术也需要电力。

虽然比特币的用电量很大，而且还在增长，但主要的ICT用电消费者是数据中心（2014年全球耗电约200太瓦时）、数据传输网络（2015年全球耗电约185太瓦时，其中移动网络占2/3），以及快速普及的连接设备。

这种电力使用将如何发展是高度不确定的。数据需求大幅增长是必然的，关键的不确定性是效率的提高是否会继续，还是会放缓或停滞。由于大部分新负荷用于冷却，它有可能与协同负荷（如区域供热系统等）合作，或为电力系统提供灵活性。科技公司本身已经意识到这种日益增长的环境足迹，并且是最积极签订PPA的可再生能源买家之一，同时支持更具野心的计划，包括全天候可再生能源匹配和区域边际排放。

5.4 劳动力的变化

相比于不那么常规的或更具创造性活动的工作，由高度自动化任务组成的工作（例如，重复的体力活动和/或数据的收集与处理）被自动化取代的风险更高。这种迫在眉睫的“人员大变动”使公司和员工都产生了相当严重的焦虑，而且公司比以往任何时候都更难在组织中保留关键知识和经验。

但这些并不是正在发生的唯一变化。数字化创造的工作往往需要一定程度的分析推理能力，通常由受过高等教育的工作人员提供服务。这些工作人员，尤其是年青一代，工作和生活之间的界限越来越模糊。工作方式正在转变，包括远程办公、灵活的工作安排和更灵活的组织结构，能源业务需要吸引人才，而这些人才在许多其他领域都有成长机会。

6 结论

数字化将对能源系统产生深远的影响。它将降低能源开采和电力供应的成本，但仅凭这一点还不足以改变游戏规则。数字化的重大转变将来自：

（1）综合能源系统的开发，使能源和数据可以跨越热力、运输和电力部门向多个方向流动，使需求与可再生能源生产的匹配具有灵活性；

（2）公司提升直接客户关系的能力，以创造新产品或服务并获得新收入。

这个崭新且相互依存的新世界并非没有风险，其中网络安全是最大的威胁，而劳动力的变化可能是影响最广泛的。

能源数字化不会孤立地发生。是的，本章所述的能源数字化所取得的进展对于实现净零排放至关重要。但是，从加密货币到社交媒体，可能是更广泛的数字化举措影响着人类如何将自己组织成一个全球社会，这决定了人类实现净零排放所需的时间。

附：数字技术术语表

现有和新数据源	
5G	这是第五代无线网络技术。5G 有望为移动设备带来每秒约 10 千兆（gigabit）的速度（比目前典型的 4G 速度快 600 倍），从而能够访问更大容量的实时运营数据。
传感器数据（sensor data）	传感器数据量可能很快就会使社交媒体目前产生的数据量相形见绌。从手机、车辆、电器、建筑物、仪表、机械、医疗设备和许多其他机器收集的传感器数据可能会完全改变组织收集信息和处理商业智能的方式。
社交媒体（social media）	通过智能手机或电脑访问的交互式技术，通过虚拟社区和网络促进信息、想法、故事等的创建和 / 或共享。
智能电表（smart meters）	以 1 小时或更短的时间间隔记录用电量的仪表，并至少每天将该信息反馈给公用事业公司以进行监控和计费。智能电表功能包括远程读取、双向通信、高级电价与支付系统的支持，以及远程禁用和启用供应。
地理信息系统（Geographic Information System，GIS）	地理信息系统是一个硬件、软件、地理数据的集成，用于获取、管理、分析、显示各种形式的地理参考信息。
无人机（drone）	无人机也被称为无人驾驶飞行器（Unmanned Aerial Vehicle），它既可以由人远程驾驶，也可以是完全自动驾驶的车辆，可以从远程或危险地点快速收集视觉和传感器数据。
全球定位系统（Global Positioning System，GPS）	全球定位系统是美国在 20 世纪 90 年代中期开发的。它允许移动设备的位置被确定。全球定位系统使用 24 颗卫星中的 2~6 颗，以达到较高的精度。
移动应用程序（mobile apps）	移动应用程序，通常被称为 app，是一种在移动设备（如智能手机或平板电脑）上运行的应用软件。它提供了与客户（以及客户的设备）互动的新方式。
IT 系统数据（IT system data）	是指包含组织运行所需信息的数据库和数据仓库。
企业资源规划系统（Enterprise Resource Planning，ERP）	企业资源规划系统指的是业务流程管理软件，它允许组织使用集成应用程序系统来管理业务，并对与技术、服务、人力资源相关的许多后台功能进行自动化。
区块链（blockchain）	一种分布式账本技术，它允许以分散的方式存储和验证数据。事件的数字记录（如交易）被收集起来，并通过加密技术与其他事件链接到一个有时间标记的“区块”中。它可以实现分散的业务模型，信息可以在不依赖中央权威的情况下进行验证和更新。
云应用程序（cloud apps）	云应用程序是一种基于云的、和本地组件一起工作的程序，依赖于远程服务器来处理逻辑操作，这些逻辑操作可以通过网络浏览器持续访问。
关键基础设施数据（critical infra data）	历史上，关键基础设施（用来描述对社会和经济运作至关重要的资产）的概念仅限于实物资产，但现在也包括了数据。

续表

数据可视化、分析与评估	
虚拟现实（virtual reality）	虚拟现实提供了由计算机生成的3D环境，围绕用户，并以自然的方式响应个人的行为，通常通过沉浸式头戴式显示器实现。
增强现实（augmented reality）	信息（如文本、图形、音频和其他虚拟增强功能）与真实物品融合的实时使用。增强现实增强了用户与现实世界的交互（而不是模拟）。
数字孪生（digital twin）	实体资产的副本，可用于模拟和优化资产的功能。
人工智能（artificial intelligence）	指高级分析和基于逻辑的技术（包括机器学习），用以解释事件、支持决策并将其自动化、采取行动。
认知智能（cognitive intelligence）	目前还没有一个广泛认可的定义，但一般来说，它指的是模仿人脑功能的软件。
云计算（cloud computing）	通过互联网提供计算服务（如服务器、存储、数据库、网络、软件、分析和智能）。它允许公司进行可伸缩的数据处理，而不需要购买或管理自己的硬件。
边缘计算（edge computing）	在数据源处或数据源附近进行的计算。边缘计算基于“即时数据”，即传感器或用户生成的实时数据。
控制与自动化	
算法交易（algo-trading）	在电子交易环境中自动买卖原油、天然气、电力、风能等产品。
远程开关（remote switching）	可以远程控制的电子开关。这些开关网络构成了远程操作资产的基础。这种简单的技术是利用分散资源平衡可再生燃料电力的关键因素。
自动化操作（automated operation）	在没有人工参与的情况下执行过程或程序的技术。
自动调度的维护人员名单（automated scheduling of maintenance rosters）	自动化能力应用于劳动力管理软件。
库存管理（inventory management）	监督非资本资产（库存）和库存项目，以确保货物从生产到销售点的顺利流动。

参考文献

[1] Brown, M., Woodhouse, S., and Sioshansi, F.(2019).Digitalization of Energy.In F.Sioshansi, Consumer, Prosumer, Prosumager(p.550).Elsevier AP Academic Press.

[2] Green, M.(2019).How Did Solar Cells Get So Cheap? Joule, 3, 631.

[3] IEA.(2017).Digitalization & Energy.

[4] World Energy Council.(2019).Cyber Challenges to the Energy Transition.World Energy Council.

第4篇

地理视角下的能源与经济

第 31 章　中国的能源与经济

米哈尔·梅丹[①]

1978 年改革开放以来，中国经历了翻天覆地的变化：1978 年，中国国内生产总值（GDP）为 1500 亿美元（现价美元）（世界银行，2019），只有当时意大利 GDP 的一半。30 年后，中国 GDP 已排名世界第二。从 1978 年到 2017 年，中国人均 GDP 增长了大约 24 倍。中国几乎根除了赤贫（世界银行定义），赤贫率从 1971 年的 90% 降到 2013 年的低于 2%。

城镇化是中国经济改革的典型特征。改革开放前夕，中国农村人口占总人口的 85%，而现在降至 40% 左右（世界银行，2019）。在经济转型的过程中，100% 的中国人口，包括农村和城镇，全部通电。

中国的高速工业化和城镇化进程带来巨大的能源需求。中国一次能源消费量从 1978 年的不足 4 亿吨油当量（bp，2019）增长 7 倍至 2018 年的 32.7 亿吨油当量，相当于世界一次能源消费总量的 1/4。1978 年，中国国内生产的煤炭占能源结构的 71%，国内生产的石油占 23%。20 世纪 70 年代末，中国只消费了全球煤炭的 17%（bp，2019），但 2018 年中国消费了 19 亿吨煤炭，是世界总消费量的一半（见图 31.1）。由于高度依赖煤炭，中国在 2006 年成为世界最大的二氧化碳排放国。根据《bp 世界能源统计年鉴》（bp，2019），2018 年，中国二氧化碳排放量占世界排放总量的 28%，高于美国和欧盟排放量总和，其中，煤炭产生的二氧化碳排放量占中国能源相关排放量约 70%（Myllyvirta，2019）。

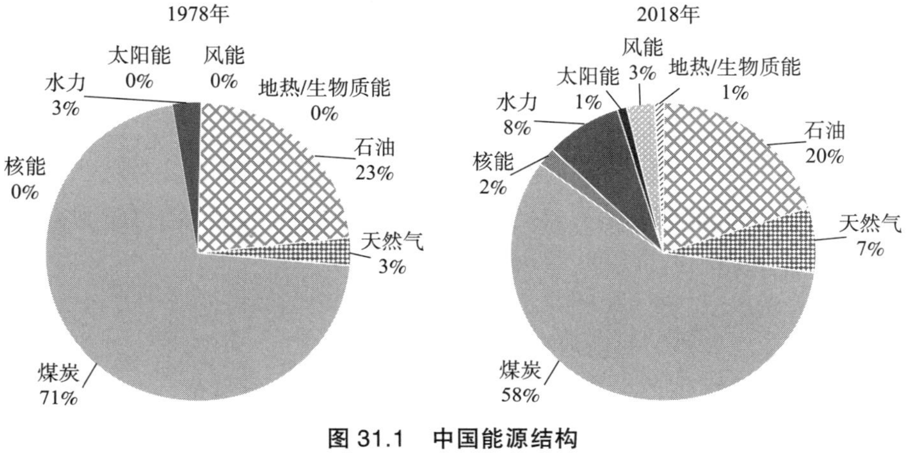

图 31.1　中国能源结构

资料来源：根据《bp 世界能源统计年鉴》（2019）数据整理。

---

① 米哈尔·梅丹（Michal Meidan），牛津能源研究所；电子邮件：michal.meidan@oxfordenergy.org。

1 工业消费为主的能源系统

改革开放后，中国的经济结构发生了翻天覆地的变化，从以农业为主转变为以工业为主、服务业快速增长的经济结构，工业部门也迅速成为最大的能源消费领域，至今如此。

1980 年，农业在中国经济中的比重大于工业和服务业，但在 20 世纪 80 年代初期，中国政府开始逐步放松中央计划，提高农业集体自主权。农村居民很快发现他们可以利用改革开放带来的财富去投资劳动密集型的轻工业企业，这类企业也成为中国经济增长的引擎。同一时期，改革也给计划经济下效率极低的重工业带来变化。随着经济激励措施与传统规划目标的应用，以及日益增长的盈利意识加上提高能效技术的出现，中国能源强度极大改善（Yang et al.，1995）。到 2000 年，中国经济活动单位产出所需的能源较 1978 年减少了 2/3（Rosen and Houser，2007）。

当时，以加入世界贸易组织（World Trade Organization，WTO）为标志，中国开始了渐进的经济市场化改革。政策制定者希望在 GDP 保持强劲增长的同时，中国经济可以从能源密集型重工业向轻工业转型，并且在提升能源效率方面取得进展。但是在接下来的 10 年中，经济增长速度超过了预期，而能源强度（每单位 GDP 的能耗）增加了两倍（Zhou and Levine，2003）。经济活动的激增和随之而来的能源需求导致，即使严格按照市场化和权力下放的时间表推进经济改革，能源领域的改革也会滞后。尽管消费者对能源的需求有所增加，工业仍然是最大的能源终端用户（Kahrl and Roland-Holst，2009；Rosen and Houser，2007）。

根据中国国家统计局的数据，从绝对值来看，从 2000 年到 2017 年，工业能源消费量，增加了 3 倍，而其在全国能源消费量中的占比仅略有下降，从 2000 年的 70% 降至 2017 年的 66%。在同一时期，住宅和交通能源消费量占比分别从 11% 和 8% 增加到 13% 和 9%，而农业能源消费的占比则下降了 1 个百分点（见图 31.2）。

过去 20 年，工业领域中最大的能源消费者是制造业，其能源需求不仅在总量上有所增加，而且在工业能源消费量中的占比也越来越大（从 2000 年的 77% 增长至 2017 年的 83%）。在制造业各细分类别中，2000 年至 2017 年，纺织业和造纸业等类别的能源消费量翻了一番，但与重工业相比，这些部门所消耗的能源总量仍然相形见绌。化工生产在 2000 年占工业能源消费量的 14%，2017 年占比 17%，而钢铁和有色金属冶炼在 2000 年占工业能源消费量的 22%，2017 年则占比 28%。

工业在能源需求中的主导地位，反映了重工业在中国经济发展中发挥的巨大作用，以及钢铁、铝、化工和水泥等能源密集型产业的政治意义。中国不仅通过制造业和相关基础设施的投资热潮带动经济增长，还大力推动用于建设道路、工厂和其他设施的能源密集型基本产品的生产本地化。此外，由于大部分重工业企业都是国有企业，可以通过国有银行获得廉价的资本，也能获得廉价的劳动力和土地。这些优势不断巩固重工业国企在中国经济增长和发展中的支柱性地位（Naughton，2007）。

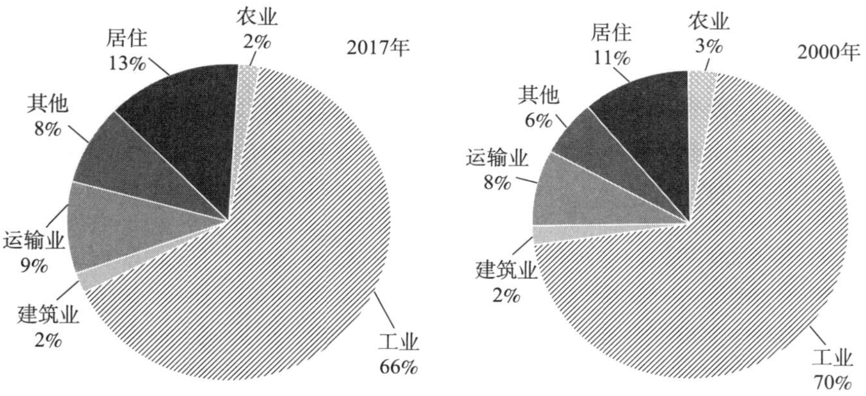

图 31.2　各行业能源需求情况

资料来源：根据中国国家统计局数据整理。

2　供给与政策优先事项

随着经济的快速增长，特别是在过去 20 年里，能源政策的首要目的是确保供给：让工厂运转，将货物从生产中心运送到消费中心，并使得越来越多的城市住宅冬暖夏凉。在 2001 年之前，中国的经济增长并没有对能源资源造成明显的压力，因为国内拥有大量的煤炭，以及石油和天然气可补充供应。1978 年至 2001 年，化石能源需求以年均 4% 的速度增长，而经济年均增速达到 9%，这让中国能够生产足够的能源满足自身的发展，并将剩余的资源出口。

然而，2001 年后，随着中国能源需求超过其国内生产水平，并且大大超出了国内和国际预期，出现一系列新的挑战，国内能源短缺经常出现，不断恶化的环境则成为社会关注的问题，2006 年后能源对外依存度增加和全球市场价格波动对中国的影响成为政治问题（Downs，2004；Meidan，2014；Meidan et al.，2009）。中国政府制定了各种政策来应对这些挑战，尽管许多政策本质相同，即使用政府支持的并向大型国有公司倾斜的资金对新产能进行投资（增加供应而不是调节需求），同时采取成熟的行政手段（Andrews-Speed and Zhang，2019），如价格管制和补贴。

随着能源需求的激增，储量丰富的煤炭成为中国能源消费中的主体能源。因为煤炭供应量试图赶上飙升的能源需求，2000 年到 2009 年，国内煤炭产量增加了一倍多，从 7 亿吨油当量增加到 15.38 亿吨油当量，是前一个 10 年增长率的 3 倍（见图 31.3）。中国国内煤炭储量丰富，占世界总量的 13%，而石油储量只占 1.5%，天然气储量占 3%。煤炭一直是中国能源系统的支柱，煤电占了发电量的绝大部分。然而，在整个 20 世纪 80 年代和 90 年代，大约一半国内煤炭产量被直接卖给工业，用于燃烧或制成焦炭燃烧，电力部门和家庭各消费 1/5。随着收入的增长和对消费品和交通运输需求的增加，即使石油和天然气消费扩大，煤炭需求也没有下降，只是有时从直接利用转化为以其他形式能源利用。煤炭的转化主要发生在三个领域：首先，中国的城市化进程增加了建筑和基础设施建设对水泥和钢材的需求，而水泥和钢铁行业需要大量的煤炭；其次，随着家用电器拥有量的增加，电力需求也在上升，而中国电力结构仍以煤电为主体；最后，城市商业能源服务（主要是电力）取代农村非商业（主要是生物质）能源，增加了能源需求总量（Aden et al.，2009）。根据中国国家统计局的数据，2000 年发电占煤炭消费量的 41%，到 2017 年增长至 49%，煤炭总消费量增长一倍以上。

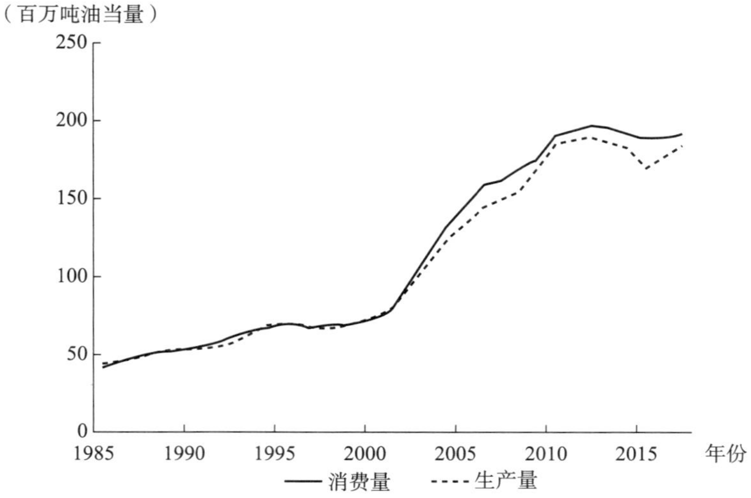

图 31.3 中国煤炭消费和产量情况

资料来源：根据《bp 世界能源统计年鉴》（2019）整理。

丰富的煤炭储量使中国拥有高度的资源自给能力，然而位于中国北方的煤炭生产基地和位于南方沿海的最大消费地区之间地理的不匹配，造成了长时间的物流瓶颈。国内外煤炭质量和价格的差异也导致了煤炭进口量的增加。中国煤炭进口需求在 21 世纪 10 年代中期达到顶峰，这相对中国煤炭需求只占 10%，但相当于俄罗斯煤炭总产量。因此，当中国成为国际煤炭市场大买家时，足以震撼全球煤炭市场。

煤炭在工业能源使用中占主导地位，而中国消费者的崛起和日益增长的运输需求则更多表现为对石油和天然气的消费。尽管石油在中国能源结构中的份额从 2000 年的低于 1/4 下降到 2018 年的 1/5，但绝对需求量却急剧上升，从 2000 年的 470 万桶 / 天增加到 2018 年的 1350 万桶 / 天，几乎增加了 2 倍（bp，2019）。2000 年，工业领域占中国石油消费的一半，而运输只占 28%。2017 年，工业需求的份额已下降到 1/3，包括货运、私家车和航空在内的运输领域消费量占比增长至 38%。同时，居住需求的份额从 2000 年的 6% 翻倍到 2017 至的 12%。中国是世界第八大石油生产国，但其飙升的需求已大大超过其国内资源。中国在 20 世纪 90 年代初还是石油净出口国，而其 2019 年石油进口量达到 1000 万桶 / 天，超过了非洲石油合计产量水平（见图 31.4）。

从战略角度来看，中国对石油的迫切需求以及对进口的高度依赖，使中国的能源结构变得脆弱，因为中国的大部分石油进口都是通过海运，存在被切断的可能性。收入增加和经济发展自然使得中国的私人和商用车辆不断增长，而这也是导致中国空气质量恶化的重要因素。2010 年，中国的乘用车保有量估计为 5500 万辆，到 2018 年，这个数字为 1.99 亿辆。2018 年，中国每 1000 人拥有约 170 辆车，而法国和德国每 1000 人拥有约 600 辆车。随着中产阶级继续变得更加富裕并购买汽车，石油需求将进一步上升。然而，600 万辆汽车排放的 PM2.5 已经占到了北京 PM2.5 的 45%。同时，全国范围内，使用柴油动力货运车辆运输商品和货物需求增加，也导致了空气污染情况的恶化。根据中国生态环境部的数据，2019 年，柴油卡车只占中国车辆总数的 7.8%，但它们排放了超过 57% 的二氧化氮和超过 3/4 的大气颗粒物。

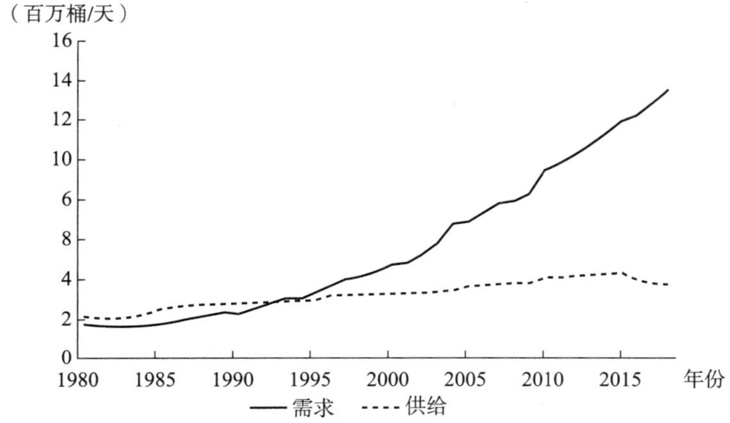

图 31.4 中国原油供给和需求情况

资料来源：根据《bp 世界能源统计年鉴》（2019）整理。

3 经济转型和环保意识觉醒

21 世纪初，中国领导人在努力保障能源供应满足需求时，也面临治理激增的能源消费对环境造成负面影响的要求，环境退化造成的经济损失也日益明显。中国人口约占世界人口的 20%，却仅拥有 5%~7% 的淡水资源和低于 10% 的耕地面积（Ely et al.，2019）。中国的巨型三角洲地区特别容易受到海平面上升的影响，而人口稠密的城市中的危险雾霾——来自工业活动和公路运输——正在推动政府解决空气污染问题（Ramaswami et al.，2017）。

21 世纪初，在为未来 10 年的强劲需求增长做准备时，全球金融危机使得经济活动和能源需求增长急剧放缓。作为应对，中国政府推出大规模的经济刺激计划，这引发了对工业产能的过度投资，反过来又导致了包括煤炭、钢铁、化学品以及太阳能光伏板在内的各种商品的过剩。

尽管如此，2001 年至 2005 年中国能源强度出现了异常强劲的增长，“十一五”规划（2006—2010 年）仍包含到 2010 年将能源强度在 2005 年基础上降低 20% 的目标。虽然 20 世纪 80 年代和 90 年代的规划也包含能源强度目标，但“十一五”规划对降低能源强度的重视程度以及为实现这些目标而花费的政府资源都大幅增加。之后的五年规划也包含了年度国家层面和各省层面的强制性目标，以降低能源强度。能源强度也被纳入地方官员工作表现的考核指标中。一系列法规和标准的出台，包括电力和建筑行业，目的是提高电力部门的效率（主要是要求燃煤电厂升级为使用超临界或超超临界技术）。最后，中央政府还为节能设备、燃煤锅炉升级、回收余热和能源管理系统等项目制定了投资计划。

2012 年—2013 年，中国正面对经济增长放缓、工业产能过剩、空气污染恶化等局面，政策支持和技术进步必定有助于提高中国的能源效率，同时经济结构正在从制造业向服务业转变。中国经济模式的再平衡是改革议程的一个关键内容，预计将促使经济增长放缓到 6%~8% 的水平，并让服务业替代重工业发挥更大的作用。此外，政策重点包括加强市场力量在资源配置中的作用，提高私营部门在工业和融资中的作用，以及将环境保护更系统地纳国家政策重点。

然而，与许多发达经济体在去工业化后开始解决空气污染问题不同，中国政府在经济继续增长和工业化的同时，必须努力保护其环境，同时确保可负担和安全的能源供应。国内能源结构多样化并满足更可持续的燃料增长需要，与将国家经济结构从工业主导增长转向消费驱动发展的广泛愿望相一致。环境保护曾因成本高昂而被视为经济增长的“障碍”，现在对中国来说既是社会的需要，也是工业的机会。

政策优先级的变化反映在“十二五”规划（2011—2015 年）中，中国政府首次提出了具有约束力的目标，即到 2015 年在 2010 年基础上，单位 GDP 能耗降低 16%、二氧化硫（SO_2）排放量降低 8%、氮氧化物（NO_x）排放量降低 10%。因此，政府加强了对 PM2.5 的监测工作，为污染严重的地区制定了更严格的目标。“十二五”规划还纳入了一些具体措施，包括关闭污染严重的工业设施，扩大包括天然气在内的清洁能源使用。在此背景下，中国于 2013 年出台了首个《大气污染防治行动计划》（2013 年《行动计划》）。该计划承认煤炭是空气污染的主要驱动因素，并试图限制其使用。

2013 年《行动计划》确立了减少煤炭消费总量和在能源结构中占比、用天然气取代工业煤炉的中长期目标（Miyamoto and Ishiguro，2018）。在煤改气的背景下，长期以来工业中在煤炭和石油之后扮演次要角色的天然气的需求开始激增。尽管中国的天然气探明储量居世界第七位，但天然气在中国能源结构中只占很小的份额。21 世纪初，中国天然气消费量仅为 250 亿立方米，而英国的消费量为 1000 亿立方米，美国为 6290 亿立方米。当时，天然气主要被用作工业原料，在煤炭是主要燃料的电力部门，天然气的作用微不足道。即使消费量很少，其中 2/3 仍集中在工业领域。但是，在环保进程推动下，加上中国境内丰富的非常规资源潜力，天然气行业加速发展。随着向家庭消费和商业领域渗透，2019 年，工业在天然气总需求中的份额下降到 44%，而全国天然气消费量增加了 10 倍多至略高于 3000 亿立方米。运输需求占比从 4% 上升到 10% 以上，居民用气占总消费量的 1/5。电力部门的天然气消费量也在迅速增加，但总体而言，天然气在电力部门仍然是一种边际燃料，占总发电装机容量的 5%

以下。

与原油一样，天然气需求在 2000 年至 2014 年间以惊人的速度增长（年平均增长 16%），但国内天然气产量未能跟上需求增长（见图 31.5），因为与俄罗斯、委内瑞拉和卡塔尔等天然气资源丰富的国家相比，中国的天然气资源更难开发。由于中国在该领域的专业知识、基础设施和技术水平相对有限，相比于天然气需求增长，天然气上游行业增长更为缓慢，推动天然气行业由过去的自给自足转变为越来越依赖进口，中国买家正试图保障管道天然气和 LNG 进口安全，以降低对海运的依赖。

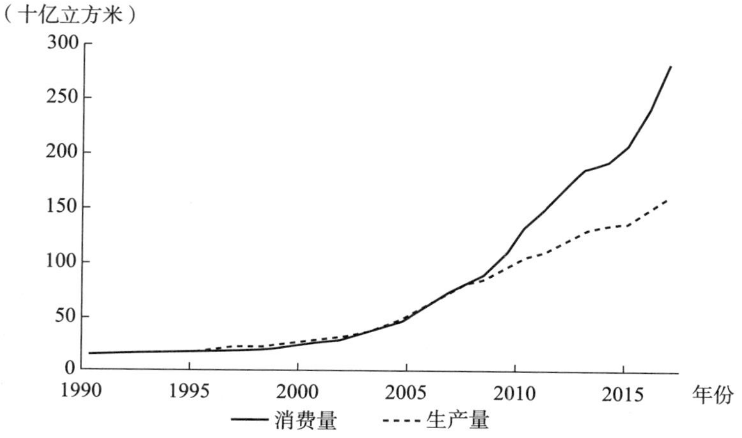

图 31.5　中国天然气供给和需求

资料来源：根据《bp 世界能源统计年鉴》（2019）整理。

与此同时，非常规天然气的兴起及其对美国能源行业和经济的深远影响引发了外界对中国的浓厚兴趣，特别是估计到中国可能拥有美国以外最多的非常规天然气资源。此外，美国致密气、煤层气和页岩气等资源开发带来的技术进步，意味着成本大幅降低，这让中国对开采非常规天然气的可行性更加乐观。促进国内非常规资源的发展，不仅能让中国减轻对进口的依赖，还能支持中国能源制造业提高全球竞争力。但是，尽管政府雄心勃勃，页岩气的开发却比预期缓慢。2012 年，中国政府设定了到 2020 年页岩气产量达到 600 亿 ~1000 亿立方米的目标，后来又下调至 300 亿立方米。尽管 2010 年才正式开始开发的页岩气行业增长强劲，但到 2020 年，页岩气产量不太可能超过 200 亿立方米。

即使按照最保守的估计，中国页岩气技术可采储量也可达到卡塔尔北方气田的一半，但中国要比美国更难以开发其资源潜力，这是由于地面和地下因素的综合作用：储层的不确定性，但似乎比美国盆地更复杂，而中国国内技术和页岩钻井专业设备尚处于萌芽阶段。此外，在 2019 年之前，上游行业一直由国家石油公司主导，与外国公司的合作有限。此外，由于地下资源矿业权管理不清晰以及压裂用水和集输管道的可获得性等因素的限制，页岩气开发变得更加复杂。

4 能源与工业 2.0

因此，21 世纪 10 年代初，中国的产业升级计划与能源优先事项趋于一致。2014 年年中，中国宣布了“四个革命、一个合作”能源安全新战略，也称为“能源革命”，并随后在公开发布的政策文件中正式确定了中国能源部门到 2030 年的总体目标和战略（国家发展和改革委员会，2016）。“能源革命”包括通过强制要求对工业进行需求侧管理和通过改变消费习惯来限制能源消费增长；要求提高中国能源基础设施的效率并减少排放，同时强调能源技术的重要性。“能源革命”还包括通过创新和国际合作来开发、商业化和推广下一代能源技术。

在中国的工业规划当中，减缓气候变化成为支撑中国经济转型的一个机会，也是推动中国争取全球技术领先地位的潜在领域（Geall，2017）。鉴于巨大体量和激励工业产出的强大动能，中国有能力迅速推动变革。“十二五”规划强调了 7 个将获得政策支持的战略性新兴产业，其中就包括可再生能源技术和电动汽车。随后的“十三五”规划（2016—2020 年）继续强调清洁技术，致力于让市场而不是国家补贴在选择最具竞争力的绿色产业和技术领导者方面发挥决定性作用（Geall，2017）。

自此以后，中国已成为全球可再生能源行业的领导者。2012 年，中国风能和太阳能发电装机容量分别为 61 吉瓦和 3.4 吉瓦，而可再生能源的年发电量仅占中国电力消费总量的 2.1%。到 2017 年，中国风能和太阳能发电装机容量分别达到 168.5 吉瓦和 130.06 吉瓦，可再生能源发电量占中国电力供应的 5.3%，太阳能发电装机容量已超过“十三五”规划的 110 吉瓦目标，2019 年 6 月装机容量达到 186 吉瓦。同样，风电装机容量也极有可能实现“十三五”规划 210 吉瓦的装机容量目标，2019 年 6 月已达到 193 吉瓦。

随着制造能力的提高，2010 年到 2017 年，全球光伏组件的平均价格下降了 79%。与此同时，补贴政策正在大量消耗中央财政，2017 年风电和光伏补贴总额估计约 1700 亿元人民币（Lin，2018），并成为全球贸易摩擦的根源，因为中国制造的太阳能光伏组件成为反倾销措施的目标。无论如何，中国企业降低成本和支持全球低碳经济的投资能力在更广泛程度上证明了其为应对气候变化所作的努力（Goron，2018）。

通过在国内增加装机容量及出口太阳能电池板和风力涡轮机，中国一直在推动全球可再生能源消费增长。就此而言，中国的脱碳目标及其对联合国气候变化进程的承诺与其经济和技术发展核心目标是一致的，即通过从能源密集型重工业转向创新和服务业来实现中国国内经济再平衡。

然而，尽管装机容量强劲增长，成本下降，但弃电水平（即发出的电力因不能接入电网而未被采购）仍然很高。这是由于可再生资源在中国西北省份开发，远离消费地，而电网的协调能力有限。此外，中国的燃煤电厂运营商历来享有优先接入电网的权利，合同规定了每年最低的调度小时数。随着电力行业改革，包括鼓励跨省电力交易和以最低边际成本为基础的电力调度试点项目，这种情况将有所改变，但电力行业改革总体进展缓慢。此外，地方政府存在干预电厂和工业消费者之间的交易的情况，有时会不以协议确定的输配电费用为准，以保护本地电厂。与此同时，国有电网公司利用其强大的市场地位，通过将获得新配电项目的控股权作为接入输电基础设施的条件，来减弱配电和零售领域出现的竞争。

在与美国的地缘政治紧张局势加剧以及 2020 年全球经济衰退的背景下，必须注意到，中国“能源革命”强调的是空气质量，而不是碳减排，强制性目标是减少二氧化硫和氮氧化物等空气污染物，而相比之下对温室气体排放的重视程度显得不足。中国的国内规划与 2015 年在《巴黎协定》框架下作出的应对气候变化承诺一致，即在 2030 年左右或更早达到二氧化碳排放峰值，单位 GDP 碳排放较 2005 年下降 60%~65%，但没有设定碳排放量的绝对上限。简而言之，中国的空气质量和气候政策一直相对独立地发展，空气污染是中国政府关注的主要方面。空气污染被视为环境问题，而气候变化被视为发展问题，直到 2018 年 3 月，两方面政策的监管还是由不同行政部门执行（Yamineva and Liu，2019）。

此外，中国的能源转型受到一系列政策优先事项的共同影响，而这些政策优先事项对决策者的重要性会不断变化。例如，在 2019 年，鉴于经济放缓和工业整体疲软，空气污染问题的重要性略有下降，这在很大程度上是因为那些最大的污染企业受到经济放缓的影响。因担心天然气供应的成本和可获得性，治理空气污染的努力（如煤改气）因代价高昂而放缓。同时，鉴于持续的中美贸易摩擦，对供应安全和进口依赖的担忧正在重新浮现，这导致中国政府重新审视煤炭在能源结构中的作用。

这是一个关键时刻，因为中国正在起草从 2021 年开始的下一个五年规划。然而，自 2018 年以来，中国政府放松了对新建燃煤电厂的限制，为更多地区在 2021 年至 2023 年建设燃煤电厂打开了大门，尽管煤炭公司正在亏损，利用率也很低。中国政府对煤炭行业的支持有多种原因。首先，煤炭行业承担了庞大的就业责任，在当前的经济低迷时期，地方和中央政府都不愿让缺乏其他行业技能的大量煤炭工人失业。其次，燃煤电厂并不是中国空气污染问题的核心，因为绝大多数燃煤电厂都配备了减污设备，而且政府的重点是治理当地污染，而不是碳排放。事实上，工业和居民用煤是当地空气污染的主要来源，也是许多燃料替代政策的核心。可再生能源的成本竞争力和电力市场的发展将逐步提高可再生能源在能源结构和电力行业中的份额，但考虑到中国更广泛的就业和安全问题，中国从煤炭到可再生能源的转型在短期内可能会放缓。

5　困于计划经济和市场经济间的能源行业

中国的能源需求显然是由其不断增长的经济所推动的，但政策和政治在塑造能源结构方面发挥了重要作用。在中国改革开放的过程中，虽然中国经济的大部分领域经历了市场化，但能源行业却相对落在了后面。

如今中国成熟的企业和能源贸易商起步于 20 世纪 80 年代之前的国家部委。20 世纪 90 年代，政府为了提高能源生产和分配效率，进行了一系列的改革，首先是石油和天然气行业，然后是煤炭和电力行业，将政府的能源部门转变为国有企业（Yang et al.,

1995）。价格被部分放开，激励措施被逐渐引入，并在某些领域允许竞争。政府不再仅仅基于政治考虑作出决策，而是开始同时基于市场以及社会和政治需要而作出决定。

竞争被引入能源价值链的某些环节，如煤炭开采和发电，但国有垄断企业在其他大部分领域（包括电力分配和大部分石油和天然气行业，2019—2020 年出现改革信号）仍占主导地位。上游价格已经越来越市场化，但下游价格仍然受国家监管。即使在市场决定需求的时候，政府也一直试图规划供应，导致投资不足和投资过度的反复循环。这一点在 21 世纪初很明显，当时中国经济和能源消费增长超出预期，影响中国和全球商品市场，这反过来又为中国国内和全球的投资决策提供了信息，使其判断中国能源需求不会减弱。

中国政府对供应短缺的担忧带来了一轮又一轮的市场化改革。在 20 世纪 70 年代和 80 年代国有煤矿不断出现短缺之后，中国政府鼓励小型私营煤矿生产，这些煤矿成为中国 90 年代中期煤炭逐步增产的支柱。然而，渐渐地，人们发现这些小煤矿的生产造成了相当大的资源浪费；由于技术进步有限，其开采率很低，矿工的伤亡率很高且环境破坏日益严重（Andrews-Speed et al.，2003），这些都成为社会关注问题。这促使政府关闭小煤矿（Aden et al.，2009）。私人煤矿被鼓励助力保障供应安全，但当其社会成本超过收益时就会被关闭。

石油市场也有明显的类似趋势，21 世纪初，独立炼厂的产能和市场份额都在增长。这些炼厂大多位于山东省，传统上规模小、效率低、技术不成熟。鉴于石油行业造成的环境恶化以及独立炼油商的逃税倾向，政府发布了几项命令，要求关闭小型炼厂，但独立炼厂幸存下来，这在很大程度上是由于地方政府的支持，而且在整个 21 世纪前十年发挥重要调节作用。当时中国的石油需求急剧增长，炼油能力无法跟上。在 2007—2008 年和 2010 年的油荒期间，独立炼厂增加了产量，缓解了中国东部和中部的供应短缺，对供应安全的贡献突出（Meidan，2017；Downs，2017）。这些独立炼厂的规模和水平不断提高，并在 2015 年受到国际关注，当时政府放宽了原油进口规定，允许它们直接从国际市场采购原油。通过允许独立炼厂参与竞争，中央政府努力确保供应安全，同时也促进市场化。但是，这样做的意外后果是原油进口激增，成品油产量过剩，远远超过了需求。

国家限价是另一个例子。例如，在整个 21 世纪前十年，尽管煤炭价格不断上涨，中国的电价仍由政府设定上限，以避免刺激通货膨胀。在各省内，价格按照用户分类管理，但国家管控的最终用户价格与以市场为导向的煤炭价格（经过逐步的价格改革）之间的价差，刺激了发电商降低煤炭库存，甚至出口煤炭，反过来又使其容易出现供应中断的情况，并受到政府的问责。

类似的现象也发生在石油领域，21 世纪初中国国内需求的激增导致全球油价飙升。由于该价格水平没有反映在中国国内的定价机制中，炼厂为了较高的利润率选择出口产品，造成中国国内成品油短缺。国有企业的这些行为往往导致定价机制的调整或某种形式的损失补偿，但也坚定了政府削弱国有大型企业对国内能源行业垄断地位的决心。事实上，中国的国有能源巨头也在不断评估政策目标，在为其最大股东（国家）

争取最大利润、通过保证就业维护社会稳定以及确保能源安全之间进行平衡。

除了不断变化的政策目标，中国治理结构提供了一些优势，但也可能带来劣势。中国的改革进程以试验性的政策设计为标志，不同的地方能够制定适合当地情况的发展战略，这也使中央政府能够决定是否以及如何在全国范围内推广前期已在地方进行的试验性政策。

同时，地方政府对政策的实施有相当大的影响力，因为它们以适合当地需求的方式规范税收、服务标准、产品质量以及环境和安全标准（Andrews-Speed and Zhang, 2019）。这使得地方政府有很大的能力来执行或扭曲政策。例如，在电力部门，地方监管机构在 2013 年至 2016 年批准了大量燃煤发电站的建设，并在同一时期削减了对可再生能源的支持以支持火力发电站。这两项行动都违背了中央政府促进清洁电力发展的政策，却支持了地方经济增长和就业。

40 年的改革开放使中国经济发生了深刻的变革，包括从农业和重工业向制造业和服务业的结构性转变，以及非国有经济占比的增加。然而，在能源领域，国家仍然处于主导地位。虽然市场改革已经逐步引入，但政府选择将主要的能源公司保留在国家所有制之下，以便它们能够帮助其实现非商业政策目标。同时，政府希望通过市场化定价和增加来自非国有企业的竞争，使能源巨头面对更多的市场规则，这种状况为政府改变其政策议程提供了灵活性。

不过，总体上的优先事项没有改变。随着经济的快速增长，特别是在过去的 20 年里，能源政策一直是以确保供应为首要目标，并优先考虑国内资源，同时降低进口依赖。而中国的能源选择对环境的负面影响已经成为一个社会问题，同时也是一个产业机会。能效提升技术的开发、新能源与可再生能源领域的创新，已经成为促进中国经济、工业和能源转型的途径，同时，也推动了中国更好地发挥大国作用。此外，可再生能源在中国的可用性和持续下降的成本表明，它们在国内能源消费中的份额会越来越大。

但是，这条道路并不平坦。中国对市场改革的承诺将受到经济增长放缓、失业率上升和中美战略关系紧张导致的外部环境日益恶化的考验。

参考文献

[1] Action Plan (2013), Circular of the State Council on Air Pollution Prevention and Control Action Plan, Guo Fa no 37, 2013, http://www.gov.cn/zwgk/2013-09/12/content_2486773.htm.

[2] Philip Andrews-Speed et al., 2003, "The regulation of China's township and village coal mines: a study of complexity and ineffectiveness", Journal of Cleaner Production 11 (2003) 185–196.

[3] Philip Andrews-Speed, Sufang Zhang, 2019, China as a Global Clean Energy Champion: Lifting the Veil, Palgrave Macmillan: Singapore, 2019.

[4] Nathaniel Aden, David Fridley, Nina Zheng, "China's Coal: Demand, Constraints, and Externalities", Environmental Energy Technologies Division, LBNL, July 2009.

[5] BP Statistical Review of World Energy 2019, https://www.bp.com/en/global/corpo-rate/energy-economics/statistical-review-of-world-energy.html, last accessed 28 October 2019.

[6] Erica Downs, 2004, "The Chinese Energy Security Debate", The China Quarterly, no. 177.

[7] Erica Downs, 2017, The Rise of China's Independent Refiners, Center on Global Energy Policy working paper, September 2017, https://energypolicy.columbia.edu/sites/default/files/CGEPTheRiseofChinasIndependentRefineries917.pdf.

[8] Ely, Adrian, Geall, Sam and Dai, Yixin, 2019, "Low carbon China: emerging phenom-ena and implications for innovation governance—introduction to the special section of environmental innovation and societal transitions", Journal of Environmental Innovation & Societal Transitions, 30. pp. 1–5.

[9] Sam Geall, 2017, "Clear Waters and Green Mountains: Will Xi Jinping Take the Lead on Climate Change?", Lowy Institute Analysis Paper, https://www.lowyinstitute. org/publications/clear-waters-and-green-mountains-will-xi-jinping-take-lead-climate-change, accessed 10 September 2019.

[10] Coraline Goron, 2018, "Fighting against climate change and for fair trade: finding the EU's interest in the solar panels dispute with China", China-EU Law Journal, Volume 6, issue 1–2, pp. 103–125.

[11] Kahrl F, Roland-Holst D, 2009, "Growth and structural change in China's energy economy", Energy, July 2009, 34(7):894–903.

[12] Michal Meidan 2014, "The Implications of China's Energy-Import Boom", Survival,Volume 56. Issue 3, pp. 179–200.

[13] Michal Meidan, 2017, China's Independent Refiners: A New Force Shaping Global Oil Markets, OIES Energy Insight, May 2017, https://www.oxfordenergy.org/wpcms/wp-content/uploads/2017/05/Chinas-Independent-Refiners-A-New-Force-Shaping-Global-Oil-Markets-OIES-Energy-Insight.pdf.

[14] Meidan M, Andrews-Speed P, Xin Ma, 2009, "Shaping China's Energy Policy: actors and processes", Journal of Contemporary China, 18: 61, 591—616, Shaping China's Energy Policy: actors and processes. Available from: https://www.researchgate.net/publication/248999566_Shaping_China's_Energy_Policy_actors_and_processes. [accessed Oct 28 2019].

[15] Akira Miyamoto, Chikako Ishiguro, 2018, "The Outlook for Natural Gas and LNG in China in the War against Air Pollution", OIES Paper, NG 139, https://www.oxfor-denergy.org/wpcms/wp-content/uploads/2018/12/The-Outlook-for-Natural-Gas-and-LNG-in-China-in-the-War-against-Air-Pollution-NG 139 . pdf?v=79cba1185463, accessed October 2019.

[16] Lauri Myllyvirta, 2019, "Why China's CO2 emissions grew 4 percent during first half of 2019", Carbon Brief, 5 September, available at https://www.carbonbrief.org/guest-post-why-chinas-co2-emissions-grew-4-during-first-half-of-2019, last accessed Oct 28, 2019.

[17] Naughton, Barry, The Chinese Economy. Transitions and Growth, Cambridge, MA: MIT Press, 2007.

[18] NDRC 2016, 能源生产和消费革命战略 (Energy Supply and Consumption Revolution Strategy (2016–2030), available at http://www.ndrc.gov.cn/gzdt/201704/W020170425548780357458.pdf, last accessed 10 October 2019.

[19] Anu Ramaswami, Kangkang Tong, Andrew Fang, Raj M. Lal, Ajay Singh Nagpure, Yang Li, Huajun Yu, Daqian Jiang, Armistead G. Russell, Lei Shi, Marian Chertow, Yangjun Wang and

Shuxiao Wang, 2017, "Urban cross-sector actions for carbon mitigation with local health co-benefits in China" , Nature Climate Change volume 7, pages 736–742.

[20] Dan Rosen, Trevor Houser, 2007, China Energy: A Guide for the Perplexed, Peterson Institute for International Economics, May 2007, https://www.piie.com/publica-tions/papers/rosen0507.pdf.

[21] Yulia Yamineva, Zhe Liu, 2019, "Cleaning the air, protecting the climate: Policy, legal and institutional nexus to reduce black carbon emissions in China" , Environmental Science & Policy, Volume 95, May 2019, Pages 1–10.

[22] Fuqiang Yang et al., "A Review of China's Energy Policy," (Lawrence Berkeley National Laboratory, 1995).

[23] World Bank 2019, "Open Data" , https://data.worldbank.org/country/china?view=chart

[24] Zhou, Dadi, and Mark D. Levine. 2003. China's Sustainable Energy Future: Scenarios of Energy and Carbon Emissions. Berkeley, CA: Energy Research Institute and Lawrence Berkeley National Laboratory.

第 32 章　俄罗斯的能源与经济

塔提亚娜·米特罗娃[①]

1　引言

俄罗斯的一次能源消费和二氧化碳排放均排名世界第四。尽管可再生能源潜力巨大，俄罗斯仍然将发展重点放在化石能源上。俄罗斯遵循“一切照旧”（Business as usual）的战略，国家财政收入、主要能源公司和许多地区的发展严重依赖化石能源出口。但是，不断变化的世界格局、2015 年联合国的可持续发展目标、去碳化议程，以及俄罗斯经济体系的良好运转，都对俄罗斯现有能源结构提出挑战。

尽管俄罗斯在 2019 年 9 月正式加入《巴黎协定》，但国内能源领域的去碳化在最近才被列入议程。2021 年底，总统普京宣布在 2060 年前实现净零目标。受制于相对较低的能源价格和高资本成本，俄罗斯 GDP 的能源强度仍然很高。太阳能和风能在俄罗斯能源结构中的份额微不足道。据官方预测，2035 年太阳能和风能在能源结构中的占比不会超过 1%。

俄罗斯在未来几年面临的挑战是为能源领域发展制定一个新的战略（至少是能源出口战略），以应对日益激烈的全球竞争、日益严重的技术封锁和金融领域制裁。

以下因素决定了俄罗斯对上述变化和能源转型的态度。

（1）人口和宏观经济。

（2）资源可获得性。

（3）能源在俄罗斯经济中的地位（包括油气收入对俄罗斯经济可持续发展、经济增长速度和投资资金以及应对技术和金融制裁的重要性）。

（4）能源管理体制。

（5）气候政策。

（6）技术政策。

---

① 塔提亚娜·米特罗娃（Tatiana Mitrova），哥伦比亚大学国际与公共事务学院全球能源政策中心，巴黎政治大学国际事务学院；电子邮件：tatiana.mitrova@sciencespo.fr。

2　人口和宏观经济

2.1　人口

目前，俄罗斯联邦人口约为 1.46 亿，自 20 世纪 90 年代以来增长停滞。俄罗斯人口数量的减少由移民弥补（主要来自苏联），但预计未来不会有较大人口增长。

2.2　宏观经济

21 世纪前十年，俄罗斯 GDP 年增长率为 7%~8%。但 2008—2009 年全球金融危机叠加全球能源需求放缓，导致了俄罗斯经济陷入衰退。2014 年的乌克兰危机和俄罗斯遭受的制裁，以及 2014—2016 年的原油价格下跌，使情况恶化，俄罗斯 GDP 年增长率下降到 1.5%~2.5%，对俄罗斯这样一个新兴经济体来说，这是相当令人沮丧的低增长率。新冠肺炎疫情对俄罗斯经济的影响尚不明朗，但显然 2020—2021 年将出现负增长，经济衰退将比 2019 年之前的预期更加严重。

2.3　能源需求与人口及宏观经济的关系

人口增长和经济发展的停滞不前对内需的影响很大。由于不需要大幅增加装机容量（实际上，近 10 年来俄罗斯电力市场一直处于供过于求状态），加之货币供给十分有限，不需要对新的资产和产能进行大量投资。结果，由于缺乏改变情况的动机（或资金），能源部门的现有资产构成保持不变。

3　能源资源情况

3.1　能源资源

俄罗斯的各种能源资源都很丰富：已探明石油储量在世界位列第五（仅次于沙特阿拉伯、加拿大、伊朗、伊拉克——截至 2019 年末，已探明的剩余可采储量为 147 亿吨，约占世界剩余可采储量的 6.2%）；已探明的天然气剩余可采储量在世界各国中位居第一（截至 2019 年末，已探明天然气剩余可采储量为 38 万亿立方米，约占世界天然气剩余可采储量的 19.1%）；在世界煤炭资源国中位居第二（截至 2019 年末，煤炭资源量 162166 吨，占世界总量的 15.2%）（bp，2020）。俄罗斯也是全球水资源最丰富的国家，且在太阳能、风能等方面都具有极大的潜力。此外，生物质能也十分丰富，包括林产品、泥煤、农用残余物以及各种有机废弃物（IRENA，2017）。

3.2　能源的生产与出口

虽然俄罗斯的 GDP 仅为全球的 3%，人口仅为全球的 2%，但其能源产量与消费量却仅次于中国与美国，贡献了全球 10% 的能源产量与 5% 的能源消费。俄罗斯能源产量约 14.75 亿吨油当量 / 年，其中一半用于出口，并在世界跨地区的能源贸易中占比 16%。这使得该国在全球能源出口中处于绝对领先地位（2019 年）。

各种能源的使用情况不同：化石能源是俄罗斯能源生产、消费和出口的主体。俄罗斯是全球最大的天然气出口国，也是第二大的石油出口国，第三大的煤炭出口国（SKOLKOVO and ERIRAS，2019），可再生能源出口在俄罗斯能源出口总量中的份额很低，在电力装机容量中也仅占 20%（主要是水电）。因此，俄罗斯可再生能源发展前景广阔。

3.3 国内能源消费

俄罗斯国内能源消费以化石能源为主，一次能源消费中有 53% 来自天然气，18% 来自煤炭，18% 来自石油。俄罗斯的零碳能源以水力发电和核电为主。可再生资源，包括水力发电、太阳能、风能、生物和地热能，只占俄罗斯一次能量消费总量的 3.6%。俄罗斯仅从可再生能源获得 17% 的电力（由于苏联对大规模基建工程的重视，大约 90% 的电力来自于水力发电）。俄罗斯约有 68% 电力是通过燃煤发电获得的，核电则占 16%。俄罗斯政府计划在 2024 年实现可再生能源发电在电力结构中占比 4.5%（与英国的 17% 和德国的 25% 相比，该比例显得过低），同时，根据 2017 年 IRENA（IRENA，2017）报告，俄罗斯有望在 2030 年前实现可再生能源发电占其终端能源总消费量的 11.3%。

4 能源对俄罗斯经济的作用

4.1 能源在俄罗斯经济中的地位

石油和天然气对俄罗斯的经济发展起着至关重要的作用。虽然受化石能源价格下降的冲击，近年来俄罗斯油气出口收入较 2008—2012 年的高峰有所回落，但油气收入贡献仍占 GDP 的 1/4、联邦财政收入的 40%~50%（视油价而定）、出口收入的 65%~70%、国家总投资的 1/4（MINFIN，2020）。

21 世纪初，俄罗斯能源出口量大幅增长：2000—2005 年（ERIRAS，2016）实现了前所未有的能源出口量增长 56%，超过苏联时期合计能源出口量，从而实现了经济高速发展，巩固了俄罗斯在世界范围内的“能源超级大国”地位。但是，在 2008 年发生全球金融危机之后，能源出口出现了停滞。金融危机之后的 2011—2014 年，油价居高不下，而俄罗斯能源出口则处于停滞状态。由于缺少以美元计价的石油出口收入，在 110 美元 / 桶的油价下，GDP 增长处于停滞，这明显是深层次的结构性经济问题（Mitrova and Melnikov，2019）。

在俄罗斯，人们普遍认为，全球脱碳发展方向和提升可再生能源比例的目标将极大地威胁到俄罗斯油气出口收入的可持续性和经济安全（总统令，2017）。但随着国际局势的剧烈震荡，油气在此后 20 年中所扮演的角色必然改变，俄罗斯必须顺应趋势。一些趋势如今已可见一二：在经历了 21 世纪前 10 年的高速增长（7%～8%）后，俄罗斯 GDP 增长率在最近 10 年间下滑至 1%～2%，原因是系统性经济危机、国际金融与科技制裁、投资环境恶劣等。停滞的经济和国内能源需求、固定国内管制价格、缺少新技术应用投资这一切都明显地制约了俄罗斯的投资能力，并削弱了国内金融市场表现，提高了资金成本。

4.2　俄罗斯能源出口的未来

俄罗斯能源出口面临着新的挑战：从短期看，受新冠肺炎疫情冲击；从长期看，可再生能源占比提高等因素将制约化石能源出口规模。在碳税制度下，碳边境调节机制将会导致依赖化石能源出口的国家长期经济不稳定。而且，银行和金融机构也在对气候变化的风险进行评估，对化石能源项目也越来越不感兴趣。此外，美国与欧盟正在实施的经济制裁也使俄罗斯石油企业投入石油项目上的资金大为缩减。所以，从长远来看，俄罗斯的能源出口较悲观，预计到 30 年代达到高峰，然后开始回落。SKOLKOVO 和 ERIRAS 预计，随着国际市场对于俄罗斯油气的需求不断下降，俄罗斯油气 GDP 占的比重将会从 2015 年的 31% 降至 2040 年的 13%～17%（不同情景下）。旨在降低温室气体排放的气候政策也将给俄罗斯经济带来巨大的冲击。总之，俄罗斯以及其他很多能源输出国都面临着一个新的、更长久的挑战；由于俄罗斯过度依赖油气出口，国家经济是否能够持续发展正在成为一个问题。

5　俄罗斯能源体制

历史上，苏联和俄罗斯的能源行业一直是高度集权化的。苏联时期，该国通过五年规划对经济实行统一管理。尽管 20 世纪 90 年代开始进行市场化改革，并将大量的能源资源进行了私有化，但目前俄罗斯的能源产业依然存在着企业集中度高、市场机制不健全等问题。私有化和分权受到了政府的强烈反对，被视为对国家能源体系的稳定性、可靠性和国家安全的一种威胁。

5.1　石油行业

在过去 20 年里，石油行业的竞争格局发生了重大变化。20 世纪 90 年代初期，随着俄罗斯石油行业的私有化和解除监管，俄罗斯石油行业的重要资产开始落入私人企业，例如尤科斯（Yukos）、Sibneft、卢克石油、苏尔古特，它们都已发展成为世界一流的一体化石油公司，相比之下，国有俄罗斯石油公司的石油产量还不足 5%。但是到 21 世纪初，新的趋势出现，即由国有企业（最初是由俄罗斯石油公司）主导了整个行业。这一进程从 2003 年尤科斯案开始，当时俄罗斯政府第一次表现出了对日益增长的石油收入的控制。2008 年，“战略油田”的概念被提出，标志着俄罗斯石油工业新时代的开始。在这一时期，国有企业将享有开采最具竞争力的油气资源的优先权。这个战略得到了俄罗斯石油公司（“俄油”，Rosneft）首席执行官伊戈尔·谢钦的支持，从2004年起，他就开始整合油气资产，使俄油成为国有巨头。通过一系列并购，从Yukos再到TNK–BP，2014年俄油产量占到俄罗斯总产量的40%。俄罗斯天然气工业股份公司（“俄气”，Gazprom）的石油资产并入俄油。在TNK–BP被俄油收购后，斯拉夫石油公司（Slavneft）也成为国有资产。目前，斯拉夫石油的资产分别由俄油和俄气持有。2014年末，俄罗斯投资公司（AFK Sistema）所拥有的巴什石油公司（Bashneft）的股权也被国有化。与此同时，小型私营石油企业所占的市场份额只有4%，而小型私营企业往往是创新、流动性和企业家精神的重要驱动力。10年来，国有企业所占的比例增长了14倍以上至57%，从2014年保持至今。俄罗斯石油产业的高度集中，以及日益增加的政府干预，使得该行业越来越不情愿去适应竞争并孕育创新。

俄罗斯石油行业面临的另一个重要制度问题是税收问题。由于现行的以产量为基础的税制并不能刺激小型油田的开发，或是难以开采非常规石油，税制改革已被提上议事日程。在过去的数10年里，由于苏联时期遗留下的常规油田产量充足，无须大规模投资，所以这一问题一直没有引起重视。但是，如今俄罗斯的石油产量已达高峰，未来产量很有可能下降。

2013—2014年，国家对新开发和难开发的油田实施了多项税收激励措施，其中包括矿产资源开采税（Mineral Extraction Tax，MET）公式中所用的特别减免系数，以反映储量耗竭的程度、具体的地质地理条件以及直接适用于具体项目的定向免税期优惠政策，例如位于东西伯利亚、北极圈北部、亚速海、黑海、鄂霍次克海、里海大陆架以及涅涅茨自治区的油气田。对于萨哈共和国（雅库特）、克拉斯诺亚尔斯克以及伊尔库茨克等地区所产原油，其系数将降至0；对于高黏度原油，同样适用零系数。通过这一举措，西西伯利亚的原油产量下滑有所减缓。但是，该政策只能用于非常有限的在产油田，而且不能大范围应用。在解决这些问题时，俄罗斯政府采取了很多具体的措施，但是这些措施并不足够——能源部称，2018年俄罗斯50%的原油产量都适用了不同税收优惠政策，然而，该措施显然已经无法维持下去。

5.2 天然气行业

与石油工业不同，依赖基础设施的天然气工业（被视为自然垄断，因其对国家能源安全至关重要）在20世纪90年代被整合为一个巨大的国有公司，即俄气，业务范围包括天然气勘探和生产、管道运输以及国内和国外市场的天然气销售，以便在财政收入不足和投资赤字的困难时期集中资源。天然气行业在很长一段时间内仍然是受管制的苏联式垄断结构中的孤岛，并表现出国家垄断的所有缺点和低效率。俄气被指定为“保障供应商”，负责向国内消费者供应天然气。虽然法律规定，如果“有空余输送空间可用”。天然气输送网络所有者有义务允许俄气以外的生产商使用天然气管线（俄罗斯联邦政府，1997），但在20世纪和21世纪初，俄气以外的生产商使用管道极其困难，因为俄气可以因技术原因拒绝提供输送服务，并优先考虑保障本公司的产量。那时，俄气控制了俄罗斯天然气总产量的 94%~95%。几个独立的天然气生产商，例如伊特拉（Itera）和诺瓦泰克（Novatek），在市场上的存在是微不足道的。但是，在过去的 10 年里，与石油行业的趋势相反，天然气行业开始出现越来越多的竞争，令人惊讶的是，这主要是由俄油推动的。

该状况在 2008—2009 年全球经济危机之后才开始发生，因为经济危机以及统一天然气供应系统（United Gas Supply System）的扩张，在很大程度上解除了对生产能力的制约，而俄气则因为内外需求下降而控制产量。俄气大幅削减其产量，并逐步将市场让渡给诺瓦泰克、俄油和其他一些独立公司，这些公司占俄罗斯天然气产量的比例由 2008 年的 15% 上升至 2014 年的 33%。由于俄气以外的公司有权以不受管制的价格出售其产品，其与各大工业燃气客户签订的合同量大幅增加。这些公司按照联邦关税局制定的管控价格的 3%~10% 的折扣定价，而俄气却不得不按管控价格出售，不能打折。其结果是，到了 2015 年，俄气之外的公司几乎占据了全国天然气市场的半数供应，并且这一趋势仍将持续。俄气之外的公司已经停止了对输气管线的抱怨，取而代之的是对不透明的关税政策、无法使用地下储气库以及最重要的出口问题的抱怨。

在国内天然气价格稳定后，天然气因需求受限而导致的产能过剩，使国内天然气市场的利润空间更加狭小。俄气以外的生产商野心勃勃的上游项目以及俄气新项目的投产（最初是在亚马尔的波瓦宁科沃气田），使得国内市场上的天然气泡沫更加严重，各生产商的矛盾激化。但是，这并不必然意味着一个竞争性市场的形成，实际上这些企业正在建立区域垄断。举例来说，俄罗斯最大的工业区——车里雅宾斯克地区，几乎 100% 的天然气都由诺瓦泰克供应。俄油还通过对伊特拉的收购，实现了对斯维尔德洛夫斯克地区天然气供应的完全控制。

对天然气市场进行任何改革都显得过于冒险，尤其是在当前的国际地缘政治与经济背景下，因此，政府明显在推迟任何深入的改革。而且，由于俄罗斯政府自身是本国天然气产业的重要利益相关者，并且旨在把油气作为一种重要的国内外政治手段，任何改革都存在着根本性障碍。政府需要由一家国有企业来承担对经济不景气地区和免费用户的保障供应责任，为工业和人民提供廉价的天然气，并利用专有的出口收入对社会功能和地缘政治目的出口项目进行交叉补贴。因此，真正意义上的天然气市场化改革并没有得到推进。

由于天然气占俄罗斯一次能源消费总量的 53%，俄罗斯天然气价格始终是一个令人头痛的问题，不仅严重影响了油气产业的发展，还极大地影响了电力产业和全国经济。在俄罗斯天然气产业起步之初，俄罗斯的法律与法规就要求俄气及其子公司向本国用户销售其所产的天然气，必须按照国家制定的价格。这导致俄罗斯天然气市场出现人为低价现象。这种价格策略鼓励消费者尽可能多地消费天然气，节约天然气不再具有吸引力。2002 年，面对日益高涨的市场需求和日益严重的天然气短缺，俄罗斯政府决定废除价格冻结管制政策，并开始在高物价指数（20%~25%）的基础上引入“上限价格”，以此来促进投资并节约能源。另外，在与欧盟就加入 WTO 签订的协定中，俄罗斯国内市场的天然气价格将上涨至足以覆盖天然气生产企业的全部费用，其中还包含了工业发展所需要的一部分投资。

2006 年底，一项战略性决定出台，支持加速国内天然气价格上涨，以保证逐步向出口净回值水平（对国内市场的供气与出口可获得同等利润）的分阶段过渡，在达到相同净回值水平之前，国内天然气价格将以 15%~25% 的速度上涨，当时预计将持续到 2011 年。由于石油价格上涨，这个时间被推迟到了 2015—2018 年。但到 2013 年，随着 GDP 增速放缓，工业生产和固定资产投资越大越重要，俄罗斯政府终于下定决心停止天然气价格上涨，而仅把价格和通货膨胀率挂钩起来。因此，实现“净回值平价”的初始目标时间（2011 年）被推迟至 2030—2035 年（尤其是 2014 年 12 月卢布贬值之后，以美元为单位的价格减半降至 2008 年水平）。俄罗斯被锁定在政府控制的本国天然气低价政策框架内。当然，这样挂钩方式会使天然气生产商失去相当大一部分的国内市场收入份额，而且长期来看会迫使其减少投资。俄罗斯联邦反垄断局已开始敦促俄罗斯将政府定价改为现货定价，参考使用圣彼得堡国际商品交易所的天然气的价格，尽管该市场于 2014 年成立，但交易规模有限。

5.3 电力行业

在经历了漫长的改革之后，俄罗斯电力市场终于包含国有企业和民营企业。在发电领域，国有企业控制了约 70% 的市场；在输电领域，国有企业控制了本国全部的高压电网（220 千伏或更高电压）和几乎全部的配电网。俄罗斯电力供应总量的 63% 来自燃煤电厂，并且大部分都采用较落后的技术（天然气发电厂中仅有 25% 使用燃气涡轮或者联合循环技术，而燃煤发电厂中仅有 22% 使用超临界技术）。与此同时，集中供暖和热电联产电厂（大约有 50000 个）发展较好，热电联产电厂占化石燃料发电装机容量的比例超过 50%（Mitrova and Melnikoff，2019）。

国有企业的石油产量超过了 50%（Mitrova 等，2018）。实际上，成品油的国内价格受到“管制协议”的调整，同时，俄气控制着天然气市场，对居民和工业用户出售的价格也受到政府的管制，与当时通胀水平挂钩（Handerson and Mitrova，2017）。在苏联时期的计划经济 30 年后，俄罗斯的廉价能源仍被认为是“公共产品”，只要试图涨价，就会招致消费者的不满。便宜的能源并不能带来更高的能效，也不能通过更多的消费实现现有资产的现代化。

俄罗斯的能源行业存在争议，其体制机制设计复杂，既包括严格的政府管制，也有一定程度的市场竞争，这些给各方参与者传递了不清晰的信息。该问题与高昂的交易成本密切相关，同时也是阻碍国家实现大规模能源转型的重要因素之一。

6 气候政策

在全球范围内，脱碳是推动能源转型的重要驱动力。然而，在俄罗斯联邦的能源政策中，气候问题和脱碳问题尚未成为核心议题。导致脱碳进展缓慢的原因有很多。有利益相关者对气候变化的“人为因素”存有疑虑，俄罗斯科学院的高级代表和许多政府官员曾公开表达过对此的质疑。他们经常提到俄罗斯在减排方面所取得的成就：虽然俄罗斯在 20 世纪 90 年代经历了一次经济萧条并进行了经济重组，但实际上该国的排放量已大幅下降。根据《联合国气候变化框架公约》（UNFCCC）的统计数据，扣除了土地利用、土地利用变化和林业（LULUCF）的影响后，1998 年俄罗斯温室气体排放量较 1990 年减少了 40.6%。包含 LULUCF 的话，排放量减少了 50.9%。

1998 年至 2008 年，俄罗斯的温室气体排放增长率远低于 GDP 增长率，在这 11 年中增长率仅约为 16%（UNFCCC，2018；IEA，2018）。截至 2014 年，俄罗斯的温室气体排放量约为 1990 年的 70%，因为自 2009 年以来该国排放量再次上升。

截至 2017 年，俄罗斯电力行业的碳排放强度（以克 / 千瓦时为单位）比波兰、德国、澳大利亚、中国、印度、哈萨克斯坦、波斯湾阿拉伯国家、美国、智利和南非等国家低（斯塔菲尔等，2018）。大约 35% 的电力来自由零碳的核电站和大型水电站，48% 来自天然气（马卡洛夫等，2017），天然气逐渐取代石油产品和煤炭在化石能源发电厂燃料组成中的份额（从 2006 年到 2017 年，化石能源发电中天然气的比例从 69% 增加到 74%）。这些事实降低了俄罗斯对气候议题的热情。

这也是俄罗斯一直对世界脱碳趋势保持疏离态度的原因。俄罗斯对于参与国际环境合作的态度很大程度上取决于其外交政策的目的。在苏联时代，“世界环保倡议”是同西方国家合作的一种途径。在 20 世纪 90 年代，该倡议被视为与世界接轨的一种方式，并成为苏美关系的一个重要方面。在 21 世纪初，俄罗斯通过环保倡议与其西方合作伙伴达成妥协，并在吸引外资方面取得了成功。如今，俄罗斯政界和商界的精英逐渐认识到利用本国自然资源的重要性。因此，从长远来看，俄罗斯可能会参与国际环保合作。俄罗斯已于 2016 年签署《巴黎协定》，承诺在 2030 年前将温室气体排放控制在 1990 年水平的 70%~75% 范围内，并尽量将森林所起的作用考虑在内。2019 年 9 月，俄罗斯正式加入《巴黎协定》，将在 2020 年底前完成碳排放相关规定的制定，并提交国家自主贡献报告（NDA）。

7　科技政策

虽然俄罗斯并没有充分重视气候政策，但该国对科技政策相当敏感。俄罗斯国家领导人明确意识到，俄罗斯有望在新能源技术上处于世界领先地位。因此，对于可再生能源、智能电网等设备的本土化提出了高要求，同时也制定了大量的进口替代方案。与此同时，俄罗斯的科技政策并未以绿色科技为核心。2014 年通过、2019 年修订的《国家能源发展规划》仅列出了推动燃料与能源综合设施的革新与数字开发等目标，以及油气生产与处理方面的全部新技术，但与低碳相关的技术则完全未被提及（Minenergo，2019）。

7.1　能源效率

俄罗斯的寒冷气候、广阔的地理距离、经济组织不善和明显的技术落后等因素，导致其GDP的能源强度非常高，比美国和世界平均水平高出1.5倍，是部分先进的欧洲国家的两倍（ERIRAS，2016）。在几乎所有的工业技术中，俄罗斯不仅在最佳可用技术上存在显著的能源效率差距，而且在“实际国外消费”方面也存在差距。即使在相对较低的燃料和能源价格下，俄罗斯燃油和能源成本在总生产成本中所占的比例也高于发达国家和许多发展中国家（IEA，2011）。在2008—2009年的经济危机之前，俄罗斯是GDP能源强度下降方面的全球领先者之一，与发达国家之间的差距明显缩小，1998年至2008年10年间GDP能源强度下降了40%。然而，自2009年以来，这种下降趋势已经放缓甚至出现了反转。根据Bashmakov的报告（Bashmakov，2018），2017年俄罗斯GDP能源强度仅比2007年降低了10%（与此同时，2008年设定的初始能源效率目标是到2020年GDP能源强度降低40%）。尽管联邦预算补贴数额非常大，但改变却非常有限，因此初始目标被大幅缩减。

很明显，对于这个高能耗的国家来说，“能源转型”至关重要。根据IEA的分析，如果俄罗斯能达到OECD国家的能源效率，就可以节约30%的一次能源消费，并减少大量的化石能源消费，包括1800亿立方米的天然气、60万桶/天的原油和成品油以及每年5000多万吨的煤炭（IEA，2011）。降低能耗的主要手段是在结构上节省能源，即通过改变国家经济中的工业和产品结构来实现，提高非能耗密集型工业和产品的比例。限制能耗增加的第二个主要手段是技术节约，这可以节省25%~40%的能源。然而，要缩小与OECD之间的差距十分艰难，由于无法快速更新设备或对其进行投资，差距甚至变得更大。如果政府在此基础上继续设置管理壁垒，最重要的是小规模市场主体不能获得“长期资本和信用”用以投资提高能效的项目，以及长久以来相对低廉的天然气价格，俄罗斯将继续处于高耗能状态。要想改变这一局面，就必须采取有力的政策措施，并使能源价格大幅度上涨，其潜在收益同样十分可观。

7.2 可再生能源资源

俄罗斯零碳能源以大型水电和核电为主。尽管可再生资源（包括水力、太阳能、风能、生物能和地热能）仅占俄罗斯一次能源消费总量的3.2%，但截至2015年底，俄罗斯可再生能源装机总量已达到53.5吉瓦，约占俄罗斯总装机容量（253吉瓦）的20%。其中，水力是主要的可再生能源，达到了51.5吉瓦，生物能则排名第二，达到1.35吉瓦；太阳能发电装机容量到2015年已达到460兆瓦，陆地风电装机容量达到11兆瓦（IRENA，2017）。

根据俄罗斯《2035能源战略》，到2035年，可再生能源在一次能源消费中的比例将从目前的3.2%提高到4.9%。为实现这一目标，俄罗斯政府已经批准了一项计划，即到2024年底，将太阳能光伏、陆上风能和地热能的发电能力提高到5.9吉瓦。现行法律规定了参与国家可再生能源电力市场的条件，即项目开发商的发电量至少为5兆瓦，并可以通过每年一次的竞标与俄罗斯交易系统管理公司签订电力能力供应协议。选定的供应商将会获得一份为期15年的长期合约，并按其向能源系统增加供应能力和实际发电量支付固定单价。这项规定将可再生能源的装机量作为一种独立于发电的商品，对投资者有一定的经济性吸引力。可再生能源开发商需要确保在约定的时间内实现承诺的发电能力，并尽可能实现设备的本地化（Power technology，2018）。

俄罗斯每年的可再生能源发电装机容量已从 2015 年的 57 兆瓦增长到 2018 年的 376 兆瓦，其中太阳能为 320 兆瓦、风力发电为 56 兆瓦）。然而，更重要的是，近两年来，在可再生资源的竞标中，投资已明显减少：根据能源部的统计，风力发电减少了 35%，太阳能发电减少了 31%（Power technology，2018）。说明这一过程并不顺利：出于多种原因，有些容量竞标活动很难成功，比如在 2013—2016 年的竞标活动中，只有 2 吉瓦的可再生项目成功授标，在 2017 年的竞标活动中，总计 2.2 吉瓦的风电、太阳能发电和小型水电项目成功授标，2018 年，授标的 39 个项目的装机容量总计只有 1.08 吉瓦。

技术政策是俄罗斯发展可再生能源的主要驱动力，该国首先专注于建立自己的可再生能源设施制造能力。俄罗斯通过极高的关税税率已经设定了较严苛的本地化要求，这是许多俄罗斯可再生能源项目具备长期可行性的重要组成部分。在竞拍制度的早期，为避免关税惩罚而要求的本地化率相对较低，但到 2020 年太阳能发电项目的本地化率要求已提高至 70%，风电和小型水电项目的本地化率要求已提高至 65%，政府设定的长期本地化目标水平为 80%。极高本地化率要求的背后，是俄罗斯制造的设备缺位，特别是在风电领域。

问题是，目前对可再生能源的支持机制将在 2024 年到期。按照计划，俄罗斯并不雄心勃勃的可再生能源份额目标和雄心勃勃的本地化目标均将在那时实现。如果不为可再生能源建立新的激励机制，外国可再生能源开发商的涌入可能会停止。为了出台激励措施，俄罗斯政府应首先明确可再生能源在其能源平衡中的长期作用，但如果没有脱碳议程，明确可再生能源地位是相当困难的。根据 IRENA（2017），俄罗斯理论上有可能在 2030 年之前将可再生能源在一次能源消费总量中的份额从 4.9% 提高到 11.3%，但如果不重新评估能源战略的优先事项，不对俄罗斯能源系统进行更广泛的改革，这一目标很难实现（Mitrova and Melnikoff，2019）。

7.3　俄罗斯电力系统的去中心化和分布式能源资源潜力

从历史上看，俄罗斯的能源系统总是以极其集中的方式发展：俄罗斯拥有世界上最大规模之一的国家集中式电力系统，具有单一的调度控制权。截至 2017 年，其主干网络的总长度超过 14 万公里，配电网络超过 200 万公里，发电装机容量为 246.9 吉瓦。这个能源系统建立在分级的基础上，并且有集中的长期规划机构。几十年来，集中模式一直是并仍然将是能源战略的基础，而分布式能源资源，包括微电网或可再生能源发展缓慢，只在偏远和孤立的地区使用。分布式发电历来只在远东、西伯利亚和北极等偏远地区应用，因为这些地区连接到统一的国家电网的成本太高。然而，分布式能源资源在集中式系统中的渗透已经开始，并且世界其他地方也是如此（Mitrova and Melnikoff，2019）。与其他国家类似，21 世纪初以来将分布式能源资源纳入俄罗斯电力部门比较常见，但在过去 17 年里，只限于分布式发电。俄罗斯这一进程的发展不是由全球气候议程或能源独立问题所驱动的，而是出于最大电力消费者的经济考虑。俄罗斯几乎所有的大型工业公司（包括石油和天然气行业的领导者，如俄气、俄油、卢克石油、诺瓦泰克和萨哈林能源）都开发自己的分布式发电项目，以获得更实惠的电力供应。

在俄罗斯，家庭使用可再生能源微型发电仍主要局限于爱好者。只有几个地区有个别案例，所有这些案例几乎都是由经济利益驱动的。在俄罗斯，非发电类型的分布式能源资源正处于发展的早期阶段。需求响应技术在2016—2017年开始在俄罗斯发展，但只有一小部分的电力消费受到影响。电力零售市场的需求响应还处于试验阶段。

然而，俄罗斯分布式能源资源具有巨大潜力。根据SKOLKOVO能源中心的研究（Khokhlov et al.，2018），这种潜力可以轻松覆盖超过一半的发电能力需求（到2035年约36吉瓦）。为了刺激分布式能源资源技术的最大应用，俄罗斯电力部门必须进行系统性的架构和政策改革，以平衡新参与者和现有模式的利益。

7.4 数字化是政府的优先事项

整个能源部门，特别是电力部门的数字化是全球趋势的一部分，这意味着快速发展的数字技术正在渗透到经济领域。俄罗斯政府将能源部门的数字化转型视为一项技术挑战，这也是数字化成为俄罗斯“能源转型”的主要驱动力的原因之一。同时，目前所有高科技设备对进口的高度依赖和制裁的潜在威胁，可能给国家安全带来严重风险。2018年，俄罗斯总统普京签署了一项法令，制定了《数字经济》特别国家规划，其中提到能源基础设施是关键组成部分之一。能源部也制定了“数字能源”特别项目，侧重于监管的数字化，整个机构框架的协调和创建，以便在能源部门大规模引入数字技术。

7.5 氢能

俄罗斯在氢能生产方面拥有巨大的潜力，包括灰氢、蓝氢、绿氢、黄氢和青绿氢的生产技术，但该国仍然与国际社会和伙伴发展氢能技术的关系比较疏远。首先，气候变化议程和脱碳在俄罗斯能源战略中仍然处于次要地位，这大大阻碍了所有低碳技术的发展。与此同时，俄罗斯拥有丰富的资源来生产氢能，并且在这一领域进行了一些研发活动（但大部分距商业化还很遥远），估算了潜在的国内氢能需求。目前，俄罗斯的重点是氢气出口，因为国内市场似乎对这些技术没有很大的兴趣。2020年，俄罗斯能源部制定了一份国家氢能路线图，最近提交给政府审批。氢能发展的主要利益相关者目前是俄气和俄罗斯原子能公司，但也有其他对这一领域感兴趣的参与者，包括俄油、诺瓦泰克等都在研究如何将氢能潜力转化为切实的收益。

8 能源转型展望：挑战和机遇

俄罗斯对能源转型的态度一直存在争议：在引入新技术等趋势方面，该国试图以传统的集中方式推进，但基本上拒绝制定脱碳日程。现行战略文件，主要是2020年6月批准的《2035年能源战略》（MINERGO 2020），并没有考虑到能源转型问题。然而，为了适应全球能源系统的深刻变革，该国将不得不为国内能源市场的发展和出口战略制定长期愿景。总的来说，俄罗斯在参与能源转型方面有许多选择，甚至可以在其中的某些方面发挥主导作用，例如：

（1）能源效率。

（2）可再生能源（太阳能、风能、潮汐能、生物质 / 生物甲烷、颗粒燃料、小型水力发电）。

（3）潜在出口项目（北极风能、雅库特太阳能 + 直流输电）。

（4）核能（下一代快中子反应堆）。

（5）运输中替代石油（海运、公路），发挥 LNG 领导作用。

（6）氢能（蓝氢、绿氢、黄氢、蓝绿氢）。

（7）碳捕集、利用与封存（包括提高采收率）。

（8）碳补偿（包括重新造林 / 自然碳汇项目）。

所有这些潜力的实现将取决于政治意愿和俄罗斯对脱碳范式的整体认知。

参考文献

［1］ Bashmakov, I. (2018), What Happens to the Energy Intensity of Russia's GDP?, Ecological Bulletin of Russia, No.7, 8 (2018), (Russian).

［2］ BP (2020), Statistical Review of World Energy, June 2020.

［3］ ERI RAS (2016), Global and Russian Energy Outlook Up To 2040. ERI RAS and AC RF. Available at: https://www.eriras.ru/files/forecast_2016.pdf.

［4］ Henderson J. and Mitrova T. (2017), Natural Gas Pricing in Russia: Between Regulation and Markets. SKOLKOVO Energy Centre, (Russian). Available at: https://energy. skolkovo.ru/downloads/documents/SEneC/research02.pdf.

［5］ IEA (2018), Electricity Information, International Energy Agency (IEA)/OECD Publications, Paris.

［6］ IEA (2011), World Energy Outlook 2011, International Energy Agency (IEA)/OECD, Paris.

［7］ IRENA (2017), Renewable Energy Prospects for the Russian Federation, REMAP 2030 Working Paper, April 2017. Available at: https://www.irena.org/publica-tions/2017/Apr/Renewable-Energy-Prospects-for-the-Russian-Federation-REmap-working-paper.

［8］ Khokhlov, A., Melnikov, Y., Veselov, F., Kholkin, D. and Datsko, K. (2018), Distributed energy resources in Russia: Development Potential, SKOLKOVO Energy Centre. Available at: https://energy.skolkovo.ru/downloads/documents/SEneC/Research/SKOLKOVO_EneC_DER_2018.10.09_Eng.pdf.

［9］ Makarov I. A., Chen H. Y. and Paltsev S. (2017), Finding Itself in the Post-Paris World: Russia in the New Global Energy Landscape, MIT CEEPR Working papers. CEEPR. MIT Center for Energy and Environmental Policy Research, 2017. No. WP-2017-022 (2017).

［10］ MINERGO (2020), Energy Strategy of the Russian Federation Up to 2035, Energy Ministry of the Russian Federation. Available at: https://minenergo.gov.ru/node/1026. Accessed 21 September 2020.

[11] MINENERGO (2019), State Strategy "Energy Development", Ministry of Energy of Russian Federation, (Russian), Available at: https://minenergo.gov.ru/node/323.

[12] MINFIN (2020), Federal Budget, Brief information about the execution of the federal budget, Available at:https://minfin.gov.ru/ru/statistics/fedbud/execute/?id_65= 80041-yezhegodnaya_informatsiya_ob_ispolnenii_federalnogo_byudzhetadannye_s_1_yanvarya_2006_g.#.

[13] Mitrova T. and Melnikov, Y. (2019), Energy transition in Russia. Energy Transition, 73–80 (2019). https://doi.org/10.1007/s41825-019-00016-8.

[14] Mitrova T., Grushevenko E. and Malov A. (2018), The Future of Russian Oil Production: Life Under Sanctions, SKOLKOVO Energy Centre. Available at: https://energy.skolkovo.ru/downloads/documents/SEneC/research04-en.pdf.

[15] Power Technology (2018), Is Russia finally ready to embrace renewable energy? https://www.power-technology.com/features/russia-renewable-energy/. Accessed 22 September 2020.

[16] Presidential Decree (2017), "On the Strategy of Economic Security of the Russian Federation for the Period until 2030", No. 208, May 13, 2017 (Russian). https://www.garant.ru/products/ipo/prime/doc/71572608/(2017).

[17] RF Government (1997), Regulation "On the Provisions for Access of Independent Enterprises to the Gas Transportation System of JSC Gazprom" approved by the Resolution No. 858 of the RF Government, 14 July 1997.

[18] SKOLKOVO-ERI RAS (2019), Global and Russia Energy Outlook. Available at:https://energy.skolkovo.ru/downloads/documents/SEneC/Research/SKOLKOVO_EneC_Forecast_2019_EN.pdf.

[19] Staffell, I., Jansen, M., Chase, A., Cotton, E. and Lewis, C. (2018), Energy Revolution: Global Outlook. Drax: Selby.

[20] UNFCCC (2018), Summary of GHG Emissions for Russian Federation. Available at: https://di.unfccc.int/ghg_profiles/annexOne/RUS/RUS_ghg_profile.pdf.

[21] World Bank (2018), Modest Growth Ahead. 39 Russia Economic Report, May 2018. Open Knowledge Repository. Available at: https://openknowledge.worldbank. org/bitstream/handle/10986/29913/127254-WP-PUBLIC-ADD-SERIES-JunefinalRussiaEconomicReportENG. pdf ?sequence=1&isAllowed=y.

第33章　中东和北非地区的能源与经济

拉迪亚·塞达维[①]

1　引言

阿拉伯是一个巨大且充满多样性的地区，以其自然资源的丰富性和气候的脆弱性而闻名（UN ESCWA，2017a，2017b，2019a，2019b）。该地区是大约4亿人的家园（世界银行，2019a），从北非的大西洋海岸延伸到了东边的霍尔木兹海峡，分布着世界上最富有的一些国家和最贫穷的一些国家。

通过充分利用基础设施、技术、治理和可持续管理实践来提高利用自然资源的能力，是为年轻人创造经济机会和提高生活水平的关键，也是社会经济发展和实现性别平等、妇女赋权和代际公平的主要驱动力，这些因素成为推动阿拉伯地区长期繁荣的核心。

确保人人获得负担得起的、可靠和可持续的现代能源（可持续发展目标7）是减少不平等、消除贫困、推进健康和教育、促进经济可持续增长和执行“不落下一个”原则的关键条件。经济和社会经济机会包括通过新技术和标准创造本地市场，如能源获取、当地就业、与其他核心领域的交叉联系，水资源管理和农业发展，以及环境保护、防治室内和室外空气污染及气候行动。

可持续能源给阿拉伯地区这样一个拥有大量人力、石油和天然气、经济和技术资源的地区带来了巨大的机会。事实上，要确保可持续能源成为阿拉伯国家政府决策不可或缺的组成部分，除了雄伟目标和绿色愿景之外，还需要对机构设置和能力建设进行深刻的反思，以支持国家付出的切实努力。由于能源政策的复杂性和交叉性，设计和实施有效的可持续能源政策是一项特殊的挑战。现有的体制缺陷、缺乏有足够技能的工作人员，以及传统上没有发展到可以容纳与能源获取、能源效率、国内能源供应管理和气候政策有关的一站式国家规划的体制结构，均使得设计和实施可持续能源政策面临的挑战更加复杂。其结果往往是雄心勃勃国家的发展目标因未能得到足够的市场导向政策支持而无法实现，在某些情况下，现有法律也执行不力。

本章将对阿拉伯地区能源和经济作非常简要的介绍。首先概述能源及其政策改革在阿拉伯国家经济中的作用，然后总结近年来这些国家在3个主要领域的进展，这些

① 拉迪亚·塞达维（Radia Sedaoui），联合国西亚经济社会委员会；电子邮件：sedaoui@un.org。

领域与联合国《2023年可持续发展议程》可持续发展目标7（Sustainable Development Goal7，SDG7）有关，最后给出核心建议和政策指南。

2 经济增长和人口增长

过去几十年，阿拉伯地区的人口大幅增长，从1990年的约2.16亿增长到2017年的近4亿。由于大规模的劳动力迁移和高出生率，海湾合作委员会个别国家的人口增长率特别高，从科威特的100%到卡塔尔和阿拉伯联合酋长国的400%以上。与此同时，阿拉伯国家人民的生活水平也大幅提高，教育和医疗服务水平良好，特别是在中高收入国家。1990年以来，沙特阿拉伯按照购买力平价（PPP）计算的人均GDP增加了16%，约旦增加了36%，黎巴嫩增加了70%，摩洛哥增加了90%以上（见图33.1）。

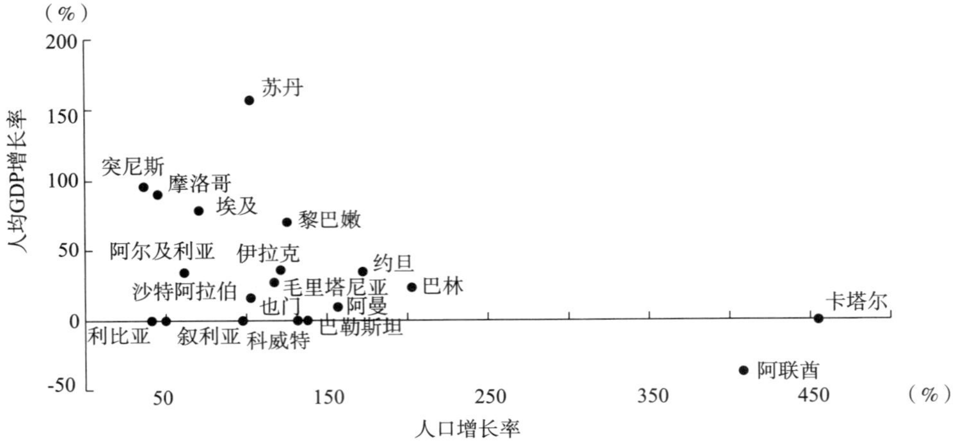

图33.1 阿拉伯国家人口增长和人均GDP增长（1990—2017年）

注：科威特、利比亚、卡塔尔、巴勒斯坦、叙利亚、也门缺少部分数据。

资料来源：世界银行（2019）。

3 能源在阿拉伯经济中的地位

阿拉伯地区是一个快速增长的能源市场，其能源结构对油气的依赖程度超过了世界其他地区。在过去25年里，阿拉伯地区的一次能源消费增长了约两倍，从1990年的约1500万吨油当量增长到2016年的约4350万吨油当量（见图33.2）。海湾阿拉伯国家合作委员会（海合会）成员都是化石能源生产国，自20世纪80年代以来集中实施能源密集型工业化战略，能源需求增长特别快。海湾阿拉伯国家合作委员会国家自1990年以来能源消费总量翻了两番，其中沙特阿拉伯和阿拉伯联合酋长国增长量占45%，卡塔尔、巴林和阿曼等国的消费增长也特别快，年增长率在7%~15%

（ESCWA，2019b）。图 33.3 为 2014 年世界各地区化石能源消费情况。

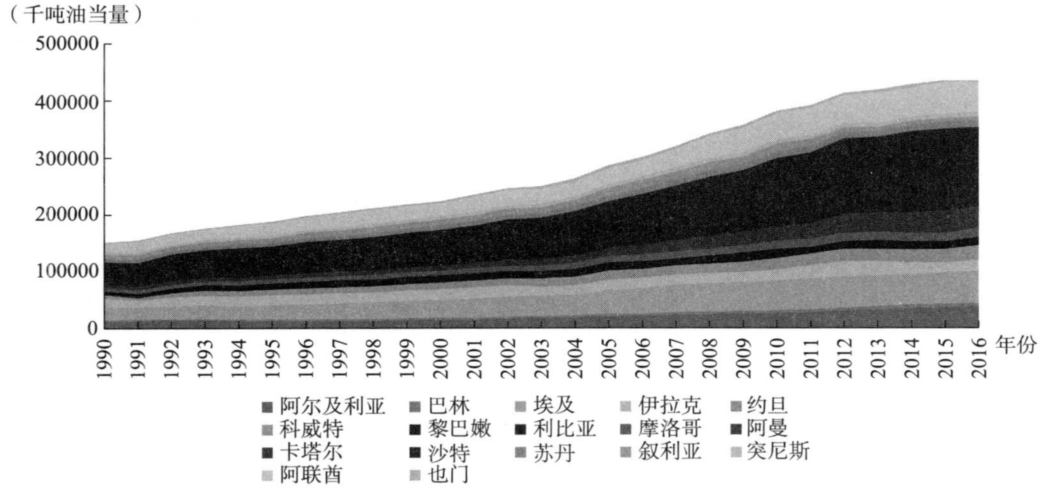

图 33.2　阿拉伯国家能源消费量历史数据（1990—2016 年）

资料来源：IEA（2019a），World Energy Balances，IEA World Energy Statistics and Balances（database）。

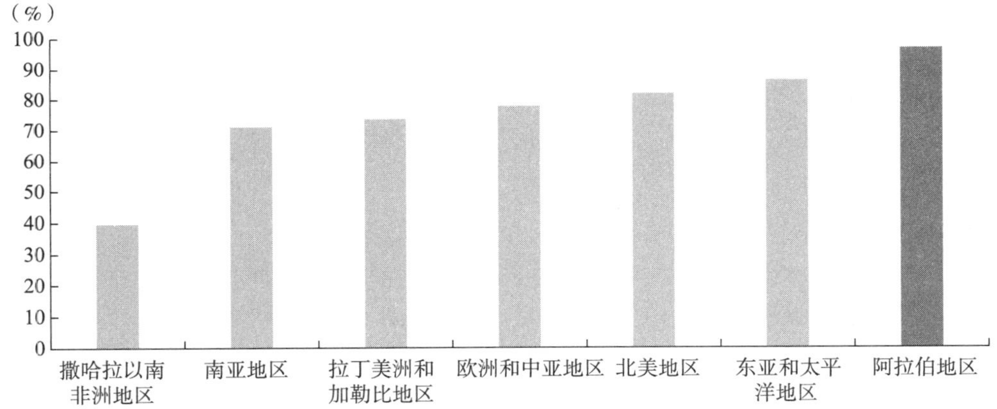

图 33.3　2014 年世界各地区化石能源消费情况（一次能源消费占比）

资料来源：世界银行（2018）。

人口增长、经济和工业扩张以及人民生活水平的提高，均促进了阿拉伯地区能源消费的增长。按人均计算，该地区部分国家是世界上最富有的国家（World Bank，2019a），而其他大多数国家是中等收入国家，对能源的需求在未来几十年将进一步增长，导致整个地区能源消费在 2030 年前进一步上升。

在阿拉伯地区的能源结构中，化石能源一直非常重要。超过 95% 的区域能源供应来自石油和天然气，使阿拉伯地区成为世界上最依赖化石能源的地区（见图 33.3）。石油作为海湾和马格里布地区一些阿拉伯国家的主要自然资源，在历史上发挥了关键作用，其既是整个地区最重要的出口产品，也是国内能源市场的主要燃料。天然气成为除石油之外第二种日益重要的能源资源，其生产、消费（特别是在阿拉伯国家的电力部门）和进口水平在最近几十年里急剧上升。

阿拉伯国家拥有世界上最重要的一些常规能源资源，总量占全球石油贸易 40% 以上（OPEC，2018）。然而，化石能源资源在阿拉伯国家之间的分布是不均衡的。海湾合作委员会经济体、阿尔及利亚、埃及、伊拉克和也门是能源净出口国，尽管它们也都进口运输燃料等能源，在某些情况下还进口天然气。其他国家，如约旦、黎巴嫩、摩洛哥、苏丹、阿拉伯叙利亚共和国和突尼斯是净进口国，其国内能源结构在历史上比较多样化，但仍然严重依赖进口化石能源（见表 33.1）[①]。

表 33.1　2017 年阿拉伯地区能源供需情况

	石油产量（千吨油当量）	天然气产量（千吨油当量）	油气净出口量（千吨油当量）	世界石油产量占比（%）	世界天然气产量占比（%）
马格里布地区					
阿尔及利亚	70,953	81,833	−75,909	2	3
利比亚	46,371	7433	−44,886	1	0
摩洛哥	4	62	963	0	0
突尼斯	2119	2139	2242	0	0
马什里克地区					
埃及	32,153	42,876	1132	1	1
伊拉克	231,469	7094	−191,070	5	0
约旦	0	83	6278	0	0
黎巴嫩	0	0	0	0	0
巴勒斯坦	n/a	n/a	n/a	n/a	n/a
叙利亚	1041	2998	4933	0	0
海湾国家					
巴林	10,390	12,047	3386	0	0
科威特	148,226	13,970	−99,910	3	0
阿曼	48,881	28,997	−48,406	1	1
卡塔尔	75,425	149,787	−156,928	2	5
沙特阿拉伯	568,727	78,009	−353,804	13	2
阿联酋	178,985	50,263	−111,366	4	2
阿拉伯不发达国家					
毛里塔尼亚	n/a	n/a	n/a	n/a	n/a
苏丹	5069	0	413	0	0
也门	1049	517	–	0	0

注：石油产量包括原油、天然气凝析液、化工原料。

资料来源：IEA（2019b）。

① 苏丹是例外，在南苏丹独立后，北方失去了很多石油资源。

4　能源定价和财政政策

定价政策对于包括能源在内的稀缺资源的分配具有举足轻重的意义。除了财政上的挑战和收入上的损失，阿拉伯地区能源出口国不受控制的国内需求也降低其出口能力。即便如此，许多出口国依旧对国内能源市场进行补贴，导致国内市场削弱出口能力的问题越发严重。能源进口国本就面临着能源进口量增加带来的财政成本的挑战，许多阿拉伯国家的国内能源价格又历来不反映国际进口成本的变化（Fattouh and El-Katiri，2012），导致这些阿拉伯国家对能源安全的担忧加剧。

21 世纪初至 10 年代初，相对较高且不断上涨的油价引发了多个阿拉伯国家的一系列改革努力（见图 33.4），包括油气出口国。尽管能源进口国和出口国提高多元化能源结构政策优先级并取得了一些进展，但在这个时期，能源进口国和出口国对化石能源的依赖程度都达到了历史新高。事实上，越来越多阿拉伯国家努力调整国内能源定价模式，并将能源效率监管要素纳入国内能源政策框架（James，2014；UN ESCWA，2017e；Sdralevich et al.，2014；Verme，2016）。最近，阿拉伯国家能源政策重心是促进打造多样化的能源来源，特别是加速发展可再生能源（IRENA，2019；UN ESCWA，2017c，2018a，2018b，2018c，2018d；World Bank，2016）。

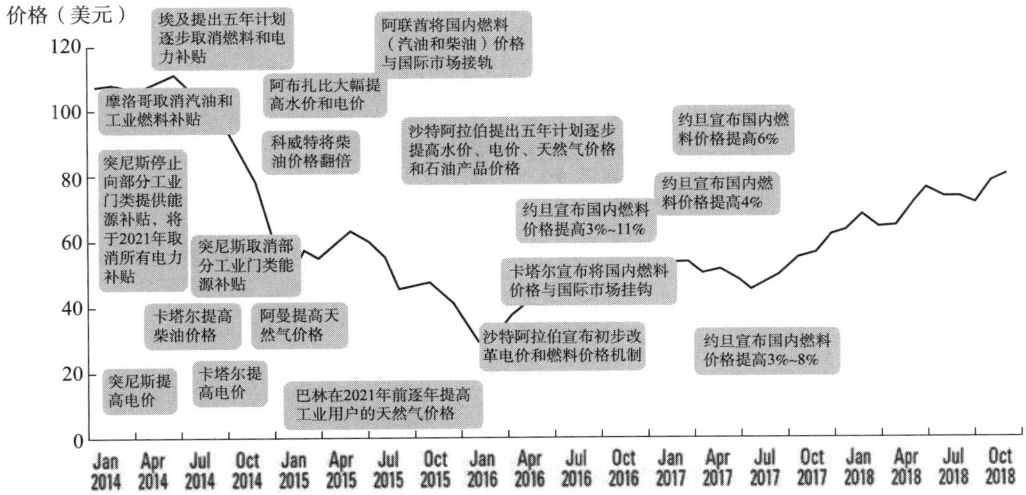

图 33.4　阿拉伯国家能源定价改革

注：布伦特油价数据来自《bp 世界能源统计年鉴》（2018）。

阿拉伯油气出口国进入转型进程已久，因为这些经济体有很大的机会从国内市场使用更可持续的能源中获益。在伊拉克、科威特、利比亚和卡塔尔等生产国的财政收入中，80% 以上依靠化石能源出口，这一比例在过去几十年几乎没有变化（UN ESCWA，2019b；IMF，2017a，2017b）。化石能源从国际市场转移到生产国的国内市场将导致财政机会成本，而这一成本的最小化，可以通过更有效地利用能源（在历史上没有得到优先考虑）和更多地依赖可再生能源实现。特别是近年来，可再生能源的成本效益越来越高（IRENA，2017，2019a）。

阿拉伯国家能源领域的改革水平和深度在不同国家和不同能源品种间有很大差异，许多时候，对特定燃料和消费群体的价格修正是临时性的，而对国内能源定价体系的改革却很少。临时性的价格修正只是使终端消费群体支付了更高价格，而价格上涨后保持不变，不会随着国际市场价格的变化而改变。

在电力方面，整个阿拉伯地区的价格各不相同，影响了实际而非统计上的电力获取。约旦人、摩洛哥人、巴勒斯坦人和突尼斯人平均支付的电费是阿拉伯地区电价最低国家科威特的 20 多倍，他们的平均收入也远远低于最低电价阿拉伯国家的收入水平。最近几年，一些阿拉伯国家的国内能源价格改革进一步增加了中低收入家庭的财务负担，特别是影响了家庭的可支配收入，并因此影响了对现代能源的实际使用情况。能源效率监管领域的发展滞后、现有建筑的隔热性能差、车辆能耗效率低下等导致终端消费者在许多情况下面临能源和公共事业账单的增加，且没有能力对消费行为进行有意义的引导（见图 33.5）。

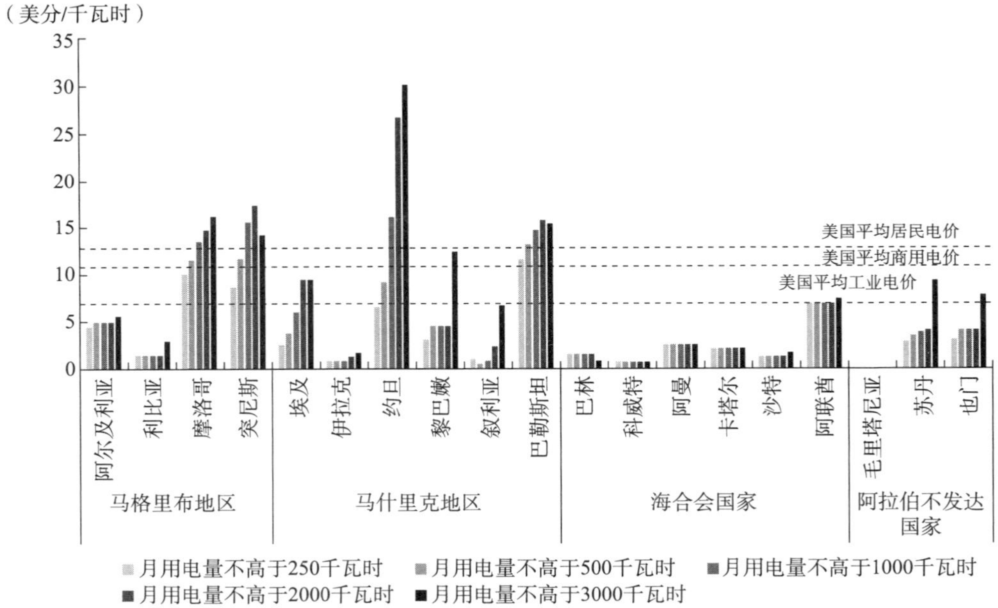

图 33.5 阿拉伯地区各国平均电价（2016 年）

注：缺少毛里塔尼亚数据。

阿拉伯地区一直在进行的能源价格改革可能会对更可持续的能源消费和生产模式发挥重要的促进作用。缺乏反映成本的能源价格是阻碍能源效率提升和分布式可再生能源发展的一个主要因素。在撰写本报告时，能源补贴仍然是许多阿拉伯国家不同用户群体能源市场的统一特征，尽管随着一些国家的改革推进，叠加国际市场影子价格的波动，能源补贴的规模已经下降。同时，不断变化的能源价格也带来了许多社会经济挑战，包括如何保障中低收入家庭以及企业和行业的能源可及。能源规划纳入更广泛的社会经济发展规划，将有助于政府以包容性的方式设计政策，例如，将能源价格改革与改善其他社会安全问题结合起来，将补贴转为对可持续能源技术的投资。

5　能源领域的进展

可持续发展目标（SDG）7

确保人人获得负担得起、可靠和可持续的现代能源

7.1　到 2030 年，确保人人都能获得负担得起的、可靠的现代能源

7.2　到 2030 年，大幅增加可再生能源在全球能源结构中的占比

7.3　到 2030 年，全球能效改善率提高 1 倍

由于社会经济和地理上的巨大差异，阿拉伯地区在可持续能源（SDG7）方面的进展差别很大。虽然该地区一些国家按人均计算是最富裕的国家之一，并正在努力提高其能源资源生产能力，但阿拉伯最不发达国家尚未实现现代能源的普及。SDG7 在三个主要目标上跟踪可持续能源的进展：①获得现代能源，电力与清洁烹饪燃料和技术；②可再生能源；③能源效率。本节将概述阿拉伯地区如何实现这些目标。

5.1　能源可及

能源可及是阿拉伯地区可持续发展议程中的最大亮点。2017 年，阿拉伯地区的电气化率为 92.5%，较 2010 年的 88.4% 略有上升，是发展中国家电气化程度最高的地区。除阿拉伯最不发达国家外，所有国家的人口都高度城市化，可获得低价的现代燃料和电力，以及大多数阿拉伯国家自 20 世纪 50 年代以来为建设其公共事业部门的基础设施做出大量努力，在很大程度证明了阿拉伯国家在能源可及方面的成功。到 2017 年，除了 3 个最不发达国家外，其他阿拉伯国家的电气化程度接近 100%。

令人鼓舞的是，近年来，随着一些国家设法缩小其在能源可及方面的差距，并实现几乎普遍的能源可及，阿拉伯地区无法获取能源人口数量的下降速度进一步加快，19 个国家中有 14 个国家的清洁烹饪燃料和技术的可及率超过 95%，反映了大多数城市家庭和许多农村家庭广泛使用电力和液化石油气（Liquefied Petroleum Gas，LPG）而不是其他方式来烹饪（见图 33.6）。

阿拉伯地区的电力不可及人口从 2010 年的约 4000 万下降到 2017 年的约 3000 万人。2017 年，阿拉伯地区超过 90% 的用电缺口，以及超过 95% 的清洁烹饪燃料和技术缺口仍然集中在 3 个阿拉伯最不发达国家，即苏丹、也门和毛里塔尼亚。阿拉伯地区能

源不可及人口数量最多的国家是苏丹，有近 1800 万人未能正式用电。其他阿拉伯地区能源不可及问题主要出现在利比亚和叙利亚，这两个国家都饱受冲突之苦，利比亚自 2000 年以来从未恢复过 100% 的电力可及率。利比亚、叙利亚和毛里塔尼亚是仅有的 3 个 2017 年电力不可及人数比 2010 年更多的国家。

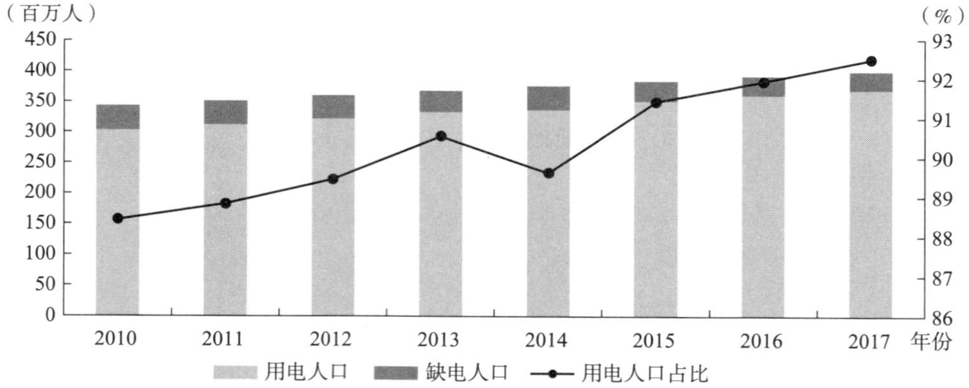

图 33.6　2010—2017 年阿拉伯地区用电人口变化

资料来源：UN ESCWA（2019d）。

农村人口受能源供应缺失的影响更大。2017 年，88% 的阿拉伯最不发达国家的城市人口可以获得电力，但只有约 50% 的农村人口能够获得电力。因此，许多旨在增加阿拉伯国家电力供应的举措都集中在农村地区。在也门，98% 的城市人口可以用电，而农村地区只有 69%。在苏丹和毛里塔尼亚，82% 的城市人口电力可及，而苏丹农村为 43%，毛里塔尼亚农村人口全部未实现电力可及。在清洁烹饪燃料和技术方面，LPG 等烹饪燃料可及和改进炉灶的情况是类似的（见图 33.7）。

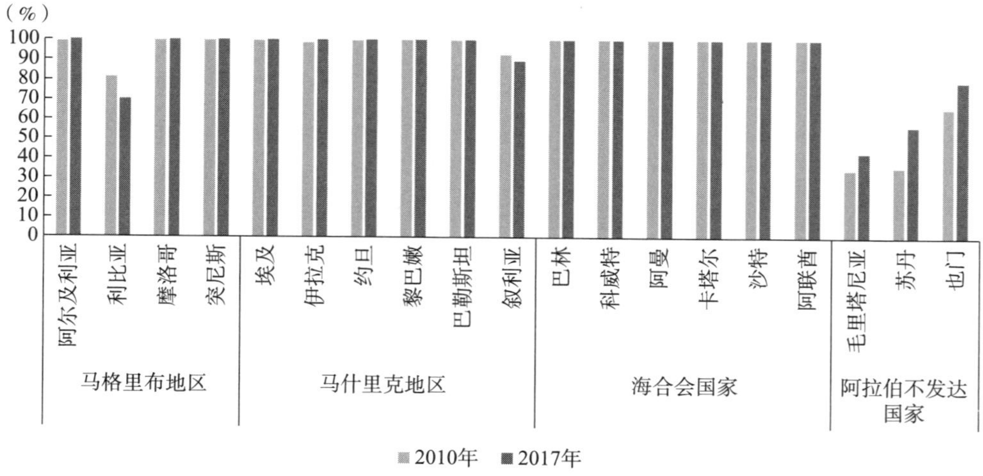

图 33.7　阿拉伯地区电气化率（2010 年—2017 年）

资料来源：UN ESCWA（2019d）。

冲突和不稳定对阿拉伯地区现代能源可及产生了非常不利的影响，并导致国家和地方很多能源基础设施被破坏，以及燃料供应路线中断。在许多情况下，生活条件和能源可及水平仍然是估计的，可能没有反映在目前的数据中。

受冲突影响的两个国家利比亚和叙利亚的用电率下降（后者也是根据官方数据得出的），反映了基础设施的大规模破坏，这可能会减少这些国家在未来向所有公民供电的努力。电力供应的减少进一步增加了伊拉克、利比亚、叙利亚和也门等国对液体燃料的需求，导致液体燃料的短缺和价格飙升，甚至使液体燃料超出了许多家庭的预算，即使在燃料供应没有因冲突而中断的地方（见图 33.8）。

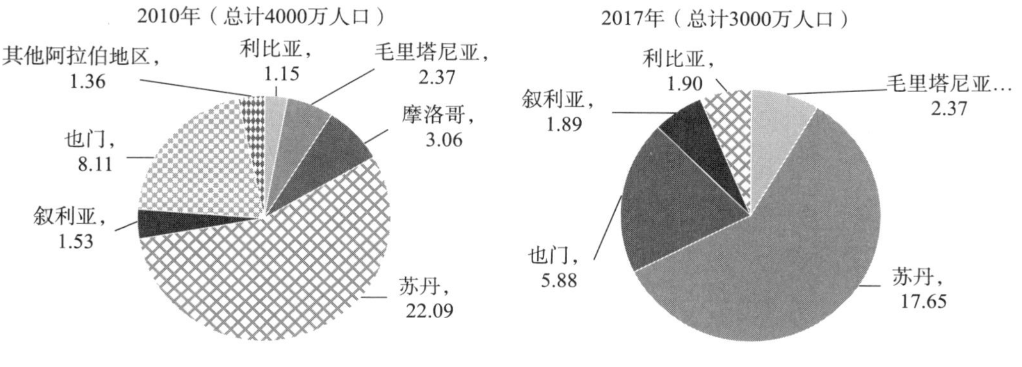

图 33.8　阿拉伯地区缺电人口数量（2010 年和 2017 年，单位：百万人口）

资料来源：UN ESCWA（2019d）。

除了一些最不发达国家以外，大多数阿拉伯国家的电力供应几乎是普遍的，但各国的服务质量和成本差异很大。最近几年，由于发电能力和输电基础设施不足，计划内和计划外的电力服务中断频发，如受冲突影响的伊拉克、利比亚、叙利亚和被占领的巴勒斯坦领土、也门以及邻国，如约旦、黎巴嫩。特别是在黎巴嫩，电力供应成为民众担忧的事项。黎巴嫩本身在叙利亚冲突之前就长期存在公共事业领域问题，内战期间逃到黎巴嫩的 100 多万叙利亚难民使电力需求急剧增加，让电力供应问题变得更加严重（Wright，2018；McDowall，2019）。

在饱受冲突蹂躏的叙利亚，每天平均电力服务时间为 4~6 小时（UN ESCWA，2019c）；在被占领的巴勒斯坦领土，平均每天供电 8 小时（UN ESCWA，2019c）。异常的电力供应严重影响了基本卫生服务、教育和经济活动的运行，因此，作为冲突受影响的阿拉伯国家重建可持续和平与安全的前提条件，解决电力供应问题是至关重要。

5.2　可再生能源

阿拉伯地区在部署现代可再生能源方面的进展比在能源可及方面的进展要缓慢得多，尽管最近几年的情况令人鼓舞。可再生能源在阿拉伯地区的能源消费总量中的份额一直在缓慢下降（见图 33.9），这是一个历史性的长期趋势，反映了传统生物燃料在该地区可再生能源结构中的高份额。在阿拉伯最不发达国家和部分北非国家，传统生物质的消费量下降，转而使用更现代、更高质量的液体燃料和电力，成为该地区能源转型的主要趋势，表明尽管可再生能源消费量下降，但国民生活向更好的方向发展。即埃及、摩洛哥和苏丹 3 个国家的固体生物燃料消费占该地区可再生能源消费总量的 80% 以上，仅苏丹就消费了 51%（见图 33.10）。

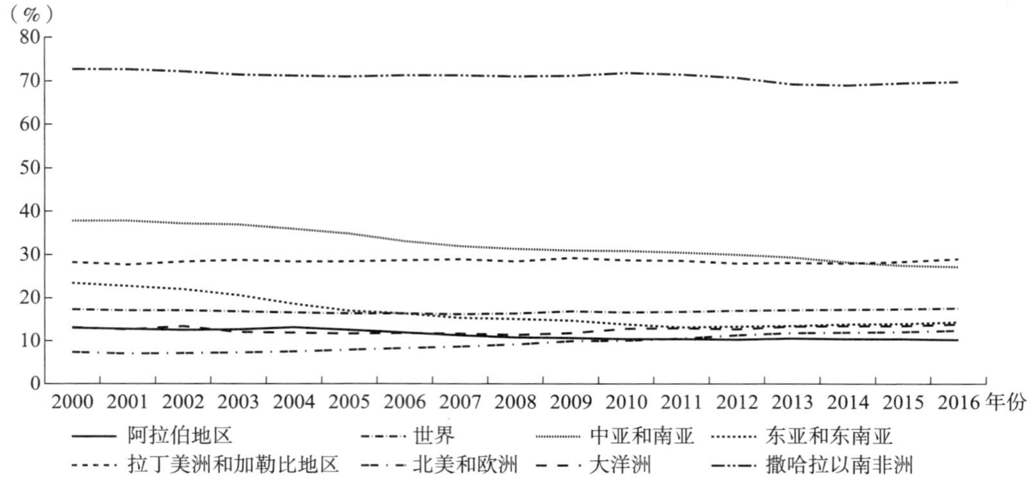

图 33.9　2000—2016 年全球各地区可再生能源在能源消费总量中的占比

资料来源：IEA（2018），World Energy Balances；Energy Balances，UN Statistics Division（2018）。

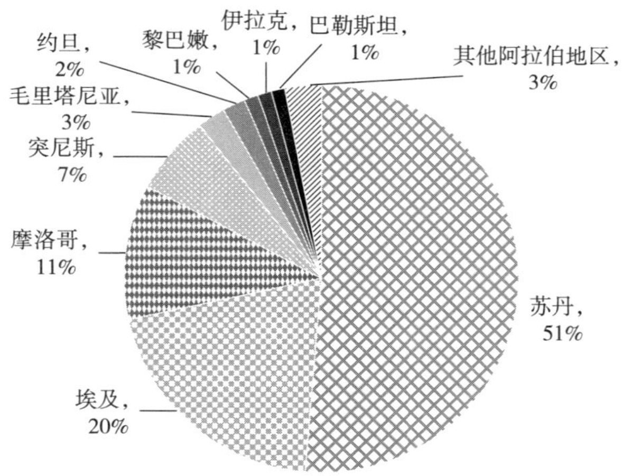

图 33.10　2016 年阿拉伯地区可再生能源消费的国家分布

资料来源：IEA（2018），World Energy Balances；Energy Balances，UN Statistics Division（2018）。

2010 年以来，可再生能源占阿拉伯地区能源消费总量中的比例一直保持在 10.2% 左右，2014 年至 2016 年又下降了 11%。其他更现代的可再生能源形式，如太阳能和风能，在阿拉伯地区发挥的作用历来有限。水力发电是一个例外，但其部署的地理范围受限，鉴于许多重要的水力资源已经被利用，其扩展潜力也有限。因此，现代可再生能源技术在该地区的部署令人鼓舞但增长缓慢，还不足以阻止该地区可再生能源消费下降的总体趋势。

在阿拉伯能源市场相对较长时期抵制现代可再生能源的背景下，最近的装机容量激增是一个重大进展。2016 年，太阳能、风能和水力发电占该地区可再生能源消费总量的 19%，尽管规模仍然相对较小，反映了自 21 世纪初以来缓慢但持续的增长，见图 33.11。

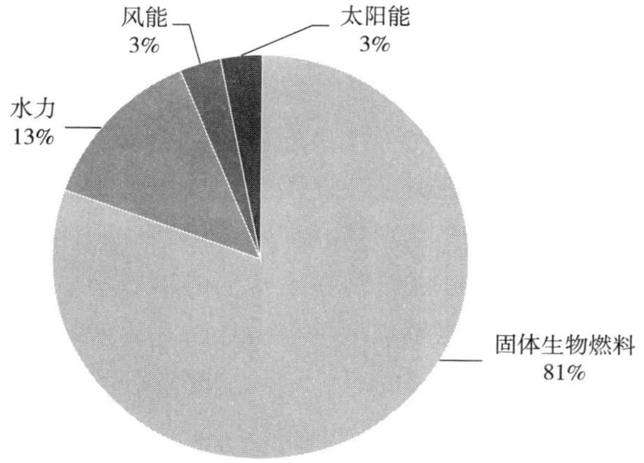

图 33.11　2016 年阿拉地区可再生能源消费总量构成情况

资料来源：IEA（2018），World Energy Balances; Energy Balances，UN Statistics Division（2018）。

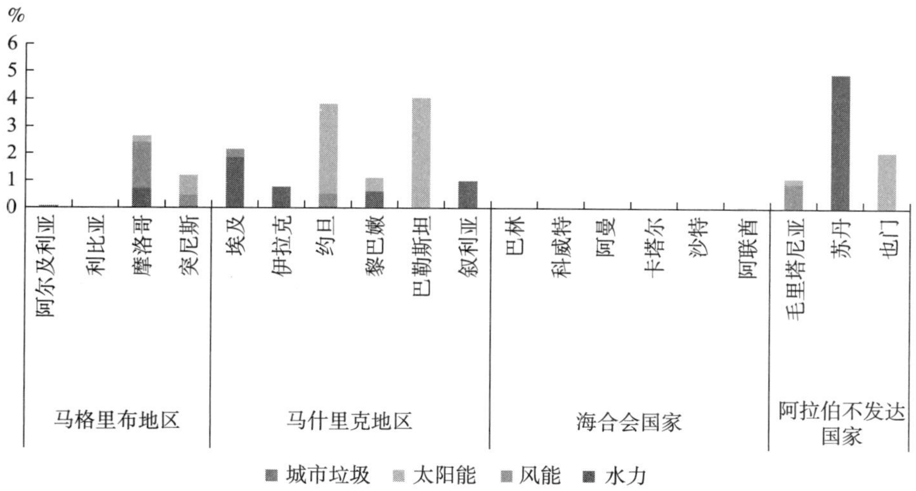

图 33.12　2016 年可再生能源在能源消费总量中的占比（除固态生物燃料外）

资料来源：IEA（2018），World Energy Balances；Energy Balances，UN Statistics Division（2018）。

很少有阿拉伯国家的可再生能源在其能源消费总量中占有很大份额。如果不包括固体生物燃料消费，由于水力、太阳能和风能的占比较高，苏丹、约旦和摩洛哥的可再生能源消费在国家能源结构中的比例最高（见图 33.12）。如果包括固体生物燃料，在毛里塔尼亚、摩洛哥、被占巴勒斯坦领土、苏丹和突尼斯，可再生能源对全国能源结构的贡献超过 10%。9 个阿拉伯国家，包括所有海合会成员国，没有可再生能源消费或消费量可忽略不计，其能源结构几乎完全基于化石能源。

可再生能源的主要终端用户依然在居民生活用电。2016 年，居民生活用电占可再生能源消费总量的 80% 以上，原因是用于烹饪和照明的固体生物燃料比例很大，特别是在阿拉伯最不发达国家。在阿拉伯地区的可再生能源消费总量中，发电仅占 18%，这再次反映了在有些阿拉伯国家中，除水力发电外，可再生能源的系统性部署有限。在所有阿拉伯国家，可再生能源尚未进入运输部门，只有个别例外，例如一些使用生物燃料的试点计划（Warshay et al.，2016；SBRC，2018）。

可再生能源技术成本的下降，使可再生能源相对于化石能源的成本竞争力越来越强，大大提升了可再生能源解决方案在一些阿拉伯国家政策规划中的地位。在部分阿拉伯国家，一些具有公共事业规模的项目在展示风能和太阳能技术日益增长的成本竞争力方面起到了关键作用，见表 33.2。阿拉伯地区各国政府认为，可再生能源在国家参与全球气候变化的努力以及通过增加当地就业机会创造经济价值等方面，越来越有益处（IRENA，2019a）。

表 33.2　阿拉伯地区可再生能源发电装机量（2017 年）

	风力发电（兆瓦）	太阳能光伏发电（兆瓦）	光热发电（兆瓦）	水力发电（兆瓦）	其他（兆瓦）	总计（兆瓦）	占比（%）
阿尔及利亚	10	400	25	228		663	3
巴林	1	5				6	0.2
埃及	750	169	20	2851	67	3857	9
伊拉克		37		2274		2311	9
约旦	198	396		12	4	610	14
科威特	10	31				41	0
黎巴嫩	3	26		253	2	284	9
利比亚		5				5	0
毛里塔尼亚	34	85		48		167	无数据
摩洛哥	1017	26	180	1306	1	2530	29
阿曼		8				8	0.1
巴勒斯坦		35				35	23
卡塔尔		5				43	0.4
沙特	3	89			38	92	0.2
苏丹		13		1928	190	2131	60
叙利亚	1	1		1571	7	1580	16

续表

	风力发电（兆瓦）	太阳能光伏发电（兆瓦）	光热发电（兆瓦）	水力发电（兆瓦）	其他（兆瓦）	总计（兆瓦）	占比（%）
突尼斯	245	47		66		358	7
阿联酋	1	255	100		1	357	1
也门		400				400	26
总计	2273	2033	325	10537	310	15478	6

资料来源：IRENA（2019c），AUPTDE，作者。

2016 年、2017 年和 2018 年，阿拉伯联合酋长国和沙特阿拉伯连续举行公共事业规模项目竞拍，创太阳能光伏和光热发电项目全球最低价格纪录，这有助于证明太阳能用于大规模发电的巨大经济潜力。在这两个国家，太阳能光伏与所有其他常规燃料相比已具有成本竞争优势，大大加强了其在这两个国家和阿拉伯地区其他地方的商业应用（IRENA，2019a）。由于本地资源优良，摩洛哥、埃及、突尼斯和约旦各国也一直在投资风力发电，这有助于生产低成本的电力（APICORP，2018；The National，2017）。这些支持可再生能源的经济论据越来越有说服力，将有助于促进可再生能源技术在阿拉伯地区部分国家的能源结构中发挥作用。

到目前为止，大多数阿拉伯国家都设立了国家可再生能源目标，反映了可再生能源技术对该地区的国家能源规划越来越重要。成本竞争力的提高，以及可再生能源技术在能源独立、自然资源管理和气候政策等领域的价值，已经反映在埃及、约旦、摩洛哥、沙特阿拉伯和阿拉伯联合酋长国等国制定的雄心勃勃的可再生能源目标中。例如，埃及政府的《2035 年可持续能源战略》进一步确认了该国在 2009 年提出的目标，即到 2022 年埃及 20% 的发电量来自可再生能源，最近的计划是到 2025 年可再生能源发电量占总发电量的 42%（Bloomberg，2017）。摩洛哥计划到 2020 年将包括水电在内的可再生能源在其能源结构中的比例提高到 42%，到 2030 年提高到 52%（约 10 吉瓦）（Le Matin，2018）。约旦拥有阿拉伯地区最好的太阳能和风能资源，在 2018 年初推出了新的《国家绿色增长计划》，旨在到 2020 年将可再生能源在能源结构中的比例提高到 10%（Ministry of Water and Irrigation，2015）。

海合会成员是最后一批向可再生能源开放市场的阿拉伯国家，其中一些国家近年来确定了宏伟的可再生能源目标。阿拉伯联合酋长国是迄今为止海合会中最具活力的可再生能源参与者，最近推出了其首个联邦《2050 年能源战略》，旨在到 2050 年将清洁能源在该国发电结构中的比例提高到 50%（UAE Government ，2018）。IRENA 在 2019 年估计，到 21 世纪 20 年代初，海合会的潜在增容（不包括沙特阿拉伯的最新计划）成员国可再生能源发电能力将增加约 7 吉瓦（IRENA，2019a）。2019 年初，沙特阿拉伯宣布了充满野心的计划，即到 2030 年实现 60 吉瓦的太阳能和风力发电能力，以实现其能源结构的多样化，这将使沙特阿拉伯成为阿拉伯地区最大的可再生能源电力生产国之一（Renewables Now，2019）。

5.3 能源效率

阿拉伯地区并没有设定能源效率目标。与世界上大多数地区相反，阿拉伯地区的能源强度在 20 世纪 90 年代上升，到 21 世纪 10 年代初才开始缓慢下降。2016 年，阿拉伯地区能源强度约为 4.7 兆焦 / 美元（2011 年购买力平价），6 年间下降了约 3%。在全球范围内，阿拉伯地区的能源强度是第二低的，这主要是由于其燃料结构以天然气的广泛有效使用。然而，阿拉伯地区在将能源效率作为战略政策优先事项方面缺乏进展，这意味着过去地区能源强度的实际下降速度远远落后于下降潜力，不足以帮助该地区最大限度地利用其能源资源（见图 33.13）。

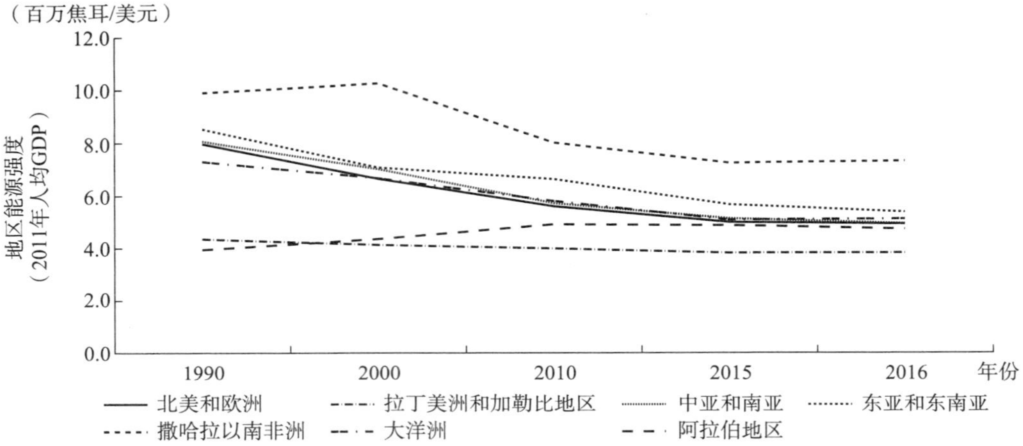

图 33.13 1990—2016 年世界各地区能源强度变化情况

资料来源：IEA（2018），World Energy Balances；Energy Balances，UN Statistics Division（2018）；World Bank，World Development Indicators。

地区总体情况也掩盖了能源强度的巨大跨区域差异。马格里布作为一个次区域，自 20 世纪 90 年代以来，能源强度略有上升，1990 年至 2016 年略有下降。由于能源强度相对较低，即使马格里布地区的油气资源不如阿拉伯地区其他国家，其也能实现一定量的出口，并用本土资源支持日益城市化的经济。该地区工业生产力已经提高，并已观察到向服务型经济的转变，尽管在摩洛哥和突尼斯，农业仍然占有重要份额。

近年来，马什里克地区的能源强度略有下降，但也有个别国家例外。冲突和不稳定对伊拉克和叙利亚及其邻国的能源强度有很大影响。阿拉伯最不发达国家的能源强度已趋于 4.0 兆焦 / 美元。由于毛里塔尼亚和苏丹以农业经济为主，工业活动服务于国内或区域市场，出口有限；苏丹和也门都在地缘政治冲突中挣扎，所以这 3 个国家在能源可及和服务方面面临诸多限制，是发展的关键限制，并与安全饮用水和食物获取的联系日益密切。

海合会成员国的总体能源强度自 20 世纪 90 年代以来一直在上升，在最近几年逐渐下降。个别国家引领趋势变化，科威特、阿曼、沙特阿拉伯和阿拉伯联合酋长国的能源强度自 20 世纪 90 年代以来在较低的起点上经历了长期增长。虽然有下降的趋势，巴林和卡塔尔的能源强度仍远远高于海合会的其他国家。海合会经济体的特点是拥有具有全球竞争力的碳密集型采掘业，并在全球范围内出口本土石油和天然气产品和服务。大多数国家在石油产品和金属加工方面开发了下游增值产业（见图 33.14）。阿拉伯半岛的陆地水资源高度匮乏，推动了对高效的电力和水资源整合系统的大量投资（见前文 SDG 7 中的能源效率政策趋势）。

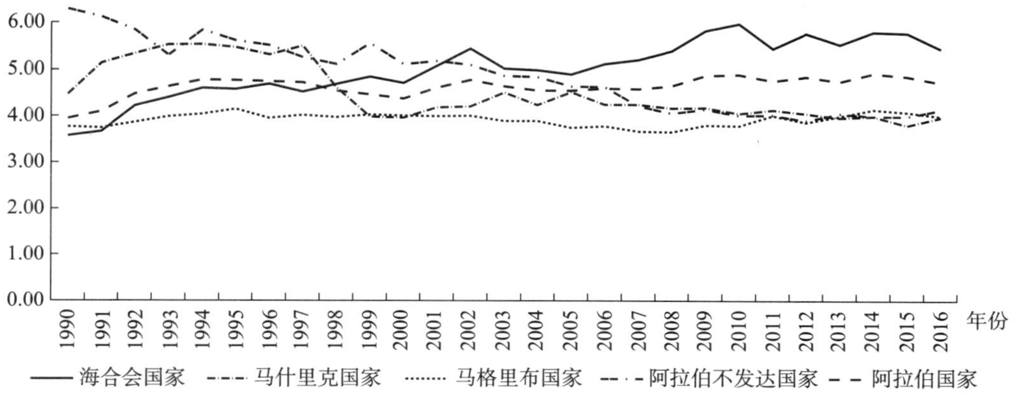

图 33.14 1990 年以来阿拉伯次区域能源强度趋势

资料来源：IEA（2018）；United Nations Statistics Division（2018）；World Bank（2019b）。

一些迹象表明，阿拉伯地区的经济活动开始与能源消费脱钩。该地区很少有国家在发展过程中继续呈现能源消费增加的趋势。海合会工业化国家的一次能源消费增长开始停滞，或从 2014 年开始略有降低，因为能源密集度较低的经济活动已经得到充分发展，部分可能是因为国际油价开始从 2014 年创纪录的年度平均价格下跌，刺激了石油出口国发展新的经济模式和制定新的预算重点。

能源效率方面的进展往往是试探性的。阿拉伯地区的大多数国家仍然需要将能效目标和计划转化为可实施的措施和可衡量的能效提升进程。一些实质性的新政策已经出现，证明了精心设计和实施政策能够取得成效。由于政策需要一些时间来影响投资、作业和行为，那些刚开始为其能效政策建立实施内容的阿拉伯国家将经历一个滞后期。强有力的政策方案倾向于推动能源利用变化趋势保持一致，并提高其价值。这种变化是否能够持续还有待观察，但是实施有效能效政策的国家改善能源强度的趋势更加显著，从而抑制能源消费的增长。

海合会国家的能源效率政策

近年来，科威特、阿曼和阿拉伯联合酋长国等在经济发展中表现出对提高能源效率的高度重视，并一直在努力制定后续战略。例如，海合会最大的成员国沙特阿拉伯近年来大大扩展了其能源效率政策适用范围，包括空调设备的标准、消费者电器的标签和新私家车的燃油经济性标准等。海合会的其他成员，如卡塔尔和阿拉伯联合酋长国参与了能源效率计划，其中包括大量的新举措，例如，制定最低能源性能标准（MEPS）、能源效率融资计划等。

2014年1月，沙特政府没收了4万台不符合要求的空调（ESA，2014）。自2014年以来，阿拉伯联合酋长国的阿提哈德能源服务公司（ESCO）资助了2亿迪拉姆（AED）来为2500座建筑进行节能改造（2016年为1.8亿迪拉姆）（DEWA，2019）。2014年，卡塔尔的人均电力消费为15307千瓦时（见图33.15），但在国家节能和能效计划（Tarsheed）实施期间（2012—2016年），该指标数量减少18%（State of Qatar，2018）。

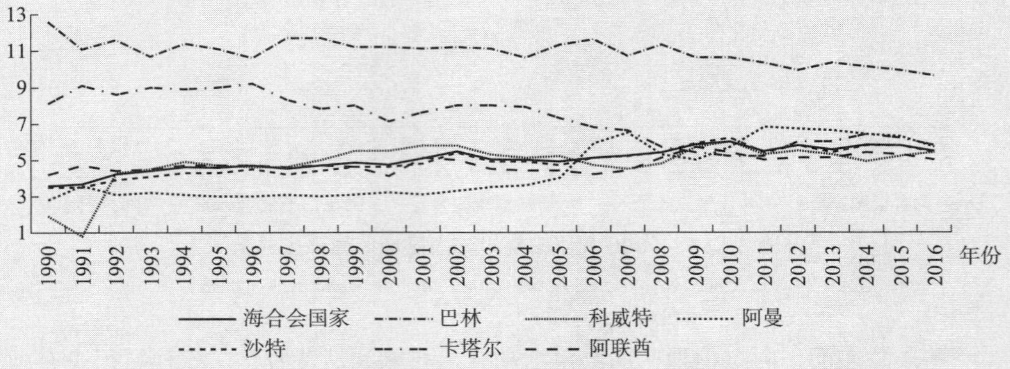

图33.15 海合会国家能源强度

资料来源：IEA（2018），World Energy Balances；UN Statistics Division（2018），Energy Balances；World Bank，World Development Indicators。

卡塔尔和阿拉伯联合酋长国也将全面的国家能源战略纳入其经济长期规划。卡塔尔为实现《2030年卡塔尔国家愿景》而制定的《2011—2016年国家发展战略》涵盖了对水资源和生态保护的控制和激励措施，“以取代现有零散的法律和法规体系”，其中包括新的绿色建筑标准（General Secretariat for Development Planning，2011）。其面临的挑战无疑是随后僵化的立法和执法。在阿拉伯联合酋长国，阿布扎比的《2030年经济愿景》和迪拜的《2030年综合能源战略》是专门的规划，包括能源需求和供应政策，重点是开发为下一代提供能源的可持续方式。

资料来源：UN ESCWA（2017c），SDG7 Tracking Report 2019— Arab Region。

受冲突影响国家的能源强度水平大大高于邻国，并且随着时间的推移波动变大。由于部分地区持续的地缘政治冲突，伊拉克、利比亚、巴勒斯坦和叙利亚的经济活动在本研究期间经历了重大干扰。冲突对关键能源基础设施的破坏——包括发电厂、输配电基础设施、水坝——以及对运行和维护的限制都将影响当地地区的能源强度。冲突也导致邻国黎巴嫩和约旦必须应对大量涌入的难民。

自 2010 年以来，阿拉伯地区农业和服务业的能源强度下降幅度最大。相比之下，工业部门居民生活的能源强度略有增加。除了埃及、伊拉克、摩洛哥和约旦外，所有阿拉伯国家都出现了这一趋势，即更多地转向能源生产活动。能源强度的改善可能是由于经济结构的变化。

6 结论和关键政策建议

阿拉伯地区由不同国家组成，各国具有不同的能源情况。然而，大多数国家依旧特别依赖化石能源，清洁替代能源特别是可再生能源所发挥的作用非常有限；同时，该地区在能源效率方面的进展也落后于其他地区。在阿拉伯最不发达国家，普遍的能源可及仍未实现，严重阻碍了社会经济进步。要使可持续能源成为阿拉伯国家政策议程的一部分，需要比过去更系统的努力。

阿拉伯国家需要更好地整合可持续能源，将其作为国家发展政策的一个基本要素。这包括统筹能源部门管理；将能源、运输和城市规划等各部门的政策目标直接联系起来；将自然资源管理、空气和环境保护等主题以及确保可持续生产和使用能源的更多包容性方法提升为明确的国家事项。对阿拉伯最不发达国家来说，重要的是，可持续发展目标应成为其自身社会经济发展计划的一部分，并成为社会和经济发展的合理投资，而不仅仅是政府预算的额外负担。

参考文献

[1] AFD [Agence Francaise de Developpement] (2013). Le Programme d'électrification rurale global (PERG) au Maroc. Available online at http://www.afd.fr/home/AFD/L-AFD-s-engage/rioplus20/projets-rio20/electrification-maroc (accessedApril 2017).

[2] Al-Soud, Mohammed S., and Eyad S. Hrayshat (2004). "Rural photovoltaic electrifica-tion program in Jordan" Renewable and Sustainable Energy Reviews 8(6): 593–598.

[3] APICORP (2018). "Renewables in the Arab world: maintaining momentum" APICORP Energy Research 3: 8. Available online at http://www.apicorp-arabia.com/Research/EnergyReseach/2018/APICORP_Energy_Research_V03_ N08_2018.pdf (accessed August 2018).

[4] Bloomberg (2017). "Egypt to generate 42% of electricity from renewables by 2025" , 18 December 2017.

[5] BP (2019). Annual statistical review 2019. Available online at https://www.bp.com/content/dam/bp/business-sites/en/global/corporate/pdfs/energy-economics/statistical-review/bp-stats-review-2019-full-report.pdf.

[6] Clancy, J.S., and M. Skutsch (n.d.). The gender—energy-poverty nexus—finding the energy to address gender concerns in development. UK Department for International Development (DFID). https://www.esmap.org/sites/default/files/esmap-files/The%20Gender%20Energy%20

Poverty%20Nexus.pdf.

[7] DEWA [Dubai Electricity and Water Authority] (2019). "Dubai invests AED 500 mil-lion in energy efficiency" 19 July. https://www.dewa.gov.ae/en/about-us/media-publications/latest-news/2018/07/dubai-invests-aed-500-million-in-energy-efficiency.

[8] ESA (2014). "40,000 inefficient air-con units confiscated" 16 January. http://www. the-esa.org/news/articles/-/40-000-inefficient-air-con-units-confiscated.

[9] Fattouh, B., and L. El-Katiri (2012). Energy subsidies in the Arab World, Arab Human Development Report Research Paper, United Nations Development Programme.

[10] General Secretariat for Development Planning (2011). Qatar national development strategy 2011–2016. Doha: General Secretariat for Development Planning. Available online at http://www.mdps.gov.qa/en/knowledge/HomePagePublications/Qatar_NDS_reprint_complete_lowres_16May.pdf (accessed April 2017).

[11] Huenteler, J.T., A. Khanna, S. Badiei, T.M. Matsuo, E. Maier, and E.M. Fernstrom (2017). Republic of Yemen—restoring and expanding energy access: Power sector reen-gagement note. Washington, DC: World Bank Group. Available online at http://documents.worldbank.org/curated/en/655811496412539032/Republic-of-Yemen-Restoring-and-expanding-energy-access-power-sector-reengagement-note.

[12] IEA (2018). World energy statistics and balances database. Available online at https://www.oecd-ilibrary.org/energy/data/iea-world-energy-statistics-and-balances/world-energy-balances_data-00512-en?parentId=http%3A%2F%2Finstance.metas-tore.ingenta.com%2Fcontent%2Fcollection%2Fenestats-data-en.

[13] IEA (2019a). "World energy balances", IEA World Energy Statistics and Balances (database). Available online at https://doi.org/10.1787/data-00512-en (accessed on 15 November 2019).

[14] IEA (2019b). Iraq's energy sector—a roadmap to a brighter future. Available online at https://webstore.iea.org/download/direct/2700?fileName=Iraq_Energy_ Outlook.pdf.

[15] IMF (2017a). Algeria 2017 article IV consultation-press release; staff report; and state-ment by the executive director for Algeria. IMF Country Report No. 17/141, June 2017.

[16] IMF (2017b). Iraq: 2017 article IV consultation and second review under the three-year stand-by arrangement-and requests for waivers of nonobservance and applicability of performance criteria, and modification of performance criteria-press release; staff report; and statement by the executive director for Iraq. Available online at https://www.imf.org/en/Publications/CR/Issues/2017/08/09/Iraq-2017-Article-IV-Consultation-and-Second-Review-under-the-Three-Year-Stand-by-45174 (accessed August 2018).

[17] Inchauste, G., and D.G. Victor (2017). "Introduction" in: Inchauste, G., and D.G. Victor (eds.). The political economy of energy subsidy reform. Washington, DC: International Bank for Reconstruction and Development/The World Bank, 1–44.

[18] IRENA (2013). REN21 (Renewable Energy Policy Network for the 21st Century) and UAE MOFA (United Arab Emirates Ministry of Foreign Affairs) (2013), "MENA: Renewables Status Report". Available online at https://www.ren21.net/Portals/0/documents/activities/Regional%20Reports/MENA_2013_lowres.pdf.

[19] IRENA (2016a). Renewable energy in cities. Abu Dhabi: International Renewable Energy Agency (IRENA). Available online at http://www.irena.org/DocumentDownloads/Publications/IRENA_Renewable_Energy_in_Cities_2016. pdf (accessed April 2017).

[20] IRENA (2016b). Renewable energy in the Arab region. Overview of developments. Abu Dhabi: International Renewable Energy Agency.

[21] IRENA (2017). Renewable energy auctions: Analysing 2016. Abu Dhabi: IRENA. Available online at https://www.irena.org/-/media/Files/IRENA/Agency/Publication/2017/Jun/IRENA_Renewable_Energy_Auctions_2017.pdf.

[22] IRENA (2018). Renewable energy statistics 2018. Abu Dhabi. Available online at https://www.irena.org/publications/2018/Jul/Renewable-Energy-Statistics-2018.

[23] IRENA (2019a). Renewable energy market analysis: GCC 2019. Abu Dhabi. Available online at https://www.irena.org/publications/2019/Jan/Renewable-Energy-Market-Analysis-GCC-2019.

[24] IRENA (2019b). Off-grid renewable energy solutions to expand electricity access: An opportunity not to be missed. Abu Dhabi: International Renewable Energy Agency (IRENA). Available online at https://www.irena.org/publications/2019/Jan/Off-grid-renewable-energy-solutions-to-expand-electricity-to-access-An-opportunity-not-to-be-missed.

[25] IRENA (2019c). Renewable capacity statistics 2019. Abu Dhabi: International Renewable Energy Agency (IRENA). Available online at https://www.irena.org/publications/2019/Mar/Renewable-Capacity-Statistics-2019.

[26] James, L.M. (2014). "Recent developments in sudan's fuel subsidy reform process" Research Report, The International Institute for Sustainable Development. Available online at http://greenfiscalpolicy.org/wp-content/uploads/2017/04/GSI-2014-FFS-in-Sudan_lessons_learned.pdf (accessed August 2018).

[27] Le Matin (2018). "Développement durable. Nouveaux horizons pour les énergies renouvelables au Maroc et en Afrique" , 28 February 2018.

[28] McDowall, A. (2019). "World Bank urges new Lebanese government to reform power sector" Reuters, 1 February. Available online at https://www.reuters.com/article/us-lebanon-government-reforms/world-bank-urges-new-lebanese-government-to-reform-power-sector-idUSKCN1PQ4Y1.

[29] Ministry of Water and Irrigation (2015) Energy efficiency and renewable energy policy for the Jordanian water sector. Available online at http://www.jva.gov.jo/sites/en-us/Hot%20Issues/Energy%20Policy.pdf.

[30] OPEC (2018). OPEC data, 2018. Available online at https://www.opec.org/opec_ web/en/publications/202.htm.

[31] Ramani, K.V., and E. Heijndermans (2003). Energy, poverty, and gender. A synthe-sis. The International Bank for Reconstruction and Development/THE WORLD BANK. http://documents.worldbank.org/curated/en/441631468140976681/pdf/345390Energy0poverty010gender0synthesis.pdf.

[32] Renewables Now (2019) "Saudi Arabia targets 60 GW of renewables by 2030—report" 19 January. Available online at https://renewablesnow.com/news/saudi-arabia-targets-60-gw-of-renewables-by-2030-report-639430/.

[33] Saheb-Koussa, D., M. Koussa, M. Haddadi, and M. Belhamel (2011). "Hybrid options analysis for power systems for rural electrification in Algeria" Energy Procedia 6: 750–758.

[34] SBRC (Sustainable Bioenergy Research Consortium) (2018). About us: Overview.Available online at www.sbrc.masdar.ac.ae/index.php/about-us/overview.

[35] Sdralevich, C., R. Sab, Y. Zouhar, and G. Albertin (2014). Subsidy reform in the Middle East and

North Africa: Recent progress and challenges ahead. Washington, DC: International Monetary Fund. Available online at http://www.imf.org/external/pubs/ft/dp/2014/1403mcd.pdf (accessed August 2018).

[36] Stambouli, A.B. (2011). "Algerian renewable energy assessment: The challenge of sus-tainability" Energy Policy 39(8): 4507–4519.

[37] State of Qatar (2018). Second voluntary national review, 2018 submitted to the high level political forum on sustainable development. Available online at https://www.psa.gov. qa/en/knowledge/Doc/QNV/Repor t%20of%20the%20National%20 Voluntary%20review%20 2018%20(Landscape).pdf.

[38] Taha, K. (2018). "Renewable energy on rise in resource–poor Jordan" Phys.Org, 28 September. Available online at https://phys.org/news/2018–09–renewable–energy–resource–poor–jordan.html.

[39] The National (2017, 2 April). Morocco breaks ground on $220m Noor Ouarzazate IV solar plant.

[40] UAE Government (2018). UAE energy strategy 2050. Available online at www.gov–ernment.ae/en/about–the–uae/strategies–initiativesand–awards/federal–governments–strategies–and–plans/uaeenergy–strategy–2050.

[41] UN ESCWA (2016). Arab governance report II: Governance and institutional transfor–mations in conflict–affected Arab countries. Available online at https://www. unescwa.org/publications/arab–governance–Report–2016 (accessed March 2017).

[42] UN ESCWA (2017a). Regional initiative for the assessment of climate change impacts on water resources and socio–economic vulnerability in the Arab region. RICCAR. Arab Climate Change Assessment Report—main report. Available online at https://www.unescwa.org/climate–change–water–resources–arab–region–riccar.

[43] UN ESCWA (2017b). Sustainable energy in the Arab region, Energy–related sustain–able development goals. Available online at https://www.unescwa.org/sites/www. unescwa.org/files/events/files/sustainable_energy_in_the_arab_region_energy–related_sustainable_development_goals.pdf.

[44] UN ESCWA (2017c). Arab region progress in sustainable energy: Global tracking frame–work regional report. Available online at https://www.unescwa.org/sites/www. unescwa.org/files/publications/files/gtf–regional–report–arab–region–progress–sustainable–energy–english_1.pdf.

[45] UN ESCWA (2017d). Sustainable energy in the Arab region. Energy–related sustainable development goals. Committee on Energy Eleventh session Cairo, 14–16 May 2017. Available online at https://www.unescwa.org/sites/www.unescwa.org/files/events/files/sustainable_energy_in_the_arab_region_energy–related_sustainable_ development_goals.pdf.

[46] UN ESCWA (2017e). The social impacts of energy subsidy reform in the Arab Region. Available online at https://www.unescwa.org/sites/www.unescwa.org/files/page_ attachments/social–impacts–energy–subsidy–reform–en.pdf (accessed August 2018).

[47] UN ESCWA (2018a). Case study on policy reforms to promote renewable energy in Morocco. Available online at https://www.unescwa.org/sites/www.unescwa.org/files/publications/files/policy–reforms–promote–renewable–energy–morocco–english.pdf (accessed August 2018).

[48] UN ESCWA (2018b). Case study on policy reforms to promote renewable energy in the United Arab Emirates. Available online at https://www.unescwa.org/sites/www. unescwa.org/files/publications/files/policy–reforms–promote–renewable–energy–uae–english.pdf (accessed August

2018).
[49] UN ESCWA (2018c). Case study on policy reforms to promote renewable energy in Jordan. Available online at https://www.unescwa.org/sites/www.unescwa.org/files/publi–cations/files/policy–reforms–promote–renewable–energy–jordan–english.pdf (accessed August 2018).
[50] UN ESCWA (2018d). Case study on policy reforms to promote renewable energy in Lebanon. Available online at https://www.unescwa.org/sites/www.unescwa.org/files/publications/files/policy–reforms–promote–renewable–energy–lebanon–english.pdf (accessed August 2018).
[51] UN ESCWA (2019a, March). Regional consultation on climate change for the Arab forum on sustainable development and high level political forum. UNESCWA.
[52] UN ESCWA (2019b). Energy vulnerability in the Arab Region. Available online at https://www.unescwa.org/publications/energy–vulnerability–arab–region.
[53] UN ESCWA (2019c). Report on the seminar "Monitoring the Implementation of Energy Related SDG Indicators in the Arab Region" . Available online at https://www.unescwa.org/events/seminar–monitoring–energy–sdgs–arab–region.
[54] UN ESCWA (2019d). Tracking SDG 7: Energy progress report Arab Region 2019. Available online at https://www.unescwa.org/publications/energy–progress–report–arab–region.
[55] UN Statistics Division (2018). https://efaidnbmnnnibpcajpcglclefindmkaj/viewer. html?pdfurl=https%3A%2F%2Funstats.un.org%2Funsd%2Fenergystats%2Fpubs% 2Fbalance%2F2018%.
[56] UNDP (2014). Promoting sustainable mini–grids in mauritanian provinces through hybrid technologies. Available online at https://www.thegef.org/sites/default/files/project_documents/11–11–15_Project_Document_PADpdf_0.pdf (accessed March 2017).
[57] Verme (2016). Subsidy reforms in the Middle East and North Africa Region: A review. The World Bank Group. Policy Research Working Paper 7754. Available online at https://openknowledge.worldbank.org/bitstream/handle/10986/24835/Subsidy0reform0ca0Region000a0review.pdf?sequence=1&isAllowed=y.
[58] Warshay, B., J. Brown, and S. Sgouridis (2016). "Life cycle assessment of integrated seawater agriculture in the Arabian (Persian) Gulf as a potential food and aviation biofuel resource" The International Journal of Life Cycle Assessment 39(6): 409–416. Available online at https://doi.org/10.1007/s11367–016–1215–5.
[59] Whitehead, F. (2015). "Water scarcity in Yemen: the country's forgotten conflict" The Guardian, 2 April. Available online at https://www.theguardian.com/global–devel–opment–professionals–network/2015/apr/02/water–scarcity–yemen–conflict.
[60] World Bank (2005). Household energy supply and use in Yemen, Volume II, Annexes, Report No. 315/05, December.
[61] World Bank (2016). Delivering energy efficiency in the Middle East and North Africa. Washington, DC: International Bank for Reconstruction and Development. Available online at https://openknowledge.worldbank.org/bitstream/handle/10986/25295/109023–WP–P148222–PUBLIC–DeliveringEEinMENAMayEN.pdf?sequence=1&isAllowed=y (accessed March 2017).
[62] World Bank (2018). Combined project information documents/integrated safeguards datasheet (PID/ISDS). Yemen Emergency Electricity Access Project. Report No: PIDISDSA24561, 26 March 2018. Available online at http://documents.world–bank.org/curated/en/895191523306712217/pdf/Project–Information–Document–Integrated–Safeguards–Data–Sheet–Yemen–Emergency–Electricity–Access–Project–P163777.pdf.

[63] World Bank (2019a). World development indicators. Accessible online at http://data. worldbank. org/data–catalog/world–development–indicators.

[64] World Bank (2019b). Available online at https://trackingsdg7.esmap.org/data/files/download–documents/2019–Tracking%20SDG7–Full%20Report.pdf.

[65] Wright, R. (2018). "The lights are going out in the Middle East" The New Yorker, 21 May. Available online at https://www.newyorker.com/news/news–desk/the–lights–are–going–out–in–the–middle–east.

第 34 章　撒哈拉以南非洲地区的能源与经济

菲利普·科林斯基 [①]

"撒哈拉以南非洲地区能源资源丰富，但能源供应非常匮乏"，2014 年 IEA 出版的《非洲能源展望》（Africa Energy Outlook）以此句开篇，强调"普及可靠、可负担的能源对该地区的发展至关重要"。5 年后，2019 年出版的《非洲能源展望》显示，从全球视角看，这一情况仍然没有改变，即撒哈拉以南非洲人口占世界人口的 15% 左右，但该地区能源需求仅占全球能源需求的 4.3%，占全球电力消费的比例不到 1.75%（Enerdata，2020）。

撒哈拉以南非洲现状充满矛盾。一方面，其丰富的自然资源和有吸引力的财税制度，使该地区长期以来一直吸引能源投资，在大型国际油气公司的全球业务中占很大比重。另一方面，该地区 10 亿人口中的大多数人无法获得能源，尤其是电力，这阻碍了当地的经济和社会发展。

几十年来，政府、国际发展机构和经济体的主流观点认为，开发能源资源将为各国发展战略提供财政支持，促进非洲大陆经济增长。然而，不幸的是，现实情况更加复杂，撒哈拉以南非洲的大多数能源生产国经济表现不佳。

随着人们意识到资源开发过程不能很好地促进发展，一个新的方式出现了，即强调增加人口的能源可及。因此，整个非洲大陆出台了新的国家、地区和国际倡议，促进当地人口的能源可及，能源可及是经济发展的关键驱动力这一观点最终得到认可。

本章首先简要介绍撒哈拉以南非洲地区的石油和天然气行业概况，阐明油气行业仍是撒哈拉以南非洲的主要能源部门；其次，分析油气行业对生产国经济状况的影响；最后，介绍非洲地区向人民提供可靠、可负担能源面临的新挑战。

1　一个外国参与者主导的能源情景

1.1　石油产量和储量

尽管撒哈拉以南非洲拥有得天独厚的自然资源，特别是能源，但与北美、拉丁美洲、中东和北非等其他油气生产地区相比，其出现在全球油气版图上的时间较晚，

① 菲利普·科林斯基（Philippe Copinschi），巴黎政治大学国际事务学院；电子邮件：Philippe.copisnchi@sciencespo.fr。

直到20世纪60年代才开始生产石油。在此前后，1955年在安哥拉（卡宾达飞地，Cabinda）几内亚湾附近、1956年在尼日利亚和加蓬、20世纪70年代初在刚果（布）和喀麦隆相继发现石油。20世纪70年代，尼日利亚内战（1967—1970年）结束后，该地区石油生产才得到实质性发展。内战期间，比夫拉（Biafra）产油区曾试图脱离尼日利亚。

1973年和1979年石油危机导致的油价急剧飙升以及OPEC国家的国有化浪潮推动了石油生产的蓬勃发展。两次石油危机抬高了油价，在全球范围内带来了新的勘探和开发机会。撒哈拉以南非洲地区尤其如此，当地政府热衷于吸引外国投资者来促进发展，向国际石油公司提供有利的财税制度。国际石油公司在被OPEC国家“踢出”后，非常愿意在撒哈拉以南非洲地区投资，使其投资活动多样化。事实上，由于非洲国家积弱不振，没有任何撒哈拉以南非洲的产油国曾将石油工业国有化。尽管OPEC曾鼓励成员国将石油工业国有化，以进一步实现经济独立，但尼日利亚（1971年成为OPEC成员）从未通过国家石油公司控制该国石油业务；安哥拉和刚果也从未将外国私营公司的利益国有化。这就解释了为什么撒哈拉以南非洲与北海、墨西哥湾和阿拉斯加一样，是从20世纪70年代OPEC国家国有化进程中受益最多的油气产区之一。

伴随着海上一系列巨大发现，该地区在20世纪90年代经历了第二次石油繁荣。同时，撒哈拉以南非洲陆上和海上的勘探范围进一步扩大，并涌现出一批新的产油国，包括赤道几内亚、加纳、乍得、尼日尔、毛里塔尼亚、苏丹等。撒哈拉以南非洲的产量也从20世纪60年代末的约40万桶/日上升到20世纪70年代中期的250万桶/日（主要来自尼日利亚），在90年代后期达到400万桶/日，到2019年达到500万桶/日（其中尼日利亚和安哥拉产量分别为210万桶/日和150万桶/日）。同期，撒哈拉以南非洲的石油储量从20世纪70年代的约100亿桶增加到80年代的200亿桶，2000年达到400亿桶，到2019年已超过600亿桶（Enerdata，2020）。

即使一些国家（如喀麦隆和加蓬）石油储量迅速下降，近期也没有新的发现，正逐渐接近其石油时代的尾声，撒哈拉以南非洲仍然有十几个石油生产国，尽管只有少数几个国家（主要是尼日利亚和安哥拉）产量可观。还有几个国家可能很快就加入产油国名单，因为整个非洲大陆几乎所有的政府都出让了勘探区块。尽管几内亚湾仍然是撒哈拉以南非洲油气产业的中心，但20世纪90年代以来，勘探开发已经遍布整个非洲，包括海上（毛里塔尼亚、加纳、科特迪瓦、塞内加尔、圣多美和普林西比、坦桑尼亚、莫桑比克、南非）和陆上（乌干达、尼日尔、乍得）。表34.1为2020年撒哈拉以南非洲国家的石油产量与探明储量。

表34.1 撒哈拉以南非洲国家的石油产量与探明储量（2020年）

	探明储量（百万桶）	占全球总储量比重（%）	产量（千桶/天）	占全球总产量比重（%）
尼日利亚	36890	2.13	1743	2.09
安哥拉	7783	0.45	1220	1.46

续表

	探明储量（百万桶）	占全球总储量比重（%）	产量（千桶 / 天）	占全球总产量比重（%）
刚果（布）	2882	0.17	310	0.37
加蓬	2000	0.12	216	0.26
乍得 *	1500	0.09	127	0.15
苏丹 *	1500	0.09	92	0.11
赤道几内亚	1100	0.06	126	0.15
喀麦隆 *	309	0.02	71	0.09
刚果（金）*	278	0.02	22	0.03
科特迪瓦 *	154	0.01	38	0.05
毛里塔尼亚 *	154	0.01	2	0.00
尼日尔 *	147	0.01	18	0.02
加纳	23	0.00	195	0.23
南非	23	0.00	99	0.12
合计	58711	3.39	4883	5.85

注：*2019 年产量。

资料来源：Enerdata。

撒哈拉以南非洲地区的石油总产量约为 500 万桶 / 日。从全球范围来看，产量占比不大，该地区目前石油产量仅占全球总产量的 5%，石油储量仅占全球总储量不足 3.5%。但这并不说明撒哈拉以南非洲的地位不重要，其重要性体现在其他地方：该地区对外国投资一直非常开放，逐渐被油气行业视为世界上勘探开发的热点之一，同时也是领先的深水石油生产中心之一。现在，所有的能源巨头（壳牌、bp、道达尔、埃克森美孚、雪佛龙、埃尼等），以及许多独立能源公司和规模较小的公司，甚至一些国有公司（主要是亚洲公司）均参与了撒哈拉以南非洲的油气勘探开发，且往往是交叉合作的关系。该地区对油气行业的整体作用远超过其在全球能源产能中的作用，国际能源巨头 1/4~1/3 的活动都集中在该地区。

1.2　天然气产量和储量

撒哈拉以南非洲对国际私营油气公司来说至关重要，该地区同样也依赖这些公司来开发油气资源，因为没有一个国家曾经（甚至试图）掌控当地的油气产业，而是将整个产业交给外国（主要是私营）公司。因此，撒哈拉以南非洲地区油气行业发展长期依赖国际石油公司的兴趣，这也解释了为什么该地区的天然气行业长期处于边缘地位（Copinschi and Smedley，2016）。

直到最近，在当地经营的国际石油公司对扩大天然气生产也没有表现出真正的兴趣。很少有专门针对天然气的勘探活动，而长期以来伴生气（不可避免地与原油一起被开采出来）也是不受欢迎的副产品。回顾过去（现在仍然），这些气体大多被就地排放或燃放（部分被注入油田以提高采收率），尽管这样的方式会对人类健康、土壤、植被和大气造成直接与间接的严重影响。从公司的角度来看，本地市场太小，与全球主要市场中心（欧洲、北美和亚洲）距离太远，使得天然气生产及其相关的基础运输设施（管道和液化厂）在经济上不可行。例如，尼日利亚的油田整体较为分散，收集的伴生气需要先通过管道输送到共同收集点，压缩并输送到处理设施后才能产生经济效益，所有这些步骤都会增加生产成本。

长期以来，撒哈拉以南非洲缺乏将天然气变现的基础设施，只能燃除，直到 20 世纪 90 年代末该地区的天然气行业才最终兴起，1999 年第一个 LNG 项目在尼日利亚投产，随后赤道几内亚（2007 年）、安哥拉（2013 年）和喀麦隆（2018 年）等国也建立了 LNG 设施，终于将该地区与全球天然气市场相连。2019 年，尼日利亚 LNG 产量约占全球交易总量的 7%，该国成为仅次于卡塔尔、澳大利亚、马来西亚和美国的第五大 LNG 生产国。在其他产油国（刚果、加蓬等），大部分天然气被重新注入油田或燃放，只有一小部分实现商业利用，主要用于天然气发电。

非洲大陆的另一侧——东非几十年来几乎被国际油气公司所遗忘。20 世纪 60 年代时，莫桑比克和坦桑尼亚存在天然气资源已为人所知，但在当时，石油公司只对寻找石油感兴趣，很少有地质学家相信该地区的潜力。直到 21 世纪前十年末期，一些石油公司获得了横跨莫桑比克和坦桑尼亚海上边界的鲁伍马盆地（Offshore Rovuma Basin）的勘探区块，一个新的时代开始了。自 2009 年起，该地区获得一系列重大天然气发现，足以支撑 LNG 项目的实施，并改变了油气行业在整个地区的兴趣。鉴于这些天然气发现的规模（莫桑比克 30000 亿 ~50000 亿立方米，坦桑尼亚 10000 亿 ~17000 亿立方米），许可持有者（埃尼、道达尔、壳牌、埃克森美孚等）正在推进建造 LNG 生产线的计划，特别是在莫桑比克，预计到 2023 年将开始生产 LNG。其他石油公司纷纷效仿，随后在非洲大陆各地进行了更多的海上勘探，2016 年在塞内加尔和毛里塔尼亚获得重大海上发现（5000 亿 ~10000 亿立方米），2019 年南非也获得了天然气发现。2020 年撒哈拉以南非洲的天然气产量与探明储量见表 34.2。

表 34.2　2020 年撒哈拉以南非洲的天然气产量与探明储量

	探明储量（十亿立方米）	占全球总储量比重（%）	产量（十亿立方米）	占全球总产量比重（%）
尼日利亚	5761	2.82	47.9	1.20
莫桑比克 *	650	0.32	4.21	0.11
安哥拉	343	0.17	7.28	0.18
刚果共和国	284	0.14	0.70	0.02
喀麦隆 *	179	0.09	2.38	0.06

续表

	探明储量（十亿立方米）	占全球总储量比重（%）	产量（十亿立方米）	占全球总产量比重（%）
加纳	53	0.03	2.77	0.07
塞内加尔	52	0.03	0.01	0.00
毛里塔尼亚	50	0.02	—	—
赤道几内亚	39	0.02	6.19	0.15
坦桑尼亚 *	35	0.02	0.88	0.02
加蓬	26	0.01	0.48	0.01
苏丹	25	0.01	—	—
科特迪瓦 *	12	0.01	2.28	0.06
合计	7631	3.74	74.86	1.87

注：这些已探明储量的官方数据不包括最近在东非的莫桑比克和坦桑尼亚，以及西非的塞内加尔和毛里塔尼亚近海获得的大型发现。* 表示 2019 年产量。

资料来源：Enerdata。

2　被资源诅咒困扰的地区

新冠肺炎疫情以及 2020 年初油价暴跌迫使油气公司大幅减少投资，在此之前，撒哈拉以南非洲是石油巨头最热门的投资地区之一。这些公司都在非洲大陆开展了大型项目，特别是在莫桑比克、尼日利亚、安哥拉和塞内加尔 / 毛里塔尼亚。尽管 2020 年油气价格低迷导致许多开发商缩减项目并控制成本，但上述国家的资源应该足够重要，开发只是时间问题。

过去 30 年来，外国投资者涌入非洲油气领域，随着新项目的开展，未来该地区有望持续获得投资，为贫困国家的经济发展带来巨大机遇。随着工业化国家对非洲的外国援助持续减少，并逐渐被以贸易为重心取代，石油和天然气将提高非洲人民生活水平的愿景在整个大陆回响，将民众的期望值不断推高，油气资源的出售被认为是帮助非洲脱贫的重要手段。如今的莫桑比克、塞内加尔、毛里塔尼亚等国就像以前的尼日利亚、安哥拉、刚果（布）等国一样，许多人认为石油和天然气会成为一项收入来源，打破国家贫弱的循环。人们相信，石油和天然气将带来工作、食物、教育、医疗保健、农业支持和住房。

不幸的是，撒哈拉以南非洲产油国过去几十年的经验显示，事态往往和石油被寄予的希望大相径庭。该地区大多数产油国在发展上的巨大失败给出警示：石油美元并没有帮助发展中国家实现经济增长和减少贫困。在很多情况下，它们实际上加剧了贫困，并且对当地经济产生了非常负面的影响（Ross，2013）。与其他许多发展中地区的石油出口国一样（不包含阿拉伯君主国），尼日利亚、安哥拉、刚果（布）和加蓬等长期生产石油的非洲国家很难将其石油财富转化为大范围减贫成果。这些国家也并未实现经济多元化或为后石油时代的到来做准备。相反，石油已经成为冲突的导火索，甚至在某些情况下引发内战。

非洲产油国呈现出与石油相关的典型模式。20 世纪 70 年代石油行业开始起步，所谓的“荷兰病”也随之而来。最初的一段时间内，石油开发是有成效的。刚开始时，石油开发取得积极成效，人均收入迅速增加：加蓬和赤道几内亚这两个人口稀少的石油生产国，确实均成为了非洲大陆人均 GDP 最高的国家之一（同时收入分配极度不均）。但这些积极的成果被越来越多的寻租行为所破坏。

由于利润率太高，石油产生的租金通常超过了所有其他收入。即使是之前经济活动健康，也可能很快被对石油美元日益增长的依赖所破坏和取代。如果政府有现金的话，进口食物和商品比本国生产容易得多，购买技术比发展技术简单得多。因此，石油的财政优势事实上会成为障碍，阻碍其他生产活动的发展。当石油意外之财推高一国货币的实际汇率时，大多数出口产品会失去竞争力。产油国农业和制造业的衰退不仅会使其更加依赖石油，从而加剧对其他产品的依赖程度，而且可能导致竞争力的永久丧失。与此同时，石油行业无法弥补这一缺口：因为石油是一块经济“飞地”，是资本高度密集型活动，它提供的就业机会很少，与其他经济部门的联系也相对较少。

当石油成为一个国家的主导性经济活动和主要出口活动时，政府就会对石油资金产生依赖。对这些政府来说，石油是收入和外汇的主要来源，因此也是政府权力的经济基础。石油主导的经济发展有一种强烈的使生产和收入模式更加集中的倾向，而这些国家的经济和政治权力已经非常集中。只有掌握政治权力的人才能提供从石油中赚钱的机会，也只有得到这种赚钱机会的人才为维持政权统治提供资金。在以种植业或渔业为基础的更分散的经济活动中，这种现象较少，因为在这些活动中，进入的壁垒要低得多，参与者更多，获利更分散。

对石油收入的依赖，给国家的治理能力带来了负面影响。政府花钱越多，就越需要石油收入，由此形成恶性循环。因此，对石油的依赖在今天是十分普遍的：在尼日利亚（约 2 亿居民），石油美元占联邦政府收入的 50% 以上，占出口收入的 80% 以上，尽管它只占 GDP 的 10%（世界银行，2020b）。与尼日利亚一样，安哥拉对石油的依赖人尽皆知：石油和天然气收入约占安哥拉政府收入的 2/3，占出口收入超过 90%，约占 GDP 的 30%（IMF，2019）。尽管这种情况在世界上许多其他产油国（包括委内瑞拉、俄罗斯等）以某种方式重复出现，但非洲的情况尤其严重，该地区国家机构通常很弱，无法像挪威和迪拜一样，扩大生产基础，避免陷入资源陷阱。

问题在于，石油收入的高度脆弱性使得规划和预测政府支出水平变得十分困难。在过去的几十年里，几乎每个非洲石油生产国都推出了各种发展计划，然后又因石油价格突然下跌（如 2020 年初）导致石油收入下降而放弃。油价快速波动（从每桶 20 美元到 100 美元），使规划变得极为困难，并使得石油财富很难转化为其他可持续的发展形式。此外，已有学者证明，高波动性不利于投资、收入分配、教育、扶贫（Humphreys et al.，2007）。

以尼日利亚为例，该国是撒哈拉以南非洲最大的石油和天然气生产国，拥有丰富的探明储量［约 370 亿桶石油和 56750 亿立方米天然气］，是欧佩克第六大产油国（Enerdata，2020）。在过去的 50 年里，尼日利亚每年从石油和天然气工业中赚取数百亿美元。其收入取决于产量和价格：虽然在 2018 年只有 200 亿美元收入，但在 2008 年和 2011 年油价最高时收入达到近 700 亿美元（NEITI，2019）。但是，这些收入未能改善国内贫困人口状况。尼日利亚是中低收入国家，在世界银行的人力资本指数（human capital index）中，尼日利亚在 157 个国家中排名第 152 位，反映出该国对公民健康、教育、营养长期投入不足。该国的卫生状况是全世界最糟糕之一，且存在巨大的区域性和社会经济不平等。该国平均寿命（2016 年为 53 岁）极低，而作为一个中低收入国家，孕产妇死亡率（2013 年为 0.576‰）和婴儿死亡率（2017 年为 6.5‰）非常高。2019 年，该国 40% 的人口生活在国家贫困线以下（1980 年为 28%），且由于新冠疫情对经济造成的影响，这一比例可能会增加（世界银行，2020b）。尼日利亚不是唯一的例子，该地区第二大石油生产国安哥拉也或多或少表现出相同的模式：尽管在过去的 20 年里，安哥拉的经济快速发展，石油工业也带来额外收入，但生活在 1.9 美元贫困线以下的人口比例仅有小幅下降，从 2000 年的约 33% 下降到目前的 28%。只有 2/3 的安哥拉城市人口和不到 1/4 的农村人口能获得清洁饮用水和基本卫生服务，平均寿命仅略高于 60 岁。在世界范围内，安哥拉卫生方面的人力资源排名垫底，每 10 万人中只有 1 名医生和 23 名医护人员；孕产妇和儿童死亡率约为中低收入国家平均水平的两倍（世界银行，2020a）。

多年来，尼日利亚社会经济状况的恶化伴随着政治衰退，与石油相关的侵犯人权和暴力事件增加。尤其是在石油主要产区尼日尔河三角洲，环境退化，许多居民失去谋生手段。在过去超过 25 年的时间里，与石油相关的暴力抗议、军事行动、镇压不断发生。由于高度腐败的地方政府[①]的不作为，当地居民倾向于直接向石油公司争取自身利益，因为他们认为那是“他们的”石油。由于政府机构实际上的缺位（至少是见不到人），石油公司是当地居民唯一可以接触到的当局代表。尽管公司以矿区使用费和所得税的形式向国家支付了一大笔费用，但尼日尔三角洲的大多数人都认为自己完全没有从石油活动中获利，他们抱怨其带来的严重环境破坏和人权侵犯，并要求跨国石油公司为此承担责任。被遗忘人群中的年轻人通过暴力表示对石油公司的敌意，并要求更多的权利，具体而言，就是重新设定有利于他们的石油租金分配。他们以各种方式向石油公司施压，包括破坏管道、绑架雇员和占领包括海上平台在内的设施。

石油公司发现自己陷入恶性循环，他们的活动和收入扭曲了政治生活，加剧了地租经济的形成和政治机构的涣散，公司成为这些问题导致的愤恨的第一受害人，同时被西方公众视为罪恶。面对这种双重威胁（当地不稳定和可能影响其声誉的国际指控），公司通过采取直接让当地居民从石油公司的存在和活动中获利的策略改变公司形象。当然，石油公司对这些行为大力宣传。他们坚称，投资活动不仅是为了开采石油

① 尼日利亚在 2019 年透明国际清廉指数排行中的 180 个国家中排名第 146。

资源和为政府创造收入，还为了支付奖学金，修建道路、学校、诊所和住房，提供就业培训，资助小企业，为抗击艾滋病提供支持。每年石油公司在尼日尔河三角洲的社区发展上花费超过 1 亿美元，试图挽回其在当地居民和国际观察家眼中的声誉。

有的时候，石油公司资助的社会发展项目设计精良且实用，它们解决了社区的明确需求，并真正促进了当地经济。而有的时候，石油公司项目只是为了平息年轻激进分子的怒火而向当地领导人支付现金。从长远来看，这些行为会加剧社会紧张或其他分歧，而不能促进经济的可持续发展（Chukwana，2015）。在尼日尔河三角洲，许多石油公司建造的设施都因为没有公共资金支付运营费用（教师工资、卫生设备、道路维护等）而无法正常运行。由于缺乏与当局的合作（通常不存在），这些项目对地方发展没有任何持久性影响，实质上看起来只是对批评以及来自当地居民和国际非政府组织的压力所作出的回应。

石油公司不适合作为促进发展的机构。它们是私人石油公司，目的是商业，而不是促进当地发展。虽然一些企业努力的结果值得称赞，但企业不是国家和地方政府，无法满足人民的需求。然而实际情况是，石油公司发现自己不得不替代国家提供最低限度的公共服务，因此，陷入了恶性循环，为了换取短期的社会和平而承担起政府的责任，从而延续了政府弱化和寻租趋势，而这种状况正是它们面临的问题的根源。

非洲与世界其他地区的贸易以采掘业为主，最主要的是石油、天然气和矿业。对于大多数非洲产油国特别是尼日利亚来说，发展失败带来了灾难性后果。石油可能带来的前景与恶化的经济表现之间差距巨大。多项研究表明，整体来看，以石油作为主要出口产品的国家在各项经济指标上的表现都比其他发展中国家差。

尽管撒哈拉以南非洲的例子表明，依赖石油往往是一条危险的发展道路，但其负面影响并非不可避免。挪威的例子就说明了这一点，该国成功地利用北海的石油收益，在联合国开发计划署的最佳发展表现名单中排名第一。这意味着油气开发所带来的潜在的发展问题不是资源本身固有的。国家能否将油气收入转化为造福人民的长期经济利益，最终取决于公共政策的质量，对致力于燃料减贫和增加能源可及性的国家尤其如此。

3 无法获得能源的问题

长期以来被忽视的无法获得能源的问题，近期已成为国际社会和大多数非洲国家政府关注的重点。虽然 2000 年的联合国 8 个千年发展目标（MDGs）中没有一个涉及能源问题，但联合国已经将获得可持续能源列为了消除贫困的先决条件。2015 年，联合国将能源获取列为可持续发展目标（SDG）中的特别议题，作为可持续发展目标的第七项，确保到 2030 年实现广泛获得可负担、可靠和可持续的现代能源，并实质性提高可再生能源在全球能源结构中的占比。

能源为人们的基本需求（烹饪、取暖、照明、获得清洁水、交通、社会服务等）、创造生产活动（制造业、工业、商业、农业等）提供支持，并创造就业机会。缺乏可负担、可靠和可持续的现代能源，会严重阻碍社会和经济发展，特别是贫困人群往往为最劣质的能源服务付出最高的代价（金钱、时间和健康）。无法获得现代能源也阻碍了企业的发展，削弱其竞争力，从而影响生产者进入区域和全球市场。现在，普遍认为促进电力和清洁烹饪能源的获取是经济发展的关键驱动力，对促进包容性增长从而使人们摆脱贫困至关重要。

3.1 世界上最低的电气化率

相比其他可持续发展目标，撒哈拉以南非洲对第七个可持续发展目标尤为关注。除南非[①]外，撒哈拉以南非洲的电气化率全球最低，在实现第七个可持续发展目标方面进展最慢。全世界无电人口从 2010 年的 12 亿下降到 2017 年约 8.4 亿，但撒哈拉以南非洲下降的速度要慢得多。2017 年，撒哈拉以南非洲地区 55% 的人口（约 5.73 亿人，即世界无电人口的 2/3）仍然缺乏电力供应，到 2030 年这一数字可能也变化不大，而世界其他地区无电人口将进一步减少（IEA 等，2019）。基于获取电力与人均 GDP、人口增长（考虑到大多数撒哈拉以南非洲国家还没有实现人口结构转型）和城市化率之间的关系，模型预测表明到 2030 年仍然有大约 5.15 亿人无法获得电力。目前，撒哈拉以南非洲显然没有走上实现第七个可持续发展目标的正轨。

撒哈拉以南非洲地区（不包括南非）的人均用电量为 175 千瓦时，而亚洲新兴经济体的人均用电量为 2100 千瓦时，全球平均用电量为 2855 千瓦时，欧洲为 5100 千瓦时，美国为 10000 多千瓦时（Pistelli，2018）。然而，城市和农村人口面临的能源挑战有很大不同。在城市地区，平均而言，接近 3/4 的撒哈拉以南非洲家庭都能用上电，而在农村地区，人口分散，通常没有连接到电网，这一比例下降到 1/4。预计到 2030 年，85% 的无电人口将位于农村（Dagnachew et al.，2018）。

撒哈拉以南非洲地区的装机容量约为 12 万兆瓦，尽管该地区的人口比法国多 16 倍，但装机容量却比法国低。此外，2/3 的撒哈拉以南非洲国家经常停电和减载，迫使企业以及家庭依赖柴油或汽油的备用发电机，其成本是电网电力的 4 倍。换句话说，撒哈拉以南非洲不仅发电量低，其发电成本也普遍比其他发展中地区高得多。大多数国家电力系统规模较小，依赖高价石油发电，使得非洲的发电成本比全球平均水平高出 2~3 倍（非洲开发银行，2016）。由于能源服务的成本普遍高于其他地方，而且电网连接的前期成本非常高，因此，对于现代能源服务，撒哈拉以南非洲地区的贫困人口是负担不起的。

对能源生产和运输的投资普遍不足，促进能源供应的区域合作进展缓慢。事实上，

---

① 南非是撒哈拉以南非洲能源格局中的一个例外。该国拥有悠久的工业化历史，并于 1994 年结束种族隔离时代，继承了中央集权系统。由于种族隔离制度，该国在外交和经济上被孤立了数十年，被迫依靠自身为经济发展供应能源。从历史上来看，南非主要依靠本国的煤炭资源，直到现在该国 90% 的电力生产仍然依靠煤炭，5% 的电力靠核能（Enerdata）。该国是非洲大陆唯一的核能生产国。然而，尽管拥有非洲最大的能源系统，该国仍在努力解决能源供应不足的问题，尤其是电力。发电能力的严重受限以及频发的负荷减载，阻碍了其过去 20 年的经济增长，从而使南非在这方面更接近非洲大陆的其他地区。

撒哈拉以南非洲的大部分发电投资都不是针对穷人的能源需求，而是满足工业化和已有消费者增长的需求。目前，撒哈拉以南非洲一半的电力用于工业活动，主要是采矿和炼油。

3.2 清洁烹饪能源获取困难，严重依赖生物质能

获得清洁、无污染的烹饪和取暖设施更加困难。传统的生物质能是迄今为止整个撒哈拉以南非洲最广泛使用的能源，主要用于烹饪，南非是唯一的能源结构以煤炭为主的国家。尽管燃烧生物质会造成严重的健康危害，特别是对妇女和儿童来说，但在过去25年里，生物质在撒哈拉以南非洲的能源结构占比几乎没有变化。生物质能在撒哈拉以南非洲的一次能源结构中持续占主导地位，占能源使用总量的65%（如果不包括南非，这一比例将增长到近3/4）。根据IEA数据，撒哈拉以南非洲地区近4/5的人口使用生物质能（通常以低效且不健康的方式使用），而在发展中国家整体中，这一比例仅为52%（IEA，2019）。因此，每年约有60万非洲人民死于家庭空气污染。没有任何其他地区像撒哈拉以南非洲一样依赖生物能源。极度贫困是他们依赖传统生物质作为烹饪能源的原因之一。

对传统生物质（尤其是木炭）的依赖也加剧了森林砍伐和土地退化。在大城市周围，木炭需求导致了林地和森林的退化。此外，寻找燃料需要时间，对妇女和儿童来说更是如此，他们可能因此错过了进行更多生产性活动的机会，如上学和其他谋生活动。在一些地方，气候变化和森林砍伐与寻找生物质燃料的问题相互交织。

在过去的10年里，尽管非洲的一次能源供应每年增长超过3%，但能源结构却基本没有变化。2018年，生物质仍然占撒哈拉以南非洲地区终端能源消费的2/3（不包括南非，则占3/4），而石油占比和10年前一样，约占20%。撒哈拉以南非洲的发电结构中，化石能源居主导地位，占70%（煤炭占50%、天然气占12%、石油占7%），水电占25%。由于南非高度依赖煤炭发电（约占90%的电力生产），且南非约占撒哈拉以南非洲发电量的一半，因此，去除南非后的发电结构略有不同，水电约占50%，天然气占35%，石油占15%。可再生能源（风能、太阳能、地热能等）增长迅速，但无论哪种情境，均只占总发电量的5%以下（2010年不到1%）（Enerdata，2020）。

尽管保持了15年的经济增长，非洲的能源系统仍严重不足。电力供应受限、电力短缺和对生物质燃料的依赖会削弱减贫成效。同时，随着城市、人口和经济的增长，能源需求不断攀升。无法获得现代能源是该地区极度贫困以及可持续发展目标进展缓慢的主要原因。能源和电力短缺对该地区的经济发展影响深远。缺乏可靠且可负担的电力是在非洲大陆投资的最大阻碍之一，不利于创造就业和社会发展。在非洲，企业平均需要130天才能接通电力，难以获取能源导致每年GDP损失2%~4%（非洲开发银行，2019）。农村地区，农业生产和效率受困于缺乏电力支撑的灌溉、农用机械化、粮食储存和加工，而这又压低了产量、附加值以及农民收入，加剧了粮食安全问题。在农业上的低收入反过来使得农民更加难以负担清洁的现代能源服务，使贫困问题长期存在。

4　未来的挑战

4.1　利用资源

整个非洲电力短缺严重。这与非洲大陆丰富的资源潜力有些矛盾，非洲大陆拥有巨大的可再生能源潜力和丰富的天然气——最清洁的碳氢化合物，两者结合可以提供稳定且环境上相对可持续的电力供应（Hafner et al.，2019）。据报道，非洲大陆拥有全球一半以上的可再生能源潜力，特别是太阳能资源丰富，尽管非洲的太阳能光伏装机容量仅为 5 吉瓦，不到全球装机容量的 1%，但如果利用得当，太阳能肯定会成为该地区的主要能源之一，并满足很高比例的能源需求，尤其是在农村地区（Hafner et al.，2018b）。由于非洲国家的光照资源潜力高（许多非洲国家的光照强度为每天 5~6 千瓦时 / 平方米），随着太阳能光伏发电成本下降，所需的资本投资（与电网连接相比）更低，家庭太阳能系统对当前无法获得电力的人口来说，是一个有吸引力的解决方案。即使低水平的电气化，尤其是太阳能灯，也能带来巨大的经济和非经济效益（Aevarsdottir et al.，2018）。

第二重要的潜在可再生能源是水电。尽管它已经占到撒哈拉以南非洲一半的发电量，但据估计，其潜力仍然很大，因为只有 7% 的水电得到了利用。风能和地热能也有巨大的技术潜力。以当前的技术水平，东非大裂谷地区潜在的地热发电资源约 2 万兆瓦。迄今为止，肯尼亚仅开发了 150 兆瓦的地热资源，埃塞俄比亚仅开发了 7.3 兆瓦，开发程度较低的原因在于高昂的前期成本以及技术要求较高。

同时，撒哈拉以南非洲许多地区天然气储量丰富，可以在满足该地区日益增长的工业稳定用电需求方面发挥关键作用。然而，目前天然气在撒哈拉以南非洲能源结构中的比重是世界最低的，其发电量占比仅为 12%（其中大部分在尼日利亚），而全球则为 23%。

虽然天然气有很大潜力，但通常只有在可以作为 LNG 出口时才会被开发。国际石油公司通常不考虑国内市场，因为通常会因价格补贴导致投资回报不足，或者承销商有商誉问题。即使是作为石油伴生气，燃放也十分普遍。

加纳是撒哈拉以南非洲唯一开发深水非伴生天然气并完全用于国内市场的国家，加纳的天然气模式可以广泛应用到其他国家。天然气资源能够开发是通过一项创新支付安全结构的谈判实现的，谈判涉及了世界银行 7 亿美元的担保，以保证加纳国家石油公司（Ghana National Petroleum Corporation）有足够资金购买天然气（Pistelli，2018）。因此，加纳目前是该地区获取能源方面最先进的国家之一，电气化率超过 80%（2000 年为 44%），这得益于其天然气和水电资源，两者发电量分别占总发电量的 52% 和 37%（Enerdata，2020）。

4.2　完善治理，吸引投资

撒哈拉以南非洲的电力生产和输配电系统在全球范围内都是失败的：电力系统不

能满足当前的电力需求，考虑到未来人口增长，除非采取激进的扩张和变革战略，否则未来需求的增长将会导致更大的电力缺口。

撒哈拉以南非洲拥有重要的能源资源，包括化石能源和可再生资源，能够轻易满足非洲大陆的能源需求。然而，能源匮乏与否与能源资源本身的可得性无关，而是与其利用的方式有关。主要问题不是资源禀赋，而是很难调动和吸引所需的投资来利用资源，这最终涉及治理水平和制度质量。

撒哈拉以南非洲电气化有三个主要任务，每个任务都涉及能源部门治理水平的重大提升（Harris，2018）。第一项任务是提升现有集中式发电、输电、配电系统的可靠性并扩大输出量，这些系统通过集中电网为消费者供电。第二项任务是通过分散的小型电力系统连接未通电人口（主要是农村人口），小型电力系统将生产的电力连接到微型电网。第三项任务是用可再生能源替代煤炭、生物质能和柴油，实现能源结构的脱碳。

公共电力事业的治理是非洲能源的关键问题之一。能源部门的有效治理和适当的管理框架对于促进良好的管理实践以及吸引私人投资者至关重要。通过建立电力部门法律法规，提高私营公司投资舒适度，使电力公司受到成本纪律和质量标准的约束，提高业务效率。法律法规亦有助于在服务质量、利润和合理收费方面维持供应商利益和消费者需求之间的平衡。

长期以来，非洲的能源部门（尤其是电力部门）为国家所有，且管理不善，因为在政治干预下，电力公司需要扮演商业实体和政府社会目标执行者的双重角色，十分不易。其后果是电力公司维护不利，服务质量低下，表现不佳。为了应对低效率，同时在国际捐助者的压力下，许多撒哈拉以南非洲国家启动了市场化进程，以提高绩效并加大能源供应。实际上，非洲各国政府每年花费约 200 亿美元救济亏损的公共电力事业，并为石油产品提供补贴，而这些本可以用于更有成效的能源投资，比如在按成本定价体系中为最贫困的家庭提供有针对性的补贴。

在国家和地区层面建立健全法律和监管框架，对于吸引国际私人投资者和提高运营效率至关重要（Hafner et al.，2018b）。然而，大多数非洲家庭，特别是在农村地区，生活预算非常有限，一个能源供应商仅依靠销售收入的自由市场，对非洲家庭获得现代能源服务构成了障碍。换句话说，仅靠市场难以实现撒哈拉以南非洲能源的普及。满足低收入社区的能源需求需要在传统的以供应为导向的和以需求为导向的方法之间找到平衡，后者意味着要更加关注终端用户的需求以及支付能源服务的能力。这可以通过包括有针对性的补贴在内的创新定价机制和灵活的支付计划来实现，减少消费者的财务负担，促进其电力获取，并与投资者分担潜在的财务风险，而所有这些又都取决于政府治理的质量。

尽管肯尼亚的腐败程度很高，而且存在种族间紧张关系和暴力，但它提供了一个可以实现的良好范例。由于完善的监管框架和创新的离网解决方案（特别是在地热和微型水电方面），肯尼亚能够吸引国内外可再生能源私人投资，从而极大地扩大了电力供应（Gordon，2018）。随着电网和离网解决方案的电气化率超过 75%（2000 年不到

20%），该国现在是东非地区电力普及率最高的国家，预计将在 2030 年前实现全面普及（IEA 等，2019）。

4.3　促进区域和国际合作

非洲开发银行（AfDB）预计，为了在 2030 年实现非洲大陆所有国家可靠和清洁电力的普及，平均每年需要投资 270 亿美元（在有全球气候政策的情况下）到 330 亿美元（在没有全球气候政策的情况下）（AfDB，2019）。目前看来，这些数字几乎完全无法达到，在撒哈拉以南非洲实现第七个可持续发展目标的机会微乎其微。然而，随着促进能源可及的行动获得更多动力，变化正在发生。2017 年，撒哈拉以南非洲的能源可及的增长率首次超过了人口增长率。

非洲自 2000 年以来强劲的经济增长引发了私营部门能源需求的增长，推动了对发电和输电的大规模投资。众多国际发展机构在撒哈拉以南非洲对清洁低碳能源的强力推动刺激了在该地区的投资。实际上，在过去 10 年里，许多国际组织，如世界银行集团、非洲开发银行（AfDB，通过非洲能源新政发挥作用）、欧洲政府和机构（非洲—欧盟能源伙伴关系，Africa–European Union Energy Partnership，AEEP）和美国政府（美国国际开发署的非洲电力计划）已经发起了多项雄心勃勃的倡议。这些倡议旨在促进对能源生产和分配基础设施的投资，并建立有效的治理系统，实现可持续和清洁的能源可及，确保所有非洲人都能获得现代、可负担得起和可靠的能源服务。也有一些私人倡议，包括由联合国前秘书长潘基文在 2011 年首先发起的“为了所有人的可再生能源”（Sustainable Energy for All，SEforALL）以及 2010 年成立的清洁烹饪联盟（Clean Cooking Alliance）。

所有国际公共捐助者提出的倡议都很重要，因为它们不仅提供了资金，而且有助于催化私人资金。在很多情况下，由于能够提供融资和风险化解措施，发展机构的存在对获得资金至关重要（Tagliapietra，2018）。特别是非洲开发银行等捐助者在帮助规划和实施能源部门区域合作方面至关重要，它们有助于发展基础设施，特别是在发电和配电方面，并促进区域电力市场发展。南非电力联合体组织（South African Power Pool，SAPP）、西非电力联合体组织（West African Power Pool，WAPP）、中非电力联合体组织（Central African Power Pool，CAPP）、东非电力联合体组织（East African Power Pool，EAPP）等几个次区域电力联营网络的建立就说明了这一点。尽管其中大多数仍处于萌芽阶段，面临着资金缺乏、政治不稳定和跨境监管薄弱等挑战，但它们可以促进各国合作发展能源系统，刺激能源资源和服务的跨境贸易，避免单个国家小型市场的低效率，从而提升非洲大陆的电力供应安全（Hafner et al.，2018a）。

近年来，撒哈拉以南非洲集中式电力系统的外国投资有很大一部分来自中国。尽管缺乏中国在非洲资金情况的精确数据，但据估计，自 2010 年以来，中国企业（大多数是国有企业）贡献了撒哈拉以南非洲约 1/3 的新增电力装机容量。在过去 10 年中，中国在整个非洲大陆完成了约 150 个新的发电、输电和配电项目，提升了装机容量（Harris，2018）。中国主要关注大型水电项目，已经成为撒哈拉以南非洲地区电力行业扩张和升级的最大投资国。

撒哈拉以南非洲的时代正在变化。非洲人口高速增长，到 21 世纪末将达到 40 亿，为发展而努力比以往任何时候都更有政治和道义上的必要性。现在，能源可及已是公认的发展必要条件，继续将非洲仅仅视为能源储藏库、为世界各地输送能源的观点越来越不被接受，其经济、社会和政治影响过于严重，尼日利亚的演变就说明了这一点。石油收入的管理不善和当地政治阶层的漠不关心使这个人口和油气大国陷入了暴力的旋涡，并可能殃及邻国。

非洲的能源潜力巨大，然而将这份潜力转化为经济增长和社会发展需要的不仅仅是政治意愿，重要的是为吸引投资创造条件，投资对于开发资源至关重要，不仅要造福中产阶级，也要利于穷人。肯尼亚和加纳等国的经验表明，即使是截然不同的战略选择，也可能会带来积极的结果。然而要将这些优良实践推广到整个非洲大陆，还有很长的路要走。

参考文献

[1] Anna Aevarsdottir, Nicholas Barton and Tessa Bold(2018), "Rural Electrifcation.The Potential and Limitations of Solar Power", Oxford Energy Forum, Issue 115, September, pp.37–39.

[2] African Development Bank(AfDB)(2016), The Bank Group's Strategy for The New Deal on Energy for Africa 2016–2025.African Development Bank(AfDB)(2019), Development Effectiveness Review 2019.

[3] Soala Ariweriokuma(2009), The Political Economy of Oil and Gas in Africa: The Case of Nigeria, Routledge, p. 354.

[4] I.T.Chukwana(2015), "The Resource Curse in Nigeria: Lessons and Policy Options", International Journal of Research in Humanities and Social Studies, Vol.2, No.8.

[5] Philippe Copinschi and Mark Smedley(2016), "Sub–Saharan Africa: A Future Global Gas Player? ", in Silvia Colombo, Mohamed El Harrak and Nicolò Sartori(eds), The Future of Natural Gas. Markets and Geopolitics, Hof van Twente: Lenthe/European Energy Review, pp.181–205.

[6] Philippe Copinschi, Catherine Locatelli, Manfred Hafner, Raphaël Danino–Perraud, Samuel Carcanague(2019), "La Belt and Road Initiative et la stratégie de sécurisation des approvisionnements énergétiques chinois en Afrique", Observatoire de la sécurité des fux et des matières énergétiques, IRIS Enerdata Cassini, p. 57.

[7] Anteneh G.Dagnachew, Paul L.Lucas, Andries F.Hof and Detlef P.van Vuuren(2018), "Opportunities and Challenges in Achieving Universal Electricity Access in Sub–Saharan Africa", Oxford Energy Forum, Issue 115, September, pp.22–27.

[8] Enerdata(2020), Global Energy and CO2 Data, online database.

[9] Mandred Hafner, Philippe Copinschi, Jean–Pierre Favannec and Simone Taglieapietra(2018a), Handbook of Energy in Sub–Saharan Africa, Deventer: Claeys and Casteels.

[10] Manfred Hafner, Simone Tagliapietra and Lucia de Strasser(2018b), Energy in Africa.Challenges and Opportunities, Cham: Springer, p.112; Manfred Hafner, Simone Tagliapietra, Giacomo Falchetta, Giovanni Occhiali(2019), Renewables for Energy Access and Sustainable Development

in East Africa, Cham: Springer, p. 158.

[11] Laurence Harris(2018), "Financing System Challenges for Energy Transformation in Africa" , Oxford Energy Forum, Issue 115, September, pp.6–12.

[12] Macartan Humphreys, Jeffrey D.Sachs, Joseph E.Stiglitz(2007), Escaping the Resource Curse, Columbia University Press, p. 432.

[13] Emma Gordon(2018), "The Politics of Renewable Energy in East Africa" , Oxford Energy Forum, Issue 115, September, pp.41–46.

[14] International Energy Agency(IEA)(2019), Africa Energy Outlook, p. 280; IEA, IRENA, UNSD, WB, WHO(2019), Tracking SDG 7: The Energy Progress Report 2019, Washington DC.

[15] International Monetary Fund(2019), IMF Country Focus.Angola: Promoting Sustained, Inclusive Growth and Reducing Oil Dependency, December 19, 2019.

[16] Nigeria Extractive Industry Transparency Initiative(NEITI)(2019), Nigeria Oil and Gas Industry Audit Report 2018, October 2019.

[17] Lapo Pistelli(2018), "Electrifcation in Africa.The Need for New Forms of Cooperation" , Oxford Energy Forum, Issue 115, September, pp.12–14.

[18] Michael L.Ross(2013), The Oil Curse: How Petroleum Wealth Shapes the Development of Nations, Princeton: Princeton University Press, p. 312.

[19] Simone Tagliapietra(2018), "Electrifcation in Sub–Saharan Africa.The Role of International Institutions" , Oxford Energy Forum, Issue 115, September, pp.49–52.

[20] The World Bank(2020a), Angola Poverty Assessment, June 2020.

[21] The World Bank(2020b), Nigeria Development Update.Nigeria in Times of COVID–19: Laying Foundations for a Strong Recovery, June 2020.

第 35 章　北美洲的能源与经济

爱德华·周　乔治·安德烈斯·林康·罗梅罗[①]

1　引言

北美地区拥有得天独厚的能源资源。从许多方面来说，2020 年是关键的一年，当年初，美国的石油产量达到了 1300 万桶 / 日的峰值。然而，页岩革命的势头在发展了 15 年后已经放缓。页岩革命的巨大成功平抑了油气价格，也暴露了页岩行业强调增长而非利润的商业模式。较低的价格损害了加拿大高成本油砂的生产，美国充足的供应限制了加拿大石油和天然气的出口。石油价格下跌也使墨西哥难以通过吸引外国投资和国内自身增长的方式振兴石油工业。

2020 年 3 月，尽管人们还没完全感受到新冠肺炎疫情的影响，油价已经大幅下跌。各国为了防止经济崩溃采取了前所未有的大规模财政刺激和货币刺激措施，使得 2021 年全球经济复苏大幅加速。因此，能源价格大幅上涨，人们呼吁恢复油气投资并增加出口，更少地强调限制化石能源使用的气候政策。对美国、加拿大和墨西哥来说，能源开发和消费均在经济中发挥着至关重要的作用。

2　美国

美国经历了一系列能源转型，提升了国家能源安全，并缓慢降低对化石能源的依赖。然而，目前的温室气体排放趋势表明，减缓气候变化的目标将无法实现。

美国是一个市场经济体，善于利用其资源禀赋和技术创新带来的竞争优势。这些驱动因素引发了页岩革命。产量的增加减轻了美国对能源进口的依赖，实现了煤电到气电的过渡，并为美国油气大量出口打开了大门。然而，出于对环境和气候变化的考虑，社会对油气设施的接纳程度很低，阻碍了生产商有效地进入国内和国际市场。

与此同时，可再生能源行业经历了一场生产繁荣。由于国家对零排放能源的政策支持、技术创新以及对停滞的电力需求的支撑，风能和太阳能市场份额增长。

为了大幅减少温室气体排放，美国需要加速向以新能源为基础的能源结构转型，

---

① 爱德华·周（Edward C. Chow），美国华盛顿特区战略与国际研究中心，乔治·安德烈斯·林康·罗梅罗（Jorge-Andres Rincon-Romero），墨西哥 Newmont 公司。

以满足其主要能源消费者的需求。这需要在经济和技术上制订能够解决太阳能和风能间歇性问题的能源储存方案。此外，燃料效率趋势、电动汽车普及率以及社会对可再生能源大型项目的接受程度将对温室气体减排进展产生影响。

美国在油气生产上世界领先。2018 年美国石油和天然气产量均达到历史最高水平，原油产量为 1100 万桶 / 日（EIA，2019a），天然气产量约为 9300 亿立方米 / 年（EIA，2019b）。这意味着从 2008 年到 2018 年，原油产量增加了 700 万桶 / 日（EIA，2019a），天然气产量增加 3320 亿立方米 / 年同样令人印象深刻（EIA，2019b）。

非常规资源开发技术上决定性的进步与良好的投资和经营条件相结合，推动了生产繁荣。技术层面上，水力压裂、定向钻井和信息技术创新，使从页岩层中经济地提取碳氢化合物成为可能（US CRS，2018）。此外，新技术与私人所有矿权、地质数据的可得性、自由的一体化市场、充足的风险资本、有竞争力的油气服务商以及相互连接的基础设施相结合，使得大规模开采实现且有利可图（CSIS，2019）。

事实上，数据表明，2018 年 12 月美国页岩层产量占天然气（干气）产量的 70%，占原油产量的 60%（EIA，2019c）。其中，二叠盆地页岩层——位于得克萨斯州西部和新墨西哥州东部，对原油产量的增长贡献最大（EIA，2019d），而美国阿巴拉契亚（Appalachia）的尤蒂卡（Utica）和马塞勒斯（Marcellus）页岩气产量占 2012 年到 2015 年天然气产量增量的 85%（US CRS，2018）。

在能源需求增长停滞的情况下，产量增长导致了能源充裕。2000 年到 2018 年的数据表明，每年的一次能源消费总量停滞在大约 100 千万亿英热（EIA，2019）。1957 年到 2017 年，能源效率的提高和从制造业驱动型经济向服务业主导型经济的转变，导致美国能源强度每年下降 1.5%（Saundry，2019）。

相比之下，美国的一次能源生产从 2000 年到 2017 年增加了 23%（US CRS，2018），从 2000 年的约 70 千万亿英热增加到 2017 年的近 90 千万亿英热，估计 2018 年约为 95 千万亿英热（EIA，2019e）。页岩革命使石油产量在此期间上升了 64%，天然气产量上升了 42%（US CRS，2018），截至 2018 年，石油和天然气产品生产的能源消耗分别占总能源消耗的 36% 和 31%（EIA，2019e）。

石油和天然气产品在美国交通、工业、住宅和商业部门发挥着重要作用。实际上，石油产品占 2018 年美国运输部门 28.3 千万亿英热消费量的 92%（EIA，2019e）。石油和天然气产品分别满足工业部门 34% 和 40% 的能源需求，满足住宅部门 8% 和 43% 的能源需求，满足商业部门 9% 和 39% 的能源需求（EIA，2019e）。另外，天然气是 2018 年最大的发电来源，其发电量占总发电量的 35%。住宅和商业消费者的能源消耗分别有 45% 和 50% 来自电力（EIA，2019e）。

页岩革命使美国有能力满足国内对石油和天然气的需求，并进一步整合北美石油和天然气市场。页岩层的轻质低硫原油产量增加，减少了对石油进口的需求。相比 2008—2012 年，2016—2018 年原油和石油产品的净进口量减少了 650 万桶 / 天（Pirog，2019）。然而由于炼厂的炼油能力配置——主要炼厂被优化用于加工更便宜的重质原油（Pirog，2019），美国仍然从附近的加拿大进口大量原油，从墨西哥进口相对少量的原油。

同时，大量天然气生产导致价格下降，增加了国内对天然气产品的需求，进口大幅减少，美国成为天然气净出口国。这一趋势在由煤电向气电的转型中体现得最为明显。因此，从2000年到2017年，天然气总需求增长了16%，到2018年，用于发电的天然气需求增长了80%（US CRS，2018）。与此相反，煤炭在电力生产中的份额从2000年的52%下降到2017年的30.1%（US CRS，2018）。页岩产区临近美国东北部，加上基于天然气的联合循环发电厂的效率提高，进一步加速了煤电占比下降（US CRS，2018）。尽管国内天然气需求上升，2017年的进口量却比2007年的峰值水平减少了34%（US CRS，2018）。

天然气对美国电力部门的贡献越来越大，使核能部门面临的挑战加剧。30年来，核能发电量约占美国发电量的20%（Saundry，2019）。然而，反应堆机群已接近报废年限。获得新反应堆许可的挑战、更具成本优势的气电以及可再生能源电力将持续减弱核电在满足未来电力需求方面的作用。

过剩的页岩油气使美国成为重要的油气出口国。例如，炼油产品出口量从2008年到2012年的平均220万桶/天增加至2016年到2018年前10个月的510万桶/天（Pirog，2019）。同样，2016年取消原油出口禁令后，原油出口量从2008年到2012年的平均4.5万桶/日增加至2018年的220万桶/日（Pirog，2019）。LNG出口开始于2016年，2018年天然气出口总量达到1020亿立方米（EIA，2019f）。在2022年，更多的LNG出口终端投入使用，EIA预计到2030年天然气出口量将上升到超过2120亿立方米（EIA，2019g）。

然而，由于运输基础设施不足，石油和天然气公司面临市场准入问题。美国的管道网络没有跟上产量增长的步伐，现有的节点不能有效地连接生产商与国内外消费者，而公众对石油和天然气项目的反对，使这些运输缺口无法得到有效和迅速的填补。

石油和天然气项目社会接受度低的一个主要原因是该行业会增加温室气体排放，加剧气候变化。事实上，目前的趋势表明，尽管排放量和能源强度逐渐下降，美国仍无法实现其国家自主贡献的排放目标。根据美国环保局（EPA）最新的温室气体排放清单计算可得，2017年美国的排放量为64.56亿吨二氧化碳当量。尽管自2005年以来，排放量每年下降1%，但2017年的排放水平仍比1990年高1.3%（EPA，2019）。

排放量最高的部门也是能源消耗最多的部门。2017年运输部门排放了18.66亿吨二氧化碳当量，约占总量的29%；电力部门排放了17.78亿吨二氧化碳当量，占总量的27.5%；工业部门排放了14.36亿吨二氧化碳当量，占总量的22.2%（EPA，2019）。然而，各部门的排放趋势变化不一。例如，自2012年以来，运输部门的排放量一直在上升。相比之下，电力部门的温室气体排放量自2005年以来有所下降，工业排放量自1990年以来下降了14.8%（EPA，2019）。

排放趋势的差异可以部分被有差异的能源效率提升所解释。事实上，2015年的数据显示，车辆每英里消耗的能源比2003年增加了7%——客户对重型车辆的偏好和美国广阔的领土解释了该行业日益增长的能源强度（Benoit，2019）。这一趋势与美国整体能源排放量和排放强度的下降形成对比。例如，从 1957 年到 2017 年，由于制造业和电力部门效率提高、能源密集型活动外包以及向服务型经济结构转型，美国能源强度年均下降 1.5%（Saundry，2019）。

照目前趋势继续下去，气候行动追踪组织（Climate Action Tracker）估计，美国将无法实现其 2020 年 63.48 亿吨二氧化碳当量的温室气体排放目标或 2025 年 57.60 亿吨二氧化碳当量的目标，分别需减少 6000 万 ~9000 万吨二氧化碳当量和约 5 亿 ~6 亿吨二氧化碳当量。

使用零排放能源减少温室气体排放的公众压力进一步解释了美国排放量的下降，因为可再生能源逐步满足越来越多的能源需求。有利的公共政策、技术创新和需求率下降的大型电力市场相结合，使可再生能源产量大幅增长，并在经济性上与碳氢化合物竞争。风力和太阳能产业的案例证明了这些趋势。

为了回应日益增加的公众对于减少温室气体排放的压力和对气候变化的关注，联邦和州的政策制定者为风能和太阳能公司建立了有利的投资激励制度。在联邦层面，通过立法引入了对风能和太阳能投资的包括加速折旧的税收优惠（US CRS，2018），如风能的生产税收优惠和太阳能的投资税收优惠（Deloitte，2019）。在州层面，政策制定者引入了可再生能源配额制（Renewable Portfolio Standards，RPS），规定可再生能源资产的装机容量每年有最低限度的增加额（Saundry，2019）。

迄今为止，这些政策已经通过可再生能源生产对一次能源结构产生了实质性的影响。例如，可再生能源在一次能源中的比重从 2001 年的 5.3% 上升到 2017 年的 11.3%。这一趋势在电力部门更加明显，可再生能源发电占比从 9% 增长到 17%（US CRS，2018）。非水电能源推动了发电量的增长，水电占比停滞在发电总量的 6%~8%。从 2001 年到 2017 年，风能发电量从 7 兆瓦时增长到 254 兆瓦时；集中式太阳能发电量从 0.6 兆瓦时增长到 53 兆瓦时；分布式太阳能发电量从 129 兆瓦时增长到 24000 兆瓦时（US CRS，2018）。2016 年的数据显示，风能和太阳能装机容量是 2014 年以来新增发电装机容量的最大组成部分（US CRS，2018）。可再生能源配额制在这一增量中发挥了至关重要的作用，占 2000 年至 2016 年部署的所有非水力可再生能源电力的一半，2016 年占风力发电的 21%，占集中式太阳能发电的 59%（Saundry，2019）。德勤预计，这一趋势将延续下去，2020 年 96% 的新增装机容量来自风能和太阳能，约 74 吉瓦（Deloitte，2019）。

有利的投资环境和大规模部署也推动了创新，使风能和太阳能的成本大幅下降。从 2009 年到 2017 年，风能和太阳能光伏发电的 LCOE 分别下降了 67% 和 86%（Saundry，2019）。更新的数据显示，在 2019 年上半年，陆上风电和集中式太阳能发电的 LCOE 分别下降了 10% 和 18%（Deloitte，2019）。

电力需求停滞也有利于风能和太阳能产业，因为在目前的需求预测下，即使是高效的天然气发电商也会面临不利的经济状况。由于现有的税收优惠和不断提高的效率，可再生能源发电可以盈利（US CRS，2018）。

然而，美国要大幅减少温室气体排放，需要更多的政策来减少运输、电力和工业部门对化石能源的依赖。为了减少运输部门的排放，需要将更高的燃料效率标准与促进电动汽车普及的计划相结合，例如在城市中心增加充电基础设施。目前的投资模式可能会使得该国 100 个人口最多的大都市地区中有 88 个，到 2025 年无法满足当地充电需求所需设备的 50%（Nicholas et al.，2019）。

另一个关键因素是使电力部门多样化，减少气电和煤电，以确保电动汽车可使用零排放电力。这需要在技术和经济上解决风能和太阳能发电的间歇性问题。潜在的解决方案有储能——在过去几年里，平准化储能成本（Levelized Cost Of Storage，LCOS）大幅下降（Deloitte，2019）——该方法用锂离子电池来储存低价的风能和 / 或太阳能电力，然后放电以满足需求。这些解决方案已经通过储能设备的形式存在，其可在用电高峰放电 4 小时。美国国家可再生能源实验室（National Renewable Energy Lab，NREL）最近的一项研究表明，这些解决方案可以帮助缓解用电高峰与基本负荷需求的差异（Denholm et al.，2019），使电网更加可靠。

3 加拿大

作为全球石油和天然气生产大国之一，加拿大拥有丰富的探明储量，而且油气部门是加拿大经济增长的重要贡献者和推动者。加拿大展示出一个民主国家的社会经济矛盾，它依靠碳氢化合物的出口来实现增长，依靠石油和天然气来满足国内能源需求，与此同时，由于公众和国际压力，也致力于实现雄心勃勃的温室气体减排目标。

一方面，石油和天然气投资者寻求开发加拿大巨大的资源潜力，以满足国内、美国和亚洲的能源需求并从中获利。另一方面，部分民间社会组织和省级政府阻止这些投资，防止加大加拿大实现其温室气体排放目标的难度。联邦政府夹在中间，努力在一个政策框架下调和这些对立的观点，既能确保油气增长，又能将温室气体排放量减少到能够有效缓解气候变化的水平。

此外，由于运输基础设施不足，尽管产量不断增长，加拿大的碳氢化合物生产商没有足够的渠道进入美国和亚洲市场。这对希望向美国出口的原油生产商和在亚洲寻求出口市场以抵消美国进口需求下降的天然气生产商来说是一个挑战。使这个挑战更加严峻的是，开发加拿大油砂（产量增长的来源）是一个高成本且碳排放密集的过程。由于未来的化石能源需求增长集中在亚洲，运输成本可能使加拿大生产商无法获得足够高的价格来证明增加投资是合理的。

作为一个 2018 年原油产量约 430 万桶 / 日和天然气产量约 1670 亿立方米 / 年的国家，加拿大有强大的生产基础（EIA，2019h）。该国 1700 亿桶原油储量（National Energy Board，2018）、2 万亿立方米的天然气探明储量，以及 200 万桶 / 日的炼油能力，意味着加拿大可以将当前的产量水平维持多年（EIA，2019h）。

2018 年，加拿大平均出口了 360 万桶 / 日的原油（Canada Energy Regulator，2019）和 800 亿立方米的天然气（Natural Resources Canada，2019a）。由于物流联系紧密和地理上接近，加拿大 2018 年 96% 以上对外出售的原油和天然气出口美国，销售高度集中

（EIA，2019h）。这 1190 亿美元的销售收入是加拿大最大的出口收入来源（Cleland and Gattinger，2019）。同样，石油和天然气行业在全国范围内有超过 60000 名雇员，产生超过 360 亿美元的资本支出，并通过间接和直接税收以及 2014 年至 2018 年的土地销售，年均为联邦和省级政府贡献 148 亿美元（Natural Resources Canada，2019b）。就业、投资和收入集中在加拿大西部的生产中心——阿尔伯塔省和萨斯喀彻温省（Cleland and Gattinger，2019）。

此外，石油和天然气行业在推动加拿大的能源密集型经济发展方面发挥着关键作用。化石能源使加拿大人能够在寒冷的气温下保持温暖和工作，并将其分散在广阔领土上的人口联系起来（Cleland and Gattinger，2019）。例如，加拿大 9% 的电力是通过天然气生产的。随着阿尔伯塔省、萨斯喀彻温省和新斯科舍省的煤电厂关闭或改造为气电厂，气电比例预计将上升，而煤电——占总数的 9%——将减少（Environment and Climate Change Canada，2017）。同样，加拿大运输部门 96% 依靠化石能源运行，2016 年每天消耗 110 万桶石油产品和 7.3 万桶油当量的天然气（Inter–American Development Bank，2019）。尽管对天然气的依赖性比石油低，2016 年天然气产品仍分别占工业和商业能源使用量的 34% 和 45%。总的来说，根据特罗蒂尔能源研究所（Institut de l'énergie Trottier）的数据，能源行业贡献了该国 1880 亿美元的 GDP，占总量的 9.9%（Langlois–Bertrand et al.，2018）。

加拿大的石油和天然气管网不足以将过剩的供应运至美国和亚洲市场。虽然加拿大西部的原油产量增加了 9.8%，其中仅在 2018 年上半年就增加了 8%，但出口能力停滞在 2016 年的水平（National Energy Borad，2018）。这导致了原油库存达到峰值水平，而加拿大西部精选（Western Canada Select，WCS）——加拿大领先的重质原油基准（*Oil and Sands Magazine*，2017）和 WTI——北美领先的原油基准之间的价格折扣也达到峰值水平。事实上，阿尔伯塔省加工过的原油库存是历史最高水平的两倍（Canada Institute，2019），2018 年 WCS–WTI 价格折扣在 21 美元 / 桶以上。对于像加拿大西部精选这样的重质原油来说，价格折扣是正常的，因为运输至美国炼厂会增加成本。然而，之前加拿大西部精选的价格折扣在 10~15 美元 / 桶，2014—2018 年，委内瑞拉社会动荡，出口下降，最终在 2019 年被美国制裁禁止出口，导致美国墨西哥湾地区重质原油进口需求上升，加拿大经济损失仍然加剧。

此外，天然气生产商面临着美国进口需求下降，而出口基础设施尚无法满足亚洲天然气增长需求的情况。美国的天然气进口需求在 2007 年达到 1310 亿立方米的峰值，到 2018 年下降到 820 亿立方米。由于页岩革命，美国国内的产量大幅增加，美国阿巴拉契亚地区的生产商能够满足东海岸的天然气需求（EIA，2019f）。同样重要的是，加拿大缺乏 LNG 出口设施，这意味着加拿大天然气出口商难以向世界上最大的 LNG 进口国中国、日本和韩国出售 LNG。

为了解决这些难题，投资者计划实施扩张现有石油和天然气管道基础设施的项目。主要拟建项目包括像“拱心石 XL”输油管道（Keystone XL）和“北方门户”输油管道（Northern Gateway）这样的新项目，现有资产的扩建，如克利伯输油管道

（Clipper）和横山管道（Trans Mountain），以及不列颠哥伦比亚省基蒂马特（Kitimat）附近的新建 LNG 出口设施。

然而，由于社会接受度低和基于环境问题的法律挑战，这些项目中许多已经暂停。引发反对的原因是，由于运输、石油和天然气部门的排放量不断增加，加拿大不太可能实现其在《巴黎协定》下的国家自主贡献的温室气体排放承诺。

对温室气体排放增加的担忧导致公众对“拱心石 XL”输油管道（Swift，2019）、“北方门户”输油管道（Mackay and Lemiski，2019）、横山管道（Mackai and Lemisky，2019）和克利伯输油管道（Williams，2017）项目的反对，并引发法律挑战。考虑到加拿大向《联合国气候变化框架公约》（*United Nations Framework Convention on Climate Change*, UNFCCC）提交的最新报告估计排放量为 7.22 亿吨二氧化碳当量，而实现 2030 年 5.13 亿吨二氧化碳当量目标的政策尚未宣布或实施（加拿大环境与气候变化部，2017），这种担忧是有道理的。事实上，报告显示，运输和石油及天然气部门增加的能源消耗所产生的排放量超过了电力部门的减排量（加拿大环境与气候变化部，2017）。此外，截至 2015 年，这两个部门占加拿大排放量的 50%（加拿大环境与气候变化部，2017）。对内燃机汽车以及石油和天然气产品更高的需求导致了更多温室气体排放。尽管运输部门的排放趋于平稳，但由于加拿大油砂开采需要能源以及采用碳密集型开采方式，石油和天然气产量的增加可能会进一步增加排放（EIA，2015）。

虽然禁止具体的石油和天然气项目可能会限制温室气体的排放，但暂时反对不能克服存在的系统性挑战，因为传统上该国经济建立于满足国内、国际石油和天然气产品需求，并从中获益。此外，暂时反对加重了人们的担忧，即石油和天然气部门数十亿加拿大元的经济贡献将无法得到弥补，实现向更低的温室气体排放过渡。例如，要到 2050 年实现在 2005 年的基础上减少 50% 的温室气体排放，需要削减 50% 的石油和天然气出口，也会失去一半的出口收入（Cleland and Gattinger，2019）。这不仅是油气投资者的担忧，也会引发省级政府的担忧，因为他们依靠这些部门来维持经济和劳动力就业。如果这些问题得不到解决，阿尔伯塔省和萨斯喀彻温省等省份将继续挑战联邦政府的减排基石项目：泛加拿大气候变化框架（Cleland and Gattinger，2019）。

其他使情况更为复杂的因素包括石油和天然气替代能源的环境、社会和技术挑战。虽然大多数加拿大人赞成水电等可再生能源替代，但由于其对野生动物的潜在影响，项目依旧面临反对（Cleland and Gattinger，2019）。此外，尽管传统上风能和太阳能项目对环境的影响比水力项目低，但有效替代石油和天然气将需要投入大量资金，每天需生产相当于数百万桶石油的电能，为电动汽车提供电能，并满足工业和商业终端用户的需求。例如，特罗蒂尔（Trottier）报告估计，与 2005 年的排放水平相比，2030 年温室气体减少 30%～50%，仅水力发电每年的总发电量就需超过 800 太瓦时（Langlois-Bertrand et al.，2018）。这些大型项目无疑将对环境产生巨大影响。同样，在加拿大广阔且人口稀少的地区扩张电力基础设施仍将是投资者面临的主要挑战，但将对提升电动汽车市场渗透率发挥重要作用。

总的来说，未来加拿大经济成功将取决于其在现有政治体系下有效解决这些矛盾的能力。同样，外部干预变量，如加拿大石油和天然气产品的国际需求，将是决定更加声势浩大的气候变化措施的成本的关键。

4 墨西哥

墨西哥的案例表明，满足急迫的能源安全需求的政策会破坏当前温室气体减排计划。墨西哥能源供应投资增长没有跟上能源消费增长的步伐，导致该国高度依赖进口。其中，碳氢化合物部门的机构效率低下、犯罪率上升、暴力和社会对大型项目的接受度低是主要原因。为了应对这些挑战，政府进行了市场化改革，吸引了大量上游和可再生能源投资。这些改革可能会加快墨西哥能源、运输和重工业的温室气体排放的增长速度。此外，与加拿大不同，墨西哥尚未报告其温室气体减排政策的总体效果，这使得其衡量进展和纠正路线以实现 2030 年的减排目标变得困难。在能源危机等更紧迫的问题得到解决之前，政府面临的采取行动控制引发气候变化源头的压力可能有限。

10 多年来，墨西哥的能源需求已经超过了其不断下降的国内产量。最新的国家能源概况（National Energy Balance）表明，2007 年到 2017 年，墨西哥的能源产量年均下降 3.3%，2017 年经历了 8.9% 的最大同比下降，能源生产总量为 7000 拍焦耳（Petajoules，PJ）（Secretaria de Energia，2018）。同时，能源需求大幅上升，从 2007 年的约 8000 拍焦耳上升到 2017 年的 9200 拍焦耳（Secretaria de Energia，2018）。这一趋势在 2017 年得到了加强，能源需求总量同比增长 1.2%。墨西哥整体能源需求增长受到不断增长的人均能源消费支撑，从 2007 年到 2017 年，人均能源消费量年增长率为 0.2%（Secretaria de Energia，2018）。这一增长是由运输和电力部门不断增长的需求推动的。

国内能源生产和需求之间的不平衡，使墨西哥越来越依赖能源进口。例如，2017 年消费量比能源总产量高 31.6%，迫使墨西哥进口 4400 拍焦耳的能源（Secretaria de Energia，2018），以满足其 47.8% 的能源需求（Secretaria de Energia，2018）。

该国高度以碳氢化合物为核心的能源需求和国内产量的下降增强了其对进口的依赖。2017 年，碳氢化合物占一次能源消费总量的 84.8%；天然气产品占总量的 46.8%，与美国和加拿大相比占比很高；石油产品占 38%（Secretaria de Energia，2018）。然而，尽管原油对国内能源需求较为重要，其产量从 2004 年的峰值 340 万桶 / 日下降到 2017 年的不到 200 万桶 / 日（Wood，2018），2017 年原油产量较 2016 年下降 8.9%；2017 年天然气产量较 2016 年下降 14.7%（Secretaria de Energia，2018）。因此，进口集中在这两种能源，石油进口量约占总进口量的 25%，天然气约占 50%（Secretaria de Energia，2018）。

运输和工业部门是石油和天然气产品的主要消费者，其次是住宅、商业和公共部门。在所有部门能源消费中，石油占运输消费量的 90%，天然气和电力占工业消费量的 66%，也占住宅、商业和公共消费量的 66%（Secretaria de Energia，2018）。

墨西哥大多数（约 85%）油气进口来自美国（Secretaria de Energia，2018），这是因为其在地理位置上接近美国的炼油中心和管道基础设施。技术和物流导致的炼油能力比较劣势，部分解释了墨西哥对从美国进口碳氢化合物的依赖（EIA，2017）。事实上，墨西哥主要生产的重质原油最适合美国墨西哥湾炼厂（Secretaria de Energia，2018）。

然而，墨西哥国家石油公司（PEMEX）对石油和天然气行业的垄断在造成当前石油和天然气匮乏方面影响更大。具体来说，由于政府干预和过高的政府所得，墨西哥国家石油公司没有足够的资本投资生产。在油气产量下降期间，墨西哥国家石油公司完全垄断了石油生产，但经营亏损，因为政府征收了不可持续的税费，而且控制了其获得外部资金的机会。例如，从 1999 年到 2008 年，墨西哥国家石油公司报告了净亏损，因为政府所得超过了运营盈余：转移给政府的收入占总收入的 63%，在考虑到运营成本后产生了 6% 的净亏损（Balza and Espinasa，2015）。税费并不随油价变化而变化，墨西哥国家石油公司被迫举债以对未来的和将退出的企业投资。

在 2006 年，墨西哥国家石油公司进入外国资本市场受到限制，以遏制公司不断增长的债务（Balza and Espinasa，2015）。这一限制使墨西哥国家石油公司大幅削减投资，这些投资原本用于扩大现有油田生产和勘探活动（Balza and Espinasa，2015；Wood ，2018）。一个典型的例子是，由于投资不足，康塔瑞尔（Cantarell）油田产量从 2004 年的 240 万桶 / 日下降到 2015 年的 22.8 万桶 / 日（Balza and Espinasa，2015）。

此外，墨西哥不利的经营环境进一步加剧了该国不断恶化的石油和天然气生产状况。日益猖獗的犯罪行为导致了大量石油被盗窃，有些是通过袭击运输卡车，有些是非法从管道中偷盗（Montero Vieira，2016）。这些抢劫案在过去几年一直在增加：从 2004 年的 102 起增加到 2014 年的 4219 起。相关数据显示，2014 年的盗窃量相当于 750 万桶石油，进一步加重了能源短缺（Montero Vieira，2016）。同时民众对石油和天然气等大型项目的不安感加重，其社会接受度下降，增加了墨西哥国家石油公司等公司的运营成本，因为需要更多的资源来保护人员和资产，并缓解社会担忧。

墨西哥政府在 2013 年对碳氢化合物和电力部门进行了市场化改革，以增加投资，并通过增加可再生能源生产来解决能源部门效率低下问题，减轻对化石能源的依赖。改革的主要宗旨是：结束国有公司对油气和电力生产的垄断；允许外国和私人投资进入这两个部门；进行拍卖，让最具成本竞争力的投标者获得开发油藏或发电的权利（Wood，2018）。

这两个部门的改革相当有成效。截至 2019 年 1 月，经过三轮正式公开招标，石油和天然气部门与 73 家公司签署了 107 份勘探和开发合同，政府已经收到了 10 亿美元的签字费；在塔巴斯科（Tabasco）附近的扎马（Zama）油田获得 10 亿桶石油发现（Lynch，2019）。这些合同带来 40 万桶 / 日的原油产量增量，为政府带来 60 亿美元的额外租金，且运营成本低于墨西哥国家石油公司历史水平（Lynch，2019）。墨西哥拥有巨大的页岩油气潜力，其页岩气潜力位居全球第六，页岩油潜力位居第八（EY，2019），这表明该国可以从之后的投资中获得巨大的利益。

在电力部门，长期电力生产合同的拍卖结果分配太阳能 4876 兆瓦、风能 2121 兆瓦（Wood，2018）。事实上，第三轮的竞争非常激烈，在计入碳税价格后，太阳能和风能的平均价格低于天然气联合循环发电的成本（Wood，2018）。这些可再生能源资产将有助于减轻墨西哥消费者对碳氢化合物的依赖。

虽然这些改革可能确实改善了墨西哥的能源安全状况，但温室气体排放可能会增加，并使墨西哥更加难以达到其国家自主贡献的排放目标。墨西哥向《联合国气候变化框架公约》（UNFCCC）提交的最新报告（Semarnat，2018）表明，自 1990 年以来，温室气体排放以每年 1.8% 的速度增长，2015 年估计约为 6.7 亿吨二氧化碳当量（Semarnat，2018）。最大的排放来源还是能源消费部门：运输、能源和建筑 / 制造业。这些消费群体的排放量分别占总排放量的 24.5%、25.9% 和 9.1%（Semarnat，2018）。事实上，能源生产部门的排放增长，特别是消费者能源需求增加引发的天然气产量增加，推动了该部门的温室气体排放从 1990 年的 850 万吨增长到 2015 年的 8500 万吨（Semarnat，2018）。

随着更多的石油和天然气生产、经济增长的加速，以及墨西哥人口在收入增加的情况下消费更多的能源，改革将可能加剧温室气体排放的增长趋势。提交给《联合国气候变化框架公约》的报告表明，虽然该经济体的二氧化碳强度越来越低（Semarnat，2018），但 2015 年平均每位公民的二氧化碳排放量比 1990 年多 18%（Semarnat，2018）。例如，经济发展可能会加速墨西哥个人用车的购置，并增加运输部门的温室气体排放，从 1990 年到 2015 年，该部门的排放量已经增加了 83%（Semarnat，2018）。事实上，气候行动追踪组织估计，在当前条件下，墨西哥将无法达成其 2030 年 7.55 亿吨二氧化碳当量的温室气体排放目标，需减少约 5000~9000 吨二氧化碳当量排放（气候行动追踪组织，2019）。

此外，尽管墨西哥很早就制定了一个强大的制度框架和雄心勃勃的温室气体减排目标（Semarnat，2018），但衡量整体进展的详细计划尚未出台。例如，虽然一些政策的总二氧化碳当量减排量被确定为 7200 万吨（Semarnat，2018），且提交给《联合国气候变化框架公约》的报告概述了运输、石油和天然气等关键部门减排政策的潜在缓解效果（Semarnat，2018），但没有给出实现 2030 年目标的具体减排路径。朝着正确方向迈出的第一步将是像加拿大那样汇总所有措施的温室气体缓解效果，明确减排进展，并为改进不足进行规划。

总的来说，由于公众要求尽快解决墨西哥紧迫的能源安全问题和持续的暴力危机，政府将减少投入应对气候变化的精力。使这一挑战更加严峻的是该国实施的单任期总统制度减弱了新政府上台后政策的连续性。公众大力支持本国政府对油气行业的管理也阻碍了更市场化的改革，也可能破坏减少温室气体排放的努力，因为投资被导向碳氢化合物而不是可再生能源。

5 未来发展

在新冠肺炎疫情之后，经济复苏将在中期内主导以上 3 个国家的政治和政策制定。得益于其资源禀赋，能源开发将继续在美国、加拿大和墨西哥发挥重要作用，即使其作用有所减弱。对气候问题和公众压力的敏感性增强将导致美国和加拿大在联邦和州 / 省一级减少温室气体排放的任务增加。极端天气条件导致更具破坏性的飓风、洪水、海平面上升，再加上与干旱有关的森林和灌木火灾，加剧了美国公众的担忧。在墨西哥，经济增长和扩大能源供应将继续占据更优先的位置。

尽管页岩繁荣时期可能已经结束，连同美国所谓的“能源主导地位”一起，但与常规油气资源相比，页岩油气在短时间内增加或减少产量的能力将有助于稳定全球石油和天然气价格。美国目前的和潜在的石油和天然气出口也将导致欧洲、东亚和北美等主要消费市场的价格趋同。

美国将继续大力投资基础研发和技术创新，以实现更具成本效益、对环境和气候友好的能源生产和能源利用。与欧洲不同的是，美国新能源技术的商业应用，特别是颠覆性技术，将更多地由资本市场驱动，而不是由政府授权和补贴或业务将受到负面影响的现有能源公司驱动。

这在很大程度上将取决于美国的政治发展以及联邦、州和地方当局之间的互动，因为它们要回应公众对气候变化的影响和其他与化石能源使用有关挑战的日益关注。政府将专注于为美国能源转型制定游戏规则，避免选择技术或资助其部署。私营部门和投资者将承担能源转型的商业和金融风险。

拜登政府上台后，美国重返全球气候谈判，并与国际伙伴加强合作和协调。通过增强基础设施连接，3 个国家进一步整合北美能源市场，可能有机会优化新能源开发。美国是否会像 2016 年推进《巴黎协定》和 1973 年阿拉伯石油禁运以来的前几十年那样，在国际能源合作中发挥领导作用，将取决于政治演变。然而，即使美国在全球事务中的相对话语权下降，全球合作应对气候挑战、能源转型和相关贸易摩擦的需求仍将变得更加紧迫，政策方向是明确的。政治将不得不迎头赶上。

参考文献

[1] Balza, Lenin H. and Espinasa, Ramon (2015) Oil Sector Performance and Institutions. Washington, DC. Inter-American Development Bank. January 2015.

[2] Benoit, Phillipe (2019), “The U.S. Transport Sector Has Become Less Energy Efficient: Should We Care?”. Center for Strategic and International Studies, 2019. Accessed November 2019. https://www.csis.org/analysis/us-transport-sector-has-become-less-energy-efficient-should-we-care.

[3] Canada Energy Regulator (2019), “Crude Oil Annual Export Summary”. Government of Canada. Accessed December 2019. https://neb-one.gc.ca/nrg/sttstc/crdlndp-trlmprdct/stt/

crdlsmmr/crdlsmmr-eng.html.

[4] Canada Institute (2019), "Curtailing Alberta Oil: The Right Solution to the Problem?" . Wilson Center. January 30, 2019. https://www.wilsoncenter.org/article/curtailing-alberta-oil-the-right-solution-to-the-problem.

[5] Cleland, Michael and Gattinger, Monica (2019), Canada's Energy Future in an Age of Climate Change. Ottawa: University of Ottawa, 2019. Accessed October 30th, 2019. https://www.uottawa.ca/positive-energy/sites/www.uottawa.ca.positive-energy/files/canadas_energy_future_design_rd_web.pdf.

[6] Climate Action Tracker (2019), "Home" . Climate Action Tracker. Accessed December 15th 2019. https://climateactiontracker.org/.

[7] CSIS (2019), "The Unconventional Oil and Gas Revolution: Why the US?" . US: Center for Strategic and International Relations, 2019.

[8] Deloitte (2019), 2020 renewable energy industry outlook. US: Deloitte, 2019. Accessed November 22, 2019. https://www2.deloitte.com/us/en/pages/energy-and-resources/articles/renewable-energy-outlook.html.

[9] Denholm, Paul, Nunemaker, Jacob, Gagnon, Pieter and Wesley, Cole (2019), The Potential for Battery Energy Storage to Provide Peaking Capacity in the United States. Golden, CO: National Renewable Energy Laboratory, 2019. Accessed November 22, 2019. https://www.nrel.gov/docs/fy19osti/74184.pdf.

[10] Eaton, Colin (2019) "Canadian crude Gulf Coast exports rise as Venezuelan gap is filled: trade sources" . Reuters. June 18, 2019. https://www.reuters.com/article/us-usa-crude-exports/canadian-crude-gulf-coast-exports-rise-as-venezuelan-gap-is-filled-trade-sources-idUSKCN1TJ2AC.

[11] EIA (2019a) "Petroleum and other Liquids" . US Energy Information Administration, Washington, DC. Accessed December 15th 2019. Available at: https://www.eia. gov/dnav/pet/hist/LeafHandler.ashx?n=pet&s=mcrfpus2&f=a.

[12] EIA (2019b). "Natural Gas" . US Energy Information Administration, Washington, DC. Accessed December 15th 2019. Available at: https://www.eia.gov/dnav/ng/hist/n9050us2a.htm.

[13] EIA (2019c). "EIA adds new play production data to shale gas and tight oil reports" . US Energy Information Administration, Washington, DC. February 15, 2019. https://www.eia.gov/todayinenergy/detail.php?id=38372.

[14] EIA (2019d). "The U.S. leads global petroleum and natural gas production with record growth in 2018" . US Energy Information Administration, Washington, DC. August 2019. https://www.eia.gov/todayinenergy/detail.php?id=40973.

[15] EIA (2019e). "U.S. energy facts explained" . US Energy Information Administration, Washington, DC. Accessed December 15th 2019. https://www.eia.gov/energyex-plained/us-energy-facts/.

[16] EIA (2019f). "Natural Gas Explained" . US Energy Information Administration, Washington, DC. Accessed December 15th 2019. https://www.eia.gov/energyex-plained/natural-gas/#:~:text=Natural%20gas%20is%20a%20fossil,gas%20con-tains%20many%20different%20compounds.&text=Natural%20gas%20also%20 contains%20smaller,carbon%20dioxide%20and%20water%20vapor.

[17] EIA (2019g). Annual Energy Outlook 2019 with projections to 2050. US Energy Information

Administration, Washington, DC, 2019. Accessed November 22, 2019. https://www.eia.gov/outlooks/aeo/.

[18] EIA (2019h). Country Analysis Executive Summary: Canada. United States: US Energy Information Administration, 2019. October 2019.

[19] EIA (2019i). International Energy Outlook. US Energy Information Administration, Washington, DC. 2019.

[20] EIA (2017). Country Analysis Brief: Mexico. US Energy Information Administration, Washington, DC October 2017.

[21] EIA (2015). Canada: International energy data and analysis. United States: US Energy Information Administration, 2015. November 2015.

[22] Environment and Climate Change Canada (2017) Canada's Seventh National Communication on Climate Change and Third Biennial Report. Gatineau: Government of Canada, 2017. Accessed October 30th, 2019. https://www.canada. ca/en/environment–climate–change/services/climate–change/greenhouse–gas–emissions/seventh–national–communication–third–biennial–report.html.

[23] Environment and Climate Change Canada (2018), Pan–Canadian Framework on Clean Growth and Climate Change. Gatineau: Government of Canada, 2018. Accessed October 30th, 2019. https://www.canada.ca/en/environment–climate–change/services/climate–change/pan–canadian–framework–reports/second–annual–report.html.

[24] EPA (2019). Inventory of US Greenhouse Gas Emissions and Sinks. Washington, DC: Environmental Protection Agency, 2019. Accessed November 22, 2019. https://www.epa.gov/ghgemissions/inventory–us–greenhouse–gas–emissions–and–sinks.

[25] EY. "Mexico's Shale Potential" . EY. Accessed November 2019. https://www.ey.com/Publication/vwLUAssets/ey–mexicos–shale–potential/$FILE/ey–mexicos–shale–potential.pdf.

[26] Inter–American Development Bank. "Energy Database" . IADB. Accessed November 2019. https://www.iadb.org/en/dataset–energy–database.

[27] Langlois–Bertrand, Simon, Mousseau, Normand and Beaumier, Louis (2018).Canadian Energy Outlook 2018. Montreal: Institut de l'énergie Trottier, 2018.

[28] Lynch, Michael (2019). El Futuro del Petroleo en México:Entendiendo el Valor Económico del Nuevo Modelo Energético. Energy Policy Research Foundation. January 2019.

[29] Mackay, Paul and Lemiski, Ryan (2019). "Status of pipelines in Canada" . JWN Energy. October 2019. https://www.jwnenergy.com/article/2019/10/status–pipelines–canada/.

[30] Montero Vieira, Jose Ignacio (2016). El robo de combustible en México en el contexto del narcotráfico: Una vía alternativa de financiación. Instituto Español de Estudios Estratégicos. June 2016. 2.

[31] National Energy Board. Canada's Energy Future 2018: An Energy Market Assessment. Canada: National Energy Board, 2018. Accessed October 30th, 2019. https://www.cer–rec.gc.ca/nrg/ntgrtd/ftr/2018/index–eng.html.

[32] Natural Resources Canada (2019a). "Natural Gas Facts" . Government of Canada. Accessed November 2019. https://www.nrcan.gc.ca/science–data/data–analysis/energy–data–analysis/energy–facts/natural–gas–facts/20067.

[33] Natural Resources Canada (2019b). "Energy and the Economy" . Government of Canada. Accessed November 2019. https://www.nrcan.gc.ca/science–data/data–analysis/energy–data–

analysis/energy–facts/energy–and–economy/20062.

[34] Nicholas, Michael; Hall, Dale and Lutsey, Nic (2019). Quantifying the electric vehicle charging infrastructure gap across US markets. Washington, DC: International Council on Clean Transportation, 2019.

[35] Oil and Sands Magazine. "Western Canadian Selected Explained" . May 3, 2017. Accessed December 6, 2019. https://www.oilsandsmagazine.com/technical/western–canadian–select–wcs.

[36] Pirog, Robert (2019) US Oil Imports, Exports, and Energy Security. US: Congressional Research Service, 2019. Accessed November 22, 2019. https://crsreports.congress. gov/product/pdf/IF/IF11095.

[37] Romanieuk, Andrei, Kralovic, Paul, and Asghar, Kaleem (2018). Competitive Analysis of Canadian LNG. Calgary: Canadian Energy Research Institute, 2018. Accessed October 30th, 2019. https://ceri.ca/studies/competitive–analysis–of–canadian–lng.

[38] Saundry, Peter D (2019). "Review of the United States energy system in transition" . Sustainability and Society: 2019, 9:4. https://doi.org/10.1186/s13705–018–0178–8.

[39] Secretaría de Energía (2018). Balance Nacional de Energia: 2017. December 2018.

[40] Semarnat (2018) Sexta Comunicación Nacional y Segundo Informe Bienal de Actualización ante la Convención Marco de las Naciones Unidas sobre el Cambio Climático. Ciudad de México, México. Instituto Nacional de Ecología y Cambio Climático. 2018.

[41] Swift, Anthony. "Nebraska Ruling Does Not Clear Path for Keystone XL" . NRDC, August 28th 2019. https://www.nrdc.org/experts/anthony–swift/nebraska–ruling–does–not–clear–path–keystone–xl.

[42] US CRS (2018),21st Century US Energy Sources: A Primer. Congressional Research Service, Washington, 2018. Accessed November 22, 2019. https://crsreports.con–gress.gov/product/pdf/R/R44854.

[43] Williams, Nia (2017) "U.S. issues permit to expand Enbridge cross–border oil pipeline" . Reuters. October 16, 2017. https://www.reuters.com/article/us–enbridge–inc–pipeline–regulations/u–s–issues–permit–to–expand–enbridge–cross–border–oil–pipeline–idUSKBN1CL2UE.

[44] Wood, Duncan (ed.) (2018) La Nueva Reforma Energetica de Mexico. Washington, DC. Wilson Center; Mexico Institute. October 2018.

第 36 章　欧洲的能源与经济

曼弗雷德·哈夫纳[①]　皮埃尔·保罗·雷蒙迪[②]

1　引言

欧洲是世界经济和能源系统最重要的组成部分之一，但由于各国在人口、经济和能源资源方面的重大差异，欧洲各国的能源状况也具有很大差异性。本章概述了地理上的欧洲[③]（不仅仅是欧盟）的能源特征，随后关注了欧盟能源政策和能源结构的历史演变及其与经济的相互作用。本章对一些选定的欧洲国家（英国、意大利、法国、德国和波兰）从不同的资源基础、政策路径和社会经济维度进行考量，探讨其能源演变过程。最后，本章介绍了《欧洲绿色协议》，其目标是到 2050 年实现碳中和。为了实现气候中性目标，欧盟经济需要进行实质性改革，并伴随有内部摩擦和外部摩擦。

2　欧洲能源部门的差异性

欧洲是世界上最大的经济集团之一，48 个国家总人口约为 7.47 亿（联合国经济和社会事务部，2019）。2019 年，欧盟（欧盟 28 国）的人口为 5.135 亿[④]，占世界总人口的 6.9%，GDP 为 16.6 万亿欧元[⑤]，占全球经济的 20%。与之相比，美国拥有 3.31 亿人口，占世界人口的 4%，GDP 为 18.3 万亿美元，占全球 GDP 的 22%；中国拥有 14 亿人口，占世界人口的 19%，GDP 为 11.5 万亿美元，占全球的 14%。

由于人口、经济和能源资源方面的差异，欧洲各国的能源状况具有很大的差异（见表 36.1）。

---

① 曼弗雷德·哈夫纳（Manfred Hafner），巴黎政治大学国际事务学院，约翰·霍普金斯大学高级国际问题研究院，埃尼·恩里科·马泰基金会（FEEM）；电子邮箱：Manfred.hafner@sciencespo.fr。

② 皮埃尔·保罗·雷蒙迪（Pier Paolo Raimondi），埃尼·恩里科·马泰基金会（FEEM），意大利罗马国际事务研究所（IAI），意大利米兰天主教圣心大学。

③ 根据联合国经济和社会事务部（UN DESA，2019），欧洲包括阿尔巴尼亚、安道尔、奥地利、白俄罗斯、比利时、波斯尼亚和黑塞哥维那、保加利亚、海峡群岛、克罗地亚、捷克、丹麦、爱沙尼亚、法罗群岛、芬兰、法国、直布罗陀、德国、希腊、梵蒂冈、匈牙利、冰岛、爱尔兰、马恩岛、意大利、拉脱维亚、列支敦士登、立陶宛、卢森堡、马耳他、摩尔多瓦、摩纳哥、黑山、荷兰、北马其顿、挪威、波兰、葡萄牙、罗马尼亚、俄罗斯联邦、圣马力诺、塞尔维亚、斯洛伐克、斯洛文尼亚、西班牙、瑞典、瑞士、乌克兰和英国。

④ 2020 年英国脱欧后，欧盟 27 国人口为 4.477 亿，GDP 为 13.7 万亿欧元。

⑤ 2010 年不变价美元。

表 36.1　部分欧洲国家的主要社会经济和能源指标

	2019 年人口（百万）	2019 年 GDP（2010 年不变价美元，十亿）	2019 年人均 GDP（2010 年不变价美元）	2019 年人均能源消费（吨油当量）	2017 年能源强度［千克油当量 / 千美元（2010 年购买力平价）］	2016 年碳强度［千克 / 千美元，2010 年 GDP（美元）］
奥地利	8.9	449	50654	4.1	90	144
比利时	11.5	546	47540	5.7	120	186
保加利亚	7.0	63	9026	2.6	150	803
克罗地亚	4.1	67	16454	2	100	291
捷克共和国	10.6	254	23833	3.9	130	451
芬兰	5.5	271	49241	4.8	150	190
法国	65.1	2972	44317	3.6	100	110
德国	83.5	3959	47628	3.8	90	198
匈牙利	9.6	170	17466	2.5	110	301
爱尔兰	4.8	393	79703	3.3	40	139
意大利	60.5	2147	35613	2.5	70	157
荷兰	17.0	965	55689	5	90	194
挪威	5.3	495	92556	8	90	104
波兰	37.9	660	17386	2.7	100	533
葡萄牙	10.2	252	24590	2.5	80	201
罗马尼亚	19.3	234	12131	1.7	80	378
斯洛伐克	5.4	114	21039	2.9	110	314
斯洛文尼亚	2.0	56	27152	3.3	110	266
西班牙	46.7	1570	33349	2.9	80	171
瑞典	10.0	596	57975	5.4	110	82
瑞士	8.5	681	79409	3.2	50	56
土耳其	83.4	1251	14998	1.9	80	337
英国	67.5	2920	43668	2.8	70	157
欧盟 28 国	513.5	16604	37104	3.3**	70*	217
欧盟 27 国	446	13684	30681	3.4**	70*	230

注：截至 2020 年 1 月 31 日，欧盟由 28 个国家组成，包括奥地利、比利时、保加利亚、克罗地亚、塞浦路斯、捷克共和国、丹麦、爱沙尼亚、芬兰、法国、德国、希腊、匈牙利、爱尔兰、意大利、拉脱维亚、立陶宛、卢森堡、马耳他、荷兰、波兰、葡萄牙、罗马尼亚、斯洛伐克共和国、斯洛文尼亚、西班牙、瑞典和英国。2020 年 1 月 31 日，英国脱欧，现在是欧盟 27 国。* 表示 2015 年欧盟的能源强度；** 表示 2017 年欧盟的人均能源消费。

资料来源：整理自联合国经济和社会事务部、世界银行、bp 和国际能源署数据。

这种多样性也反映在每个国家的能源系统、政策和资源上。事实上，欧洲各国在与消费和生产结构有关的能源结构方面存在巨大的差异。能源结构的差异在很大程度上可以被解释为各国不同能源的可得性，如煤炭、天然气、石油、水电和其他可再生能源潜力，以及支持或反对特定能源（化石能源、核能或可再生能源）的不同政策。这种差异化的能源结构在表 36.2 和图 36.1、图 36.2 中得到了很好的体现，其展示了 2019 年欧洲国家按能种划分的电力生产和一次能源供应总量（Total Primary Energy Supply，TPES）。

化石能源仍然在能源系统中占主导地位，尽管欧洲大陆各国存在一定差异，见图 36.1 和图 36.2。天然气在欧洲西北部国家和意大利意义重大，它们因为过去的国内生产建立了发达的管道网络。煤炭在中欧和东欧国家（德国、捷克共和国和波兰）的能源系统中仍然发挥着重要作用。其他国家，特别是法国、挪威、瑞典和瑞士，其能源结构较为低碳，主要得益于核电和水电的利用。

表 36.2　2019 年部分欧洲国家的发电总量和一次能源供应总量

	发电总量（太瓦时）	一次能源供应总量（千吨油当量）
奥地利	74.2	32.8
比利时	93.5	55.2
保加利亚	44.2	19.1
克罗地亚	12.7	8
捷克共和国	87	43.6
芬兰	68.7	32
法国	570.8	246.3
德国	618	303.6
匈牙利	34.1	25.6
爱尔兰	30.3	13.4
意大利	291.7	144.3
荷兰	121.3	70.7
挪威	134.6	23.7
波兰	163.4	102.6
葡萄牙	53.1	21.3
罗马尼亚	60.1	33.8
斯洛伐克	27.8	16.3
斯洛文尼亚	16.1	6.8
西班牙	274.2	121.1
瑞典	168.4	49.2
瑞士	73.6	24.9
土耳其	304.2	151.8
英国	323.7	169.5
欧盟 28 国	3243.6	1599.7
欧盟 27 国	2919.9	1430.2

资料来源：整理自 IEA 数据。

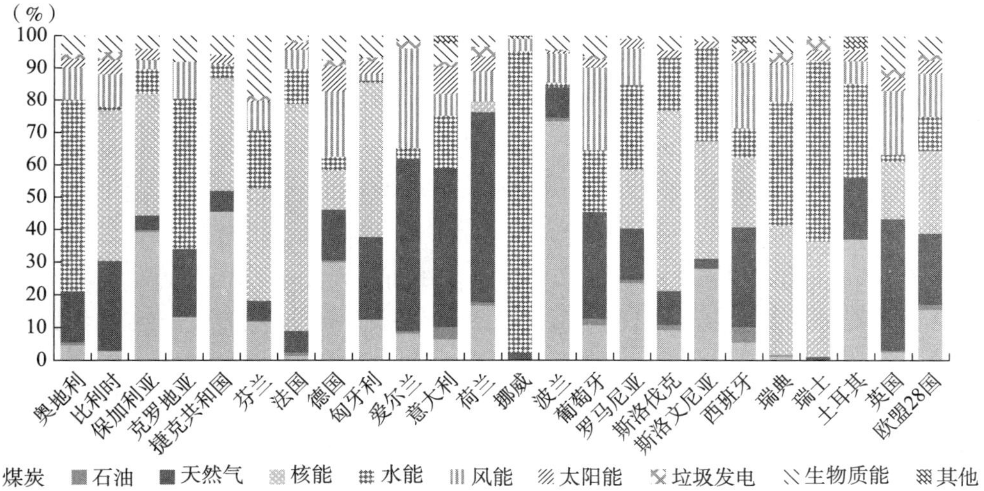

图 36.1 2019 年欧洲主要国家按能种分类的电力生产份额

资料来源：整理自 IEA 数据，https://www.iea.org/data-andstatistics?country=WORLD&fuel=Energy%20supply&indicator=ElecGenByFu。

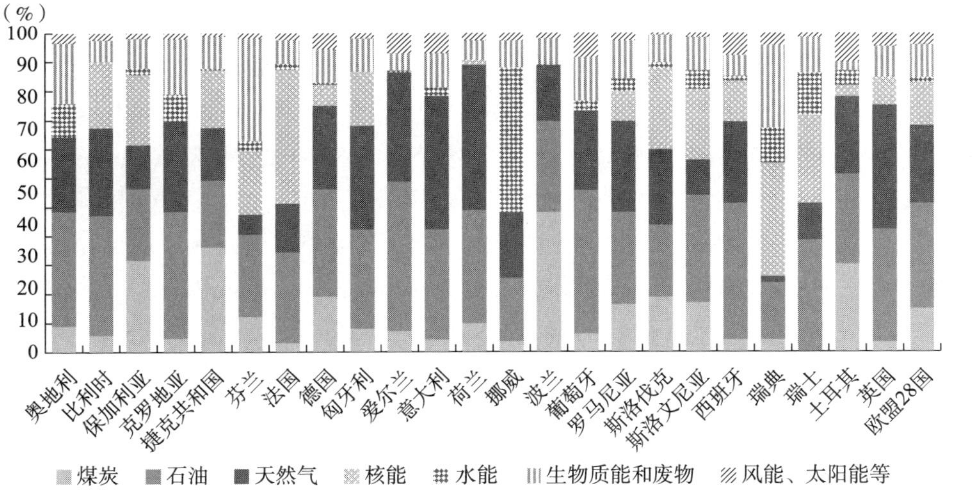

图 36.2 2019 年欧洲主要国家按能种分类的一次能源供应总量份额

注：保加利亚、克罗地亚和罗马尼亚的最新数据为 2018 年的。

资料来源：整理自 IEA 数据，https://www.iea.org/data-and statistics?country=EU28&fuel=Energy%20supply&indicator=Total%20primary%20energy%20supply%20（TPES）%20by%20source。

3 欧盟能源框架的历史演变

尽管各国存在一些差异，但在过去几十年里，整个欧洲的能源强度①和碳强度②

---

① 能源强度定义为一次能源消耗量与 GDP 在一日历年中之比。

② 碳强度定义为碳排放量与 GDP 之比。

都有所下降。1990年至2017年，欧盟（EU）的能源消费总量与经济增长相对脱钩：虽然2017年的能源消费总量与1990年持平，但GDP（按2010年不变价计算）平均每年增长1.7%。因此，在此期间，欧盟的能源强度下降了37%（平均每年1.7%）[欧洲环境署（European Environment Agency），2019]。欧洲能源强度的改善是技术发展、经济结构变化和能源政策作用的结果。经济结构的变化包括从工业（特别是钢铁等高能源密集型生产）向以服务为基础的经济的整体转变。此外，在欧洲以外进行工业生产外包在降低能源强度和碳强度方面发挥了重要作用，将相关的能源消耗和碳排放转移到第三国（碳泄漏）。目前，碳排放测量是基于生产的方法，该方法计算的是一个国家境内产生的二氧化碳量，并不能公平地反映碳强度的实际情况。用基于消费的方法计算与国家消费的商品和服务有关的排放，更为合适。

欧盟国家之间存在能源差异性的主要原因之一是能源由成员国和欧洲机构之间混合管辖。几十年来，能源问题纯粹源于国家职责。实际上，能源问题一直被认为是战略问题，因此，成员国不愿意放弃在这个领域的任何主权，欧盟的能源系统是由各国的国家政策塑造的。几十年来，能源政策的定位在国家自身权利和欧洲一体化的有力工具之间徘徊。第二次世界大战后，能源是欧洲国家第一次一体化进程的核心，实际上，这一进程始于1951年欧洲煤钢共同体（European Coal and Steel Community，ECSC）①的建立。组建ECSC目的是对法国和西德的煤炭和钢铁工业进行共同控制，不仅有利于促进经济复苏，也可以预防这两个国家之间以及欧洲可能的战争。1957年，同样的欧洲国家在苏伊士运河危机之后创建了欧洲原子能共同体（European Atomic Energy Community，EAEC）。创立欧洲原子能共同体的目的是加强欧洲大陆对核技术的利用，同时它还是政治一体化的主要工具。在最初的三个条约中，欧洲原子能共同体是至今唯一仍有效的条约，授予欧盟委员会（European Commission）有关核燃料循环的重要责任和权力。尽管积极的努力协调使一些欧洲国家形成共同的能源政策，但在20世纪60年代，能源作为国家政策的作用战胜了作为进一步一体化工具的作用。1973年的石油危机打击了欧洲进口国，体现出其外部供应的脆弱性。这场危机在欧洲以及全球人们的观念中有力地塑造了能源安全的概念。欧洲国家开始将供应安全视作一个关键问题，作为欧洲能源政策的一个支柱。

1973年石油危机后，欧洲国家主要依靠国家战略——发展和扩张核能、国内储备和节能政策来解决能源安全问题。欧洲共同体（欧盟的前身实体）试图通过1974年9月17日的理事会决议②制定一个共同的能源政策战略。因此，在近30年的时间里，能源政策的重点放在与供应安全有关的问题上，例如，下令建立原油及其产品的最低战略储备，但能源政策仍由国家政策主导。事实上，不仅过去，现在能源结构仍然在很大程度上由成员国自行决定。

---

① 由比利时、法国、意大利、卢森堡、荷兰、西德组成。

② 《理事会关于共同体新的能源政策战略的决议》，https://eur-lex.europa.eu/legal-content/EN/TXT/PDF/?uri=CELEX：31975Y0709（01）&from=EN。

2005 年缔结《里斯本条约》时，才确立了适当的共同能源政策。事实上，该条约规定了欧盟能源政策的三大支柱：供应安全、竞争力（可负担的价格）和可持续性（清洁能源）。这三个目标在短期内似乎是相互矛盾的，但在长期内是趋同的。

20 世纪 80 年代和 90 年代已经开始对欧盟能源政策的第二个支柱（竞争力）进行探讨。由于当时的共同能源政策尚未立法，欧洲机构将它们在实现欧盟内部市场经济目标（自由化和竞争力）上拥有的权力应用于能源领域。事实上，欧洲国家的能源市场传统上是由大型纵向一体化公司、国家垄断公司主导的，国家在其中影响力较大。欧盟委员会推动能源领域市场化和促进竞争的法律基础来自 1957 年的《罗马条约》（*Treaty of Rome*）、1987 年的《单一欧洲法案》（*Single European Act*）以及 1995 年的《绿皮书》（*Green Paper*）。欧洲机构利用现有的法律框架来促进能源竞争和市场化。1996 年和 1998 年两项关于电力和天然气市场的欧盟指导性文件分别获得批准。这些指导性文件主要出于经济考虑，使能源部门更具成本效益，并通过引入国内公司之间的竞争为消费者提供可负担的价格。这一政策受到了撒切尔夫人政府时期英国经验的启发。

最后，在 1992 年里约热内卢“地球峰会”和 1997 年《京都议定书》之后，第三个支柱可持续性开始出现。从那时起，随着欧盟为未来几十年制定雄心勃勃的能源和气候目标，应对气候变化的努力变得越来越重要。欧盟在“绿色方案——欧洲可持续、有竞争力和安全的能源战略”中公布了其到 2020 年的目标，共设定了三个目标，通常被称为“20–20–20”，其中包括：与 1990 年相比，温室气体（GHG）减排 20%；在一次能源需求中实现 20% 的可再生能源市场份额；与基线情景相比，实现 20% 的能源效率提升。

欧盟排放交易体系（EU ETS）是欧洲气候政策的基石。其目标是应对气候变化，以具有成本效益的方式减少温室气体排放。欧盟排放交易体系是 1997 年《京都议定书》的成果，但 2005 年才正式开始运作。该体系分阶段运作，涵盖所有欧盟国家以及冰岛、列支敦士登和挪威。这是在运行的最大排放交易体系，对 11000 个重度能源密集型装置以及航空公司进行排放监管，涵盖了欧盟约 25% 的温室气体排放。该体系基于“总量控制和交易”（cap and trade）原则，意味着对该系统所涵盖的设施所能排放的特定温室气体设定一个总量。欧盟发放许可配额，每份配额赋予持有人相当于 1 吨二氧化碳全球变暖潜能值的温室气体排放权利。总量的设计是随着时间推移逐年减少，以使总排放量符合预期目标。在总量范围内，特定行业的公司每年通过拍卖或免费分配（为了减少碳泄漏的风险）获得排放配额。如果一个参与者没有足够的配额，那么它必须采取措施减少排放或在市场上购买更多的配额。参与者可以通过拍卖或相互买卖的方式获得配额。理想情况下，随着稀缺性加剧，预计碳价会相应上涨，从而支持更多的脱碳选择。

鉴于气候变化问题和温室气体排放的相关性，2011 年，欧洲理事会首次提出到 2050 年比 1990 年的排放水平减少 80%~95% 的目标。2014 年，欧盟提出了 2030 年气候和能源框架。在此框架下，欧盟致力于：（a）与 1990 年的水平相比，减少 40% 的温室气体排放；（b）到 2030 年，将可再生能源在终端能源消费中的比重提高到至少 27%；（c）与 2007 年的基准相比，经济体的能源效率提高 27%（欧盟委员会，2014）。

2018年11月，欧盟委员会在长期战略愿景中公布了进一步的努力方向，称为《人人享有清洁的地球——欧洲为实现繁荣、现代、有竞争力且气候中立的经济体的长期战略愿景》(欧盟委员会，2018)。这份文件提出的目标是到2050年创造一个繁荣、现代、有竞争力和气候中立的经济体。2019年，与欧盟的2050年长期战略相一致，欧盟还提出了全面更新其能源政策框架，以促进从化石能源向清洁能源转型，并实现《巴黎协定》中关于减少温室气体排放的承诺。这个新框架被称为"面向所有欧洲人的清洁能源计划"(clean energy for all europeans package)，由八个立法法案组成(欧盟委员会，2019)。在这些文件中，欧盟委员会重新考虑并扩展了《可再生能源指导性文件》(*Renewable Energy Directive*)，规定了欧盟层面具有约束力的目标，即到2030年将可再生能源在能源结构中的比例提高到至少32%，并更新了《能源效率指导性文件》(*Energy Effciency Directive*)，提出了欧盟层面的指示性目标，即到2030年能源消耗至少减少32.5%(Consilium，2014)。所有这些目标都说明了欧洲应对气候变化的坚定政治承诺，以及气候问题在欧洲能源议程中的重要性。

4 欧盟能源结构的历史演变

20世纪，欧盟的能源供应结构发生了巨大的转变。煤炭先是被石油取代，后来又被天然气取代。近年来，在可再生能源资源(RES)方面，欧盟基于政策进行了重要的投资，2018年，可再生能源在总能源消费中的份额达到18.0%。

第二次世界大战后，由于运输以及商品和服务消费的快速扩张，煤炭在欧洲的主导地位开始下降，石油取而代之。然而，尽管煤炭所占份额不断下降，它仍然是一项重要能源。1990年，煤炭占欧盟28国能源消费总量的近41%，占发电量的39%；而2019年，煤炭仅占欧盟能源消费总量的16%，占发电量的24%左右。尤其国内拥有大量煤炭储备的国家，煤炭仍旧发挥其作用，例如，在德国、波兰、捷克共和国和其他东欧国家，煤炭当前在电力生产中占很大份额。在捷克、保加利亚、希腊和德国，煤炭占发电量的40%左右；在波兰，这一数据则达到80%。

欧洲的天然气工业始于1959年在荷兰发现的格罗宁根大型气田，后来于20世纪70年代和80年代(在第一次和第二次石油危机后)开始在北海进行勘探和开发活动。欧洲的天然气工业深受荷兰商业框架的影响，而该商业框架基于石油价格指数化和"照付不议"[①]合同。目前的天然气需求主要集中在西北欧和意大利及西班牙。

1990年至2008年，欧盟天然气用量出现了惊人的增长。其市场份额迅速增加，从20世纪70年代初占一次能源供应总量的不到10%，到2009年达到约24%，取代了石油，并在较小程度上取代了煤炭(煤炭利用在2009年后保持稳定)。在20世纪70年

① 在荷兰发现主要的天然气资源后，荷兰天然气行业在20世纪60年代创建了"照付不议"合同。通常，它们被用于天然气长期供应合同。合同规定，即使买方不愿意或不能接受合同中规定的数量，也必须支付货款。未使用的天然气通常可以在以后的日子里使用。根据这些合同，买方承担市场和数量风险，而卖方承担价格风险。

代和 80 年代，天然气需求的增长主要源于工业、商业和住宅部门，而在 20 世纪 90 年代和 21 世纪前十年，由于联合循环燃气轮机（CCGT）的发展，天然气需求强劲的增长主要由发电驱动。尽管各国之间存在一些差异，但在大多数欧洲市场，天然气成为发电的燃料。2009 年的经济危机极大地遏制了欧洲天然气需求的增长，在 21 世纪前十年的后半期，由于天然气价格越来越高（原因是石油价格指数化），欧洲的天然气需求增速已经放缓。在 2009 年之后的经济背景下，由于经济危机的原因，相对昂贵的天然气在发电部门受到挤压，一方面是强大的可再生能源发展，另一方面是廉价的煤炭与欧盟排放交易体系中较低的碳价。

事实上，碳价从欧盟排放交易体系第二阶段后期（2008—2012 年）的 15~17 欧元 / 吨下降到第三阶段（2013—2020 年）的 4~8 欧元 / 吨。然而最近，由于欧盟监管加强和经济恢复，碳价飙升，在 2019 年 7 月创下 11 年来的最高纪录（29 欧元 / 吨），并在 2020 年新冠疫情暴发前稳定在 25 欧元 / 吨左右。

接下来讨论能源进口的作用及能源安全问题。

欧洲国家的能源供应来源因不同国家和燃料品种而异。2018 年，欧盟 27 国[①]的一次能源生产总量为 6.35 亿吨油当量，与 10 年前相比下降 9.2%。国内产量总体下降的趋势表明，需要进口大量能源以满足欧洲内部能源消费（2017 年消费总量为 16.75 亿吨油当量）。因此，2017 年，欧盟所消费能源中自身产量约占 45%，55%源于进口。欧盟主要从俄罗斯进口原油、天然气和固体燃料，其次是挪威的原油和天然气。其他供应包括伊拉克和哈萨克斯坦的石油以及阿尔及利亚和卡塔尔的天然气。在过去的几十年里，荷兰、挪威和其他国家的本国能源生产有助于平衡欧盟对其他地区日益增长的进口依赖。

表 36.3 为 2009—2019 年欧盟 28 国一次能源进口来源。欧盟 28 国对能源进口的依存度从 1990 年占一次能源供应总量的 44% 增加到 2018 年的 55% [欧洲统计局（EUROSTAT），2020]。每个国家的依存度不同，但自 2013 年以来，所有欧盟成员国均为能源净进口国（见图 36.3）。

表 36.3　2009—2019 年欧盟 28 国一次能源进口来源（从欧盟 28 国以外国家进口百分比）

年份	2009	2010	2011	2012	2013	2014	2015	2016	2017	2018	2019
硬煤（吨）											
俄罗斯	22.9	22.4	21.9	20.2	23.9	25.1	26.4	28.7	35.4	39.5	43.5
美国	13.0	15.3	16.6	20.7	18.5	17.0	12.4	11.9	14.8	17.3	16.8
澳大利亚	7.0	9.6	8.2	8.0	8.8	7.5	11.1	15.3	10.8	11.0	13.1
哥伦比亚	15.1	15.4	18.6	19.1	16.4	17.0	19.3	18.7	15.9	12.6	7.6
南非	15.5	9.6	8.6	7.4	7.1	9.1	7.7	5.1	4.8	2.7	2.7
加拿大	1.6	1.9	2.3	1.9	2.1	3.1	1.6	2.3	2.4	2.4	2.2
哈萨克斯坦	0.2	0.2	0.3	0.3	0.3	0.7	0.5	0.6	0.6	0.9	2.1

① 欧盟 27 国指的是欧盟 28 国排除英国。

续表

年份	2009	2010	2011	2012	2013	2014	2015	2016	2017	2018	2019
印度尼西亚	7.1	5.5	5.5	5.4	3.9	4.3	4.2	3.2	3.3	3.5	2.1
莫桑比克	0.0	0.0	0.1	0.0	0.2	0.3	0.5	0.7	1.2	1.6	1.5
其他	17.6	20.1	17.8	16.9	18.8	15.8	16.2	13.6	10.9	8.4	8.5
原油（吨）											
俄罗斯	33.7	34.7	35.1	33.9	34.5	31.4	29.7	32.4	30.7	29.6	26.8
伊拉克	3.9	3.3	3.7	4.3	3.8	4.8	7.8	8.5	8.4	8.6	8.9
尼日利亚	4.1	3.8	5.6	7.2	7.2	8.3	7.7	5.2	5.8	7.0	7.8
沙特阿拉伯	5.8	6.0	8.3	9.1	8.7	9.0	7.9	7.7	6.5	7.4	7.7
哈萨克斯坦	5.4	5.6	5.9	5.3	6.0	6.7	6.8	7.0	7.6	7.1	7.3
挪威	9.5	7.7	7.2	6.8	8.1	9.2	8.4	7.9	7.7	7.2	6.9
利比亚	8.8	9.8	2.7	7.9	5.4	3.3	2.5	2.2	4.8	6.1	6.2
美国	0.0	0.0	0.0	0.0	0.0	0.0	0.2	0.6	0.9	2.4	5.2
英国	4.9	5.6	4.5	4.4	4.2	4.2	4.0	4.1	4.1	3.9	3.9
阿塞拜疆	4.1	4.5	5.1	4.0	5.0	4.6	5.3	4.6	4.6	4.6	4.5
其他	19.7	19.0	21.8	17.0	17.0	18.5	19.9	19.9	18.8	16.3	13.8
天然气［太焦（总热值，GCV）］											
俄罗斯	26.9	26.3	27.9	28.4	33.5	30.5	30.8	36.2	34.5	34.4	34.3
挪威	18.5	17.2	17.1	19.4	17.9	19.9	19.8	15.8	15.4	14.9	13.2
卡塔尔	6.2	9.2	8.8	7.0	6.2	5.5	6.1	5.5	6.8	7.5	8.3
阿尔及利亚	14.8	14.5	13.4	13.3	12.5	12.5	10.9	13.5	11.3	11.1	7.7
尼日利亚	3.9	6.5	6.5	5.1	2.8	2.3	3.2	3.6	4.4	4.6	5.3
美国	0.0	0.0	0.0	0.0	0.0	0.0	0.0	0.1	0.8	1.1	4.8
英国	2.5	2.8	3.2	2.6	2.3	2.4	3.1	2.3	2.5	1.9	2.1
特立尼达和多巴哥	2.7	1.7	1.7	1.4	1.2	1.3	0.8	0.4	0.4	1.1	1.9
其他	24.3	21.8	21.4	22.9	23.7	25.7	25.4	22.5	23.9	23.4	22.4

资料来源：欧洲统计局，https://ec.europa.eu/eurostat/statistics-explained/index.php?title=File：Main_origin_of_primary_energy_imports，_EU-28，_2007—2017_（%25_of_extra_EU-28_imports）.png。

具体而言，2018 年，欧盟 27 国对原油（94.6%）和天然气（83.2%）的依存度达到最高，对固体化石能源进口的依存度为 43.6%（欧盟委员会，2020a）。

在 21 世纪 20 年代，由于本国化石能源生产的枯竭和气候政策的实施，预计进口依存度将进一步提高。一些成员国已经宣布在 21 世纪 20 年代逐步淘汰煤电（意大利）和核电（德国）的计划。这种气候政策将不可避免地增加进口，特别是天然气，它被认为是能源转型的过渡燃料。此外，由于社会接受度的问题，荷兰政府决定关闭格罗宁根（Groeningen）天然气田，加强了这一趋势。

对天然气的高度依赖往往被认为是一种安全问题。在欧洲，大量进口俄罗斯天然气一直被认为是欧洲能源安全的潜在威胁。值得注意的是，俄罗斯不仅是欧洲最大的天然气进口来源国，原油和煤炭情况也一样，而在这两个领域能源安全问题很少被提及。这是由于石油和煤炭市场具有全球性，而天然气仍然主要是一个区域市场，依赖于现有的进口基础设施（俄罗斯—欧盟天然气贸易主要依托管道）。

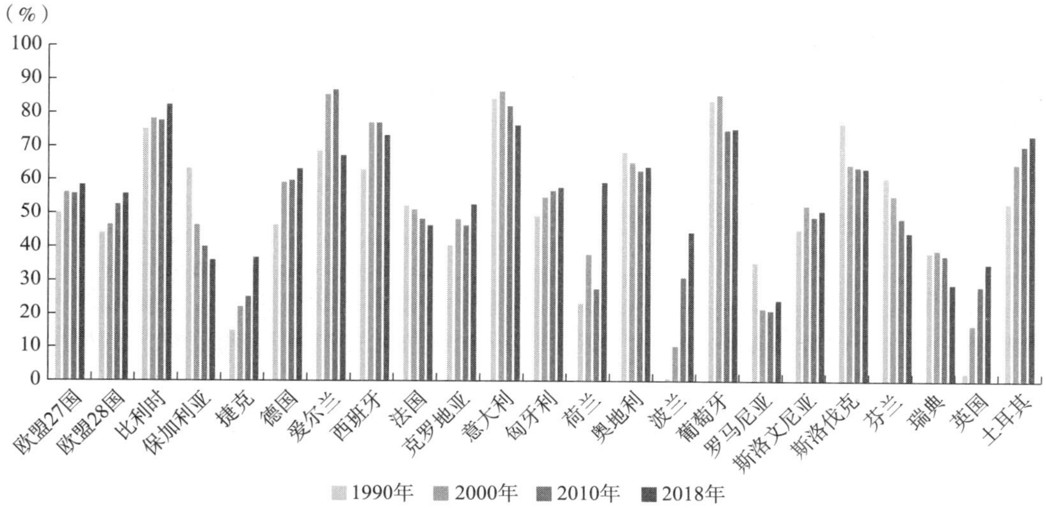

图 36.3　2019 年欧洲主要国家按来源分类的电力生产份额

注：欧盟 28 国（2013—2020 年）；欧盟 27 国（从 2020 年开始）。

资料来源：整理自欧盟统计局数据。

然而，在 LNG 供应增加的推动下，天然气市场也变得越来越全球化，LNG 比管道气更为灵活。美国非常规页岩气产量的惊人增长使该国成为 LNG 出口国，促进了天然气市场的灵活性和多样化。因此，欧洲已经成为来自美国和其他国家的 LNG 和俄罗斯管道天然气之间的战场。LNG 使那些高度依赖单一管道供应商的国家，特别是波兰、东欧和波罗的海国家，能够提升供应安全度，增强市场竞争力。截至 2020 年，欧洲有 25 个大型 LNG 进口终端，总再气化能力为 1.58 亿吨 / 年，即 2150 亿立方米 / 年。理论上，这可以使 LNG 满足约 45% 的欧盟天然气需求。然而，从历史上看，这些终端的平均利用率一直很低；2012 年至 2017 年，这一比例仅为 20% 左右。在过去几年中，由于全球 LNG 市场上具有价格竞争力的供应量增加，向欧洲输送的 LNG 量大幅增长。2019 年，平均终端利用率达到 48%，LNG 进口量创历史新高，达到 1040 亿立方米（Yafimava，2020）。

对进口的依赖也导致进口国对油价波动敏感。2018 年，欧盟的“进口账单”估计为 3300 亿欧元，相当于欧盟 GDP 的 2%（欧盟委员会，2020b）。油价的波动会影响“进口账单”的金额，当油价上涨时，金额会大大增加。石油占欧盟能源进口总量的

70%，天然气占17%。在1973年和1979年两次石油危机之后，欧盟各国对油价波动的脆弱性成为20世纪70年代紧迫的问题。石油价格的冲击对欧洲能源部门产生了重大影响，特别是推动了各行业的节能改善，尤其是汽车行业被要求提高燃油效率。由于石油价格上涨和后续的经济滞胀，政府依赖增加运输燃料税收，因其短期需求弹性较小。然而，运输燃料的税收结构发生了扭曲：在大多数欧洲国家，柴油（当时主要用于重型载货车辆）的税率通常低于汽油（主要用于客车）。这种差异（加上柴油发动机技术的改进）导致在过去的30年里，柴油车的份额大幅增加（所谓的“柴油化”）。现在，柴油车占道路汽车的近40%。自20世纪70年代以来，加油站成品油的价格在很大程度上是受关税和税收驱动的。平均而言，加油站燃料成本有一半以上是税收。值得注意的是，与美国相比，欧洲国家的汽油和柴油的税率都很高。燃料税对成员国的收入贡献很大，平均约为7%（Fuels Europe，2019）。

5 部分国家路径的案例研究

如前所述，欧洲的能源供应在过去几十年中经历了深刻的变革。根据政治偏好和能源的可得性，这种转变在每个国家都以不同的规模和速度进行。此外，不同欧洲国家决定采取不同的政策，这取决于时间阶段和国家的特点，并考虑到能源不可能三角（竞争力、安全性和可持续性）。以下五个国家的案例研究很好地说明了这一趋势：英国、意大利、法国、德国和波兰以不同的速度进行转型，并实施了不同的政策。

5.1 英国

历史上，自工业革命开始，煤炭开采一直是英国能源部门的支柱。然而，自1956年达到峰值以来，英国的煤炭消费一直在下降。在1952年伦敦烟雾事件的推动下，英国颁布了《清洁空气法案》。随着煤炭作用的逐渐减弱，石油和天然气在英国能源结构中的重要性增加。转折点发生在1973年，油价上涨为开始北海勘探和开发活动创造了经济条件。事实上，高油价和新技术的发展相结合，使得该地区的油气作业在商业上变得可行。此外，由于OPEC国家的国有化进程加快，无法在大多数OPEC国家进行勘探，导致石油公司尽可能将其勘探支出转向西方世界的工业化国家和地区，例如加拿大、美国墨西哥湾地区、阿拉斯加和北海（Yergin，2009）。因此，英国和挪威的北海石油和天然气部门在1973年石油危机后迎来了快速发展。

由于人口和经济规模不同，挪威和英国的石油和天然气部门的发展走上了不同的道路。英国快速开发其海上石油和天然气（见图36.4），以满足其因人口众多（1980年为5630万居民）和经济规模大而产生的大量能源需求。这导致了其储量折耗率较高。相比之下，挪威开发北海资源的速度较慢（见图36.5），由于人口少（1980年为400万居民，不到英国人口的1/10），能源需求也较低，因此挪威追求更可持续的开发（见表36.4）。

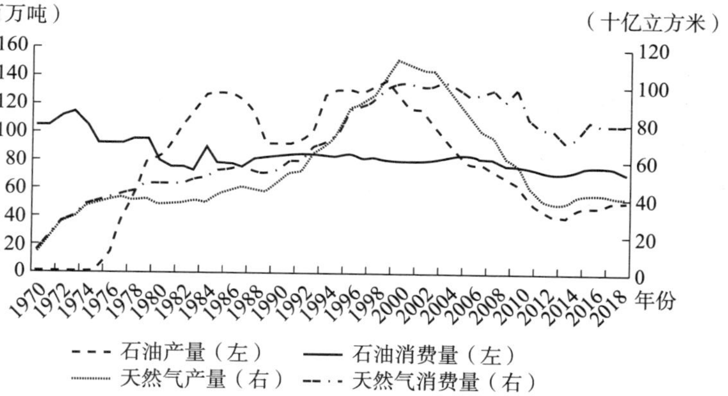

图 36.4　1970—2018 年英国的石油和天然气生产和消费

资料来源：整理自《bp 世界能源统计年鉴》。

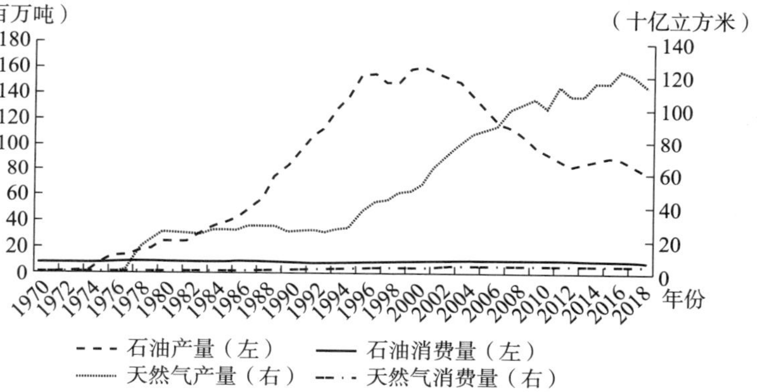

图 36.5　1970—2018 年挪威的石油和天然气生产和消费

资料来源：整理自《bp 世界能源统计年鉴》。

表 36.4　1960—2018 年挪威和英国人口

年份	1960	1970	1980	1990	2000	2010	2018
挪威（百万）	3.5	3.8	4.0	4.2	4.5	4.9	5.3
英国（百万）	52.4	55.6	56.3	57.2	58.8	62.7	66.5

资料来源：世界银行。

1981 年，英国实现自给自足，并成为石油净出口国，然而，石油出口量在 1985 年达到顶峰，产量在 1999 年达到顶峰。天然气生产也出现了类似的趋势。英国在海上发现并开发了大量天然气，在 1997 年成为净出口国，但产量在 2000 年开始下降。石油和天然气产量的快速下降使该国在 2004 年成为石油和天然气的净进口国，导致英国从 2019 年开始通过管道和 LNG 的形式进口天然气，以满足国内 50% 以上的天然气需求［英国商业、能源和工业战略部（BEIS），2020］。

石油和天然气行业的增长帮助英国实现了能源结构的转型，摆脱了煤炭（见

图 36.6）。然而，转型的代价是巨大的社会动荡，著名的 1984—1985 年矿工罢工反对当时首相撒切尔夫人的经济政策就体现了这一点。当时社会动荡的主要原因是在她任期内煤炭部门就业率暴跌。事实上，煤炭部门的矿工数量从 1979 年（撒切尔夫人担任首相时）的 24.2 万名下降到 1990 年（她离开唐宁街时）的 4.9 万名，到 2018 年只有 1000 名。由煤矿工人引发的英国社会动荡给出了重要警示，即在能源转型过程中关注社会公正是十分必要的。

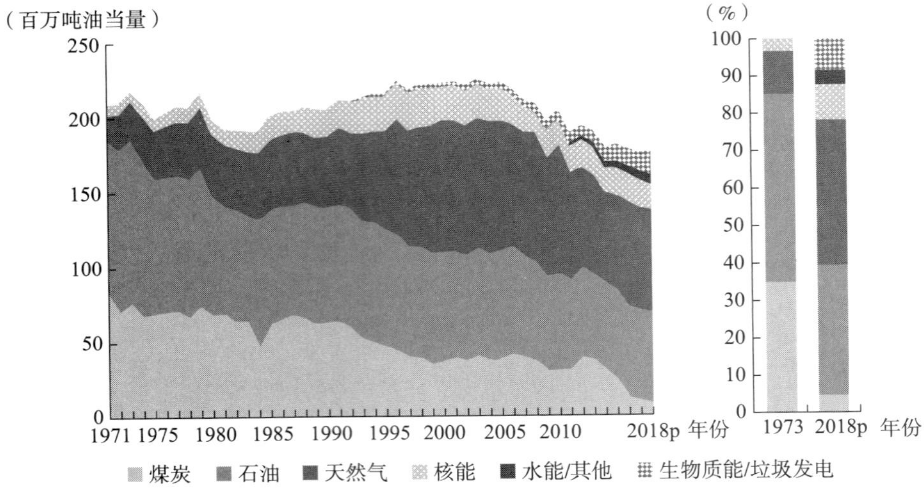

图 36.6 英国按能种分类的一次能源供应类型

资料来源：IEA，《世界能源供需统计》（2019），第 152 页。

英国能源系统最重大的转型发生在发电领域（见图 36.7）。

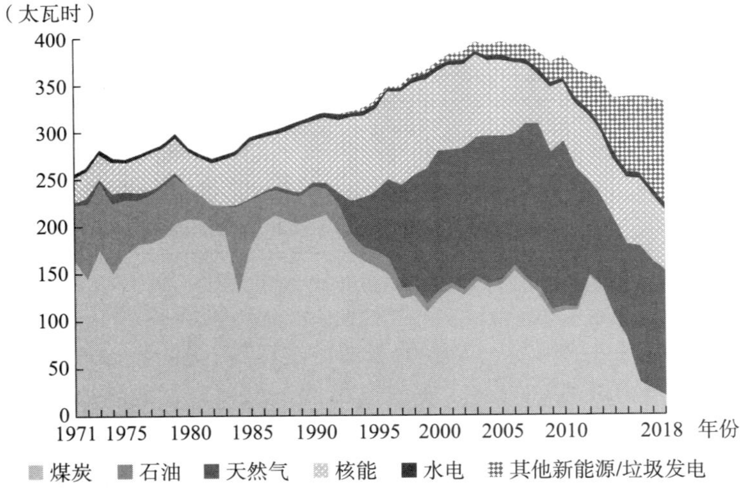

图 36.7 英国按能种分类的发电量

资料来源：IEA，《世界能源供需统计》（2019），第 152 页。

随着工业、铁路和住宅用煤的减少，电力部门的煤炭消耗增加，在 1980 年达到峰值（EIA，2018）。自 1990 年以来，电力部门经历了煤炭利用的减少和天然气利用的增加，直到最近，可再生能源的利用也有所增加。在过去的几十年里，燃煤发电量大幅下降，在 2019 年达到历史最低的 6.9 太瓦时，而燃气发电量则从 1990 年的 0.4 太瓦时飙升到 2019 年的 132.5 太瓦时（bp，2020）。与天然气发电量的提升相比，可再生能源（尤其是风能和太阳能）发电量的增长更令人印象深刻。事实上，在不到 20 年的时间里，可再生能源在发电量中的比例从几乎为零增加到 2019 年的 35%，其中风能的作用非常大。核电（约 20%）与可再生能源加起来的低碳发电份额目前已超过 50%。

得益于 2013 年实施的英国地板碳价机制（Carbon Price Floor，CPF），英国电力部门在近期逐步淘汰了煤炭，并随之实现了煤改气。在 2013 年引入时该机制定价为每吨二氧化碳当量（t CO_2 e）16 英镑，并将增加到每吨二氧化碳当量 30 英镑，以增加发电商的碳排放成本。英国的地板碳价机制与欧盟排放交易体系共同起效，如果欧盟排放交易体系的碳价低于英国的地板碳价，发电商必须从英国财政部购买信用额度以弥补差额。地板碳价机制既适用于为电网发电的发电商，也适用于发电自用的公司。

5.2　意大利

意大利严重依赖化石能源进口，因为其煤炭供应量少，且没有核电站。第二次世界大战结束后，意大利经济强劲增长，能源供应需求增加，供应需求主要靠进口石油来满足。

和其他国家一样，1973 年的石油危机严重影响了意大利的经济，凸显出制定适当的能源安全战略的必要性。为了实现这一目标，意大利能源结构必须多样化，减少进口石油的比例。如图 36.8 所示，自 1973 年以来，天然气在一次能源供应总量中的份额增加，在近期取代煤炭成为份额最大的贡献来源。石油所占份额已经从 1973 年的 76% 下降到 2019 年一次能源供应总量的 34%。2019 年，天然气在一次能源供应总量中的份额为 42%（IEA，2016，2020a）。天然气份额的强劲增长，得益于天然气进口管道基础设施的大规模发展，主要进口来源为俄罗斯、阿尔及利亚、北欧，后来的利比亚以及近期的阿塞拜疆。此外，意大利还建设了一些 LNG 再气化设施。

2000 年开始，意大利的能源结构进一步转变，可再生能源崛起（见图 36.9）。在 2000 年，化石能源占意大利能源需求总量的 88% 左右（石油占 50%），而在 2018 年，这一份额下降到 74%。同时，意大利已经将其可再生能源的贡献从 2000 年的 7% 提高到 2018 年的 20%（CDP et al.，2019）。这一增长主要是由太阳能光伏的发展所推动。

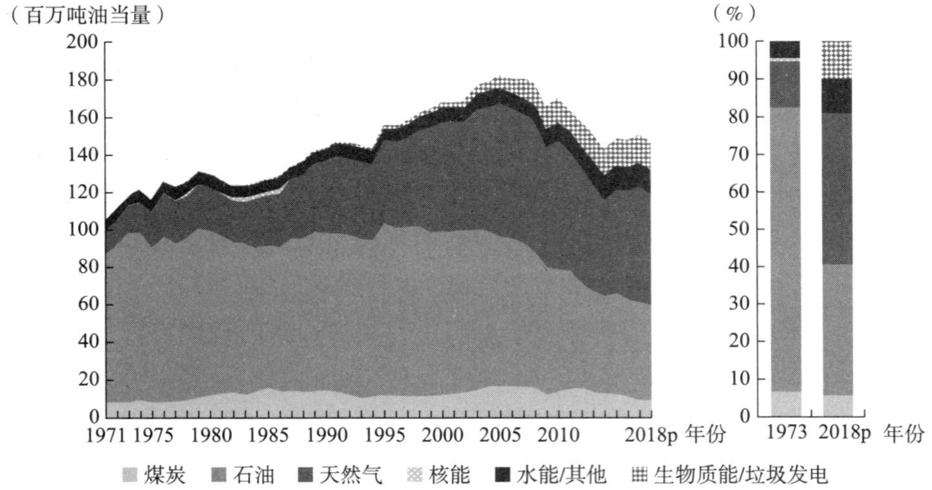

图 36.8 意大利按能种分类的一次能源供应

资料来源：IEA，《世界能源概述》（2019），第 98 页。

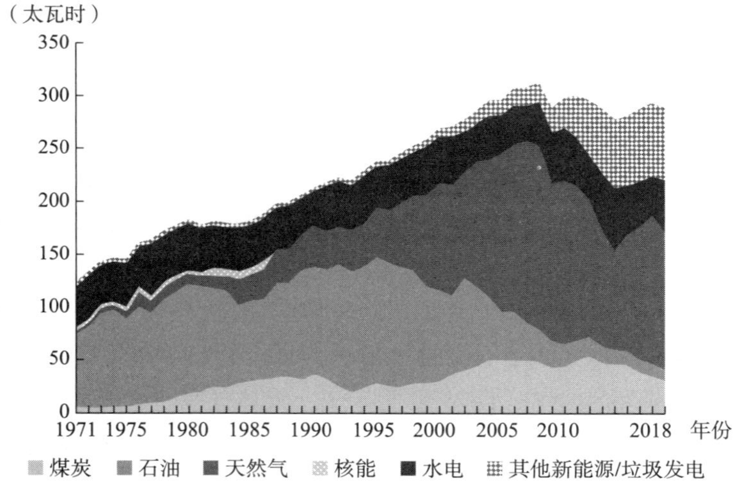

图 36.9 意大利按能种分类的发电量

资料来源：IEA，《世界能源概述》（2019），第 98 页。

此外，作为能源系统脱碳的努力，意大利决定在 2025 年前淘汰煤电。

早期的一个重要事件是意大利决定放弃其核电发展计划。1986 年乌克兰发生的切尔诺贝利核电站事故引发了一场关于在意大利使用核能影响的广泛辩论。这场辩论的结果为 1987 年举行全民公决，意大利因投票结果停止了核部门的所有活动。2009 年，意大利政府试图重启一项雄心勃勃的核电计划，但在 2011 年遭到全民公投否决，这次是受到了 2011 年日本福岛核事故的影响。20 年来，连续两代人决定停止意大利核工业的发展。

5.3　法国

法国走了一条与意大利完全相反的道路。由于其高度发达的核部门，目前该国能源结构的碳强度是最低之一。2019 年，只有 46% 的一次能源供应量来自化石能源，而核能在能源结构中占比为 46%，在发电量中占比 78%，比例为全球最高（见图 36.10 和图 36.11）。1973 年石油危机对法国发展核部门的决定提供了支持。石油危机突出了依赖石油的风险性，因此，政府决定大力发展民用核能，作为能源独立和安全的工具。自 20 世纪 70 年代初以来，石油在法国一次能源供应总量中的份额明显下降，

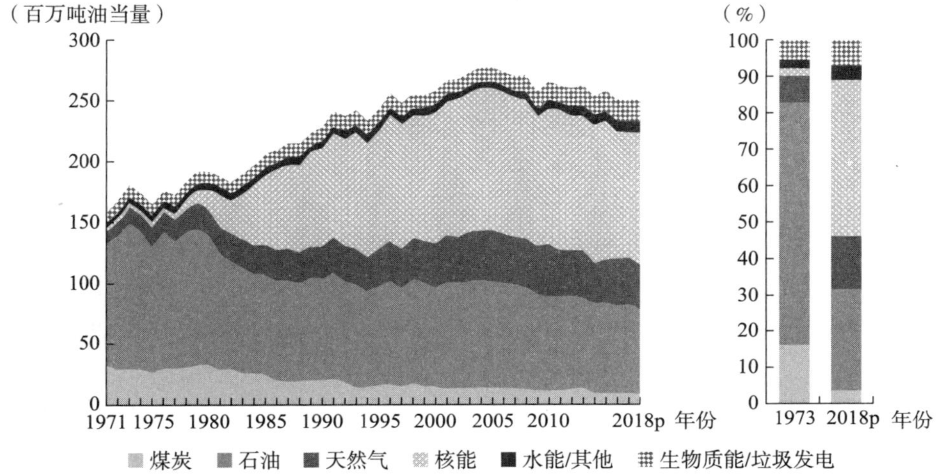

图 36.10　法国按能种分类的一次能源供应

资料来源：IEA,《世界能源概述》(2019)，第 77 页。

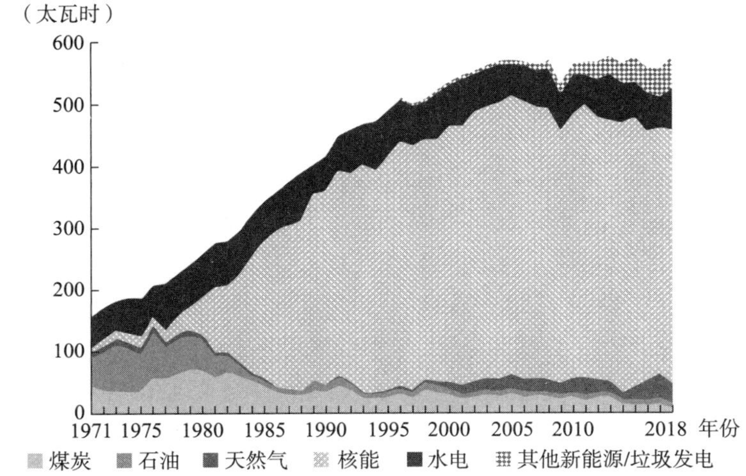

图 36.11　法国按能种分类的发电量

资料来源：IEA,《世界能源概述》(2019)，第 77 页。

从1973年的66.5%下降到2019年的28%（IEA，2017，2020a）。然而，鉴于石油在运输和工业中的强大作用，它仍然是法国的第二大能源供应来源。

法国的核电装机容量仅次于美国（2020年法国为61吉瓦，美国为98吉瓦），人口却只有美国的1/5。法国不仅拥有世界上最高的核能发电份额，也是最大的电力净出口国。然而，法国必须应对其发达的核电部门所面临的一些挑战：老化的核电机组和公众对安全问题的日益关注，特别是在2011年福岛核事故之后。尽管法国拥有低碳密集型的能源系统，但仍决定根据欧洲气候承诺进一步脱碳。2015年，法国议会通过了“推动绿色增长之能源转型”（*Energy Transition for Green Growth*）法案。该法案设定了几个环境和能源目标，包括将核电份额从2015年的78%减少到2025年的50%（国际能源署，2017）。此外，该法案将核电的产能限制在目前63.2吉瓦的水平。2018年，法国政府提出了《多年能源计划》（*Multiannual Energy Program*），修订了能源结构多样化的目标，到2035年将核能减少到50%。为此，法国计划到2035年关闭14个反应堆，这相当于2018年在运行反应堆的1/4［法国政府（GOUVERNEMENT FR），2018］。然而，在2021年能源价格危机之后，马克龙总统公布了一项“法国2030”投资计划，通过在21世纪20年代10亿欧元的投资计划，恢复法国核部门的主要作用，重点关注小型核反应堆。此外，2021年的能源价格危机促使法国和一些东欧国家要求在即将出台的欧盟分类法中，将核能贴上绿色标签，该分类法决定了哪些经济活动可以从“可持续金融”中获益。

在脱碳努力中，法国决定在2019年设立一种新的燃料税，旨在阻止消费者使用柴油车，并为可再生能源筹集额外资金。然而，新税种引发了一场名为“黄背心”（gilets jaunes）的大规模抗议运动，指责政府加剧了社会不平等。法国社会动荡凸显出制定和实施公正和包容性气候政策的必要性。

5.4 德国

在过去的40年里，德国的能源结构已经从煤炭和石油主导变得更加多样化。然而，化石能源仍然在能源供应中占主导地位，这主要源于国内煤炭生产和大量进口石油和天然气。

2018年，化石能源占一次能源供应总量的80%（石油占33%，天然气占24%，煤炭占23%），而低碳能源占20%（见图36.12）。在这些能源中，20世纪70年代石油危机后引入的核能占一次能源供应总量的13%（IEA，2020b）。

由于过于依赖化石能源，加上紧迫的脱碳问题，德国在2010年推出了能源转型（energiewende）计划，以提升能源效率，增加可再生能源的使用量。2011年，在福岛事故发生后，德国政府宣布在2022年前完全淘汰核电，以解除民众对核安全的担忧。淘汰核电的决定使其到2050年建立一个低碳能源系统的雄心更加具有挑战性，特别是在短期内。德国已经制定了长期目标，到2030年可再生能源在发电中的比例至少达到50%，到2040年达到65%，到2050年达到80%。在2018年，这一比例约为38%（见图36.13）（IEA，2020b）。

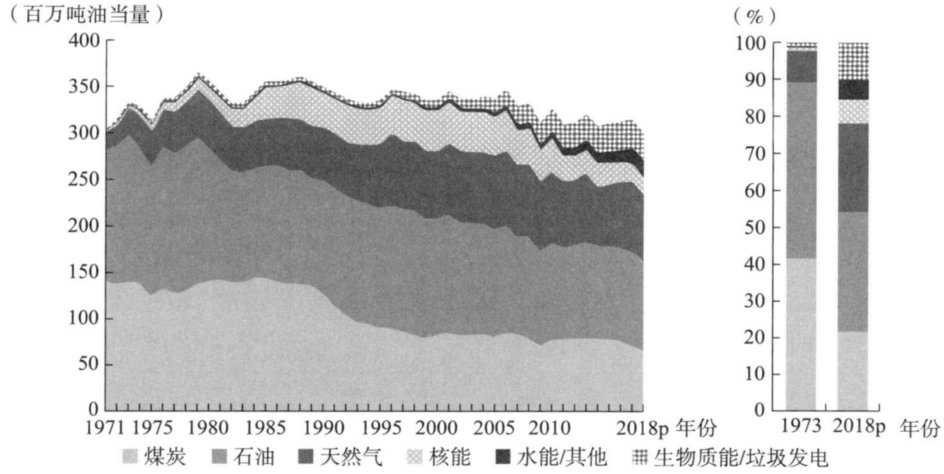

图 36.12　德国按能种分类的一次能源供应

资料来源：IEA，《世界能源概述》（2019），第 80 页。

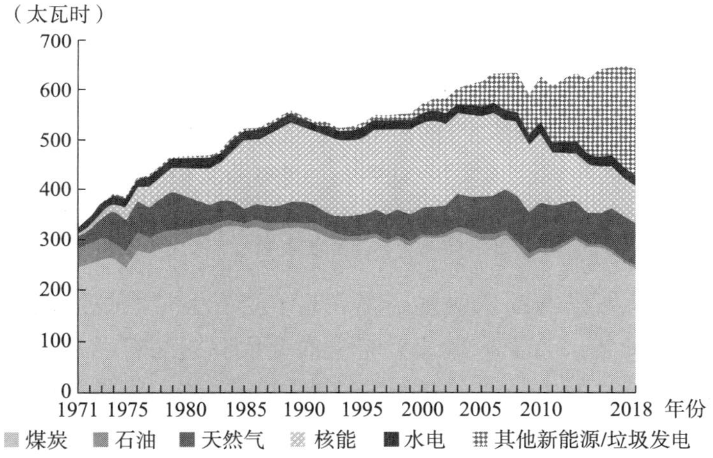

图 36.13　德国按能种分类的发电量

资料来源：IEA，《世界能源概述》（2019），第 80 页。

为了实现这些目标，自 2000 年以来，德国通过上网电价补贴政策（feed-in tariff）成功地推动了可再生能源的部署，特别是北部地区的风力涡轮机，以及用于发电的太阳能光伏。然而，通过上网电价补贴对可再生能源提供支持导致了矛盾：消费者（家庭和中小型工业）的零售电价上升，而批发价格却急剧下降（对可以直接进入批发市场的分销商和大型工业有利）。事实上，上网电价补贴计划的资金是通过临时特别税收支持的（可再生能源法，Erneuerbare Energien Gesetz，EEG），向零售消费者收取，对低收入家庭尤其有害。如今，德国是欧盟家庭电价最高的国家之一（见图 36.14）。

自 2000 年以来，德国可再生能源的增长基本弥补了部分核电的退出。2018 年，煤炭和天然气仍占总发电量的 52%。煤炭的市场份额为 38%，低于 10 年前的约 50%，但仍然是主要的发电来源（IEA，2020b）。不过，根据加速脱碳的政治承诺，德国已经开始计划在 2038 年之前逐步退煤。

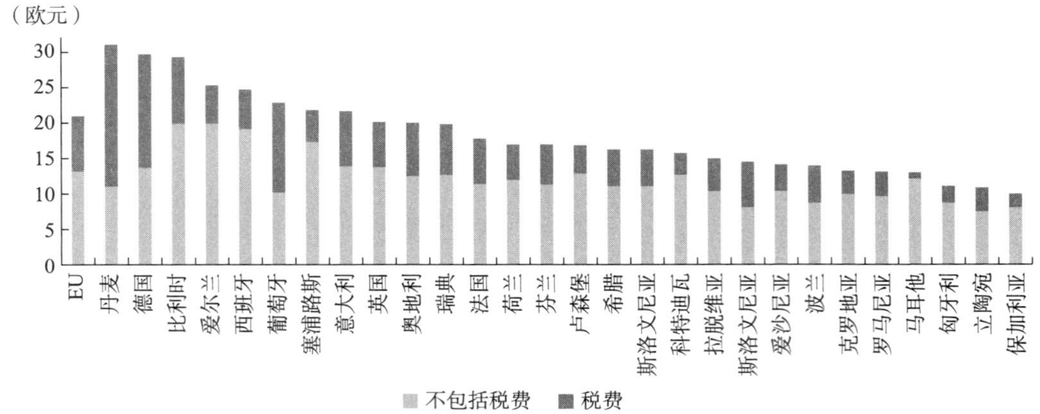

图 36.14　2018 年下半年每 100 千瓦时的家庭平均电价

资料来源：欧洲统计局。

5.5　波兰

欧盟委员会及其主要西方成员国反对在欧洲能源结构中使用煤炭的政治压力和动力与一些中欧和东欧成员国的现实情况相悖，这些国家仍然高度依赖煤炭。如图 36.2 所示，2019 年波兰一次能源供应总量中煤炭的市场份额为 44%、捷克为 32%、保加利亚为 29%。

波兰对煤炭和化石能源的依赖性很强。除了拥有大量的煤炭储量外，考虑到波兰与俄罗斯之间的敌意，为了平衡几乎完全依赖俄罗斯的石油和天然气，煤炭也是必不可少的。在这一努力中，波兰开始进口美国的 LNG，以减少依赖俄罗斯天然气的脆弱性。目前，煤炭几乎占波兰一次能源供应总量的 50%、占发电量的 80%（见图 36.15 和图 36.16）。虽然相对而言，天然气和可再生能源在 1990 年至 2017 年确实取代了煤炭在燃料结构中的部分份额，但从绝对值来看，煤炭仍然保持非常稳定的占比（Rentier et al.，2019）。

虽然煤炭产量在 20 世纪 70 年代末之前一直稳步增长，于 1979 年达到了 2.01 亿吨的峰值，但该部门和相关行业的情形却并不妙。煤炭在能源结构中的重要性也对社会和就业产生了影响。波兰煤炭部门雇用了大约 10 万名工人。然而，在过去的几十年中，面对欧盟以外煤炭生产商的竞争和国际气候压力，波兰的煤炭已经在国际市场上失去竞争力且不盈利。因此，后来政府为该行业提供了财政援助和补贴。据估计，2013 年至 2018 年，波兰用于救助该国煤炭能源部门的费用高达 68 亿欧元（DW，2020）。

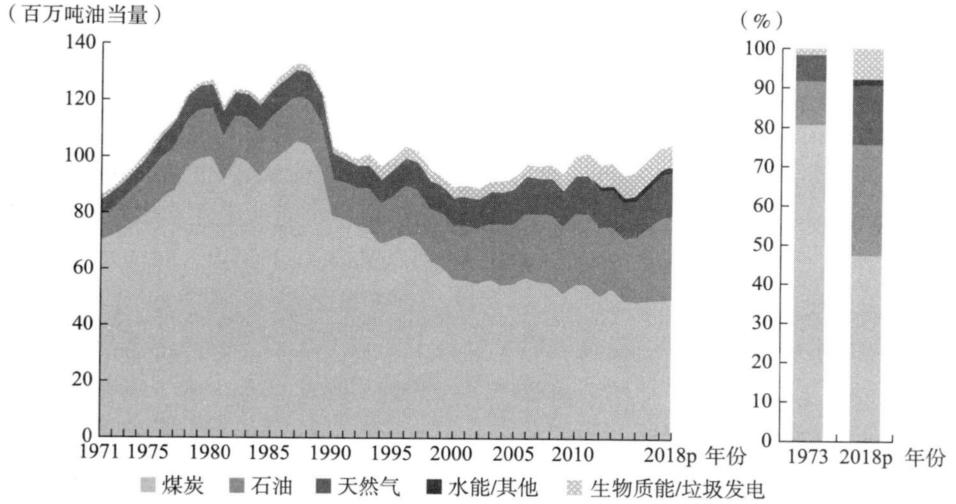

图 36.15　波兰按能种分类的一次能源供应

资料来源：IEA,《世界能源概述》(2019)，第 128 页。

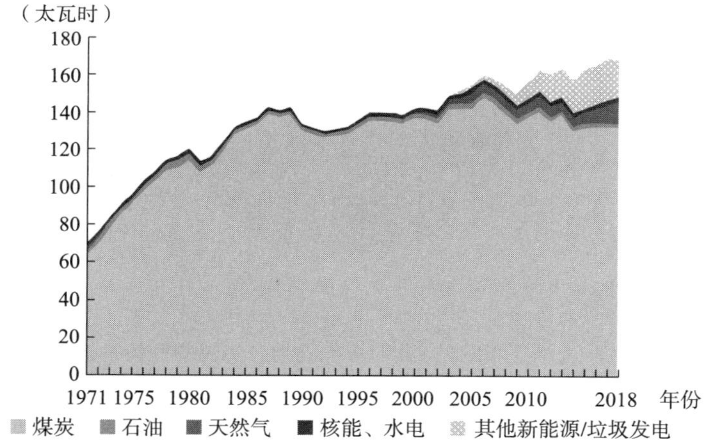

图 36.16　波兰按能种分类的发电量

资料来源：IEA,《世界能源概述》(2019)，第 128 页。

波兰政府开始考虑能源部门的重大变革。引发这种考虑的原因有：①在波兰继续生产煤炭的经济劣势；②欧盟排放交易计划下预期成本增加带来的压力；③欧洲机构要求脱碳的政治压力［政客（POLITICO），2020］。为此，波兰考虑发展核部门和可再生能源（尤其是海上风电）。2020 年，波兰提出了一项 400 亿美元的投资计划，即建设第一批核电站，同时制定了 2040 年的新能源战略（FT，2020）。波兰希望建设 6 吉瓦至 9 吉瓦的核电能力，第一台核电机组应在 2033 年投入使用。2021 年，波兰宣布了一项新的计划，将在 2030 年前投资 225 亿欧元支持海上风电项目。

6 欧洲绿色协议：在2050年实现欧盟的碳中和

如前所述，在过去几十年里，气候问题和脱碳努力一直是欧盟能源政策的首要任务。2019年，欧盟新任委员会主席乌尔苏拉·冯德莱恩重申了欧盟对气候变化的政治承诺。她推出了一项雄心勃勃的全面政策计划，名为《欧洲绿色协议》。该计划的主要目标是将欧洲转变为资源利用高效且有竞争力的经济体，使欧盟在2050年前实现温室气体净零排放。为此，有必要进一步将经济增长与资源利用脱钩，并使能源脱碳。为了实现气候中和的目标，欧盟经济需要进行实质性改革。

在过去几十年里，欧盟的脱碳战略主要集中在电力部门，因为电力部门是迄今为止最容易脱碳的部门。尽管如此，这也并不是一项容易的任务。为了实现碳中和，欧盟不仅需加大力度对电力部门脱碳，还需要解决所有其他部门，包括建筑、工业和运输等难以脱碳的部门的脱碳问题。图36.17显示了各部门的温室气体排放比例。

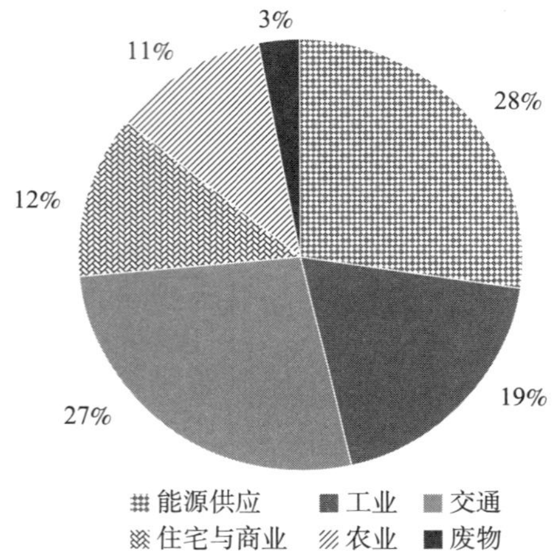

图36.17 2017年欧盟28国按部门划分的温室气体排放情况

注：交通部门包括国际航空和航运。

资料来源：欧洲经济区，https://www.eea.europa.eu/data-and-maps/daviz/ghg-emissions-by-aggregatedsector-5#tab-dashboard-02。

2020年，欧洲经济体经历了前所未有的健康危机，即新冠肺炎疫情，并迅速演变为经济和社会危机。欧洲各国政府和欧盟需对经济和社会恢复作出计划。在最初的恢复阶段，国家在经济中的作用有所提高，伴随着大量的公共债务和投资。

经过漫长而艰难的谈判，欧洲各国终于达成了一个投资7500亿欧元的复苏计划，即“下一代欧盟”计划（Next Generation EU）。复苏计划包括3900亿欧元的捐助和3600亿欧元的贷款，将直接用于欧洲经济。通过“下一代欧盟”计划，欧洲领导人寻求重塑经济模式，建立一个更清洁、更可持续和数字化的社会，同时解决2020年健康和经济危机带来的重要问题。

因此，考虑到经济复苏的需要，欧盟不仅保持了其脱碳承诺，还于2021年7月发布了“减排55%”（Fit for 55）的一揽子计划，该计划将促进温室气体排放量到2030

年比 1990 年减少 55%（见图 36.18）。虽然它的批准和实施并非易事，但该一揽子计划将在 21 世纪 20 年代深化和扩展欧洲经济和社会的脱碳行动，以便在 2050 年实现气候中和。该一揽子计划包含几项立法建议。一些建议是现有的气候和能源政策与目标的演变，如提升可再生能源份额（从至少 32% 提升到 40%）和能源效率（从至少 32.5% 提升到 36%），或对欧洲能源税收进行深度改革。另一些立法建议设想应用新的雄心勃勃的气候工具。例如，为建筑和公路运输制订新的欧盟排放交易计划，或修订新车的碳排放标准，即到 2030 年排放应减少 55%，到 2035 年减少 100%。

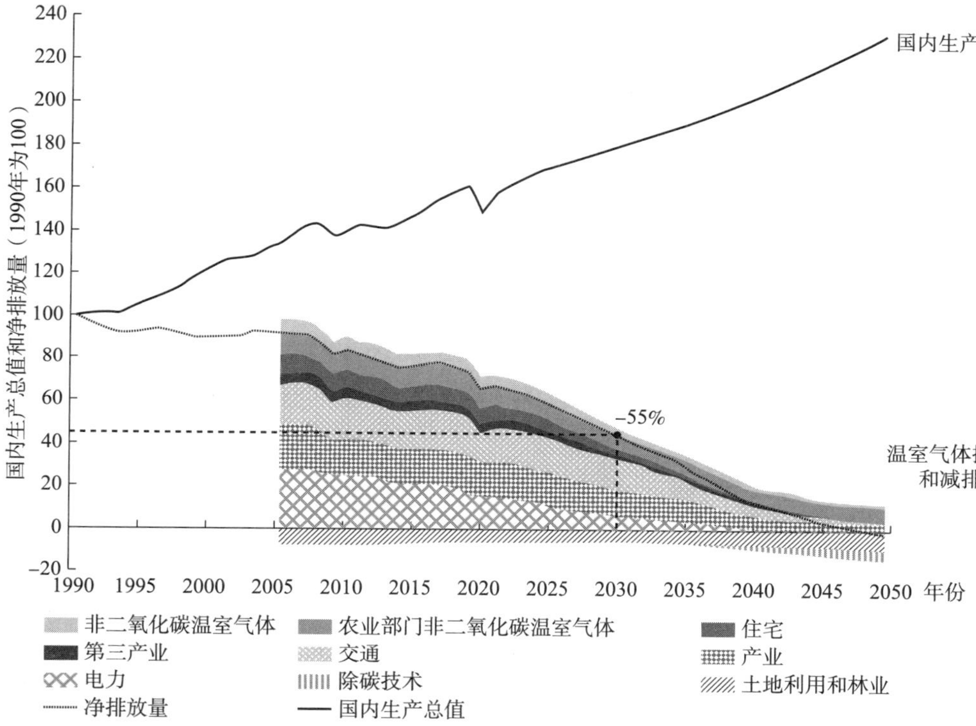

图 36.18　欧盟 2030 年温室气体排放目标和 2050 年碳中和目标

资料来源：欧盟委员会（2020）。

为了实现设想的能源转型，欧盟经济需要进行调整和适应，以保持竞争力。为此，欧盟委员会发起了几项倡议：欧洲电池联盟（the European Battery Alliance）、欧洲清洁氢联盟（the European Clean Hydrogen Alliance）和欧洲原材料联盟（the European Raw Materials Alliance）。这些倡议有望发展成价值链，保持欧洲工业的竞争力，并创造新的就业机会，为未来的低碳经济做准备。随着电气化主导未来的汽车行业，欧盟需要将其在内燃机技术方面的领先地位转移到电动汽车领域。欧洲电池联盟就是为了避免落后于其他主要技术中心（特别是中国）而作出努力的例子。此外，这些举措也是出于对能源安全的考量，因为专业技术和稀土获取都是转型必备的。

欧洲经济的转型将带来深远的社会经济影响。欧盟必须避免负面分配效应，并尽量减轻转型带来的负担。2019 年，欧盟成立了“公正转型基金”（Just Transition Fund,

JTF），以促进受能源转型负面影响地区的经济多元化和经济恢复。

尽管欧盟决定划拨资金以减轻能源转型的负担，但在成员国之间以及成员国内部，尤其是日益分化的社会中，通往碳中和的道路难免会遇到挑战和反对。

欧盟面临着东欧和西欧国家之间以及欧盟社会内部民族主义和欧洲主义之间的多重分歧。在国家层面，像法国“黄背心”这样的民众抗议活动仍可能会在未来爆发，因为转型带来了额外的成本负担以及先前特权、福利和工作的丧失，尤其是对中低收入阶层来说。在欧洲层面，一些成员国因为其社会经济特点和能源结构，反对大力脱碳。例如，因为煤炭在其经济中的重要作用，中欧和东欧国家经常对全面脱碳表示质疑。

除了欧洲内部，能源转型还涉及欧盟以外的国家。欧盟需要与第三国合作，共同应对全球气候变化。2019 年，欧盟约占全球二氧化碳排放量的 9.5%，而中国占 28.8%、美国占 14.5%、印度占 7.3%、俄罗斯占 4.5%。因此，其他世界主要经济体和排放国的参与合作，对于成功实现全球脱碳和应对气候变化至关重要。为此，欧盟与其他国家展开了所谓的气候外交。

欧盟还考虑对某些部门实施欧盟碳边境调节机制（Carbon Border Adjustment Mechanism，CBAM），以防止欧盟潜在碳排放重新分配到欧盟以外的地方（碳泄漏）。潜在碳排放重新分配的动机在于规避欧洲的气候政策以及更高的碳价，有了欧盟碳边境调节机制，进口商品的价格将更准确地反映其碳含量，确保欧盟的绿色目标不会因在气候政策要求较低的国家生产商品而受到损害。然而，欧盟拟议的机制在法律和政治层面受到阻碍。从法律层面来说，欧盟必须建立符合世贸组织规则的机制。在政治层面，这种机制遭到了一些主要经济体的强烈反对，特别是美国、中国和俄罗斯。尽管在政治上存在争议，欧盟委员会还是将欧盟碳边境调节机制的立法纳入“减排 55%”的一揽子计划中，设想了一个到 2026 年的过渡期，并对特定的商品实施。

2020 年，几个主要经济体和排放国[①]承诺在 21 世纪中叶实现碳中和。欧盟可以从全世界增加的对碳中和的政治承诺中受益。欧盟将需要与这些国家和其他未来将承诺碳中和的国家合作，加强全球合作，实现脱碳并应对气候变化。

7 结论

自第二次世界大战以来，欧盟的能源结构在多重目标（能源安全、竞争力和可持续性）的推动下，经历了持续的转变。随着气候政策的地位在过去 20 年中变得越来越高，欧盟加强了其政治承诺，即在 2050 年实现碳中和。为了实现这一目标，欧盟必须使所有部门脱碳，同时采取所有可能的方法来抵消剩余排放。为此，欧盟制定了多项产业政策，以调整和适应其经济，并与其他主要经济体和先进技术中心（尤其是中国）相比，保持竞争力。

然而，无论对于欧盟还是全球，能源转型都不是一条容易的道路。欧盟内部，能

① 其中，日本到 2050 年、韩国到 2050 年、中国到 2060 年。

源转型可能会遇到来自特定人群和一些成员国的反对。因此，欧盟试图避免负面分配效应，以减轻特定人群以及最受影响地区的转型负担。在全球范围内，欧盟正在与其他主要经济体和排放国合作，以成功应对气候变化，并确保在全球范围内实现脱碳。

参考文献

[1] BEIS(2020), Natural Gas, in: Digest of United Kingdom Energy Statistics 2020.Available at: https: //assets.publishing.service.gov.uk/government/uploads/system/uploads/attachment_data/fle/924591/DUKES_2020_MASTER.pdf.

[2] BP(2020), Statistical Review of World Energy 2020.CDP, SNAM, Terna, and The European House Ambrosetti(2019), The Energy.

[3] Transition in Italy and The Role of the Gas and Power Sectors.Available at: https: //download.terna.it/terna/Transizione_Energetica_8d75215ad40fffa.pdf.

[4] Consilium(2014), The 2030 Climate and Energy Framework.Available at: https: //www.consilium.europa.eu/en/policies/climate–change/2030–climate–and–energyframework/.

[5] DW(2020), Poland Shelves Major Coal Sector Restructuring Plans, 29 July 2020.Available at: https: //www.dw.com/en/poland–shelves–major–coal–sectorrestructuring–plans/a–54363275.

[6] EC EUROPA(2014), European 2030 Climate & Energy Framework.Available at: https: //ec.europa.eu/clima/policies/strategies/2030_en.

[7] EC EUROPA(2018), A Clean Planet for All a European Strategic Long–Term Vision for a Prosperous, Modern, Competitive and Climate Neutral Economy, COM(2018)773 fnal.Access on October 2020.Available at: https: //eur–lex.europa.eu/legalcontent/EN/TXT/PDF/? uri=CELEX: 52018DC0773&from=EN.

[8] EC EUROPA(2019), Clean energy for all Europeans Package.Available at: https: //ec.europa.eu/energy/topics/energy–strategy/clean–energy–all–europeans_en.

[9] EC EUROPA(2020a), Energy Production and Imports.Access on October 2020.Available at: https: //ec.europa.eu/eurostat/statistics–explained/index.php/Energy_ production_and_imports#The_EU_and_its_Member_States_are_all_net_importers_of_energy.

[10] EC EUROPA(2020b), Energy Prices and Costs in Europe, COM(2020)951 fnal.Access on October 2020.Available at: https: //eur–lex.europa.eu/legal–content/EN/TXT/PDF/? uri=CELEX: 52020DC0951&from=EN.

[11] EC EUROPA(2020c), Stepping up Europe's 2030 climate ambition, COM(2020)562 fnal.Access on 17 September 2020.Brussels.36 ENERGY AND THE ECONOMY IN EUROPE 760.

[12] EEA(2019), Energy Intensity, Available at: https: //www.eea.europa.eu/data–andmaps/indicators/total–primary–energy–intensity–4/assessment–1.

[13] EIA(2018), Coal Power Generation Declines in United Kingdom as Natural Gas, Renewables Grow, 24 April 2018.Available at: https: //www.eia.gov/todayinenergy/detail.php? id=35912.

[14] EUROPA(2006), Green Paper.A European Strategy for Sustainable, Competitive and Secure Energy, COM(2006)105 fnal, Brussels, 8.3.2006.Available at: https: //europa.eu/documents/comm/green_papers/pdf/com2006_105_en.pdf.

[15] EUROSTAT(2020), Energy Production and Imports.Access on April 2020.Available at: https: //ec.europa.eu/eurostat/statistics–explained/index.php/Energy_production_and_imports#The_EU_

and_its_Member_States_are_all_net_importers_of_energy.

[16] FT(2020), Poland Plans $40bn Nuclear Push to Cut Reliance on Coal, September 8, 2020. Available at: https: //www.ft.com/content/1ed55036-24b0-4734-9901-76133cfd3c3b.

[17] FuelsEurope(2019), Statistical Report 2019.Available at: https: //www.fuelseurope.eu/wp-content/uploads/FuelsEurope-Statistical-Report-2019-2.pdf.

[18] GOUVERNEMENT FR(2018), Multiannual Energy Programme: Its Aims, 28 November 2018. Available at: https: //www.gouvernement.fr/en/multiannualenergy-programme-its-aims.

[19] IEA(2016), Italy Review 2016, Energy Policies of IEA Countries.

[20] IEA(2017), France Review 2016, Energy Policies of IEA Countries.

[21] IEA(2019), Energy Intensity. Available at: https: //www.iea.org/reports/sdg7-dataand-projections/energy-intensity, in: IEA "SDG7: Data and Projections" , IEA, Paris.

[22] IEA(2020a), Energy Data and Statistics.Access on October 2020.Available at: https: //www.iea.org/data-and-statistics? country=WORLD&fuel=Energy%20supply&indic ator=TPESbySource.

[23] IEA(2020b), Germany Review 2020, Energy Policies of IEA Countries.

[24] POLITICO(2020), Coal-Dependent Poland Pivots Toward Green Energy, September 25, 2020. Available at: https: //www.politico.eu/article/coal-dependent-polandgreen-energy-pivot/.

[25] Rentier, G., Lelieveldt, H., and Kraner, G.J.(2019), Varieties of Coal-Fired Power Phase-Out Across Europe, Energy Policy, Volume 132, pp. 602-632.Available at: https: //www.sciencedirect.com/science/article/pii/S0301421519303465.

[26] UN DESA(2019), World Population Prospects 2019, UN Population Division, Department of Economic and Social Affairs.

[27] UK GOV(2019), Historical Coal Data: Coal Production, Availability and Consumption.Available at: https: //www.gov.uk/government/statistical-data-sets/historical-coaldata-coal-production-availability-and-consumption.

[28] Yafmava, K.(2020), 'Finding a Home' for Global LNG in Europe: Understanding the Complexity of Access Rules for EU Import Terminals, The Oxford Institute of Energy Studies, OIES Paper NG 157, January 2020.Available at: https: //www.oxfordenergy.org/wpcms/wp-content/uploads/2020/01/Finding-a-home-forglobal-LNG-in-Europe-NG-157.pdf.

[29] Yergin, D.(2009), The Prize—The Epic Quest for Oil, Money & Power, Free Press.

中英文对照术语表

英文	缩写（如有）	中文
Annual Contracted Quantity	ACQ	年度合同量
Africa-European Union Energy Partnership	AEEP	非洲—欧盟能源伙伴关系
Alkaline Electrolysis	AEL	碱性电解
African Development Bank	AfDB	非洲开发银行
Artificial Intelligence	AI	人工智能
Argus Sour Crude Index	ASCI	阿格斯含硫原油价格指数
American Petroleum Institute	API	美国石油学会
Agreement on Subsidies and Countervailing Measure	ASCM	补贴与反补贴措施协定
Battery-Electric Vehicle	BEV	纯电动汽车
Boil off Gas	BOG	蒸发气体
Balance of System	BOS	平衡系统
Behind-the-Metre		表后
California ISO	CAISO	加利福尼亚独立系统运营商
Capital Expenditure	CAPEX	资本支出
Central African Power Pool	CAPP	中非电力联合体组织
Carbon Border Adjustment Mechanism	CBADM	碳边境调节机制
Combined Cycle Gas Turbine	CCGT	联合循环燃气轮机
Carbon Capture and Storage	CCS	碳捕集和封存
Carbon Capture, Utilization and Storage	CCUS	碳捕集、利用和封存
Clean Development Mechanism	CDM	清洁发展机制
Certified Emission Reduction	CER	核证减排量
Capacity Factor (Utilization Rates Or Load Factors)		容量因子 / 容量系数
Contracts for Difference	CFD	价差合约
Combined Heat and Power	CHP	热电联产
Costs, Insurance and Freight	CIF	成本、保险费、运费
Chicago Mercantile Exchange	CME	芝加哥商品交易所

续表

英文	缩写（如有）	中文
Compressed Natural Gas		压缩天然气
Concentrated Solar Power	CSP	光热发电
Dated Brent		即期布伦特
Delivery Ex Ship	DES	卸货港交货
District Heating	DH	区域供热
European Atomic Energy Community	EAEC	欧洲原子能共同体
European Commission	EC	欧盟委员会
Export Credit Agency	ECA	出口信用机构
European Coal and Steel Community	ECSC	欧洲煤钢共同体
Erneurbare Energien Gesetz	EEG	可再生能源法
European Union	EU	欧盟
European Investment Bank	EIB	欧洲投资银行
European Energy Exchange	EEX	欧洲能源交易所
Enhanced Geothermal System	EGS	增强型地热系统
Energy Intensity	EI	能源强度
Energy Intensive Industry	EII	高耗能行业
Energy Information Administration	EIA	美国能源信息署
European Marine Energy Centre	EMEC	欧洲海洋能源中心
Emergency Petroleum and Allocation Act	EPAA	美国《紧急石油分配法》
Engineering, Procurement, Construction	EPC	设计、采购和施工
Electricity Reliability Council of Texas	ERCOT	得克萨斯州电力可靠性委员会
Emission Reduction Unit	ERU	减排单位
East African Power Pool	ESPP	东非电力联合体组织
Emission Trading System	ETS	排放交易系统
Energy Information Administration	EIA	美国能源信息署
Electric Vehicle	EV	电动汽车
Fluid Catalytic Cracking	FCC	流化催化裂化
Fuel Cell Electric Vehicle	FCEV	燃料电池汽车
First–Come–First–Served	FCFS	先到先得
Front End Engineering Design	FEED	前端工程设计
Federal Energy Regulatory Commission	FERC	美国联邦能源管理委员会
Feed–in Premium	FIP	溢价补贴
Feed–in Tariff	FIT	上网电价补贴
Floating Liquefaction Facilities	FLNG	浮式液化天然气

续表

英文	缩写（如有）	中文
First-of-A-Kind	FOAK	全球首堆
Fischer-Tropsch Synthesis	F-T	费托合成法
Free on Board	FOB	装运港交货
Floating Production Storage and Offloading	FPSO	浮式生产储卸油装置
Fraunhofer ISE		德国弗劳恩霍夫太阳能系统研究所
Fraunhofer IEG		德国弗劳恩霍夫能源基础设施和地热能研究所
French Nuclear Society	SFEN	法国核能协会
Floating Storage and Regasification Units	FSRU	浮式储存和再气化装置
Gross Domestic Product	GDP	国内生产总值
Greenhouse Gas	GHG	温室气体
Gas Sales Agreement	GSA	天然气销售协议
Gas Transportation Agreement	GTA	天然气运输协议
Gas Turbine Combined Cycle	GTCC	燃气轮机联合循环
Gas-to-Liquids	GTL	气转液
Gas-to-Solids	GTS	气转固
Heavy Fuel Oil	HFO	重质燃料油
International Bank for Reconstruction and Development	IBRD	国际复兴开发银行
Intercontinental Exchange	ICE	洲际交易所
International Energy Agency	IEA	国际能源署
International Finance Corporation	IFC	国际金融公司
International Gas Union	IGU	国际燃气联盟
Indirect Land Use Change	ILUC	间接土地利用变化
International Maritime Organization	IMO	国际海事组织
International Organization of Securities Commission	IOSCO	国际证监会组织
Intergovernmental Panel on Climate Change	IPCC	政府间气候变化专门委员会
International Renewable Energy Agency	IRENA	国际可再生能源署
Internal Rate of Return	IRR	内部收益率
Inter-American Development Bank		美洲开发银行
Japanese Bank for International Cooperation	JBIC	日本国际协力银行
Japan Korea Marker	JKM	日韩基准
Joint Operating Agreement	JOA	联合作业协议
Levelized Cost of Electricity	LCOE	平准化度电成本
Levelized Cost of Storage	LCOS	储能度电成本

续表

英文	缩写（如有）	中文
Louisiana Light Sweet	LLS	路易斯安那轻质低硫原油
Load Duration Curves	LDC	负荷持续时间曲线
Liquefied Natural Gas	LNG	液化天然气
Liquid Organic Hydrogen Carriers	LOHCs	液态有机氢载体
LNG Carrier	LNGC	液化天然气运输船
Loss of Load Expectation	LOLE	负荷预期损失
Liquefied Petroleum Gas	LPG	液化石油气
London Stock Exchange	LSE	伦敦股票交易所
Material Handling Vehicle	MHV	物料搬运车
Maximum Allowable Operational Pressure	MAOP	最大允许工作压力
Mcq Minimum Contracted Quantity	MCQ	最低合同量
Nameplate Capacity		额定功率
Merit Order Effect		优序效应
National Audit Office	NAO	英国国家审计署
National Balancing Point	NBP	国家平衡点
Nationally Determined Contribution	NDC	国家自主贡献
National Oil Company	NOC	国家石油公司
Net Present Value	NPV	净现值
National Renewable Energy Lab	NREL	国家可再生能源实验室
New York Mercantile Exchange	NYMEX	纽约商品交易所
Nuclear Regulatory Commission	NRC	美国核管理委员会
Organization for Economic Co–Operation and Development	OECD	经济合作与发展组织
Oecd–Nuclear Energy Agency	OECD–NEA	经合组织核能署
Operation & Maintenance Costs	O&M	运营和维护成本
Office for the Gas and Electricity Markets	OFGEM	英国天然气与电力办公室
Operating Expenditures	OPEX	操作费用 / 运营费用
Organic Rankine Cycle	ORC	有机朗肯循环
Official Selling Price	OSP	官方销售价格
Power–to–Gas	P2G	电转气
Power–to–Heat	P2H	电转热
Power–to–Liquids	P2L	电转液
Power–to–Vehicle	P2V	电转车
Polymer Electrolyte Membrane Electrolysis	PEMEL	质子交换膜电解

续表

英文	缩写（如有）	中文
Power Purchase Agreement	PPA	购电协议
Public–Private Partnership	PPP	政府和社会资本合作
Price Reporting Agency	PRA	价格报告机构
Production Sharing Contracts	PSC	产品分成合同
Pressure Swing Adsorption	PSA	变压吸附法
Photovoltaics	PV	光伏发电
Renewable Portfolio Standard	RPS	可再生能源配额制
South African Power Pool	SAPP	南非电力联合体组织
Sustainable Development Goal	SDG	可持续发展目标
Small Modular Reactor	SMR	小型模块化反应堆
Solid Oxide Electrolysis	SOEL	固体氧化物电解
Sale and Purchase Agreement	SPA	购销协议
Saint Petersburg International Mercantile Exchange	SPIMEX	圣彼得堡国际商品交易所
Strategic Petroleum Reserve	SPR	战略石油储备
Special Purpose Vehicle	SPV	特殊目的公司
True Boiling Point	TBP	实沸点
Temperature Swing Adsorption	TSA	变温吸附法
Transmission System Operator	TSO	输电系统运营商
Unit Energy Consumption	UEC	单位能耗
United Nations Framework Convention on Climate Change	UNFCCC	联合国气候变化框架公约
Value–Adjusted Lcoe	VALCOE	价值调整后的平准化度电成本
Virtual Power Plant	VPP	虚拟电厂
Weighted Average Cost of Capital	WACC	加权平均资本成本
West African Power Pool	WAPP	西非电力联合体组织
Western Canada Select	WCS	西加拿大精选价格
Wave Energy Converter	WEC	波浪能转换器
Western Texas Intermediate	WTI	西得克萨斯中质原油
World Trade Organization	WTO	世界贸易组织
Atomic Energy Commission	IAEA	国际原子能机构

撰稿人简介

马可·巴罗尼（Marco Baroni）是一位能源专家、顾问，也是巴黎政治大学国际事务学院的讲师。巴罗尼在能源领域拥有20多年丰富的工作经验，曾在广受认可的国际能源机构（IEA）、一家充满活力的欧洲电力和天然气公用事业公司、大学以及能源咨询公司工作。他与团队合作撰写了共11版IEA旗舰报告《世界能源展望》，负责管理电力和可再生能源团队，并负责相关分析、建模和撰写工作。他还共同负责情景设计、气候、天然气、补贴和能效等领域的分析工作。此外，巴罗尼曾在一家荷兰电力和天然气公用事业公司埃森特贸易（Essent Trading）担任高级市场分析师，负责煤炭和电力市场的中长期分析工作。巴罗尼拥有意大利帕多瓦大学电气工程硕士学位。

杜茹瓦·巴特纳格尔（Dhruv Bhatnagar）是美国西北太平洋国家实验室（Pacific Northwest National Laboratory，USA）的研究工程师。他拥有加利福尼亚大学的学士学位和卡内基梅隆大学的硕士学位，目前研究领域是能源的技术经济和监管政策分析，涉及海洋能源、海上风电、电动汽车、地热、水力发电和储能资源。

艾克·布鲁姆·韦里（Eike Blume-Werry）曾在英国、法国和维也纳学习。在攻读能源经济学博士学位期间，他曾在瑞士最大的电力公司Axpo工作，并于最近加入了德国工业联合会（Federation of German Industries），担任气候和能源政策高级经理。

安德烈亚·博赞尼（Andrea Bonzanni）是一位能源政策和监管领域的专家，主要研究欧洲电力、天然气和碳排放市场。他自2013年起就职于法国电力贸易有限公司（EDF Trading），曾在输送、监管和合规等部门工作。在加入EDF Trading之前，他曾就职于位于挪威国家石油公司（现艾奎诺）和联合国欧洲经济委员会（United Nations Economic Commission for Europe，UNECE）。他是巴黎政治大学国际事务学院和位于纳托林的欧洲学院的客座教授。2016年，他入选福布斯欧洲地区“30位30岁以下精英”的榜单。他拥有意大利帕维亚大学和瑞士日内瓦高等国际关系与发展研究院的学位。

莉兹·博斯莱（Liz Bossley）是一位拥有40年国际贸易方面从业经验的专业顾问。1999年4月，她成立了一家贸易咨询公司，即Consilience能源咨询集团有限公司。该公司专门从事石油实物和衍生品市场等相关业务，包括石油运输和炼制。她为油气公司、工业公司、公用事业公司、政府实体、监管机构和服务供应商提供咨询建议，涉及与市场运作、合同以及原油、成品油定价和风险管理等相关问题。她经常作为专家证人出席专业领域的法庭和仲裁活动，并撰写多部著作，在能源媒体和学术期刊上发表100多篇文章。

纳迪娜·布莱特·鲁佐（Nadine Bret-Rouzaut）是多所大学的副教授。此前，她曾担任法国石油研究院（IFP School）经济学与管理中心主任，该中心是一个关于能源及运输行业的研究生院，她负责5个能源相关的国际硕士课程，其中一些课程与美国、俄罗斯和欧洲的大学合作。在加入法国石油研究院之前，她曾在法国工业部油气司担任多个职务。她拥有法国石油研究院的工程学学位、巴黎地球物理研究所的理论地球物理学硕士学位以及索邦商学院的工商管理硕士（MBA）学位。她讲授油气勘探与生产的经济学和管理学，方向是油气生产商战略、盈利能力研究等。她是《油气勘探与生产：储量、成本及合约》（*Oil and Gas Exploration and Production-Reserves*，*Costs*，*Contracts*）一书的协调人和合著者。

莫斯廷·布朗（Mostyn Brown）是AFRY管理咨询公司的高级顾问，主要研究实现“净零”排放最低成本的途径。他领导AFRY对全球最大的碳市场进行建模，包括欧盟排放交易体系和自愿抵消市场，他还专注于研究欧盟可再生能源电力市场的价格、政策和监管风险，以及数字技术在能源市场转型以减少碳排放方面的作用。在加入AFRY之前，他领导了一个仿生技术研究项目，以试验世界上最小电动机的特性。他拥有牛津大学生物物理学博士学位。

费代里科·拉赫马尔（Federico Cecchetti）是能源和环境政策领域的专家，目前就职于埃尼的公共事务部门。作为欧洲气候变化和可持续转型圆桌会议（Climate Change and Sustainable Transition，ERCST）的助理研究员，他与其他专家共同撰写了本手册“碳交易”一章。在加入ERCST之前，他完成了在欧洲议会和荷兰国际关系研究所国际能源项目的实习。他拥有锡耶纳大学政治学学士学位和瑞士日内瓦高等国际关系与发展研究院国际事务硕士学位。

西蒙纳斯·切尔尼亚斯卡斯（Simonas Cerniauskas）曾在莱比锡大学学习物理，并在德国达姆施塔特工业大学学习能源科学与技术。自2017年起，他在于利希研究中心能源与气候研究所技术经济系统分析部门（IEK-3）工作。他正在撰写的博士论文题目是《德国氢能基础设施的引进战略》，他的研究聚焦氢能需求情景、氢能需求本地化、基础设施开发和技术评价等。

贝特朗·沙托（Bertrand Château）1971年毕业于里昂中央理工学院，并于1977年在格勒诺布尔获得能源经济学博士学位。他在1991年创建了能源研究与信息平台Enerdata，并一直担任首席执行官直至2013年退休。在1988—1991年，他担任法国能源管理局（French Agency for Energy Management，AFME）经济部门主任，在1986—1988年，他担任亚洲理工学院的教授和联合国开发计划署的顾问，在1973—1986年，他担任能源经济与政策研究所研究员，并在该研究所任职两年。他与贝尔纳·拉皮永（B. Lapillonne）合作开发了被称为“MEDEE”的长期能源需求预测方法和模型，并参与了许多与国际机构、能源公司和政府的能源规划和需求预测有关的研究任务，他还参与了为法国政府和欧盟委员会开发和应用有关能源效率和气候变化政策的决策支持工具项目，并深度参与了经合组织、欧盟委员会和法国政府的各类可持续发展研究项目。

爱德华·周（Edward C. Chow）是一位拥有40多年行业经验的国际能源专家。他曾为政府、国际金融机构、大型跨国石油公司和领先的其他跨国公司提供咨询服务，包括制定政府政策和公司商业战略。他曾在雪佛龙总部和海外项目部工作20年，曾在乔治城大学和乔治华盛顿大学任教，并在俄亥俄大学和复旦大学担任客座教授，他是美国华盛顿特区战略与国际研究中心的高级助理，也被乔治梅森大学委任为教授。

菲利普·科林斯基（Philippe Copinschi）是非洲能源领域的政治和社会经济问题专家，他曾作为学者和顾问在非洲从事能源相关工作近20年。他是巴黎政治大学国际事务学院的教师，教授多门关于撒哈拉以南非洲地区政治经济学和非洲能源地缘政治的课程，研究的领域包括非洲能源可及性的挑战、非洲能源生产国的治理和发展战略以及非洲能源项目的经济和社会影响等。他为普通读者撰写了大量有关非洲能源问题的科学出版物和科普文章。

安塞尔姆·艾克（Anselm Eicke）是德国赫尔梯行政学院的博士研究生和助理研究员，他研究的课题是高比例可再生能源电力系统的监管。在攻读博士学位之前，他曾在汉诺威莱布尼茨大学、德国国际合作协会（German Corporation for International Cooperation，GIZ）和德国联邦能源与水工业协会（Bundesverband der Energie- und Wasserwirtschaft，BDEW）工作。他拥有巴黎政治大学国际能源硕士学位和柏林工业大学能源工程学士学位。

莱玛·艾克（Laima Eicke）是德国波茨坦高级可持续发展研究院（Institute for Advanced Sustainability Studies，IASS）的助理研究员和博士研究生。她研究的重点是全球能源转型的国际政治经济学，并专门研究能源转型融资和“全球南方”（Global South）。在加入IASS之前，她就职于德国国际合作协会，为各国政府实施《巴黎协定》提供支持。更早的时候，她曾在多家研究机构、联邦部委、非政府组织和咨询公司工作。她曾在维也纳经济和商业大学、德累斯顿工业大学学习国际关系和社会生态经济学与政策。

马丁·埃弗茨（Martin Everts）是Axpo战略与转型部门主管。在加入能源行业之前，他在瑞士伯尔尼大学从事货币宏观经济学的研究和教学工作，并在此完成经济学博士论文。在圣加仑大学攻读MBA期间，他同时在瑞士、德国和美国从事私募股权投资、风险投资和私人银行业务。此外，他还参与创办了多家初创公司。

贾科莫·法尔切塔（Giacomo Falchetta）是埃尼·恩里科·马泰基金会（Fondazione Eni Enrico Mattei，FEEM）的研究员，也是意大利米兰天主教圣心大学的博士研究生。他拥有伦敦政治经济学院的理学硕士学位，曾是国际应用系统分析研究所（International Institute for Applied Systems Analysis，IIASA）和PBL荷兰环境评估机构的客座研究学者。他从事能源、经济和环境系统分析方面的应用研究，重点关注撒哈拉以南非洲地区，并擅长分析电力供应形势和评估气候—水—能源—食品的关系。他在能源和环境领域颇具影响力的期刊上发表过多篇论文，并为多部专业著作作出贡献。

阿拉什·法努什（Arash Farnoosh）拥有法国国立应用科学学院（Institut National des Sciences Appliquées，INSA）和法国国立高等石油和发动机学院（Ecole Nationale Supérieure du Pétrole et des Moteurs，ENSPM）的工程师研究生学位，以及法国图卢兹大学的能源与输送工程硕士学位，他还获得了蒙彼利埃大学经济学博士学位。在主持“电力经济学与数字化转型”研究工作的同时，他还在法国石油学院、巴黎政治大学和巴黎高等师范学院指导两个硕士项目，并教授能源经济学和管理学课程。在作为经济学家和教师加入法国石油与新能源学院（Institut francaais du psamtrole et des Energies Nouvelles，IFPEN）之前，他曾在法国空中客车公司、道达尔勘探与生产公司和法国巴黎投资银行集团等多家机构担任技术经济工程师和分析师。

瓦莱丽·福顿（Valerie Faudon）是法国核能协会（French Nuclear Energy Society，SFEN）的行政官员，也是欧洲核学会（European Nuclear Society，ENS）的副主席，并在巴黎政治大学国际事务学院任教。2009—2012年，她曾先后在阿海珐公司（AREVA）担任市场总监，在惠普和阿尔卡特朗讯公司担任管理职务。她毕业于巴黎综合理工学院、法国国立路桥大学和巴黎政治大学，并拥有斯坦福大学的理学硕士学位。

让·皮埃尔·法文内克（Jean-Pierre Favennec）是一位能源专家，研究领域涉及能源经济、地缘政治和战略等。他曾专门研究油气下游行业，并撰写了多篇相关论文。他著有多部作品，包括《炼油经济与管理》（*Refining Economics and Management*，2001）、《油气勘探与生产：储量、成本及合约》（*Oil and Gas Exploration and Production-Reserves，Costs，Contracts*，2011）、《能源市场》（*The Energy Markets*，2013）、《能源地缘政治》（*The Geopolitics of Energy*，2018）和《世界能源地图集》（*World Atlas of Energies*，2015年）。法文内克是公认的非洲能源领域专家，担任非洲能源发展协会主席，并撰写了《2050年非洲能源》（Energy in Africa in 2050，2015），是每年在非洲举行的非洲能源峰会的负责人。

卡洛斯·费尔南德斯·阿尔瓦雷斯（Carlos Fernández Alvarez）于2010年加入IEA担任高级能源分析师，并为IEA的许多出版物作出了贡献，包括旗舰出版物《世界能源展望》（World Energy Outlook）《世界能源投资》（World Energy Investment）《全球能源评论》（Global Energy Review）等报告。他也是IEA煤炭报告的负责人。他在能源领域拥有近30年的工作经验，职业生涯开始于在发电厂担任能源顾问，参与过各种项目，包括核电厂系统建模和安全评估、控制室设计、辐射防护、许可申请、研发项目和投标评价等。在私营公司工作十年之后，他在2001年加入了西班牙政府，在此工作十年，并作为能源顾问参与了天然气和电力政策讨论。2003年，他被任命为能源政策和矿业局负责矿业的副局长。自2007年至加入IEA，他一直担任西班牙煤炭局（该机构负责西班牙煤炭行业管理和煤矿地区的替代发展）的负责人。

法比奥·热那亚语（Fabio Genoese）在能源领域工作超过12年。他的职业生涯开始于2008年担任能源公司和德国政府的顾问，在制定监管措施以避免极端负电价方面发挥了重要作用。在2013—2016年，他在总部位于布鲁塞尔的欧洲政策研究中心（Centre for European Policy Studies，CEPS）负责电力政策分析，撰写了大量关于电力市场设计的报告，并通过CEPS工作组与企业和机构利益相关者交流。2016/2017年，他作为智能能源系统专家（Smart Energy Systems Expert）在绿色燃气和电动汽车领域为恩吉集团（ENGIE）的创新战略作出了贡献。在2014—2019年，他是位于罗马的意大利电网公司（Terna）的战略主管，并在巴黎政治大学担任客座教授。他拥有能源经济学博士学位和物理学硕士学位。

曼弗雷德·哈夫纳（Manfred Hafner）是国际能源研究（地缘政治与能源经济）教授，在约翰·霍普金斯大学高级国际问题研究院欧洲校区（School of Advanced International Studies，SAIS Europe）和巴黎政治大学国际事务学院担任兼职教授，并参与了全球多个高管培训项目。哈夫纳是埃尼·恩里科·马泰基金会（FEEM）“地缘政治与能源转型”（前身为“未来能源”）研究项目的负责人。在30多年的职业生涯中，他为各国政府、国际组织（欧盟委员会、世界银行、IEA、IRENA、七国集团、二十国集团等）和行业提供了广泛的国际能源咨询服务，并为欧盟委员会组织了多个大型跨学科研究项目。哈夫纳拥有德国慕尼黑工业大学能源工程硕士学位、法国石油与新能源研究院（IFPEN）和法国巴黎第二大学的能源经济学与商业硕士学位，以及美国宾夕法尼亚大学能源经济学、管理与政策硕士学位，并拥有巴黎高等矿业学院能源研究博士学位。他撰写了多部关于国际能源问题的著作。

热罗姆·哈尔布特（Jérôme Halbout）是法国4D全球能源顾问公司（4D Global Energy Advisors）的管理合伙人，管理着超过4.5亿美元的油气行业中小型私营公司的投资，同时也是新的4DIGITAL投资平台的创始人。在2001年创立4D之前，他曾担任拉扎德投资银行项目融资部门主管和里昂信贷银行能源公用事业部门主管。他毕业于巴黎高等师范学院，并拥有巴黎大学地球化学博士学位和理学博士学位。在进入金融行业工作之前，他曾在法国国家科学研究中心（National Centre for Scientific Research，CNRS）从事了10年的科学研究工作，并在芝加哥大学恩利克·费米研究所（Enrico Fermi Institute）从事博士后研究工作。他曾担任巴黎政治大学国际事务学院讲师，并曾担任法国石油服务公司协会EVOLEN董事，也是巴黎能源俱乐部（Paris Energy Club）的成员（该俱乐部是由法国石油与新能源研究院（IFPEN）创建的智库）。他主持并参与了许多行业和投资者研讨会，包括IEA的会议，他还是多家4D投资公司的董事会成员。

阿迪·伊姆西罗维奇（Adi Imsirovic）拥有30多年的石油贸易行业从业经验，并曾担任多个高级职位，包括俄罗斯天然气工业股份公司销售与贸易部门的石油业务全球主管、佩特拉科公司（Petraco）的董事兼新加坡办事处主管以及德士古石油贸易公司亚洲区经理。他还曾在英国萨里大学教授经济学多年，包括能源经济学、资源和环境经济学。他撰写了大量关于石油和天然气价格、基准和能源安全的论文和文章。他拥有英国萨里大学经济学荣誉学士学位和能源经济学硕士学位。他还是富布赖特学者，曾在哈佛大学艺术与科学研究生院学习。

克里斯蒂娜·科克尔（Christina Kockel）是德国亚琛工业大学能源资源与创新经济学专业的助理研究员。她毕业于亚琛工业大学工商管理和电气工程专业。她的研究重点是从环境、社会和经济角度评估能源系统的可持续性，研究成果获得2019年国际能源生态和环境会议（International Conference on Energy，Ecology and the Environment，ICEEE）的最佳论文奖。

埃利斯·拉赫马尔（Elies Lahmar）是位于法国的欧洲电力现货交易所（EPEX SPOT）的高级市场设计师，主要关注当前能源转型和电力行业面临的挑战。他拥有国立巴黎高等矿业学院机械工程学位，并学习了能源经济和电力市场。他曾在安赛乐米塔尔集团（ArcelorMittal）担任能源分析师，具体负责该公司欧洲电力和天然气消费组合的采购优化。此外，他还曾在专注于欧洲短期电力和天然气市场的丹斯克大宗商品公司（Danske Commodities）担任量化分析师，设计并执行自动交易策略。

贾科莫·卢西亚尼（Giacomo Luciani）创建了巴黎政治大学国际事务学院的国际能源

硕士（Master in International Energy）学位点，负责该专业的教学内容，并在瑞士日内瓦高等国际关系与发展研究院和瑞士日内瓦大学任教。在2010—2013年，他是普林斯顿大学的全球学者。他的大规模开放式在线课程（Massive Open Online Courses，MOOC）“国际能源政治与经济学”（Politics and Economics of International Energy）可在学习平台Coursera获取（https://www.coursera.org/learn/global-energy）。他的研究重点是中东和北非地区的政治经济以及全球能源问题。他最新合作编著的《石油经济何时才能被视为可持续发展？》（*When Can Oil Economies Be Deemed Sustainable?*，帕尔格雷夫·麦克米伦，2020年，https://link.springer.com/book/10.1007/978-981-15-5728-6）探讨了海湾合作委员会经济体可持续发展的含义和挑战。

莱因哈特·马德莱纳（Reinhard Madlener）是德国亚琛工业大学商业与经济学院能源经济与管理专业的全职教授，是挪威科技大学工业经济与技术管理学院的兼职教授、E.ON能源研究中心的联合主任，同时也是未来能源消费者需求与行为研究所（Institute for Future Energy Consumer Needs and Behavior，FCN）的创始人和现任所长。他主要研究的领域包括能源经济和政策、可持续能源系统、能源效率和回弹、创新的应用、时间和空间扩散以及不确定情况下对创新能源技术及其组合的投资。他主要的教学课题包括能源经济学、环境与资源经济学、技术扩散经济学、行为能源与环境经济学、技术变革经济学、智能电网经济学、管理与公共选择等。他是瑞士能源经济学协会（Swiss Association for Energy Economics，SAEE）的副主席和*Energy Policy*期刊的资深编辑，并担任众多国际科学杂志的编委，包括*Advances in Applied Energy*、*Applied Energy*、*Energy Efficiency*，*Energy Systems*、*Energy*，*Sustainability and Society*、*International Journal of Energy Sector Management*和*Journal of Energy Storage*。

安德雷·玛库（Andrei Marcu）是欧洲气候变化和可持续转型圆桌会议（ERCST）的创始人和执行董事，在管理以政策为重点的组织方面拥有丰富的经验。他关注可持续发展、气候变化和能源研究，曾担任发展中国家的谈判代表、七十七国集团和中国的协调员以及国际商界的代表。在担任联合国开发计划署私营部门合作经理期间，他开创了联合国系统与跨国公司之间的合作。他曾在商业组织和非营利组织担任过最高管理职务，包括摩科瑞（Mercuria）能源集团的高级副总裁兼监管和政策事务主管、巴黎BlueNext交易所的首席执行官、世界可持续发展工商理事会负责能源和气候事务的董事总经理、巴黎国际商会能源与环境委员会副主席、国际贸易与可持续发展中心（International Centre for Trade and Sustainable Development，ICTSD）高级经理、加拿大贝内特琼斯律师事务所气候变化与碳排放交易高级顾问。他还是国际排放交易协会（International Emissions Trading Association，IETA）的创始人、主席兼首席执行官，该协会是一个商业组织，在日内瓦、布鲁塞尔、华盛顿和多伦多设有办事处，他创建了该协会，并使其成为全球领先的商业非政府组织之一，同时也是该领域的商业代言人。他的职业生涯起步于安大略电力公司（Ontario Hydro），曾担任董事长兼首席执行官的首席顾问。

米哈尔·梅丹（Michal Meidan）是牛津能源研究所（Oxford Institute for Energy Studies，OIES）中国能源项目主任。在2019年7月加入OIES之前，她在Energy Aspects负责中国

多种大宗商品的研究，在此之前，她曾领导一家提供中国能源政治分析的独立研究咨询公司 China Matters，她还曾在欧亚集团（Eurasia Group）以及巴黎政治大学亚洲中心担任高级分析师。她在耶路撒冷希伯来大学教授中国政治经济学本科课程，并撰写了大量学术文章，她还经常在各类媒体发表评论文章，并在行业会议上发表演讲。她拥有巴黎政治大学政治学和东亚研究博士学位，能够说流利的中文和法语。

塔提亚娜·米特罗娃（Tatiana Mitrova）是俄罗斯莫斯科斯科尔科沃管理学院能源中心主任，拥有 20 多年全球和俄罗斯能源市场分析的经验。她是牛津能源研究所的资深研究员，俄罗斯科学院能源研究所（Energy Research Institute of the Russian Academy of Sciences，ERI RAS）的科学顾问，哥伦比亚大学全球能源政策中心的访问学者，日本能源经济研究所（Institute of Energy Economics，Japan，IEEJ）的杰出研究员。她还担任斯伦贝谢和诺瓦泰克公司的非执行董事，以及巴黎政治大学国际事务学院的客座教授。

汤姆·莫伦豪特（Tom Moerenhout）在哥伦比亚大学国际与公共事务学院（School of International and Public Affairs，SIPA）任教，同时也是该学院全球能源政策中心的学者。他曾担任世界银行、国际可持续发展研究所、比尔及梅林达·盖茨基金会（Bill & Melinda Gates Foundation）等机构的顾问，是能源行业和结构性改革方面的实践家。

格尔格利·莫尔纳（Gergely Molnar）是 IEA 能源市场与安全部门天然气、煤炭和电力市场业务的分析师，专注于天然气业务。在加入 IEA 之前，他曾在咨询公司和私营研究公司担任多个职位，主要研究欧洲天然气市场和基础设施。他拥有巴黎政治大学国际能源硕士学位，并毕业于布达佩斯科维努斯大学国际事务专业。

埃莉诺·莫里森（Eleanor J. Morrison）是一名能源和金融行业的专家，拥有超过 25 年的国际公共组织和私营公司相关工作经验。她是巴黎政治大学国际事务学院国际能源硕士课程的讲师。

伊莎贝拉·纳尔迪尼（Isabella Nardini）是德国弗劳恩霍夫能源基础设施和地热能研究所（Institution for Energy Infrastructures and Geothermal Systems，Fraunhofer IEG）国际转移经理。她于 1999 年毕业于地质学专业，获得地球科学学士和硕士学位，并于 2004 年获得比萨大学地球化学和岩石学博士学位。她是国际关系问题专家，也是支持可再生能源领域发展和国际化项目的积极领导者。她还是地球化学和岩石学领域的资深研究员，撰写或与人合作了多部国际科学出版物，她是波鸿应用科学大学地热能源系统硕士项目水力和地球化学课程的讲师。

米歇尔·努桑（Michel Noussan）是意大利埃尼·恩里科·马泰基金会（FEEM）的资深研究员，也是巴黎政治大学国际事务学院可持续交通方面课程的讲师。他目前的研究侧重于脱碳和数字化趋势对能源消耗的影响方面，重点是交通领域。在此之前，他曾在意大利都灵理工大学能源系担任研究员数年，擅长能源系统分析和模拟，特别是热电联产、可再生能源和区域供热。

丽贝卡·奥尼尔（Rebecca O' Neil）是美国西北太平洋国家实验室电气基础设施部门可再生能源团队的负责人，研究领域集中在水力发电、市场设计、电网集成和储能。她在电力行业已工作 20 多年，曾在俄勒冈州能源办公室管理公用事业能源效率规划、服务于环境保护的水电运营再平衡以及监督清洁能源规划，包括全州范围内的可再生能源工作。

艾伦·普卡提（Aaron Praktiknjo）是德国亚琛工业大学能源资源与创新经济学专业负责人，并担任德国能源科学与能源政策协会（German Association for Energy Sciences and Energy Policy，GEE）主席、国际能源经济协会（International Association for Energy Economics，IAEE）理事会欧洲附属机构代表以及德国经济与能源部能源系统分析研究网络发言人。他与彼得·茨韦费尔（Peter Zweifel）和格奥尔格·埃德曼（Georg Erdmann）合著了教科书《能源经济学：理论与应用》（*Energy Economics-Theory and Application*）。

丹妮尔·裴修素（Danielle Preziuso）是美国西北太平洋国家实验室的能源研究副研究员，她拥有布林莫尔学院的数学学士学位和雷克雅未克大学冰岛能源学院的硕士学位，目前的研究重点是分布式能源资源和可再生能源技术的应用与整合。

皮埃尔·保罗·雷蒙迪（Pier Paolo Raimondi）是埃尼·恩里科·马泰基金会（FEEM）和国际事务研究所（Istituto Affari Internazionali，IAI）的研究员，主要研究不同地理区域的能源地缘政治和地缘经济学，包括欧洲、非洲、中东和北非地区以及前苏联地区。他拥有意大利米兰天主教圣心大学的国际关系硕士学位和政治学学士学位。

玛丽·诺埃勒·里布·塞杜（Marie-Noëlle Riboud-Seydoux）在油气和金融领域拥有超过15年的工作经验，研究领域侧重于新兴国家，自2011年以来一直为中小规模能源公司和研究机构提供咨询服务。在成立位于伦敦的咨询公司之前，她曾就职于一家全球石油服务公司Geoservices和4D全球能源顾问公司。在2015年之前，她一直担任巴黎政治大学国际事务学院的讲师。她以优异的成绩毕业于巴黎政治大学经济与金融学专业，并拥有商法和法律哲学硕士学位。她曾为儿童慈善机构和非政府组织的管理团队提供咨询，帮助他们提高筹资策略。

乔治·安德烈斯·林康·罗梅罗（Jorge-Andres Rincon-Romero）是世界领先的黄金生产商纽蒙特公司（Newmont Corporation）国家风险和政府关系经理。他负责该公司的国家风险项目，并就全球范围内的关键政府关系问题提供建议，包括政治风险、社会动态、经济趋势和监管事务。他拥有乔治敦大学外交学院的学士及以上学位。

马丁·罗宾努斯（Martin Robinius）是德国于利希研究中心能源与气候研究所技术经济系统分析部门（IEK-3）"情景与转型路径"项目的副主任兼负责人，研究领域包括可再生能源和氢能系统的技术经济学、储能建模和基础设施对比。此前，他在该研究所撰写博士论文，并因此获得多个奖项，他还曾在美国国家可再生能源实验室（National Renewable Energy Laboratory）担任访问研究员。他拥有德国亚琛工业大学的工学博士学位、卡塞尔大学的理学硕士学位以及汉诺威应用科学与艺术大学的工程师学士学位。他已在*Applied Energy*、*Energies*、*International Journal of Hydrogen Energy*和*Renewable Energy*等期刊发表约60篇文章，论文被引用超过2300多次。

拉迪亚·塞达维（Radia Sedaoui）是联合国西亚经济社会委员会（United Nations Economic and Social Commission for Western Asia，ESCWA）气候变化和自然资源可持续发展团队能源业务负责人。她在能源政策咨询、可再生能源及其能源效率、能源建模、水—

能源—食品关系、经济多样化和气候变化政策与技术、石油经济学、油气财税政策以及能源市场发展方面拥有丰富的经验。她曾在天然气出口国论坛（Gas Exporting Countries Forum）天然气建模部门担任统计主管，还曾在阿尔及利亚国家石油公司（Sonatrach）担任多个高级职位，包括战略与公司事务总监、投资组合管理主管以及上游、中游和贸易子公司的董事会成员。她拥有工业工程学士学位、石油经济学硕士学位和MBA。她还是阿拉伯能源俱乐部（Arab Energy Club）的主席以及阿尔及利亚可再生能源协会的成员。

戴特勒夫·史特伦（Detlef Stolten）是德国于利希研究中心能源与气候研究所技术经济系统分析部门（IEK-3）负责人，自2000年以来一直在德国亚琛工业大学教授燃料电池相关学科，研究重点是不同类型燃料电池和电解槽的电化学和工艺工程，并于2010年开始研究能源系统分析和能源战略等课题，涉及能源行业互联和储能的作用，包括天然气和电网建模、可再生能源输入等。他曾在博世和戴姆勒奔驰公司工作过12年。他是IEA“先进燃料电池”（Advanced Fuel Cells）技术合作项目执行委员会主席、国际氢能协会（International Association of Hydrogen Energy，IAHE）副主席、德国工程师协会过程与化学工程学会（Society of Process and Chemical Engineering of the Association of German Engineers，VDI-GVC）顾问委员会成员、伍珀塔尔气候、环境与能源研究所（Wuppertal Institute for Climate, Environment and Energy）监督委员会成员以及马克斯·普朗克复杂技术系统动力学研究所（Max Planck Institute for Dynamics of Complex Technical Systems）科学顾问委员会成员。他撰写了340多篇科学论文，并主编了6本关于氢能、燃料电池、碳捕集和向可再生能源系统转型的专著。

西蒙娜·塔利亚皮埃特拉（Simone Tagliapietra）是布鲁盖尔（Bruegel）资深研究员，也是意大利米兰天主教圣心大学和约翰·霍普金斯大学高级国际问题研究院欧洲校区的兼职教授。他的研究重点是欧盟的气候和能源政策以及与全球脱碳相关的政治经济学。他发表了大量政策和科学著作，包括*Global Energy Fundamentals*（2020年）；*L'Energia del Mondo*（2020年）和*Energy Relations in the Euro-Mediterranean*（2017年）。他拥有意大利米兰天主教圣心大学机构与政策学博士学位。

菲利普·瓦西洛普洛斯（Philippe Vassilopoulos）是欧洲电力现货交易所（EPEX SPOT）的产品设计总监，同时兼任经济学顾问和市场监督官。在加入EPEX SPOT之前，他是IHS剑桥能源（Cambridge Energy Research Associates，CERA）的副总监。他专门研究欧洲电力和天然气批发市场，擅长市场设计、价格形成和价格建模、资产评估和尽职调查、法规和市场跟踪等。他还曾为法国能源监管委员会（French Commission de Régulation de l'Energi）开展欧洲电力市场定价和投资激励的应用研究。他拥有巴黎第九大学的硕士和博士学位。

斯蒂芬·伍德豪斯（Stephen Woodhouse）是AFRY管理咨询公司的总监，在能源市场的设计和评估方面拥有20多年的工作经验，是市场改革方面的专家。他参与了可再生能源并网市场设计的全球讨论，是一位极具启发性的会议演讲者。在加入AFRY之前，他是英国天然气和电力市场监管办公室（Ofgem）的经济建模师，拥有剑桥大学经济学硕士和学士学位。

译后记

《帕尔格雷夫国际能源经济学手册》是由能源集团埃尼（Eni）赞助出版的开源电子书，汇集了能源行业学者、从业者和政策制定者撰写的36章国际能源经济学文献。在本手册的翻译过程中，参与初译工作的有何曦（简介、第17章、第25章）、马杰（第1章）、赵思行（第2章、第24章）、周静（第3章、第27章）、张岑（第4章、第12章）、张亦弛（第5章、第7章、第16章）、王萌（第6章、第15章）、冯丽燕（第8章、第11章、第14章）、李楠（第9章、第10章）、王建明（第13章）、孔盈皓（第18章）、邹梅妮（第19章）、石云（第20章）、李伟（第21章）、孙楚钰（第22章、第23章）、张雨濛（第26章、第29章、第30章）、丛威（第28章）、梁栋（第31章、第32章、第33章）、王润（第34章、第35章、第36章）；参与初校的有周静（简介、第17章、第25章、第26章、第29章、第30章）、郝宏娜（第1章）、王恺（第2章、第24章、第27章）、马杰（第3章、第16章）、李楠（第4章、第5章、第6章、第7章）、张岑（第8章、第9章、第10章、第11章）、张亦弛（第12章、第14章、第15章）、丛威（第13章）、赵思行（第18章、第19章、第20章、第21章、第22章、第23章）、王建明（第28章）、王晓光（第31章、第32章、第33章、第34章、第35章、第36章）以及段绪强、邢悦；王震、王恺、周静组织和统筹本手册的翻译工作，并对全部内容做了校译；中国石油大学（北京）能源经济与金融研究所所长郭海涛对全书做了审校。

衷心感谢中国经济出版社在本手册出版过程中提供的支持和指导。因内容丰富、系统全面，本手册的翻译和校对历经较长时间，也尽可能保留文献撰写之时的相关表述，鉴于译者专业水平有限，本手册的翻译肯定存在不足甚至不当之处，恳请各位读者批评指正，在此一并表示感谢。

译　者

2024年10月

免责声明

《帕尔格雷夫国际能源经济学手册》是翻译团队基于英文手册组织翻译后的中文手册，所述内容是原作者团队的研究成果，不代表翻译团队对原作者立场、政治倾向和观点的肯定或否定。

本中文手册采用了知识共享署名 4.0 国际许可协议（OA 4.0）的条款进行许可。读者在阅读、引用本中文手册时，应尊重原书所采用的知识共享署名 4.0 国际许可协议（OA 4.0）的相关条款。

翻译团队不对原作者研究成果的准确性或完整性负责，也不保证所包含的研究结论和建议不会发生任何变化。此外，本手册尽可能保留原作者撰写之时关于国家、地域、城市或地区的表述及相应地理范围，包括数据采集范围，但不在任何程度和方面表达或暗示对于原作者任何相关表述的立场和观点。

翻译团队不对使用本中文手册所产生的任何直接或间接损失、损害、索赔、费用等承担任何责任。